크로포트킨 자서전

Memoirs of a Revolutionist

크로포트킨 자서전

표트르 크로포트킨 지음 김유곤 옮김

우물이 있는 집

일러두기

1. 이 책은 『Memoirs of a Revolutionist』(Swan Sonnenshein & Co., LTD. London 1908)를 번역한 것에 러시아어판 『Записки Революционера』(Мысль, Москва 1966)을 참고로 하여 잘못된 곳과 없는 것들을 추가하여 완성했다.
2. 각주는 역주와 저자 각주가 있다. 저자 각주에는 '−저자'로 표시를 했다.
3. 인명, 지명, 단체명 등은 외래어 표기법에 따랐으며 독자의 이해를 돕기 위해 필요하다고 생각되는 곳에 최초 1회에 한해서 병기했다.
4. 저서 및 책의 제목은 『』, 논문 및 단편의 제목은 「」, 잡지는 〈 〉로 표시했다.

|차례|

표트르 알렉세예비치 크로포트킨은 러시아 최고 명문가 출신의 사상가이자 혁명가인 동시에 지리학자이며 진화론자이다. 그는 귀족 출신으로서 페테르부르크의 근위학교를 졸업한 뒤 특별지원을 해서 아무르강 지구에 주둔 중인 카자크 기병대의 사관으로 부임했으며 재임 중에 대싱안링(大興安嶺)산맥이나 지린(吉林) 등 여러 곳을 답사하기도 했다. 이 체험은 뒷날 그의 사상을 형성하는 데 밑거름이 되었다.

시베리아에서 일어난 폴란드 정치범들의 폭동을 계기로 그는 1867년 군대를 떠나 페테르부르크로 되돌아온다. 그곳에서 그는 러시아 지리학회에 가입하여 신진 지리학자로서 두각을 드러내기 시작했다. 현재 시베리아 지형도는 그의 연구가 발판이 된 것이다. 러시아에서는 크로포트킨을 지리학자로서 주목했다. 그러나 그 당시 지리학 연구보다 더 그의 마음을 사로잡는 사건이 일어났다. '민중 속으로!'라는 깃발을 든 브나로드(в народ) 운동이 그것이다.

크로포트킨은 1872년 스위스 여행에서 바쿠닌파 사람들과 알게 되면서 아나키즘 사상에 깊은 영향을 받았다. 귀국 후 그는 나로드니키의 핵심조직이었던 차이코프스키단(團)에 가입하여 1874년 체포되기까지 보로딘이라는 가명을 쓰면서 페테르부르크의 노동자를 조직화하는 데 힘썼다. 1876년 감옥병원으로 지정된 니콜라이 위수병원(衛戍病院)에서 극적으로 탈출하여 스위스로 망명하면서부터 그는

6

평생 혁명운동에 투신하게 된다.

그가 혁명가로서 첫 걸음을 내딛은 것은 격주간지 〈반란자〉에 글을 쓰면서였다. 여기에 기고한 글들에는 그의 활기 넘치는 사상이 담겨 있는데 그 가운데 「청년에게 호소함」은 여러 나라 말로 옮겨져 수많은 청년들의 마음을 움직였다.

감옥에서 탈출한 뒤 러시아로 돌아오기까지 약 30여 년 동안 그는 런던에 머물며 아나키즘 이론을 형성하는 데 심혈을 기울였다. 런던 시절의 저술 가운데 두드러진 것으로 『빵의 정복』(La Conquête du pain, 1892), 『상호부조론』(Mutual Aid, 1902), 『크로포트킨 자서전』(Memoirs of a Revolutionist, 1896) 등이 있다. 이 가운데 『상호부조론』은 그의 최대 업적으로 평가된다. 그것은 아나키즘에 생물학 이론을 부여한 것으로 생존경쟁에 중점을 둔 다윈의 진화론에 대한 수정이란 점에서 중요한 의미를 갖는다. 상호부조가 진화의 한 요인이라는 지적은 현대의 경쟁사회에 대한 안티테제로 의미를 갖기 때문이다.

1917년 2월 혁명이 일어난 뒤 그는 41년 만에 고국에 돌아왔다. 그러나 러시아혁명은 그의 이상을 짓밟는 방향으로 진행되었다. 그는 모스크바 근교의 드미트로프에서 미완의 대작 『윤리학』의 집필에 몰두했다. 혁명의 소용돌이 속에서 윤리학을 테마로 집필에 몰두한 점은 만년의 크로포트킨이 지향하는 바가 무엇이었는지 상징적으로 보여 주는 대목이라고 할 수 있다.

이 책은 크로포트킨이 57세까지의 생애를 회고하며 쓴 자전적 기록이다. 뛰어난 문장으로 풍부한 인간성을 담은 자서전의 결정판으로 오늘날 전세계에서 널리 사랑받고 있다.

김유곤

이 책이 나오게 된 것은 월간 〈애틀랜틱〉의 편집장이자 발행인이 연재를 권하고 끊임없이 격려를 아끼지 않았기 때문이다. 만일 그 도움이 없었다면 이 책은 세상에 나오지 않았을 것이다. 나에게 이 책을 쓸 기회를 준 것에 진심으로 감사의 뜻을 전한다. 이 책은 1898년 9월에서 1899년 9월까지 「한 혁명가의 회상」이라는 제목으로 연재된 것을 단행본으로 묶은 것이다. 이 과정에서 청년 시절, 시베리아 시절, 특히 서유럽의 생활을 담은 6부의 원고를 대폭 수정했음을 덧붙여 둔다.

1899년 10월 켄트 주 브롬리에서

표트르 크로포트킨

이 책에 나와 있는 내용들 중 많은 것들은 러시아 독자들의 관심을 끌만한 새로운 것들이 아닐 것이다. 어쩌면 러시아 독자들이 알고 싶었던 내용들이 너무 적을 수도 있다. 하지만 그렇게 견고하기만 했던 농노제가 없어지기 전까지 십 년, 농노제 폐지 이후의 60년대의 러시아 부흥기, 고통 속에서 위선에 휘둘리며 살고 있는 러시아 민중들을 통해서 양심을 깨우친 젊은이들이 각성을 하게 되는 70년대로 대표되는 30년은 이후 러시아 역사에 크나큰 영향을 미친 사건들로 점철되어 있다. 그렇기 때문에 가끔씩은 디테일한 개인적인 삶 또는 그 사회적인 분위기만을 아는 것으로도 충분히 역사적인 의미를 갖는다고 나는 생각한다.

실제로 어떤 경우에는 몇 쪽에 다다르는 구구한 설명보다도 어떤 한 개인의 삶이 더 정확하게 그 시기를 설명하기도 한다. 게다가 러시아는 최근 50년 동안 매우 빠르게 변화하고 있다. 60년대에 갑자기 시작된 농노제에 대한 변화에도 불구하고 니힐리즘에 심취한 젊은이들의 가차 없는 비판과 행동은 새로운 시대의 미래를 불투명하게 만들어버렸다. '민중 속으로'를 외치며 민중들에게 다가갔던 저 위대한 운동마저도 잊혀지게 되고, 마치 전설이나 신화에 나오는 것들을 상상하듯 청년들은 어떤 영웅시대를 상상하며 종교적인 신념이나 질서의 보호자로서 자신을 그리고 영웅처럼 행동을 하려고 했다.

한편 농노제와 그 생활방식이 아무리 우리의 역사 속에서 멀어져갔다고 하더라도 — 폴란드인들의 피의 저항을 부르게 된 농노제 국가의 이상을 우리가 마치 잊은 것 처럼 행동하더라도 — 그 유산들은 아직도 우리들 속에 살아남아 있다. 그것은 정부의 법령 속에서도 진보적인 사람들의 생각 속에서도 죽지 않고 지금까지도 위정자들의 정책 속에 농노제의 흔적을 그대로 간직하고 있다. 농노의 해방을 통해서 해결되지 않고 내동댕이쳐진 러시아의 당면 문제들은 여전히 해결되지 않은 채 러시아인들의 삶 앞에 그대로 서있었다. 니콜라이 1세에 의해서 구상되어진 전제정치의 이상은 여전히 러시아에서 유효했다.

농민들은 노예화 되지 않으며, 특권 계층은 특권이 없는 누구나 평등하다는 60년대 초반의 위대한 한 걸음의 가치는 현장에서 한 발 물러선 우리 세대만이 평가할 수 있을 것이다. 하지만 1861년에 사라지게 된 농노계층은 다시 새로운 옷을 입고 러시아의 삶 속으로 들어왔다. 그리고 똑같은 방식으로 똑같은 목적과 문제들을 갖고 특권이 있는 사람들과 위정자들을 위한 노예가 되어 버렸다. 헌병대를 통한 강력한 정부라는 이상은 1863년 폴란드 사태를 계기로 왕좌 주위에 몰려들었다. 러시아 사회에 만연한 불만스러운 요인들(중앙집권주의자들의 이상)이 다시 우리들 사이에서 살아났다. 그리고 그것은 다시 러시아의 운명을 영도하고 있다고 생각하고 있는 사람들의 관심을 사로잡고, 이들은 다시 지역 삶의 발전과 지역의 독립성을 이끌고자 한다. 그리고 마침내 노예적인 사고와 노예근성 — 50년대 말의 위대한 사람들을 그렇게 놀라게 했고, 바자로프에 반기를 들게 만들었던 권위 앞의 학술적인 굴종과 제복 앞에서의 생활의 굴종 — 이 또다시 우리들 사이에서 살아났다.

그리고 지금도 그때와 마찬가지로 농부들과 도시 노동자들 사이에서 자기 존재에 대한 의심할 수 없는 각성 속에서 수백 년 동안 숙여져 있던 농부들의 머리가 들려지고 있으며 농부들 스스로의 의지에 의해 지금까지 유린된 권리들을 주장하게 된다. 그러자 다시 특권계급의 모든 의식있는 젊은이들 앞에 우리가 삼십 년 전에 던졌던 똑같은 문제가 나타나게 된다.

"농노해방 문제와 노동자 계급의 문제를 바라보면서 내가 가지고 있는 자신의 특권을 버릴 수 있을까 그리고 내가 그들의 노력에 냉소하지 않을 수 있을까? 또는 인류의 진보는 나뉘어지는 것이 아니라는 것을 이해하면서 그것이 온 세상을 사로잡을 때에만 가능하며, 가난과 박해는 똑같이 정신적인 가난과 모든 것에 대한 굴종을 가지고 온다는 것을 이해하면서, 자신을 커다란 목적을 위한 하나의 부분이라고 생각하고 민중들 속으로 들어가서 그들의 자유와 해방(내가 자유롭게 생각하게 되고 편견에 사로잡히지 않게 하는)을 위한 지식과 빛 그리고 신의를 줄 수 있을까? 그리고 이러한 노예제도에 의해서 만들어진 과거의 유산을 청산할 수 있을까?"

만약 이 책이 누군가에게 이러한 문제를 푸는데 조금이라도 도움이 된다면 이 책은 자신의 목적을 다했다고 할 수 있을 것이다.

몇 마디만 더 하겠다. 왜 러시아의 삶에 대한 러시아인의 회상을 어떤 사람이 영어에서 러시아어로 번역해야만 했는지에 대해서 몇 마디 설명이 필요하기 때문이다.

나는 이 책을 처음에는 물론 러시아어로 쓰기 시작했다. 첫 번째 장 '유년시대'는 내가 1897년 가을에 미국에 갔을 때 이미 완성이 되어 있는 상태였다. 나는 미국에서 매력적인 남자인 월터 페이지*를 만나게 되었다. 그는 당시에 월간지 〈애틀랜틱 먼슬리(Atlantic monthly)〉를 발행하고 있었다. 그는 내가 자서전을 써서 자신의 잡지에 처음부터 끝까지 싣자고 나를 설득했고 나는 동의를 했다. 나는 처음에 러시아어로 나의 청년 시절 부분을 이 책보다 훨씬 자세히 썼다. 하지만 〈애틀랜틱 먼슬리〉를 위해서 그것을 줄여서 영어로 다시 썼다. 그리고 나중에 잡지에 실리기 시작하였을 때에 나는 책의 앞 부분은 러시아어로 썼지만 그 다음부터는 바로 영어로 쓰기 시작했다.

외국에 있는 러시아 동지들이 내 자서전을 러시아어로 발행하자고 했고 우리는

---

* Walter Hines Page: 1855~1918, 미국의 저널리스트. 1898~99년에는 〈애틀랜틱 먼슬리 The Atlantic Monthly〉의 편집장을 지냈다.

고민에 빠지게 되었다. 보다 자세하게 쓴(특히 러시아적인 것에 대한) 러시아어 버전을 가지고 인쇄를 할 것인지 아니면 영어로 쓴 것을 러시아어로 번역해서 인쇄를 할 것인지? 하지만 첫 번째의 방법은 너무 어려운 일이었다. 왜냐하면 나는 완성된 형태의 러시아어 텍스트를 가지고 있지 않았기 때문이다. 전체 러시아어 텍스트가 없는 상황에서 많은 양을 영어에서 번역해야 했다. 그렇게 된다면 전체 책의 모양을 망가뜨릴 것 같았다. 그래서 동지들은 내가 믿을 수 있는 사람을 추천하여 러시아어로 번역할 것을 제안했다. 그래서 우리는 영어 텍스트를 러시아어로 번역하였다. 나는 진심으로 번역자에게 그의 열정과 훌륭한 번역에 감사를 드린다. 그의 번역은 원문과 비교해도 전혀 손색이 없다.

P. 크로포트킨

1902년 7월

1899년 말 이 책의 초판이 나왔을 때 표면적으로는 아무런 일도 없는 듯 평온해 보였지만 러시아는 정치적 자유를 거부하는 완고한 지배자들로 인해 급격하게 폭력혁명으로 치닫고 있었다. 이러한 견해에 대해 대부분의 사람들은 그것은 우리의 희망사항일 뿐이라고 말했다. 그러나 지금 이 순간 러시아는 온통 혁명의 열기로 가득차 있다. 낡은 체제가 붕괴되고 새로운 체제가 고통스럽게 잉태되고 있다. 그런데도 과거를 지향하는 자들은 조국을 파멸로 이끌 전쟁을 준비하고 있다. 기껏해야 그들의 지배를 조금 연장시켜줄 뿐인 전쟁의 위험에 민중은 두려워하는 한편 분노하고 있다.

현재의 사태를 볼 때 이 책에 썼던 초기의 자유주의운동은 새로운 국면으로 돌입하고 있다. 그것은 썩은 세계의 거대한 붕괴를 준비하는 것이다. 이 거대한 붕괴는 분명히 1억의 민중에게 새로운 삶을 제시하고 유럽과 아시아의 모든 진보적 운동에 깊은 영향을 미칠 것이다. 그러므로 이 책에서 서술되었던 지난 7년간의 사건들을 재조명해볼 필요가 있다. 그것은 현 혁명의 원인이기 때문이다.

알렉산드르 3세의 통치기간(1881~94년)은 19세기 러시아 역사에서 가장 암울했던 시기다. 그의 아버지 통치기간 마지막 몇 년간의 반동정치는 매우 혹독했다. 그 결과 독재에 대항한 처절한 투쟁을 낳았다. 알렉산드르 2세는 암살로 비극적인 최후를 마쳤고, 그의 아들은 입법부의 개혁적인 요구를 묵살하고 즉위한지 며칠 만에 신성한 독재체제를 선포했다. 농노해방의 시대를 살아온 우리는 다시 강력하고도 무자비한 반동기를 맞이하게 되었다. 이 반동 정책은 알렉산드르 2세의 모든 개혁적 조치를 짓밟아버렸다. 개혁정신과 교육을 포함한 모든 것을 반동정치의 수단으로 바꾸어 놓았던 것이다.

행정부에 남아있던 개혁적인 인사들은 직책을 잃었고, 당대의 러시아 지식인들은 절망에 빠졌다. 그것은 지성의 패배였고, 체호프의 소설에서 그토록 처절하게 묘사되었던 천박성의 도전이었다.

알렉산드르 3세는 즉위 후 농민의 복지후생의 중요성을 인식해 이를 정책에 반영하려 했지만, 반동적인 측근들에 의해 그나마도 제지되었다. 그가 신뢰했던 반동세력은 당시 긴요했던 농민의 생활문제에 대해 전혀 신경쓰지 않았다. 그리고 황제는 전혀 수용할 수 없는 요구―독재권력을 축소하라는―를 할 것이 뻔한 개혁적인 인물들을 등용하지 않았다. 그가 사망하자 러시아에는 안도감이 돌았다.

차르 중 니콜라이 2세만큼 좋은 조건에서 즉위한 사람도 없을 것이다. 러시아에서는 13년간의 반동기가 끝났고 만약 니콜라이 2세가 긴박하게 요구되는 국민의 요구를 수용했다면 그것이 아무리 하찮은 것이라도 열렬한 환영을 받았을 것이다. 사실 젬스트보(Zemstvo)*의 대표들이 그에게 요구한 것은―그것도 정중하게 애원조로―'황제와 지방대표와의 보다 긴밀한 대화'였다. 그러나 니콜라이 2세는 이러한 부탁조차 거절하며 대표들 앞에서 포비에도노스체프가 작성한 징계안을 읽고 민중에 대한 독재지배를 유지하겠다는 의사를 분명히 했다.

천금 같은 기회는 지나갔다. 차르와 민중간의 불신은 동궁에서 러시아 전역으로 확산되었다.

불신의 결과는 곧 드러났다. 1895년 니콜라이 2세의 대관식이 있던 날 페테르부르크에서 일어난 총파업은 차르에 대한 민중의 심각한 불만을 드러낸 것이었다. 불만이 행동으로 직결되는 것은 시간문제였다. 나는 젊은 시절 페테르부르크 근교

---

* 1864년에 창설한 러시아의 지방자치 기관. 점차 자유주의적 입헌운동의 중심이 되었다.

에서 노동시간 단축—당시의 노동시간은 14~16시간이었다—을 위한 파업에 참여하도록 노동자들을 설득할 때 매우 많은 어려움을 겪었다. 그것은 지금의 자발적인 파업 양상과 천지차이였다. 이제 페테르부르크의 노동자들은 스스로 단결하고 스스로 선동가를 배출하고 있다. 마치 수년 동안 노조활동을 해온 사람들처럼 익숙하게 말이다.

그로부터 2년 후 1897년 러시아의 모든 대학에서 심각한 시위가 발생했다. 1901년 두 번째 시위가 발생했을 때 학생들은 이전에는 생각지도 못했던 정치적인 문제를 들고 나와 비난했다. 니콜라이 2세가 포비에도노스체프의 도움을 받아 통과시킨 법률에 저항했던 것이다. 이로 인해 학생들은 학내질서를 어지럽혔다는 죄로 아서 항(Port Arther)으로 강제징집 당했다. 형식은 학내분규였으나 내용은 정치적 성격을 띠는 것이어서 사회의 전계급을 동요시켰다. 모스크바에서는 노동자들이 가두시위를 하면서 학생들을 지지해 경찰과 맞서 싸웠다. 페테르부르크에서는 여성 노동자들을 포함한 모든 계층의 시민들이 거리로 나섰다. 거리에서는 치열한 싸움이 벌어졌다. 무장한 코사크들이 군중을 해산시키려 하자 더욱 많은 사람들이 거리로 쏟아져 나왔다. 거리는 대중의 분노로 폭발직전이었다.

나는 이 책에서 17~18세기 우리 젊은 세대의 지위가 얼마나 비참했는지를 언급했다. '부모 세대'는 치열한 반정부투쟁의 과업을 자식들에게 물려주었던 것이다. '부모 세대'는 '자식 세대'와 손을 잡았다. 존경스러운 귀족사회는 노골적인 비난의 대상이 되었다. 의회도 마찬가지였다. 코사크의 관리들조차도 자신들의 경찰 임무 수행을 주저했다. 한마디로 불만이 일반화되고 공공연히 표출되었다. 위원회에서는 학원문제를 거듭 논의하여 학생에 대한 처벌의 철회를 거론했다.

이때 전혀 예기치 못한 일이 벌어졌다. 악랄한 젊은 독재자 니콜라이 2세가 전국을 공포의 소용돌이로 몰아넣었다. 그 결과 두 명의 관리가 사살되었고 하리코프, 모스크바, 페테르부르크의 거리에서 처형이 자행되었다. 수도에서 계엄령이 선포되었다면 더 큰 참사를 불렀을 것이다.

모든 사건들은 민중의 마음 깊은 곳에 변화를 초래했다. 1901년 이른 봄 독재 종말의 카운트다운이 시작되었다. 내가 〈북미평론〉(North American Review)에 썼던 대로 "러시아는 이제 독재를 허용하지 않을 만큼 성숙했다. 러시아의 평화로운 발전을 저해하는 관료들의 개입만 없다면 니콜라이 2세는 자신이 민중의 희망에 따라야 한다는 것을 깨달을 것이다. 지난 두 달간의 교훈을 가슴 깊이 새겨야 한다." 고 말할 수 있는 상황이었다.

그러나 불행히도 니콜라이 2세는 아무것도 이해하지 못했다. 오히려 그는 상황을 혁명으로 몰고 갔다. 그는 도처에서 불만을 극대화시켰다. 핀란드와 폴란드, 미국—미국 교회의 재산을 몰수함으로써—뿐 아니라 러시아에서 농민, 학생, 노동자의 분노를 촉발시켰다. 더구나 니콜라이 2세를 보다 나은 정치로 유도하려는 시도가 여러 번 있었지만 반동적인 측근들은 결정적인 순간에 개입했고, 니콜라이 2세는 그들의 의견을 따라 이를 짓밟았다. 그의 완고한 기질은 늘 반동적인 쪽으로만 발휘되었다. 그것은 사태를 혁명으로 몰고 갔다.

1901년 낡은 질서는 폐지되어야 한다는 것이 명백해졌다. 당시 재무장관인 비테(Vitte)는 이런 사실을 깨닫고 독재체제에서 반(半)의회주의적인 정치체제로의 이행을 준비했어야 했다. 당시 34개주에서 소집한 '중앙러시아 농업개량위원회'는 중재자의 역할을 확실히 할 수 있었고, 각 지방에서는 그 요구에 적절한 답변을 제시할 수 있었다. 지주와 농민들은 위원회에서 공개적으로, 지금과 같은 경찰지배체제로는 러시아가 더이상 유지될 수 없다고 주장했다. 모든 국민에 대한 평등한 권리, 정치적 자유와 입법의 보장이 긴요하다는 인식을 같이 했다.

의회지배체제를 취할 수 있는 황금 같은 기회가 다시 니콜라이 2세에게 주어졌고 '농업위원회'는 그 방법을 제시했다. 이와 유사한 위원회가 모든 주에서 소집되었다. 그들은 모스크바에 파견할 대표를 선정하여 국민주권의 기반을 마련했다. 그러나 니콜라이 2세는 또다시 이 기회를 놓치고 말았다. 그는 자신의 의사를 관철시키기에 더 적합한 주위의 조언을 택했다. 비테가 해임되고 내무장관에 폰 플레베(Von Plehwe)가 임명되었다. 그는 알렉산드르 3세의 경찰지배체제 하에서 권력을 휘두른 가장 반동적인 인물이었다.

그는 권력이 제공하는 충분한 권력과 자금을 기반으로 10년 이상 독재를 유지할 책임을 맡았다. 이 자금은 그야말로 '학살'을 위한 것이었다. 메셰르스키(Meschersky)는 훗날, 플레베는 독재 유지를 위해 니콜라이 2세에게 일본과의 전쟁을 강력히 권했다고 서술했다. 프로이센-프랑스전쟁처럼 러일전쟁은 소멸해가는 제국의 마지막 몸부림이 되고 말았다.

그렇다고 해서 전쟁의 원인을 플레베에게 구할 수는 없다. 원인은 다른 데 있었다. 러시아의 아서 항 장악은 불가피했다. 그러나 러시아의 상황을 이해하는 데 플레베의 행동과 황제의 지지에 대해 인식하는 것은 중요하다.

플레베는 독재권력이 내놓은 비장의 무기였다. 그는 절대권력을 위임받아 러시아를 경찰의 지배하에 두었다. 경찰은 가장 부도덕하고 위험한 기관이 되었다. 3만 명 이상이 국가질서를 문란하게 한다는 이유로 추방되었다. 그는 자신의 신변보호를 위해 엄청난 돈을 지출했지만 소용이 없었다. 1904년 7월 그토록 갈망하던 러일전쟁의 와중에 그는 암살되었다. 그 후 사태는 급변하기 시작했다. 경찰의 조직체계가 붕괴되고 차르정부 주변 인물들은 아무도 경찰조직 재건에 나서지 않았다.

차르체제의 내무장관직은 6년 내내 공석이었다. 젬스트보의 모든 대표를 소집하여 국민주권의 기반을 구성한다는 전제하에 미르스키(Svyatopolk Mirsky)는 내무장관직을 수락했다.

1904년 12월, 모스크바에서 '비공식적으로' 젬스트보 회의가 허락되자 러시아의 전역에서는 활발한 논의가 벌어졌다. 젬스트보는 의회대표에게 자신들의 요구사항을 거리낌 없이 제시하고 재적인원 104명 중 102명이 서명한 결의문을 차르에게 전달했다. 이와 유사한 선언문들이 관료나 행정관에 의해 차르에게 보내졌다. 젬스트보 결의문은 국민들이 차르에게 보내는 일종의 최후통첩으로 간주되었다.

이러한 해방운동에 새로운 세력이 나타나 운동에 일대 혁신을 가져왔다. 바로 노동자였다. 가폰(Gapon) 신부가 1년 전 정열적으로 조직한 페테르부르크의 노동자 조직은 노동자를 위한 정치적 권리를 요구하는 대규모 시위를 벌였다. 1905년 1월 22일 노동자들은 일제히 밖으로 뛰쳐나왔다. 10만 이상의 군중들은 비무장으로 근교의 곳곳에서 동궁을 향해 전진했다. 그날까지만 해도 그들은 니콜라이 2세의 선의를 믿고 있었다. 이들이 원하는 것도 관료들에게 자신들의 요구를 차르에게 전달해달라는 것이었다. 군중들은 황제를 '아버지'처럼 따르고 있었다. 그러나 이처럼 순박한 군중에 대한 학살이 현대전의 기술을 습득한 수도경비군에 의해 준비되고 있었다. 일주일 내내 가폰의 지도하에 시위가 이어졌다. 그러나 정부는 노동자와 대화하려는 어떠한 시도도 하지 않았다. 노동자들은 궁을 에워쌌다. 이제라도 차르가 나타나서 자신들의 청원을 들어줄 거라고 확신했다. 바로 그때 총성이 울렸다. 군대가 이 비무장 군중을 향해 10미터 앞에서 발포한 것이다. 그 자리에서 수백 명이 희생되었다.

러시아혁명은 정부를 신뢰하던 군중에 대한 학살로부터 시작되었다. 민중과 지배계급 사이의 골은 깊어만 갔다. 그 골은 결코 메워질 수 없는 것이었다. 지금도 하층민들의 인내와 지배층의 학살이라는 구조는 여전히 남아있다.

학살이 대중의 폭력을 부른다면 학살의 목적은 실패한 것이다. '피의 일요일(bloody Vladimir Sunday)' 5일 후 바르샤바에서 대규모 파업이 일어났고, 파업은 곧 폴란드 전역을 휩쓸었다. 폴란드의 모든 계급들이 파업에 적극 가담했고, 모든 행정건물이 파괴되었다. 1905년 2~5월 러시아 정부가 폴란드에서 자행한 학살은 끊임없는 보복을 불러일으킬 뿐이었다. 현재 폴란드는 러시아 제국에 의해 실질적으로 지배되고 있다. 1905년 핀란드가 그랬듯이 폴란드도 완전한 자치권을 획득하지 못한다면 정상적인 삶을 회복할 수 없을 것이다.

폭동이 점차 러시아 전역에 퍼지기 시작했다. 농민봉기는 곳곳에서 심각한 양상을 띠기 시작했다. 농민들은 행동을 자제하는 모습을 보임과 동시에 엄청난 조직적 힘을 과시했다. 농민들은 '토지 국유화'가 필요하다고 주장했다. 그루지야 서부에서는 스위스의 옛 켄튼 주(州)와 유사한 독자적인 공동체를 조직했다. 카프카즈(Caucasus)에서는 인종간의 분쟁이 일어나고 오데사에서는 대규모 봉기가 일어났다. 흑해에서는 수병 반란이, 폴란드에서는 2차 총파업이 일어나 엄청난 희생자가 생겨났다. 러시아에 전면적인 봉기가 일어나고 나서야 니콜라이 2세는 대중의 요구를 받아들여 8월 19일자로 성명을 발표하고 국회에 일부의 국민대표를 보내게 했다. 그리고 극소수의 사람만 — 페테르부르크나 모스크바와 같은 부유한 도시조차 2백 명 당 1명꼴로 — 선거권을 가질 수 있는 소위 불리긴(Bulyghin) 헌법을 공포해 4백만의 노동자를 정치활동에서 배제해버렸다. 이런 기만적인 양보에 만족할 사람은 아무도 없었다. 『프랑스혁명사』를 쓴 미네(Mignet)는 위기의 시대에는 엄청난 학살이 일어나기 전에 정부가 양보해야 한다고 지적했다. 학살 후에 양보한다면 그것은 의미가 없다. 혁명이란 이런 사실을 무시해서 일어난 결과로 불가피하게 자발적으로 발전해나간다. 그런 상황이 러시아에서 벌어진 것이다.

모스크바 제빵사들의 파업처럼 아주 사소한 사건이 총파업으로 이어져 모스크바 전체로 그리고 러시아 전역으로 확산되었다. 총파업 기간에 노동자들이 받는 고통은 엄청났지만 노동자들은 개의치 않았다. 모든 교통이 마비되어 모스크바에는 식량이나 연료가 들어오지 않았다. 파업위원회의 성명서를 제외하고는 신문도 발간되지 않았다. 수천 명의 여행자와 수만 통의 편지, 엄청난 양의 물건들이 역에 쌓여 있었다. 페테르부르크 노동자들도 파업에 동참해 조직의 위력을 보여주었다. 불도 물도 마차도 편지도 전보도 그 어느 것도 없었다! 공장은 잠들고, 도시는 깊은 어둠 속에 빠졌다. 빈곤한 계급의 열기가 다른 계급들을 압도했다. 점원, 은행원, 교사, 배우, 변호사, 과학자 심지어 판사도 파업에 동참했다. 모든 도시는 정부에 대항하여 파업을 벌였고 사람들은 질서를 지켜 폭력진압이나 학살의 명분을 주지 않았다. 페테르부르크와 모스크바의 거리를 가득 메운 30만의 군중은 노동자 대표 위원회를 강력히 지지했다.

차르와 측근들이 느끼는 공포감은 극에 달했다. 차르에게 반동파는 더이상 의존

할 만한 존재가 못되었다. 그제서야 니콜라이 2세는 비테를 불러들여 10월 30일의 의회선언에 동의했다. 그는 시민의 자유는 '신성불가침'한 것이며 '양심, 언론, 결사 및 집회의 자유를 국민에게 허용'하는 것이 자신의 '확고한 의지'임을 천명했다. 이를 위해 그는 국회의 구성을 지시하고 '국회의 승인 없이는 어떠한 법도 시행될 수 없음'을 수용하고 국민의 대표가 '법이 정한 권한을 행사하는 데 있어서 합법성 여부를 감독할 수 있다'는 것을 약속했다.

이틀 후 페테르부르크 거리를 메운 군중들이 두 감옥을 습격하려 하자 비테는 거의 모든 정치범에 대한 사면조치를 차르에게서 얻어냈다. 이 약속이 곧 굉장한 반응을 불러일으켰으나 몇 가지 중요한 약속은 다시 파기되었다.

최근 발표된 공식문서 — 경찰국장 로푸킨이 스톨리핀에게 보낸 보고서 — 에 의하면 당시 군중이 거리에서 승리의 환호에 젖어 있을 때, 군주제를 옹호하는 정당이 환호하는 군중을 살육하기 위한 집단을 고용했음이 드러났다.

헌병대 관리들은 지식인과 유대인은 일본과 영국의 하수인이라고 비방하며 '지식인과 유대인'에 대한 공격을 호소하는 전단을 유포했다. 두 명의 주교, 니콜과 니칸더는 교서를 통해 '진정한 러시아인'들은 '지식인들을 없앨 것'을 지시했다. 모스크바 성당의 계단에서는 한 연설가가 모든 학생들을 죽이자고 선동하고 있었다.

메셰르스키는 논문에서 그것은 페테르부르크의 소수 지배자들이 조작한 것으로 계속적인 반란을 유발시켜 유혈사태로 유도해 '의회가 구성되기 전에 구체제로 복귀'하기 위한 것이었다고 썼다. 그는 "그러한 사실을 몇몇 고위 관리들에게서 들었다."고 덧붙였다.

이 책에서 나는 알렉산드르 2세에 대해 객관적이려고 노력했다. 그것은 니콜라이 2세에 대해서도 마찬가지다. 니콜라이 2세의 군주제 정당대표에 대한 환대와 비호는 선량한 민중에 대한 대량학살 정책의 시발점이었다.

1906년 2월 두바소프(Dubassoff) 장군이 주도한 반란이 모스크바에서 일어났다. 발트해 연안의 독일 영주의 폭정에 대항해 일어난 농민봉기, 시베리아 철도를 따라 일어난 파업, 1600건 이상의 러시아 농민봉기에는 믿을 수 없을 만큼 잔혹한 무력진압이 뒤따랐다.

1905년 5월 이런 상황에서 의회가 열렸으나 그나마 70일 후 해산되었다. 의회의 운명은 개회되기 이전에 이미 결정되었다. 트레포프(Trepoff)는 의회를 인정하지 않고 차르가 임명한 장관들의 행동에 압력을 가할 목적으로 반동세력 동맹을 결성했다. 동맹의 표적이었던 의회는 해산될 수밖에 없었다.

러시아의 정치상황은 극단적으로 악화되었다. 의회체제 첫해에 얻은 것은 다음과 같다. 대량학살과 폭동진압으로 인한 사망 22,721명, 징역 851명, 유배 3만 명, 추방 1518명. 이 명단은 지금도 매일 10~18명씩 늘어나고 있다.

학살과 임시 군법회의, 약탈이 어디서나 일상적으로 일어났다. 30여 개의 주에서 기아가 발생했다. 러시아는 차르의 왕관과 그를 둘러싼 고문단의 통치를 단지 몇 달 더 연장시키기 위해 이 희생을 치르고 있었다.

이런 사태가 언제까지 지속될지 아무도 예측할 수 없다. 영국의 명예혁명과 프랑스혁명 중에도 일시적으로 반동세력이 우세했었다. 프랑스에서는 그것이 거의 2년간이나 계속되었다. 그러나 몇 달간의 경험으로 우리는 러시아의 정부 안에도 건전한 세력이 있다는 것과 현재의 백색테러도 오래 가지 못할 것을 알았다. 군대도 조국을 위한 자신의 임무가 무엇인지, 반동세력에 동조하는 것이 얼마나 큰 죄악인지 깨닫기 시작했다. 처음에는 구체제의 힘을 경시했던 혁명가들도 보다 견고하고 광범위한 기반 위에서 투쟁을 준비하고 있다. 또한 엄청난 수의 젊은이들이 혁명에 뛰어들고 있다. 이런 조건에서 쇄신된 자유로운 러시아의 탄생을 위해 투쟁하는 사람들의 궁극적인 승리는 의심할 바 없다. 1억 5천만 명으로 이루어진 러시아는 — 지구 인구의 1/8, 지구 대륙 면적의 1/6을 차지하는 — 로마 같은 제국이 아니라 평화적으로 문명과 진보를 이룩하는 민족 연합이 될 것이다.

1906년 11월 켄트 주 브롬리에서

표트르 크로포트킨

큰 발자취를 남긴 위인들의 자서전은 다음 세 가지 가운데 하나다. "이제까지 나는 길을 잃고 헤매었다. 그러다 마침내 참다운 길을 발견했다."(아우구스티누스)이거나, "나는 정말로 나쁜 사람이다. 그러나 이런 나보다 낫다고 감히 나설 수 있는 자가 누구냐."(루소)이거나, "천재는 바로 이런 좋은 환경에서 내면으로부터 서서히 발전해 왔다."(괴테)이다. 이러한 자기표현의 형태 가운데 이 책의 지은이는 자기 스스로를 이야기의 중심에 놓고 있다.

19세기 유명인사의 자서전은 흔히 이러한 방식으로 씌어져 있다. "나는 뛰어난 재능과 사람을 끄는 매력을 갖고 있었다. 그래서 이처럼 높은 존경과 찬양을 받는다!"(하이베르*, 『추억 속의 생애』)이거나, "나는 재능이 있을 뿐만 아니라 사랑도 받을 만 했는데도 여전히 인정을 받지 못했다. 내가 명예의 월계관을 쓰기까지는 이런 어려움을 겪어야했다."(안데르센, 『내 생애의 이야기』)이다. 이 두 전기에서 지은이들은 동시대인들이 자신에 관해서 어떻게 생각하고 무엇이라고 말했는지에 대해서만 신경쓰고 있다.

그러나 이 자서전에서 저자는 자신의 재능을 과시하지 않고, 남의 인정을 받아보겠다고 고군분투하지도 않는다. 그는 동시대인들이 자신에 대해 갖는 생각 따위는 조금도 염두에 두지 않았다. 그는 다른 사람들이 자신에 대해서 생각한 것을 단

---

* Johanne Louise Heiberg: 1812~1890. 덴마크 무대의 최고 여배우로 고전극과 음악극에서 뛰어난 재능을 보이며 대단한 명성을 누렸다.

한번, 그것도 짧게 기록했을 뿐이다.

이 작품은 저자 자신의 '이미지'를 응시하고 있지 않다. 저자는 기꺼이 자신에 관해서 이야기하고 싶어 하는 사람들 부류에 끼지 않는다. 그렇게 해야 할 필요가 있을 때는 수줍음을 머금고 마지못해서 할 뿐이다. 여기에는 내면의 자아를 드러내는 고백도 없으며, 감상적이거나 냉소적인 것도 없다. 그는 자신의 허물이나 인덕에 대해서도 말하지 않는다.

그는 독자에게 천박하게 가까워지기를 바라지 않는다. 그는 언제 연애를 했는지, 이성과의 관계는 어땠는지에 관해서도 쓰지 않았다. 결혼에 대한 언급도 없을 정도다. 그가 아버지였다는 사실, 그것도 매우 자상한 아버지였다는 이야기도 16년 동안의 말년 생활을 이야기하면서 딱 한번 언급할 따름이다.

그는 자신의 심리보다는 자신을 포함한 동시대인의 심리를 묘사하려고 애쓴다. 독자는 이 책에서 관료적인 러시아와 그 통치 하에 있는 민중, 고뇌하며 전진하는 러시아와 퇴행하는 러시아의 심리를 엿볼 수 있다. 자신이 걸어온 길보다는 오히려 동시대인의 이야기를 하려고 애쓴 흔적이 뚜렷하다.

따라서 이 삶의 기록은 지난 반세기 동안의 유럽 노동운동사는 물론이고 그가 살았던 시대의 러시아 역사까지 모두 담고 있다. 우리는 그의 내면세계를 통해 그 속에 비춰진 외부세계를 볼 수 있다.

그럼에도 불구하고 이 책에는 괴테의 『시와 진실』처럼 비범한 정신이 어떻게 해서 형성되었는가 하는 기록도 있으며, 아우구스티누스의 『고백록』처럼 내면의 위기에 대한 서술도 담겨있다. 사실상 내면의 위기야말로 전환점이며 핵심이기도 하다.

이 무렵에 진심으로 러시아 인민을 생각했던 단 두 사람의 위대한 러시아인이 있었다. 이들의 사상은 전 인류의 유산이라 할 수 있다. 그들은 바로 레프 톨스토이와 표트르 크로포트킨이다.

톨스토이는 시적인 형식으로 우리에게 삶을 이야기 해준 바 있다. 그런데 크로포트킨은 아무런 시적인 수사 없이 자신의 온 생애를 우리에게 전해준다.

비록 근본적으로 다르기는 하지만 이 두 사람의 생애와 인생관은 하나의 평행선을 그을 수 있을 정도로 닮은 점이 있다. 톨스토이는 예술가였고 크로포트킨은 과학자였다. 그러나 두 사람 다 생애의 어떤 시기에 그 위대한 천부적 재능을 평온하게 발휘해 일할 수가 없었다. 톨스토이는 종교적 고뇌로 인해, 크로포트킨은 사회적 고뇌로 인해 애초에 내디뎠던 길을 포기하지 않을 수 없었다. 두 사람의 가슴은 똑같이 인류에 대한 사랑으로 가득 차 있었다. 그리고 상류계급의 무관심, 천박함과 잔혹성을 혹독하게 비난한 점, 또한 밑바닥에서 학대받고 짓밟히는 민중들과 함께 울고 웃었다는 점도 일치한다.

그들의 견해로 보면 민중은 바보가 아니라 겁쟁이다. 두 사람은 모두 이상주의자이며 개혁자의 기질을 가지고 있다. 그러나 크로포트킨이 톨스토이보다 더 평화적인 사람이었다. 톨스토이가 평화를 외치며 폭력에 호소하는 자들을 비난한 데 반해 크로포트킨은 테러리스트와도 친밀하게 지내며 폭력을 인정해 주었음에도 불구하고 그렇다. 두 사람 사이에 가장 큰 차이점은 지식인들과 과학에 대한 태도였다. 종교적 열정을 가진 톨스토이는 그것들을 멸시하고 배척한 데 반해 크로포트킨은 깊이 존중했다. 민중의 참상을 망각한 과학자들은 비난했지만 말이다.

비록 눈에 띄게 위대한 생을 살지 않고도 위대한 업적을 남긴 사람은 많다. 생애는 보잘것없고 평범해도 그런 사람은 많은 사람들의 흥미를 끈다. 그런데 크로포트킨의 생애는 위대하면서도 흥미진진하다.

독자는 이 책에서 파란만장한 요소들로 얽혀 있는, 목가적이면서도 비극적이고, 드라마틱하면서도 낭만적인 그의 생애를 보게 될 것이다. 모스크바와 시골에서의 유년시절, 어머니와 누이들, 선생님들과 늙고 충성스런 하인들의 모습과 봉건적인 가정생활의 다양한 풍경들이 유려한 문장 속에 감동적으로 그려져 있다. 시골의 경치와 두 형제의 보기 드물 정도의 깊은 우애는 순수하고 목가적이다. 그러나 농노에 대한 묘사는 슬픔과 괴로움으로 점철되어 있다. 농노에게 가해지는 과도한 소작료, 농노의 운명을 좌우하는 주인의 잔혹함이 그것이다.

또한 극적으로 변화하는 시대상도 있다. 궁정 생활과 감옥 생활, 황제나 귀공작 같은 러시아 최상류층의 생활도 있고 런던과 스위스에서 보낸 노동계급의 빈곤한 생활도 있다. 연극처럼 의상도 바뀐다. 낮에는 동궁(冬宮)*에 호화로운 의상을 입고 나타나던 주연 배우 크로포트킨이 밤에는 농부의 옷을 입고 교외에 나타나서는 혁명의 선동가가 된다. 또한 소설처럼 흥미진진한 요소도 있다. 문체로 보면 크로포트킨의 글처럼 단순한 것이 없을지 모르겠다. 하지만 이야기의 각 부분을 보면 사건이 적나라하게 묘사되어 있기 때문에 선정성을 노린 어떤 소설보다도 훨씬 강하게 독자를 흥분시킨다. 독자는 페트로파블로프스크 요새의 병원에서 탈주하기 위한 계획과 준비과정, 그리고 그 대담한 실행을 숨죽이며 흥미진진하게 읽을 수 있을 것이다.

크로포트킨처럼 여러 계층에서 활약했던 사람은 극히 드물며, 그 만큼 모든 계층을 잘 이해했던 사람도 드물다.

얼마나 훌륭한 모습인가! 곱슬곱슬한 머리에 호화로운 옷을 입은 소년 크로포트킨은 가장무도회에서 니콜라이 황제 곁에 서 있거나, 알렉산드르 황제를 호위하는 근시(近侍)로서 뒤따르기도 한다. 그런가 하면 다른 장면에서는 무서운 감옥에서 니콜라이 태공을 내쫓기도 하고 바로 발밑 독방에 감금되어 있는 사람이 미쳐가는 소리에 귀를 기울이기도 한다.

그는 귀족 생활도 했고 노동자 생활도 했다. 그는 황제의 시위(侍衛) 노릇도 했고 가난한 문인 노릇도 했다.

그는 학생 생활도 했고, 관료, 과학자, 미지의 땅에 도전하는 탐험가, 행정관, 박해받는 혁명가의 생활도 했다. 그는 망명자가 되어 러시아의 농민처럼 차와 빵만으로 산적도 있다. 또 첩보활동을 하기 위해 모습을 나타내기도 한다.

크로포트킨처럼 다양한 경험을 한 사람은 드물다. 그는 지질학자로서 수천 년

---

* Winter Palace: 엘리자베스 황후를 위해 지은 러시아 바로크양식의 건축물로 10월혁명 이전까지 역대 러시아 황실의 거주지였다.

전 선사시대의 진화를 조사했고 모든 역사적 진화과정을 터득하고 있었다. 서재나 대학에서 배울 수 있었던 문학적, 과학적 지식 — 예를 들면 어학, 문학, 철학, 고등수학 등 — 에, 공장이나 실험실 혹은 들판에서 획득한 지식 즉, 자연과학, 군사학, 축성술(築城術), 기계학에 관한 지식도 갖추고 있었다. 그의 지적 교양은 모든 분야에 걸쳐 있었다.

이렇게 활동적인 사람이 감옥에 갇혀서 꼼짝 못하게 되었을 때 그 고통이 얼마나 컸겠는가! 그야말로 감옥은 인내와 극기의 수련장이었다. 크로포트킨은 어느 자리에서 도덕적으로 발달된 인격이 모든 조직의 기초가 되지 않으면 안 된다고 말했다. 이것은 그 자신에게 해당되는 말이었다. 그 생활 자체가 그로 하여금 미래를 건축하는 하나의 주춧돌이 되게 했다.

크로포트킨의 생애에서 위기이자 전환점이었던 두 가지 사건이 있었는데 이것은 꼭 언급해야겠다.

서른 살이 될 즈음 그는 인생에서 결정적인 사건을 맞이한다. 당시 그는 값진 과학적 발견을 했다. 그는 북아시아 지도에서 틀린 곳을 발견했다. 그는 기존의 아시아 지리학 개념이 틀렸을 뿐 아니라 훔볼트의 이론도 사실과 다르다는 것을 알았다. 그 후 그는 2년 이상을 지리학 연구에 바쳤다.

그러던 어느 날 그의 머리에는 섬광처럼 하나의 영감이 떠올랐다. 그것은 아시아의 주요 산맥이 북에서 남으로 그리고 서에서 동으로 뻗은 것이 아니라, 남서로부터 북동으로 뻗어 있는 것이 아닌가 하는 것이었다. 그가 이 발견을 여러 사실에 적용해 보았더니 과연 그대로였다. 이 일을 계기로 그는 과학적 영감의 기쁨을 가장 순수한 형태로 깊이 체험했다. 그리고 그것이 정신에 미치는 작용이 얼마나 숭고한 것인가를 느꼈다.

그러나 그는 이 때에 오히려 위기의식을 느꼈다. 이런 기쁨을 극소수의 사람들만 누릴 수 있다는 사실을 깨닫고는 슬퍼졌던 것이다. 그는 이런 기쁨을 혼자서만 즐길 권리가 자신에게 있는가를 자문해보았다. 그는 자기가 해야 할 더 중요한 일이 있음을 깨달았다. 즉 새로운 발견을 위하여 애쓰기보다는 오히려 기존에 얻어진 지식을 일반대중에게 보급시키는 일에 힘을 보태야겠다고 느꼈다. 나로서는 그의 이런 생각이 꼭 옳다고는 생각하지 않는다. 만약 그렇다면 파스퇴르는 지금처럼 인류의 은인으로서의 대우를 받지 못할 것이다. 결국 과학적 발견이란 일반대중에게 유익하게 작용하기 마련이다. 내 생각에 사람이 저마다 재능을 살려 최선의 생산을 해내면 그것은 만인의 복지를 위해서 쓰인다. 그러나 이 근본관념이 크로포트킨의 특징이며 이것이야말로 그의 진수를 이루고 있다.

그의 이러한 경향은 점점 더 깊어진다. 핀란드를 여행했을 때였다. 유사 이전에는 북유럽 전체가 얼음 속에 묻혀 있었다는 영감 — 그것은 당시 정통학설로 인정받지 못했다 — 이 떠올랐기 때문에 새로운 과학적 가설을 증명하기 위해서 나선 여행이었다. 그러나 그는 여행을 하면서 빵을 얻기 위해 발버둥치지만 늘 굶주리며 고통받는 가난한 자들에 대한 동정심이 치솟았다. 마침내 그는 노동자와 가난한 대중을 위한 교사와 보호자가 되는 것이 자신의 의무라고 생각하기에 이르렀다.

얼마 후 그의 앞에는 새로운 세계가 펼쳐졌다. 그것은 노동계급의 생활이었다. 그리고 그는 자신이 가르치려던 노동자들에게서 오히려 배우게 된다.

그로부터 5, 6년 뒤 두 번째의 위기가 닥쳤다. 그것은 스위스에서 일어났다. 그는 스위스에서의 첫 번째 체류기간 동안 국가 사회주의 그룹을 탈퇴했다. 그는 경제적인 전제주의와 중앙집권화를 혐오하고 개인의 자유와 꼬뮌을 사랑했기 때문이었다. 그가 러시아에서 오랜 감옥 생활을 마치고 나서 서부 스위스의 지적인 노동자들과 함께 활동할 때 그의 머리 속에서 맴돌던 새로운 사회조직의 개념이 더욱 선명해졌다. 외딴 지방 우체국들의 협력시스템이나 철도회사의 협력시스템처럼 각 단체가 연합하는 사회운동조직이 떠올랐던 것이다. 그는 자신이 미래의 방향을 지시하고 사람들에게 그것을 따르라고 할 수는 없다는 것을 잘 알고 있었다. 그는 중세의 길드 조직이 아래로부터 건설되었음을 예로 들면서, 모든 조직은 대중의 자발적 활동을 통해서 생겨나지 않으면 안 된다고 확신했다. 그는 지도자와 피지도자를 구별하지 않았다. 하지만 내 생각으로는 지도자는 필요하다고 본다. 한번은 크로포트킨이 어떤 친구를 칭찬하면서 자기도 모르게 '그는 타고난 지도자'라고 말해서 내가 기뻐한 적이 있었다.

저자는 자신을 혁명가로 묘사하고 있는데 이는 전적으로 사실이다. 하지만 그렇게 인정 많고 온화한 혁명가는 좀처럼 없을 것이다. 스위스의 경찰관과 무장 충돌할 뻔했을 때의 일에 대한 기록에서 누구나 가지고 있는 공격본능이 그에게도 있다는 사실을 보게 되는 것이 오히려 놀라울 정도다. 그는 이 대목에서 자신과 동료들이 경찰과 충돌하지 않은 것을 다행으로 여겼는지 그렇지 않으면 유감스럽게 여겼는지, 그에 대해 자세히 말하고 있지 않다. 그러한 폭력적인 감정표현은 이 대목 한 군데에서만 발견된다. 그는 결코 복수자가 아니었으며 언제나 순교자였다.

그는 남에게 희생을 강요하지 않았으며 평생 스스로 희생하며 살았다. 그는 그런 희생을 조금도 고통스러워하지 않았을 뿐 아니라 아무렇지도 않게 여겼다. 그에게서 앙심이나 복수심은 찾아볼 수 없다. 그토록 악질적인 감옥의 의사에 대해서도 고작 "그가 좀더 말이 적었으면 좋았을 텐데."라고 말할 뿐이었다.

그는 자신을 과장해서 드러내는 일이 없는 혁명가였다. 그는 연극이나 오페라에 흔히 등장하는, 반역자들이 나중에 스스로를 옭아매게 되는 맹세나 의식을 거부했다. 이 사람은 단순함 그 자체였다. 그는 성격 면에서 어느 나라의 자유의 전사와 비교해도 손색이 없는 인물이었다. 이 사람보다 청렴하고 인류를 사랑한 사람은 없었다.

그는 내가 책머리에 이런 칭찬을 하는 것을 용인하지 않을 것이다. 그리고 이런 것이 상식적인 머리말의 한도를 넘는 것임을 잘 알고 있다. 그러나 나는 이렇게 말하지 않을 수 없다.

게오르그 브란데스

유년시대

01
스타라야 코뉴센나야 거리

모스크바는 역사적 발달이 느린 도시다. 역사의 느린 진행이 가져다 준 여러 특징들을 모스크바는 지금까지 신통하게도 잘 보존하고 있다. 고요하고 넓은 거리에 회색 페인트칠을 한 낮은 지붕의 집들이 밤낮으로 빗장을 채우고 있는 자모스크바레치예* 지역은 예전부터 상인들의 거주지였다. 그리고 근엄하고 전제적이며 격식 차리는 것을 중요하게 생각하는 구교도들의 온상이기도 했다.

성곽, 즉 '크렘린'은 여전히 교회와 국가의 요새다. 수천 개의 상점들과 창고들이 들어서 있는 쿠즈네츠키 다리와 트베르스카야 거리는 수백 년 동안 유행을 이끌어 오면서 상업이 번성하는, 거대한 제국의 무역중심지였다. 한편 플루쉬치카와 도로고밀로프카의 노동자들이 사는 지역은 모스크바 차르 시대의 그 소란했던 주민의 특징을 지금껏 고스란히 간직하고 있었다. 주민들은 나름대로 하나의 세계를 이루며 특색 있고 독립적인 생활을 이어가고 있다. 이 유서깊은 도시에 철도가 처음으로 건설되기 시작했을 때에는 교외에 자재창고와 화물 차량, 기관차 등이 들어갈 장소를 따로 배당할 정도였다. 모스크바의 여러 구역 중에서도 크렘린 뒤쪽에 있는 아르바트 거리와 프레치스첸카 거리 사이의 스타라야 코뉴센나야 — 깨끗하고

---

* 13세기에 형성되기 시작한 생활 및 상업지역으로 모스크바 강을 중심으로 크렘린의 맞은 편에 위치하고 있는 지역을 일컫는 말이다.

조용하며 미로 같은—거리는 가장 대표적인 곳이다.

약 50년 전 이 거리에 살았던 구 모스크바 귀족들은 갑자기 종적을 감춰버렸다. 이 귀족들의 이름은 표트르 1세 이전의 러시아 역사에는 자주 오르내렸으나 그 후 러시아 제국의 창설자 표트르 대제에게 부름을 받은 '새 인물들'에게 떠밀려서 역사의 뒤안길로 사라져 버렸다. 오랜 가문의 귀족들은 페테르부르크 차르로 부터 이미 자신들이 소외된 것을 깨닫고 어떤 이는 모스크바의 스타라야 코뉴센나야로, 어떤 이는 근교의 경치 좋은 시골로 은둔해버렸다. 그들은 네바 강둑의 새 수도에 위치한 정부의 요직을 꿰찬 '어디서 온지도 모르는' 인간들과 그 가족을 부러워하기도 하고 경멸의 눈으로 보기도 했다.

젊었을 때 그들 대부분은 국가기관, 특히 군에서 갖은 재미를 맛보았다. 그러나 무슨 이유에선지 고위 관직에 올라보지도 못한 채 행운이 사라지고 말았다. 그들 가운데 구도시에서 한직이나 명예직을 유지하는 사람이 비교적 성공한 축에 들 정도였다. 나의 아버지도 그중 한 사람이었다. 그러나 많은 사람들은 한직에도 오르지 못하고 현역에서 은퇴했다. 그들은 광활한 러시아의 어느 곳에서 살고 있든지 간에 말년이 되면 반드시 스타라야 코뉴센나야의 고향집에 돌아와서 여생을 보낼 궁리를 하곤 했다. 어릴 적 세례를 받고 부모의 장례식에서 최후의 기도를 드렸던 교회 근처에서 말이다.

때로는 고목에 새 가지가 돋듯 후손들이 번창하는 경우도 있었다. 어떤 이는 국내 여러 지방에서 다소 명성을 얻었고 또 어떤 이는 모스크바 이외의 다른 시가지나 페테르부르크 등지에서 가장 호화로운 집을 빌려서 살았다. 그러나 그 가지들이 가문에서 어떤 위치를 차지하든 선조 대대로 스타라야 코뉴센나야의 낯익은 교회 근처에 살던 녹색, 황색, 담홍색, 또는 갈색의 고목이 가문의 진짜 대표자였다. 그 구식 가장들은 구도시를 떠나 페테르부르크의 근위대나 왕실 등의 화려한 관직에 있는 젊은 친척들로부터 — 다소 모순적이기는 하지만 — 극진한 존경을 받았다. 그 가장들은 오랜 가통의 화신이었던 것이다.

스타라야 코뉴쉔나야 거리에 있는 크로포트킨이 태어난 집

시끄럽고 번잡한 모스크바 상업중심지로부터 멀리 떨어진 이 한적한 거리의 집들은 모두 똑같은 모습이었다. 번쩍이는 녹색 철판 지붕을 얹은 집들은 대부분 목조 건물이었고 페인트칠을 했다. 둥근 기둥과 현관은 화려하게 치장되어 있었다.

대개는 단층건물이었고 7, 8개의 커다란 창문이 거리를 향해 열려 있었다. 그 뒤에는 2층집들이 부엌이나 마구간, 광이나 마차고(馬車庫) 혹은 시종이나 노비들의 숙소에 둘러싸인 넓은 뒤뜰을 굽어보고 있었다. 이 뜰로 통하는 넓은 문의 놋쇠 문패에는 '아무개 중위, 소령, 대령 댁'이라고 쓰여 있었다. 극히 드물게 '아무개 소장' 같은 고위 관료의 이름이 적혀 있기도 했다. 그러나 이 시가지에서 번쩍이는 철문이 달린 고급 저택에는 예외없이 놋쇠 문패에 '아무개 상공회 의원' 또는 '명예시민 아무개'라고 쓰여 있었다. 이 사람들은 자기들 마음대로 이 거리에 들어온 자들로 본토박이 주민들에게 멸시를 받고 있었다.

이 지역에서는 교회에 딸린 작은 목조건물 외에서는 어떠한 상점도 열지 못하게 되어 있었다. 작은 일용품 가게나 청과물 가게에서 조금 떨어진 모퉁이에는 반드시 경찰 초소가 있었다. 경찰은 낮에 미늘창*을 들고 입구에 서서 지나가는 사관들에게 그 험한 무기를 들어 경례를 붙이곤 했다. 그리고 날이 저물면 인근에 사는 늙은 하인들의 구두를 기워주거나, 물건을 만들어 팔았다.

파리로 치면 생 제르망에 해당하는 스타라야 코뉴센냐야의 생활은 적어도 외견상으로는 조용하고 평화스럽게 보였다. 아침나절에는 아무도 거리에 나타나지 않았고, 한낮이 되어서야 아이들이 프랑스인 가정교사나 독일인 보모를 따라 눈 쌓인 가로수 길로 산책을 나가곤 했다. 오후가 되면 부인들이 두 마리의 개가 끄는 썰매를 타고 — 썰매 뒤에는 하인 한 명이 좁은 판자 위에 올라선 채 — 외출하는 것이 보인다. 혹은 부인들이 커다란 활 모양의 스프링이 달린 구식 사두(四頭) 마차를 타고 앞에는 한 명의 마부, 뒤에는 두 명의 하인을 데리고 가는 것을 볼 수 있다. 밤이 되면 집들은 불빛이 휘황찬란했고 창문도 닫지 않았기 때문에 응접실에서 카드놀이를 하거나, 왈츠를 추고 있는 모습이 길가에서도 보였다. 당시는 아직 '신구사상의 충돌'이 없었다. 그 가정에서 부자간의 논쟁, 즉 대개는 가정의 비극을 초래하거나 아니면 형사들이 한밤중에 들이닥치는 사건이 시작된 것은 훨씬 뒤의 일이다. 50년 전에는 그런 논쟁은 그림자조차 찾아볼 수 없었다. 모든 것이 적어도 표면상으로는 평온했다.

나는 1842년 이 스타라야 코뉴센냐야 거리에서 태어나 15년을 살았다. 그 동안에 아버지는 어머니가 돌아가신 집을 팔고 다른 집을 샀다. 그러나 그 집도 팔고 겨우내 여기저기 셋방을 전전하다가 마침내 아버지가 세례를 받은 교회 바로 근처에서 마음에 드는 집을 발견했다. 그리하여 우리는 여름 한 철 시골 별장에서 지내는 것 말고는 언제나 이 거리를 떠나지 않게 되었다.

---

* 끝이 두 가닥 또는 세 가닥으로 갈라진 창.

02
어머니의 죽음

우리 집의 한쪽 구석에는 넓고, 천장이 높은 침실이 있었다. 이 방안에 있는 커다란 침대 위에는 어머니가 늘 누워 계셨다. 그리고 그 옆에는 우리들이 앉는 어린이용 의자와 테이블, 또 과자나 젤리가 담긴 예쁜 유리그릇이 놓인 식탁이 있었다. 우

크로포트킨의 어머니와 아버지

3살 때의 크로포트킨

리는 불시에 이 방으로 불려들어 가곤 했다. 이것이 내 생애 최초의 어렴풋한 기억이다.

어머니는 폐병으로 위독했다. 나이는 겨우 서른다섯 살이었다. 가망이 없는 어머니는 죽기 전에 우리가 천진하게 떠드는 모습을 보면서 마지막 행복을 느껴 보고 싶어서 침대 옆에 자그마한 잔칫상을 마련하셨던 것이다.

나는 아직도 그 창백하게 여윈 얼굴과 기미가 낀 눈언저리를 기억하고 있다. 어머니는 애정 어린 눈으로 우리들을 보면서 우리에게 과자를 집어 침대에 올라오게 했다. 그리고는 갑작스레 통곡을 하다가 기침을 토해내기 시작했다. 그럴 때면 우리는 할 수 없이 그 방을 나와야만 했다.

얼마쯤 지난 후 우리 아이들, 즉 형 알렉산드르와 나는 본채에서 정원에 있는 작은 별채로 보내졌다. 아직 4월의 태양이 방을 환히 비추고 있는데도 보모인 부르만 부인과 울리아나는 우리에게 이젠 자라고 말했다. 둘 다 눈물로 얼굴을 적시며 우리에게 입힐 크고 흰 술이 달린 검정 셔츠를 깁고 있었다. 우리는 무서운 생각이 들어서 잠을 잘 수 없었다. 우리는 두 사람이 나지막하게 속삭이는 소리에 귀를 기울였다. 어머니에 관한 이야기 같았으나 잘 알아들을 수는 없었다. 우리는 침대에서 뛰쳐나와 물었다. "엄마는 어디 있어? 엄마는 어디 있어?" 두 사람은 소리내어 울기 시작했다. 그리고 "불쌍한 고아들." 하며 우리의 곱슬곱슬한 머리를 쓰다듬었다. 그러더니 울리아나가 마침내 참지 못하고 "어머니는 먼 곳에 가셨어요, 하나님이 계신 곳에." 라고 말했다. "어떻게 하늘에 갔어? 왜?" 우리는 어린 마음에 물어 보았으나 대답은 없었다.

이것이 1846년 봄의 일이다. 나는 겨우 세 살 6개월, 형 사샤*는 아직 만 다섯 살도 못 되었을 때다. 큰형 니콜라이와 누나 엘레나는 어디에 있었는지 기억나지 않는다. 아마 둘 다 학교에 가고 없었던 것 같다. 그 때 니콜라이는 열두 살이고 엘레나는 열한 살이었다. 둘은 언제나 함께 다녔다. 나는 이 두 사람에 대해서는 별로 기억이 없다. 알렉산드르와 나는 부르만과 울리아나가 보살펴주는 작은 별채에 기거했다.

독일 태생의 선량한 노부인 부르만은 세상 천지에 아무도 없는 외톨이였는데, 어머니를 대신해서 우리를 돌봐주었다. 가끔 간단한 장난감도 만들어주었고 우리 집에 한번씩 들리는 독일인 할머니에게서 생강사탕을 사서는 실컷 먹이면서 정성껏 우리를 길러 주었다. 과자를 파는 이 할머니도 아마 부르만처럼 의탁할 곳 없는 외톨이였던 것 같다. 우리는 아버지 얼굴을 거의 보지 못했다. 그 후 2년간은 내 기억에 남아 있는 것이 아무 것도 없다.

03
크로포트킨 가문

아버지는 우리 가문을 매우 자랑스럽게 여겼다. 가문 얘기가 화제에 오르기만 하면 언제나 엄숙하게 서재의 벽에 걸려 있는 양피지 액자를 가리키곤 했다. 그 그림은 우리 가문의 문장(紋章), 즉 수달피 가죽 외투를 입고 모노마프 가의 투구를 쓴 스몰렌스크 공국의 문장을 그린 것이었다. 그리고 액자 위에는 키예프 태공과 더불어 역사적으로 유명한 '용감한 왕' 로스티슬라브 므스티슬라비치의 손자인 스몰

---

* 알렉산드르의 애칭

렌스크의 태공으로부터 우리 가문이 시작되었다는 사실이 적혀 있고, 거기에 문장국(紋章局)의 확인 증명도 첨부되어 있었다.

"이 양피지를 손에 넣는 데 3백 루블이나 들었어." 아버지는 늘 이렇게 말하곤 했다. 아버지는 그 세대의 많은 사람들처럼 러시아 역사를 잘 알지 못했다. 따라서 그 역사적인 관련성보다는 투자한 돈 때문에 양피지를 높이 평가하고 있었다.

사실 우리 집안은 매우 유서 깊은 집안이었다. 그러나 러시아 봉건시대의 대표자로 볼 수 있는 루릭 가의 자손들이 그랬던 것처럼, 봉건시대가 끝나고 로마노프 가가 모스크바에서 왕위에 올라 국가통일에 착수했을 때 쇠락해 버렸다. 근세에 이르러 크로포트킨 가의 어느 누구도 국정에 특별한 관심을 가지는 사람은 없었던 듯 하다. 우리 증조부와 할아버지는 모두 젊은 시절에 군직(軍職)을 사임하고 대대로 내려오는 영지로 서둘러 돌아와 버렸다. 그 영지 가운데 중요한 곳인 우루소보는 랴잔 주(州)*의 비옥한 언덕에 자리잡은 곳으로서 그 울창한 삼림, 굽이치는 강, 끝없이 펼쳐진 초원의 아름다움에 누구나 마음이 끌리지 않을 수 없었다.

할아버지는 겨우 중위로 퇴직했는데 그때부터 이 우루소보에 은퇴해 있으면서 영지 인근 주(州)의 토지를 사들이는 일에 열중했다.

만약 우리 집이 그냥 지속되었더라면 우리 역시 할아버지와 같은 일을 하면서 살아갔으리라. 그러나 할아버지는 전혀 가풍이 다른 가가린 공작의 딸과 결혼했다. 그녀의 오빠는 연극애호가로 극장도 하나 경영하고 있었다. 그는 훗날 그 가문의 비웃음과 손가락질을 받으면서도 농노의 딸인 천재 여배우 세묘노바와 결혼할 정도로 자유분방했다. 세묘노바는 러시아 희곡예술 창시자 중 가장 명망 있는 사람이었다. 그녀는 결혼 후에도 계속해서 '전 모스크바 시민'의 찬사를 받으며 무대에 오르곤 했다.

할머니가 자신의 오빠처럼 예술과 문학에 취미를 가지고 있었는지는 모르겠다.

---

* 랴잔 주는 모스크바 남동부에 접해있는 지역이다. 우루소보는 랴잔 현의 남쪽에 위치해 있는 마을로 모스크바에서 약 250km 정도 떨어져 있다.

내 기억 속의 할머니는 이미 몸이 마비되어 작은 소리로 노래를 중얼거릴 뿐이었다. 그러나 그 다음 세대가 되자 문학적 재능이 우리 집안의 특질이 되었다. 가가린 공작부인의 아들은 러시아의 삼류시인으로 한 권의 시집을 냈다. 아버지는 그것을 가문의 치욕으로 여기고 입에 담는 것조차 꺼렸다. 그런데 우리 대가 되자 사촌형제들이나 형, 심지어 나조차도 문학에 다소 공헌했다. 아버지는 니콜라이 1세 시대의 전형적인 사관이었다. 그렇지만 아버지가 호전적인 기상을 갖고 있거나 군 생활을 좋아한 것은 아니었다. 아버지가 생전에 모닥불 옆에서 하룻밤이라도 야영을 하거나 전투에 한 번이라도 참가한 일이 있는지조차 의심스럽다. 니콜라이 1세 시대에는 그런 것들이 중요하지 않았다. 당시 군인들은 군복에만 집착했으며 다른 복장은 일체 무시했다. 병사들은 인간이라고 믿어지지 않는 제식훈련 솜씨를 갖추도록 훈련되었다. 예를 들면 '받들어 총'을 하면서 소총의 개머리판을 순식간에 꺾는 것은 유명한 기술이었다. 분열식에서 병사들은 마치 장난감 병정처럼 한 치의 흐트러짐도 없이 행진했다. 일찍이 미하일 태공은 어떤 연대를 사열하면서 한 시간 가량이나 '받들어 총'을 시키고 나서 "매우 좋다. 편히 쉬어!"라고 말했던 일도 있다. 당시 아버지의 이상은 이런 시대적 유행에 부응한 것이었다.

아버지는 1828년 투르크와의 전쟁에 참전하기는 했었다. 그러나 아버지는 줄곧 사령관실에만 머물러 있었다. 어린 우리가 아버지가 특별히 기분이 좋은 때를 보아서 전쟁 이야기를 좀 해달라고 조르면 레퍼토리는 딱 한 가지뿐이었다. 어느 날 밤 충실한 호위병 프롤을 데리고 전령으로 나가서 주민들이 도망쳐버린 촌락을 말을 타고 달리는데 수백 마리의 개들이 맹렬히 습격했다. 두 사람은 칼을 휘두르면서 겨우 아귀 같은 개떼들의 습격을 벗어날 수가 있었다는 이야기였다. 투르크 군대와 싸운 이야기였다면 어린아이의 상상력을 확실하게 만족시켜 주었을 테지만 우리는 대신 개 이야기를 들어야만 했다. 우리가 계속해서 졸라대면 용감한 행동으로 '성 안나' 훈장을 받은 이야기나 항상 차고 다니는 황금 군도(軍刀)를 하사받게 된 이야기를 해 주었지만 그것 역시 실망스러웠다. 아버지의 이야기는 너무도 김

빠지는 것이었다. 사령부의 장교들이 투르크의 어떤 마을에 주둔했을 때 그 마을에 화재가 일어났다. 집들은 불길에 휩싸였고 어느 집에 어린아이 하나가 남아 있었다. 아이의 엄마가 미친 듯이 울부짖었다. 이때 늘 상관인 아버지를 따라다니던 프롤이 불길 속으로 뛰어들어 어린아이를 구해냈다. 그 광경을 지켜본 사령관은 즉석에서 아버지에게 그 훈장을 수여했다는 것이다.

"하지만 아버지, 아이를 구해 낸 사람은 프롤이잖아요." 하고 우리가 물으면 "그럼 어때?" 하며 아버지는 아무렇지도 않게 대꾸하는 것이었다. "프롤은 내 부하잖아. 누가 받건 마찬가지지."

아버지는 1831년의 폴란드 혁명전쟁에도 참전했다. 그리고 바르샤바에서 군단 사령관 술리마 장군의 막내딸과 알게 되어 사랑에 빠졌다. 그리하여 부총독 파스키에비치 백작이 신부의 아버지 역할을 하며 라지엔키 궁전에서 성대한 결혼식을 올렸다. 아버지는 그 이야기를 할 때마다 "그런데 너희 엄마는 아무런 지참금도 가져오지 않았어. 술리마 영감, 그러니까 너희 외할아버지는 내게 산더미 같은 금화를 약속했지, 하지만 결혼식이 끝나자마자 바로 시베리아로 떠나 버렸어. 결국 나는 땡전한푼도 건지지 못했지."라고 늘 덧붙였다.

이것은 사실이었다. 외할아버지인 니콜라이 세묘노비치 술리마는 처세술과는 거리가 먼 사람이었다. 그에게는 드네프르 카자크*의 피가 흐르고 있었다. 카자크 군인들은, 자기들 보다 3배나 많고 신식무기를 가진 용감한 폴란드, 투르크 군대와 어떻게 싸워야 하는지 잘 알고 있었다. 그러나 자신들이 모스크바 왕조의 술수에 놀아나고 있다는 것은 알지 못했다. 그들은 폴란드 공화국 멸망의 시초가 된 1648년의 폭동 때 폴란드인과 싸워서 대승을 거두었음에도 불구하고 황제의 권력에 종속되어 모든 자유를 잃어버렸다. 당시 술리마 가의 어떤 이는 폴란드 군에 붙잡혀 바르샤바에서 살해당했다. 술리마 가문 출신의 다른 '대장'들도 용감하게 싸웠다.

---

* 15세기 폴란드, 리투아니아 등지의 농노들이 자유를 찾아 도망하여 드네프르 강과 돈 강 유역에 형성한 군사자치공동체.

그 결과 폴란드에게서 소러시아(우크라이나)를 빼앗았지만 그들은 아무런 포상도 받지 못했다.

젊은 시절의 크로포트킨 어머니

외할아버지는 또한 나폴레옹 1세가 침입했을 때 중기병 1개 연대를 거느리고 총검이 숲을 이룬 프랑스 보병 진지를 공격했다. 그는 머리에 중상을 입었고, 사망으로 간주되어 버려졌는데도 끝내 의식을 회복해 돌아왔다. 그러나 이런 전공에도 불구하고 알렉산드르 1세의 총애로 당시 세력이 강했던 알렉세예프의 신임을 받지는 못했다. 처음에는 서시베리아, 후에는 동시베리아의 부총독으로 좌천되었다. 당시에는 이 지위가 금광을 손에 쥐는 것보다 좋은 자리로 여겨졌다. 그러나 외조부는 고향을 떠날 때와 마찬가지로 곤궁하게 시베리아로부터 돌아온 후 세 아들과 세 딸에게 책 몇 권만을 유산으로 남겼을 뿐이었다. 나는 사람들이 존경하는 마음을 담아 외조부의 이름을 부르는 것을 자주 들었다. 시베리아에 있을 당시 외조부는 관리의 뇌물수수나 도적 떼의 약탈에 어떻게 손을 쓸 수가 없어 절망에 빠졌다고 했다.

어머니는 당시로서는 확실히 비범한 분이었다. 어머니가 돌아가신지 몇 년 후 별장 창고 구석에서 나는 어머니의 아름다운 필체가 담긴 한 묶음의 문서를 발견했다. 독일의 풍경을 보았을 때의 기쁨이 기록되어 있기도 하고, 행복에 대한 동경이나 애수가 담긴 일기, 검열관이 금지한 러시아의 시를 필기한 수첩 — 그 가운데에는 1826년 니콜라이 1세가 교수형에 처한 시인 릴레예프의 서사시도 들어 있었다 — 그 밖에 악보나 프랑스 희곡, 라마르틴의 운문, 바이런의 시를 베낀 수첩 몇 권과 수채화도 몇 점 있었다.

검은 눈, 꼭 다문 작은 입, 그리고 칠흑같이 검붉은 머리칼의 훤칠한 모습. 어느 유명한 화가가 심혈을 기울여 그린 초상화 속의 어머니는 마치 살아있는 것만 같았다. 솔직하고 쾌활했던 어머니는 춤을 몹시 좋아했다. 마을의 아낙네들에 의하면 그녀들이 춤을 추고 있는 것을 어머니가 발코니에서 부러운 듯이 구경하다가 그 대열에 끼어 춤을 추곤 했다고 한다. 어머니는 예술가적 소질을 갖고 있었다. 어머니는 무도회에 갔다가 감기에 걸려 그것이 폐렴으로 발전했고 결국 돌아가시게 되었다.

지인들은 모두 어머니를 사랑했다. 하인들은 어머니에 대한 추억을 소중히 여겼다. 부르만 부인과 보모들이 우리에게 사랑을 쏟아부은 것도 다 어머니 덕이었다. 울리아나는 우리의 머리를 빗어주면서 또는 침상에 들어간 우리를 위해 성호를 그어주며 이렇게 말하곤 했다.

"어머니는 지금쯤 저 하늘에서 도련님들을 내려다보시며 눈물짓고 계실 거예요."

우리의 어린 시절은 전적으로 어머니에 대한 추억으로 물들어 있다. 어두컴컴한 복도에서 마주치는 하인들은 알렉산드르와 나를 수없이 안아주었다. 들판에서 만나는 아낙네들은 우리에게 이렇게 말했다. "어머니처럼 좋은 분이 되셔요. 그분은 언제나 우리에게도 잘해 주셨죠. 도련님도 꼭 어머니처럼 좋은 분이 되실 거예요." '우리'라 함은 물론 농노들을 말한다. 만일 농노나 하인들이 많은 집에서 이러한 사랑의 분위기가 없었다면 우리는 어떻게 되었을까? 단지 어머니의 아들이라는 이유로 그들은 우리에게 지극한 사랑을 주었다. 나중에 다시 말하겠지만 때로는 그것이 눈물겨울 때도 있었다.

사람은 죽은 후에도 세상에 남고 싶어 한다. 하지만 참으로 선량한 사람은 영원히 기억된다는 사실을 알지 못한다. 그 기억은 다음 세대에 남겨지고 자손 대대로 전해진다. 그렇다면 영원히 산다는 것도 노력해 볼 가치가 없는 것은 아니다.

04
부르만 부인–울리아나–뽈랭, 프랑스어 수업
–고대역사 수업–일요일 놀이–연극에 대한 갈증

    어머니가 돌아가신지 2년 후 아버지는 재혼했다. 아버지는 어떤 부유한 집안의 미녀에게 눈독을 들이고 있었는데, 운명은 급변했다. 어느 날 아침 아버지가 약식제복을 입은 채였는데 하인이 헐레벌떡 뛰어 들어와 아버지가 소속된 제6군단 사령관 디모페예프 장군이 오셨다고 알렸다. 니콜라이 1세의 총애를 받는 장군은 참으로 무서운 사람이었다. 언젠가는 사열을 하면서 실수한 병졸에게 태형을 가해서 죽음에 이르게 한 적이 있을 정도였다. 또 한번은 길거리에서 한 장교가 뻣뻣한 옷깃의 후크를 잠그지 않았다고 병졸로 강등시켜 시베리아로 추방해 버린 적도 있다. 디모페예프 대장의 말 한마디는 황제 니콜라이의 말과 같이 전능함 그 자체였다.

    한번도 아버지를 방문한 적이 없었던 이 장군은 흑해함대 제독의 딸이자 처조카인 엘리자베타 칼란디노 양과의 결혼을 타진하러 온 것이었다. 그녀는 고전적인 그리스 형으로 생긴 대단한 미인이라고 소문이 자자했다. 아버지는 청혼을 받아들였다. 그리하여 초혼 못지않은 성대한 결혼식이 거행되었다.

    "너희들은 아직 어리니까 모르겠지만……." 아버지는 몇 번이고 이렇게 이야기하며 내가 여기에 쓰기조차 싫도록 기분이 좋아서 말했다. "그 외눈박이 귀신이라고까지 불리는 군단장이 친히 이야기하러 왔단다. 지참금도 없고 귀부인용 장신구를 가득 넣은 큰 가방 하나와 집시같이 생긴 검은 피부의 마르타라는 농노를 데리고 왔을 따름이지만 말이야."

당시의 일은 아무 것도 기억에 남아있지 않다. 다만 훌륭한 가구들로 채워진 넓은 거실이 있고, 거실 안에는 매력은 있지만 남부 출신처럼 생긴 젊은 부인이 우리 손을 잡고 돌면서 "좋은 엄마가 생겼지?"라고 말한 것을 기억할 뿐이다. 그때 나와 사샤는 얼굴을 찌푸리며 "우리 어머니는 하늘에 계세요."하고 대답했다. 우리는 의아한 표정으로 그녀의 일그러진 얼굴을 올려 보아야 했다.

아버지의 결혼식이 있기 전까지 우리는 부르만 부인의 감시 하에 별채에서 지내야 했다. 결혼식 — 귀족적인 교회에서 사령관이 신부 아버지 역할을 한 — 후에는 모든 것이 바뀌었다. 우리에게는 새로운 생활이 시작되었다. 집을 팔고 다른 집을 샀으며, 새로 산 집에는 새 가구와 새 물건들이 들어왔다. 돌아가신 어머니를 추억할 만한 것은 하나도 남아 있지 않았다. 어머니의 초상화도 어머니가 놓은 자수도. 부르만 부인은 전처럼 일하기를 원하며 계모의 아기를 돌봐주겠노라고 했지만 결국 쫓겨나고 말았다.

계모는 "술리마 집안과 인연이 있는 것은 아무것도 남겨두지 말라."고 했다. 계모는 외숙부와 외숙모, 외조모와의 연락을 완전히 끊었다. 울리아나에게는 가정부 일을 맡겼다. 그리고 집사가 된 플로르에게 시집을 보냈다. 큰형 콜랴*는 모스크바에 있는 근위학교로 보내졌고, 그곳에서 기숙사 생활을 했다. 그는 토요일마다 집으로 올 수 있었지만 크리스마스, 부활절 등의 연휴일 때에만 집에 올 수 있게 허락을 해주었다. 여름방학 동안에는 캠프생활을 하였다. 콜랴 형보다 겨우 한 살 어리고 둘째 형 사샤보다 여섯 살 많은 레나 누나는 여학교에서 공부를 했다. 그 당시의 학칙에 따라 할머니가 돌아가셨다든가 하는 특별한 경우가 아니면 누나는 집으로 올 수 없었다. 그것도 담임 선생님과 함께 몇 시간 동안만 집에 있을 수 있었다.

그래서 나는 나보다 겨우 열여섯 달 빠른 사샤형과 함께 둘만 남게 되었다. 우리는 함께 자라면서 아주 가까워졌다. 나중에 감옥과 유배생활이 우리 둘 사이를 갈

---

* 니콜라이의 애칭.

라놓을때까지 우리는 함께 하였다. 우리를 교육시킬 사람으로 뿔랭이라는 프랑스인 가정교사가 높은 급료를 받고 초빙되었으며, 보조교사로 스미르노프라는 러시아 학생이 낮은 보수를 받고 고용되었다. 당시 모스크바의 귀족 자제들은 대부분 패배한 나폴레옹 군대에서 생존한 프랑스인에게 교육을 받고 있었다. 뿔랭도 그런 사람으로 소설가 자고스킨의 막내아들을 교육시킨 적이 있다. 세르게이라는 그 소년을 훌륭하게 가르쳤다는 평판이 자자했기 때문에 아버지는 1년에 6백 루블이라는 높은 급료를 주면서 고용한 것이었다. 뿔랭 선생님은 '트레조르'라는 사냥개와 나폴레옹 시대의 커피 잔과 프랑스어 교과서 몇 권을 가지고 왔다. 그리고 우리와 우리의 하인 마트베이가 그의 지시를 받게 되었다.

그의 교육법은 극히 단순했다. 먼저 아침에 우리를 깨우고 자기는 방에서 커피를 마신다. 그리고 우리가 아침 자습과 예습을 하는 동안에 열심히 몸단장을 한다. 회색 머리칼을 빗어 점점 넓어져가는 대머리를 감추고 연미복에 오데코롱을 뿌린 후, 우리를 아래층으로 데리고 가서 부모님에게 아침인사를 시킨다. 대개 아버지와 계모는 한창 아침식사를 하고 있었다. 가까이 가서 "아버지, 안녕히 주무셨습니까?" "어머니 안녕히 주무셨어요?" 라는 틀에 박힌 인사를 서툴게 익힌 프랑스 말로 하고는 손에 키스를 한다. 뿔랭 선생님은 매우 정중하고도 우아하게 인사를 한다. "안녕히 주무셨습니까? 공작각하." "안녕히 주무셨습니까? 공작부인." 그러고는 즉시 물러 나와서 이층으로 올라간다. 이 인사는 아침마다 반복되었다.

그때부터 공부가 시작된다. 선생님은 연미복을 실내복으로 갈아입은 뒤 가죽 모자를 쓰고 안락의자에 몸을 파묻고는 "자, 암송이다."라고 말한다.

우리는 책에 손톱으로 표시를 해둔 곳에서부터 다음 표시가 있는 데까지를 암송한다. 선생님은 러시아 소년소녀들이 늘 익혀왔던 노엘과 샤프살(Noel and Chapsal)의 문법책이나 프랑스어 회화 책, 혹은 세계 역사나 지리책을 가지고 왔다. 우리는 문법, 회화, 역사, 지리를 외우지 않으면 안 되었다.

'문법이란 무엇인가? 바르게 말하고 바르게 쓰는 법칙이다.'라는 누구나 알고 있는 유명한 문구로 시작되는 문법은 잘 외웠다. 역사책 서문에는 역사에서 얻어지는 모든 이익이 나열되어 있었다. 처음의 몇 줄은 잘 외워 나갔다. 우리는 암송했다. '제왕은 관대하게 국민을 통치하는 예증을 이 책에서 발견할 수 있으며 군 지휘관은 전쟁의 방법을 배울 수 있다.' 그러나 법률 쪽에 가면 두 손을 들고 말았다. '법학자는 여기서……'라고 시작되는 문장에서 우리는 법학자가 역사에서 무엇을 얻는지 끝내 기억해내지 못했다. 이 '법학자' 라는 생경한 낱말이 산통을 다 깨고 말았다. 그래서 여기까지 오면 언제나 복습이 중단되었다.

"무릎 꿇어, 이 뚱뚱아(gros pouff)!" 하고 선생님의 벼락이 떨어진다. 이것은 나한테 한 말이다. "무릎 꿇어, 이 망아지 녀석아(grand dada)!" 이것은 형에게 하는 말이다. 우리는 무릎을 꿇고 울면서 열심히 그 법학자 대목을 외우려고 했지만 소용없었다.

정말로 그 서문은 우리를 고통스럽게 했다. 우리는 로마인들에 관한 내용을 모두 외우고 있어서 울리아나가 쌀의 무게를 재고 있으면 브렌누스*처럼 막대로 저울 눈금을 가리키기도 하고, 쿠르티우스** 흉내를 내며 나라를 구한답시고 책상처럼 높은 곳에서 뛰어내리기도 했다. 그럼에도 불구하고 뽈랭 선생님은 계속 법학자의 서문을 암송하게 하고 우리를 무릎 꿇게 했다. 그 후 형이나 내가 법학에 노골적인 경멸을 품게 된 것도 무리가 아니다. 만약 지리 교과서에도 서문이 붙어 있었더라면 어떤 일이 일어났을는지 모른다. 그런데 다행히도 처음 20쪽은 뜯겨나가고 없었다. 이것은 틀림없이 뽈랭 선생님이 전에 가르쳤던 세르게이 자고스킨의 덕택인 듯 했다. 그래서 우리는 지리 공부를 21쪽의 '프랑스를 적셔주는 여러 하천들'이라는 대목부터 시작하게 되었다.

언제나 무릎 꿇는 벌만 받은 것은 아니었다. 교실에는 백양목 회초리가 준비되어 있어서 서문이나 도덕, 예법의 대화 등에서 진척이 없으면 선생님은 즉시 회초리를 들었다. 그리고 우리 중 하나를 잡아 세운 뒤 바지를 걷고 왼손으로 머리를 움

---

* Brennus: BC 390년경 로마를 함락시켰다고 전해지는 갈리아인 지휘관.

** Marcus Curtius: 고대 로마의 전설적인 영웅.

켜진 뒤 회초리로 우리를 때리기 시작한다. 우리는 물론 그의 회초리를 피하려고 노력을 한다. 그러면 방에서는 그의 회초리의 씽씽거리는 소리에 맞추어서 슬픈 왈츠가 시작된다.

예카테리나 귀족 여학교를 졸업한 뒤 우리 방 바로 아랫방을 쓰고 있던 레나 누나는 이 고통스러운 왈츠를 못 견뎌했다. 어느 날 우리가 우는 소리를 듣고는 아버지 방에 뛰어 들어가 울면서 우리를 계모 손에 넘긴 것과 우리의 교육을 일개 프랑스 퇴역교사에게 일임해 버린 일을 마구 나무랐다. 누나는 소리쳤다. "물론 동생들이 잘했다는 것은 아니예요. 하지만 저렇게 엉터리 선생님에게 동생들이 개패듯 두들겨 맞는 것을 차마 못 보겠어요."

아버지는 이 뜻밖의 비난에 적잖이 당황했다. 하지만 동생들에 대한 누나의 사랑을 인정할 수밖에 없었다. 그 후 회초리는 트레조르를 훈련시킬 때만 사용하게 되었다.

뿔랭 선생님은 어려운 교육자 역할을 마치면 순식간에 부드러운 사람으로 변했다. 점심 식사가 끝나면 우리를 데리고 산책을 나가기도 했고 재미있는 이야기를 해주기도 했다. 우리도 참새 떼처럼 지껄였다. 우리는 아직 문장구조론을 몇 쪽 밖에 안 배웠지만 그래도 금방 '바르게 말하는 법'을 알게 되었다. 그 후 우리는 프랑스어로 생각하는 버릇을 몸에 지녔다. 받아쓰기 교재인 신화 책의 진도가 반쯤 나간 무렵에는 언어의 사용법은 설명해 주지는 않고 오자(誤字)만 정정해줄 뿐이었다. 그럼에도 불구하고 '바르게 쓰는 법'을 완전히 터득하게 되었다.

저녁 식사를 마치고 나면 러시아 선생님에게 수업을 받았다. 그는 모스크바대학교 법학부를 다니고 있었다. 그는 문법이나 수학, 역사 등 모든 러시아의 과목들을 가르쳐 주었다. 선생님은 매일 우리에게 역사를 한쪽씩 받아쓰게 했다. 그리고 우리는 이 방법 덕택에 얼마 안 가 러시아어를 정확하게 쓸 수 있었다.

어린 우리들을 제외한 집안 식구들이 모두 티모페예프 장군 댁으로 저녁 식사를 하러가는 일요일은 우리에게 항상 즐거운 날이었다. 때로는 뿔랭 선생님과 스미르노프 선생님도 하루 외출을 허가 받아 나가기도 했다. 그런 때면 울리아나가 우리를 돌봐주었다. 재빨리 저녁을 먹고 큰 거실로 뛰어가면 나이 어린 하인, 하녀들이 모여들었다. 그러면 까막잡기, 꼬리잡기 등 할 수 있는 모든 놀이를 하고 놀았다. 그러다가 만물박사 하인 티혼이 바이올린을 들고 나타나면 춤판이 벌어졌다. 그러나 그것은 우리가 프랑스 무용 선생님에게 배우는 박자에 얽매이는 불편한 춤이 아니었다. 공부와는 아무런 상관이 없는 자유로운 춤이었다. 스무 쌍이나 되는 사람들이 빙빙 돌아간다. 그리고 점점 발랄하다 못해 거친 카자크 댄스가 시작된다. 이때 티혼은 바이올린을 나이 든 누군가에게 넘기고 발로 갖가지 이상한 재주를 보여주기 시작한다. 거실 입구에는 요리사와 마부들이 잔뜩 몰려와서 춤을 구경했다.

아홉시쯤 되면 외출한 가족을 태워오기 위해 마차가 나갔다. 그동안 티혼은 브러쉬로 바닥을 깨끗이 닦으며 집안을 말끔히 치웠다. 다음날 아침 우리는 아무리 엄한 추궁을 당하더라도 간밤의 소란에 관해서 한마디도 하지 않았다. 우리는 하인들을 배신하지 않았다. 어느 일요일 형과 내가 거실에서 놀다가 부딪혀 비싼 램프가 산산조각 나고 말았다. 하인들은 즉시 모여 회의를 했다. 어느 누구도 우리를 나무라지 않았다. 다음날 새벽 티혼이 위험을 무릅쓰고 집을 빠져나가 쿠즈네츠키 다리까지 달려가서 똑같은 모양의 램프를 사왔다. 램프는 15루블이었는데 당시 하인들에게는 상당한 거금이었다. 그러나 하인들은 아무도 우리를 나무라지 않았다.

당시의 일을 떠올려보면 우리가 그렇게 말썽을 부리는 동안에도 하인들에게 불쾌한 말을 들은 적이 없었다. 그들의 춤도 요즘 사람들이 극장에서 보고 좋아하는 춤과는 전혀 달랐다. 사실 그들은 자신들끼리는 서로 난폭한 말을 하기도 했다. 그러나 존경했던 주인마님의 자식인 우리들에게는 언제나 너그럽게 대해주었다.

당시 어린이들은 요즘처럼 장난감이 너무 많아 곤란한 일은 없었다. 우리에게는 장난감이 거의 없었다. 우리는 스스로 놀 거리를 만들어야만 했다. 그래서 우리는 어릴 적부터 연극놀이를 좋아했다. 우리는 도둑이나 살인자가 등장하는 유치한 연극놀이에 흥미가 사라졌다. 둘이서 너무 많이 해서 질려버렸기 때문이다. 우리는 스타 발레리나인 파니 엘슬러의 모스크바 공연을 보러 갔다. 아버지는 공연을 보러 가면 언제나 비싼 돈을 주고 제일 좋은 특등석을 샀다. 대신 가족들은 모두 충분히 감상하지 않으면 안 되었다. 아버지는 발레를 보기에 내가 너무나 어렸음에도 불구하고 나도 데리고 갔다. 파니 엘슬러는 내게 너무나 깊고 큰 인상을 주었기 때문에 그 이후 나는 예술이라기 보다는 체조와 비슷한 춤들에 대해서 관심을 가지지 않게 되었다.

엘슬러가 공연한 발레 '스페인의 집시 지타나'에 대해서는 할 이야기가 없다. 우리는 집에서 춤이 아니라 발레의 줄거리를 가지고 연극을 공연하기로 결정했다. 우리에게는 이미 준비되어 있는 무대가 있었다. 침실 문에서 공부방 문까지 커튼을 쳤다. 그 앞에 몇 개의 의자를 반원형으로 늘어놓고 뽈랭 선생님을 위한 로얄석을 만들었다. 관객을 모으는 것은 힘들지 않았다. 스미르노프 선생님과 올리아나, 그리고 하녀 두셋이면 충분했다. 우리는 두 장면을 만들기로 결정했다. 그것은 지타나가 수레에 태워져 집시들의 캠프로 들어오는 장면과 그녀의 모습이 비치는 냇물의 다리를 건너는 장면이었다. 그 장면에서 관객들이 미친 듯이 박수를 보내며 탄성을 질렀다. 우리는 그렇게 박수를 받은 것은 냇물에 그녀의 모습이 비췄기 때문이라고 생각했다.

지타나 역은 가장 나이 어린 하녀가 맡았다. 비록 때문은 무명옷을 입고 있었지만 파니 엘슬러 역을 맡는 데는 별 지장이 없었다. 의자를 거꾸로 뒤집어 밀면 손수레가 되었다. 파란 무명베는 실개천이 되었고 다리는 2개의 의자와 재봉사 안드레이의 긴 철판을 가지고 만들었다. 우리는 통로에 뽈랭 선생님이 면도할 때 쓰는 작고 둥근 거울을 놓았다. 하지만 아무리 해도 모습 전체를 보이게 할 방법이 없었다. 그래서 우리는 올리아나에게 마치 냇물에 비치는 모습을 본것 같이 크게 박수를 치라고 부탁했다. 나중에는 우리도 올리아나가 진짜로 무엇을 본 게 아닌가 하고 착각할 지경이었다.

라신의 『페드르』 또는 최소한 비극의 마지막 장면의 공연도 나쁘지 않았다. 사샤가 멋있게 시를 낭송하였다.

"뜨레젠느(Trezene)의 성문을 나오자마자……."

그리고 나는 아들의 죽음을 내게 알리기 위한 저 길고 비극적인 독백을 하는 동안 쥐 죽은 듯이 앉아 있다가 원본대로 "오, 하나님!" 하고 외쳤다.

무슨 공연을 하든지 항상 공연의 마지막 장면은 지옥으로 끝이 났다. 우리는 촛불을 다 꺼버리고 한 자루만 남겨두었다. 이 하나 남은 촛불을 투명한 종이 뒤에 세워 놓고 불빛을 비치게 하여 형과 나는 죽은 사람이 되어 무서운 음성으로 울부짖는다. 잠들기 전에 기분 나쁜 일이 일어나는 것을 싫어하는 울리아나는 무서워하고 있었다. 그러나 이 한 자루의 촛불과 한 장의 종이로 만든 매우 구체적인 지옥의 모형은 나와 형이 영원한 지옥불에 대한 공포로부터 탈출하는 데 도움이 되었다. 우리가 갖고 묘사한 지옥은 너무나 사실적이어서 어떠한 회의주의적인 생각도 들지 못하게 만들었다.

내가 고골리의 희극 『검찰관』과 수호보-카브일린의 희극 『크리친스키의 결혼』 공연을 통해서 쉐프킨이나 사도프스키 그리고 슘스키 같은 모스크바의 명배우를 본 것은 아주 어렸을 때였다. 그럼에도 불구하고 나는 두 연극의 주요 장면은 물론 리얼리즘파의 훌륭한 배우들의 억양까지도 기억을 하고 있다. 이들의 공연 모습은 내게 강한 인상을 남겼기 때문에 그 후 웅변조로 연기하는 프랑스 배우들이 페테르부르크에서 공연하는 것을 보았지만 아무런 흥미를 느끼지 못했다. 나의 연극 예술의 취향을 형성한 쉐프킨이나 사도프스키의 연기와 비교되었기 때문이다. 지금 와서 생각해보건대, 부모가 아이들의 예술적 취향을 길러주기를 원한다면 소위 '어린이용 판토마임' 같은 것을 보여주기보다는 진짜 명배우들이 연기하는 훌륭한 연극을 보여주는 편이 낫다.

05
니콜라이 1세의 무도회–육군유년 학교 입학

여덟 살이 되었을 때 내 생애는 뜻밖의 방향으로 전개되었다. 그것이 어떤 계기에서였는지는 확실하지 않지만 아마 니콜라이 1세 즉위 25주년 기념식이 모스크바에서 거행될 때였다고 기억한다. 황제 일족은 이 옛 도시에 모여들었다. 모스크바 귀족들이 축하하기 위해 연 가장무도회에서 어린이들은 중요한 역할을 하게 되었다. 러시아 제국 내 각 민족의 가장행렬을 황제에게 보여주기로 되어 있었다. 우리 집에서도 대대적인 준비가 시작되었다. 계모를 위해서 훌륭한 러시아 전통 의상을 만들었다. 아버지는 군인이므로 군복을 입고 나가야 했다. 친척 중에서 군에 몸담고 있지 않은 사람들은 여자들과 함께 카프카즈, 러시아, 그리스, 몽골 등의 의상을 만드는 데 열중했다. 황제가 친히 관람하는 가장행렬이다 보니 모스크바 귀족들로서는 웬만큼 화려하지 않으면 안 되었던 것이다. 알렉산드르와 나는 나이가 아직 어리기 때문에 축제에

니콜라이 1세

낄 수 없었다. 하지만 난 축제에 참여할 수 있었다. 계모는 농노해방의 소문이 퍼질 무렵 빌뉴스 주지사가 된 나지모프 장군의 부인과 친했다. 굉장한 미인이었던 나지모프 부인은 페르시아 왕비의 호화스러운 의상을 입고 나오기로 되어 있었다. 페르시아 왕자 의상을 입고 등장할 열 살쯤 된 그녀의 아들은 보석이 박힌 혁대를 차기로 되어 있었다. 그럴 즈음 그 아들이 덜컥 병이 나버렸다. 부인은 가장 친한 친구의 아들을 대신 내보내려고 생각했다. 형과 나는 그 의상을 입어보기 위하여 부인의 저택에 가게 되었다. 옷은 형에게는 너무 작았고 내게는 꼭 맞았다. 결국 내가 페르시아 왕자를 대신하게 되었다.

모스크바 귀족회관은 손님들로 꽉 찼다. 어린아이들은 러시아 제국 60개 주(州)의 문장이 찍힌 기(旗)를 받았다. 내가 받은 것은 파란 바다 위에 갈매기가 날아다니는 것이었다. 훗날 생각해 보니 그것은 카스피 해 연안 아스트라한 주의 문장이었다. 우리들은 모두 홀의 뒤쪽에 정렬하고서 황제 일족이 서 있는 단상을 향해 두 줄로 천천히 걸어 나갔다. 그러다가 좌우로 갈라져 단상 앞에 한 줄로 늘어섰다. 그리고 신호에 따라 황제 앞에서 일제히 기를 내렸다. 전제정치의 광영이 인상 깊게 느껴졌다. 니콜라이 황제는 그것을 보고 황홀해 하는 것 같았다. 전국의 모든 주(州)가 이 지상의 지배자에게 엎드려 경배했다. 우리 소년들은 천천히 홀 뒤로 물러 나갔다. 그런데 이때 작은 소동이 벌어졌다. 금빛 자수 옷을 입은 시종들이 와서는 나를 열에서 빼낸 것이다. 그리고 퉁구스 복장을 한 백부 가가린 공이 나를 안아서 단상에 올려놓았다.

내가 소년들 중에서 가장 작은 탓이었는지 아니면 큰 아스트라한 깃털 모자를 쓰고 머리칼을 늘어뜨린 둥근 얼굴이 예뻐서 그랬는지는 모르지만 니콜라이 황제가 나를 옥좌로 불러 올린 것이었다. 나는 신기한 눈초리를 온 몸에 받으면서 장군들과 귀부인들 틈에 서 있었다. 나중에 들으니 군인다운 농담을 즐기는 니콜라이 1세가 당시 세 번째 왕손을 잉태하고 있던 황태자비 마리아 알렉산드로브나 앞에 나를 세워놓고 군인 말투로 "이런 애를 만들어 줘야 하는 거야."라고 말해 황태자비의 얼굴이 홍당무가 되었다고 한다. 니콜라이 황제가 과자를 먹고 싶지 않으냐고 물었던 것이 기억난다. 그때 내가 홍차를 곁들인 작은 비스킷이 먹고 싶다고 대답했더니 — 집에서는 마음껏 먹을 수 없었으므로 — 니콜라이 황제는 하인을 불러 커다란 모자에 비스킷을 가득 담아서 주게 했다. "형 사샤와 나눠 먹을 거예요." 하고 나는 황제에게 말했다.

그런데 재치 있기로 이름난, 군인 기질을 가진 황제의 동생 미하일이 나를 울렸다. "네가 점잖게만 있으면 모두가 이렇게 해 주는 거야."라고 말하면서 큰 손으로 나의 뺨을 부드럽게 어루만지더니, "그렇지만 나쁜 애는 이렇게 해주는 거지." 하면서 이번에는 코가 삐뚤어질 정도로 얼굴을 쓸어 올렸다. 아파서 눈물이 날 지경이었다. 귀부인들은 모두 우는 나를 달랬다. 마리아 알렉산드로브나는 내 곁에 다가와 나를 안아주었다. 그녀는 금빛으로 장식이 된 비로드 의자에 나를 앉혔다. 나중에 들으니 나는 그녀의 무릎을 베개 삼아 금방 잠이 들어버렸고 행사가 끝날 때까지 그녀는 그렇게 앉아 있었다고 한다.

이런 기억도 있다. 현관에서 마차를 기다리는 동안 친척들이 내 머리를 쓰다듬거나 키스를 하면서 "페챠*, 너는 근위학교 학생이 되었단다." 하고 말했다. 하지만 나는 "난 근위학교 학생이 아니야. 빨리 집에 가고 싶어." 하면서 사샤를 주려고 얻은 비스킷이 든 모자에만 신경을 썼다. 사샤가 그 비스킷을 실컷 먹었는지 어쨌는지는 기억할 수 없지만, 후에 그때 내가 모자에만 신경 썼던 일을 이야기했을 때 형은 즐거워하면서 나를 껴안아 주었다.

당시 근위학교 학생 후보자가 된다는 것은 굉장한 것이었다. 니콜라이 황제는 모스크바 귀족에게는 이 특전을 좀처럼 주지 않았다. 아버지는 크게 기뻐하면서 벌써 아들의 궁정생활을 꿈꾸고 있었다. 계모는 그날 일을 얘기할 때마다 "그렇게 된 것도 가장무도회에 나가기 전에 내가 너를 위해 기도해 준 덕택이야." 하고 늘 덧붙였다.

나지모프 부인도 크게 기뻐하면서 그때의 그 화려한 옷차림 그대로 나를 곁에

---

* 표트르의 애칭

세워두고 초상화를 그리게 했다. 형 알렉산드르의 운명도 이듬해에 결정되었다. 아버지가 청년 시절에 속해 있던 이즈마일로프스크 연대의 50주년 기념 축하행사가 페테르부르크에서 열렸을 때였다. 어느 날 밤 집안 사람이 모두 잠든 뒤 3두 마차가 종을 울리며 문 앞에 멈췄다. 한 남자가 뛰쳐나오며 큰 소리로 외쳤다. "열어라, 황제 폐하의 명령이다!"

이 급작스러운 소리에 우리 집안은 깜짝 놀랐다. 하지만 아무도 무슨 일인지 짐작조차 하지 못했다. 아버지는 두려움에 떨면서 서재로 내려갔다. 이런 경우에는 보통 "군법회의에 따라 졸병으로 강등한다!"라는 말이 군인 귀에 들리기 십상이었다. 참으로 두려운 시대였다. 그러나 니콜라이 황제는 연대에 속해 있던 장교의 명단을 파악하여 그 자식들을 육군학교에 입교시키려 했을 뿐이었다. 그리고 이를 위해 전령을 모스크바에 보냈고 전령은 주야를 가리지 않고 달려 이즈마일로프스크 연대의 장교들의 집 문을 두드리며 돌아다니는 것이었다.

아버지는 장남 니콜라이가 현재 모스크바 보병학교 제1대에 재학 중이며, 막내 표트르는 근위학교에 입교할 후보자이며, 둘째 알렉산드르는 아직 군 경력이 없다는 사실을 인정하는 글을 떨리는 손으로 써 주었다. 몇 주일 뒤에 '은혜로운 명령'의 통지서가 아버지 앞으로 도착했다. 알렉산드르는 오룔* 보병학교에 입교를 명령받았다. 아버지는 모스크바의 보병학교에 알렉산드르를 입교시키기 위해 갖은 수고를 하고 많은 비용을 지불해야 했다. 새로운 '명령'은 맏형이 모스크바 보병학교에 이미 입교해 있다는 점이 감안된 것이었다.

니콜라이 1세의 뜻에 따라 우리는 군대 교육을 받게 되었지만 몇 년이 지나지 않아 우리는 군대의 비리를 알게 된 후 군대를 혐오하게 되었다. 아무튼 니콜라이 1세는 귀족의 자제로서 허약 체질이 아닌 다음에는 군인 이외의 직업에 종사하는 자가 있어서는 안 된다고 생각했다. 이리하여 우리 삼 형제는 고스란히 사관이 되었고, 아버지는 몹시 기뻐하는 것 같았다.

---

* 모스크바에서 남쪽으로 300km 떨어진 지역에 있는 지방 도시.

06
구귀족의 도덕성 – 농노 – 스타라야 코뉴센나야 스타일

당시의 재산은 지주가 소유한 농노의 '머릿수'로 계산되었다. 그리고 그 '머릿수'는 남자 농노를 말하는 것으로 여자는 포함되지 않았다. 세 개의 주(州)*에 약 1,200명의 농노와 소작으로 준 넓은 토지를 소유하고 있던 아버지는 부자로 평판이 자자했다. 그리고 그 평판에 맞는 살림을 하고 있었다. 오는 사람 막지 않는다는 식이어서 방문객도 많고 고용인도 많았다. 우리 식구는 모두 8명인데 때로는 10명에서 12명이 되기도 했다. 모스크바에 50명, 시골에 약 60명의 하인을 소유했지만 그리 많은 인원이라고는 생각되지 않았다. 말이 12마리, 마부가 4명, 요리사 3명에, 요리사를 시중드는 하인이 2명, 식사를 할 때 시중을 드는 하인이 10명 — 한 사람씩 접시를 가지고 우리 뒤에 서 있었다 — 그리고 숙소에도 무수한 하녀들이 있었다.

지주들은 집에서 쓰는 것은 모조리 자신의 집에서 농노들이 직접 만든 수제품이라야 한다는 이상한 생각에 사로잡혀 있었다. "댁의 피아노는 언제 봐도 좋군요. 쉼멜 씨가 조율한 것인가요?"라고 손님이 말을 하면, "우리 집 조율사가 한 것입니다." 하고 대답할 수 있어야 당시에는 체면이 섰다.

"페이스트리 맛이 일품이군요!" 아이스크림과 곁들인 예술적인 맛의 페이스트리가 후식으로 나오면 손님은 이렇게 말했다. "아마 트렘블(당시의 일류 제빵사)이 만든 건가 보죠?" "아니요. 우리 집 요리사가 직접 만든 겁니다. 트렘블의 제자입니다

---

* 칼루가 주, 랴잔 주, 탐보프 주 —저자

만 솜씨가 어떤지 시켜 본거죠." 하고 말하면 모두 경탄하는 것이었다.

자수, 마구, 가구 등 필요한 것은 무엇이든지 집안에서 만들게 하는 것이 유복한 지주 집안의 이상이었다. 하인의 자식들은 열 살이 되면 즉시 일류 상점의 심부름꾼으로 보내어진다. 거기서 5~7년간 청소를 하고 모진 매를 맞고 시내를 뛰어다니며 심부름을 하면서 지낸다. 그러나 나는 상점에서 뛰어난 기술을 제대로 익혀서 돌아오는 자를 본 적이 없었다. 제화공이나 재봉사는 하인들의 구두나 옷을 지어줄 수 있는 정도였다. 손님이 와서 정말로 고급과자가 필요할 때에는 즉시 트렘블에게 주문을 해야 했으며, 정작 제빵사 하인은 악대 속에서 북을 치고 있었다. 이 악대는 아버지의 자랑거리 가운데 하나였다. 대개의 남자 하인들은 전문기술 외에도 악대에서 비올라나 클라리넷을 연주할 수 있도록 훈련받았다. 피아노 조율사 겸 집사인 마카르는 플루트를 불고 재봉사인 안드레이는 프렌치 호른을 불었다. 제빵사 하인은 처음에는 북을 치다가 마구 두들겨대는 바람에 나중엔 커다란 트럼펫을 불게 했다. 트럼펫은 손으로 두드리는 것이 아니라 숨을 불어넣는 악기이기 때문에 그렇게 시끄럽지는 않으리라고 생각했다. 그러나 이 예측도 빗나가자 그는 군대로 보내지고 말았다. '여드름투성이 티혼'은 램프와 마구간과 수많은 방을 청소하면서도 악대에서 오늘은 트럼본, 내일은 바순, 또 가끔은 제2바이올린을 연주하기도 했다.

두 명의 제1바이올린만 예외적으로 연주 외에는 아무 일도 하지 않았다. 아버지는 그 많은 가족 모두를 높은 값을 쳐서 여동생들에게서 사들였다 — 아버지는 다른 사람과는 농노 매매를 하지 않았다 — 아버지가 클럽에 나가지 않는 저녁에 집에서 연회가 열리는 날이면 12명에서 15명 정도의 악대가 불려나왔다. 그들은 불려나간 무도회에서 매우 능숙하게 연주했다. 우리가 시골에 있을 때는 더욱 그랬다. 악대를 빌리려면 아버지의 허락을 얻어야 했고 그런 부탁을 들어주는 것이 아버지에게는 커다란 자부심이었다.

어떤 부탁을 받든지 아버지는 즐거워했다. 예를 들어 학교에 다니는 아이의 수업료를 면제해 달라거나 법정에서 유죄를 선고받은 남자를 어떻게든 구해 주십사

하는 부탁을 받곤 했다. 아버지는 변덕스럽기는 했지만 기본적으로 관대한 사람이었다. 도움을 청하는 자가 있으면 그 사람을 위해 여러 고위 관료들에게 몇십 통의 편지를 보냈다. 언제나 두툼한 아버지의 우편가방은 반은 공식적이고 반은 해학적인 독창적인 문체의 편지들로 가득 찼다. 그 편지는 하나하나 가문의 문장으로 봉인되었다. 아버지는 단 한 번도 만나본 적 없는 사람에게서도 청탁을 받곤 했는데 문제가 어려울수록 최대한 유리하게 될 수 있도록 노력했다.

아버지는 손님이 많이 찾아오는 것을 좋아했다. 우리 집의 정찬 시간은 4시였고 7시에는 가족 모두가 사모바르*를 중심으로 둘러앉아 차를 마셨다. 이 시간에는 우리와 인연이 있는 사람이면 누구든지 함께 할 수 있었다. 누나 엘레나가 돌아오고 나서는 그녀의 손님들이 끊이지 않았다. 큰길로 난 창문으로 집안의 휘황찬란한 불빛이 보일 때는 가족 모두가 손님을 맞고 있다는 표시였다. 거의 매일 저녁 손님들이 찾아왔다. 홀의 녹색 테이블은 카드를 즐기는 사람들이 차지했고 부인들과 어린이들은 응접실에 남아있거나 엘레나의 피아노 주위에 몰려들었다. 부인들이 돌아간 후에도 카드놀이는 밤 1시나 2시까지 계속되어 상당한 돈이 이 손 저 손을 오갔다. 아버지는 거의 매번 잃었다. 집에서 잃는 돈은 그리 많지 않았지만 위험한 것은 영국인 클럽에서의 노름이었다. 그곳에서는 집에서 하는 것보다 훨씬 큰 규모의 돈이 오갔다. 더구나 '상류' 신사들에게 초대되어 구 시가지의 어느 귀족 집에 가기라도 하는 날이면 그야말로 도박으로 날 새는 줄 몰랐다. 아버지는 막대한 금액의 돈을 잃었다.

매년 겨울 두 번씩 성대한 무도회가 열렸다. 이럴 때면 아버지는 아무리 많은 돈이

19세기의 사모바르

---

* 러시아의 가정에서 물을 끓이는데 사용하는 일종의 주전자

들어도 화려하고 빈틈없는 무도회를 준비하려고 했다. 그러나 일상생활에서는 언제 그랬냐는 듯 절약했다. 아버지는 성대한 사냥행사로 유명한 프랑스 왕가도 일상생활에서는 양초의 개수까지 셀 정도로 검소하다고 말하곤 했다. 우리도 어렸을 적에는 검소한 생활을 했으나 자라면서 저축이나 절약을 싫어하게 되었다. 그러나 구 시가지에서 이런 모범을 보인 아버지는 갈수록 사람들의 명망을 얻었다. "노공작은 집에서는 구두쇠지만 진짜 귀족이 어떻게 살아야 하는지를 알고 있는 사람이다."

구 시가지의 한가롭고 깨끗한 거리에서는 그런 생활이 큰 존경을 받았다. 바로 이웃에는 D장군이란 사람이 큰 저택에서 살고 있었다. 이곳에서는 매일 아침 주인과 요리사 사이에 매우 재미있는 희극이 벌어진다. 아침 식사를 마치면 노장군은 담배에 불을 붙이면서 정찬 준비를 명령한다.

"오늘은……." 하고 노장군은 흰 가운을 입은 요리사에게 말한다. "많지는 않아. 손님은 단 두 분뿐이야. 수프를 만들었으면 좋겠는데. 봄의 미각에 맞는 것으로, 팥과 프랑스 콩을 섞어서. 부인이 봄에 나오는 프랑스식 콩 수프를 좋아하니까." "알겠습니다." "그리고 전채(前菜)요리는 자네 마음대로 하고." "알겠습니다." "물론 아직 아스파라거스는 철이 이르지만 가게에 좋은 것이 다발로 나와 있는 걸 봤어." "그렇습니다. 한 다발에 4루블*이구요." "그걸로 해. 그리고 구운 참새나 칠면조는 이젠 물렸으니 다른 걸로?" "사슴고기로 할깝쇼?" "그래. 아무거나 바꾸기만 하면 돼." 이리하여 일곱 가지 메뉴가 정해지면 노장군은 또 묻는다. "그래서 오늘의 지출은 얼마면 되지. 3루블이면 충분할 것 같은데?" "아닙니다. 10루블은 들겠습니다." "뭐라구? 그런 말도 안되는 소리 하지 말게. 자 여기 3루블이네. 슬쩍 계산해 보니 이 정도면 충분할 거야." "그래도 아스파라거스가 4루블, 야채류가 2루블 50코페이카……" "이봐, 이봐. 정신 차려. 그럼 75코페이카 더 주지. 알뜰하게 살아야 돼." 이렇게 반 시간 가량의 실랑이 끝에 다음 날 정찬을 1루블 50코페이카에 맞춘다는 조건으로 7루블 25코페이카에 합의가 되었다. 장군은 거기서 좀 아꼈다는

---

* 러시아의 화폐 단위. 1루블= 100코페이카

듯이 썰매를 타고 일류 상점을 한 바퀴 돌며 아내에게는 프랑스 산 최고급 향수 한 병을 사주고 외동딸에게는 값비싼 신형 비로드 망토를 오후까지 배달해 주게 하고 기분 좋은 얼굴로 돌아온다.

우리 친척은 친가 쪽이 많았는데 모두 같은 생활을 하고 있었다. 어떤 새로운 일이 일어난다면 그것은 대개 종교적인 것이었다. 가가린 공작이 다시 '전 모스크바'의 조소를 받으며 예수회에 들어갔다거나, 어떤 젊은 공작이 수도원에 들어갔다거나, 몇 명의 노부인이 광신도가 되었다는 것 등이었다.

예외적인 사람이 딱 한 사람 있었다. 우리와 매우 가까운 친척으로 — 미르스키 공작이라는 사람이었다 — 청년 시절을 근위장교로서 페테르부르크에서 보낸 사람이었다. 이 사람은 양복 재단사나 목수를 고용하는 데에 관심이 없었다. 그의 가구는 현대적인 스타일이었으며 의상은 페테르부르크의 일류 상점에서 사들인 것이었다. 그는 도박도 좋아하지 않았다. 부인들과 있을 때에만 카드놀이를 했다. 그의 유일한 결점은 만찬에 놀랄 만큼 거액의 돈을 쏟아 붓는다는 것이었다.

사순절과 부활절은 그가 맘껏 호사를 부리는 날이었다. 사순절이 되면 대개 고기, 크림, 버터 등을 먹지 않으므로 그는 이 기회에 어육으로 만든 갖가지 요리를 고안해냈다. 그는 이 성찬을 위해 두 도시를 오가며 최고의 가게를 샅샅이 뒤지고 다녔다. 그는 볼가 강 어귀까지 사람을 보내어 거대한 철갑상어나 소금에 절인 생선을 말에 실어 — 당시는 아직 기차가 없었으므로 — 운반하게 했다.

러시아에서 부활절은 일년 중 가장 엄숙하고도 떠들썩한 행사였다. 그것은 봄의 축제였다. 겨울 동안 길을 덮었던 눈이 녹으면서 물이 소리를 내며 거리로 흘러내렸다. 봄이 온 것이다. 도둑처럼 남몰래 살금살금 스며드는 것이 아니라 당당하게 봄이 찾아온 것이다. 나날이 쌓인 눈과 나무 새싹의 모습이 변해 갔다. 간밤에 내리는 서리도 해빙을 멈추게 하지 못했다. 사순절의 마지막 주간 즉, 고난주간은 모스크바에서 가장 엄숙히 거행되었다. 사람들은 복음서에 기록된 그리스도 수난 구절의 낭독을 들으러 교회에 갔다. 이 주간에는 고기나 계란, 버터뿐만 아니라 어육조차도 금지되었다. 독실한 신자들은 부활절 전 금요일에는 일체 식사를 하지 않았다. 그것은 부활절의 풍경과는 극히 대조적이었다.

토요일에는 모두 밤 예배에 참석했다. 의식은 슬픈 분위기로 시작된다. 그러다가 자정이 되면 부활의 소식이 전파된다. 교회들은 한꺼번에 불을 켜고 수백 개의 종탑에서는 즐거운 부활의 종소리가 울려 퍼진다. 모여 있던 모든 사람들이 환성을 올린다. 서로 상대방의 뺨에 세 번씩 키스를 하면서 부활절 인사를 나누고, 환한 빛이 가득한 교회 안에는 부인들의 정성들인 화장이 향기를 뿜는다. 아무리 가난한 여자라 하더라도 이날은 새 옷을 입는다. 1년에 단 한 벌의 옷을 장만할 수 있다면 바로 이 날 입었다.

또한 부활절은 예나 지금이나 위와 창자가 수난을 겪는 시기다. 아무리 가난한 사람이더라도 부활절용 특제품 치즈와 빵, 그리고 적어도 계란 한 개는 준비해야 했다. 계란을 붉게 색칠해서 교회에 바치면 정결하게 사순절 제물로 쓰였다. 대개는 짧은 부활절 집회가 끝나면 제물을 치운 후 야간에 식사를 시작하지만 귀족 집안에서는 그것이 월요일 아침까지 연장되었다. 테이블 위에는 갖가지 육류와 치즈와 케이크 등이 올라왔고, 하인들도 세 번 키스를 한 뒤 빨갛게 칠한 계란을 주인에게 바쳤다. 부활절 주간 동안은 식탁에 제물 음식을 차려 놓은 채로 놔두었다가 손님이 오면 누구나 먹을 수 있게 했다. 이럴 때면 미르스키 공작은 여느 때와는 달리 매우 분주했다. 페테르부르크와 모스크바에 파견한 심부름꾼들이 부활절용 치즈를 가지고 왔고 요리사는 그것으로 갖은 솜씨를 발휘하여 과자를 만들었다. 노브고로드에 파견된 한 심부름꾼은 곰 고기 햄을 구해 가지고 왔는데 그것은 부활절 식탁에 올리기 위해 소금에 절여졌다. 공작부인은 고난주간 동안 두 딸을 데리고 매일 서너 시간씩 가장 엄격한 수도원에 가 있기도 하고 그리스 정교, 가톨릭 또는 프로테스탄트의 성직자들을 예방하면서 종교적 신심에 빵 한 조각 못 씹을 정도로 우울해 있었다. 반면 남편은 매일 아침 페테르부르크의 유명한 가게들을 기웃거리며 돌아다녔다. 갖가지 진미가 세계 각지에서 모여드는 그곳에서 그는 부활절에 쓰일 음식을 선택했다. 그리고 수백 명의 방문객들에게 이것저것 진미를 권하는 것이었다.

이렇게 해서 공작은 마침내 그 거대한 재산을 말아먹어버렸다. 화려하게 지은 저택도 훌륭한 영지도 다 팔아버렸다. 부인마저 늙어버린 뒤에는 아무것도 남아 있는 게 없었고, 살 집마저 없어서 자식에게 의탁하지 않으면 안 되었다.

농노가 해방되었을 때 구시가지 스타라야 코뉴센나야 거리 대부분의 집들이 이미 망해버린 것도 이상한 일은 아니었다. 그러나 나는 그런 일이 미래에 일어나리라곤 전혀 예상하지 못했다.

07
영지관리인에게 내린 지시~니콜스코예로의 이동~군사 훈련~민주화의 기운

우리처럼 많은 하인들을 거느린 집이 식료품을 모두 사야했다면 큰일이었을 것이다. 그러나 농노제 하에서는 모든 일이 지극히 간단히 해결되었다. 겨울이 되면 아버지는 책상에 엎드려 다음과 같은 편지를 썼다.

"칼루가 주(州) 메숍스크 지방의 시레나 강변에 있는 니콜스코예의 영지 관리인에게. 공작 알렉세이 페트로비치 크로포트킨 육군 대령으로부터.

이 편지를 받는 즉시 작업하여 겨울 도로가 뚫리는 즉시 모스크바 시내 당 저택에 다음과 같은 것을 보내기 바람. 한 가구당 두 필의 말, 두 가구당 한 사람, 썰매 한 대씩을 할당하여 쌍두 썰매 25대를 만들 것. 연맥 얼마, 보리 얼마, 귀리 얼마. 그리고 올 겨울 도축해야 할 닭, 거위, 오리 목록을 첨부하고 감독자를 선정할 것."

이런 내용이 두 쪽 가득 쓰여 있었다. 실제로 크리스마스 직전이 되면 25대의 썰매가 착착 정문으로 들어서면서 넓은 뜰을 가득 메웠다. "프롤!" 아버지는 썰매가 도착했다는 소리를 듣자마자 외쳐댄다. "키류슈카! 예고르카! 어디 갔어? 도둑맞으면 어쩌려고. 프롤은 귀리를 확인하고, 울리아나는 닭을 받으러 가! 키류슈카는 마님을 불러!"

집안은 온통 북새통이 된다. 하인들은 광에서 뜰로, 뜰에서 광으로 뛰어다닌다. 더불어 하녀들 방에 니콜스코예의 소식도 전해졌다. "파샤는 크리스마스가 지나면 결혼하게 된다더라. 안나 아주머니는 돌아가셨다더라." 하는 말들이 전해진다. 또 반가운 편지라도 받은 여종은 잽싸게 내 방으로 뛰어 올라온다.

"혼자 계세요? 선생님은 안 계시는군요." "그래, 대학에 가셨어." "아, 그러시군요. 죄송하지만 어머니한테서 온 편지 좀 읽어 주시겠어요?"

나는 부탁받자마자 "우리는 네가 언제까지나 무병하기를 하나님께 기도하고 있단다." 라고 시작되는 소박한 편지를 읽어준다. 그 다음에는 이런 저런 근황이 이어진다. "큰어머니 아프로시니야는 몸 안의 뼈들이 모두 아프다고 하면서 여전히 누워 계시고 네 동생은 아직 결혼을 안 했지만 부활절이 지나면 곧 하게 될 거야. 작은 어머니 스테파니다의 암소는 만성절(萬聖節)에 죽었단다." 이런 근황이 끝나고 난 뒤 2쪽에 걸쳐 안부가 이어졌다. "동생 파벨이 네게 안부 전한다. 마리아, 다리아 언니도 안부 전하며 미트리 삼촌도 꼭 안부 전하라는 부탁이다." 극히 단조롭게 나열된 글이지만 하나하나의 이름이 나올 때마다 한 마디씩 하지 않고는 못 배긴다. "이렇게 안부를 전할 정도면 아직 큰어머님도 살아 계실 거 같네요. 일어나 앉지 못한 지가 벌써 9년이나 되는데." 라던가, 아니면 "아니 아직도 나를 잊지 않고 있다니. 크리스마스 때 돌아왔나 보군요. 편지 한 장 안 써주시겠어요? 답장을 안 할 수가 없어서요." 하고 말한다. 그러면 나는 받은 편지와 거의 똑같은 내용으로 편지를 써준다.

썰매의 짐을 다 부리고 나면 뜰 안은 사람들로 꽉 찼다. 양피 옷을 입은 그들은

러시아 농노 마을 풍경

천막 아래서 아버지가 방으로 부르기를 기다린다. 아버지는 그들을 불러 눈이 얼마나 내렸으며, 내년 수확은 어떻게 예상되는지 등을 묻는다. 모두 두꺼운 장화를 신고 있었으며 번쩍번쩍 윤이 나는 마루바닥을 조심스레 걸었다. 개중에는 대범하게 참나무 걸상에 앉는 자도 있었지만 대부분은 의자에 앉기를 사양했다. 그들은 아버지 방에 출입하는 사람들을 신기한 듯 바라보면서 몇 시간이고 기다리곤 했다. 다음 날 아침이면 하인 하나가 2층 공부방으로 몰래 들어온다. "혼자 계십니까?" "그래." "그럼 안뜰로 바로 와주시렵니까? 백성들이 뵙고자 합니다. 유모에게 뭔가를 받아온 모양이에요." 안뜰에 가보니 한 농부가 작은 보퉁이를 내민다. 쌀보리로 만든 과자와 대여섯 개의 강냉이와 사과가 무명보자기에 싸여 있다. "아무쪼록 받아 주세요. 바실리사 유모의 선물입니다. 사과가 얼었는지도 모르니 살펴보십시오. 먼 길을 품안에 넣어 왔습니다만 워낙 날씨가 추워서요." 하며 무성한 머리털 밑으로 하얀 이를 드러내며 수염투성이의 거무스레한 얼굴에 미소를 짓는다.

"이것은 유모인 안나가 도련님의 형님께 전해달라고 드리는 거랍니다." 하며 또 다른 농부가 비슷한 작은 보퉁이를 내민다. "불쌍하신 도련님이 학교에서는 실컷 먹지도 못 하실 거라고 말하면서 준 것입니다."

나는 미안해서 뭐라고 말해야 좋을지 몰라 중얼거리듯 말했다. "돌아가거든 바실리사에게 고맙다고 전해주시고 안나에게도 저희 형이 매우 고마워하더라고 전하세요." "예, 꼭 전해 드리고말고요."

나는 바실리사에게 답례를 하고 싶었으나 아무것도 줄 게 없었다. 장난감은 물론이고 우리는 용돈을 받은 적도 없었기 때문이다.

우리가 가장 좋아했던 것은 영지에서의 생활이었다. 부활절과 강림절이 지나가자마자 우리들의 마음은 벌써 니콜스코예로 가고 있다. 시간은 빠르게 지나갔다. 영지에는 벌써 라일락이 한창일 것이다. 하지만 아버지는 여간해서 모스크바를 벗어날 수 없는 모양이었다. 그러던 어느 날 대여섯 대의 마차가 안뜰로 들어왔다. 이 마차는 별장으로 보낼 짐을 실으러 온 것이었다. 우리가 타고 갈 낡은 대형마차를 비롯해서 다른 마차도 점검을 받았다. 짐을 꾸리기 시작하면서 우리의 공부 진도는 느려졌다. 우리는 선생님에게 이 책을 가져가야 하는지 아닌지 질문을 퍼부었고 — 다른 사람들이 짐을 싸기 훨씬 전부터 — 책과 석판, 장난감 등의 짐을 꾸리기 시작했다.

모든 준비가 끝났다. 짐을 실은 마차에는 별장용 가구랑 취사도구, 가을에 수확된 과일로 만든 여러 종류의 잼을 채울 무수한 병이 산처럼 가득 실렸다. 농부들은 여러 날을 아침마다 안뜰에서 대기했지만 좀처럼 출발명령이 떨어지지 않았다. 아버지는 아침나절에는 방에서 펜으로 무엇인가를 썼고 밤이 되면 어디론지 가버리고 보이지 않았다. 마침내 계모는 건초를 거두어들일 시기가 다가와서 백성들이 서둘러 돌아가고 싶어 한다고 말했다.

다음 날 오후 집사 프롤과 제1바이올린 주자 미하일 알리예프가 아버지 방에 불려갔다. 여정을 함께 할 4, 50명의 농노에게 줄 식대 — 그것은 하루에 얼마씩 지급될 동전이었다 — 를 넣은 포대와 동행할 하인의 명단이 프롤에게 전달되었다. 그 명단에는 동행할 사람의 이름이 적혀 있었다. 먼저 악단 단원들, 다음에 요리사와 조수, 세탁부와 조수, 그리고 '사팔뜨기 폴카' '뚱뚱이 돔나' '홀쭉이 돔나' 그 외에도 자식이 많은 여섯 명의 하인들이 함께 적혀 있었다. 제1바이올린에게는 '일정표'가 하달되었다. 나는 그 내용을 잘 알고 있었다. 왜냐하면 아버지가 나를 불러서 서류의 사본과 '일정표'를 장부에 옮겨 적으라고 했기 때문이다.

"미하일 알리예프에게. 공작 알렉세이 페트로비치 크로포트킨 육군 대령이.

그대는 5월 29일 오전 6시, 모스크바 시로부터 칼루가 주(州) 메숍스크 지방 시레나 강변의 우리 영지까지 230베르스타*의 여정에 함께 출발할 것. 하인들의 거동을 감시하고 만약 품행이 불량하거나, 술주정을 하거나, 복종하지 않을 때에는 통지서를 첨부, 본토 위수파견대장에게 인계하여 본보기로 태형에 처할 것(제1바이올린 주자는 그것이 누구를 말하고 있는지 잘 알고 있었다).

특히 그대에게 위임한 짐의 보존에 유의하고 다음과 같은 명령에 따라 진행할 것. 제1일, 말들을 먹이기 위해 아무개 촌에 머무를 것. 제2일, 포돌스크 시에서 1박할 것."

그 뒤에는 7, 8일에 걸친 일정이 자세하게 지시되어 있었다. 다음 날, 여섯 시가 아니라 열 시가 되어서야 마차는 출발했다. 시간 엄수는 러시아의 미덕이 아니다 (우리가 독일인이 아닌 것이 얼마나 다행이란 말인가).

하인들은 걸어가야 했다. 그러나 아이들은 욕조나 바구니에 자리를 잡고 짐 위에 실려서 갔다. 여자들은 가끔 마차에 올라 다리를 쉴 수 있었다. 그 이외의 사람들은 모두 230베르스타의 거리를 걸어야만 했다. 모스크바를 떠날 때는 규율이 엄해서 승마화를 신거나 상의 위에 혁대를 매는 것도 금지되었다. 그러나 아버지가 2, 3일 후에나 합류한다는 것을 알고는 남녀를 불문하고 가지각색의 옷을 입고서 무명 보자기를 허리에 두르고, 햇볕에 그을리고 비를 맞아가면서 숲에서 꺾은 나뭇가지를 지팡이 삼아 터벅터벅 걸었다. 그 모습은 부자 지주의 하인들이라기보다는 오히려 유랑하는 집시들처럼 보였다. 당시에는 이런 행렬이 드물지 않았다. 그

---

* 러시아의 길이 단위, 1베르스타=1.067km, 앞으로 나오는 거리의 단위는 모두 베르스타인데 쉽게 1베르스타=1km라고 생각해도 될 것이다.

래서 하인들의 행렬이 집 앞을 지나가는 것을 보면 우리는 저것은 아푸흐틴 가이고, 저것은 프랴니시니코프 가가 이동하는 것이라고 금방 알 수 있었다.

마차는 떠났으나 가족들은 아직 움직이지 않았다. 우리는 모두 기다리다 지쳤는데도 아버지는 아직 영지 관리인들에게 하달할 긴 명령서를 계속 쓰고 있었다. 그리고 나는 그것을 장부에 일일이 베꼈다. 마침내 출발명령이 내려졌다. 아래층으로 우리가 불려가자 아버지는 큰 소리로 여정을 읽어 내려갔다. "육군대령 공작 알렉세이 페트로비치 크로포트킨의 처, 크로포트킨 공작부인에게" 로 시작되는 명령서에는 여행 일정이 적혀 있었다. 내용에 따르면 "5월 어느날 아침 8시에 출발하다. 15베르스타를 지나서 어떤 정류장에 닿는다. 포돌스크 시까지 가서……." 이런식으로 니콜스코예까지의 일정이 적혀 있었다. 하지만 5월도 지났고, 일정표에 나와 있는 8시도 지났다. 우리는 오후 세 시가 되어서 출발하게 되었다. 하지만 아버지는 이미 그럴 것을 알고 있었기 때문에 다음과 같은 추가 내용을 일정표에 적어 놓았다.

"만일 일정이 어긋나 5월 29일 지정한 시간에 출발이 이루어지지 않는다면 공작

타란타스 마차—러시아식 여행용 마차

폐하의 허락을 받고 말들이 지치지 않도록 하면서 최선의 결과가 나오도록 한다."

이 종이를 읽는 것은 모든 사람들에게 기쁨을 주었다. 하인을 포함하여 가족 모두가 홀에 들어와서 잠시 의자에 앉았다.* 계모는 엄숙한 표정으로 성호를 그으며 여행을 축복하였고, 우리는 아버지와 작별 인사를 했다.

네 마리의 말이 이끄는 커다란 마차가 마부와 함께 문 앞에 멈추어 섰다. 마부는 다리를 저는 필카였다. 필카의 다리는 안으로 굽어 있었다(어렸을 때 그는 말 발굽에 코를 차인 적이 있었다. 그래서 코도 푹 주저 앉아 있었다. 그 이후로 그는 키가 크지 않았다. 25살이 되었지만 어린아이 키를 유지하고 있었다. 그래서 마부가 될 수 밖에 없었다).

마차에는 온갖 물건들이 가득 차 있었다.

"이 마차는 돌아가신 네 엄마에게 선물로 내가 사준 것이지. 바르샤바에서 말이야, 바르샤바 물건이지." 아버지가 내게 말해 주었다.

마차로부터 접는 사다리가 내려왔다. 그리고 다섯 명 또는 일곱 명, 즉, 새엄마, 레노치카, 포린카, 마리야 마르코브나, 소피야 마르코브나 이렇게 다섯이서 탔고, 가끔씩 엘레나 마르코브나와 악시니야가 타기도 했다. 그래도 자리는 넉넉하였다.

그 뒤로 작은 마차가 왔다. 이 마차에는 풀랭, 스미르노프 그리고 우리 아이들이 탔다. 그리고 엘레나 마르코브나와 하녀들 중 한 명이 탔다. 이 모든 것이 일정표에 기재되어 있었다.

아버지의 타란타스 마차는 자주 마당에 그대로 서 있었다. 아버지는 며칠 더 모스크바에 머물기 위해서 항상 이유를 찾아냈다.

"제발 부탁이예요, 알렉시스, 클럽에는 가지 마세요." 새엄마가 작별인사를 하며 아버지에게 귓속말로 속삭였다.

마침내 모든 일이 정리되고 우리는 출발하였다.

아버지는 우체국에 들려야 했다. 아니면 모스크바에서 출발하여서 자신의 영지

---

* 러시아 사람들은 여행을 떠나기 전에 모두가 함께 잠시 의자에 앉아서 잊어버린 것은 없는지 살펴보고 여행이 성공리에 이루어지도록 축복을 한다.

를 한바퀴 돌아야 했다. 그래서 니콜스코예는 아주 늦게 , 대부분의 경우에는 8월 자신의 생일에 맞추어서 도착을 한다.

모스크바에서 니콜스코예로의 5일간의 아주 느리게 움직이는 여행은 우리들에게 무한한 즐거움을 주었다.

이동은 아주 천천히 이루어졌다. 오전에 20~25베르스타를 이동했고, 오후에 또 그만큼 이동했다. 전혀 서두르지 않았다. 내리막길이나 오르막길이 나오면 마차에 타고 있던 사람들 모두가 내려서 걸어갔다. 우리도 마차에서 뛰어내려서 걸어갔다. 우리는 산딸기를 따기 위해서 숲속으로 뛰어들어가기도 하고, 도로를 따라 뛰어가기도 했다. 도로에서는 한 마을에서 다른 마을로 걸어가는 순례자들과 다양한 사람들을 만날 수 있었다. 우리는 휴식을 위해서 그리고 잠을 자기 위해서 도로변에 있는 벽돌로 잘 지어진 훌륭한 여인숙 또는 도로변에 위치한 마을의 안쪽에 위치한 숙박시설에 머물렀다. 당시에는 철도가 없었다. 그렇기 때문에 모스크바와 바르샤바를 잇는 도로를 따라서 마차의 행렬이 끝없이 이어졌다. 물론 만물박사 티혼이 우리의 행렬보다 앞서서 정찰을 하였다. 그가 귀리와 건초의 가격을 미리 흥정하고 나면 본대가 어떤 숙박시설로 들어갈지가 결정이 났다. 흥정은 매우 치열했다.

"공작부인께 고마움을 표시해 주시게. 이렇게 매년 오지 않나!". 새엄마가 여관 주인을 설득한다.

"물론이지요, 마님. 그 고마움을 어찌 잊겠습니까, 저를 믿어 주십시오."

마침내 마차에 타고 있던 사람들이 마당으로 들어오고, 짐을 내리기 시작한다.

요리사 안드레이가 닭을 사서 수프를 만들고, 우유가 가득 든 우유 통이 들어오고, 사모바르가 탁자 위에 놓이게 된다.

그동안 우리는 새롭고 재미있는 것들로 가득찬 마당을 뛰어다녔다. 돼지들이 귀가 묶인 채 흙탕물 속에 있었고, 송아지가 닭 똥 속에서 헤엄치고 있었다. 아이들하고 놀려고 했지만 어른들이 허락을 해주지 않았다. 가끔씩 우리는 말들에게 먹이를 주고 있는 옆 집의 정원으로 가서 산딸기를 따기도 했다.

어두워지면 더 많은 일들이 생겼다. 마차들에서 베개를 꺼내고 이부자리를 보았다. 싱싱한 짚풀을 가지고 와서 마루 바닥에 깔았다. 그 위에 이불을 덮었다. 하루 종일 마차에 시달린 우리는 순식간에 잠이 들었다.

그렇게 5일 내내 시간을 보냈다.

1812년 러시아 군대가 모스크바로부터 퇴각하는 나폴레옹을 섬멸하기 위해 전투를 벌였던 말로야로슬라베츠에서 우리는 항상 하룻밤을 잤다. 스페인 전투에서 부상당한 적이 있는 뿔랭 선생님은 이곳에서 벌어진 전투에 대해서 모조리 알고 — 혹은 아는 척 하고 — 있었다. 우리를 현장에 데리고 가서 어떻게 러시아군이 나폴레옹을 저지하려 했던가, 그리고 나폴레옹의 대군이 어떻게 그들을 섬멸하고 러시아 전선으로 진격했는가를 설명해 주었다. 그는 마치 그 전투현장에 있었던 것처럼 자세히 설명했다. 이 곳에서 다부 장군이 — 혹은 다른 장군인지도 모르겠다 — 카자크 군대를 보내 우회공격을 했으며 이 언덕 오른쪽 너머로 추격했고, 저기에서 나폴레옹의 왼쪽 날개에 해당하는 군인들이 러시아군 보병부대를 박살냈으며, 저기서 나폴레옹이 친히 불사조 같은 친위부대의 선두에 서서 쿠투조프 장군 부대를 습격했노라는 이야기를 했다.

구(舊)칼루가 거리를 따라가면 타루티노에서 멈추게 되어 있다. 여기에서 뿔랭 선생님의 설명은 어설펐다. 이 곳에서 혈전을 치른 나폴레옹은 남부로 퇴각하려고 했던 계획을 포기하고 — 모스크바로 진격하는 동안 지칠 대로 지친 군대를 — 스몰렌스크로 퇴각시켜야했기 때문이다. 선생님의 이야기로는 나폴레옹은 패배한 것이 아니라 다만 장군들에게 속았을 뿐이었다. 그렇지 않았다면 곧바로 키예프나, 오뎃사로 진격해서 그의 독수리 문장이 그려진 깃발이 흑해의 하늘에 나부꼈을 것이라고 말했다.

칼루가까지 가는 길은 시끌벅쩍하였다. 그것은 흔히들 말하는 생강을 넣어 만든 팔뚝만한 크기의 칼루가의 과자* 때문이 아니라, '큰 길을 따라 가는' 여행이 끝났기 때문이었다. 상상할 수 없을 정도로 큰 백양나무가 양쪽으로 길게 늘어선 길은 무섭기까지 했다. 길은 오르막과 내리막이 계속해서 반복되었다. 그리고 언덕 아래로 내려가면 어김없이 붉은색 진흙의 소택지가 있었다. 물론 소택지에는 다리도 있었다. 하지만 어느 누구도 다리 위로 갈 엄두를 낼 수 없었다. 삼두마차는 물론이고, 승객을 실은 무거운 마차는 당연히 다리를 돌아가야만 했다. 미리 탐색을 하여 오른쪽으로 갈 지 왼쪽으로 갈 지를 정하였다. 타고 있던 사람들은 모두 내렸고, 소리를 지르고 난리법석을 떨며 소택지를 간신히 지나갔다.

불쌍한 말들은 도움을 받아서 간신히 무거운 승객들을 평생 못빠져나갈 것 같은 소택지로부터 꺼내었다.

당시에는 이 길을 따라서 소금을 실은 우크라이나인들의 기다란 행렬이 지나가기도 했는데, 우리 하인들의 재미 중 하나가 이들을 놀리는 것이었다. 그러면 우크라이나인들이 쌍욕을 하면서 맞장구를 쳤다. 칼루가 너머에는 당시에 커다란 소나무 숲이 있었다. 우리는 7베르스타나 되는 모래밭을 통과해야만 했다. 모래밭은 너무 깊어서 말들과 사람들은 간신히 발걸음을 옮길 정도였고, 마차의 바퀴가 거의 빠질 것 같았다. 백년이 넘는 소나무 숲에서의 7베르스타는 내 어린 시절의 가장 아름다운 추억으로 남아있다.

사람들은 모두가 흩어져서 걸어갔다. 나는 혼자서 앞서서 가는 것을(물론 뽈랭이 우리를 두고 떠났을 때) 좋아했다. 백 살이 넘은 거대한 소나무들이 양옆에 우거져 있었으며 들리는 소리라고는 높은 가지 사이로 부는 바람 소리뿐이었다. 협곡에는 크리스탈처럼 맑은 샘물이 졸졸 흐르고 있었고, 샘물에는 나그네를 위하여 백양나무 껍질로 만든 작은 바가지가 떠 있었다. 다람쥐는 소리도 없이 나무 위를 빠르게 기어오르고 덤불은 신비로움으로 가득 차 있었다. 이 숲에서 자연에 대한 사랑, 그

---

* 18~19세기 러시아에서 가장 인기가 많았던 과자로 현재 러시아인들도 그 맛을 전설로만 알고 있다고 한다.

부단한 생명력에 관한 최초의 관념이 희미하게 생겨났다.

숲을 지나 우그라로 가는 나루터를 지나면 넓은 국도에서 갈라진 좁은 시골길로 들어서게 된다. 파란 호밀이삭이 마차 쪽으로 고개를 숙이고 있어서 말들은 좁은 길을 가면서 양쪽의 풀을 뜯어먹을 수 있었다. 마침내 마을 어귀의 버드나무가 보이기 시작했다. 어느덧 니콜스코예 교회의 우아한 노란 종탑이 눈앞에 보였다.

당시 니콜스코예는 지주들이 한적한 여유를 즐기기에 가장 적당한 곳이었다. 거기에는 부호들의 영지에서 볼 수 있는 화려함은 조금도 없었지만 건물과 정원의 설계 및 배열은 공들인 흔적이 역력했다. 새로 지은 본관 주변으로는 손질이 잘 된 넓은 정원과 작은 건물이 나란히 붙어 있었다. 농노들이 가족과 친밀한 관계를 유지하면서도 서로 독립된 생활을 할 수 있는 구조로 되어 있었다. '윗 정원'이라고 불리는 넓은 정원에는 과일나무만 심어져 있었는데 그곳을 통과하면 교회로 갈 수 있었다. 강으로 통하는 남쪽의 경사진 곳에는 보고 있으면 넋이 나갈 것만 같은 아름다운 정원이 있었으며, 화단에는 보리수, 라일락, 아카시아 등이 심어져 있었다. 본관 발코니에 올라가 보면 시레나 강의 풍경이 눈 아래로 펼쳐졌다. 그 옛날 몽골군이 침략했을 무렵 러시아군이 완강하게 저항했던 흙으로 만든 보루의 흔적과 저 멀리 황금빛으로 물든 보리밭이 펼쳐져 있었다.

어렸을 때 나와 형은 뿔랭 선생님과 함께 별채 중 하나를 차지했다. 엘레나 누나가 문제제기를 하고 난 후 교육방법이 많이 부드러워졌다. 그리고 우리와 선생님 사이도 훨씬 다정해졌다. 아버지는 군대를 검열하기 위하여 매년 여름 집을 비웠고 계모는 '폴리나'를 낳은 후 우리들에게 별로 신경쓰지 않았다. 그래서 우리는 언제나 뿔랭 선생님과 함께 있었다. 선생님도 이 별장 생활을 몹시 좋아했으며 우리도 이 생활을 충분히 즐기도록 배려해 주었다. 우리는 숲과 냇가를 거닐기도 하고 옛 보루 터에 오르기도 했다. 선생님은 러시아 군이 그곳을 방어하던 모습과 타타르 군이 그곳을 점령하던 장면을 이야기해 주었다. 그리고 때로는 늑대와 마주친 일도 이야기를 해주었다.

이러저러한 일들이 끊이지 않았다. 하루는 형이 물에 빠져 허우적거리는 것을 뽈랭 선생님이 구해내 우리의 영웅이 되기도 했다. 온 집안 식구가 산에 놀러가거나 숲 속에서 버섯을 캐기도 하고, 숲에서 꿀벌을 치면서 어린 손자를 키우는 백 살 넘은 할아버지 집에서 차를 마신 적도 있었다. 또 어떤 때는 저수지에서 잉어를 잔뜩 잡기도 했다. 잡은 잉어들 중 일부는 지주에게 보내졌고 나머지는 농부들이 나누어 가졌다. 유모였던 바실리사는 그 마을에 살고 있었다. 그 집은 마을에서 제일 가난했다. 집에는 남편 외에 벌써 조수역할을 톡톡히 하는 어린 남자 아이와 나중에 비국교파의 수녀가 된 나의 '젖동생'인 여자 아이가 있었다. 내가 방문하면 유모는 뛸듯이 기뻐하곤 했다. 그녀는 내게 크림, 계란, 사과, 꿀을 대접하는 것이 고작이었다. 하지만 나는 그녀의 마음 속 깊은 사랑과 친절함을 느낄 수 있었다. 그녀가 자기가 만든 삼베 테이블보를 깔고 — 러시아의 비국교파에서는 청결이 가장 큰 미덕이었다 — 번쩍번쩍 윤이 나는 나무쟁반에 음식을 담아오는 모습이나 아들을 대하는 듯한 부드러운 말씨는 내 마음을 더없이 흐뭇하게 해 주었다. 형 니콜라이와 알렉산드르의 유모들은 니콜스코예에서 비국교파의 대표적인 두 파벌 가문 출신이었는데 그 고상함에 있어서는 나의 유모도 비슷했다. 러시아 농민들이 여러 세기동안 잔혹한 압제 밑에서 고통을 겪으면서도 그 가슴 속에는 한없는 선량함을 지니고 있다는 것을 아는 사람은 거의 없다.

비가 오는 날이면 뽈랭 선생님은 여러 이야기를 해주었는데, 특히 스페인 전쟁 이야기를 자주 했다. 그러면 우리는 선생님을 졸라서 전쟁에서 부상당했던 이야기를 해달라고 했다. 따뜻한 피가 장화 속으로 줄줄 흐르는 것을 느꼈다는 대목에 이르면 우리는 감탄사를 연발하거나 선생님의 품으로 뛰어들며 키스했다.

모든 것이 우리를 군대생활로 이끄는 준비과정 같았다. 아버지의 바람이나 — 아버지가 사준 것이라고 생각되는 유일한 장난감은 총이었다 — 뽈랭 선생님의 전쟁담이나 우리가 자유롭게 볼 수 있는 책들이 모두 그랬다. 이 책들은 학문을 좋아하는 군인이었던 외조부 레프닌스키 대장의 유산으로 — 그림도 많고 훌륭한 가죽

표지로 되어 있는— 군대에 관한 것들뿐이었다. 그래서 우리는 비 오는 날에는 히 브리시대 이래 무기의 변천을 이야기하거나 마케도니아의 알렉산더 대제 이래 여러 전쟁의 전술에 대해 논했다. 그런 책을 탐독하는 것이 커다란 즐거움이었다. 그 책들은 전쟁놀이에서 공성퇴(攻城槌)나 아르키메데스 노포(弩砲)의 타격에도 견뎌낼 수 있는 보루를 구축할 때 둘도 없는 참고자료가 되었다. 전쟁놀이는 너무 많은 창문을 깨는 통에 결국 금지 당했다. 그러나 형과 나는 군인이 되지 않았다. 1860년대의 문학이 유년시절의 교육을 모두 지워버렸던 것이다.

혁명에 관한 뽈랭 선생님의 의견은 오를레앙 파*의 〈일류스트라시옹 프랑세즈〉의 견해와 같았다. 선생님은 이 잡지의 지난 호를 사들였다. 우리는 그 삽화를 모두 외울 정도였다. 그런 까닭에 오랫동안 나는 혁명이란 말만 들으면, 죽음의 신이 말을 타고 한 손에는 붉은 기, 한 손에는 낫을 들고 사람들을 좌우로 쓰러뜨리는 모습이 떠올랐다. 혁명은 그런 식으로 잡지에 그려져 있었다. 그러나 선생님의 1879년의 혁명이야기는 나에게 깊은 감명을 주었다. 지금 생각하면 혁명에 대한 선생님의 혐오는 다만 1848년의 혁명에만 한정된 듯하다.

우리 집에서 공작이란 존칭은 때와 장소를 불문하고 늘 쓰였다. 뽈랭 선생님은 이것이 마음에 들지 않았던 모양이었다. 한번은 선생님이 프랑스 대혁명에 관해서 알고 있는 사실을 이야기 한 적이 있었다. 무슨 말을 했는지는 잘 기억나지 않지만 한 가지 내 마음 속에 남아있는 것이 있다. 그는 어느 날 이렇게 말했다. "미라보 백작을 비롯해서 많은 귀족들이 작위를 버렸어. 미라보 백작은 귀족 존칭에 대한 경멸을 표현하기 위하여 '재봉사 미라보'라는 간판을 내걸고 점포를 차렸지." 그 이야기를 듣고 나는 '무슨 기능사 크로포트킨'이라는 간판을 내걸어야만 한다면 뭐가 가장 어울릴까 하고 오랫동안 골똘히 생각을 한 적이 있었다.

그 후 러시아인 가정교사인 니콜라이 파블로비치 스미르노프나, 러시아 문학의

---

* 1830년 1월 프랑스에서 필리프 평등공(平等公)의 아들 루이 필리프를 추대하기 위하여 티에르 등의 주동으로 결성된 당파.

공화주의적 경향도 나에게 영향을 미쳤다. 내가 소설을 쓰기 시작했을 때 — 그것은 내 나이 열두 살 때였다 — 나는 다만 P. 크로포트킨이란 서명을 사용했고 군대에 들어가서는 상관의 지적에도 불구하고 이 서명을 버리지 않았다.

니콜스코예 주변에는 지주들의 영지가 많이 있었다.

러시아의 중부지방에서 세레나 강변의 여름 풍경만큼 아름다운 곳을 찾는다는 것은 어려운 일이다. 석회암으로 이루어진 높다란 언덕은 까마득한 절벽으로 이루어진 강가와 강변으로 떨어지고, 강의 반대편에는 비가 많이 오면 물에 잠기는 목초지가 펼쳐져 있었다. 급류가 흐르는 강을 머금은 작은 골짜기들이 지나가는 빽빽한 숲이 멀리서 어두워지고 있다. 이곳저곳에 과수원으로 둘러싸여진 영지들이 보인다. 언덕 정상에 올라서면 일곱 개 이상의 교회 종탑을 볼 수 있다. 십여개의 마을이 호밀밭 사이에 놓여져 있다.

우리 가족이 인사를 하고 지내는 이웃은 많지 않았다. 다만 가까이에 살고 있는 지주들이 가끔씩 우리 가족을 찾아 왔다. 가장 가까운 이웃은 톨마초프 가족이었다. 그 가족의 푸르릉 거리는 말들이 묶여있는 오래되고 커다란 마차가 마당에서 삐걱소리를 내지 않고 일주일이 흘러가는 경우는 거의 드물었다. 마차가 현관에 멈추어 서면 안에서 톨마초프 부부와 아이들이 마차에서 내려왔다.

가장인 이반 시드로비치 톨마초프는 키가 크고 위엄이 있어 보였다. 그는 항상 이러저러한 소송으로 농부들과 얽혀 있었다. 그는 페테르부르크에 지방 정부에 대한 항의 서한을 보내기도 했으며, 농부들에 대한 지주들의 권한을 강화하기 위한 온갖 계획을 진행하느라고 바빴다.

보통 톨마초프는 방으로 들어오기도 전에 큰 목소리로 이야기를 한다.

"안녕하세요, 공작 부인. 저는 어제 페테르부르크 시장에게 편지를 썼습니다. 두 번째 쓴 것이죠. 먼저 보낸 편지에 대해서 답장을 받지 못했습니다. 페테르부르크에서는 우리 일에 신경쓸 틈이 없는 것 같습니다. 우리는 도대체 이 거지같은 농부들을 어떻게 해야 한단 말인가요? 얼마 전에 한 농부가 글쎄 이 십팔 년 동안 관직에 있는 저를, 뼈대있는 가문의 저를, 오랫동안 각하의 도움을 받고 있는 저를 위협하지 않겠어요! 어떻게 생각하시나요?"

톨마초프에겐 동생이 있었는데 그는 퇴역장군이었다. 연대장으로 근무를 할 때 그는 다른 사람들과 마찬가지로 자신의 지위를 이용해서 병사들을 부려먹었다. 병사들의 외투용으로 나온 천을 팔아서 사욕을 채우기도 했다. 게다가 기술을 가지고 있는 병사들에게 사적인 일을 시키기도 했다. 톨마초프 장군은 자신을 매우 높게 평가했다. 그는 항상 위압적이며 근엄한 목소리로 이야기를 했다.

자신보다 가난하거나 계급이 아래인 이웃의 지주에게는 손가락 두 개만을 내밀어 악수를 하며 자신의 위대함을 보여주었다. 하지만 우리 새엄마의 손을 잡을 때는 허리를 90도로 굽히고 항상 똑같은 문장을 반복해서 말했다.

"페테르부르크에 있을 때 공작부인과 같은 존경하고 교양있는 사람과 함께 여름을 보낼 수 있어서 큰 영광이라고 항상 이야기를 하고 있습니다."

그렇게 이야기를 한 뒤 그는 바로 담배 한 대를 피워도 되냐고 물은 뒤 잎담배 한 모금을 빤 뒤 다시 이야기를 한다.

"제가 연대장을 할 때에는 정수한 러시아 물만 마셨고, 잎담배만을 피웠죠. 잎담배만큼 건강에 좋은 것은 없습니다." 이렇게 이야기를 덧붙이는 것은 순전히 공작부인에 대한 자신의 존경심을 드러내기 위한 것이었다.

톨마초프 형제가 우리 집에 올 때에는 보통 두 명의 딸과 한 명의 아들을 데리고 왔다. 큰 딸은 아주 말이 없었다. 불행하게도 그녀는 당시에 유행하던 귀족자녀를 위한 페테르부르크의 여학교를 다니고 있었다. 그리고 그러한 거짓된 삶과 사람에 대한 자세를 배우게 된 것이다. 여학교를 마치고 실제 삶과 마주친 그녀는 사람들에게서 환멸을 느끼고 머리를 자르고 수도원으로 들어갔다.

그녀의 동생은 정 반대의 성격을 가지고 있었다. 동생은 건강한 몸을 가지고 있었으며 명랑하였다. 무언가 진지한 것에 대해서 이야기를 하여도 그녀는 항상 커다란 웃음소리를 내면서 들었다. 그것이 히스테리를 가지고 있기 때문이 아니라

낙천적인 성격 때문이었다. 때로는 식사를 하려고 탁자에 앉았을 때 남동생이 그녀에게 궁금해서 물어보기도 한다.

"카챠누나, 천장에 앉아 있는 파리 좀 봐. 어떻게 저렇게 거꾸로 앉아있는거야?"

이 말은 카챠가 미친듯이 웃기에 충분한 말이었다. 그녀의 웃음이 그칠 유일한 방법은 정원으로 나가서 뛰어다니면서 웃음이 그치기를 기다리는 것 뿐이었다. 그녀는 웃지 않고 있을 때엔 삶에 대한 긍정을 뽀뽀로 나타냈다. 그녀는 쉬지 않고 같이 노는 친구들에게(여자아이이건 남자아이이건 상관없이) 뽀뽀를 했다. 뿔랭 선생님은 이것을 보고 만약 여자가 우리에게 뽀뽀하는 것을 계속 놔둔다면 우리의 입 주변에 수염이 날 것이라고 경고하였다. 우리 나이에 수염이 난다면 정말 창피한 일임에 틀림없다.

우리 아이들은 톨마초프 씨 집에 놀러 가는 것을 아주 좋아했다. 톨마초프 씨 집에는 커다란 과수원이 있었다. 우리는 이 과수원에서 도둑잡기 놀이를 했다. 과수원에는 오래되어 버려진 원두막이 하나 있었는데 우리는 이것을 도둑들의 동굴로 사용했다.

우리 놀이에는 여자아이들도 참여를 했다. 카챠와 그녀의 여자 친구들인 바렌카와 율리야가 그들이다. 카챠가 놀이에서 아주 훌륭한 파트너 역할을 하였지만 우리의 마음은 그녀의 친구인 바렌카에게 가 있었다. 바렌카는 예쁘고 신중한 아이였다. 카챠의 남동생, 형 사샤 그리고 나 세 명이 모두 그녀를 좋아하고 있었다. 한 가지 이야기를 해 둘 것은 바렌카는 우리 셋 중 가장 나이 많은 아이보다 두 살이나 더 많은 열다섯 살이었다는 것이다. 당시에 우리는 열두 살에서 열세 살이었다. 바렌카는 그런 우리를 거들떠보지도 않았다. 그녀는 우리를 그냥 장난꾸러기로만 보았다. 율리야는 그런 우리를 알아치리고 우리에게 못되게 굴었다. 질투심을 느낀 것이다.

어느날 카챠의 남동생, 형 사샤 그리고 나 이렇게 셋이서 발렌카와 율리야를 납치해서 우리의 동굴에 가두어두고, 우리 모두에게 뽀뽀를 하게 만들자고 협의를 했다. 우리는 우리가 읽었던 페르시아와 그리스 전쟁사에 나왔던 것을 모델로 해

서 아주 복잡한 계획을 수립하였다. 그리고 우리의 계획은 성공을 했다. 우리는 카
챠가 놀라서 어쩔 줄 모르는 사이에 두 여자아이들을 납치해서 원두막에 가두었
다. 하지만 카챠는 용감하게 친구들을 위해서 동굴로 쳐들어왔고, 발렌카를 구출
해갔다. 율리야는 혼자서 도망갔다. 그리고 울면서 뿔랭 선생님에게 일러바쳤다.
카챠가 우리를 화해시키지 않았다면 일이 어떻게 되었을지 모를 일이었다. 이 사
건 이후로 우리는 율리야 놀리기를 그만두었다. 하지만 바렌카를 좋아하는 마음은
더욱 깊어졌다. 하지만 금방 가을이 찾아왔고 우리는 모스크바로 이사를 갔고, 순
식간에 모든 것을 잊었다.

　톨마초프의 농장은 깨끗하지도 잘 정리가 되어 있지도 않았다. 소와 오리 그리
고 닭들이 마당을 자유롭게 뛰어놀았으며, 그 마당에는 커다란 건축물이 올라가
고 있었다. 노장군은 그림을 좋아했다. 페테르부르크에 있을 때 그는 수백 장의 그
림을 구입했다. 그림들 대부분은 거장들의 그림을 복사해서 그린 것들이었다. 크
지 않은 집의 모든 벽에는 그림들이 가득 차 있었으며, 많은 그림들은 포장도 뜯지
않은 채 창고에 쌓여져 있었다. 그래서 장군은 그림들을 위한 특별한 집, 즉 일종의
'갤러리'를 짓기로 결정을 한 것이다. 집은 바로코 양식과 고딕 양식을 섞은 전혀 알
수 없는 양식으로 만들어졌는데 나는 이후로 그런 양식의 건축물을 본 적이 없었
다. 물론 그 건축물이 농부들의 노동에 의해서 지어졌다는 것은 말할 필요도 없을
것이다. 톨마초프의 농부들은 한 해도 아니고 매번 겨울 마다 벽돌을 칼루가에서
20베르스타 떨어진 여기까지 옮겨야 했다.

　영지를 접하고 있는 또 다른 이웃은 수도 없이 많은 오솔길이 있으며, 꽃나무들
과 정자 그리고 온실, 인공 저수지가 있는 커다란 공원을 자기의 영지에 만들었다.

　그도 마찬가지로 군인이었다. 포병장교 출신이었다. 그렇기 때문에 공원에는 대
포를 설치하고 크지 않은 요새를 만들어서 가족의 경축일이 되면 축포를 쏘았다.

　1861년의 농노 해방은 이러한 변덕스러운 사고의 끝을 알렸다. 톨마초프의 갤러
리는 완성되지 못한 채로 서 있었고, 요새는 얼마 지나지 않아서 흙더미로 변해버

렸다. 저수지에는 갈대와 잡초가 무성해졌다. 이러한 것들은 농부를 소유하고 있던 사람들의 미친짓을 증명해줄 뿐이었다.

무엇보다도 견디기 힘든 슬픔은 이러한 변덕스러운 생각이 농부들 생활에 피해를 주는 강제노동에 의해서 이루어졌다는 것이다. 일반적으로 어느정도 배부른 생활을 하는 지주는 약 이삼백 명의 농노를 보유하고 있었다. 이들 농노들은 일주일에 삼 일을 자신들의 주인을 위해서 일을 해야만 했다. 처녀들과 여자들은 농사뿐만이 아니라 다양한 수공예 작업과 직조 등을 해야만 했다.

대부분의 지주들의 영지는 발전 없이 그대로 경영이 이루어졌다. 그러한 관점에서 우리 이웃들도 마찬가지였다. 젊은 지주들은 나이든 지주들과 크게 다르지 않았다. 젊은 지주 중 한 명이 페테르부르크에서 학교를 마치고 영지에 살게 되었는데 그는 영지 운영을 새롭게 하려고 마음 먹었다. 우선 그는 영국의 차를 구입하고, 영지 관리인으로 독일인을 고용했다. 하지만 자동차는 농부들의 말들보다도 못했다. 자동차가 고장이 나면 고치기 위해서 거의 모스크바까지 자동차를 보내야만 했다. 독일인 관리인은 농부들과 문제를 일으켰고, 결국에 지주는 그를 해고해야만 했다. 새로운 영지 경영의 실패 후에 젊은 지주는 자신의 아버지가 했던 대로 영지를 경영하기 위해서 아버지가 고용했던 전 관리인을 고용하였다. 그는 영리하고 간사한 사람으로 농부들이 겁을 잔뜩 집어먹고 일을 하도록 만들었다. 이런 식으로 거의 모든 영지들의 운영이 이루어졌다.

우리 아이들은 검소한 여지주 소로키나 가족을 누구보다도 좋아했다. 엄마는 나이가 많은 과부였으며 직접 살림을 하면서 많지 않은 영지로부터의 수입으로 일곱 명의 딸과 모스크바 대학교에서 공부를 하고있는 아들을 교육시키고 있었다. 엘레나 누나와 나는 이 가족을 만나는 것을 가장 좋아했다. 하지만 아버지는 이 나이 많은 여지주를 거만한 여자라고 하면서 좋아하지 않았다. 하지만 우리 아이들은 소로키나 가족의 작은 집과 오래된 정원을 너무 좋아하였다. 대학생인 아들과 누나 엘레나와 함께 여학교에 다녔던 큰 딸에서부터 이 가족의 모든 식구들은 진지한 문제들에 관심을 가지고 있었으며 문학을 좋아했다.

바로 이 가족이 투르게네프가 자신의 작품 속에서 그렸던 그 가족들 중의 하나였다. 투르게네프는 이 가족이 좋아하는 작가였다. 우리는 원탁에 앉아서 투르게네프의 소설과 최신호 잡지들을 자주 읽었다. 바로 이런 가족에서부터 나중에 행동이 필요했던 바로 그 순간에 젊은 인텔리겐챠의 힘이 나오게 된 것이다. 그것은 농노의 해방이 이루어지고 난 뒤 몇 년 뒤에 있었던 일이다.

08
농노제도—강제 결혼— 하녀 폴랴—의사 사샤—게라시모프

1852년 가을, 형 알렉산드르가 사관학교에 들어가게 되자 우리는 일요일이나 공휴일에만 서로 만날 수 있었다. 학교는 집에서 7베르스타 정도 떨어진 곳에 있었다. 집에는 10여 마리의 말이 있었지만 학교로 형을 데리러 갈 만큼 성한 말은 한 필도 없었다. 큰형 니콜라이는 좀처럼 집에 오지 않았다. 알렉산드르가 다니는 학교는 비교적 자유로웠고 특히 문학선생님의 영향으로 그의 지적 능력은 몰라볼 정도로 좋아졌다. 뒤에 자세히 쓸 기회가 있겠지만 나는 형에게 많은 영향을 받았다. 정 많고 총명한 형이 있었다는 것은 큰 행운이었다.

그동안 나는 집에 있었다. 그리고 열다섯 살 생일이 가까와졌을 때에야 근위학교에 들어갈 수 있었다. 입학을 기다리는 동안 뿔랭 선생님은 해고되고 독일인 선생님이 대신 들어왔다. 이 선생님은 흔치 않은 이상주의자였다. 열렬한 목청으로 순진한 제스처를 섞어가며 쉴러의 시를 암송하곤 하는 재미있는 사람이었다. 선생님은 그해 겨울 동안에만 우리 집에서 머물렀다.

1853년 가을에 나는 제 1 모스크바 김나지움에 다니게 되었고 아버지는 숙제를 봐주라고 모스크바 대학교 학생인 스미르노프를 불렀다. 김나지움은 프레치스첸카 거리에 위치해 있었으므로 우리 집에서는 아주 가까이 있었다. 나는 3학년부터 다니기 시작했다. 그때 내 나이는 11살이었다. 나는 다양한 과목을 배우기 시작했다. 하지만 교육 방법은 엉망진창이었다. 네벤글로프스키라는 선생님이 기하학을 가르쳤는데 아이들을 농담 반 욕 반으로 대하였다. 대부분의 아이들은 선생님이 칠판에 쓰는 것을 전혀 이해하지 못했다. 우리는 유클리트의 이론을 책을 보고 외우고만 있었다. 네벤글로프스키 선생님은 내게 5점*을 주셨다. 하지만 난 그런 점수를 받을 자격이 없었다. 김나지움에서 나는 기하학에 관해서는 전혀 배운 것이 없을 정도이다. 그리고 4년이 지난 후 나는 근위학교에서 기하학을 배우기 시작했는데 처음부터 다시 공부를 해야만 했다. 나는 그때 사칙연산만을 간신히 알고 있는 상태였다.

가장 성적이 좋은 과목은 러시아어였다. 나는 받아쓰기를 거의 정확하게 썼고, 작문도 마그니츠키 선생님의 마음에 들도록 잘 썼다. 아이들이 모두 겁을 먹는 마그니츠키 선생님은 항상 내게 5점을 주셨다. 하지만 내가 부사를 빼먹고 쓰는 경우에는 어김없이 내게 2점을 주셨다.

역사는 쉽지 않았다. 김나지움에서의 역사 수업은 다음과 같은 방식으로 이루어졌다. 교실로 선생님이 사각형의 눈금이 그려져 있는 판을 가지고 왔다. 사각형 눈금 100개가 100년을 가리켰다. 그리고 눈금 하나는 일 년이었다. 판이 세워지면 문제를 냈다. 사각형에는 원, 선, 십자가 등 다양한 그림이 그려져 있었다. 선생님은 막대기로 차르의 대관식을 나타내는 선, 전쟁을 나타내는 원을 가리키며 묻는다.

"그리고리예프, 이게 무슨 뜻이지, 니콜라예프 이건 무슨 뜻이냐?"

---

* 러시아에서는 학습능력 평가를 1~5점으로 표시한다. 5점이 가장 높은 점수이며, 2점 이하는 낙제 점수이다.

대답을 올바로 하기 위해서 모두가 잔뜩 긴장했다. 원과 선의 위치가 연도를 나타내며 그 해에 전쟁이 일어났다는 것 등을 표시하지만 우리는 대답을 빨리 하겠다는 생각으로 백 년을 빠르게 또는 늦게 말하고 만다. 우리는 어떤 전쟁인지 누가 대관식을 치렀는지 헷갈리게 되고 1점이나 2점의 쪽지시험 점수를 성적표에 써넣어야만 했다. 나는 학년말 시험을 치를 때까지 역사과목 쪽지 시험 점수를 줄기차게 2점만을 받았다. 하지만 시험에서 나는 1812년의 알렉산드르 1세의 전쟁에 관한 문제를 뽑았고, 뽈랭 선생님이 귀가 닳도록 들려주었던 나폴레옹과의 전쟁에 대해서 신이 나서 이야기를 했다. 그리고 선생님은 내게서 2점을 받았던 흔적을 싹 없애주는 5점을 그것도 5점 플러스를 주었다.

　지리과목에서도 고통은 마찬가지였다. 나는 지리를 좋아했으므로 공부를 하는 것이 재미있었다. 나는 친구 니콜라예프와 함께 우리 김나지움의 지도도 그렸다. 우리는 완벽한 지도를 그렸다. 그때 그렸던 우리 3학년의 위치를 지금도 기억하고 있다. "남쪽에는 '프레치스첸카' 라고 불리는 바다가 있었으며, 동쪽은 2학년 공화국과 국경을 맞대고 있었고, 서쪽에는 라틴어라 불리는 이상한 언어로 이야기하는 4학년 공화국이 위치하고 있었다."

　우리 교실 위쪽에는 선생님 자리라는 '산'과 칠판이라는 '화산'이 놓여 있었다. 그리고 걸상이 붙은 책상들 사이의 계곡들이 그려졌고, 그곳에 살고 있는 사람들의 성격이 그려져 있었다. 맨 앞줄의 의자에는 평화를 사랑하고, 조용한 사람들이 살고 있었으며, 우리가 살고 있는 나라에 공포와 혼란을 주는 외국인, 즉 선생님이 나타나는 해안으로부터 멀어지면 멀어질수록 소란스러워지는 사람들이 살고 있었다. 우리는 우리 나라의 역사에 대해서 이야기를 했으며, 어떻게 외국인 중의 한 명이 자신의 왕좌와 함께 산—선생님 자리에서 선생님 자리와 벽 사이의 수로를 파헤치기 위해서 고안된 화살로 공격을 하였다. 즉, 선생님 자리가 벽에서부터 움직였고, 외국인은 국경선까지 쳐들어왔다. 결국 외국인은 자신의 적이 만들어 놓은 함정을 보지 못하고 항상 그렇듯이 자신의 자리에 앉다가 날아가서 벽에 머리를 부딪혔다. 이렇듯 "재미

없는" 지리를 나는 아주 재미있게 공부 하였다. 지도도 아주 정확하게 그렸다. 그럼에도 불구하고 우리에게 지리를 가르친 "외국인"은 나의 헛된 노력에 바보같은 점수를 주었다.

지리 선생님은 여러 나라의 지도를 그리라고 숙제를 내 주었다. 하지만 선생님은 우리에게 지도책에 나와 있는 지도를 그대로 복사하라고 시켰다. 나는 그것이 마음에 들지 않았다. 그래서 스미르노프와 함께 지도를 그리고 멋지게 색을 입혔다. 그리고 그것을 선생님께 가져갔다. 선생님은 미친듯 화를 냈고 그보다 더 화가 나 있는 내게 2점을 주었다.

김나지움에서 공부한 기간은 아주 짧았다. 하지만 학교에서 다른 아이들(대부분의 아이들이 나보다 나이가 많았다)과 함께 보냈던 겨울은 내게 성장할 수 있는 힘을 주었다. 이때부터 나의 지적인 생활이 시작되었다. 내가 기억하고 있는 나의 어린 시절은 전혀 다른 여러가지 장면으로 이루어져 있었다.

1854년 봄부터, 그러니까 내가 11살하고 6개월이 되었을 때부터 있었던 모든 일들을 나는 기억한다. 내 주변에 있던 사람들, 그들의 얼굴, 그들의 습관들이 내 기억속에 똑똑히 각인되어있다. 그때부터 나는 어느정도 의식을 가지고 책을 읽기 시작했고, 그때부터 나의 선생님인 스미르노프가 문학에 대한 관심을 키워주었다.

이때부터 나의 어린시절은 청소년기로 접어들었다. 나는 3년 간 내가 관찰했던 것을 이야기하겠다. 이 기간은 김나지움과 근위학교 사이의 기간으로 내 어린 시절의 가장 훌륭했던 시기이다.

나의 선생님이었던 스미르노프는 그 시기에 대학교를 졸업하였고, 재판소 하급 서기 자리를 얻어서 아침나절에는 거기서 일을 했다. 그래서 나는 점심때까지 혼자서 예습과 산책을 마치고도 책을 읽거나 글을 쓸 시간이 많았다. 가을이 되자 선생님은 모스크바에 있는 관청으로 발령을 받아 가버렸고 우리는 영지에 머물게 되었다. 나는 외톨이가 되고 말았다. 나는 늘 본가를 왕래하고 매일 몇 시간씩 동생 폴리나와 놀면서도 얼마든지 책을 읽고 글 쓰는 시간을 가질 수 있었다.

당시 농노제도는 벌써 말기의 징후를 나타내고 있었다. 바로 엊그제 일처럼 느껴지는 이 농노제도의 진상을 기억하고 있는 사람은 이제 거의 없다. 이 제도가 사회에 지극히 나쁜 영향을 미쳤다는 것을 막연하게 알고는 있지만 그것이 인간에게 끼친 육체적 정신적 영향에 관해서는 알지 못한다. 어떤 제도가 사라지고 나면 그 제도와 사회적 결과가 얼마나 빨리 잊혀지는지, 그 후 인간과 여러 사물이 얼마나 급속히 변화하는지를 조사해보는 것도 흥미 있는 일일 것이다. 나는 이 농노제도에 대하여 들은 것이 아니라 실제로 본 것을 쓰고자 한다. 그들의 생활은 이랬다.

집안일을 맡은 울리아나가 아버지의 방으로 들어가는 복도에 서 있다. 초조하고 떨리는 마음으로 무엇인가 기도를 하고 있다. 잠시 후 그녀는 방안으로 들어가서 겨우 알아들을 정도의 작은 소리로 커피가 떨어져간다는 사실, 설탕이 겨우 10킬로그램밖에 남지 않았다는 사실, 남아 있는 식량도 얼마 안 된다는 사실을 보고한다.

"이 도둑놈들!" 아버지는 고함을 쳤다. "너도 마찬가지야!" 아버지의 목소리는 벼락같이 온 집안에 울렸다. 울리아나는 그 폭풍우 앞에서 어쩔 줄을 모른다. 아버지는 다시 소리를 질렀다. "프롤과 공작부인을 불러 와. 어디로 갔어?" 계모가 들어오자 다시 욕을 퍼부었다. "당신도 이놈들과 한패야." 이런 식의 노기등등한 고함이 반 시간 이상이나 계속되었다.

그리고 아버지는 꼬치꼬치 따지기 시작한다. 그러는 순간 건초에 관한 일이 아버지의 머리에 떠오른다. 아버지가 마구간에 남아 있어야 할 건초의 양을 계산하는 동안 프롤에게는 남은 건초의 양을 재라고 하고 계모에게는 그것을 검사하게 한다. 상당량의 건초가 부족했다. 울리아나도 식료품 몇 근의 행방을 일일이 대지 못했다. 아버지의 목소리는 점점 더 격해진다. 울리아나는 몸을 부들부들 떨었다. 이번에는 마부에게 벼락이 떨어진다. 아버지는 방안의 물건들을 마구 내던지기 시작한다. "주인님, 뭔가 잘못된 것입니다." 마부는 같은 말만 되풀이할 뿐이다.

아버지는 몇 번이고 계산을 되풀이 한 끝에 이번에는 마구간에 남아 있어야 할 것보다 더 많은 건초가 남아있음을 알았다. 그러나 아버지는 고함을 멈추지 않았다. 이제는 왜 말에게 할당량을 먹이지 않았느냐고 마부를 꾸짖는다. 마부는 "아이고, 하나님." 하면서 "왜 제가 할당량을 다 안 줬겠습니까. 그건 정말 억울한 말씀입니다."라는 말만 되풀이한다. 프롤이 증인이 되어 그의 정직을 성모 마리아도 알고 계시다고 되뇌었지만 아버지의 화는 가라앉지 않았다. 이번에는 피아노 조율사 겸 식당을 맡은 마카르를 불러 최근의 여러 잘못을 따지기 시작한다. 마카르는 지난주에도 술에 취해 있었다. 어제도 접시를 대여섯 개나 깨뜨린 것을 보면 술에 취해 있었음이 틀림없다. 실은 접시를 깬 것이 오늘 이 대소동의 화근이었다. 계모가 오늘 아침 그 일을 아버지에게 일러바쳤고 그 때문에 울리아나는 평소와 달리 심한 꾸중을 당했고, 잇달아 마부에게 건초 양을 따졌고 마침내 '이 도둑놈들' 모두에게 세상의 어떠한 형벌을 가해도 시원찮을 듯한 꾸중이 계속되었던 것이다.

갑자기 폭풍우가 멎었다. 아버지는 책상에 엎드려 편지를 썼다.

"이 편지를 가지고 마카르를 경찰에 데리고 갈 것. 백양목 회초리로 백 대 정도 때릴 것."

공포와 절망이 온 집안을 휩쓸었다.

괘종시계가 네 시를 알린다. 모두 아래층으로 식사를 하러 내려갔으나 먹을 마음이 들지 않아 수프는 손도 대지 않은 채 그대로 남았다. 식탁에는 모두 열 사람이 있었고 바이올린 주자와 트럼본 주자가 깨끗한 손으로 접시를 들고 서 있었지만 마카르는 눈에 띄지 않았다. "마카르는 어디에 갔어? 불러와." 하고 계모가 말했지만 마카르는 나타나지 않았다. 다시 명령이 내려지고 잠시 후 그가 창백한 얼굴로 몸을 구부리고 들어왔다.

아버지는 접시만 내려다보았다. 계모는 아무도 접시에 손을 안 대는 것을 보고 우리에게 권했다.

"얘들아 수프가 참 맛있지?" 새엄마는 프랑스어로 말했다.

나는 눈물이 북받쳐 올라왔다. 식사가 끝나자마자 나는 바깥으로 뛰어나갔다. 나는 어두운 복도에서 마주친 마카르를 붙들고 그 손에 입을 맞추려고 했다. 그러나 그는 손을 뿌리치면서 자제하는 것인지 의심하는 것인지 모르게 말했다.

"제발 저를 내버려 두세요. 도련님도 어른이 되시면 역시 아버님처럼 되실 걸요."

"아니야, 절대 그렇지 않아."

하지만 아버지는 지주들 가운데서 악랄한 축에 드는 편은 아니었다. 하인들이나 농민들은 오히려 아버지가 매우 좋은 지주라고 했다. 이 같은 사건은 농노들에게 늘 있는 일이었고 세상에는 훨씬 잔혹한 일들이 많았다. 그리고 농노들에게 태형을 가하는 것은 경찰이나 소방대의 일상적인 업무였다.

어떤 지주는 그의 친구에게 이런 말을 했다.

"자네 집 농노는 어째서 그렇게 늘질 않나? 아무래도 농노들의 결혼 감독을 제대로 하지 않은 모양이야."

며칠 후, 그 장군은 영지의 주민 명부를 제출하게 했다. 그 중 18세 이상의 청년들과 16세 이상의 처녀, 즉 법률상 혼인할 수 있는 모든 사람들의 명단을 뽑았다. 그리고 "이반은 안나와, 파벨은 파라슈카와 결혼할 것." 하는 식으로 다섯 쌍의 새 부부의 명단이 작성되었다. 다섯 쌍의 결혼식은 열흘 이내, 즉 다음 주 일요일까지 거행되어야 한다는 단서를 덧붙였다.

절망의 소리가 마을 전체에 가득찼다. 늙은이나 젊은 여인들의 울음소리가 나지 않는 집이 없었다. 안나는 그레고리에게 시집을 가기로 되어 있었다. 파벨의 부모는 페도토프 가와 이야기가 되어 혼기가 찬 그 집 딸을 데리고 올 예정이었다. 더구나 밭 갈이 철이라 결혼할 시기도 아니었다. 게다가 열흘 안에 어떻게 결혼 준비를 한다는 말인가. 수십 명의 농민들이 지주를 만나러 갔다. 여자들은 주인마님이 말을 거들어 줄 것을 바라고 삼베를 몇 필 마련해 가지고 저택 뒷문에 서 있었지만 헛수고였다. 주인은 정해진 날짜 안에 혼례를 하지 않으면 안 된다고 했다. 별다른 방도는 없었다.

정해진 날짜가 되자 사람들은 교회로 향했는데 그것은 결혼식 행렬이라기보다는 장례식 행렬이라고 부르는 것이 합당할 것 같았다. 여자들은 장례식 때처럼 큰 소리를 내며 울었다. 지주는 하인을 보내 결혼식이 끝나면 즉시 보고를 하도록 명령했다. 잠시 후 하인이 모자를 손에 들고 당혹스러운 표정으로 돌아왔다.

"파라슈카가 고집이 세서 파벨과 부부가 되기를 꺼립니다. 신부가 '이의 없습니까?' 하고 물으면 '아니오. 저는 싫어요.' 하고 분명하게 말합니다."

지주는 화가 머리끝까지 나서 "다시 가서 (결혼을 주재하는) 그 장발의 주정꾼* 에게 이렇게 말해라. 지금 당장 파라슈카의 혼례를 성사시키지 않으면 대사제에게 주정꾼이라고 보고하겠다고. 이놈의 새끼! 내 말을 안 들었다간 봐라. 그 사제 놈은 다른 수도원으로 쫓아버리고 파라슈카 가족은 초원으로 유배를 보내버리고 말 테니까. 그런 줄 알라고 해."

하인이 가서 명령을 전달하자 사제와 파라슈카 가족은 딸을 에워쌌다. 어머니는 울면서 딸에게 무릎을 꿇고 가족을 파멸에 빠뜨리지 말라고 애원한다. 딸은 "싫어요." 하면서 버텼지만 점점 목소리가 작아지다가 마침내 아무 말도 하지 못했다. 신부 화환을 머리에 씌워도 그녀는 저항하지 않았다. 하인은 서둘러 지주에게 달려가 "잘 끝났습니다." 하고 보고했다.

반 시간 후 지주의 문 앞에서 작은 종소리가 났다. 혼인 행렬이 도착한 것이다. 마차에서 내린 다섯 쌍의 부부가 뜰을 가로질러 홀에 들어왔다. 지주는 이들을 맞아들이고 포도주를 권했다. 어머니는 울먹이는 딸 뒤에서 머리가 땅에 닿도록 지주에게 고개를 숙이고 있었다.

강제결혼은 하인들 사이에서는 지극히 흔한 일이었다. 강제결혼을 할 생각이 없는 젊은 남녀들은 미리 다른 집의 갓 태어난 아이의 대부모가 되었다. 이렇게 하면 러시아 교회법에 따라 이 두 사람은 결혼을 못하게 되어 있었다. 이 계획은 대개 성공했으나 비극으로 끝나는 경우도 없지 않았다. 우리 집의 재봉사인 안드레이가 근처 어느 지주의 하녀와 사랑에 빠졌을 때였다. 안드레이는 약간의 연부금**을 치르면서 아버지로부터 자유를 얻은 뒤 장사를 해서 돈을 모으면 그것으로 여자를 자

---

* 사제를 뜻함. 러시아의 사제는 머리카락을 길게 늘어뜨렸다.

** 해마다 얼마씩 나누어 갚는 돈.

유의 몸이 되게 해주려고 계획했다. 만약 농노인 상태로 그녀와 결혼을 한다면 그녀 역시 아버지의 농노가 되기 때문이었다. 그런데 안드레이는 우리 집의 어떤 하녀와 결혼하라는 명령이 내려질 기미가 보이자 갓난아이의 대부모가 되었다. 일은 예상대로 되었다. 어느 날 두 사람은 아버지에게 불려갔다.

"저희들은 몇 주 전에 대부모가 되었습니다." 안드레이는 이렇게 말하면서 자신의 희망을 피력했다. 그러나 그는 징병국에 회부되어 입대하는 처지가 되고 말았다.

니콜라이 1세 때에는 오늘날과 같은 의무병역제도가 없었다. 귀족과 상인은 병역이 면제되었고 신병 징집이 있으면 지주는 농노 가운데 몇 명을 차출하게 되어 있었다. 일반적으로 농민들은 군대갈 사람을 마을 안에서 자율적으로 정했지만 지주의 저택에서 일하는 농노들은 지주 마음대로 차출했다. 마음에 안 드는 종은 징병국에서 내주는 병역면제증과 교환되었다. 이 증서는 병역대상자에게 비싼 값으로 팔 수도 있었다.

당시의 병역제도는 지극히 가혹한 것이었다. 25년 동안 복무해야 하는 사병생활은 참으로 비참한 것이었다. 군대에 간다는 것은 다시는 고향 땅을 밟아보지 못한다는 것을 의미했다. 사소한 잘못에 대해서도 사관의 구타, 채찍이나 몽둥이로 때리는 태형이 흔히 가해졌다. 그 참혹함은 정말 상상하기 어려운 것이었다. 귀족의 자제만을 교육시키는 사관학교에서도 겨우 담배 한 대 때문에 때로는 전교생이 보는 앞에서 백양목 회초리로 천 대씩 맞는 경우도 있었다. 처벌을 받는 학생의 맥박이 정지하는 걸 확인하고서야 중지 명령이 내려지기도 했다. 피로 물든 희생자는 의식을 잃은 채 병원으로 실려 갔다. 매년 한두 번씩 이런 사건이 일어나지 않는 학교의 교장은 교육총감 미하일 태공으로부터 '규율이 안 선다'는 이유로 즉시 파면되고 말 것이었다.

일반 군부대는 사관학교보다 훨씬 가혹했다. 군법회의에 회부된 병사에게는 이런 벌이 선고되곤 했다. 새끼손가락만큼 굵은 채찍 — 이 채찍은 독일어인 '슈피츠루텐'으로 통했다 — 을 든 천 명의 병사들을 두 줄로 마주보게 정렬시킨 다음, 피고를 그 가운데로 통과시키며 병사들에게 한 대씩 때리게 했다. 이 과정은 수 차례 반복되었으며 상사는 뒤에서 힘껏 때리는지 아닌지를 감독했다. 채찍 수천 대를 맞은 희생자는 피를 토하고 병원으로 옮겨졌다. 조금 회복이 되면 처벌은 다시 진행되고 처벌 도중에 죽으면 시체 위에서 집행이 완결되었다. 니콜라이 1세와 동생 미하일 태공은 둘 다 냉혹한 사람이어서 결코 감형을 바랄 수 없었다. "대열 가운데를 지나가게 하라. 채찍에 살점이 묻어나게 하라!" 이것은 당시에 유행하던 문구였다.

곧 징병이 있을 것이라는 소문이 퍼지면서 공포 분위기가 우리 집에 가득 찼다. 징집이 예정된 자는 영지 관리 사무실에 가두고 자살하지 못하도록 쇠사슬로 묶어 감시했다. 입대일이 되면 마차 한 대가 마을에 도착한다. 징집된 사람이 감시인에게 붙들려 마차에 탈 준비를 한다. 그러면 주민들이 그 주위를 둘러싼다. 그는 정중하게 인사를 한 다음 지금까지 저지른 여러 가지 무례를 사과한다.

만약에 부모가 함께 마을에 살고 있다면 다른 사람들과 마찬가지로 그를 배웅하기 위해서 온다. 그러면 그는 머리가 땅에 닿을 만큼 고개를 숙여서 인사를 하고, 엄마와 친척 여자들은 마치 죽은사람에게 인사를 하듯 슬픈 노래를 부른다. "네가 나를 버리고 가는구나! 낯선 땅에서 누가 너를 보살펴줄까? 누가 너를 잔인한 사람들의 손길에서 건져내줄까?"

그렇게 안드레이는 25년이라는 긴 세월을 복무해야 하는 무서운 운명에 빠져 들었고 그가 행복을 바라며 세웠던 계획은 물거품이 되어버리고 말았다.

'폴랴'라는 애칭으로 불렀던 하녀 '펠라게야'의 운명은 한층 더 비극적인 것이었다. 그녀는 자수 놓는 솜씨가 뛰어났다. 니콜스코예의 별장에서는 그녀의 자수대가 누나 엘레나의 방에 있어서 그녀는 때때로 누나와 계모의 잡담에 끼곤 했다. 그녀의 행동이나 말씨는 하녀라기보다는 오히려 교양 있는 젊은 부인이라고 해도 좋을 정도였다.

그런 그녀에게 불행이 닥쳤다. 그녀가 얼마 후 자신이 엄마가 된다는 사실을 계모에게 숨김없이 털어놓았을 때였다. 계모는 화를 버럭 냈다. "너 같은 년은 한 시도 저택에 놔 둘 수 없어. 너 같이 더러운 인간은 용서하면 안 돼!" 엘레나가 눈물을 흘리며 계모의 마음을 돌리려 했지만 소용없었다. 마침내 폴랴는 머리를 깎이고 외양간으로 쫓겨나고 말았다. 그녀는 그 무렵 매우 값진 스커트에 수를 놓고 있었기 때문에 답답하고 좁은 헛간의 작은 창문 아래에서 그것을 마무리해야만 했다. 그녀는 계모의 용서를 얻기 위해 전보다도 훨씬 훌륭하게 수를 놓았다. 그러나 끝내 계모의 용서를 받을 수 없었다.

아기의 아버지인 이웃집 하인은 그녀와의 결혼을 허락해 달라고 빌었다. 하지만 그의 수중에는 그녀의 몸값을 지불할 돈이 없었다. 게다가 평소의 '너무나 숙녀다운 몸가짐'이 오히려 가증스러운 괘씸죄가 되어 그녀는 더욱 비참한 운명에 빠지고 말았다. 우리 집에는 마부 일을 보고 있는 '안짱다리 피르카'라는 키 작은 남자가 있었다. 어릴 적에 말에게 채인 뒤부터 더 자라지 않았다고 했다. 다리는 굽고 발은 안쪽을 향하고 코는 찌그러졌고 턱은 휘어져 있었다. 폴랴는 이 괴물 같은 마부에게 강제로 시집을 가게 되었다. 두 사람은 라쟌 주(州)에 있는 아버지의 영지에 농노로 보내졌다.

아무도 농노에게 인간적인 감정이 있다는 사실을 인정하지도 않았고 그런 생각조차 하지 않았다. 투르게네프가 소설 『무무』(Mumu)를 발표하고, 그리고로비치가 농노의 불행을 묘사한 감동적인 소설을 썼을 때 사람들은 매우 충격을 받았다. "농노들이 우리처럼 연애를 하다니 그런 일이 있을 수 있을까요?" 이것이 프랑스 소설 속에 나오는 귀족 남녀 주인공들의 번뇌에 눈물을 흘리지 않고는 못 견디는 다정다감한 숙녀들이 하는 말이었다.

지주가 농노들에게 베푸는 교육이라는 것도 농노에게는 불행의 씨앗에 불과했다. 언젠가는 아버지가 한 농가에서 아주 영리한 소년을 발견하여 의사의 조수로 교육받게 했다. 이 소년은 매우 부지런해서 몇 년 후에는 뛰어난 의사가 되어 돌아왔다. 아버지는 니콜스코예에 있는 별채를 훌륭한 의료원으로 만들어서 병실에 필요한 일체의 설비와 도구를 사주었다. 이 사샤 선생님 — 저택 안에서는 이 이름으로 통했다 — 은 한여름 동안 열심히 약초를 채집하기도 하고 그것을 조제하기도 했다. 얼마 후 니콜스코예 근방에서 가장 인기 있는 의사가 되었다. 인근 마을에서도 환자가 계속 몰려들었고 아버지도 병원이 번창하는 것을 자랑스럽게 여겼다. 어느 해 겨울, 아버지는 니콜스코예에서 며칠 머물다가 돌아왔다. 그날 밤 사샤 선생님은 총으로 자살했다. 과실치사라고 알려졌지만 그 이면에는 연애 문제가 숨겨져 있었다. 그는 어떤 처녀와 사랑하는 사이였으나 지주가 다르기 때문에 결혼을 할 수가 없었던 것이다.

아버지가 모스크바의 농민학교에 입학시킨 게라심 크루그로프라는 청년도 역시 슬픈 운명의 주인공이었다. 그는 뛰어난 성적으로 학교를 졸업하고 금패까지 받았다. 교장은 그에게 자유를 주어서 대학에 들어가게 하자고 아버지를 설득했다. 농노는 대학 입학이 허락되지 않았던 것이다.

"반드시 위대한 학자가 될 겁니다." 교장이 말했다. "아마 러시아의 명예가 될지도 모릅니다. 이 청년이 러시아 학계에 공헌하게 하면 당신께도 큰 명예가 될 것입니다." "우리 영지에서는 그 애가 필요합니다."라며 아버지는 간청을 뿌리쳤다. 그러나 아버지가 지켜오던 당시의 원시적인 농사 방법에서는 게라심이 전혀 필요 없었다.

그는 영지를 측량하고, 다른 하인의 숙소에서 일을 했으며, 식사 때가 되면 뒤에서 접시를 들고 서 있어야 했다. 게라심은 몹시 분개했다. 그의 꿈은 대학에서 과학을 연구하는 것이었다. 얼굴에는 불만의 표정이 역력했다. 계모는 틈만 나면 이 청년을 모욕하면서 재미를 느꼈다. 어느 가을날 돌풍이 불어 문이 열렸다. 계모는 이 청년을 불렀다. "게라스카*, 빨리 가서 문을 닫고 와." 청년은 더 참을 수 없었다. 그는 "그것은 문지기가 할 일입니다."라고 대답하고 휙 나가 버렸다.

계모는 아버지 방에 뛰어가서 "제가 당신의 하인에게 모욕을 당했어요." 하고 소리쳤다.

청년은 즉시 체포되어 쇠사슬에 묶인 채 군대에 보내졌다. 그가 늙은 부모와 이별하는 장면은 일찍이 내가 본 것 중에 가장 가슴 아픈 장면이었다.

---

* 게라심의 비칭.

그러나 운명이 복수를 해주었다. 니콜라이 1세가 죽은 후 군대는 많이 관대해졌다. 게라심의 뛰어난 재능은 곧 인정을 받았다. 몇 년 후 그는 육군성의 중요한 무관이 되어 막강한 실권자가 되었다. 아버지는 본래 청렴한 사람으로서 뇌물을 받아 치부하는 것이 횡행하던 때도 이를 거절했는데, 한번은 군단장의 마음을 사기 위하여 엄중한 군율을 어기고 모종의 불법행위에 동조했다. 그 때문에 아버지는 장성으로 승진하는 것이 불투명하게 되었다. 35년 군생활의 유일한 목적이 물거품이 될 위기였다. 계모는 페테르부르크에서 사태를 수습하려고 여기저기 쫓아다니다가 누군가에게 육군성의 아무개 무관을 만나는 것이 상책이라는 말을 들었다. 직책은 일개 무관에 불과하지만 실제로는 상관의 상관으로서 무슨 일이든지 처리된다고 했다. 그 사람이 다름 아닌 게라심 이바노비치 크루그로프였다.

"바로 그 게라스카였어." 훗날 계모가 나에게 말했다. "대단한 재능을 지니고 있는 사내라는 걸 그전부터 알고는 있었지. 만나서 이야기를 하니까, '나는 그 분에게는 아무런 악의를 가지고 있지 않습니다. 힘닿는 대로 노력해보지요.' 하고 말하지 않겠니."

게라심은 약속을 지켰다. 그는 아버지에게 유리한 복명서를 작성해서 아버지가 무사히 승진할 수 있게 해주었다. 이리하여 아버지는 붉은 바지와 붉은 내피가 붙은 외투를 입고, 모자에 깃털을 달 수 있었던 것이다.

이상은 내가 어린 시절에 직접 본 것이다. 당시 내가 들었던 이야기들을 덧붙이자면 훨씬 끔찍한 이야기가 될 것이다. 농노들은 집과 마을에서 쫓겨나거나 팔려가거나 도박 빚 대신 넘겨졌다. 몇 마리의 사냥개와 맞바꾸어져서 새 영지 개척을 위하여 먼 지방으로 떠나간 사람들의 이야기, 잔혹하고 방탕한 주인에게 팔려 부모와 이별해야 했던 어린이의 이야기. 매일 끔찍한 방법으로 행해지는 마구간에서의 심한 매질 이야기, 살기 위해 스스로 몸을 내던진 소녀 이야기, 머리가 하얗게 세도록 주인을 섬기고도 주인의 창문 밑에서 목매어 죽어야 했던 노인 이야기, 니콜라이 1세의 장군들이 농노들을 일렬로 세워놓고 열 번째 혹은 다섯 번째 농노를 하나씩 끌어내어 죽을 때까지 매를 갈기거나 폭동이 일어난 마을 전체를 불태워버린 이야기, 주민들이 다른 주(州)까지 먹을 것을 찾아 걸식하러 다니는 이야기 등 내가 여행 중에 보고 들은 것들, 특히 황실의 영지에서 본 농노들의 궁핍은 그 모습을 보지 않은 독자들에게는 전할 방법이 없을 정도로 참담했다.

자유를 얻는다는 것은 농노들의 끊임없는 꿈이었다. 그러나 그것은 쉽지 않았다. 막대한 몸값을 지주에게 지불해야만 했다. 일찍이 아버지가 나에게 이렇게 이야기한 적이 있다.

"너의 엄마가 죽은 후 내 앞에 나타난 적이 있단다. 너 같은 어린애들은 믿지 않을지 모르지만 이건 사실이야. 어느 날 밤 의자에 이렇게 걸터앉아 졸고 있으려니까 창백한 얼굴의 엄마가 하얀 옷을 입고 눈을 번쩍이면서 뒤에서 들어오지 않겠니. 죽기 전에 하녀 마샤에게 자유를 주겠다고 약속했다고 하길래 나도 승낙을 했지. 하지만 이것저것 바빠서 한 해가 흘러가 버렸어. 그러자 엄마가 다시 나타나서 작은 목소리로, '여보 당신은 마샤를 자유롭게 해 주겠다는 약속을 벌써 잊으셨나요.' 하더구나. 나는 소름이 쫙 끼쳤지. 의자에서 벌떡 일어났더니 흔적도 없이 사라져 버린 거야. 하인들을 불러 물어보았는데 아무도 본 사람이 없다는 거야. 다음 날 아침 나는 엄마 무덤에 가서 기도를 한 뒤에 마샤를 자유롭게 해 주었단다."

아버지가 돌아가셨을 때 마샤도 장례식에 참석했다. 그녀는 결혼해서 행복하게 살고 있었다. 형 알렉산드르는 아버지 이야기를 하며 기억나는 게 없느냐고 물어보았다.

"벌써 옛이야기니까 다 말씀드리죠." 하며 그녀는 대답했다.

"실은 아버님께서 약속을 잊으신 것 같아 제가 흰 옷을 입고 어머님 목소리를 흉내내 약속을 깨우쳐 드린 거죠. 도련님들께서도 용서해 주시겠죠?"

이 장 첫 장면으로부터 12년이 지난 어느 날 밤, 나는 아버지의 방에서 옛날 이야기를 나눈 적이 있다. 농노제도는 이미 폐지된 후였다. 아버지는 새롭게 도래한 사회를 탐탁하게 생각하지 않았다. 그러나 큰 불평 없이 승복하는 편이었다. 나는 말했다.

"아버지는 별다른 이유도 없이 하인들에게 심하게 벌을 준 적이 있지요?"

"하인들에게는 그렇게 하지 않으면 안 돼."

아버지는 안락의자에 몸을 기대고 무엇인가 골똘히 생각하는 듯 하더니 얼마 후에 "그렇지만 내가 한 것은 약과야. 당장 저 사브레프를 봐. 겉보기에는 매우 점잖고 무던한 것 같지만 농노들에게는 정말 가혹했지. 몇 번이나 농노들 손에 죽을 뻔했어. 적어도 나는 톤코프 영감처럼 하녀들을 농락하지는 않았어. 하녀들에게 무서운 복수를 당할 정도로 나쁜 일은 하지 않았지……. 자, 이제 그만 자거라!"

09
크림전쟁–니콜라이 1세의 죽음

나는 크림전쟁*을 생생하게 기억하고 있다. 모스크바에는 전쟁이 큰 영향을 주지 않았다. 어느 집이나 밤이 되면 부상병들이 쓸 붕대를 만들기는 했다. 그러나 러시아 군대로 반입되는 것은 극히 일부분이었고 대부분은 상대편에게 팔렸다. 연합군이 전쟁에 개입했을 때 우리는 애국주의에 사로잡혀 있었고 당시에 유행했던 다음과 같은 노래가 어디를 가나 울려퍼졌다.

긴장한 군인들에게

파머스톤 장군이

---

* 1853년 10월부터 1856년 2월까지 지속된 러시아 제국과 연합국과의 전쟁. 전쟁의 대부분은 흑해에 위치한 크림 반도에서 일어났으며, 1856년의 파리 조약으로 종전을 맞이하게 된다. 파리 조약의 결과로 러시아 제국은 다뉴브 하구 및 흑해 인근에서의 영향력을 잃게 되었고, 이후 흑해는 모든 국가에 대해 군함 통과 및 무장이 제한되며 중립이 선언되었다.

지도 위의 러시아를

집게손가락으로 마구 두드린다!

그의 용기에 군인들은 감명받고,

프랑스인도 그를 따르며

장검을 치켜들며 소리친다. "Allons, courage*!"

하지만 모스크바의 사교계는 이 큰 전투에 거의 아무 영향을 받지 않았다. 그것과는 반대로 시골 마을은 긴장감이 팽팽하게 돌았다.

징집영장이 속속 날아들었고, 농부들의 이별 노래가 계속해서 울려퍼졌다. 러시아 민중은 전쟁을 하나님이 그들에게 내리는 재앙이라고 생각했다. 따라서 전쟁을 가볍게 생각하는 유럽의 다른 나라들과는 대조적으로 지극히 엄숙하게 받아들였다. 어린아이인 나도 온 마을을 뒤덮고 있는 엄숙한 체념에 젖어들었다.

큰형 니콜라이는 다른 사람들처럼 전쟁에 들떠서 사관학교 졸업도 하지 않고 카프카즈 군대에 입대했다. 그 이후로 나는 형을 다시 볼 수가 없었다.

1854년 가을, 계모의 자매가 우리 집으로 들어와서 식구 둘이 늘었다. 둘 다 세바스토폴에 집도 있고 포도밭도 있었지만 집을 버리고 온 것이었다. 연합군이 크림 반도에 상륙했을 때 정부는 두려워할 필요가 없으며 동요하지 말고 지내면 된다고 했다. 하지만 알마 강 전투에서 패전한 후 시가지가 포위되자 급히 피난하라는 지시를 내렸다. 큰 짐을 지고서는 적군이 밀려오는 남쪽으로 피난갈 수도 없었을 뿐더러 짐을 옮길 마차를 구하는 것도 불가능했다. 계모의 자매들은 짐을 모조리 길바닥에 버리고 모스크바에 도착했던 것이다.

나는 이 두 자매 중 동생과 금방 친해졌다. 서른 살 정도 되는 이 여자는 줄담배를 피우면서 무서웠던 피난 이야기를 들려주었다. 그녀는 세바스토폴 항구에서 훌륭한 군함이 침몰하던 장면을 눈물을 글썽이며 얘기해주었다. 그녀는 변변한 성채

---

* allons, courage 용기를 내자!

하나 없는 세바스토폴을 방어하는 것은 불가능하다고 말했다.

스미르노프는 대학교를 마치고 재판소 서기로 취직해서 매달 7루블의 월급을 받았다. 그는 재판소에서 퇴근하면서 알렉산드로프스키 공원과 헌책방 등에서 전쟁에 관한 소책자들을 사다 주었는데, 그 중에는 내가 지금까지도 소중하게 보관하고 있는 것들도 있다. 나는 그 책들 속에서 세바스토폴의 전쟁영웅들의 활약상을 알 수 있었다.

니콜라이 1세가 사망하던 해에 나는 열세 살이었다. 2월 18일* 오후 늦게 경찰관들은 모스크바 시내를 돌아다니면서 황제의 중태를 알리고 쾌유를 비는 기도를 올리기 위해 교회에 모이라고 했다. 그러나 이미 황제는 죽어 있었고 당국자들도 수도와 페테르부르크에 오가는 전신의 내용을 통해 그 사실을 알고 있었다. 그러나 민중들에게는 황제의 병환에 대해서 알리지 말고 천천히 마음의 준비를 시키라는 지시가 하달되었던 것이다. 우리는 모두 교회에 모여 열심히 기도를 올렸다.

다음 날인 토요일도 마찬가지로 기도를 올렸다. 일요일 아침에도 같은 공문이 배포되었다. 그리고 그날 저녁이 되어서야 시장에 나갔던 하인들의 입을 통해 황제의 서거 사실이 전달되었다. 이 소식이 전해지자 우리 집과 친척집은 어두운 공포에 휩싸였다. 그런데 시장에 운집한 사람들의 태도는 전혀 달라서, 슬픔의 기색이 조금도 없고 오히려 위험한 말들이 오가고 있다고 했다. 어른들은 목소리를 낮추었고 계모는 이러한 사실을 "하인들 앞에서 말하면 안 된다."고 했다. 하인들은 혹시 올지도 모를 '자유'에 관해 자기들끼리 속삭이고 있었다. 귀족들은 당장이라도 새로운 푸가초프**가 나타나지 않을까 노심초사하며 떨고 있었다.

---

* 러시아 구력으로 양력으로는 3월 2일이다.

** 푸가초프는 예카테리나 2세 치하에서 농민반란(1773년 ~ 1775년)을 일으켰다. 당시에는 지주 귀족의 농민지배가 강화되었는데, 돈 코사크 출신의 푸가초프(Pugachov)가 스스로 표트르 3세를 참칭하고, 농노해방 · 인두세 폐지 등을 주창하며 농민반란을 일으켰다. 반란의 규모는 대단하였으나 전반적으로 장비가 나쁜데다 조직과 계획성의 결함으로 정부군에 패했다. 푸가초프는 체포되어 1775년에 사형당했다.

페테르부르크에서는 지식인들이 거리로 쏟아져 나와 만나는 사람마다 서로 이야기를 나누며 포옹을 했다. 모두 전쟁이 끝나고 '폭군정치'하의 끔찍한 상황이 종말을 고하고 있음을 예감하고 있었다. 황제의 시신이 빨리 부패하자 독살이라는 소문이 떠돌았다. 진실은 금방 밝혀졌다. 황제가 너무 많은 강장제를 마셨기 때문이었다.

1855년 여름 우리는 세바스토폴에서 한 치의 땅과 한 조각의 보루를 다투는 양군의 격전을 엄숙하게 주목하고 있었다. 우리 집은 매주 두 번 심부름꾼을 보내 도시에서 신문을 가져오게 했다. 우리는 심부름꾼이 말에서 내리기가 무섭게 서로 신문을 빼앗다시피 했다. 누나와 나는 큰 소리로 집안사람들에게 신문을 읽어 주었다. 그 소식들이 하인들의 방으로 전달되면, 주방으로, 공공기관으로, 교회로, 농가로 차례차례 전파되었다.

내가 세바스토폴이 함락되었다는 소식을 읽었을 때 그리고 우리의 군사들이 전쟁의 마지막까지 겪었을 고통을 생각하면서 우리는 모두 눈물을 흘렸다. 우리는 마치 가까운 누군가를 잃은 것처럼 슬퍼했다. 니콜라이 1세의 서거 때에는 어느 누구도 눈물을 흘리지 않았다. 이런 감정을 느낀 것은 비단 우리뿐만이 아니었다. 우리 주변의 모든 사람들이 그러했다.

10
대학생 가정교사 스미르노프의 영향-문학에 대한 관심과 첫 경험

1857년 8월, 15세가 되던 해 내가 근위학교에 들어갈 차례가 되었다. 집을 떠나 페테르부르크로 갔을 때 나는 아직 어린 소년이었다. 그러나 인성은 생각보다 더

빨리 형성되는 것이었다. 당시 나의 어린애 같은 외모 속에는 이미 후일의 내가 결정되어 있었다. 나의 취향과 경향은 벌써 정립되어 있었던 것이다.

나의 지적 발달에 가장 자극을 준 사람은 앞에서도 말했듯이 나의 러시아인 가정교사였다. 러시아 가정에서는 자녀가 중학교나 고등학교에 들어가면 대학생을 고용하여 공부를 지도하는 훌륭한 관습이 있었다. 지금은 불행히도 없어졌지만, 학교에서 배운 것을 복습하고 지식을 더욱 확장시키는 데 이러한 지도가 얼마나 소중한지 모른다. 이 가정교사는 우리 가정에 지적인 분위기를 불러 일으켰으며, 우리들에게는 좋은 형이 되어주었다. 학생에게 조금이라도 책임감을 갖고 있는 가정교사는 진짜 형보다도 훨씬 나을 때가 많다. 또한 방법을 바꾸어가며 가르치기 때문에 부모가 아무리 잘 가르친다고 하더라도 가정교사를 따라갈 수는 없었다.

니콜라이 파블로비치 스미르노프는 문학적 취향을 가지고 있었다. 당시 최고의 작가들이 쓴 저서들은 — 심지어는 전혀 비판적이지 않은 작품인데도 — 니콜라이 1세의 야만적 검열제도 하에서 출판금지 조치를 받았다. 어떤 작품은 너무 삭제되어 그 의미를 알 수 없을 정도였다. 예를 들면, 그리보예도프의 온건한 희극『지혜의 슬픔』— 이것은 몰리에르의 걸작에 비견되는 명작이다 — 에서 스칼로주프 대령은 문장의 의미에 관계없이 '스칼로주프 씨'로 고쳐졌다. 희극에 대령을 등장시키는 것은 육군에 대한 모욕이라는 것이다. 고골리의『죽은 혼』같은 무해한 작품도 제2부의 발표가 금지되고, 제1부 역시 오래전에 품절되었음에도 재발행이 금지되었다. 푸슈킨, 레르몬토프, 톨스토이, 릴레예프 등 많은 시인들의 시도 빛을 보지 못했다. 정치적 의미가 포함되어 있거나 현실비판적인 시는 말할 것도 없었다. 이런 시는 주로 필사본으로 유포되었다. 스미르노프 선생님은 고골리나 푸슈킨의 모든 작품을 친구들을 위해서 베껴 썼고 나도 그 일을 도와주었다. 모스크바 토박이인 그는 모스크바에 사는 작가들을 깊이 존경했다. 그들 가운데에는 스타라야 코뉴센나야 거리에 살고 있던 사람도 있었다. 선생님은 우리 집 바로 곁에 있는 저명한 살리아스 백작부인(예브게니야 투르)의 집을 나에게 알려 주기도 했다.

투르게네프

또 유명한 망명자인 알렉산드르 게르첸의 집을 보노라면 존경과 두려움이 혼합된 미묘한 감정이 생겨났다. 고골리가 살았던 집도 우리 둘에게는 깊은 존경의 대상이었다. 그가 죽은 해(1852년)에 나는 불과 아홉 살이었고 그의 작품을 읽지도 않았지만 당시 모스크바 사람들의 슬픔을 느낄 수 있었다. 투르게네프는 당시의 감정을 노트에 썼다가 니콜라이 1세에게 체포되어 그의 영지로 추방당했다.

푸슈킨의 서사시 『예브게니 오네긴』은 내게 깊은 인상을 남기지는 못했지만 시풍의 소박함과 아름다움은 탁월한 것이었다.

열한 살인가 열두 살 때 읽은 고골리의 작품은 나에게 강한 인상을 남겨주었다. 내가 초기에 습작한 것들은 모두 그의 작품의 유머러스한 분위기를 모방한 것이었다. 1612년 대반란을 소재로 한 자고스킨의 역사소설 『유리 밀로슬라프스키』, 푸가초프의 반란을 그린 푸슈킨의 『대위의 딸』, 뒤마의 『여왕 마고』는 역사에 대한 흥미를 불러 일으켰다. 다른 프랑스 소설은 알퐁스 도데나 에밀 졸라가 등장한 이후 읽기 시작했다. 네크라소프의 시는 어릴 때부터 즐겨 낭송해서 암송할 수 있는 것도 많았다.

스미르노프는 일찍부터 내게 무엇이든 글을 쓰게 했다. 선생님의 도움으로 『6펜스의 역사』라는 장편을 썼는데 길에 떨어진 6펜스를 주운 사람들의 여러 성격을 묘사한 내용이었다. 형 알렉산드르 역시 그 무렵 매우 문학적인 재능을 보여주었다. 그는 벌써 로맨틱한 소설과 시를 쓰고 있었다. 음률이 살아있는 시를 쉽게 써내는 실력은 놀라운 것이었다. 그 후 박물학과 철학에 재능을 쏟지 않았더라면 틀림없이 형은 유명한 시인이 되었을 것이다. 당시에 형은 창 밑의 약간 경사진 지붕 아래에서 시적 영감을 떠올리곤 했다. 나는 늘 형을 놀려댔다. "야아, 여기 굴뚝 밑에 앉아서 시를 쓰는 시인이 있네." 이렇게 놀리다가 나중에는 싸움이 되어 누나에게 혼난 적도 있었다. 그래도 형이 앙심을 품는 일은 없어서 곧 풀어졌고 우리는 더 친해졌다. 어린아이들이 티격태격하며 싸우는 일은 아주 자연스런 일이다.

열두 살 때 나는 신문에 흥미를 느껴 일간신문을 만들기 시작했다. 집에서는 종이를 마음껏 구할 수 없어서 32절의 작은 종이로 신문을 만들었다. 크림전쟁이 시작되기 전 아버지가 보는 신문이라곤 모스크바 경찰의 관보뿐이어서 샘플로서의 선택의 여지가 없었다. 그런 까닭에 "아침에 수업을 한 후 스미르노프 선생님과 함께 산책을 한 후 저녁에 어디를 갔다." 라든가 "산책을 하지 않았다, 배가 너무 아팠다." 하는 식이었다. 여름에 니콜스코예에 가게 되면 신문의 내용이 조금 바뀌었다. "코스티노에갔다. 개똥지빠귀 두 마리와 꾀꼬리 한 마리를 잡았다."

그러나 이것도 곧 성에 차지 않아서 1855년에는 월간잡지를 내기 시작했다. 잡지에는 형의 시와 내가 쓴 단편소설 그리고 기타 잡다한 내용들을 실었다. 이 잡지는 구독자가 있었으므로 실질적인 존재가치가 충분했다.

구독자는 발행인인 나 자신과 스미르노프 선생님이었다. 스미르노프 선생님은 우리 집에서 나간 뒤에도 구독료를 꼬박꼬박 보내 주었다. 나는 이 충실한 구독자를 위하여 또박또박 잡지를 필사했다. 스미르노프 선생님이 그만 둔 후 의과대학교 학생인 파블로프라는 사람이 가정교사로 왔다. 새로운 선생님은 나의 편집 일을 도와주기도 했다. 그는 잡지에 실을 시를 자기 친구에게 부탁하기도 하고, 황송하게도 모스크바대학 교수에게 지리학의 입문강좌를 청탁하기도 했다. 물론 이것은 이전에 발표된 적이 없는 원고였다.

형은 이 잡지에 큰 자부심을 갖고 있었다. 그 소문은 곧 사관학교에도 퍼졌다. 명성을 얻고 싶어 하는 젊은 작가 지망생들은 이 잡지와 경쟁할 잡지를 발간하자는 계획을 세웠다. 일이 새로운 국면을 맞은 것이다. 시나 소설로는 우리가 뒤질 게 없었지만 저쪽에는 '비평가'가 있었다. 비평은 신간 소설을 재료로 해서 인생의 문제를 다루거나 다른 분야에서는 취급할 수 없는 여러 가지 문제를 언급하는 것으로 잡지의 핵심이었다.

경쟁지의 창간호에 실린 것은 비평이라고 하기에는 너무 빈약한 것이었다. 형은 즉시 예리한 필체로 '반비평주의'라는 반론을 써서 그 '비평가'들을 압도해버렸다. '반비평주의'가 다음 호에 실린다는 말을 들은 그들은 크게 당황했다. 그 잡지는 폐간이 되었고 주요 '작가'들이 우리 쪽에 가담했다. 우리는 승리의 기쁨을 만끽하며 다수의 훌륭한 저자들과 '독점 계약'을 하였다.

잡지에 실린 내 작품들 중에서 「운초프스크 방문」이라는 중편소설 하나만이 기억난다. 물론 이 작품도 고골리를 흉내내어 코믹하게 쓴 글로서 메쇼프스크 야시장의 생생한 모습과 고리타분한 지주의 모습을 조화롭게 엮은 것이었다.

1857년 8월, 약 2년 동안 발간되던 이 잡지는 결국 폐간하지 않으면 안 되었다. 나는 새 환경과 새로운 인생이 기다리고 있는 페테르부르크로 가야만 했다. 나는 슬픔에 잠겨서 모스크바를 떠났다. 왜냐하면 사랑하는 형을 모스크바에 남겨두어야 했기 때문이다. 이미 나는 군사학교에 들어가는 것이 불행이라고 생각하고 있었다.

근위학교

01

근위학교 입학~시험~지라르도 대령~근위학교의 질서와 규범

아버지의 오랜 숙원이 이루어졌다. 마침 근위학교에 결원이 생겨서 나는 입학 연령이 되지 않았는데도 입학할 수 있었다. 페테르부르크의 근위학교는 특권이 부여된 사관학교에 황실 부속의 궁정학교라는 특성이 부가된 학교로 주로 궁정 귀족의 자제 150명을 뽑아 가르치고 있었다. 4, 5년간 교육받은 뒤 졸업시험을 통과하면 결원 유무와 상관없이 희망하는 근위연대에 장교로 임관할 수 있었다. 그리고 매년 최상급 우등생 16명이 '궁정근위'로 임명되었다. 즉 황제, 황후, 태공, 태공비 등 여러 황족의 측근이 되는 것이다. 이것은 큰 명예일 뿐만 아니라 궁중에도 이름이 알려지고, 기회가 있을 때마다 황제나 태공의 시종무관에 임명되기 때문에 출세길이 보장되는 것이었다. 부모들은 무슨 수를 써서라도 이 학교에 아들을 입학시키려고 애를 썼다. 내가 이 학교에 입학함으로써 아버지는 그 야심찬 몽상의 날개를 마음껏 펼칠 수가 있었다.

학교는 다섯 등급으로 반이 나뉘어져 있었고 최고 학년이 5학년, 최저 학년이 1학년이었다. 나는 2학년에 들어갈 예정이었으나 입학시험에서 수학 성적을 잘 받지 못했고, 그 해 2학년에는 학생 수가 너무 많아서 1학년에 들어가게 되었다.

그러한 결정에 나는 불만이 컸다. 마지못해 육군학교에 들어 온 데다 4년이면 마칠 것을 5년이나 다녀야 했기 때문이었다. 더구나 나는 1학년에서 배우는 것을 모두 알고 있었다. 나는 눈물을 흘리면서 교육 감독관에게 하소연했다. 그러나 감독관은 내게 농담처럼 말할 뿐이었다. "카이사르가 말하지 않았냐. 로마의 2인자가 되기보다는 오히려 한 마을의 1인자가 되라고." 나는 학교를 빨리 졸업할 수 있다면 꼬리가 되어도 좋다고 말했다. "조금 더 있으면 학교에 정이 들 거야."라고 그가 말했다. 그는 그때부터 나를 아주 친절하게 대해 주었다.

수학선생님도 나를 위로해 주었으나, 나는 선생님에게 눈길도 주지 않았다. 그리고 "만점을 맞아 보여드리겠습니다." 하고 맹세했다. 나는 이 약속을 지켰다. 당시를 회상하면 나는 별로 온순한 학생이었던 것 같지 않다.

그러나 지금 생각해보면 하급반에 들어간 것을 도리어 감사하지 않으면 안 되었다. 처음 1년 동안 나는 이미 배웠던 것을 반복해서 들었기 때문에 선생님의 강의를 듣는 것만으로 공부를 끝낼 수 있었다. 그러므로 수업이 끝나면 마음대로 책을 읽거나 글을 쓸 시간이 얼마든지 있었다. 그런 와중에 나는 입학한 첫 해 겨울의 절반 이상을 병원에서 지냈다. 페테르부르크 태생이 아닌 아이들이 그렇듯이 나는 처음에는 콜레라, 그리고 나중에는 티푸스에 걸려 이 '핀란드 해변의 차가운 수도'에 경의를 표했다. 첫 해에 나는 특별히 시험공부도 하지 않았다. 시험 공부를 하라고 할당된 시간엔 몇 명의 친구들에게 셰익스피어나 오스트로프스키의 희곡을 읽어주었다. 나중에 5학년이 되었을 때에는 나는 이미 수업을 착실하게 준비하는 학생이었다.

내가 근위학교에 입학했을 때 학교는 심각한 변화를 겪고 있었다. 전 러시아는 니콜라이 1세 치하의 깊은 잠과 무서운 꿈에서 깨어나고 있었던 것이다. 학교도 이러한 사회적 변화에 영향을 받았다. 만약 내가 1, 2년 전에 입학했다면 어떤 일을 당했을지 모른다. 나의 의지가 완전히 파괴되어 버리거나 학교에서 쫓겨났을지도 모른다. 다행히 1857년은 과도기의 절정이었다.

학교 교장은 노쇠한 젤투힌 장군이었다. 이 노인은 허울뿐인 교장으로 실제 교장은 사람들이 '대령'이라고 부르던 프랑스인 지라르도였다. 그가 예수회 신자라는 소문이 있었는데 당시 나도 그렇다고 생각했다. 아무튼 그의 교육법은 로욜라*의 방식이자 프랑스 예수회의 방법이었다.

키가 작고 깡마른 이 사나이는 쏘아보는 듯한 검은 눈과 짧게 깎은 수염이 고양이를 연상케 했다. 침착하고 현명하다기 보다는 굉장히 교활하고 권위적이며, 자신에게 고분고분하지 않는 학생을 몹시 미워했다. 노골적으로 억압하지 않으면서도 비위에 거슬리는 말이나 몸짓, 조소, 감탄사 등을 써서 증오심을 드러냈다. 그는 마치 미끄러지듯 걸어 다녔다. 고개를 돌리지 않으면서도 시선은 늘 좌우를 탐색하는 것 같았다. 기분이 좋을 때에도 입술에는 싸늘함이 감돌았고, 불만이나 경멸의 미소를 지으며 입을 비쭉거릴 때에는 더 잔인하게 보였다. 풍채에서 지휘관다운 면모는 조금도 발견할 수 없었다. 언뜻 보면 어린아이를 어른처럼 대하는 다정한 아버지처럼 보이지만, 누구라도 자신의 의지 앞에 굴종시키지 않고는 못 배기는 사람이라는 것을 곧 느끼게 된다. 누구든 자신을 쳐다보는 대령을 보면 그가 만족해하는지 아닌지를 구별할 수 있었다.

'대령'이라는 말은 학생들의 입에 끊임없이 오르내렸다. 다른 사관들은 모두 별명으로 통했지만, 지라르도에게는 아무도 별명을 붙일 용기가 없었다. 그에게는 일종의 불가사의함이 느껴졌다. 실제로 그는 하루 종일 학교에 있었다. 때로는 밤 늦게까지 학교에 있었고 몰래 교실에 들어와서 우리의 서랍을 열어보면서 돌아다녔다. 밤에는 서고를 가득 채울 만큼 많은 수첩에 특수 기호와 여러 색의 잉크를 써서 학생 한명 한명의 장단점을 기록하면서 시간을 보냈다.

그가 총애하는 학생의 손을 잡고 몸을 앞뒤로 움직이면서 교실로 걸어오는 순간 놀이와 농담, 장난이 딱 그치고 말았다. 그는 A학생에게는 방긋이 미소를 보내고, B학생에게는 눈을 흘기고, C학생은 그냥 지나치고, D학생 앞을 지나면서는 남몰

---

* Ignatius de Loyola : 에스파냐의 수도사로 F. 사비에르와 함께 가톨릭 수도회인 예수회를 창립했다.

래 입술을 찡그렸다. 그 얼굴 표정에서 A학생은 사랑하고, B학생에게는 냉담하고, C학생에게는 무관심하고, D학생은 미워하고 있다는 것을 알 수 있었다. 이유를 알 수 없는 미움은 사람을 전율과 두려움에 떨게 만들었다. 감수성이 예민한 학생들은 이 침묵 뒤의 숨은 혐오와 의심으로 인해 절망해 버렸다. 톨스토이 가 출신이며 지라르도의 학생이었던 표도르는 『병든 의지』라는 자전적 소설에서 이 절망에 대해 썼다.

'대령' 지배 하의 학교생활은 실로 비참했다. 기숙사 제도가 있는 모든 학교들이 그런 것처럼 신입생은 늘 괴롭힘을 당했다. 먼저 '신참들'은 시험대상이 되어야 했다. 이 놈이 어떤 놈인가? 고자질을 잘 하는 놈은 아닌가? '고참'들은 '신참'들에게 우월함을 나타내려고 했다. 이것은 어떤 학교, 어떤 감옥에도 있는 일이었다. 지라르도의 지배 하에서는 이런 박해가 훨씬 잔인해서 5학년 근위견습사관들에 의해 자행되었다. 지라르도는 이들에게 파격적인 지위를 부여했다. 이들에게 전권을 맡기고 이들이 어떤 난폭한 짓을 해도 모르는 척 했으며 그로 인해 엄격한 규율을 유지하려고 했다. 니콜라이 1세 시대에는 저학년 학생들이 구타에 저항한 것이 알려지면 사병의 아이들을 모아놓은 학교로 추방되었다. 근위견습사관의 일에 조금이라도 반항하면 5학년 학생들 20여 명의 지라르도의 묵인 하에 육중한 참나무 자를 가지고 교실에 몰려와서 불손한 학생에게 무차별 구타를 가했다.

5학년 학생들은 근위견습사관이라는 이름하에 제멋대로 행동했다. 그들이 가장 재미있어 하는 놀이는 밤에 '새내기'들에게 잠옷을 입혀 한 방에 모은 다음 서커스단의 말처럼 뜀뛰기를 시키는 것이었다. 근위학교 학생들은 '새내기'들의 바깥쪽에 서서 굵은 고무 채찍으로 사정없이 때렸다. 그 놀이는 언제나 지긋지긋한 얼차려로 끝을 맺었다. 당시 학생들의 도덕관념이나 밤에 일어나는 일들은 너무 추잡해서 일일히 입에 담을 수 없을 정도였다.

대령은 이 사실을 알고 있었다. 대령은 완벽한 정보망을 갖고 있었으므로 무슨 일이든 모르는 것이 없었다. 그러나 학교 밖으로 알려지지 않는 한 무슨 일이 일어나도 괜찮았다. 5학년 학생들이 하는 일을 눈감아 주는 것은 규율을 유지하는 기본적인 방법이었다.

그러나 그런 근위학교에서도 새로운 정신의 싹이 돋기 시작했다. 그 해 3학년 학생들은 선배들과는 달랐다. 그 학생들은 진지하게 공부하고 책을 많이 읽었는데, 그 중에는 후에 저명인사가 된 사람도 있었다. 그 중 한 사람인 폰 샤우프를 알게 되었는데, 당시 그는 칸트의 『순수이성비판』을 읽고 있었다. 그리고 교내에서 가장 힘이 세고 키가 아주 큰 코슈토프와 단짝이었다.

3학년들은 온순했지만 근위견습사관들의 구타를 받아들이지 않았다. 그들은 낡은 관행들을 좋지 않게 여기고 있었다. 그리고 어떤 사건 — 어떤 사건인지는 여기에는 쓰고 싶지 않다 — 을 계기로 근위견습사관들과 큰 싸움이 벌어졌는데, 근위견습사관들이 하급생들에게 크게 당했다. 지라르도는 이 일을 비밀에 붙였지만 5학년의 권위는 땅에 떨어져 버렸다. 고무채찍은 아직 남아 있었으나 그 이후 다시 쓰인 적이 없었다. 서커스놀이와 같은 가혹행위도 옛일이 되어버렸다.

이로써 학교생활이 조금 나아지기는 했지만 학교에 입학한 지 얼마 안 되는 신입생들은 여전히 근위견습사관들의 하찮은 지시에 따라야만 했다. 학교에는 고목이 무성한 아름다운 정원이 있었는데 신입생은 그곳에서 놀 수가 없었다. 5학년 학생들은 그곳에서 한가로이 놀거나 잡담을 하면서 신입생들에게 구보를 시키거나 공을 주워오라고 시켰다. 입학한 지 며칠 만에 정원의 금기를 알게 된 나는 그곳에 얼쩡거리지 않고 2층에 틀어박혀 책을 읽었다. 그런데 홍당무처럼 붉은 머리에 여드름투성이인 한 근위견습사관이 다가오더니 정원에 내려가서 동기들과 함께 구보를 하라고 명령했다.

나는 "싫습니다. 저는 지금 책을 읽고 있습니다."라고 대답했다.

그는 화가 나서 금방이라도 후려갈길 듯이 나를 노려보았다. 그는 모자로 나를 때리려고 했다. 나는 요령껏 잘 피했다. 그러자 그는 모자를 땅바닥에 내동댕이쳤다.

"주워!"

"직접 주우시죠."

이러한 반항적인 행동은 개교 이래 처음 있는 일이었다. 나는 왜 그가 그 자리에서 나를 사정없이 때리지 않았는지 지금도 알 수 없다. 그는 나보다도 나이가 많고 힘도 셌다.

다음 날도 그 이튿날도 같은 명령을 받았지만 나는 2층에서 한 발짝도 나가지 않았다. 그러자 그는 험한 욕을 하기 시작했다. 나는 농담으로 받아들이거나 아예 못 들은 척 했다.

그러나 오래가지는 않았다. 왜냐하면 우기가 시작되었고 우리는 대부분의 시간을 실내에서 지냈다. 평소에 1학년 학생들도 정원에서는 자유롭게 담배를 피웠다. 하지만 실내에서는 '옥탑방'에서만 담배를 피울 수 있었다. 그곳은 깨끗이 청소되어 있고 언제나 난로가 켜져 있었다. 근위견습사관들은 하급생들이 담배를 피우면 야단치면서도 자신들은 언제나 난로 곁에 앉아 수다를 떨면서 담배를 피웠다. 특히 그들이 즐겨 담배를 피우는 시간은 모두 잠이 든 밤 열 시 이후였다. 우리는 열한 시 반까지 그들을 위해 지라르도의 불시 순찰에 대비해 불침번을 서 주어야 했다. 우리는 열한 시 반까지 교대로 일어나 계단 주위를 살피며 대령이 오는지를 감시하지 않으면 안 되었다.

우리는 이 불침번을 없애야 한다고 생각했다. 오랜 시간 동안 궁리한 끝에 어떻게 하면 좋을지 3학년 선배들과 상의하기로 했다. 마침내 회답이 왔다.

"너희들 모두가 합심해서 불침번을 거부해. 만일 5학년들이 너희들을 때리려고 하면, 물론 반드시 그렇게 나오겠지만, 모두가 한 목소리로 지라르도를 소리쳐 불러. '대령'이 모든 것을 알게 되면 가만히 있지 못할 거야."

그날 밤 불침번은 샤호프스코이라는 3학년생과 앳된 목소리의 겁쟁이 신입생 세라노프의 차례였다. 두 명의 근위견습사관이 샤호프스코이를 먼저 불렀지만 그가 불침번 서기를 거절하자 다시 잠자고 있던 겁쟁이 신입생을 깨웠다. 하지만 그도 거절하자 두 사람은 두꺼운 허리띠로 세라노프를 마구 때리기 시작했다. 샤호프스코이는 곁에 있는 동료들을 깨워서 지라르도에게 뛰어갔다.

나도 잠을 자고 있었는데 두 사람이 내게 불침번을 서라고 명령했다. 나는 단호히 거부했다. 그러자 두 사람은 옆에 있던 허리띠와 멜빵을 집어서 — 우리는 늘 침상 옆에 옷을 차곡차곡 개켜 놓고 그 위에 허리띠와 넥타이를 가로질러 놓았다 — 나를 때리기 시작했다. 나는 몸을 웅크리며 손으로 얼굴을 감쌌다. 몇 번 호되게 얻어맞았다고 생각했을 때 "5학년은 대령 앞으로!"라는 명령이 울려 퍼졌다. 그러자 난폭하던 그들도 금방 기가 죽어서 허겁지겁 내 물건을 정리했다.

"아무 말도 하지 마!" 하고 두 사람은 작은 소리로 속삭였다. 나는 "넥타이를 똑바로 해놓고 가세요." 하고 말했다. 어깨와 팔이 불에 덴 것처럼 아팠다.

우리는 지라르도가 5학년 학생들에게 뭐라고 얘기했는지 알 수 없었다. 그러나 다음 날 아래층 식당으로 이동하려고 줄을 서 있는데 지라르도가 모기만한 소리로 신입생과 근위견습사관 사이에 불미스러운 일이 발생한 것은 참으로 유감이라고 말했다. 불미스러운 일이 발생했다고? 근위견습사관들이 잘못한 것이 아니고? 학생들은 이 예수회적 언사에 치를 떨었다.

그날 이후 보초를 서는 것은 근절되었다. 하지만 이 사건은 지라르도의 권위를 크게 떨어뜨렸다. 그는 가슴에 증오를 담아두고 우리 학급, 특히 나를 몹시 미워했다(내가 정원에서 구보하기를 거부한 일은 이미 그의 귀에 들어가 있었다). 그는 기회가 있을 때마다 나에 대한 미움을 드러내곤 했다.

겨울 내내 나는 병원에 드나들었다. 티푸스에 걸린 나를 교장과 의사가 부모처럼 잘 보살펴주었다. 그 후에는 악성 위염이 나를 괴롭혔다. 매일 병원을 둘러보는 지라르도는 내가 병원을 너무 자주 드나들자 아침마다 프랑스 말로 빈정댔다. "여기 퐁네프 다리*처럼 튼튼한 몸을 갖고도 병원을 배회하는 애가 있구만." 나도 한두 번은 웃으면서 대꾸했지만 그의 집요한 빈정거림에 마침내 화를 내고야 말았다.

"무슨 말씀을 하시는 겁니까?" 하고 나는 소리쳤다. "의사 선생님한테 당신이 이

---

* 당시에 파리에 새롭게 지은 철교이다. 여기서는 새롭고 튼튼한 다리의 의미이다.

방에 들어오는 것을 금지해 달라고 부탁하겠어요."

지라르도는 두어 걸음 물러섰다. 검은 눈동자가 반짝이더니 얇은 입술에 점점 핏기가 사라졌다. 그러다 그는 이렇게 말했다. "화를 내는군. 그렇다면 창고에 총이 두 자루 있는데 그것으로 결투를 해볼까?"

"농담이 아닙니다. 더 이상 참을 수가 없습니다."

그는 두 번 다시 빈정거리지는 않았지만 전보다 나를 더 미워하게 되었다. 하지만 나를 벌 줄 기회는 없었다. 나는 담배도 피우지 않았고 후크와 단추를 잠그지 않는 일도 없었다. 밤에 잘 때에도 옷을 단정히 개켜두었다. 노는 걸 좋아했지만 책을 읽거나 형에게 편지를 쓰는 일에 쫓겨서 라프타(크리켓의 일종)를 할 여유도 거의 없었다. 내가 무슨 잘못을 하면 지라르도는 내 상급자를 벌주었다. 예를 들면, 어느날 나는 밥을 먹다가 물리학적인 발견을 했다. 컵을 두드려서 나는 소리의 높낮음은 그 안에 담긴 물의 양에 좌우된다는 것을 알게 된 것이다. 나는 곧 네 개의 컵을 나란히 놓고 같은 음을 내는 실험을 했다. 그때 지라르도가 내 뒤에 서 있었다. 그는 내게는 한 마디도 하지 않고 내 옆에 있는 상급자에게 근신을 명했다. 그는 친척 형뻘이 되는 청년이었다. 나는 그에게 거듭 사과를 했다. "괜찮아. 대령이 너를 미워하고 있다는 걸 잘 알아."

지라르도가 나를 미워한다는 사실은 학생들 사이에서 화제가 되었다. 그러나 나는 조금도 신경 쓰지 않았다. 나의 무관심 때문에 지라르도의 증오심은 더욱 커지는 것 같았다. 나는 18개월이 지나도록 견장을 받지 못했다. 견장은 입학한 후 한두 달 동안의 기초 군사교육을 마치면 받게 되어 있었다. 그러나 나는 그런 군사적 장식은 받지 않는 것이 오히려 낫다고 생각하고 있었다. 마침내 한 장교 ── 학교에서 가장 뛰어난 교관인 그는 교련 밖에는 모르는 사람이었다 ── 가 자진해서 내게 교련을 가르쳐 주었다. 그리고 내가 충분히 훈련을 소화했다고 지라르도에게 보고했다. 그러나 대령은 인정하지 않았다. 거절이 거듭되자 장교는 그것이 개인적 원한 때문이라는 것을 알아차렸다. 얼마 후 교장은 내가 아직 견장을 달지 않은 것을 보고서 장교에게 어찌된 영문인지를 물었다. 그는 솔직하게 대답했다.

"이 학생의 교련 동작은 나무랄 데가 없습니다. 단지 대령이 인정하지 않을 따름입니다."

교장의 설득이 있었는지 지라르도는 재시험을 치른 당일 나에게 견장을 달아 주었다.

대령의 위세는 급속히 위축되어 갔다. 교풍이 바뀌고 있었다. 지라르도는 20년 동안 자기 이상대로 학교를 운영할 수 있었다. 그의 이상은 학생들을, 머리를 소녀처럼 말끔하게 말아 올린 루이 14세의 신하처럼, 우아한 근위장교로 만들고 싶었던 것이었다.

그는 학생이 공부를 잘하든 못하든 별로 관심이 없었다. 그가 마음에 들어 하는 학생은 솔로 먼지를 털어내고 향수를 뿌린 깨끗한 정복 — 일요일에 집에 갈 때 입는 — 을 입고 '정중하게 인사'할 줄 아는 학생이었다.

지라르도의 지도하에 우리는 줄무늬가 있는 침대보로 몸을 둘러싼 '가짜 황후'의 손에 공손히 입을 맞추고 우아하기 이를 데 없는 인사를 하며 물러나는 궁정의례를 연습해야 했다. 하지만 이런 연습은 좌중의 폭소로 끝나는 경우가 많았다. 그러면 지라르도는 불같이 화를 냈다. 또 궁정에서 아침 인사를 하기 위해서는 머리를 곱슬곱슬 볶아야 했다. 하급생들은 예전 같으면 오랫동안 머리가 풀리지 않게 하려고 애를 썼지만 이제는 궁정에서 돌아오자마자 머리를 수도꼭지에 박고 재빨리 머리를 감았다. 이제 여자 같은 모습은 놀림감이 되었다. 아침 인사에 동원되어 장식품처럼 우뚝 서 있는 것은 명예라기보다는 고역으로 생각되었다. 때때로 하급생들이 어린 태공들의 놀이 상대로 파견되곤 했는데 태공이 손수건으로 딱딱한 채찍을 만들어 마구 때리는 데 화가 난 학생이 똑같이 채찍을 만들어 태공을 때려 울려버린 일도 있었다. 지라르도는 매우 당황해서 어쩔 줄 몰랐지만 태공의 교육을 담당한 세바스토폴 노제독은 오히려 그 학생을 칭찬해 주었다.

당시의 다른 학교처럼 근위학교에서도 향학열이 솟아오르고 새롭고 진지한 정신이 자라났다. 이전의 학생들은 승진에 필요한 점수만 따면 된다고 생각해서 처음 몇 해 동안은 별로 공부를 하지 않았다. 마지막 2년 동안 점수를 채우면 되었다. 그러나 이제는 신입생들도 열심히 공부를 했다. 도덕적인 측면도 몇 년 전과는 많이 달라졌다. 동양의 사치품들을 즐기는 취향도 사라졌고, 가끔 구습을 되살리려는 시도가 있었지만 그럴 경우 페테르부르크의 사교계까지 퍼지는 비난을 감수해야 했다. 지라르도는 면직되어 학교 건물에 방 하나를 얻어 살게 되었다. 그 후 그가 긴 코트를 입고 깊은 수심에 잠겨 있는 모습을 자주 볼 수 있었다. 그가 할 수 있는 일이라곤 교내에 빠르게 퍼져나가는 새로운 정신에 대해 욕설을 퍼붓는 것뿐이었다.

02
깨어나는 러시아가 근위학교에 미친 영향-근위학교 선생님들

교육문제가 전 러시아의 이슈가 되었다. 파리에서 평화조약이 체결되고 출판물에 대한 엄격했던 검열이 다소 완화되자, 바로 교육 문제들이 이슈화되기 시작했다. 민중의 무지, 향학열을 가진 사람들 앞에 가로놓인 장애들, 지방학교의 부족, 진부한 교육법의 폐단을 해결하는 방법이 신문뿐 아니라 귀족들의 사교장에서까지 화제가 되었다. 1857년에는 우수한 교원들을 확보하여 최초의 여자 김나지움이 문을 열었다. 갑자기 어딘가에서 나타난 탁월한 능력을 가진 사람들이 일생 동안 교육에 헌신했을 뿐만 아니라 실질적인 교사로서 뛰어난 능력을 발휘했다. 이들의 저서가 외국에 전해졌더라면 명성을 얻을 수도 있었을 것이다.

근위학교도 이 교육부흥의 영향을 받았다. 소수 학생을 제외하고는 대부분 저학년 때부터 공부에 열중했다. 교육부장 겸 감독관인 빈클레르는 ― 뛰어난 포병 대령이자 수학자이며 진보적인 생각을 가진 사람이었다 ― 이 새로운 정신을 고취시킬 훌륭한 제안을 내놓았다. 그는 신입생들을 가르치던 기존의 교사들을 면직시키고 훌륭한 교사들을 영입했다. 신입생들에게 기초를 가르치는 교사는 특히 뛰어나야 한다는 것이 그의 교육관이었다. 2학년 대수의 기초를 가르칠 선생님으로 일류 수학자인 수포닌 대위가 초빙되자 2학년 학생들이 모두 수학을 좋아하게 되었다. 이 대위는 황태자 ― 니콜라이 알렉산드로비치로 스물두 살에 죽었다 ― 의 교사를 겸했기 때문에 황태자는 일주일에 한 번씩 대수 강의를 들으러 학교에 왔다. 교양이 있는 여성이었던 황후 마리아 알렉산드로브나는 아들이 공부에 재미를 느끼도록 학생들과 함께 공부하게 했던 것이었다. 황태자는 다른 학생과 마찬가지로 책상에 앉아서 질문에 대답해야 했다. 그러나 그는 선생님이 강의하는 동안 대개 그림을 그리거나 ― 아주 잘 그렸다 ― 혹은 옆 학생과 농담을 주고받았다. 그는 착하고 온화했지만 공부를 열심히 하지 않았고 공부에 흥미도 없었다.

빈클레르는 1학년에도 훌륭한 선생님 둘을 모셔왔다. 어느 날 빈클레르는 싱글벙글 웃으면서 교실로 들어오더니 너희들은 흔치 않은 행운을 만났다고 했다. 러시아 문학에 정통한 고전학자 클라소프스키 교수가 문법을 가르치기로 했고 5년간 우리 학년을 맡게 될 것이라고 했다. 그리고 대학교수이자 국립제국도서관 관장인 베케르 선생님이 독일어를 가르칠 것이라고 했다. 빈클레르는 클라소프스키 교수가 건강이 좋지 않기 때문에 조용하게 강의를 들어주길 바란다고 덧붙였다.

빈클레르의 생각은 옳았다. 우리들은 대학교수를 선생님으로 모시게 된 것을 자랑스럽게 생각했다. '캄차트카*'들은 '소시지 장인' ― 독일인 ― 을 따라야 한다고 했지만 대부분의 학생들의 관심은 대학교수들에게 쏠렸다.

교실에 들어온 베케르 선생님은 키가 크고 이마가 넓으며, 눈이 또렷했다. 그는

---

* 교실의 맨 뒷좌석에 앉은 학생들을 캄차트카 반도에 비유해서 부르는 말.

유창한 러시아 말로 학급을 세 조로 나누자고 제안했다. 독일어를 가장 잘 하는 학생들로 편성된 1조는 독일어로만 수업하고 가장 어려운 내용을 배운다. 2조는 교수의 프로그램대로 처음에는 문법, 다음엔 독일문학을 배운다. 그리고 3조는 '캄차트카'라고 선생님은 미소를 지으며 말했다.

"제군들은 내가 어떤 책에서 뽑은 4행을 베끼기만 하면 된다. 그 4행만 베끼면 그 다음은 제군들 마음대로 해도 좋다. 다만 다른 사람에게 피해를 주면 안 된다. 그렇게 하면 5년 뒤에는 독일어와 독일문학을 어느 정도 배울 수 있을 것이다. 1조에 들어갈 사람은 누구누구지? 독일인 슈타켈베르크, 람스도르프, 또 러시아인 중에도 들어갈 누가 더 있을 텐데. 그리고 '캄차트카' 조에 들어갈 사람은?"

독일어를 전혀 모르는 5, 6명의 학생이 이 '반도'에 자리를 잡았다. 그리고 모든 학생이 진지하게 4행씩 — 학년이 올라가면서 10행 또는 20행 씩 — 베껴 나갔다. 베케르 선생님은 용의주도한 문장선택과 능수능란한 교육으로 5년을 마칠 무렵에는 정말로 독일어와 독일문학을 이해할 수 있게 되었다.

나는 1조에 들어갔다. 형 알렉산드르는 편지에서 훌륭한 독일 문학작품이 많고 저명한 책은 모두 독일어로 번역되어 있으니 충분히 공부해두라고 일러주었다. 나는 열심히 공부했다. 폭풍우에 관한 난해한 시를 번역하고 철저하게 연구했다. 또 선생님의 가르침대로 동사의 변화, 부사, 전치사를 암기한 후 책을 읽기 시작했다. 이것은 어학 공부에는 좋은 방법이다. 또한 선생님의 권유로 삽화가 있는 주간신문을 구독했다. 재미있는 삽화나 콩트를 몇 줄씩 읽다보면 점점 빠져들었다. 나는 곧 독일어에 익숙해졌다.

그해 겨울이 다 갈 무렵, 나는 선생님에게 괴테의 『파우스트』를 빌려 달라고 부탁했다. 괴테의 『파우스트』를 러시아어 번역판으로 읽었고, 투르게네프의 아름다운 소설 『파우스트』도 읽었던 나는 원문으로 읽어보고 싶어서 견딜 수 없었다. "글쎄 네가 이해할 수 있을까, 너무 철학적이어서."라고 선생님은 미소를 지으며 말했다. 그래도 선생님은 색이 바래 누렇게 변한 이 불후의 희곡을 빌려주었다. 선생님은 이 작은 책이 내게 얼마나 한없는 즐거움을 가져다주었는지 알지 못할 것이다. 나는 한 구절 한 구절의 의미와 음악성에 도취되어 아름다운 헌사의 첫 구절부터 끝까지 모든 내용을 가슴으로 받아들였다.

숭고한 대지의 신이여
당신은 그저 냉담하게 자연에만 이르지 마시고
절친한 친구의 마음을 들여다보듯이
자연에 숨겨진 품 속으로
우리가 들어갈 수 있도록 허락해 주소서

숲 속에서의 파우스트의 독백은 나를 극도의 황홀경으로 몰아넣었다. 아직도 내게는 그 영향이 남아 있다. 한 구절 한 구절이 점점 친한 친구가 되었다. 아직 잘 모르는 언어로 쓰여진 시를 읽는 것만큼 큰 즐거움은 없을 것이다. 모든 문장이 어슴푸레한 안개에 싸인 것처럼 느껴졌고 그것이 더욱 시를 흥미롭게 했다. 일상적인 언어로 시적인 이미지를 표현하면 오히려 시적 감흥을 떨어뜨린다. 그 미묘하고 고상한 의미를 전해주는 외국 시의 음악성은 더욱 힘있게 느껴졌다.

클라소프스키 교수의 첫 수업은 우리에게는 하나의 계시였다. 쉰 살쯤 되어보이는 그는 몸집이 작고 행동이 아주 민첩했다. 약간 비웃는 듯하면서도 지적인 눈과 넓은 이마는 그를 시인답게 보이게 했다. 오랫동안 병석에 있었던 그는 첫 수업에서 우리에게 가까이 다가오라고 말했다. 선생님이 의자를 앞줄의 책상 옆에 놓자 우리는 벌떼처럼 그 주위로 모였다.

선생님은 러시아 문법 담당이었다. 그러나 우리가 생각하고 있던 무미건조한 문법 강의와는 전혀 달랐다. 그는 고대 러시아의 민속적 어법을 호메로스의 시나 산스크리트의 마하바라타를 러시아어로 번역한 것과 비교하는가 하면, 쉴러의 시를 인용하기도 하고, 현대 사회의 편견에 관해 비판하기도 했다. 따분한 문법으로 되돌아가는가 싶다가도 광범위한 시적 이론과 철학적 개념으로 옮아갔다.

우리로서는 그 깊은 의미를 파악할 수 없는 부분도 많았다. 모든 학문은 처음에는 이해할 수 없지만 점차 새로운 세계의 어렴풋한 윤곽으로 사람을 끌어들인다. 어떤 학생들은 옆 사람의 어깨 위에 손을 얹고, 어떤 학생은 앞 줄 책상에 올라앉았으며, 어떤 학생은 선생님 뒤에 바짝 붙어 강의를 들었다. 시간이 흐를수록 선생님의 목소리는 더욱 작아졌기 때문에 우리는 숨을 죽이고 들어야 했다. 감독관은 새로운 선생님에 대한 우리의 태도를 보려고 교실 문을 열어 보았다가 모두 조용히 모여 있는 것을 보고서 발소리를 죽였다. 그는 조용하고 진지하게 강의를 듣는 우리를 보고 선생님을 존경의 눈초리로 쳐다보았다. 절망적일 정도로 멍청했던 도나우로프가 클라우소프스키 교수를 뚫어지게 바라보고 있었다. 클류게나우라는 독일식 이름을 가진 카프카즈인 학생까지도 가만히 앉아 있었다. 학생들은 생각지도 않은 환상의 세계가 눈앞에 펼쳐지고 마음속에 고상한 그 무엇이 솟아나는 것 같은 느낌을 받았다. 나는 선생님에게서 큰 영향을 받았을 뿐 아니라 그 영향력은 해가 갈수록 점점 더 커졌다. "이제 곧 학교가 좋아질 거야." 하고 말한 빈클레르의 예언은 맞았다.

불행하게도 겨울이 끝나갈 무렵 클라소프스키는 병이 났고, 페테르부르크를 떠나야만 했다. 그 대신 티모페예프 라는 선생님이 초빙되었다. 그도 좋은 사람이었지만 다른 의미에서 좋은 사람이었다. 클라소프스키는 정치적으로 급진적인 사람이었다, 하지만 티모페예프는 탐미주의자였다. 티모페예프는 셰익스피어의 광팬이었으며 우리에게 자주 그에 대해서 이야기를 해주었다. 그덕분에 나는 셰익스피어를 매우 좋아하게 되었고, 그의 희곡들을 러시아어로 몇 번씩 읽었다. 나는 친구들에게 큰 소리로 셰익스피어를 읽어주곤 했다.

우리가 3학년이 되었을 때 클라소프스키가 돌아왔다. 나는 그에게 더욱더 큰 영향을 받았다.

아마 유럽과 미국에도 이러한 교사는 많지 않았을 것이다. 러시아에서는 저명한 문학가나 정치인치고 문학교사에게 영향을 받지 않은 이가 드물었다. 세계 어느

학교나 이러한 선생님은 꼭 필요하다. 다른 선생님들은 전공과목만을 가르쳤으나 문학선생님만은 문학을 가르치면서도 다른 과목을 다룰 자유가 있었다. 러시아에서는 여러 갈래의 역사적, 사회적 학문을 결합시키고, 철학사상과 문학을 통일시킴으로써 청소년의 지식과 감성에 숭고한 이상과 영감을 불어넣는 중대한 임무가 문학 교사의 손에 맡겨졌다.

러시아어의 발달과 고대서사시의 내용, 민요와 음악, 근대소설을 가르칠 때 문학 교사는 문학 분야를 넘어서 러시아의 과학, 정치, 철학, 문학에 반영된 여러 가지 미적, 정치적, 철학적 사조 등 인간정신의 발전에 대한 개념을 설명해주어야만 한다.

자연과학도 마찬가지다. 물리학과 화학, 천문학과 기상학, 동물학과 식물학을 가르치는 것만으로는 충분하지 않다. 학교의 커리큘럼이 어떻든 간에 자연과학의 공통된 철학 — 훔볼트가 쓴 『우주론』 제1권에 나타나는 바와 같이 총체적인 개관 — 을 학생에게 가르치지 않으면 안 된다. 자연에 대한 철학과 시, 생명에 대한 생생한 개념이 교육 속에 포함되어 있지 않으면 안 된다. 나는 이러한 역할을 하는 지리선생님을 원했다. 하지만 그렇게 된다면 학교에서 지리를 가르치는 선생님은 물론 대학교에서 지리를 가르치는 교수들도 완전히 다른 사람들이 되어야만 했다.

우리 근위학교에서 지리를 가르친 사람은 유명한 벨로하였다. 벨로하는 칠판 앞으로 불려나온 학생들 모두가 분필로 온도대를 나누고 지도를 그리기를 바랐다. 모두가 그것을 할 수 있다면 훌륭한 일이다. 하지만 외워서 지도를 조금이라도 비슷하게 그리는 학생들은 전체 중에서 5~6명에 불과했다. 지도를 제대로 그리지 못하는 학생들에게 벨로하는 자비심 없이 "빵 점"을 주었다.

"빵 점"을 맞지 않기 위해서 우리는 길이가 5센티미터정도 되는 컨닝 페이퍼를 만들었다. 우리는 그것을 다음과 같은 방식으로 사용했다. 예를 들어서 벨로하가 도나우로프를 부르면 도나우로프는 칠판으로 갔다가 다시 자기 자리로 들어온다. 그리고 말한다.

"크로포트킨, 네 수건 좀 줘. 난 깜빡 했네."

나는 도나우로프에게 수건을 주면서 유럽 지도가 그려진 작은 종이를 함께 준다. 도나우로프는 자신의 왼 손 바닥에 종일 놓는다. 벨로하가 다른 학생에게 질문을 하거나 출석부를 쳐다볼 때 도나우로프는 컨닝 페이퍼를 보고 지도를 그린다. 그리고 도시들, 산맥, 강의 위치를 대충 말한다. 그러면 재수가 좋으면 안정된 점수인 5점을 받거나, 최소한 빵 점 대신 2점이나 3점을 받게 된다. 빵 점은 두 번의 일요일을 쉬지 못한다는 것을 의미했다.

나는 열심히 컨닝 페이퍼를 만들었다. 나는 두세 개의 지도를 준비했다. 나는 후에 페트로파블로프스크 요새의 독방에 갇혔을 때 핀란드 지도를 그리면서 몇 번이고 반복적으로 말했다.

"벨로하 선생님께 감사를 드려야 해. 만약 내가 그때 컨닝 페이퍼를 만들지 않았다면 이렇게 지도를 그리지 못했을 거야."

다른 선생님은 소란스러운 우리 학년을 전혀 다른 방법으로 장악했다. 그는 습자(習字) 선생님으로 선생님들 중 가장 직급이 낮았다. '이교도'—독일인과 프랑스인 선생님—는 별로 존경받지 못하는 풍토에서 독일계 유대인이었던 에베르트 선생님은 정말 순교자 같았다. 그를 따돌리는 것은 학생들에게 일종의 유행이었다. 그가 우리 학교에 선생님으로 와 있는 것은 오로지 가난 때문이었다.

2, 3년씩 1학년에 머물던 낙제생들은 지나칠 정도로 선생님을 희롱했다. 선생님은 이런저런 방법으로 타협했다. 선생님은 "한 시간에 장난 한 번만 하기. 그 이상은 안 된다."고 했는데, 우리는 이마저도 지키지 않았다.

어느 날 '캄차트카' 중 하나가 웃으면서 "이거나 먹어라, 에베르트." 하고 외치며 칠판지우개에 잉크와 백묵을 묻혀서 선생님에게 집어 던졌다. 지우개는 어깨에 맞았고 잉크가 선생님의 얼굴과 와이셔츠로 튀었다.

이번에야말로 선생님이 교실을 나가서 감독관에게 이 일을 보고할 것이라고 생각했다. 그러나 선생님은 흰 손수건을 꺼내서 얼굴을 닦으면서 "여러분, 장난은 한 번만. 오늘은 이걸로 그만." 하고 큰소리로 말했다. 그러더니 "셔츠가 더러워졌군."

하고 중얼거리고는 누군가의 글씨를 고쳐주었다.

우리는 부끄러움을 느꼈다. 왜 선생님은 감독관에게 알리지 않고 참는 것일까? 모든 학생들이 선생님에게 연민을 느꼈다. "너 왜 그런 못된 짓을 했어?" 하고 우리는 그 학생을 비난했다.

"선생님은 가난한 분이란 말이야. 셔츠를 더럽혔으니 어떡해." 하고 누군가가 외쳤다. '캄차트카'는 곧 그에게 사과했다. 선생님은 "여러분 공부합시다."라고 말할 뿐이었다.

그 일이 있은 후로 학생들은 얌전해졌다. 그리고 다음 시간에는 약속이나 한 듯이 공들여 글씨를 써서 선생님에게 가지고 갔다. 선생님도 즐거운 듯 미소를 지었다. 이 일은 나를 감동시켰다. 지금까지 내 기억에서 잊혀지지 않고 있다. 나는 지금도 이 훌륭한 선생님에게서 받은 교훈을 깊이 간직하고 있다.

간츠라는 미술 선생님과는 결코 친해질 수 없었다. 그 선생님은 수업 중에 장난치는 학생을 가끔 보고했다. 우리 생각에 선생님은 그럴 권리가 없다고 생각했다. 별로 정직한 인물이 아니라고 생각했기 때문이다. 선생님은 우리에게 거의 관심이 없었다. 선생님의 집에서 과외를 받거나 좋은 점수를 따기 위해서 뇌물을 바치는 학생의 그림만 고쳐주면서 시간을 보냈다. 우리는 그런 짓을 하는 학생을 미워하거나 시기하지 않았다. 오히려 우리는 다른 과목에서 점수를 따지 못하는 학생이, 미술 실기나 지도 그리는 과제를 화가에게 의뢰해 제출하고 만점을 받는 것으로 총점을 메우는 일은 탓할 것이 없다고 생각했다. 학년에서 성적이 제일 우수한 두 학생은 그런 야비한 수단을 쓰면 안 된다고 생각했지만 다른 학생들은 개의치 않았다. 그러나 선생님이 돈을 받고 이런 주문에 응하는 것은 있어서는 안될 일이었다. 그런 짓을 하고 싶으면 학생들이 떠들고 장난치는 것은 용서해야 하는 것 아닌가 하고 생각했다. 그것이 우리가 생각하는 도덕이었다. 그런데 수업시간마다 선생님의 잔소리는 끝이 없었다. 우리는 선생님이 잔소리를 할 때마다 난폭하게 굴었다.

4학년에 진급하면서 학교생활에 익숙해지자 우리는 선생님을 더 강하게 밀어붙이기로 했다. "그가 너희를 그렇게 다루는 건 너희들이 잘못했기 때문이야." 하고 상급생이 말했다. "우리는 그가 우리 말을 잘 듣게 만들어 놨지." 우리도 선생님을 굴복시키기로 결정했다.

어느 날 우리 학급의 두 학생이 담배를 입에 문 채 간츠 선생님에게 불을 빌려 달라고 했다. 물론 이것은 농담이었다. 누구도 교실에서 담배를 피우겠다고 할 만큼 바보는 아니었다. 우리는 선생님이 아이들에게 "장난질 그만해!" 라고 말을 하는 것으로 충분하다고 생각했다. 그런데 선생님은 그 일을 일지에 기록했고 결국 두 사람은 엄중한 처벌을 받았다. 그러니까 컵에 물이 꽉 차 있었는데 한 방울의 물을 더해서 물을 넘치게 한 꼴이 된 것이다. 우리는 선생님에게 복수하기로 결정했다. 모두들 자로 책상을 시끄럽게 두들겨 선생님을 교실 밖으로 쫓아버리자는 것이었다. 이 계획에는 몇 가지 곤란한 점이 있었다. 우리 학급에는 시위에 가담하겠다는 약속을 했으면서도 마지막 순간에 꽁무니를 빼는 겁쟁이들이 더러 있었다. 만약 일이 그렇게 되면 선생님은 다른 학생의 이름을 일지에 적을 수 있다. 이런 계획은 일치된 행동이 전제되어야 했다. 아무리 무거운 벌을 받더라도 소수가 받는 것보다는 학급 전체가 받는 편이 낫기 때문이었다.

이 난점은 실로 마키아벨리적 계기로 해결되었다. 신호가 떨어지면 모두 간츠에게 등을 돌리고 미리 준비해 둔 자로 책상을 두드리기로 했다. 이렇게 하면 선생님이 눈을 부릅뜨고 노려보아도 겁쟁이들이 겁내지 않을 것이다. 그러나 신호는 어떻게 보내지? 도둑놈 이야기에 나오는 휘파람도, 외침도, 코를 훌쩍이는 것도 잘 될 것 같지 않았다. 간츠는 휘파람을 불거나 코를 훌쩍인 자를 금방 알아낼 수 있을 것이다. 신호는 소리 나지 않는 것으로 해야 했다. 그래서 그림을 잘 그리는 급우가 그림을 선생님에게 보이러 갔다가 자리에 돌아와 앉을 때를 신호로 삼자고 의견이 모아졌다.

모든 것이 제대로 진행되었다. 네사도프라는 학생이 그림을 가지고 가자 선생님은 2, 3분 정도 그림을 고쳐 주었다. 우리는 그 동안 마음을 졸이며 기다렸다. 마침내 네사도프가 자기 자리로 돌아가서 잠깐 모두를 돌아본 뒤 앉았다. 순식간에 학생들이 뒤돌아 앉았고 자로 책상을 마구 두드렸다. 그 와중에 누군가가 "간츠 나가라! 간츠 나가라!" 하고 소리쳤다. 소음으로 귀가 멍멍할 정도였다. 간츠는 그저 멍하니 있을 뿐이었다. 그는 한동안 뭐라고 중얼거리더니 마침내 나가버렸다. 잠시 후 장교 한 사람이 헐레벌떡 뛰어들어 왔다. 소란은 여전했다. 부감독관에 이어 감독관도 들이닥쳤다. 그제야 소란이 멎었다.

"반장을 바로 영창에 넣어." 감독관이 명령했다. 학급 수석이며 반장이었던 나는 영창으로 끌려갔고, 그 다음 상황을 지켜볼 수 없었다. 교장이 와서 간츠에게 주동자가 누구인지 물었지만 그는 누구라고 지명할 수 없었다. 그는 "전부 등을 돌리고 떠들어댔습니다."라고 대답할 수밖에 없었다. 학급 전원이 모두 아래층으로 쫓겨났다. 학교에서 태형은 이미 폐지되었으나 전에 담뱃불을 붙여 달라고 해서 벌을 받았던 두 학생이 이번 사건의 주동자로 몰려 백양나무 채찍으로 맞았다.

나는 열흘 만에 교실로 돌아올 수 있었다. 교실 칠판에 쓰여 있던 내 이름도 지워졌다. 그런 건 아무래도 좋았다. 그러나 책도 없는 열흘 동안의 영창생활은 못 견디게 지루했다. 그 동안 나는 4학년의 행동을 찬미하는 시를 썼다.

우리 학년은 전교의 영웅이 되었다. 한 달 내내 우리는 그 사건을 다른 학년 학생들에게 몇 번이고 되풀이해서 이야기해 주었다. 다른 학생들은 우리가 일치단결해서 한 사람도 개인적으로 체포되지 않은 것을 칭찬했다. 우리 학년은 크리스마스 전까지 일요일에 집에 가는 것을 금지당했다. 우리는 그 일요일을 아주 유쾌하게 보내기로 했다. '마마보이'의 엄마들이 과자를 듬뿍 가지고 찾아오기도 했다. 돈 있는 집에서는 케이크를 산처럼 사 가지고 왔다. 케이크로 배를 채웠고 밤에는 선후배들이 '용감한 4학년'을 위해 과일을 몰래 갖다 주었다.

간츠는 그 후로 누구의 이름도 일지에 기록하지 않게 되었다. 개인교습도 끝이 났다. 아무도 이 돈만 아는 자에게 배우려고 하지 않았다.

03
형 사샤와의 서신교환-형 사샤의 철학관, 정치경제관
- 종교-개혁-형과의 비밀 만남

내가 근위학교에 다니고 있을 때 형 사샤*는 모스크바 사관학교에 다니고 있었다. 형과는 끊임없이 편지를 주고받았다. 내가 집에 있는 동안은 불가능한 일이었다. 아버지는 집에 오는 모든 편지를 뜯어보는 것을 특권으로 생각했으므로 조금이라도 색다른 이야기는 쓸 수 없었다. 그러나 이제는 어떤 글도 마음대로 써 보낼 수 있었다. 한 가지 곤란한 점은 우표 값이었는데, 우리는 아주 작은 글씨로 편지 쓰는 법을 익혀 한 장의 편지에 믿기 어려울 만큼 많은 글을 쓸 수 있었다. 형은 편지지 한 장에 인쇄물 네 쪽 분량을 썼다. 필체도 좋아서 아주 작은 활자처럼 읽기 편했다. 귀중한 기념품처럼 보관하고 있던 그 무렵의 편지를 분실한 것은 참으로 유감스러운 일이다. 경찰이 가택수색을 하면서 편지보관함을 빼앗아 가버렸다.

처음에는 주로 내 새로운 환경에 대해 썼는데 점점 더 중요한 내용을 쓰게 되었다. 형은 하찮은 얘기들은 아예 하지 않았다. 진지한 토론에는 관심이 많았지만 시시한 이야기에는 "머리가 아프다."고 말했다. 형은 나보다도 훨씬 더 지적이어서 과학이나 철학의 새로운 문제들을 계속 제기했고, 반드시 읽어야 하는 것, 연구해야 하는 것들을 일러주며 나를 격려했다. 이런 형을 가진 나는 얼마나 행복했던가! 게다가 형은 나를 진심으로 사랑했다. 내가 지적으로 성숙할 수 있었던 것은 무엇

* 알렉산드르의 애칭

보다도 형의 도움이 컸다.

때때로 형은 내게 시를 권하면서 여러 편의 시를 편지에 써서 보내 주었다. "시를 읽어라. 시는 인간을 고양시켜 준다."라고 형은 말했다. 나중에 나는 이 말이 진실이라는 것을 여러 번 느꼈다. 나도 말하고 싶다. 시를 읽어라. 시는 인간을 고양시켜 준다. 형은 이미 시인이었고 놀랄 만큼 음악적인 시를 능숙하게 썼다. 그가 시를 포기한 것은 참으로 안타까운 일이었다.

1860년대 초 러시아 청년들 사이에 예술을 경멸하는 경향이 생겨났다. 투르게네프도 『아버지와 아들』에서 바자로프를 통해 당시의 이러한 경향을 묘사했다. 형도 이러한 영향을 받아 시를 천시하고 자연과학에 몰두하게 되었다. 내가 좋아하는 시인들은 시적, 음악적, 철학적인 재능 때문에 최고의 시인이 된 것이 아니었다. 형이 좋아하는 러시아 시인은 베네비치노프*였고 내가 좋아하는 시인은 네크라소프**였다. 네크라소프의 시는 비음악적이지만 '짓밟히고 학대받는 사람들'에 대한 연민이 내 마음에 감동을 주었다.

언젠가 형은 편지에 이렇게 썼다. 사람은 일생에 일정한 목표를 가지지 않으면 안 된다. 목적이 없는 인생은 인생이 아니며 가치 있는 삶을 위해 목표를 정하라고 권했다. 나는 아직 그러한 목적을 발견하기에는 너무 어렸다. 그러나 분명치 않고 막연한 것이지만 '선(善)'을 추구해야겠다는 생각이 싹트고 있었다. 그 '선'이 무엇인지 말할 수는 없었지만.

아버지는 우리 형제에게 용돈을 조금밖에 주지 않았다. 나는 책 한 권 살 돈도 없었다. 형은 큰어머니에게서 몇 루블을 받으면 한 푼도 쓰지 않고 책을 사서 내게 보내주었다. 그러나 형은 난독(亂讀)은 반대했다. "읽는 책에 대해서 어떤 문제의식을 가지지 않으면 안 된다."라고 형은 썼다. 그러나 당시 나는 이런 말에 신경 쓰지 않았다. 나는 그저 내가 읽고 싶은 책들을 찾아 읽었다. 당시 읽었던 책에는 놀랍게

---

* Venevitinov:1805~1827. 러시아의 시인, 번역문학가, 철학적인 시를 주로 썼다.

** Nekrasov: 1821~1878. 러시아의 시인. 농민들의 고통받는 생활에 대한 연민을 노래한 시인

도 전문적인 역사책이 많았다. 프랑스 소설에 시간을 빼앗기는 일 따위는 없었다. 몇년 전에 형으로부터 "프랑스 소설은 시원찮아. 불건전한 말들로 가득 차 있다." 는 솔직한 평을 들었기 때문이다.

세계를 어떻게 바라볼 것인가 하는 세계관의 문제는 우리 편지의 중요한 주제였다. 우리는 어린 시절 교회에 따라 나간 적은 있지만 조금도 종교적인 구석은 없었다. 조그만 교구나 마을에 있는 러시아 교회는 종교의식 보다 엄숙한 태도가 훨씬 인상적이었다. 내가 교회에서 깊은 감명을 받은 것은 딱 두 가지였다. 하나는 러시아에서 부활절 전 성 금요일 전야의 기도 때에 읽는, 복음서에 쓰인 그리스도의 수난에 관한 대목 열두 줄이었고, 또 하나는 지배의 정신을 경계하는 성 에플렘의 축문이었다. 사순절 기간에 낭송되는 이 축문은 푸슈킨이 러시아 시로 옮길 정도로 언어도 감정도 소박하고 아름다웠다.

종교에 대한 감정이 한 번 더 있었는데 그것은 유모인 울리야노바와 사순절 아침 기도를 갔을 때였다. 쌀쌀한 날씨, 얼어붙은 습지, 봄 바람 그리고 떠오른 태양이 모든 것이 어떤 특별한 기분이 들게 만들었다. 하지만 아침기도 때문인지 아니면 자연의 신비로움 때문인지 모르겠다! 아침기도가 어떠했는지는 기억이 나지 않지만 마치 투르게네프가 묘사한 것 같이 그때의 공기와 얼어붙은 습지 그리고 봄 햇볕을 똑똑하게 기억하고 있다.

보통 작은 러시아 정교회, 특히 시골 교회의 예배는 그 자체가 아니라 기도하는 사람들이 분위기를 만들었다. 예를 들어서 니콜스코예에서 신부는 말도 안 되는 속도로 황제의 이름들을 빠르게 반복해야만 했기 때문에 서둘러야만 했다. 왜냐하면 니콜라이 1세는 예배를 볼때 처음 황제부터 네덜란드에서 온 황후 안나 파블로브나의 성까지 네 번을 반복하라고 명령했기 때문이다.

붉은 색 옷을 입은 성구보관인이 "신이여, 용서하소서"라는 말을 사십 번 계속해서 반복하였을 때에 교회에는 마치 '신용'이라고 하는 것 같이 들렸다. 한번도 안 빗은 지저분한 머리와 수염을 가지고 있는 이반 스테파노비치는 「천사가 함께 하기를」이라는 성가를 부르면서 잠깐씩 바랜카*를 긁어 먹기도 하고, 수염에서 벌레를 꺼내서 손톱으로 눌러 죽이기도 하였다.

모스크바에서의 상황도 좋지는 않았다. 이폴리트 미하일로비치 보고슬로프스키-플라토노프 신부가 우스펜스키 사원에서 예배를 주관하였다. 성가를 부르는 사람들도 훌륭했으며, 신부는 풍부한 표현을 가지고 설교를 하였다. 스타라야 코뉴센나야 거리의 모든 부인들이 이 교회를 다녔다. 그러던 어느날 성체를 주던 그가 교회지기가 한 아름다운 부인이 다가오는 길목을 막고 서있는 것을 보고 귀에다 대고 그에게 말했다. "어디에 서 있는거야, 이 멍청아! 저리 꺼지지 못해!"

신의 몸을 상징하는 성체, 천사가 함께 하기를 이라는 성가 그리고 황제의 이름들은 항상 나를 불편하게 만들었다. 신부들이 베이스 톤으로 도는 이상한 목소리를 내면서 노래하듯 "무슨무슨 황제에게 영광이 있기를, 그의 부인 무슨 황후에게 영광이 있기를" 하면서 끝없이 중얼대는 소리를 들으면 난 웃음만이 나왔다.

페테르부르크에 온 뒤로는 몇 번인가 로마 가톨릭 교회에 가본 적이 있었다. 하지만 그곳에서 나는 마치 연극을 하는 듯한 진실성 없는 예배에 충격을 받았다. 그런 외중에 한쪽 구석에서 진심으로 기도를 하는 폴란드 퇴역 병사와 시골 아낙네를 보면서 형식적인 교회가 더욱 싫어졌다. 개신교 교회에도 가 보았지만 교회를 나오면서 문득 괴테의 말이 생각났다.

마음 속에서 우러나지 않으면 사람과 사람의 마음은 결코 통할 수 없다.

알렉산드르는 타고난 열정으로 루터의 신앙을 받아들였다. 형은 미슐레가 쓴 종교개혁가 세르베투스에 대한 글을 읽고 그의 길을 따르기로 했다. 형은 「아우크스부르크 신앙고백」**을 연구한 뒤 그것을 베껴서 나에게 보내왔다. 우리의 편지는 바

---

* 딱딱하고 작은 가락지 모양의 건빵

** Augsburg Confession: 루터의 근본정신에 따라 기술한 개신교 최초의 신앙고백서. 1530년

야흐로 하나님의 은총과 사도 바울과 야고보의 글로 가득 찼다. 나는 형을 무조건 따른 것은 아니지만 그의 신학적 논의는 상당히 흥미로웠다. 나는 티푸스가 낫고 나서는 완전히 다른 분야의 책을 읽기 시작했다.

당시 누나 엘레나는 시집을 가서 페테르부르크에 살고 있었다. 나는 매주 토요일 밤 누나네 집에 갔다. 매형은 보기 드문 장서가였는데, 현대 프랑스의 철학자나 역사가들의 저작을 대부분 가지고 있었다. 나는 그것을 열심히 탐독했다. 이런 서적들은 러시아에서는 금서였고 학교에 가지고 갈 수도 없었다. 나는 매주 토요일 밤 누나의 집에서 백과전서파의 저작이나 볼테르의 철학사전, 스토아학파들, 특히 마르쿠스 아우렐리우스의 저작을 읽으며 지냈다. 무한히 넓은 우주와 자연의 위대함, 그 안의 시와 고동치는 생동감이 나에게 감동을 주었다. 자연의 영원한 생명력과 높은 격조는 목마른 젊은 영혼에게 감동적인 희열을 가져다 주었다. 또한 내가 사랑하는 시인들은 인류에 대한 사랑과 진보에 대한 믿음을 표현해 주었다. 그것은 나의 영혼을 고양시키고 지워지지 않는 감동을 주었다.

그 무렵 알렉산드르는 차츰 칸트의 불가지론에 경도되어, 편지는 몇 쪽씩 '인식의 상대성'이라든가 '시간과 공간, 시간 자체에 대한 인식'이라는 말로 채워졌다. 그리고 주제가 무거워질수록 글자는 더욱 깨알같이 작아졌다. 칸트의 철학에 대해 여러 번 논의했지만 나를 쾨니히스부르크 철학자의 제자로 개종시킬 수는 없었다.

나의 주요 연구 분야는 자연과학—즉 수학이나 물리학, 천문학—이었다. 1858년 다윈이 불후의 명저 『종의 기원』을 내놓기 전, 모스크바 대학 동물학 교수인 룰리예는 진화론에 대한 서너 개의 논문을 발표했다. 형은 즉시 종의 가변성에 관한 그의 이론에 찬성했다. 그러나 형은 대략적인 증거에 만족하지 않고 유전에 관한 많은 전문서적을 연구하기 시작했다. 형은 중요한 사실과 자신의 의견, 그리고 몇 가지 의문을 편지에 써서 보냈다. 『종의 기원』이 발표되었지만, 형이 품고 있던 특수한 문제에 대한 의문을 해결해주지 못했으며 오히려 새로운 문제의식을 던져주

6월 25일 아우크스부르크에서 열린 독일 제국의회에서 낭독되었다.

어 형은 더 깊은 연구에 빠져들게 되었다. 우리는 변이의 기원에 관련된 여러 문제와 변이가 유전되고 강화되는 문제 등 최근에 새롭게 제기되는 문제들, 즉 바이스만*과 스펜서의 논쟁, 갈톤**의 연구, 현대의 신 라마르크 파***의 연구에 대해서 논의했다. 그 논의는 몇 년 동안 계속되었다. 나의 철학적, 비판적 정신의 지주였던 알렉산드르는 이 문제에서 종의 가변성 이론의 근본적인 중요성을 많은 박물학자들이 간과하고 있음을 일찍부터 간파하고 있었다. 나는 한동안 경제학에도 열중했다. 1858년에서 1859년까지 러시아에는 경제학에 관심을 가지지 않은 사람이 없었다. 자유무역과 보호관세에 관한 강연은 항상 만원이었다. 그 때는 형도 '종의 가변성'에 매달리기 전이어서 경제학에 꽤 흥미를 가졌고 내게 쟝 바티스트 세****의 『경제학』을 보내주었으나 나는 두세 장만 읽고 말았다. 관세나 금융조작 같은 문제는 조금도 나의 흥미를 끌지 못했다. 그러나 형은 이런 것에도 열심이어서 계모에게까지 편지를 보내 관세 문제에 관심을 갖게 하려고 했다. 훗날 시베리아에서 당시의 편지를 다시 읽다가 계모가 이렇게 중요한 문제에 대해 조금도 관심이 없었던 사실에 분개하면서 "이런 바보 같은 일이 있나. 상인이 관세 문제에 대해 관심이 없다니!"라고 외쳤고 우리는 어린애처럼 웃었다.

매년 여름 상급생들은 페테르고프*****야외캠프에 참가해야 했다. 그러나 하급생은 야외캠프에 참가하지 않아도 되었기 때문에 나는 두 번의 여름을 니콜스코예에서 보냈다. 학교를 떠나 모스크바행 기차에 몸을 싣고 형을 만나러 가는 것은 큰 기쁨이었다. 나는 이 날을 손꼽아 기다렸다. 그러나 한 번은 모스크바에서 실망스러운 일이 나를 기다리고 있었다. 형이 시험을 통과하지 못하고 1년을 유급하게 된 것이다. 사실

---

*   August Weismann: 1834~1914. 독일의 저명한 발생학자.

**   Galton: 1822~1911. 영국의 인류학자, 생물학자.

***   라마르크설 중에서 획득형질의 유전, 즉 용불용설을 주장하는 학설을 지지하는 학파.

****   Jean-Baptiste Say: 1767~832. 프랑스의 고전경제학자.

*****   페테르부르크에서 서쪽으로 30킬로미터 정도 떨어진 핀란드만 남쪽에 위치한 휴양도시.

형은 동급생들보다 나이가 어렸다. 그러나 아버지는 형에게 몹시 화를 냈고 우리가 만나는 것을 허락하지 않았다. 나는 슬퍼서 견딜 수가 없었다. 우리는 이제 어린아이가 아니었다. 서로에게 하고 싶은 말도 많았다. 나는 술리마 이모네 집에 보내달라고 했다. 혹시 거기를 가면 형을 만나볼까 하고 생각했던 것이다. 하지만 그것도 허락을 받을 수 없었다. 아버지는 재혼한 뒤 외가 친척과 만나는 것을 허락하지 않았다.

그 해 봄, 모스크바의 우리 집은 손님으로 넘쳐났다. 밤마다 응접실은 휘황찬란하게 불을 밝혔고 악대가 연주를 했으며 요리사는 아이스크림과 파이를 만들기에 바빴으며, 홀에서는 밤 늦도록 트럼프 놀이가 벌어졌다. 나는 방들을 들여다보며 무심코 왔다갔다 할 뿐이었다. 나는 우울했다.

어느 날, 밤 10시가 넘어 하인 한 명이 나를 현관으로 불러냈다. 나가보니 늙은 집사 프롤이 "마부의 방으로 가보세요. 알렉산드르 알렉세예비치께서 오셨습니다." 하고 귀띔해 주었다. 나는 뜰을 지나 마부의 숙소로 뛰어올라갔다. 넓고 허름한 방 큰 식탁 옆에 형이 있었다.

"형, 어떻게 온 거야?" 우리는 서로를 껴안은 채 한동안 멍하니 있었다. "쉬, 쉬! 누가 듣겠습니다." 하인들의 책임 요리사인 프라스코비야가 앞치마로 눈물을 닦으며 말했다. "불쌍해라. 어머님이 살아만 계셨어도……."

프롤은 눈을 감고 고개를 숙였다. 그리고 "페챠 도련님, 아무한테도 말씀하시면 안 됩니다. 아무한테도."라고 말했다. 프라스코비야는 형 앞에 까샤*를 항아리 한 그릇 가득 담아 내 놓았다.

사관학교 제복을 입은 형은 건강해 보였다. 형은 밀린 얘기를 시작했다. 우리는 순식간에 그릇을 비웠다. 나는 이렇게 늦은 시간에 어떻게 왔는지 물었다. 당시 우리 집은 스몰렌스크 가에서 가까웠는데 어머니가 돌아가신 집과는 엎어지면 코가 닿을 만큼 가까웠다. 그리고 사관학교는 모스크바의 반대쪽으로 5베르스타나 떨어진 곳에 있었다.

---

* 오트밀을 우유를 넣고 끓여서 만든 죽과 비슷한 음식.

형은 인형을 만들어서 침상 담요 밑에 넣어놓고 창문으로 몰래 빠져나와 걸어왔다고 했다. "학교 주변의 그 허허벌판이 무섭지 않았어?" 하고 나는 물었다. "무섭긴 뭐가 무서워. 들개가 많았지만 오히려 내가 그 놈들을 겁을 줬지. 내일은 내 칼을 가지고 와야겠어."

마부와 하인들이 계속 들락날락거렸다. 그들은 우리를 보고 한숨을 쉬거나 한쪽 구석에서 대화에 방해되지 않게 작게 소곤거리기도 했다. 우리는 한밤중까지 마주 앉아서 성운(星雲)과 라플라스*의 가설, 보니파키우스 8세 치하의 교권과 왕권의 투쟁 등에 관해서 이야기를 나누었다.

가끔 하인들이 "페챠 도련님, 잠깐 홀에 얼굴을 비추세요. 도련님이 어디 있는지 물으실 지도 모르니까요."라고 귀띔해 주었다.

나는 사샤에게 다음 날 밤에는 오지 말라고 애원했다. 그러나 형은 왔다. 역시 들개와 싸운 듯했다. 이번에는 칼을 들고 있었다. 나는 전날보다 더 일찍 마부 방에 불려갔다. 형은 오는 도중에 마차를 탈 수 있었다고 했다. 전날 하인 한 명이 늦게까지 트럼프 놀이를 하던 손님들에게 받은 팁을 형에게 주었던 것이다. 그래서 형은 어제보다 더 일찍 올 수 있었다.

형은 다음날도 오려고 했지만 발각되면 하인들이 위험해질 것을 염려해서 가을까지 만나지 않기로 했다. 다음 날 나는 형에게서 온 형식적인 짧은 편지를 받고 형이 탈출을 들키지 않고 무사히 학교로 돌아갔다는 것을 알게 되었다. 만약 들켰다면 얼마나 무서운 벌을 받을지 몰랐다. 생각만 해도 머리털이 쭈뼛 설 정도였다. 전교생 앞에서 태형을 당해 정신을 잃은 채 들것에 실려 나가고 마침내 일반사병들이 있는 대대로 좌천되었을 것이다. 또 이 일이 아버지 귀에 들어간다면 우리를 숨겨준 하인들에게 어떤 불벼락이 떨어질지 몰랐다. 그들 모두 형이 온 것을 알고 있었지만 비밀을 지켜주었다.

---

* Laplace, Pierre Simon de: 수리론(數理論)을 태양계의 천체운동에 적용하여 태양계의 안정성을 밝혀낸 프랑스의 천문학자이자 수학자.

04
니콜스코예의 야시장- 최초의 직업-염소와의 여행-벨라야 하르체브나

그 해 나는 민중의 생활을 처음으로 조사했다. 이 작업은 내가 농민들에게 한 걸음 더 다가가게 해주었고, 훗날 시베리아 생활에도 큰 도움이 되었다.

매년 7월 우리 교회의 축제인 '카잔의 성모일'에는 니콜스코예에 제법 큰 야시장이 섰다. 가까운 도시에서 상인들이 몰려들어 며칠 동안 크게 붐볐다. 바로 그 해, 슬라브주의자인 악사코프*는 남러시아의 시골시장에 대한 훌륭한 논문을 발표했다. 당시 경제학에 대한 열정이 절정에 달했던 형은 나에게 이 시장에 상품이 얼마나 들어오고, 얼마나 팔리는지 조사해서 통계를 내보라고 했다. 형의 권고에 따라 조사를 해보았는데 나 자신도 놀랄 만큼 성과를 거두었다. 지금 생각해봐도 나의 통계는 다른 통계보다 나았으면 나았지 못하지 않았다.

시장은 하루 종일 열렸다. 개장 전야에는 장터에 활기가 넘쳤다. 면직물, 리본, 그리고 여성의 액세서리를 진열한 노점상들이 순식간에 들어섰다. 식탁과 의자가 갖추어진 식당 바닥에는 반짝이는 노란 모래가 뿌려졌다. 세 군데에 들어선 선술집은 높은 장대 위에 깃발을 달아놓고 농민들을 유혹했다.

그릇, 신발, 생강 과자 등 자질구레한 물건들을 파는 조그만 상점들의 행렬이 마치 마법사가 요술방망이로 만들어낸 것처럼 생겨났다. 한편 빈터 한구석에 파 놓은 구덩이에는 커다란 솥이 걸렸다. 여기에서는 귀리나 면류, 양고기를 요리해서

---

* Aksakov, Sergey Timofeyevich: 1791~1859. 러시아의 소설가

손님들에게 시치*나 까샤를 만들어 팔았다. 오후가 되면 시장으로 통하는 도로는 수레, 소, 곡물, 마차, 타르를 칠한 통, 도기로 가득 찼다.

교회에서는 축제 전야 예배가 엄숙하게 거행되었다. 인근 마을에서는 대여섯 명의 사제가 모였다. 상인들은 잠시 성가대에 끼어들어 칼루가에 있는 교회에서나 들을 수 있는 리토르넬로**를 합창했다. 그리고 굵고 가늘고 희고 노란 온갖 촛불이 — 제각각 형편에 따라 바친 — 군중의 뒤에서부터 차례로 전달된다. 귀족들은 '수호신 카잔의 성모시여.'라든가 '니콜라이시여.'라고 기도했다. 말을 파는 상인들은 말의 수호신인 '프롤과 라울이시여.'라고 기도했고 특별히 기도를 드릴 대상이 없는 사람들은 그냥 '성인들이시여.'라고 기도했다.

밤 예배가 끝나면 곧 시장이 열렸다. 나는 수백 명의 상인들에게 모든 상품의 값을 일일이 물어보았다. 일은 순조롭게 진행되었다. 나는 시장 상인들에게 "왜 그런 일을 하시죠?"라든가 "혹시 노(老)영주님이 시장에서 세금을 올리려는 건 아닌가요?"라는 질문을 받기도 했다. 그러나 소위 '노영주'는 아무것도 모르며 알 수도 없다고 — 그는 이런 조사를 천하고 부끄러운 일이라고 여겼을 것이다 — 안심을 시키자 곧 의심이 풀렸다. 나는 금세 효과적으로 질문을 하는 방법을 터득하게 되었다. 그리고 식당에서 몇몇 상인과 커피를 마시고 나서는 — 이 사실을 아버지가 알았다면…… 오, 생각만 해도 끔찍하다 — 만사가 다 잘 풀렸다. 이 니콜스코예 시장의 상인 대표인 바실리 이바노프라는 젊은 농민이 내 작업에 흥미를 느꼈던 것이다.

"좋습니다. 연구에 도움이 된다면 그렇게 하십시오. 하지만 조사 결과를 말씀해 주십시오." 그는 이렇게 말하고 다른 사람들에게 협조를 구해 주었다. 시장에서 이 남자를 모르는 사람은 없었다. 그의 말 한마디로 나의 조사가 상인들에게 해롭지 않다는 사실이 시장 전체에 퍼졌다.

'매입' 조사는 순조로웠다. 그러나 다음 날 '매출' 조사에는 약간 애로가 있었다.

---

* 러시아 전통 양배추 수프

** 17세기 오페라의 간주곡.

잡화상인들은 자기가 얼마나 팔았는지를 몰랐다. 축제 당일 시골 아낙들이 우르르 몰려와서 집에서 짠 린넨 천을 팔고, 그 돈으로 자기가 쓸 머릿수건, 남편이 쓸 염색 손수건이나 조부모나 아이들에게 줄 레이스나 리본 등 작은 선물을 사갔다. 그릇이나 생강 과자, 마(麻)를 파는 사람들 중에 특히 할머니들이 얼마나 팔았는지를 조사하기가 쉬웠다. 내가 "많이 팔았나요. 할머니?" 하고 물으면 "불만 있겠수, 젊은이. 하나님께 감사드려야지요. 거의 다 팔았다우."라고 대답했다. 이런 사소한 품목들의 매출액이 내 수첩에서 수만 루블로 불어났다. 딱 한 곳의 매출은 도저히 알 수 없었다. 수백 명의 아낙네들이 넓은 장소를 차지하고는 손으로 직접 짠 삼베를 팔고 있었는데 — 그 중에는 아주 훌륭한 것도 있었다 — 집시처럼 보이는 수십 명의 손님들이 떼지어 다니며 물건을 사고 있었다. 거래액은 어림짐작으로만 알 수 있을 뿐이었다.

당시 나는 이 새로운 경험에 대해 별다른 목적의식이 없었다. 단지 사람들의 생활상을 보는 것이 좋았다. 그러나 이틀 동안에 목격한 러시아 농민들에 대한 좋은 느낌과 건강성은 내게 오래도록 지워지지 않는 인상을 남겼다. 훗날 나는 농민들에게 사회주의사상을 선전할 때 나보다도 훨씬 민주적인 교육을 받은 것처럼 보이는 친구들이 농민이나 시골 출신 노동자와 어떻게 이야기해야 할지 모르는 것을 이상하게 여기지 않았다. 소위 '민중적 언어'를 많이 쓰면서 '농민의 말'에 익숙해지려고 노력했지만 실제로는 민중을 이해하지 못한 채 말만 빌려왔기 때문이다.

농민과 대화하거나 농민을 대상으로 글을 쓸 때는 그럴 필요가 없다. 러시아의 농민도 외국어만 잔뜩 쓰지 않는다면 지식인의 이야기를 모두 이해할 수 있다. 농민들이 이해하지 못하는 것은 구체적인 예를 들어 설명하지 않는 추상적 개념이다. 평균적인 지식을 가지고 있는 사람이 이해하지 못하는 말은 — 말하는 사람은 자신이 구체적으로 이해하고 있다고 생각하지만 — 과학적, 사회적, 자연적 총체에서 추출된 일반화가 아니다. 이것은 만국공통의 진리이다. 지식인과 비지식인의 차이점은 일련의 결과를 추론할 수 있는 능력일 뿐이다. 지식인들은 처음 한두 번은 인내심을 가지고 농민과 대화한다. 그러나 그 다음 번부터는 대체 어떻게 해야 할지를 모르게 된다. 그러나 교육받은 사람과 만나도 똑같은 곤란함을 느끼는 것은 어찌된 일인가!

나는 이 경험에서 또 하나의 깊은 인상을 받았다. 이 인상은 내가 나중에 깨달은 것이기는 하지만 아마도 독자들을 놀라게 할 것이다. 그것은 러시아의 농민 사이에서 생겨나고 있었던 평등의 정신이었다. 그것은 당시 다른 나라 농민들 사이에서도 현저하게 발달하고 있었던 것이다. 러시아의 농민은 지주나 경찰 앞에서 노예처럼 복종하기는 했으나 그들을 자신보다 잘난 인간이라고 생각하지는 않았다. 만약 지주나 경찰관이 건초나 오리에 대해 물어보면 농부는 그들과 동등한 입장에서 대답해주었다. 나는 러시아 농민에게서, 하급관리가 상관을 대하거나 하인이 주인을 대하는 것 같은, 제2의 천성이 되어버린 노예근성을 보지 못했다. 농민은 권력에는 쉽게 복종했지만 그들을 존경하지는 않았다.

그 해 여름, 니콜스코예에서 모스크바로 돌아올 때 나는 새로운 교통수단을 이용했다. 당시에는 아직 칼루가와 모스크바 사이를 운행하는 기차가 없었고 '코지올*'이라고 불리는 사나이가 두 도시를 왕래하는 마차를 운영하고 있었다. 귀족들은 그 교통편을 이용해 여행하겠다는 생각을 해본 적이 없었다. 자신들의 말과 마차를 갖고 있었기 때문이다. 아버지는 계모가 두 번씩이나 왕복하는 수고를 덜어주기 위하여 내게 코지올의 마차를 타고 가는 것이 어떻겠느냐고 농담처럼 물었다. 나는 기꺼이 승낙했다.

마차 뒷좌석에는 나이 많고 건장해 보이는 상인의 부인과 내가 탔고, 앞좌석에는 상인과 직공으로 보이는 사람이 탔다. 여행은 매우 재미있었는데, 그 이유는 첫째 열여섯 살밖에 안 되는 내가 처음으로 혼자서 여행을 했기 때문이고, 둘째로는 옆에 앉은 노부인이 먹을 것을 잔뜩 챙겨 와서 사흘 동안 갖가지 요리를 만들어 주었기 때문이다. 여행 도중 낯선 풍경과 마주치는 일은 매우 유쾌했다. 특히 어느 저

---

* 코지올(kozyol)은 러시아어로 염소 또는 나쁜 녀석 이라는 뜻을 갖는다.

녁의 일은 아직도 기억 속에 생생하다. 우리는 큰 마을의 여관에 도착했다. 노부인은 여관에 사모바르를 부탁했고, 그동안 나는 거리 이곳 저곳을 돌아다녔다. 여관에서는 음식만 팔고 술은 안 팔았다. 여관에는 농민들이 하얀 천으로 덮인 작은 식탁을 둘러싸고 차를 마시고 있었다. 나도 그들처럼 차를 마셨다.

모든 것이 처음 보는 광경이었다. 이곳은 소위 '귀족농민'의 마을이었다. 농노가 아니고 아마도 가내수공업으로 린넨 천을 짜서 생활하는, 비교적 잘 사는 사람들이었다. 테이블에서는 간혹 웃음소리가 터졌고, 진지한 대화가 오갔다. 사람들이 묻는 의례적인 질문에 답한 후 농민들의 대화에 끼게 되었다. 나는 우리 마을의 수확에 대해 이야기하고, 여러 가지 질문에 대답하기도 했다. 그들은 페테르부르크에서 일어나는 일들, 특히 농노해방이 있을지도 모른다는 소문에 대해 듣고 싶어했다. 그 때 나는 소박한 감정과 자연스럽고 평등한 인간관계, 그리고 진심에서 우러나오는 선의(善意)를 느꼈다. 이 느낌은 농민을 만나거나 농민의 집에 머무를 때마다 계속되었다. 그날 밤 무슨 특별한 일이 있었던 것은 아니었다. 다만 마을의 따뜻한 밤 풍경, 작은 여관, 농민들과의 대화, 일상을 뛰어넘는 일들에 대한 열렬한 관심이 있었다. 이 소박한 여관은 세상에서 제일 좋은 레스토랑보다도 내 마음을 끌었다.

05
근위학교의 변혁–황태후의 장례식

1860년의 근위학교에도 변혁의 시대가 도래했다. 지라르도가 면직되고 학교 사관이었던 표도르 콘드라찌예비치 폰 브레베른 대위가 그 자리를 대신했다. 이 사람은 본래 성품은 착한 사람이었지만 학생들이 자신의 지위에 걸맞는 존경심을 보이지 않는다고 생각했다. 대위가 학생들에게 자신을 존경하고 두려워하게 하려고 하다보니 사소한 모든 일에서 상급생들과 다투게 되었다. 사태가 악화되는 와중에 그는 학생들의 '자유'를 빼앗으려 했다. 어둠의 시대에 그나마 누릴 수 있는 자유는 빼앗는 자에게는 별것이 아닌지 몰라도 빼앗기는 사람에게는 더 없이 소중한 것이다.

그 결과 우리는 며칠 동안 전체 수업거부를 단행했다. 전교생이 처벌을 받았고 우리가 가장 사랑하던 두 명의 근위견습사관이 퇴교를 당함으로써 수습되었다.

그 일이 있고 나서 대위는 매일 아침 수업이 시작되기 전 한 시간 동안 학생들이 수업 준비를 하고 있는 교실에 불쑥불쑥 들어오곤 했다. 우리는 학생 감독은 선생님의 권한이고 대위와는 상관없는 일이라고 생각했다. 대위의 너무 잦은 무단 침입에 우리는 분개했다. 어느 날 나는 대위에게 교실의 감독은 대위의 소관이 아니라고 항의했다. 이 발언으로 나는 몇 주간 영창에 감금되었다.

근위학교의 영창은 두 개의 완전히 어두운 방으로 이루어져 있다. 그 중의 하나에 나는 갇히게 되었다. 갇힌 사람은 흑빵 한 조각과 물 한잔 이외는 아무것도 주지 않았다. 영창의 어두운 방에 갇혔을 때 처음에는 외로움이 강하게 느껴졌다. 할 일이 아무것도 없다는 것이 나를 말그대로 괴롭혔다. 나는 체조를 시작하고, 오페라 속의 노래들을 불렀다. 그럼에도 불구하고 시간은 더디게만 흘러갔다.

일주일이 지난 후 나는 여전히 갇혀 있었다. 그래서 난 새로운 할 일을 만들었다. 난 개가 짖는 것을 따라하기 시작했다. 며칠의 연습으로 능숙해졌고, 나는 달빛 아래에서 개가 짖는 소리, 두 개가 마주쳤을 때 짖는 소리, 커다란 개가 작은 개 앞에서 짖는 소리. 작은 개가 큰 개의 짖는 소리에 꼬리를 감추며 구석으로 숨으면서 내는 소리 등을 훌륭하게 내었다.

이것은 전혀 쓸모 없는 것처럼 느껴졌다. 하지만 나중에 내가 아무르강에서 한밤중에 우편선을 타고 다닐 때 나의 이 개짖는 소리 흉내는 우리에게 커다란 도움이 되었다. 어둠 속에서 강을 따라 가다보면 마을이 있는 강변을 찾는다는 것이 힘들었다. 배를 강가에 대야 할 때면 선장이 내게 부탁을 하곤 했다. "표트르 알렉세예비치, 부탁이네, 조금만 짖어줘."

나는 기쁘게 잘울려펴지는 목소리로 개처럼 짖었다. 몇 분이 지나면 마을이 있는 강변에서 개들이 대답하는 소리가 들렸고, 우리는 쉽게 방향을 잡을 수 있었고, 안전하게 배를 대었다. 이렇게 모든 지식은 쓸모가 있는 법이다.

나는 영창에서 2주 이상 앉아 있었다. 어느날 옆 방으로 근위학교 학생 한 명이 들어왔다. 그는 벽 저쪽에서 학교의 소식을 알려주었다.

나는 그의 이야기를 들은 후 내가 그동안 갈고 닦은 기술을 보여주기 위해서 갖가지 방법으로 개소리를 내었다. 그것은 그를 놀라게 했다. 그는 영창에서 나가자마자 동료에게 다음과 같이 이야기를 했다.

"크포포트킨이 영창 안에서 미친것 같아. 내가 우리 학교 소식을 전해주자. 내게 대답대신 개짖는 소리를 냈어."

이 놀라운 소식은 금방 학교의 높은 분들에게도 전해졌다. 나는 낮에는 수업에 참여할 수 있도록 허락이 되었고, 밤에는 영창에서 지내게 되었다.

마침내 교장 선생님인 젤투힌 장군이 나를 불렀다. 교장 선생님은 선한 사람이었다. 하지만 나를 보자 그는 엄한 표정을 지으면서 퇴학을 시키겠다고 겁을 주었다.

"네가 대위를 놀리려고 한 것이냐? 어떻게 학교 감독관에게 그렇게 말할 수가 있지? 양피옷을 입혀서 아버지에게 보내야겠다……."

교장 선생님은 자신의 선한 얼굴을 감추려고 노력했다. 군대의 규칙에 따라서 나는 부동자세로 아무소리도 내지 않고 교장 선생님의 이야기를 들어야 했다. 하지만 교장 선생님의 화난 톤은 금방 보통 때의 톤으로 바뀌었다. 그것을 눈치채고 교장 선생님은 내게 영창으로 돌아가라고 명령했다. 나는 교장 선생님 방에서 나왔다. 그 다음 날 나는 영창에서 풀려났다.

우리 학년 아이들이 풀려난 나를 반겨주었다. 교장 선생님과 독대를 한 대위는 그 사건 후에는 반에 들어오는 행동을 하지 않았다. 나는 승자가 된 것이다.

학교의 지도층은 감독관이 지나치게 행동을 하였고, 아이들에게 심하게 대했다는 것을 알게 되었다. 그렇기 때문에 내 행동에 대해서 나는 큰 처벌을 받지 않게 되었다. 나는 퇴학을 당하지 않았을 뿐만 아니라 생활기록부에 영창에 2주 동안 있었다고 기록이 되었으며, 성공과 승리에 대한 설명이 주어졌다.

이후 근위학교는 일상으로 돌아왔다. 대위는 더이상 우리의 '자유'를 침해하지 않았다.

이러한 갈등이 막 마무리되자 황태후*의 죽음으로 수업은 다시 중단되었다.

장례식은 군중에게 슬픔을 불러일으키도록 거행되었고, 이 목적은 달성되었다. 황태후의 유해는 임종의 장소인 차르코예 셀로에서 페테르부르크까지 이송되었다. 기차역에서 대로변을 지나 시신이 안치될 요새까지 가는데 수백 명의 성직자와 성가대가 앞서고 황족과 고관대작, 그리고 수천 명의 관료들이 뒤따랐다. 수만 명의 근위병들이 양 길가에 정렬해 있고 상복을 입은 수천 명의 사람들이 엄숙하게 운구 마차를 뒤따랐다. 주요 사거리에 이를 때마다 교회에서는 종소리와 성가대의

---

* 알렉산드라 표도로브나(1798~1860)를 가리킨다. 황제 니콜라이 1세의 부인. 니콜라이 1세가 1855년에 사망하고 황태후가 되었다. 그녀의 아들 알렉산드르 2세가 1855년부터 황제의 자리에 올라서 통치를 하였다.

장송곡, 군악대의 반주가 장엄하게 울려 퍼졌다. 그것은 수많은 군중들이 황후의 죽음을 진심으로 애도하는 것처럼 보이게 했다.

유해가 페트로파블로프스크 요새의 대성당에 안치되어 있는 동안 근위학교 학생들은 주야로 경계근무를 서야 했다. 항상 세 명의 근위견습사관과 세 명의 궁중 시녀들이 높은 단 위에 안치된 관 옆에 서 있어야 했으며 20여 명의 근위학교 학생들은, 매일 두 번씩 황제와 황족들이 참가한 가운데 장송곡이 울려 퍼지는 동안 단상 위에 도열해 있어야 했다. 근위학교 학생들 절반 가까이가 교대로 대성당에 가서 근무를 서야 했다. 우리는 두 시간 마다 근무를 교대했는데 주간 근무는 어렵지 않았으나 밤에 일어나서 궁정 제복을 입고 컴컴한 요새의 정원을 지나 음울한 종소리를 들으며 대성당으로 걸어가야 하는 일은 썩 내키지 않았다. 러시아판 바스티유인 페트로파블로프스크 요새 어디엔가 갇혀 있을 죄수들을 생각하고, 나도 언젠가 그들 속에 끼게 될지도 모른다는 것을 생각하면 몸서리가 쳐졌다.

우리는 근무를 서다가 묘한 사실을 알게 되었다. 성당 궁륭(穹窿)에서부터 관 위쪽까지는 거대한 망토가 펼쳐져 있었다. 관 위에는 거대한 황금 왕관이 올려져 있었고 그 위로는 담비가죽으로 테두리를 댄 자줏빛 망토가 궁륭을 지탱하는 네 개의 거대한 기둥에 매어져 있었다. 그것은 참 인상적이었다. 그러나 우리는 곧 그 왕관이 판지와 나무를 도금한 것이라는 것, 망토는 눈에 보이는 아랫면만 벨벳이고 윗면은 붉은 면이라는 것, 담비가죽으로 보이는 테두리가 사실은 면플란넬이라는 것, 백조 깃으로 보이는 장식도 다람쥐의 꼬리로 만든 것이라는 것, 크레이프*에 싸여있는— 러시아 군대의 상징인 — 방패 역시 판지로 만든 것이라는 것을 알았다. 그러나 정해진 밤 시간에만 관을 덮고 있는 금실로 짠 천에 잠깐 입을 맞추는 군중들은 그 플란넬 담비와 판지 방패 등 값싼 방법으로 연출된 장식물들을 자세히 볼 겨를이 없었다.

러시아에서는 장송곡이 불려지는 동안 참석자 모두 촛불을 들고 서 있어야 했

---

* crepe : 강연사를 평직으로 하여서 겉면에 오글오글한 잔주름을 잡은 직물을 통틀어 이르는 말

고, 기도가 끝나면 촛불을 껐다. 관례에 따라 황족들도 촛불을 들고 서 있어야 했다. 어느 날 콘스탄틴 태공의 어린 아들이 다른 사람들이 뒤돌아서 촛불을 거꾸로 잡고 끄는 것을 보고 따라했다. 그 순간 문장 방패에서 아래로 드리워진 검은 천에 불이 붙었고, 순식간에 방패로 번졌다. 거대한 불길이 혀를 낼름거리며 담비가죽이라고 생각되던 망토로 옮겨 붙었다.

의식은 중단되었다. 공포에 질린 시선들이 불길로 향했다. 불길은 높이 치솟아 판지 왕관과 전체 구조물을 떠받치고 있던 목재를 위협했다. 불똥이 떨어지기 시작했고 참석한 부인들의 검은 망사 베일에 불이 옮겨 붙으려 했다.

당혹스러운 표정을 짓던 알렉산드르 2세는 곧 침착하게 냉정한 음성으로 "관을 지켜라." 하고 말했다. 근위학교 학생들은 즉시 불길을 진압하기 시작했고 관을 옮기기 위해 더 많은 근위학교 학생들이 단상으로 올라갔다. 그 동안 불길은 면으로 된 망토의 윗부분을 게걸스럽게 먹어치웠고, 망토의 위로 재와 그을음이 피어오르면서 서서히 진화되었다.

내가 목격한 것 중에는 차마 말로 못할 만큼 눈물겨운 것도 있었다. 관 옆에 우아하게 서있던 아름다운 세 명의 시녀들이 있었다. 치마폭이 넓은 검은 드레스를 입고 조문 행렬을 인도했던 그녀들은 머리에 검은 베일을 두르고 있었다. 불길이 단상 위로 넘실대고 있음에도 불구하고 그녀들은 아름다운 조각상처럼 서서 미동도 하지 않았다. 그중 한 사람인 가말리아 양의 검은 눈동자에서는 진주 같은 눈물이 흐르고 있었다. 남러시아 태생인 그녀는 수많은 시녀들 중에서 가장 아름다운 여인이었다.

학교에서는 모든 게 엉망이 되었다. 수업은 중단되었고 요새에서 근무를 마치고 돌아온 학생들은 임시숙소에서 지내야 했다. 우리는 아무것도 할 수 없었기 때문에 하루 종일 장난만 치면서 보냈다. 우리는 호기심에 박물학 수업용 동물표본이 전시되어 있던 벽장을 열었다. 이 동물표본들은 수업에 쓰여야 했지만 우리는 한 번도 본 적이 없었다. 표본을 손에 넣은 우리들은 그것을 마음껏 이용하기로 했다.

우선 그 표본들 안에 있던 인간의 두개골로 유령으로 변장하여 밤에 다른 학생들과 사관들을 놀라게 했다. 원숭이가 사자 위에 걸터앉게 배치하기도 했고, 양과 사자를 함께 놀게 하거나, 기린이 코끼리와 춤추게도 했다. 그런데 운 나쁘게도 며칠 후 장례식에 참석하기 위해서 온 프로이센의 왕자—후에 프리드리히 황제가 된 왕자였을 것이다—가 학교 시설을 둘러보게 되었다. 교장 선생님은 학교의 훌륭한 교육시설을 자랑하려고 엉망이 된 전시장으로 안내했다.

왕자는 우리의 동물 분류법을 보자마자 얼굴을 찌푸리고는 휑하니 나가버렸다. 교장 선생님은 부들부들 떨며 말도 못하고 벽에 걸어둔 불가사리를 몇 번이고 손가락으로 가리킬 뿐이었다. 그것은 원래 유리상자 속에 있던 것이었다. 왕자의 수행원은 아무것도 모르는 듯 표본들을 쳐다보았다. 우리들은 터질 것 같은 웃음을 겨우 참느라 온갖 기묘한 표정을 지었다.

06
근위학교의 물리학, 화학, 수학 수업-여가활동으로서의 이탈리아 오페라

러시아의 학교 생활은 서유럽과는 아주 다르다. 대개 러시아의 청소년은 대학교나 사관학교에 다니는 동안 이미 사회적 철학적 제반 문제들에 대해 흥미를 가진다. 사실 근위학교는 학교들 가운데서도 이러한 지적 발달에 가장 부적당한 학교였다. 그러나 자발적인 각성에 따라 광범위한 사상이 근위학교에도 유입되었고, 저항적이었던 몇 사람은 퇴학을 당하기도 했다. 그러나 퇴학의 위협도 우리가 마음에 들지 않는 교사가 교실에 들어왔을 때 싸늘하게 쳐다보거나 수업 중에 장난하는 것을 멈추게 하지는 못했다.

2학년 때 나는 역사에 흥미를 느꼈다. 그래서 수업시간에 만든 노트와 내가 읽은 여러 서적의 도움을 빌어 — 나는 대학생들이 이런 방법으로 공부한다는 것을 알고 있었다 — 나만의 초기 중세사 강의를 썼다. 이듬해에는 교황 보니파키우스 8세와 왕권 투쟁이 나의 특별한 관심을 끌었다. 나는 왕권 투쟁에 대해 충분히 연구하고 싶어서 왕립도서관을 열람하고 싶었다. 하지만 고등학생에 해당하는 내가 왕립도서관에 들어가는 것은 허락되지 않았다. 규칙에는 어긋나는 일이었지만 친절한 베케르 선생님*이 이 어려움을 해결해 주었다. 그래서 나는 이 성소에 들어가 열람실의 붉은 비로드 의자에 앉아서 연구할 수 있었다.

여러 교과서와 학교 도서관에 있는 책에서 자료를 찾아냈고, 고대 튜튼어와 고대 프랑스어로 쓰여진 자료들을 많이 발견할 수 있었다. 그리고 특히 연대기에 쓰여진 고대 프랑스어의 재미있는 문법구조와 표현에서 커다란 미적 즐거움을 맛보았다. 완전히 다른 구조를 가진 사회와 처음 접하는 복잡한 세계가 내 앞에 나타났다. 그 때 나는 현대적 관점과 일치하게끔 일반화된 책들 보다는 역사적 자료가 훨씬 가치 있다는 것을 알았다. 현대적 관점에 들어있는 현대 정치의 편견과 사조들은 당대의 실상을 가리는 경우가 많았다. 인간이 지적 발전을 이루는 데 있어서 자율적인 공부만큼 좋은 것은 없다. 이 때의 공부가 나중에 아주 큰 도움이 되었다.

불행히도 나는 4학년이 되면서부터 이 공부를 그만두어야만 했다. 다른 학교에서 3년에 걸쳐 배우는 전공을 근위학교에서는 마지막 2년 동안 마쳐야만 했다. 학교에서 공부하지 않으면 안 되는 과목들이 너무 많았다. 자연과학, 수학, 군사학을 공부하느라 자연히 역사 공부는 뒤로 젖혀놓는 수밖에 없었다.

4학년 때 우리는 물리학을 본격적으로 배우기 시작했다. 우리에게는 훌륭한 차루힌 선생님이 있었다. 선생님은 다소 냉소적이지만 매우 지적이었다. 그는 암기 공부를 혐오하였으며, 우리에게 사고하는 법을 가르쳤다. 그는 뛰어난 수학자로서

---

* 근위학교의 독일어 선생님.

수학적 기초 위에서 물리학을 가르쳤으며 물리의 개념과 물리적 장치에 대해 재미있게 설명했다. 선생님이 하는 질문은 매우 근본적인 것이었고, 설명이 뛰어나서 내 머리 속에 오랫동안 각인되었다.

렌츠*의 물리 교과서는 아주 좋은 것이었다(육군학교에서 사용하는 교과서는 대개 당대 최고의 학자들이 쓴 것이었다). 그러나 어딘지 모르게 조금은 구식이었고, 선생님은 자신만의 독특한 교수법으로 가르쳤다. 그는 자신이 교실에서 한 강의를 요약하기 시작했다. 몇 개월 뒤부터는 내게 이 내용을 요약하게 했다. 선생님은 교육자답게 모든 것을 나에게 맡기고 교정만 보았을 뿐이다. 열, 전기, 자기(磁氣)의 장으로 넘어가면서부터는 전혀 새로운 내용의 요약본을 써나갔다. 나는 끝까지 해냈고 학교용으로 인쇄된 그 책은 거의 완전한 물리학 교과서였다.

4학년이 되어 배우게 된 화학과목에도 훌륭한 선생님이 있었다. 이 선생님은 전공을 사랑하여 혼자서 이미 유익하고 독창적인 연구를 끝마치고 있었다. 1859부터 1861년까지는 세계적으로 정밀과학에 대한 관심이 높았던 시기였다. 그로브, 클라우지우스, 주울은 열을 포함한 모든 물리적 힘이 운동의 변형에 불과하다는 사실을 증명했다. 헬름홀츠는 그 무렵 음향에 관한 획기적인 연구를 시작했다. 틴달은 대중강연에서 분자와 원자에 관해 중요한 암시를 했다. 게르하르트와 아보가드로는 원소치환의 법칙을 발표했다. 멘델레예프, 로타르 마이어, 그리고 뉼런즈는 원소의 주기율을 발견했다. 다윈은 『종의 기원』으로 생물학을 혁신했다. 또 칼 포그트와 몰레쇼트는 끌로드 베르나르**의 뒤를 이어 심리학의 기초를 생리학에 놓았다. 바야흐로 과학부흥의 시대였던 것이다. 사람들의 관심은 자연과학으로 향했고 이 조류는 거스를 수 없는 것이었다.

당시 수많은 명저가 러시아어로 번역되었다. 그리고 나는 어떤 연구를 하더라도 자연과학적인 지식과 방법을 철저히 익히는 것이 모든 연구의 기초가 된다는 사실

---

* 하인리히 렌츠: 1804~1865, 러시아의 화학자

** Bernard, Claude: 프랑스의 생리학자. 실험의학과 일반생리학의 창시자.

을 깨달았다.

우리는 대여섯 명이 모여서 함께 사용할 실험실을 마련하기로 했다. 먼저 슈테크하르트의 교과서에서 초보자에게 권하는 간단한 실험도구를 마련하여 쟈세츠키 형제의 작은 침실 안에 실험실을 만들었다.

이 형제의 아버지는 퇴역 해군제독이었는데 자식들이 이런 유익한 연구를 시작한 것을 보고 기뻐서 우리가 일요일이나 휴일에 서재 바로 옆방의 실험실로 몰려와도 싫어하지 않았다. 우리는 슈테크하르트의 서적을 입문서로 삼아 여러 실험을 했다. 하마터면 불을 낼 뻔한 적도 있었고 온 집안이 매운 연기로 가득 찬 적도 여러 번 있었다. 그러나 노제독은 저녁 식사를 하면서 우리가 하는 실험 얘기를 몹시 재미있어 했다. 자신도 젊었을 때 농축액을 만들다가 불을 낼 뻔 한 이야기를 들려주었다. 그러면 부인도 연기에 기침을 하며 이렇게 말하는 것이었다.

"공부를 위해서라면 이런 역한 냄새가 나는 것도 어쩔 수 없지 않겠어요?"

식사를 마치면 부인은 언제나 피아노 앞에 앉았다. 우리는 밤늦게까지 듀오나 트리오로 오페라에 나오는 노래를 합창했다. 어떤 때는 이탈리아어나 러시아어로 된 오페라 악보를 꺼내서 처음부터 끝까지 부른 적도 있었다. 부인과 큰딸이 프리마돈나의 역할을 맡았고 우리는 각자 적당한 역을 맡았다. 이렇게 화학과 음악이 손을 잡았다.

우리는 고등 수학 공부에도 많은 시간을 투자했다. 우리들 4, 5명은 근위연대에 들어가면 교련이나 열병에 시간을 빼앗기기 때문에 근위가 되지 않기로 작정했다. 우리는 임관하면 포병과나 공병과의 육군 대학에 들어갈 생각이었다. 그렇게 하려면 미분, 적분 등 초보적인 고등기하학을 준비하지 않으면 안 되었기 때문에 이를 위해 과외수업을 받았다. 그와 동시에 '수학 지리학'이라는 이름으로 기초적인 천문학도 배웠다. 나는 학교생활 마지막 1년 동안 천문학 서적을 탐독했다. 우주의 영원한 생명은—나는 그것이 생명 그 자체이면서 동시에 진화라고 생각하고 있었다—내겐 고상한 시적 사색의 원천이었다. 그리고 인간과 자연과의 합일—즉 자연의 시 ─ 이 차츰 내 인생의 철학이 되었다.

내가 말한 공부만으로도 우리 시간은 이미 빠듯했다. 그러나 우리는 역사, 법률(러시아 법전의 개요), 경제원리, 비교통계학 등과 같은 인문과학 공부를 하지 않으면 안 되었다. 게다가 전술학, 전쟁사(1812년 및 1815년의 상세한 전쟁사), 포술, 야전 축성법 등 군사학 전반에도 정통해야 했다. 지금에 와서 당시의 교육을 돌이켜보면 군사학 대신 정밀과학을 좀 더 상세하게 공부했더라면 좋았을 것이라고 생각된다. 사실 우리가 배운 학문들은 일반적인 수준을 넘어서는 것이 아니었다. 우리는 처음 몇 해 동안 초등수학이나 물리학을 배워 어느 정도의 지식을 갖추고 있었으므로 대부분 이들 과목을 소화할 수 있었다. 그러나 어떤 과목은 학생들에게 인기가 없었다. 특히 법률학이나 근대사가 그랬다. 근대사를 가르치는 선생님은 충분한 퇴직금을 받기 위해서 눌러앉아 있을 뿐이었다. 학생들은 좋아하는 과목을 선택했고, 그 시험은 매우 엄격하고 어려웠다. 하지만 그 외의 과목의 시험은 다소 능력이 떨어지더라도 관대했다. 근위학교가 비교적 성공한 원인은 그 교수법이 구체적이었기 때문이다. 우리는 책에서 초등 기하학을 배우고 나서 바로 야외에 나가 측량을 하고, 그 다음에는 관측기구나 나침반, 측량대로 복습을 했다. 이렇게 구체적으로 수업을 했기 때문에 초등 기하학은 별로 어렵지 않았다. 게다가 측량 자체가 굉장히 재미있었다.

축성법도 마찬가지로 구체적인 방법으로 가르쳤다. 예를 들면 우리는 겨울에 다음과 같은 문제를 해결해야 했다. '2주일 동안 1천 명의 병사를 이용하여, 퇴각군이 통과할 교량을 엄호할 견고한 보루를 구축하라.' 선생님은 우리의 설계를 비평했고 우리는 열심히 선생님과 의견을 나누었다. 그 해 여름 우리는 이 지식을 야외에서 응용했다. 17, 18세였던 우리가 이렇게 많은 과목을 쉽게 소화해 낸 것은 순전히 구체적인 실습 덕분이었다.

그러나 우리는 휴식 시간도 충분히 가졌다. 우리는 시험이 끝나고 야영 캠프를 떠나기 전 서너 주일 동안, 혹은 야영 캠프에서 돌아와서 수업이 시작되기 전 서너 주일 동안 휴가를 보냈는데, 그것은 우리에게 가장 즐거운 시간이었다. 학교에 남아 있는 학생들은 휴가기간 동안 외박과 외출을 마음대로 할 수 있었다. 나는 도서관에서 공부를 하거나 에르미타쉬 박물관*에서 명화를 보며 유파별로 연구하거나 일반에게 공개된 황실직영공장에서 트럼프, 철, 면, 도자기, 유리 등을 만드는 것을 견학했다. 네바 강에 배를 띄우고 강 위에서 밤을 새우기도 했고, 어부들과 함께 핀란드 만으로 노를 저어 가서 음울한 북방의 밤을 경험하기도 했다. 그곳은 저녁노을이 지고 먼동이 트기 전, 한밤중에도 밖에서 책을 읽을 수 있을 만큼 밝았다.**

지금도 잊을 수 없는 하루가 있었다. 나는 몇 명의 친구들과 함께 해안으로 나갔다. 우리는 새벽 배를 타고 출발했다. 우리는 더러운 선술집에서 점심을 한 뒤 해안을 따라 걸어다녔다.

나는 친구들에게 오가료프의 시 〈이스칸데르에게〉를 낭독해주었다. 이 시에 감동된 나는 시를 머릿속에 기억하고 있었다. 나는 친구들 앞에서 감정에 몰입해서 시를 외우기 시작했다.

> 내가 어린 아이 였을 때 나는 조용하고 연약했고,
>
> 내가 청년이었을 때에는 무서울 정도로 반항을 하였다.
>
> 그리고 어른이 되어서는 나이든다는 것에 친숙해졌다.
>
> 하지만 모든 삶을 통해 내게는 하나의 단어가
>
> 새롭고 새롭게 그리고 다시 새롭게 변하지 않고 의미를 가졌다.
>
> 자유! 자유!
>
> 착취에 지치고 슬펐던 나는

---

* 1764년에 예카테리나 2세가 미술품을 수집한 것이 예르미타쉬의 기원이다. 본래는 예카테리나 2세 전용의 미술관으로, 프랑스어로는 "은둔지"를 의미하는 "예르미타쉬"라고 하는 명칭도 거기에서 유래되었다. 초기에는 왕족과 귀족들의 수집품을 모았으나, 19세기말에는 일반인에게도 개방되었고, 현재는 세계 4대 박물관 중의 하나가 되었다.

** 백야를 나타낸다. 하지를 전후로 위도가 높은 핀란드 만은 거의 해가 지지않는다. 페테르부르크도 여름에는 거의 해가 지지 않는 날들이 있다.

내게 힘이 있는 한

낯선 외국에서부터 조국의 오지까지

소중한 단어를 소리쳐 부르기 위해서

 나의 사랑스러운 고향 땅을 떠났다.

자유! 자유!

여기 낯선 외국에서, 적막한 한 밤중에,

멀리서 거대한 목소리가 들렸다.

회색빛 회오리 바람 사이로, 칠흑같은 어둠 사이로

밤새 몰아치는 바람 사이로

조국에서부터 젊은 시절의 단어가 들려왔다.

자유! 자유!

마치 새장의 새처럼 유형생활에 이별을 고하며

심장은 고통스러운 걱정을 품고

처음으로 기쁨의 고동 소리를 내었다.

그리고 기념하기 위하여 기뻐하며

다시 어린 시절부터 알고 있던 단어를 소리낸다.

자유! 자유!

나는 꿈속에서 눈과 평야 그리고 마을의 낯익은 얼굴을 본다.

얼굴에는 수염이 나 있고, 권력이 집행되었다.

그가 속박을 풀면서 내게 말했다,

내겐 영원한 단어

자유! 자유!

만약 슬픔과 불행이 닥쳐오고

그래서 투쟁을 위해 자유가 내게 도움을 청한다면

지금 당장 민중을 위해 달려가리라.

그래서 내가 투쟁을 하는 중에 쓰러진다면

죽으면서도 마법같은 단어를 말하리라.

자유! 자유!

만약 낯선 외국에서 죽게 된다면

나는 희망과 믿음으로 죽으리라.

조용히 슬픔에 잠겨 죽는 그 순간,

동지들, 내게 마지막 말을 해주게

자유! 자유!

하지만 이 놀라운 시와 놀라운 생각이 내 동료들의 가슴을 뛰게 하지는 못했다. 그들은 시를 아무 느낌없이 들을 뿐이었다. 나 혼자서만 가슴뛰어하고 상상력을 키워나갔다. 이때 또 한 편의 투르게네프의 소설이 내 마음을 사로잡고 평생 동안 기억하도록 만들었다. 그것이 바로 〈전날 밤〉이었다.

〈전날 밤〉은 1860년 초반에 출간되었다. 봄이 오고 우리는 종합시험을 마쳤다. 그때 우리는 야전병원에서 지내고 있었다. 내 기억으로 나는 저녁 무렵에 연병장 쪽으로 나있는 창문을 열고 앉아서 〈전날 밤〉을 읽기 시작했다. 연병장 건너편에는 작은 집이 서있었다. 그곳에는 어린 조카 딸 두 명과 함께 우리의 담당 장교 한 명이 살고 있었다.

나는 밤새도록 눈을 떼지 않고 〈전날 밤〉을 읽었다. 자신의 조국의 해방에 대한 생각에 빠진 불가리아의 애국자 인사로프가 내게 강한 인상을 남겼다. 이 소설 한 편이 내 어린 시절과 나의 여성관을 규정지었다.

여러 공장을 견학한 나는 무서운 힘을 가진 완벽한 기계를 좋아하게 되었다. 거인과 같은 손이 쑥 나타나서 네바 강에 떠 있는 목재를 집어 올려 톱날 밑에 갖다 넣으면 금방 판자가 되어 나오기도 하고, 또 불덩이인 철봉이 두 개의 원통 속을 통과하면 한 가닥의 레일이 되어 나오는 것을 보고 나는 이 '기계의 시(the Poetry of machinery)'를 이해하게 되었다. 오늘날 공장의 기계 작업은 노동자에게는 참으로 혐오스러운 것이다. 노동자가 기계의 노예로 전락했기 때문이다. 이것은 나쁜 제도에 문제가 있는 것이지 기계 그 자체와는 관계가 없다. 평생 동안 과도하게 단순한 노동을 반복하는 것은 손으로 하는 것이건 기계를 이용하는 것이건 모두 해롭다. 내가 기계의 목적의식적인 힘에서 얻어지는 기쁨, 기계작업의 합리성과 장엄함, 정밀함을 충분히 긍정하는 것과 이것은 별개의 문제다. 나는 기계에 대한 윌리엄 모리스*의 증오는 기계의 위력과 우아함에 대한 이해가 부족하기 때문이라고 생각한다.

음악도 나의 발전에 큰 도움을 주었다. 나는 시에서 얻은 것보다도 더 큰 기쁨과 감격을 음악에서 얻었다. 당시에는 아직 러시아 오페라가 없었으나 페테르부르크에서 공연된, 일류 이탈리아 가수들이 등장하는 오페라는 큰 인기를 모았다. 프리마돈나 보시오가 병에 걸렸을 때는 많은 청년들이 병세를 알아보기 위해 호텔 문 앞에서 밤을 지새웠다. 미인은 아니었지만 그녀가 노래를 부를 때면 수백 명의 청년들이 미친 듯 열광했다. 그녀가 죽었을 때에는 페테르부르크에서 유례없이 성대한 장례식이 거행되었다. 당시 페테르부르크 사람들은 이탈리아 오페라 파와 프랑스 오페라 파로 나누어져 있었다. 프랑스 오페라에는 몇 년 뒤에 전 유럽에 퇴폐의 해독을 끼칠 오펜바흐**적 조류의 맹아가 나타났다. 우리 학급도 반반씩 갈라졌는데 나는 전자에 속했다. 우리는 특별석에 앉을 수 없었다. 이탈리아 오페라의 특별석은 수 개월 전부터 예약이 매진되어 있었고 어떤 자리는 유력한 세도가의 세습재산처럼 되어 있었다. 우리는 외출 허가를 얻어 토요일 밤 맨 위층 터키탕처럼 더운 자리에서 서서 관람해야 했다. 우리는 화려한 제복을 감추느라 모피 옷깃이 붙은 검은 외투를 입고 단추를 꼭 잠그고 있었다. 우리는 좋아하는 가수들이 올라오면

---

* Morris, William: 영국의 시인, 공예가. 중세를 예찬하면서 19세기 기계문명을 비판했다.

** Offenbach, Facques: 자유주의적인 풍자와 유머 넘치는 오페레타를 90여 편이 넘게 작곡하여 '프랑스 희극의 창시자'라고 일컬어진다.

일제히 박수를 치느라 땀으로 범벅이 되었다. 좋아하는 가수들에게 환호를 보내던 우리는 흥분한 나머지 무대 뒤편에서 좋아하는 가수들을 한번이라도 더 보려고 아우성쳤다. 당시 이탈리아 오페라는 급진적인 운동과 밀접하게 연관되어 있었다. 오페라 〈빌헬름 텔〉이나 〈청교도〉에서 혁명적인 서곡이 나오면 박수와 함성이 터졌다. 그것은 알렉산드르 2세를 겨냥한 함성이었다. 그리고 6층의 갤러리나 흡연실이나 무대 입구에 모인, 페테르부르크에서 가장 훌륭한 청년들은 숭고한 예술에 대한 이상주의적 열망을 가지고 있었다. 가수에게 환호하는 일은 다소 어린애들 장난 같은 측면이 있기는 하다. 그러나 우리는 좋아하는 예술가에게 환호함으로써 보다 고상한 사상과 순결한 영감을 가슴 속에 심을 수 있었던 것이다.

07
페테르고프 야영생활-농촌 체험-교사들에게 보내는 조언

매년 여름 우리는 페테르부르크 지역에 있는 다른 군사학교 학생들과 함께 페테르고프*에서 야영을 했다. 그곳에서의 생활은 아주 유쾌했고 건강에도 더없이 좋았다. 우리는 넓은 막사 안에서 자고 바다에서 수영도 하면서 6주간을 야외에서 지냈다.

군사학교에서 실시하는 야영 캠프의 가장 큰 목적은 군사교육이었고, 그것은 우리들이 가장 싫어하는 것이었다. 그러나 불시의 비상훈련은 지루함을 덜어주었다. 어느 날 저녁, 막 잠자리에 들려고 할 때 알렉산드르 2세가 비상소집을 했다. 전

---

* 페테르부르크에서 서쪽으로 25km정도 떨어진 곳에 위치한 도시로, 핀란드만에 접해 있다.

막사가 떠들썩하더니 2, 3분 지나자 수천 명의 학생들이 소속 부대의 깃발 아래로 집합했다. 포병학교의 대포는 밤의 적막을 깨뜨리며 쾅쾅 울렸다. 페테르부르크의 전 군대가 야영장으로 말을 타고 집합했다. 그런데 무슨 일이 생긴 것인지 황제의 말이 보이지 않았다. 사방으로 전령을 보내 황제가 타는 말을 찾았으나 아무 곳에도 없었다. 황제는 말 타는 것에 익숙하지 않기 때문에 다른 말을 탈 수도 없었다. 전령병이 "지금 폐하 말을 끌고 오고 있습니다." 라고 그에게 보고하면서 뛰어왔다. 알렉산드르 2세는 격분해서 화를 벌컥내며 말했다. "멍청한 놈! 짐의 말이 한 마리밖에 없단 말이냐?"

주위는 점점 더 어두워졌고, 대포 소리와 말발굽 소리는 우리 생도들을 극도로 흥분시켰다. 황제의 진격 명령이 내려졌을 때 우리 부대는 곧장 황제를 향해 돌격해 나갔다. 대오를 갖추고 총검을 날카롭게 겨눈 우리들의 모습은 보는 이에게 두려움을 주기에 충분한 것이었다. 나는 황제가 두어 걸음 물러나 길 옆으로 피하는 것을 보았다. 우리 앞에는 우리가 숭배하여 마지않는 황제, 즉 우리의 지휘관이 서 있었다. 그러나 나는 진격하는 근위생이나 보병생 중에 단 한 사람도 황제를 위해 길을 비켜가지 않을 것이라고 생각했다. 우리는 진격 중인 군인이었다. 앞에 가로놓인 황제는 하나의 장애물에 불과했다. 부대는 그를 짓밟고 나아갈지도 모른다. "진격하는 길에 왜 황제가 있는 거야?" 하고 근위들은 후에 말했다. 이런 경우 총을 손에 든 소년은 노회한 군인보다도 더 무서운 법이다.

다음 날 우리가 페테르부르크 근위병 대훈련에 참가할 때 나는 또 다른 전쟁의 이면을 볼 수 있었다. 우리는 이틀 동안 계속해서 전체적으로 무슨 일이 일어나고 있는지 또는 무슨 목적으로 움직이고 있는지를 전혀 모른 채 20킬로미터 이상을 진격하고 후퇴했다. 대포 소리가 가까이 혹은 멀리서 들렸다. 날카로운 소총 소리가 구릉과 숲에서 들려왔다. 전령은 진격과 퇴각 명령을 하달하면서 뛰어다녔다. 우리는 전진과 후퇴가 무엇을 의미하는지 모른 채 행군만 거듭하고 기마병들은 모래 먼지를 일으키면서 지나갔다. 우리는 같은 길에서 몇 번이고 진격과 후퇴를 거듭했다. 부대의 오와 열이 없어졌고, 점차 군대라기보다는 순례행렬처럼 되어버렸다. 깃발을 든 위병만이 길에 남고, 다른 사람들은 길 옆이나 숲 속으로 들어가 휴식을 취했다. 사관의 협박과 간청도 아무 소용이 없었다. 그러자 갑자기 뒤에서 누군가 소리쳤다.

"폐하가 오셨다! 폐하가!"

장교들은 우리에게 전열을 정비하라고 간청하며 돌아다녔다. 그러나 누구하나 귀를 기울이지 않았다. 황제는 다시 퇴각명령을 내렸다.

"뒤로 돌아!" 지휘관의 호령이 울려 퍼졌다.

"폐하가 뒤에 계신다. 전체 뒤로 돌아!"

장교들이 다급하게 명령을 내렸지만 우리는 황제가 있다는 것도 무시했다. 다행히 알렉산드르 2세는 광신적인 군국주의자는 아니었다. 그는 우리에게 휴식을 취하라는 말을 남기고 가버렸다.

그때 나는 전쟁이 얼마만큼 군대의 심리상태에 좌우되는지, 병사들에게 평균 이상의 노력이 필요한 일을 요구할 때는 단순히 규율만을 강조해서는 안 된다는 것을 알게 되었다. 제 시간에 전장에 도착하는 것도 이렇게 지치는데, 군대의 규율이 무슨 역할을 할 수 있을까? 그것은 전혀 쓸모없는 것이다. 규율보다는 열정과 신뢰만이 병사들에게 '불가능한 일'도 감행하게 할 수가 있는 것이다. 훗날 나는 시베리아에서 불가능해 보이는 학술탐사를 할 때 몇 번이고 이때의 교훈을 상기했다.

그러나 이 야영생활을 하는 동안 군사교육이나 실제훈련에 할애된 시간은 비교적 적었다. 대부분의 시간은 측량과 축성실습에 할애되었다. 두세 번의 예비실습이 끝나자 나침반을 나누어주고는 이런 명령이 하달되었다.

"나침반으로 각도를 재고 걸음으로 거리를 측정하여 호수와 도로, 공원의 약도를 그려 오도록!"

이른 아침 서둘러 식사를 마친 우리는 군복 주머니에 흑빵 조각을 넣고 매일 4, 5시간을 걸어서 수 베르스타 떨어진 공원에 가기도 하고, 나침반과 도보로 숲이나 개울, 호수를 측정하기도 했다. 이렇게 만들어진 지도를 나중에 정확한 지도와 비교하여 가장 근접한 것을 골라 광학기계나 제도기가 상으로 주어졌다.

나는 측량실습이 정말 재미있었다. 독립적으로 하는 작업이었기 때문에 몇 백 년이나 된 고목 아래에서 아무에게도 방해받지 않고 호젓함을 즐길 수 있었다. 그리고 무엇보다 측량 자체가 재미있었다. 그때의 추억이 아직도 내 가슴에 남아있다. 내가 훗날 시베리아 탐험가가 되고 몇몇 친구는 중앙아시아의 탐험가가 된 것도 이 때의 경험이 축적되었기 때문이다.

5학년 때는 4, 5명씩 한 조가 되어 망원경이 달린 측량기를 가지고 이틀마다 멀리 떨어진 시골에서 사방 수 베르스타에 걸쳐 정밀하게 측량해야 했다. 때때로 총참모부의 장교들이 오차를 수정해주기도 하고 조언을 해주기도 했다. 시골 농민들과의 만남은 학생들의 지적, 도덕적 성장에 아주 좋은 효과가 있었다.

야외로 나간 우리는, 철도 기술자들이 철로를 놓는 것처럼 정밀하게 진지를 구축하거나 다리를 건설했다. 포안*이나 포좌****를 만들 때는 적당한 지면의 정확한 경사를 알기 위해 지겹도록 계산을 되풀이해야만 했다. 이 실습 이후로 공간기하학이 조금도 어렵지 않게 느껴졌다. 우리는 이런 일들이 몹시 재미있어서 어떤 때는 학교 정원에서 점토와 자갈을 이용해 미니 요새를 만들곤 했다. 요새에는 정확한 경사각도 측정을 통해 포안과 포좌가 만들어졌다. 마지막으로 포좌 자리에 판자를 얹고 그 위에 모형 대포를 설치하고 나면 입고 있던 제복은 형편없이 더러워져 있었다.

"뭣들 하고 있나?" 하고 대령이 소리쳤다. "꼴이 그게 뭐야. 마치 막일꾼 같구만." 그러나 이 모습이 바로 우리의 자랑거리였다. 그가 "태공 전하의 눈에 띄면 어떡할 거야?" 하고 말했고, 우리는 요새를 보여주면서 "포좌 놓을 판과 기구를 설치할 수 있도록 부탁드리겠습니다." 하고 대꾸했다.

---

* 砲眼: 총이나 포를 쏘기 위한 구멍.

** 砲座: 대포를 올려놓는 대.

다음 날이 되자 우리의 항의에도 불구하고, 십여 명의 인부가 우리의 훌륭한 작품을 진흙덩어리로 만들어서 마차에 싣고 가 버렸다.

어린아이와 학생들은 학교에서 추상적으로 배운 것을 실제로 응용해보고 싶어하며 습득한 지식의 핵심을 이해하는 데는 구체적인 응용만큼 효과적인 것이 없다. 어리석은 교육자들은 이런 사실을 흔히 간과하곤 한다.

우리 학교에서 배우는 모든 것은 전쟁을 위한 것이었다. 우리는 그 목적을 위해서 철도를 부설하거나, 집을 짓거나, 정원과 밭을 일구는 방법을 배웠다. 그러나 배운 것을 실제로 해보고 싶다는 어린아이와 청소년들의 열망은, 여전히 중세의 스콜라와 수도원의 사고방식에서 벗어나지 못한 학교에 의해 쓸모 없는 것으로 여겨져 무시되었다.

08
혁명 사상의 전파-농노제 폐지, 농노해방의 결과

1857년부터 1861년까지 러시아에서는 지식인들의 힘이 두드러진 성장을 보였다. 투르게네프, 톨스토이, 게르첸, 바쿠닌, 오가로프, 카벨린, 도스토예프스키, 그리고로비치, 오스트로프스키, 네크라소프 등 러시아 문학의 대표 작가들이 친구나 동지들하고만 몰래 나누던 이야기를 신문이나 잡지에 발표하기 시작했다. 검열이 여전히 엄격해서 정치적 논문을 쓸 수는 없었으나 풍자 소설이나 유럽에서 일어난 사건에 대한 코멘트 형식의 글을 썼고, 독자들은 행간의 의미를 알아챌 수 있었다.

페테르부르크에서 급우와 친척 외에는 아는 사람이 없었던 나는 당시의 급진적

게르첸

인 운동에서 멀리 떨어져 있을 수밖에 없었다. 그러나 급진적인 운동은 근위학교처럼 '모범적인' 학교까지 스며들었을 뿐 아니라, 모스크바에 있는 나의 친척들에게까지 영향을 미치고 있었다.

당시 나는 일요일과 휴일을 큰어머니인 미르스키 공작부인의 집에서 지냈다. 미르스키 공작은 호사스런 오찬이나 만찬을 즐겼고 아내와 어린 딸도 대단히 호화스럽게 생활하고 있었다. 열아홉 살의 사촌누이는 애교가 넘치는 미인이어서 사촌형제들이 모두 그녀에게 매료되어 있었다. 그녀도 사촌들 중 하나와 결혼하고 싶어 했다. 그러나 러시아 교회에서는 사촌 간의 결혼을 큰 죄악으로 여기고 있었다. 공작부인은 성직자에게 특별허가를 얻으려고 했으나 뜻을 이루지 못했다. 그래서 부인은 딸에게 사촌형제보다 더 적당한 남편을 골라주기 위해 페테르부르크로 데리고 왔고, 거실에는 언제나 근위사관이나 젊은 외교관들로 가득차 있었다.

혁명적 사상과 관련이 있으리라고는 도저히 생각할 수가 없는 이 집에서 나는 처음으로 혁명적인 문헌을 접했다. 그 무렵은 유명한 망명객인 게르첸이 런던에서 잡지 〈북극성〉을 창간하여 러시아 민중은 물론 궁정 사람들까지 동요하게 만들고 있었다. 페테르부르크에서도 게르첸의 잡지는 은밀하고 광범위하게 유포되고 있었다. 사촌 누이는 모종의 경로를 통해 그것을 입수했고 우리는 그것을 함께 읽었다. 그녀는 차르의 통치를 자신의 행복을 가로막는 장해물로 인식하고 반발했다. 그녀의 마음은 러시아의 귀족주의와 부패한 사회제도를 향한 강력한 비판을 기꺼이 받아들이고 있었다. 나는 〈북극성〉의 표지에 인쇄된 초상화를 숭배에 가까운 감정으로 바라보곤 했다. 표지에는 1825년 12월 14일의 폭동 후에 니콜라이 1세에게 처형당한 '12월 당원'들, 베스투제프, 카호프스키, 페스텔, 릴레예프 무라비요프, 아포스톨의 얼굴이 그려져 있었다.

나는 게르첸의 아름다운 문체, ─ 투르게네프는 그것이 피와 눈물로 씌어진 것이며 지금까지 어떤 러시아인도 이렇게 쓴 적이 없었다고 말했다 ─ 사상적 장대함, 러시아에 대한 사랑에 깊이 감동했다. 나는 머리가 아니라 심장으로 그 문장을 반복해서 읽었다.

1859년 혹은 1860년 초 나는 내 인생에서 처음으로 혁명적인 유인물을 만들기 시작했다. 당시 나는 공화주의자였다. 나는 유인물에 러시아를 위해서 헌법이 필요하다고 주장했다. 나는 궁정의 쓸데없는 낭비, 특히 1860년 황태후가 니스에 있을 때, 자신의 호위를 위해서 함대를 파견하여 엄청난 비용을 낭비한 것과 꼬리를 물고 일어나는 관리들의 부정을 논하며 입헌정치의 필요성을 역설했다. 나는 유인물 세 부를 만들어서 정치문제에 관심이 있을 것 같은 상급생의 책상 안에 몰래 넣어두었다. 그리고 나는 이 독자들에게 신문에 대한 의견을 도서실 기둥의 시계 안에 넣어달라고 부탁했다.

이튿날 나는 시계 안에 무엇이 들어있을까 가슴을 두근거리면서 가보았다. 두 장의 편지가 들어 있었다. 두 사람은 나의 신문에 충분히 공감한다면서 너무 위험하니 조심하라고 충고해 주었다. 나는 제2호를 만들었다. 그리고 더욱 맹렬히 자유의 이름 아래 모든 힘을 결집해야 한다고 주장했다. 그러나 이번에는 시계 안에 응답이 없었다. 그 대신 두 사람의 학생이 찾아왔다.

"유인물을 만든 사람이 너라는 걸 알고 있어." 하고 그들은 말했다. "하고 싶은 얘기가 있어. 우리는 너하고 생각이 같거든. 우리 서로 친구가 되면 좋겠어. 네 신문은 그것으로 결실을 거둔 셈이야. 그러니 더 이상 계속할 필요는 없어. 학교에는 아직 우리 두 사람만이 이런 일에 관심을 가지고 있을 뿐이야. 하지만 이런 유인물은 어떠한 결과를 초래할지 모르니 그보다는 우선 동아리를 만들어서 여러 문제를 논의해 보자. 분명 몇몇 사람은 이해시킬 수 있을 거야." 정말 좋은 의견이었다. 나는 그 말에 동의하지 않을 수 없었다. 우리는 진심어린 악수를 하면서 함께 하기로 맹세했다. 그때 이후 우리 세 사람은 친구가 되었고 함께 독서하며 여러 가지 문제를 논의했다.

농노제의 폐지는 당시 모든 사상가들의 관심이 집중된 문제였다. 1848년의 프랑스혁명은 러시아 농민의 가슴에 뚜렷한 반향을 일으켰다. 그리고 1850년부터 반항적인 농노들의 폭동이 곳곳에서 터지기 시작했다.

크림전쟁이 발발하고 전국적으로 강제징집이 시행되자 일찍이 한번도 보지 못했던, 광범위하고도 격렬한 농노들의 반란이 시작되었다. 그리고 몇몇 지주는 농노들에게 살해되었다. 이제까지 소수의 군인만으로도 진압되었던 농노들의 폭동은 몇 개 연대병력에 포병부대까지 출동하지 않으면 안 될 정도로 격화되었다. 게다가 농노제도를 싫어했던 알렉산드르 2세의 즉위로 농노해방이 불가피해졌다. 황제는 황후와 동생 콘스탄틴, 그리고 엘레나 파블로브나 공주의 지지를 받아 농노해방의 첫걸음을 내디뎠다. 그는 개혁이 어쩔 수 없는 대세라면 자신들이 — 역시 농노의 소유자인 — 주도하는 편이 낫다는 생각을 하고 있었다. 하지만 러시아 어디에서도 농노를 해방시키자는 청원서를 황제에게 보낸 귀족은 없었다.

1856년 3월, 황제는 모스크바의 귀족들에게 농노해방의 필요성을 역설했다. 그러나 그들은 완강한 침묵으로 일관했다. 황제는 크게 노해서 게르첸의 유명한 구절로 연설을 끝맺었다.

"여러분! 아래에서 올라오는 힘에 의해 강제로 폐지되는 것보다 위에서 자발적으로 폐지하는 것이 나을 것이오."

이 말도 아무런 효과가 없자 황제는 나폴레옹 1세가 1812년에 농노제도를 폐지했던 구 폴란드의 그로드노, 비르노, 코브노 등의 지역에 희망을 걸었다. 그곳 총독인 나지모프는 폴란드의 귀족들에게서 황제가 희망하는 청원서를 받아냈다. 1857년 11월 농노제도를 폐지할 의향이 있음을 표명한 황제의 '조칙'이 리투아니아의 여러 총독들에게 전달되었다. 우리는 게르첸의 유명한 논문「그대가 이겼다, 갈릴리인이여!」를 읽으면서 눈물을 흘렸다. 게르첸은 이 논문에서 런던의 러시아 망명자들은 이제 알렉산드르 2세를 더 이상 적으로 보지 말고 그의 농노해방을 지지해야 한다고 선언했다.

농민의 태도도 변했다. 그토록 기다리던 해방이 온다는 소문이 퍼지자 폭동의 기운은 사그라들었다. 농민들은 이제나 저제나 하며 기다렸고, 알렉산드르 2세가 중부 러시아를 통과할 때 운집한 농민들은 자신들을 해방시켜 달라며 황제에게 청원했다. 그러나 황제는 그 청원을 매우 기분이 나쁜 가운데 받아들였다. 무의식적인 전통의 힘이란 그렇게 강한 것이다. 주목할 만한 사실은 나폴레옹 3세가 평화조약에서 농노의 해방을 러시아 황제에게 요구했다는 소문이 농민들 사이에 떠돈다는 것이었다. 나도 여러 번 이 소문을 들었다. 해방을 눈앞에 두고서도 그들은 외국의 압력 없이도 농노해방이 정말 이루어질 수 있을지 의심하고 있었다. 내 친구가 어떤 농민에게 '다가올 자유'에 대해 이야기하자 농민은 이렇게 말했다.

"가리발디*가 오지 않으면 아무것도 이루어지지 않을 겁니다."

그리고 많은 사람들이 그렇게 생각했다.**

막연한 기쁨의 순간이 지난 후 의혹과 불안의 세월이 수 년 간 지속되었다. 페테르부르크를 비롯한 각 주의 특별위원회에서 농노해방을 논의했으나 알렉산드르 2세의 의향이 아직 분명하게 정해지지 않은 듯 했다. 신문이나 잡지는 여전히 농노해방에 대한 상세한 보도가 금지되고 있었다. 불길한 소문이 페테르부르크로 퍼졌고, 우리 학교까지 전해졌다.

귀족 중에서도 기존의 농노제도를 폐지하기 위해 힘쓴 청년들이 있었으나 황제 주변의 농노제 찬성파 귀족들이 황제의 마음을 움직이고 있었다. 그들은 황제의

---

* 19세기 이탈리아 통일운동에 헌신한 군인이자 공화주의자.

** 당시의 프랑스의 압력이라는 것이 어느정도는 실제로 이루어진 것으로 보인다. 필자의 친구인 벨기에의 니스(Nys)교수는 실제로 나폴레옹 3세가 파리 평화조약을 채결할 당시 유럽의 국가들 사이에서 '대화'가 오고 갔다고 한다. 그것에 대해서 발제한 사람은 당시에 유명한 경제학자였던 볼로프스키 총리로 만약 러시아에서 농노제가 완전히 폐지되지 않는다면 러시아를 유럽의 국가로 생각하지 않을 것이라고 했다고 한다. — 저자, 1919년.

귀에다 대고 농노제가 폐지되면 농민들이 지주들을 닥치는 대로 죽일 것이라고 속삭였다. 러시아는 1773년의 폭동보다 더 무서운 제2의 푸가초프 폭동을 맞게 될 것이라고 말했다. 마음 약한 알렉산드르는 주저하게 되었다. 그러나 농노해방령을 만들어내는 거대한 기구는 벌써 가동되고 있었다. 특별위원회는 몇 번씩 회의를 열었다. 수십 개의 해방령 안이 초고상태로 유포되기도 했고, 런던에서 인쇄되기도 했다. 게르첸은 궁정 소식에 정통한 투르게네프의 도움을 받아 잡지 〈종〉과 〈북극성〉에 농노해방에 대한 여러 계획을 상세히 논했다. 체르니셰프스키는 잡지 〈동시대인〉에서 이 문제를 논했다. 슬라브주의자들, 특히 악사코프와 벨라예프는 출판의 자유가 다소 허용된 기회를 이용해 이 사건을 국내에 널리 알리고 해방의 여러 기술적 문제들까지 충분히 논했다. 페테르부르크의 지식인들은 모두 게르첸, 특히 체르니셰프스키를 지지했다. 나는 지금도 근위기병연대 장교들이 일요일 교회 열병식이 끝난 뒤 내 사촌형이자 근위기병연대 참모 겸 부관이었던 드미트리 니콜라예비치 크로포트킨의 집에 모여서 해방운동의 급진파 지도자 체르니셰프스키를 지지했던 광경을 회상하곤 한다. 페테르부르크에서 농노해방의 분위기는 이미 대세가 되어가고 있었다. 농노해방은 무슨 일이 있어도 완수되어야 했다. 그것을 위해서는 또 하나의 중요한 문제가 해결되어야 했다. 그것은 농노가 현재 살고 있는 집뿐만 아니라 지금껏 일군 토지도 받아야 한다는 것이었다.

구 귀족들은 물러서지 않았다. 그들은 완강하게 개혁을 지연시키려 했고, 해방된 농노에게는 비싼 토지세를 물려 경제적 자유를 무력하게 만들려고 했다. 그리고 그들의 의도는 사실상 성공했다. 알렉산드르 2세는 개혁의 중심인물인 니콜라이 밀루틴(육군 대신의 동생)을 파면하면서 이렇게 말했다.

"그대를 파면하는 것은 유감스러운 일이지만 어쩔 수 없다. 귀족들은 그대를 급진당의 한 사람으로 보고 있다."

해방안을 만든 위원들도 해산되었다. 새 위원들은 영주의 이익을 기초로 안을 수정했다. 신문과 잡지는 다시금 입을 다물었다.

정세는 몹시 어려워졌다. 이제는 해방이 되는지 안 되는지조차 모르게 되었다. 나는 두 세력의 대립을 주목했고, 급우들은 일요일에 집에 다녀오면서 부모들이 어떻게 생각하는지를 물었다. 1860년이 저물 무렵에는 나쁜 소문들이 돌았다. 소문은 바르예프 파가 우세하게 되었다느니, 해방안의 전부를 수정할 예정이라느니, 황제의 친구인 모 공작부인의 친척들이 황제에게 압력을 가한다느니, 해방은 연기될 것이라느니, 그들은 해방을 두려워하고 있다느니 하는 것들이었다.

이듬해 1월이 되자 희망적인 소문이 떠돌기 시작했다. 모두들 2월 19일 황제 즉위일에 해방에 관한 좋은 소식이 들리지 않을까 하고 기대했다.

19일이 왔지만 아무 일도 없었다. 그날 나는 궁중에 있었다. 대규모의 행사는 없었고 극히 간소한 접견만이 있었을 뿐이다. 4학년 근위들은 궁중 제식에 익숙해지기 위해 이러한 작은 접견에 파견되었다. 그 날은 바로 내 차례였다. 태공비를 식장으로 전송한 나는 태공이 보이지 않아 그를 부르러 갔다. 태공은 황제의 서재에서 나왔다. 그날 무슨 일이 있었는지를 전혀 모르는 나는 태공비가 기다리느라 몹시 언짢아하고 있다고 반농담조로 말했다. 나는 이날 2월 19일에 농노해방 선언서가 채택된 것을 모르고 있었다. 발표는 2주일 뒤로 연기되었는데, 이유는 다음 주 일요일 즉 26일이 바로 사육제*가 시작되는 날이기 때문에 그 기간 중 술을 마신 농민들이 폭동을 일으킬지도 모르기 때문이었다. 이 사실은 밀담에 참석했던 극히 소수의 사람을 제외하고는 아무도 아는 사람이 없었다. 사육제는 페테르부르크 동궁 근처의 광장에서 개최되는 것이 관례였지만 민중의 폭동을 우려해 다른 광장으로 옮겼다. 군대에는 농민봉기에 대비한 혹독한 훈련지침이 하달되어 있었다.

그로부터 2주일 후 사육제 마지막 날인 3월 5일(양력 3월 17일), 기마학교의 열병식에 나갈 예정이었던 나는 학교에 남아있었다. 아직 기상하기도 전에 나의 당번병인 이바노프가 차 쟁반을 든 채 "공작님, 해방입니다! 선언서가 고스치느이 드보

---

* 가톨릭 국가에서의 사순절 전 1주일 간의 명절.

르*(학교 맞은편)에 붙어 있습니다."라고 외치면서 뛰어왔다. "네 눈으로 보았니?" "네. 주위에 많은 사람들이 서 있고 한사람이 선언서를 읽어주고 있습니다. 이제 자유가 왔습니다!"

나는 급히 옷을 주워 입고 밖으로 나갔다. 친구 한 명이 뛰어 들어오면서 외쳤다. "크로포트킨, 자유야! 선언서가 발표되었어. 어젯밤 큰 아버지가 이사크 성당의 아침 미사에서 선언서가 낭독될 것 같다고 했거든. 그래서 아침 미사에 가보았지. 모두 농민들뿐이었어. 선언서는 미사가 끝난 후 낭독되었지. 농민들도 그 의미는 잘 알았을 거야. 내가 나오니까 출입구에 서 있던 두 사람의 농민이 '도련님, 이제 모든 게 끝난 겁니까?' 하고 묻더군." 그리고는 그들이 전송해주던 모습을 흉내냈다. 주인을 전송하는 그 모습 속에 인고의 세월이 묻어났다.

나는 선언서를 읽고 또 읽었다. 그것은 모스크바의 늙은 주교인 필라레트가 쓴 것인데 격조 높은 문장이기는 했지만 러시아어와 고대 슬라브어를 혼용하여 애매 모호하게 표현되어 있었다. 해방임에는 틀림없었지만 진짜 해방은 아니었다. 농민들은 1863년 2월 19일까지 2년 동안 여전히 농노여야만 했다. 한 가지 명백한 것은 농노제도가 폐지되고 해방된 농민은 토지와 택지를 얻게 된다는 사실이었다. 돈을 지불해야만 하는 것이긴 했지만, 농노제라는 묵은 때는 씻겨 내려간 것이다. 그들은 이제 노예가 아니다. 반동은 더 이상 승리할 수 없었다.

우리는 열병식에 참가했다. 행사가 끝나자 알렉산드르 2세는 말 위에서 "장교 집합!" 하고 큰소리로 호령했다. 장교들이 주위에 모였다. 그는 큰 소리로 그날의 대사건에 대해서 연설을 했다.

"장교들, 군대에 있는 귀족의 대표자들이여." 황제의 목소리가 또렷하게 우리들 귀에 들려왔다. "불의의 세기는 이로써 종말을 고했다. 짐은 귀족의 희생을 기대한다. …… 충성스러운 귀족은 왕의 주위에 모일 것이다." 연설이 끝나자 열광하는 장교들 사이에서 만세의 외침이 울려 퍼졌다.

---

* 페테르부르크 시내에 있는 상점가, 지금의 백화점과 같은 곳.

우리는 서둘러서 학교로 돌아왔다. 이탈리아 오페라 공연이 그 날 오후에 열릴 예정이었기 때문이었다. 그곳에 가면 무언가 변화를 느낄 수 있을 것 같았다. 우리는 급히 군복을 벗어 던지고 6층 갤러리로 뛰어 올라갔다. 장내는 만원이었다.

1막이 오르자 극장의 흡연실은 흥분한 청년들로 가득찼고, 서로 모르는 사람들끼리도 이야기를 주고받았다. 관객들은 공연 시작 전에 객석에서 다같이 〈신이여 차르를 구해주소서〉*를 합창해야 했다. 반주가 들려오자 우리는 급히 홀로 내려갔다. 오페라의 악대는 벌써 국가를 연주하고 있었다. 그러나 국가는 곧 객석에서 터져 나온 열광적인 환성에 묻혀 버렸다. 지휘자인 바베리는 지휘봉을 흔들고 있었지만 악대의 연주는 들리지 않았다. 바베리가 지휘봉을 멈춰도 환호성은 그칠 줄을 몰랐다. 바베리는 다시 지휘봉을 움직이기 시작했다. 현악기의 활이 움직이고 관악기를 불고 있는 것이 보였지만 군중의 환호성은 또다시 악대를 압도했다. 바베리는 다시 국가를 지휘하기 시작했다. 그렇게 세 번이나 되풀이된 다음에야 비로소 관악기의 소리가 들리기 시작했다.

환호하는 모습은 거리에서도 볼 수 있었다. 수많은 군중이 궁전 앞 광장에서 만세를 불렀다. 황제가 나타나자 감격한 군중이 뒤따랐다. 2년 후 알렉산드르가 폴란드 봉기를 유혈진압하고 '살인마 무라비요프**'*가 혁명을 교살시켜 버렸을 때 게르첸은 이렇게 썼다. "알렉산드르 니콜라예비치여, 당신은 왜 그날 죽지 않았는가? 만약 그랬다면 당신의 이름 앞에는 영웅이란 칭호가 붙어 후세에 길이 남았을 텐데."

일찍이 농노제도의 옹호자들이 예언했던 폭동은 어디에서도 일어나지 않았다. 해방령이 발표된 이후의 상황만큼 애매한 상황은 일찍이 없었다. 만약 어디선가 반란이 일어났다면 그것은 바로 이 새로운 법령이 조성한 모호한 상황 때문이었을

---

* 제정 러시아의 국가(國歌).

** Muraviyov, Mikhail Nikolaevich: 열렬한 농노제 옹호자로 폴란드 총독으로 있을 당시 혁명 운동을 무자비하게 진압하여 '교수형의 무라비요프'라는 악명을 남겼다.

것이다. 오해에서 비롯된 두 군데의 폭동 진압과 몇 군데의 작은 소동을 제외하고는 러시아는 평온했다. 오히려 이전보다도 훨씬 평온했다. 정직한 농민들은 "농노제가 없어지고 농민은 자유로워졌다."고 생각했고, 그들에게 부과된 해방의 조건이 가혹한 것이었음에도 불구하고 받아들였다.

나는 1861년 8월과 이듬해 여름 니콜스코예에 머물면서 이 새로운 조건을 받아들인 농민들의 평온함과 이성적인 모습에 감동을 받았다. 그들은 토지 배상금을 지불하는 일이 얼마나 힘든 일인지 잘 알고 있었다. 배상금은 사실 농노로서 복역하는 대신 귀족에게 지불하는 보상금이었다. 그들은 농노제도의 폐지를 중요하게 생각했기 때문에 이 '혹독한 부담금'에 대해 불평하면서도 기꺼이 받아들였다. 첫 달은 성(聖) 금요일에 노동하는 것이 죄악이라고 말하면서 이틀을 쉬었으나 여름이 되자 전보다 훨씬 열심히 일하게 되었다.

농노해방 후 15개월이 지난 뒤 니콜스코예의 농민을 본 나는 감명을 받지 않을 수 없었다. 타고난 선량함과 온유함은 그대로였으나 노예근성의 흔적은 완전히 지워져 있었다. 그들은 이제 옛 주인을 대할 때 그전부터 늘 그랬다는 듯이 대등한 입장에서 말했다. 차츰 그들 중에서도 자신들의 권리를 옹호하는 사람들이 나오기 시작했다. 해방령은 매우 두껍고 어려운 책이어서 나도 이해하는 데 꽤 많은 시간이 걸렸다. 그런데 어느 날 니콜스코예의 유력자인 바실리 이바노프라는 사람이 법령에서 난해한 점을 설명해달라며 왔다. 책을 술술 읽지도 못하는 이 사나이는 내가 설명해주자 법령의 각 장, 각 항의 난해한 대목들을 나름대로 훌륭하게 이해했다.

가장 비참한 것은 하인들이었다. 그들은 토지가 없었고, 토지를 얻기 위해 어떻게 해야 하는지도 몰랐다. 자유는 얻었지만 그 외에는 아무것도 없었다. 우리 마을에서는 하인들 대부분이 주인을 떠났다. 우리 집 하인들도 떠나서 다른 곳에 일자리를 알아보러 다녔다. 하인 출신들을 고용한 상인들은 아무개 공작의 마부, 아무개 장군의 요리사를 고용했다는 사실을 자랑으로 여기고 있었다. 기술을 갖고 있는 사람들은 시내에서 일자리를 구할 수 있었다. 예를 들면 우리 집의 연주자들은 칼루가*에서 약사로 취직하여 제법 넉넉하게 살면서 우리 집과도 친밀한 관계를 유지했다. 힘이 센 사람들은 밭일이라도 구할 수 있었지만 아무 기술도 없는 사람들은 일자리를 구할 수 없었다. 그래도 대부분은 옛 주인한테 있기보다는 떠나 사는 것을 택했다. 일부 대지주들은 예전 상태로 되돌아가기 위해 페테르부르크에서 갖은 애를 쓰고 있었으나 ─ 그것은 알렉산드르 3세 때에 다소 성공을 거두었다 ─ 대다수는 피치 못할 재난이라 여기고 체념했다. 젊은 지주들은 '평화의 중재자'로서 평화롭게 농노해방을 이루는 데 많은 공헌을 했다. 그러나 구세대들은 해방된 농노에게 시가보다도 훨씬 높은 가격으로 토지를 넘겨 돈을 챙기려고 안간힘을 썼다. 그들은 페테르부르크나 모스크바의 고급 음식점이나 도박장에서 그 돈을 멋지게 쓸 궁리만 하고 있었다. 실제로 돈을 손에 넣자마자 거의 다 써버린 사람들도 많았다.

농노해방은 지주들이 거액을 벌어들일 수 있는 좋은 기회였다. 해방으로 인한 기대심리로 1구획에 11루블 하던 토지가 3배 반이나 폭등하여 40루블로 올랐다. 이것은 일반적인 추세였다. 미르(촌락공동체)는 탐보프**에 있는 아버지의 영지를 12년간 임대했다. 그 값은 그동안 아버지가 농노들을 통해서 번 돈의 두 배에 해당되는 것이었다.

잊지 못할 이 해방의 날로부터 10년이 지난 어느 날 나는 아버지로부터 상속받은 영지에 간 적이 있었다. 그곳에서 몇 주일을 보낸 어느 날 저녁, 마을의 사제 ─ 그 사람은 자신의 의견을 논리적으로 설명할 수 있는, 보기 드물게 지적인 사람이었다 ─ 가 마을을 산책하고 있었다. 붉은 노을이 마을을 비추고 대초원에서는 향기로운 바람이 불어왔다. 사제는 안톤 사베리예프라는 농민이 마을의 나지막한 언덕 위에서 시를 읽는 것을 보았다. 고대 슬라브어를 거의 알지 못하는 이 농민은 걸핏하면 책을 맨 뒤 쪽부터 읽는 버릇이 있었다. 그는 자기만의 독서법으로 읽다가 마음에 드는 구절이 있으면 몇 번이고 반복해서 읽는 걸 좋아했다. 그는 각 시구가

---

* 모스크바 남서쪽 약 150km 떨어진 곳.

** 모스크바에서 남동쪽으로 약 400km 떨어진 곳.

'찬양하라'는 말로 시작되는 시를 읽고 있었다.

"무엇을 읽고 있소?" 하고 사제가 물었다.

"예. 신부님 들어보시죠. 14년 전에 노공작이 이곳에 계셨습니다. 몸이 꽁꽁 얼어붙을 듯이 추운 어느 겨울날 제가 일을 마치고 집으로 막 돌아왔을 때였습니다. 밖에는 눈보라가 거세게 몰아치고 있었죠. 옷을 막 벗으려는데 문을 두드리는 소리가 들렸습니다. 누군가 하고 보았더니 촌장님이더군요. 큰소리로 '공작님 집으로 가보게! 자넬 부르신다네.'라고 하시더군요. 우리 집 여자들과 아이들은 모두 놀라서 벌벌 떨면서 '무슨 일이래요?' 하고 물었습니다. 나는 성호를 긋고 나올 수밖에 없었죠. 다리를 건널 때에는 눈보라가 심해져 앞이 아무것도 보이지 않을 정도였습니다. 낮잠을 자던 노공작이 일어나더니 회반죽을 만들 수 있냐고 물으시더군요. '내일 이 방에 회칠을 해주게.'라고 말씀하실 뿐이었습니다. 저는 기꺼이 해드리겠노라고 말하고 돌아왔습니다. 그런데 돌아오는 길목에 있는 다리에 아내가 서 있는 것입니다. 눈보라가 치는데 갓난아기를 안은 채 말입니다. '무슨 일이에요, 사베리치?' 아내가 소리를 지르다시피 물어보았습니다. 저는 말했죠. '아무 일도 아니야. 집을 좀 수선해 달라고 하시네.' 신부님, 이 얘기는 노공작님이 계실 때의 이야기입니다. 그런데 지금 젊은 공작님이 여기에 오셨습니다. 제가 무엇을 물어보러 갔더니 마침 정원에서 차를 들고 계시더군요. 젊은 공작님은 제게 말했습니다. '사베리치, 차를 마시지 않겠나?' 그리고는 표트르 그리고리예프에게 '의자 하나 더 내오게.' 하셨습니다. 표트르 그리고리예프는 노공작의 관리인인데 아시는 바와 같이 우리는 그를 보면 벌벌 떨었습니다. 그런데 그 사람이 의자를 가져다주는 것입니다. 우리는 모두 테이블에 모여 앉았고, 젊은 공작님은 모두에게 차를 권했습니다. 신부님, 농노해방은 이런 겁니다. 아름다운 노을이 있고, 초원에서는 싱그러운 향기를 품은 바람이 불어오고, 저는 이렇게 여기 앉아서 책을 읽고 있습니다. '찬양하라! 찬양하라!' 하면서 말이죠."

이것이 농도제도의 폐지가 농민에게 가져다 준 의미였다.

08
궁정에서의 생활~궁정 내 밀정조직~알렉산드르 2세
~마리야 알렉산드로브나~태공들

1861년 6월 나는 근위학교의 상사에 임명되었다. 어떤 사관들은 내가 상사로 근무하게 된 것을 달갑지 않게 생각했다. 그들은 내가 규율을 잘 지키지 않는 걸 못마땅하게 여기고 있었다. 하지만 상급반의 수석이 상사로 임명되는 것은 오래된 관례였다. 나는 몇 년 동안 계속 수석을 해왔다. 이것은 다른 학생들의 부러움을 사는 일이었다. 그것은 단지 상사가 교내에서 특권을 누리고 장교 대우를 받기 때문만이 아니었다. 상사에게는 황제의 근위가 될 수 있는 우선권이 주어지므로 출세하는데 유리하기 때문이다. 그러나 정작 내가 중요하게 생각한 것은 상사가 되면 교내의 모든 잡무가 면제된다는 것이었다. 또한 독방을 배정받기 때문에 소란스러움을 피해 혼자서 공부를 할 수도 있었다. 물론 귀찮은 일도 있었다. 나는 평소에 전속력으로 뛰어다니는 버릇이 있었는데 상사에게 이것은 엄중히 금지되어 있었다. 이제는 복무기록부를 끼고 무게 있게 걷지 않으면 안 되었다. 나는 이 문제를 심각하게 고민하며 두세 명의 친구들과 의논을 한 적도 있었다.

근위들은 크고 작은 접견식, 가장무도회, 초청 연회, 축하 연회가 있을 때마다 궁정에 가야 했다. 크리스마스, 신년, 부활절 때에는 거의 매일, 아니 때에 따라서는 하루에 두 번씩 궁정에 불려갔다. 상사인 나는 일요일마다 행해지는 기마학교의 열병식에서 학생의 3분의 1이 전염병에 걸려있어도 "근위학교 전체 이상 무!"라고 황제

1861년의 크로포트킨

에게 보고하지 않으면 안 되었다. 나는 교장에게 "오늘은 크게 이상이 있다고 보고해야 하지 않을까요?" 하고 물어보기도 했다. 그러자 교장은 "오, 신이시여." 하더니 "반란이 일어나기 전에는 절대 그런 보고를 하면 안 돼!" 하는 것이었다.

궁정생활은 그림 같았다. 동작의 우아함, 일사불란한 예절, 화려한 주변 환경은 확실히 인상적인 것이었다. 대 접견식은 아주 훌륭한 구경거리였다. 황후가 화려하게 장식된 궁정의 응접실에서 두세 명의 귀부인을 접견하는 것만 보더라도 일반인들의 손님 접대와는 전혀 달랐다. 손님이 금빛 수를 놓은 제복을 입은 시종에게 안내되면, 주인 격인 황후가 번쩍번쩍 빛나는 옷을 입은 근위나 시녀 일행을 거느리고 나온다. 모든 절차는 멋지고 장엄하게 행해졌다. 궁정의 일원이 되어 주요 인물의 시종을 드는 것은 우리들에게 단순한 호기심 이상이었다. 게다가 당시 나는 알렉산드르 2세를 영웅으로 여기고 있었다. 그는 궁중 의례 따위에는 개의치 않고 아침 여섯시부터 일어나 농노제 폐지를 시작으로 여러 개혁을 단행하기 위해서 강력한 반대파들과 악전고투하고 있었다.

그러나 궁정생활의 화려한 무대 뒤에서 일어나는 일들을 점점 알게 되면서 나는 겉치레가 중요한 것이 아니며 이런 겉치장에 빠져 더 중대한 일들이 무시되고 있다는 것을 알게 되었다. 현실은 종종 이런 연극 때문에 간과되었다. 알렉산드르 2세에 대한 환상도 조금씩 깨져갔고, 황제의 가장 가까운 곳에서 보람 있는 어떤 일을 해보고자 했던 처음의 마음은 연말쯤이 되자 깨끗이 사라져버렸다.

황제와 황후의 생일, 제일(祭日)이나 대관 기념일 등 주요 축제일에는 궁정에서 큰 접견식이 거행되었다. 대위를 포함한 사관과 장교들, 고위 문관 등 수천 명이 큰 홀에 정렬하여 황제와 일족에게 허리를 굽혀 예를 갖추었다. 황족들은 접견식이 진행되는 동안 응접실에 모여서 위엄 있는 가면을 써야만 하는 시간이 오기 전까지 수다를 떤다. 이윽고 접견행렬이 만들어지면 황제는 황후의 손을 잡고 걸어 나온다. 황제 뒤에는 근위가 따르고 그 뒤로 일반 시종무관, 당직 시종무관, 궁내 대신들이 따른다. 그리고 황후 뒤에는 두 명의 시종이 따라가면서 황후가 모퉁이를 돌때 긴 옷자락을 들어서 활짝 펼쳐야 한다. 그 뒤에는 열여덟 살의 청년 황태자, 그 뒤에는 태공들과 부인들이 순서대로 줄을 서서 걷는다. 태공부인들에게도 시종이 한 사람씩 뒤따른다. 그 뒤로는 시녀들의 긴 행렬이 줄을 잇는다. 시녀들은 모두 러시아식 의상, 즉 고대 러시아 부인의 복장을 본뜬 야회복을 입고 있다.

접견행렬이 황제를 지나칠 때 나는 보았다. 문관과 고관들은 경례를 하기 전에 어떻게든 황제의 주목을 끌려고 애를 썼다. 황제가 웃거나 약간 고개를 숙이거나 한두 마디 말이라도 건네면 고관은 자랑스러운 듯이 옆 사람을 쳐다보곤 했다. 극소수의 사교가와 젊은 귀부인들을 제외하면 접견식을 귀찮게 여기지 않는 사람이 거의 없었다. 그것은 교회에 예배 보러 간 사람들이 서둘러 자기 집으로 돌아오는 풍경과 비슷했다.

겨울 동안 두세 번의 큰 무도회가 궁정에서 개최되었다. 무도회에는 수천 명이 초대되었다. 황제가 먼저 어떤 폴란드 여자와 폴로네즈(폴란드 춤곡)에 맞춰 춤을 추기 시작해야 비로소 각자의 스타일대로 춤을 즐길 수 있었다. 휘황찬란하게 빛나는 넓은 댄스 홀 안에는 여러 개의 방이 있었다. 그래서 젊은 처녀들은 부모나 숙모의 감시로부터 쉽게 벗어날 수 있었다. 그리고 많은 사람들이 춤과 만찬음식에 정신이 팔려 있는 사이에 젊은이들은 자리를 빠져나가 둘만의 시간을 가질 수 있었다.

나의 임무는 오히려 이러한 무도회에서 더욱 힘들었다. 황제는 춤을 추는 것도 아니었고 그렇다고 가만히 앉아만 있는 것도 아니었다. 그는 줄곧 손님들 사이를 돌아다녔다. 근위는 언제라도 황제가 부르면 달려 갈 수 있게끔 가까운 곳에 있되 방해가 되지 않을 정도의 적당한 거리를 유지하고 임무를 수행을 하지 않으면 안

되었다. 이렇게 있는 듯 없는 듯 거리를 유지하는 것은 쉬운 일이 아니었다. 황제역시 수행을 바라지 않았고 혼자 즐기고 싶어 했지만 그것이 관례였으므로 따르지않을 수 없었다. 가장 곤란한 때는 황제가, 태공들 주위를 둘러싸고 있는 아가씨들이 잔뜩 모여 있는 곳으로 들어갈 때였다. 이 생동하는 꽃밭 속을 통과하는 것은 쉬운 일이 아니었다. 황제에게는 길을 열어주지만 황제가 지나가면 길은 곧 인파에닫혀버렸다. 이 수백 명의 아가씨나 부인들은 별로 춤도 안 추면서 태공들 가운데누가 왈츠나 폴카를 추자고 하지 않을까 기다렸다. 어떤 태공이 한 아가씨를 눈에둔다면 아가씨의 양친은 결혼이 성사되지 않으리란 걸 뻔히 알면서도 — 러시아의태공은 신하의 딸과 결혼하는 것이 허락되지 않았다 — 태공이 딸을 연모하게 되도록 갖은 애를 썼다. 나는 열일곱 살 되는 딸이 황태자와 서너 번 춤을 추었다고 해서어떤 고관대작의 집에서 혼인을 희망하는 것을 들은 적이 있다. 그것은 어처구니없는 생각이었다.

우리는 궁정에 갈 때마다 거기서 점심이나 저녁을 먹었다. 그때마다 하인들은궁정 안에서 벌어지는 추악한 일들을 말해주곤 했다. 하인들은 궁정 안에서 일어나는 모든 스캔들을 다 알고 있었다. 황제의 동생들은 모두 결혼한 지 얼마 되지 않았고 왕자도 아주 어렸다. 그러나 투르게네프의 『연기(煙氣)』에서 엘레나라는 이름으로 등장하는 모 공작부인과 황제의 관계는 페테르부르크의 사교계보다 궁중의하인들 사이에 더 널리 퍼져 있었다. 어느 날, 우리가 탈의실에 들어가려는데 "모공작부인이 오늘 황제에게 바람 맞았어. 이젠 끝이야." 하는 말을 들었다. 반 시간후 우리는 그 부인이 울어서 눈이 부어 있는 것을 보았다. 그녀는 예배에 참석해서눈물을 참고 있었는데 이 소문을 들은 하인들은 멋대로 말을 퍼뜨렸다. 바로 전날만 해도 부인 앞에 무릎을 꿇고 엎드려 있지 않으면 안 되었던 이 하인들의 입에서나온 이야기는 정말로 민망한 것이었다.

궁중이나 황제 주변을 염탐하는 밀정조직은 일반인들에게는 거의 믿어지지 않을 정도로 잘 짜여져 있었다. 다음 이야기로 그 대강이 짐작될 것이다. 70년대에 일어났던 일이지만 어느 태공이 페테르부르크의 한 신사에게 뼈아프게 훈계를 당한 사건이 있었다. 신사는 태공에게 자신의 집 출입을 금시켰다. 그런데 어느날 집에 돌아온 신사는 뜻밖에도 자신의 집 응접실에 앉아있는 태공을 발견했다. 그래서 신사는 몽둥이를 집어들고 태공에게 덤벼들었다. 태공은 계단을 뛰어 내려가 마차를 타고 도망가려는 순간, 뒤쫓아온 신사가 태공에게 몽둥이로 일격을 가했다. 마침 문 앞에 서 있던 경찰이 이것을 목격하였고 경찰국장 트레포프 장군에게 뛰어가 이 사건을 보고했다. 장군은 곧 마차를 타고 황제에게 달려가서 이 '유감스런 사건'을 보고했다. 알렉산드르 2세는 태공을 불러 독대하여 이야기를 나눴다. 나는 며칠이 지난 후 황제 직할의 사법성 제3국, 즉 국립경찰에 소속된 늙은 관리 — 그는 내 친구의 집안과 가깝게 지냈다—에게서 그날 황제와 태공이 나눈 내용을 들을 수 있었다. "폐하는 아주 화가 나서 마지막에 '어떻게 처신해야 하는지는 네가 더 잘 알게다.' 하고 태공에게 말했지." 나는 어떻게 그런 것까지 아느냐고 물었다. 대답은 놀라운 것이었다. "폐하의 말씀이나 의견은 모조리 우리 과에서 알고 있지. 그렇지 않으면 어떻게 국립경찰이라는 예민한 조직이 유지되겠나. 폐하는 페테르부르크에서 가장 엄중하게 감시되고 있지."

이 말은 과장이 아니었다. 모든 대신과 총독들은 황제의 방에 들어가서 무엇을 보고하기 전에 황제의 비서와 이야기를 나누었다. 그날 황제의 기분을 알기 위해서였다. 기분 여하에 따라 들어가 까다로운 문제를 논의할지, 서류를 가방에 넣어 두고 다음 날을 기약할지를 결정했다. 동시베리아 총독은 페테르부르크에 올 때마다 언제나 부관을 시켜 좋은 수공품 선물을 황제의 비서에게 보냈다. 총독은 늘 이렇게 말했다.

"황제께서 기분이 아주 좋지 않은 날 보고를 하면 누구든 불호령을 맞게 된다. 하지만 무슨 일이건 무사통과되는 날이 있다. 비서는 참으로 귀중한 존재다."

그날그날 황제의 기분을 알아두는 것은 고위직을 얻는 첫 번째 비결이었다. 훗날 슈바로프 백작이나 트레포프 장군 그리고 이그나체프 백작이 이 비결을 잘 터득했다. 내가 알고 있는 한 이그나체프 백작은 비서의 도움 없이도 황제의 기분을 잘 파악할 수 있었을 것이다.

궁정에 근무하기 시작할 무렵 나는 알렉산드르 2세를 농노해방의 은인으로 숭배하고 있었다. 환상은 때로 소년을 현실에서 유리된 곳으로 데려가곤 한다. 그 무렵의 나는 만약 눈앞에서 황제에게 위해를 가하려는 사람이 있다면 몸을 던져 황제를 지킬 각오가 되어 있었다. 1862년 1월 초순 어느 날, 나는 황제가 수행원도 없이, 페테르부르크 수비선발대가 사열을 받기 위해 정렬하고 있는 곳으로 홀로 급히 걸어가는 것을 보았다. 열병은 보통 옥외에서 거행되었으나 그 해에는 서리 때문에 실내에서 거행되었다. 말을 타고 대열 앞을 전속력으로 지나면서 사열하던 알렉산드르 2세도 그날은 도보로 걸어야만 했다. 황제가 전군 지휘관의 자격으로 바뀌었을 때 나의 임무는 끝났다. 나는 거기까지 따라갈 필요가 없었다. 그러나 황제는 혼자였다. 시종무관도 수행원도 전혀 없었다. '황제를 혼자 두고 갈 수는 없지.' 나는 이렇게 다짐하면서 뒤따랐다.

그날 알렉산드르 2세가 왜 그렇게 급히 서둘렀는지, 왜 그렇게 열병을 빨리 끝내려 했는지 알 수 없었다. 키가 큰 황제가 부대 정면을 향해 큰 보폭으로 걷자 나는 뒤처지지 않으려고 거의 뛰다시피 했다. 황제는 마치 어떤 위험에서 벗어나려는 듯 빨리 걸었다. 황제의 알지 못할 흥분이 내게도 전해졌고, 나는 무슨 일이라도 생기면 몸을 던질 각오를 했다. 나는 허리에 찬 칼이 구리판도 자를 수 있는 군도가 아닌 것을 유감스럽게 생각하고 있었다.

마지막 부대를 사열할 때쯤 황제는 천천히 걷기 시작했다. 다음 홀로 들어갈 때 황제의 시선은, 흥분하다 못해 살기마저 띠고 있는 내 눈과 마주쳤다. 나는 엄한 질책을 받을 각오를 하고 있었는데 도리어 알렉산드르 2세는 "여기까지 따라왔느냐? 장한 소년이로군!" 하고 말했다.

이것이 당시의 내 심경이었다. 그러나 여러 가지 사건들을 접하면서 알렉산드르 2세의 정치가 반동적인 것이 아닌가 하는 의혹이 점점 마음 속에 생기기 시작했다.

매년 1월 6일 러시아에서는 신성한 강에서 기독교적인 것과 이교도적인 것이 반씩 섞인 의식이 거행되었다. 이 의식은 궁중에서도 거행되었다. 궁전 맞은편 네바 강 하구에 식장이 마련되었다. 모든 황족이 사제를 뒤따라 궁전에서 식장까지 강둑을 따라 행진했다. 그리고 찬송가 〈우리 주를 찬양하라〉가 울려 퍼지는 식장에서 물 속에 십자가를 던져 넣었다. 수천 명의 군중이 멀리 하천 둑과 네바 강의 얼음 위에 서서 의식을 구경했다. 식이 거행되는 도중에는 모두 모자를 벗어야만 했다. 그해 추위는 대단했다. 어떤 노장군이 급하게 외투를 입다가 쓰고 있던 가발이 비뚤어졌는데―그는 이것을 모르고 있었다―콘스탄틴을 비롯한 태공들이 이 불쌍한 장군을 보면서 찬송가가 끝날 때까지 웃고 있었다. 장군은 이유를 모르고 따라 웃었고, 태공이 황제에게 속삭이자 황제도 장군을 보며 웃었다.

몇 분 뒤 행렬은 다시 하천 둑을 지나 궁전으로 돌아오고 있었다. 그 때 모자를 벗은 한 늙은 농부가 도열해 있던 병사들 사이를 비집고 황제에게 다가왔다. 그는 황제의 발 앞에 무릎을 꿇었다.

"폐하, 저희를 굽어 살펴주소서."

그는 눈물을 흘리며 청원서를 내밀었다. 그 울음 속에는 오랫동안 억압받아 온 농민의 아픔이 배어 있었다. 그런데 몇 분 전 비뚤어진 가발을 보고 웃던 알렉산드르 2세는 발 아래 엎드린 농민을 거들떠보지도 않고 지나쳤다. 황제 바로 뒤에 서 있던 나는 그때 황제가 흠칫 놀라는 걸 느꼈다. 나는 주위를 돌아보았다. 시종은 없었다. 뒤따르던 콘스탄틴 태공도 황제와 마찬가지로 농부에게 눈길도 주지 않았다. 누구 하나 청원서를 받아주는 자가 없었다. 나는 질책받을 것을 뻔히 알면서도 청원서를 받았다. 물론 그건 내 권한 밖의 일이었다. 그러나 나는 이 농부가 이 도시까지 와서 주변을 물샐틈없이 경계하는 경찰들과 병사들의 틈을 비집고 들어오는 것이 얼마나 큰 희생을 각오한 일인지 알고 있었다. 황제에게 직접 호소한 다른 많은 농민들처럼 이 농민도 즉시 체포될 것이고, 얼마나 오래 수감될지 모를 일이었다.

농노가 해방된 날 알렉산드르 2세는 페테르부르크에서 숭배의 대상이었다. 그러나 이 짧은 환희의 순간을 제외하고 그는 시민의 사랑을 받지 못했다. 이유를 알 수는 없지만 니콜라이 황제는 적어도 소상인이나 마부들 사이에서는 매우 인기가 있었다. 그러나 알렉산드르 2세와 개혁파의 수장이었던 동생 콘스탄틴과 셋째인 동생 미하일 모두 페테르부르크의 어느 계급으로부터도 인심을 얻지 못했다. 아버지의 전제적인 성격을 계승한 알렉산드르 2세는 매우 다혈질이어서 신하들을 몹시 당황하게 만들곤 했다. 정치적으로나 개인적으로나 그는 신뢰할 만한 사람이 아니었다. 게다가 그는 복수심이 강했다. 나는 그가 진정으로 사랑한 사람이 있을까 의심스러웠다. 황제의 측근들 중에서도 극악무도한 자들이 있었다. 예를 들면 아드렐베르크 백작은 막대한 돈을 빌리고도 갚지 않았고, 거대한 착복을 일삼는 것으로 유명한 자들도 있었다. 황제는 1862년 초가 되자 아버지가 행했던 악정을 부활시켰다. 그는 사법조직과 군에 대한 대개혁, 끔찍한 형벌의 폐지, 지방자치 정부와 헌법을 인정했다. 그러나 아무리 작은 것이라도 소요가 일어나면 참혹하게 진압했다. 그는 모든 사회운동을 황제에 대한 능욕으로 간주했다.

1861년 10월 페테르부르크, 모스크바, 카잔의 여러 대학에서 일어난 소요는 어느 때보다도 가혹한 탄압을 받았다. 페테르부르크 대학에는 휴교령이 내려졌다. 많은 교수들이 자율적으로 강의했지만 그것도 오래가지 못했다. 저명한 교수들이 대학에서 쫓겨났다. 농노해방 직후 일요학교 설립운동이 일어나 도처에 사립, 공립 일요학교가 설립되었다. 그곳에는 남녀노소를 불문하고 많은 농민들과 노동자들이 모여들었다. 교사는 모두 지역유지들이 맡았으며 장교와 대학생, 소수의 근위들도 참여했다. 강의는 대체로 훌륭해서 10번 정도만 들으면 농민들이 글을 읽을 수 있었다. 그런데 갑자기 국가의 지원을 조금도 받지 않고 몇 년 동안 농민의 교육을 맡아오던 일요학교를 모조리 폐쇄해 버리고 말았다. 애국적인 시위가 벌어지고 있었던 폴란드에는 카자크 군대가 파견되어 채찍으로 군중을 해산시키고 수백 명을 교회에 감금시켰다. 1861년 말 바르샤바 시내에서 많은 사람들이 총살당했다. 그리고 농민의 폭동을 진압하기 위해 군대의 규율이 강화되면서 2열로 늘어선 병사들 사이를 통과시키면서 태형을 가하는, 니콜라이 1세가 창안해 낸 무서운 형벌이 부활했다. 1870년부터 1881년에 걸친 알렉산드르 2세의 폭압정치는 이미 1862년에 그 징후가 나타나기 시작했던 것이다.

황족 중에서 가장 동정심이 많았던 사람은 황후 마리아 알렉산드로브나였다. 그녀는 성실한 사람이었고 이야기할 때도 가식이 없었다. 한번은 그녀가 나의 수고에 대해 감사를 표했을 때 — 페테르부르크에 부임한 미국대사를 접견했을 때였다 — 나는 깊은 감명을 받았다. 그것은 매일 주위 사람들에게 의례적인 인사를 받는 귀부인의 태도가 아니었다. 그녀의 가정생활은 분명 행복하지 않았다. 시녀들은 황후를 지나치게 엄격한 사람으로 여겨 그리 좋아하지 않았다. 황후가 남편의 경솔함에 크게 신경 쓰는 이유도 이해하지 못했다. 황후가 농노제도 폐지에 크게 힘썼던 사실이 지금은 널리 알려져 있으나 당시에는 그 영향력이 잘 알려져 있지 않았다. 그래서 콘스탄틴 태공이나 니콜라이, 밀루틴의 지지자였던 태공비 엘레나 파블로브나가 궁중개혁파의 두 영수로 간주되었다. 황후는 여자고등학교의 설립에도 크게 힘썼다. 여자고등학교는 창립 초부터 민주적인 성격을 띠고 있었다. 대교육가인 우쉰스키와 친밀했던 황후는 당시의 어떤 저명인사도 면할 수 없었던 운명, 즉 추방으로부터 그를 구해냈다.

매우 교양이 있었던 마리아 알렉산드로브나는 장남에게 최고의 교육을 받게 하려고 온 힘을 기울였다. 각 학문에서 최고의 권위자를 가정교사로 모신 것은 물론이고 게르첸과 친분이 있는 카베린까지 초빙했다. 카베린이 황후에게 게르첸과 자신의 친분을 말하자, 황후는 게르첸이 황태후에게 폭언을 퍼붓는 것만 빼면 그에게 아무런 유감이 없다고 말했다.

황태자는 여자처럼 생긴 미소년이었다. 그는 조금도 거만하지 않았다. 접견식 때는 근위들과 허물없이 이야기를 나누곤 했다. 외교관들에게 새해 인사를 받는 자리에서 나는 미국대사의 복장이 고상하다고 황태자에게 이야기했던 기억이 있다. 그런데 황태자를 잘 아는 사람들은 그가 지극히 자기중심적이어서 다른 사람들과 친해지기 어렵다고 말했다. 그런 성격이 아버지보다 더 심했다. 교육만 해도 어머니가 들인 노력에 비하면 거의 허사라고 할 수 있었다. 1861년 8월 그는 아버지 앞에서 치른 시험에서도, 지휘관으로서 사열을 할 때도 황제를 몹시 실망시켰다. 알렉산드르 2세는 모두에게 들릴 정도로 고함을 쳤다. "여태까지 뭘 배운 거야!" 황태자는 척수에 병이 생겨 스물두 살에 죽었다.

그의 동생, 즉 1865년에 황태자가 되고 후에 알렉산드르 3세가 된 알렉산드르는 형 니콜라이 알렉산드로비치와는 전혀 달랐다. 용모나 체격, 행동이 파벨 1세와 꼭 닮아서, 나는 가끔 "이 사람이 즉위하면 제2의 파벨 1세*가 될 것이다. 그리고 그의 증조부처럼 신하의 손에 죽은 것처럼 최후를 마칠 것이다." 하고 말했다. 그는 공부를 싫어했다. 많은 교육을 받은 동생 콘스탄틴과 자주 충돌했던 알렉산드르 2세가 황태자만 교육시키고 다른 왕자들은 돌보지 않았다는 이야기가 있었지만 나는 그렇게 생각하지 않는다. 알렉산드르 알렉산드로비치가 어릴 적부터 공부를 아주 싫어했던 것은 틀림없다.

나의 형이 그가 코펜하겐에 있는 아내에게 보낸 전보를 본 적이 있는데 철자가 상상도 못할 만큼 엉터리였다고 한다. 그는 프랑스어로는 'Ecri a oncle a propos parade······les nouvelles sont mauvaisent'라고 썼으며 러시아어로는 '토욜 책상에 안자서 ······'. 뭐 이런 식이었다.

만년에는 행실이 좋아졌지만 1870년 이후 한동안은 과연 파벨 1세의 자손다웠다. 나는 페테르부르크에서 스웨덴계 사관 한 명을 알게 되었다. 이 사관은 러시아 육군의 총기를 주문하기 위하여 미국에 파견되었다. 돌아와서 그는 당시 육군 장비개선 현황을 감독하고 있었던 알렉산드르 알렉산드로비치에게 보고해야만 했

---

* 파벨 1세(1754년~1801년)는 1796년부터 1801년까지 재위한 러시아 제국의 황제이다. 그는 제위계승법을 맏아들 상속의 원칙으로 확립했다. 또한 프랑스의 혁명 사상과 투쟁을 거부하였고, 국내로 들어오는 모든 사상 서적을 금지시켰다. 그는 무원칙적인 대외정책, 무분별한 상식 밖의 행동, 그리고 귀족들의 특권 중 일부를 폐지한 것 등으로 귀족들의 불만을 사게 되었고 결국 1801년 버닝젠 백작의 음모로 암살되었다.

다. 황태자는 보고를 받으며 갑자기 호통을 치기 시작했다. 이 사관이 물러서지 않자 황태자는 점점 더 화를 내면서 사관에게 마구 욕설을 퍼부었다. 러시아에 사는 스웨덴 귀족들처럼 자존심이 강한 사관은 자리를 박차고 나와 황태자에게 편지를 썼다. 24시간 내에 사죄할 것과 만약 사죄 편지가 오지 않으면 자살하겠다는 내용이었다. 이것은 일본인의 결투 방식이었다. 나는 친구의 집에서 사관을 만났고, 바로 그 때가 편지를 기다리던 참이었다. 이튿날 아침 아무런 답변이 없자 그는 자살하고 말았다. 황제는 크게 노해서 황태자에게 그 사관의 관을 묘지까지 호송하라고 명했다. 그러나 이 교훈도 황태자의 마음 깊숙이 잠재된 로마노프 가 특유의 오만함과 포악함을 끝내 고칠 수는 없었다.

시베리아

01
연대 선택~아프락신 드보르 화재와 그 영향~임관식~시베리아로

1862년 5월 중순, 우리가 임관되기 몇 주일 전 나는 대령으로부터 근무 희망 연대의 최종 명부를 작성해 제출하라는 명령을 받았다. 우리는 근위연대로 갈 것인지 일반부대로 갈 것인지를 선택해야 했다. 근위연대에는 소위로, 다른 부대에는 중위로 임용될 수 있었다. 나는 명부를 들고 급우들 사이를 돌아다녔다. 모두 자신이 입대할 연대를 잘 알고 있었다.

많은 생도들이 이미 입대할 연대의 장교모를 쓰고 연병장에 삼삼오오 모여 있었다.

"황제폐하 직속 흉갑기병 연대." "프레오브라젠스키 근위보병 연대." "근위 기마병 연대."

나는 그들이 대답하는 대로 명부에 기록했다.

"그런데 크로포트킨 너는? 포병대냐, 카자크냐?" 하고 친구들이 계속 물어댔다. 나는 그것이 귀찮아 한 학우에게 명부 작성을 부탁하고 내 방에 돌아와 다시 한번 최종적으로 심사숙고했다.

근위연대에 들어가서 일생을 열병과 궁정무도회에 바치고 싶지는 않았다. 이것은 벌써 오래 전부터 내린 결심이었다. 나의 꿈은 대학에 들어가 공부를 계속하는 것이었다. 이것은 아버지의 바람과는 동떨어진 것이었고, 부자지간의 인연을 끊고 가정교사라도 해서 먹고 살아야 한다는 것을 의미했다. 많은 러시아 학생들이 이미 그렇게 생활하고 있었고, 나도 두려워할 것이 없다고 생각했다. 그러나 이 생활에 돌입하기 위한 첫 걸음을 어떻게 디딜 것인가, 그것이 문제였다. 그러기 위해서는 졸업한 후 1, 2주 안에 의식주를 해결해야만 했다. 그러나 나에게는 최소한의 비용조차도 나올 곳이 없었다. 대학이 불가능하다면 포병학교라도 갈까하고 여러 번 생각해 보았다. 그러면 2년 동안 귀찮은 군대의 잡무를 벗어나 군사학을 공부하는 틈틈이 수학이나 물리학을 공부할 수 있었다. 그러나 당시 반동의 바람이 거세게 불어, 우리 앞 기수 포병학교의 장교후보생들이 마치 하인처럼 취급받고 있었다. 두 학교에서 선배 기수들은 저항을 시작했고 그중 한 학교에서는 단결하여 집단 퇴교해 버렸다.

나의 생각은 차츰 시베리아로 향했다. 최근 러시아에 합병된 아무르 지역과 우수리 강은 시베리아의 미시시피라고 할 수 있을 정도로 아열대 식물이 풍부했다. 나는 당시에 마아크*의 우수리 강 여행에 그려진 그림들에 흠뻑 빠져 있었다. 훔볼트가 쓰고 리터**가 위대한 개념을 창안해냈던 열대 지역으로 내 마음은 기울고 있었다. 게다가 시베리아에는 현재 거대한 혁신이 단행되고 있음에도 불구하고 일할 만한 사람이 거의 없어, 내 구미에 맞는 활동분야를 찾을 수 있을 것이라고 생각했다. 가장 괴로운 것은 형 알렉산드르와 헤어지는 것이지만, 형은 1861년의 소요로 모스크바대학에서 퇴학을 당했기 때문에 1, 2년 후에는 만나게 될 것이라고 생각했다(실제로 훗날 그렇게 되었다).

'물론, 아무르 강으로 가야 해. 아버지는 노발대발하시겠지. 하지만 이제 더 이상 아버지의 도움은 필요없어! 시베리아에서 생활은? 수학과 화학책들을 가져가지 뭐. 과학 잡지들을 구독하고. 공부를 하면 돼. 그래, 대학교를 가는 것은 안돼.

---

* Richard Maack(1825~1886):러시아의 자연주의자, 시베리아 및 극동 연구가.

** Karl Litter: 훔볼트와 함께 근대지리학의 창시자로 일컬어지는 독일의 지리학자.

아무르 강으로 가는 거야……. '

누나가 야로슬라블에 살고 있었다. 당시에 나와 누나는 소식을 주고 받지 않았다. 하지만 매형이 아버지에게 편지를 써서 진심으로 나를 기병대에서 근무할 수 있도록 해주는 것이 좋겠다고 썼다. 하지만 난 극동으로 가기로 결심을 했다.

남은 문제는 아무르 지방의 어떤 연대를 택하느냐 하는 것이었다. 우수리 강이 가장 마음을 끌었다. 우수리 강에는 유일하게 카자크 기병연대만 있었다. 나는 '아무르의 카자크 기병연대'로 결정했다.

내가 명부에 그렇게 쓰자 친구들은 깜짝 놀랐다. "지독하게 먼 곳인데." 장교 요람을 들고 있던 다우로프라는 친구가 '아무르의 카자크 기병연대' 쪽을 찾아 읽어 내려갔다. "군복은 흑색, 깃은 장식 끈이 없는 빨간색, 개털로 만든 모자, 바지는 쥐색."

그것을 들은 친구들은 경악했다. "그 제복 한번 보고 싶은데!" 하고 다우로프가 외쳤다. "제기랄, 모자는 어떻고! 차라리 이리나 곰털로 만든 모자가 낫겠다. 바지는 또 뭐야, 쥐색이라니. 병참부대도 아니고!"

나는 농담으로 맞장구치고는 명부를 제출했다.

"크로포트킨, 자네는 시도 때도 없이 장난을 하는군!" 하고 대령이 고함쳤다.

"오늘 태공께 명부를 제출해야 한다고 하지 않았나?"

나는 장난을 한 것이 아니라 명부에 적은 것이 진짜 희망 부대라고 그에게 설명을 하자 선한 대령의 얼굴에 놀라움과 실망이 나타났다. 잠깐동안 생각에 잠긴 뒤 대령이 말했다.

"지금 바로 교장 선생님께 가져 갈거네. 더 이상 고치지 않을 거지?"

"없습니다. 없을 것입니다."

이튿날 나의 결심을 들은 클라소프스키 선생님의 실망하는 표정에 결심이 거의 무너질 뻔했다. 그는 나를 대학에 보낼 욕심으로 라틴어와 그리스어를 가르쳐 왔던 것이다. 그러나 나는 대학에 가지 못하는 진짜 이유를 말할 수 없었다. 만약 내가 사실대로 말하면 얼마 안 되는 재산을 내게 나눠주겠다고 할지도 모르기 때문이었다. 나는 그냥 아무르의 부대로 갈 것이라고 그에게 이야기를 했다.

노인은 노발대발 화를 냈다.

"대학교로 가게. 내 말을 믿게, 자네는 러시아의 자랑거리가 될 거야."

이 말에 뭐라고 대답을 할 수 있었을까? 그는 사회적 명성이 내 관심을 끌 것이라고 생각했던 것 같다. 나는 아무 말도 하지 않았다. 그는 고통스럽게 미소를 띠고는 더이상 나를 설득하지 않았다.

아버지는 내가 시베리아에 가는 것을 용서할 수 없다는 내용의 전보를 교장에게 보냈다. 이 일은 육군학교 장관인 태공에게까지 보고되었다. 나는 태공의 부관 앞에 불려갔고, 아무르 지방의 여러 식물에 대해 이야기하고 그것을 좋아한다고 말했다. 만약 내가 대학에 들어가고 싶은데 그럴 여건이 안 된다면 틀림없이 황족 중의 누군가 장학금을 대줄 것이라고 했지만 나는 그럴 생각이 추호도 없었다. 학교에서는 아버지가 허락하지 않는다면 절대로 시베리아로 나를 보낼 수 없다고 말하였다.

이번 일이 어떻게 결말이 날지 알 수 없는 상황에서 매우 중요한 사건, 페테르부르크의 대화재가 간접적으로 나의 어려운 문제를 해결해 주었다.

성신강림절 다음 월요일 — 그 해는 5월 26이 성신강림절이었다 — 에 아프락신 드보르에 큰 불이 났다. 아프락신 드보르는 반 평방 베르스타 정도의 되는 큰 시장인데, 빼곡히 들어선 목조상점들에서 갖가지 고물을 팔았다. 시내 곳곳에서 모인 고가구나 침대, 헌옷, 고서적이 상점 밖 좁은 길목과 지붕 위에까지 가득 쌓여 있었다. 이 가연성 물건들이 쌓여 있는 시장 바로 뒤편에는 내무성과 문서보관소가 있었다. 문서보관소에는 농노해방에 관한 일체의 문서가 보존되어 있었다. 그리고 시장 맞은편에는 국립은행과 석조상점이 늘어서 있었고 좀 떨어진 곳에 근위학교가 있었다. 석조건물 1층은 잡화점과 기름집이었고 2층은 장교들의 숙소였다. 내무성의 맞은편에는 개천을 사이에 두고 넓은 목재적치장이 있었다. 이 작은 상점들로 가득찬 골목길과 목재적치장에서 오후 4시경 거의 동시에 불길이 치솟았다.

만약 바람이라도 불었다면 국립은행, 각 관청들, 고스치느이 드보르, 근위학교, 국립도서관은 물론 페테르부르크 절반이 불타버리고 말았을 것이다.

그날 오후 나는 학교에 있다가 한 장교의 숙소에서 식사를 하고 있었다. 연기가 바로 근처에서 올라오는 것을 창문 밖으로 보자마자 현장으로 달려갔다. 처참한 광경이었다. 커다란 불길이 따닥따닥 소리를 내고 뜨거운 김을 내뿜으면서 사방으로 옮겨 붙었다. 불길은 판잣집과 다름없는 목조건물들을 휩쓸고 곧장 불기둥이 되어 주변의 상점들을 삼킬 듯이 덤벼들었다. 침대 상점에서 타오른 침대 속 깃털들이 재가 되어 일대를 뒤덮었다. 재와 불길과 연기로 가득 찬 화염의 거리에서 대피한 사람들은 물건들을 단념할 수밖에 없었다.

거대한 화염에 당국은 어쩔 줄을 몰랐다. 당시 페테르부르크에는 증기펌프 한 대도 없었다. 철로로 20베르스타 쯤 떨어진 콜피노 제철공장에서 증기펌프를 가져오자는 말을 꺼낸 것은 노동자들이었다. 펌프가 정거장에 도달했을 때 펌프를 화

화재 이전의 아프락신 드보르의 모습

재 현장으로 운반한 사람들도 민중들이었다. 네 개의 호스 가운데 하나는 파손되었고 나머지 세 개는 내무성으로 운반되었다.

태공들이 현장시찰을 나왔다가 금방 되돌아가 버렸다. 저녁 늦게 국립은행이 안전해졌을 때에야 황제는 모습을 드러냈다. 그는 근위학교가 가까이 있으므로 빨리 불길을 잡을 수 있도록 모든 수단을 강구하라는 하나마나한 이야기를 했다. 근위학교까지 불이 붙으면 국립도서관과 네프스키 거리의 절반은 재로 변할 것이었다. 번져가는 불길을 막기 위해서 모든 노력을 다 하는 사람들은 민중들이었다. 불길이 금방이라도 국립은행에 옮겨 붙을 것 같은 순간도 있었다. 불길을 피해 상점에서 반대편 사도바야 거리 은행 왼쪽 벽에 산더미처럼 쌓여있는 물건들로 불이 계속 번지고 있었다. 사람들은 견딜 수 없을 정도로 뜨거운 불길 속에서 옮겨 붙는 불길을 막고 있었다. 그들은 펌프 한 대 보내지 않는 당국에 욕을 해댔다.

"내무성은 뭘 하고 있는 거야? 은행과 고아원으로 불이 옮겨 붙으려고 하는데! 꾸물대는 것도 한도가 있지. 경찰국장은 어디로 갔어? 은행에 소방대를 못 보낸단 말이야?"

나는 학교의 부감독관 집에 자주 찾아오던, 유명한 문학평론가의 동생인 경찰국장 안넨코프 장군을 개인적으로 알고 있었다. 나는 국장을 찾아 갔다. 아무것도 모르고 산책하고 있던 그에게 상황을 설명했다. 거짓말 같은 이야기지만 그는 나에게 내무성에 가서 은행으로 소방대를 보낼 것을 명령하라고 했다. 나는 소방대가 내 말을 듣지 않을지 모르니 명령서를 직접 써달라고 했다. 그러자 안넨코프 장군은 종이가 한 장도 없다고 했다. 나는 근위학교 장교 고세와 함께 이 명령을 전달하기로 했다. 우리는 그렇게 해서 소방대장을 설득해 — 대장은 세상 모든 사람들과 장관에게 욕을 퍼부었다 — 펌프를 은행으로 보낼 수 있었다.

내무성에는 아직 불이 옮겨 붙지 않았지만 문서보관서가 불타고 있었다. 많은 사관후보생과 근위들이 서기들과 함께 불길 속에서 서류뭉치를 꺼내 마차에 싣고 있었다. 서류뭉치는 굴러 떨어지거나 바람에 날려 길가에 흩어졌다. 개천 맞은

편의 목재적치장에도 아득한 연기 속에서 불길이 미친 듯이 솟아오르는 것이 보였다.

근위학교와 아프락신 드보르 사이의 골목길은 참혹했다. 상점들은 불길과 가스로 가득 차 있었다. 폭발에 의해 날아간 불똥이 길 반대편 근위학교의 지붕으로 떨어졌다. 지붕 아래의 창문과 기둥에서 이미 불길이 올라오고 있었다. 근위와 생도들은 짐을 챙겨서 밖에 내놓고 작은 펌프에 물을 채웠다. 급수차에서 물을 채워서 뿜어내는 구식 펌프였다. 두 명의 소방관이 뜨거운 지붕 위에서 연신 "물, 물!" 하고 외쳤다. 나는 가슴이 터질듯이 사도바야 거리를 달렸다. 소방대원에게 말해서 급수차를 학교 교정으로 끌고 갔다. 급수차에 물을 채우려고 하니 마부가 말을 듣지 않았다.

"당신 말을 들으면 군법회의에 회부됩니다."

나는 마부에게 말했다. "가서 누구든, 경찰국장이든 태공이든, 물이 없으면 근위학교를 포기할 수밖에 없다고 전하시오."

누군가 내게 말했다. "교장에게 보고해야 하지 않아? 아무리 찾아도 보이지 않아. 네가 좀 찾아볼래?"

나는 다시 안넨코프 장군을 찾았다. 그가 은행 정원에 있다는 말을 듣고 그곳에 가보니 몇몇 장교들이 한 장군을 둘러싸고 있었다. 그는 바로 페테르부르크의 총감 수보로프 공작이었다. 그러나 문은 닫혀 있었고 은행 경비원은 안으로 들여보내주지 않았다. 나는 경비원을 반은 설득하고 반은 협박해서 겨우 안으로 들어갈 수 있었다. 수보로프 공작은 부관의 등을 책상 삼아 무엇인가 편지를 쓰고 있었다. 나는 상황을 보고했다. 그러자 그는 "누가 자네를 보냈나?" 하고 말했다.

나는 "학우들입니다." 하고 대답했다.

"학교에 불이 옮겨 붙을 것 같단 말이지?"

"그렇습니다."

공작은 즉시 모자를 머리에 덮어 쓰고 아프락신 드보르의 상점들에서 내뿜는 화염을 피해 가면서 전속력으로 골목길을 달렸다. 길에는 빈 나무통, 짚, 나무 상자 등이 가득 깔려 있었다. 한쪽에는 기름집이 불길에 휩싸여 있었고, 근위학교 모퉁이의 창문과 기둥이 연기를 내뿜고 있었다. 수보로프 공작은 단호한 조치를 취했다.

그는 "교정에 있는 병사들을 데리고 즉시 골목을 치우게. 그러면 내 가서 증기 소방펌프를 곧 이곳으로 보낼 테니까 그것으로 불을 끄도록 하게. 자네만 믿네."

교정에 있는 병사들을 내보내는 것은 쉽지 않았다. 그들은 나무 그늘 아래에서 주머니는 커피로 가득 채우고 모자 속에는 사탕을 감추고서 낮잠을 즐기고 있었다. 한 사관이 와서 고함을 지를 때까지 아무도 일어나려고 하지 않았다. 잠시 후 골목은 치워졌다. 펌프는 쉬지 않고 물을 뿜었다. 학우들은 신이 나서 20분씩 교대로 뜨거운 열기를 참으며 불길을 향해 물을 뿜었다.

새벽 서너 시쯤 겨우 불길이 잡히기 시작했다. 학교로 옮겨 붙을 염려도 없어졌다. 나는 문이 열려 있는 작은 하숙집에서 홍차로 목을 축인 다음 지친 몸을 학교병원 침대에 내던졌다.

이튿날 아침 일찍 나는 불에 탄 거리를 보러 나갔다. 학교로 돌아오는 길에 미하일 태공을 만났다. 나는 그를 수행하여 학교를 순시했다. 근위들의 얼굴은 새까맣게 그을렸고 눈두덩이 부어 벌겋게 익어 있었다. 그 중에는 머리카락이 홀랑 타버린 학생도 있었다. 언뜻 보아선 누가 누군지 금방 알아보지 못할 정도였다. 그래도 그들은 결사적으로 화재 진압에 나선 것을 자랑스럽게 여기고 있었다.

태공과의 만남이 내 문제를 해결해 주었다. 태공은 왜 내가 아무르로 가려고 하는가, 거기에 아는 친구가 있는가 혹은 그 지방의 총독을 아는가 하고 내게 물어 보았다. 내가 시베리아에는 아는 사람도, 친척도 없다고 대답하자 태공은 놀라면서 말했다.

"그럼 왜 그런 곳에 가려고 하는가? 외딴 카자크의 촌락으로 보내질지도 몰라. 그런 곳에서 뭘 하려고 하는가? 아무튼 자네가 원한다면 총독에게 추천장을 써주지."

나는 이제 아버지의 반대도 소용없을 것이라고 생각했다. 과연 그랬다. 나는 내 의도대로 시베리아에 갈 수 있게 되었다.

이 대화재는 알렉산드르 2세의 정책 뿐 아니라 19세기 러시아 역사에서 전환점이 되었다. 그것은 단순한 사건이 아니었다. 러시아의 큰 명절인 성신강림절의 시장에는 소수의 경비원 외에는 아무도 없었다. 페테르부르크의 아프락신 드보르시장 뿐 아니라 목재적치장에도 동시에 불이 났고 그 이후에도 몇몇 지방도시에서 의문의 화재가 잇달았다. 누군가가 방화를 한 것이 틀림없었다. 누가 그런 짓을 한 것일까? 의문은 아직도 풀리지 않고 있다.

게르첸과 바쿠닌에게 증오심을 품고 있는—특히 바쿠닌과는 결투까지 한 적이 있는—구보수파의 카트코프는 이 화재가 발생한 다음날 폴란드와 러시아 혁명당원의 소행이라고 주장했다. 이 소문은 페테르부르크와 모스크바에 퍼져 있었다.

당시 폴란드는 이듬해 1월에 일어날 혁명을 준비하고 있었다. 비밀 혁명정부는 런던의 망명객들과 연계되어 있었을 뿐 아니라 페테르부르크 정부 내에도 첩자를 심어놓고 있었다.

대화재 후 얼마 지나지 않아 폴란드의 총독 뤼데르 백작이 러시아의 한 장교에게 암살당했고 그 후임으로 부임한 콘스탄틴 태공 역시 6월 26일 암살당했다. 그것은 폴란드 독립을 위한 테러였다. 8월 폴란드의 친러 동맹당의 수령인 위레폴스키 후작에게도 암살이 시도되었다. 이 사건들을 통해 나폴레옹 3세는 폴란드가 독립을 위하여 프랑스의 무력간섭을 원한다고 주장했다. 일반적으로 러시아 은행 및 관공서를 파괴해 행정을 교란시키는 것은 좋은 전략처럼 생각될지 모르지만, 실제로 독립이 된다는 보장은 조금도 없었다.

한편 러시아의 진보당은 알렉산드르의 개혁에 아무런 희망이 없다는 것을 알았다. 황제는 보수파에 둘러싸여 있었다. 선견지명이 있는 사람들은 취득세가 붙은 농도해방은 명백히 농노의 파멸을 의미하는 것임을 알고 있었다. 5월 페테르부르크에서 있었던 혁명선언은 민중과 군대의 총궐기, 그리고 긴급한 국민적 논의의 필요성을 호소했다. 이렇게 정부 주도의 개혁 프로그램은 미궁으로 빠져들었다.

해방의 모호한 성격 때문에 러시아 인구의 대부분을 차지하는 농민들 사이에 동요가 일어났다. 러시아의 역사에서 동요가 시작될 때에는 반드시 익명의 격문이 나붙었고, 그 후에는 방화가 빈번했다. 당국은 아프락신 드보르의 방화계획이 혁명가들 사이에서 논의되었을 것이라는 여론을 조성했다. 그러나 대화재에 대해 전 러시아와 폴란드에서 엄중한 조사가 이루어졌음에도 불구하고 어떠한 증거나 단서도 나오지 않았다. 사소한 단서라도 발견했다면 보수파들은 반드시 이용했을 것이다. 그 후에도 많은 혁명가들의 회고록과 서간집이 발간되었으나 어디에도 이 혐의에 대한 암시는 없었다.

오히려 반대의 경우는 있었다. 볼가 강 연안의 여러 도시에서도 화재가 발생했었다. 특히 사라토프에서 화재가 일어났을 때, 황제의 명령에 따라 사건 조사에 착수한 쥬다노프 의원은 방화가 보수파의 범행이라고 결론지었다. 보수파 사이에서는 이 사건을 계기로 알렉산드르 2세를 설득해서 1863년 2월 19일에 발표될 농노해방을 연기할 수 있으리라 생각했던 것이다. 그들은 황제가 마음이 약하다는 사실을 알고 있었고 페테르부르크의 대화재 직후 해방령을 수정하고 발표를 연기시키기 위해서 활발한 공작을 폈다. 법조계의 정통한 소식통에 의하면 쥬다노프 의원은 사라토프에서 보수파의 범행을 입증할 유력한 서류를 가지고 돌아오는 도중에 사망하였고, 분실된 서류는 끝내 발견되지 않았다는 것이다.

아무튼 아프락신 드보르의 대화재는 심히 우려스러운 결과를 가져왔다. 알렉산드르 2세는 이 사건으로 인해 보수파의 압력에 굴복했다. 더욱 심각한 것은 정부에 가장 큰 압력을 불어넣던 페테르부르크와 모스크바 상류사회의 여론이 갑자기 자유주의적 가면을 벗어 던지고 개혁파나 급진파에 대해서 뿐만 아니라 온건파에게까지 등을 돌리기 시작했다는 사실이다.

나는 사촌형의 방에서 근위기병 장교들이 체르니셰프스키를 지지하는 발언을 하는 것을 여러 번 들었다. 사촌형도 그때까지는 〈동시대인〉의 열성적인 독자였다. 그런데 이제는 〈동시대인〉을 책상 위에 꺼내 놓고 "이제 이런 선동적인 책자와는 결별이다. 다 끝났다." 하고 내게 말했다. 이 말은 페테르부르크의 여론을 극명하게 보여주는 것이었다. 개혁을 입에 담는 것은 상식을 벗어난 일처럼 되었고 사회 분위기는 반동적인 정신으로 가득 찼다. 〈동시대인〉과 유사한 잡지는 모두 탄압을 받았고, 일요학교도 무조건 금지되었다. 일제 검거령이 떨어졌고 수도는 계엄상태에 놓였다.

그로부터 2주일이 지난 6월 13일 마침내 우리 근위생들과 사관후보생들이 기다리던 순간이 왔다. 황제가 말을 타고 전 대대를 사열했다. 이리하여 우리는 장교로 임관되었다.

사열이 끝나자 알렉산드르 2세는 큰소리로 "신임 장교들 집합!" 하고 구령을 내렸다. 우리는 말을 탄 그의 주위에 모였다. 거기서 나는 그의 새로운 얼굴을 보았다. 이듬해 일어난 폴란드 반란을 잔인하게 진압할 그의 모습을 보았던 것이다.

그는 온화한 말투로 훈시를 시작했다.

"제군들을 축하한다. 제군들은 이제 장교가 되었다."

이런 경우 대개 충성의 의무를 강조하는 것으로 이어지게 마련이었다.

"그러나 만약 제군 중의 누군가가……" 그는 분노로 얼굴을 일그러뜨리며 또렷하게 외쳤다.

"만약 제군들 중 누군가가, 설마 그렇지는 않겠지만 황제와 조국에 대해 불충을 범한다면…… 나의 이 말에 특히 주의를 기울이라. 털끝만큼도 용서하지 않고 엄벌에 처하겠다!"

'채찍으로 가죽을 벗기겠다.'며 농노를 위협하던 지주의 얼굴에서 나타나는 노기가 그의 얼굴에 서려 있었다. 그는 세차게 박차를 가하며 자리를 떴다.

다음 날 아침인 6월 14일, 황제의 명령으로 3명의 장교가 폴란드의 모드린에서 총살되었다. 스주르라는 사병은 태형으로 죽었다. "반동이다. 모든 것이 퇴보하고 있다." 나는 학교에서 돌아오면서 중얼거렸다.

나는 페테르부르크를 떠나기 전, 한번 더 알렉산드르 2세를 만났다. 임관 후 며칠이 지나 신임 장교들은 근무지로 떠나기 전 황제를 알현하기 위해 궁에 들어갔다. 수수한 나의 군복, 특히 갈색 바지는 사람들의 주목을 끌었다. 여기저기서 도대체 무슨 제복이냐고 끊임없이 물어오는 장교들의 호기심을 채워주지 않으면 안 되었다. 당시 아무르의 카자크 기병연대는 새로 창설된 부대였기 때문에 나는 수백 명 장교들의 맨 끝에 서 있었다. 알렉산드르 2세는 나를 발견하고 물었다.

"드디어 시베리아로 가는군. 아버지도 승낙했나?"

나는 그렇다고 대답했다.

"그렇게 멀리 가는 것이 무섭지 않은가?"

"무섭지 않습니다. 저는 일하고 싶습니다. 시베리아에는 다가올 대개혁을 위해 할 일이 많을 것입니다."

나는 성실하게 대답했다. 그는 나를 잠시 응시하다가 "그럼 잘 가게. 인간은 어느 곳에서도 일을 할 수는 있지." 하고 말했다. 그는 모든 것을 포기한 듯 지친 얼굴이었다. 나는 생각했다.

'그는 이미 지쳐 있다. 모든 것을 포기하려 하고 있다.'

페테르부르크는 살벌했다. 군인들이 거리를 행진하고 카자크 순찰병은 궁성 주위를 순찰했고 요새에는 죄수들이 넘쳤다. 어디를 가나 반동의 승리였다. 나는 아무런 미련도 없이 페테르부르크를 떠났다. 나는 매일 카자크 행정청에 준비서류를 빨리 만들어 달라고 재촉해서 서류가 나오자마자 형 알렉산드르를 만나기 위해 모스크바로 급히 떠났다.

02
이르쿠츠크−쿠펠 장군−개혁−의지

5년 동안 시베리아는 나에게 인생과 인간의 본질에 관한 참된 가르침을 주었다. 그곳에서 나는 여러 종류의 사람들을 만났다. 가장 선한 사람과 악한 사람, 최상류 계층과 밑바닥 생활을 하는 최하류 계층, 부랑자들과 계도가 불가능한 상습범들 등 실로 다양한 인간 군상들이었다. 나는 농민들의 풍속과 관습을 충분히 관찰할 수 있었다. 정부가 좋은 의도에서 실시했다고 해도 농민에게 아무런 도움도 되지 않는 제도가 있다는 것도 알았다. 마차나 기선, 특히 말을 타고 5만 베르스타 넘는 긴 여행을 해보면 ─ 관습적인 문명에서 벗어나면 ─ 인간에게 필수적인 것이 얼마나 적은지를 알 수 있었다.

가죽부대에 넣은 약간의 빵과 홍차, 안장 위에 매단 주전자와 도끼, 그리고 안장 밑에 접어 넣은, 야영지 모닥불 옆에 깔 담요, 이것만 있으면 인간은 무성한 숲이나 눈이 가득 쌓인 산중에서도 신기할 정도로 잘 견뎌낼 수 있다. 이 때의 경험만으로도 족히 한 권의 책이 되겠지만 그 후 일어난 여러 사건에 대해 할 이야기가 많기 때문에 여기서는 지극히 간략하게만 적는다.

시베리아는 많은 러시아인이 생각하듯 추방된 자들만 모여 사는 동토의 땅이 아니다. 남부에는 캐나다의 남부만큼 천연자원이 풍부하며 경관도 빼어나다. 그곳에는 50만 명의 토착민들 외에도 4백만 명이 넘는 러시아인이 살고 있다.* 서시베리

---

* 지금은 약 천만 명이 살고 있다. ─ 저자, 1917년.

아의 남부는 모스크바 북쪽의 여느 주처럼 완전히 러시아적인 땅이다.

1862년 시베리아 행정당국은 러시아 본국의 어떠한 지방보다 진보적이었으며 모든 면에서 더 우수했다. 당시 동시베리아 총독 자리는, 아무르 지방을 시베리아에 합병한 저 유명한 무라비요프 백작이 수년 동안 차지하고 있었다. 그는 매우 지적이고 활동적이며 사교적이었다. 그는 조국을 위한 것이라면 무슨 일에도 몸을 던지는 사람이었다. 대다수 친정부적인 인사들이 그렇듯이 그도 전제주의에 젖어 있었으나 진보적 사상을 가지고 있어서 민주공화정으로는 만족하지 못했다. 그는 시베리아를 착취의 대상으로만 여겨온 옛 관리들을 쫓아내고 젊은 관리들을 등용시켰다. 이 관리들은 대체로 훌륭한 포부와 의욕을 갖고 일했다. 이들 젊은 문관들은 장관의 집무실에서 먼저 시베리아 합중국을 건설한 후 태평양 건너에 있는 아메리카 합중국과 동맹을 맺을 것을 논의하기도 했다. 관리들 중에는 추방된 바쿠닌도 끼어 있었다(그는 1861년 가을 시베리아에서 탈출했다).

내가 동시베리아의 수도인 이르쿠츠크에 도착했을 때 페테르부르크에서 일어나고 있던 반동의 여파는 아직 이 벽지까지 파급되지 않고 있었다. 나는 무라비요프의 후임으로 방금 부임한 젊은 총독 코르사코프의 환대를 받았다. 그는 자유사상을 가진 사람들이 부하로 있어 기쁘다고 말했다. 코르사코프는 내가 원해서 시베리아로 왔다는 것을 믿지 못했다. 그는 내가 무슨 잘못을 하였기 때문에 시베리아로 부임한 것이라고 생각했다. 내가 그렇지 않다고 해명을 하자, 그는 단지 '그건 내게 중요하지 않아.'라고 말할 뿐이었다.

코르사코프의 부사령관은 서른다섯살의 쿠켈 장군이었다. 그는 동시베리아 부대장을 겸임하고 있었다(그는 나를 자신의 부관으로 임명했다). 쿠켈 장군은 나를 자신의 집으로 안내했다. 방에는 러시아의 정론지들과 게르첸이 런던에서 출판한 혁명선집이 있었다. 우리는 금방 절친한 사이가 되었다.

그 무렵 쿠켈 장군은 임시로 자바이칼 주지사 직을 맡고 있었다. 몇 주일 후 우리는 아름다운 바이칼 호를 건너 동쪽의 주도(州都)인 소도시 치타로 갔다. 거기서 나는 한창 논의되던 대개혁에 혼신의 노력을 쏟아 부었다. 페테르부르크 정부는 지방정부의 행정, 경찰 조직, 재판소, 감옥, 추방제도, 지방자치 등에 대해 황제의 선언서에 따라 자유로운 원칙에 입각한 근본적인 개혁을 단행할 것을 요구하고 있었다.

쿠켈은 지적이고 현실적인 페다센코 대령 이하 성실한 문관들의 보좌를 받으며 밤늦게까지 일했다. 나는 두 위원회 — 감옥과 추방제도의 개혁위원회와 지방자치 계획 준비위원회 — 의 사무관이 되었다. 나는 열아홉 살 청년의 열정을 다해 일했다. 나는 우선 이 제도들의 역사적 발달과정과 외국의 현황에 대한 많은 책을 읽었다. 이런 문제를 취급한 훌륭한 책과 논문들이 이미 내무성과 법무성에서 출판되고 있었다, 우리는 책상머리에서만 고민하지 않았다. 나는 개혁의 실현 가능성과 그 한계에 정통한 사람들을 만나 세부적으로 조사하면서 대체적인 윤곽을 잡아나 갔다. 나는 도시나 지방을 가리지 않고 많은 사람들을 만났다. 우리의 조사 결과는 쿠켈과 페다센코의 검토를 거쳤고, 그 검토 결과를 토대로 내가 작성한 초안은 위원회에서 다시 정밀하게 검토되었다. 지방자치계획 준비위원회는 치타의 시민 중에 선출했는데 미국의 선거처럼 자유로웠다. 이 작업은 매우 중요한 것이었다. 몇십 년이 지난 지금 당시를 회고해 보아도 만약 우리가 입안한 대로 자치가 실시되었다면 시베리아의 도시는 오늘날과는 전혀 다른 모습이 되었을 것이라고 확신할 수 있다. 그러나 뒤에 다시 말하겠지만 우리의 고뇌어린 결정은 완전히 수포로 돌아가고 말았다.

그 밖에도 잡다한 일이 많았다. 자선사업을 위한 재원도 마련해야 했고 지방 농업박람회에 대한 보고서와 주의 경제현황 보고서도 써야 했다. 그 밖에도 다른 중요한 조사 업무들이 많았다.

"우리들은 중요한 시대에 살고 있네. 열심히 일하게, 나의 친구. 자네는 현재 뿐아니라 미래에 존재할 위원회의 사무관이라는 사실을 잊지 말아야 하네."

쿠켈은 가끔 내게 이렇게 말했다. 나는 더욱 더 정열적으로 일했다.

그 결과가 어떠했는지 한두 가지만 예를 들어 말하겠다. 자바이칼 주에는 말도 안 되는 일을 벌이는 '치안판사' M이 있었다. 그는 아주 파렴치한 사람이었다. 상습적으로 농민을 약탈하고, 법을 위반하면서 임의대로, 심지어 여자들에게도 태형을 가했다. 형사사건이 일어나면 몇 달이고 사건을 보류하면서 뇌물을 가지고 올 때까지 감방에 처넣어 뒀다. 쿠켈은 진작 이 자를 면직시키려고 했지만 총독이 동의하지 않았다. 왜냐하면 M은 페테르부르크의 강력한 비호를 받고 있었기 때문이다. 상당히 망설이던 나는 마침내 현장을 조사해서 그의 죄상을 밝히기로 했다. 하지만 이것도 쉬운 일은 아니었다. 농민들은 이 자를 몹시 두려워했다. '지주는 가깝고 신은 멀다.'라는 러시아 속담을 잘 알고 있는 농민들은 증인으로 나서려 하지 않았다. 이 자에게 태형을 당한 여인조차도 두려워서 진술서를 쓰지 않으려 했다. 그러나 2주일 동안 농민들과 함께 생활하면서 겨우 그들의 신뢰를 얻는 데 성공했고 비로소 이 치안판사의 죄상을 밝혀낼 수 있었다. 나는 결정적인 증거를 수집하는 데 성공했고, 치안판사는 파면되었다. 우리는 이 페스트 같은 자를 내쫓은 것을 축하했다. 그런데 몇 달이 지나 이 자가 캄차트카로 승진발령되었다는 어이없는 소식을 들었다. 그곳에서 그는 아무런 속박도 받지 않고 마음껏 농민들을 약탈하여 수년 뒤 상당한 부자가 되어 페테르부르크로 돌아갔다. 이 무렵 그가 가끔 보수언론에 기고한 글은 강한 '애국'정신으로 충만해 있었다.

앞서 말했듯이 당시는 아직 반동의 여파가 시베리아까지 미치지 않았고 추방된 정치범들은 무라비요프 시대처럼 아주 관대한 대우를 받았다. 1861년에 시인 미하일로프가 혁명선언을 발표해 징역형을 받아 시베리아로 추방되었을 때, 맨 먼저 도착한 시베리아 토볼스크* 시장은 그를 위해 연회를 베풀었고 연회에는 모든 관리들이 참석했다. 그리고 추방지인 자바이칼에서는 공공연히 그의 노역을 면제시켜주고 광산 마을의 감옥병원에서 요양할 수 있도록 배려했다. 쿠켈 총독은 황실

---

* 모스크바와 이르쿠츠크 중간에 위치한 도시. 모스크바에서 동쪽으로 약 1,800km정도 떨어져 있다. 이르쿠츠크는 모스크바에서 동쪽으로 약 4,000km정도 떨어져 있다.

에서 광산을 임대받아 운영하던 형의 집에서 휴양할 수 있도록 선처했다. 이런 일은 비공식적인 것이었지만 동부 시베리아에 잘 알려져 있었다(그러나 그의 건강은 너무 나빴고, 폐병이 악화되어 빈사상태로 몇 달간 지내다가 끝내 죽고 말았다). 그러던 어느 날 이 사실을 밀고 받은 국립경찰의 감찰관이 엄중한 조사를 하기 위해 치타로 출발했다는 사실을 이르쿠츠크에 있던 총독의 부관이 알려주었다. 나는 미하일로프에게 이를 알리고 그를 다시 감옥병원으로 돌려보내기 위하여 파견되었다. 감찰관은 이미 치타에 와 있었다. 이 신사는 쿠켈의 집에서 사람들이 매일 밤 도박으로 막대한 돈을 따는 것을 보고 이 영하 수십 도의 추위에 먼 광산까지 가느라 도박의 즐거움을 포기하는 것이 우습다고 생각했다. 그는 자신의 임무를 망각한 채 이 좋은 돈벌이에 만족해서 이르쿠츠크로 되돌아 가버렸다.

폭풍우는 점점 가까이 닥쳐오고 있었다. 폴란드에서 일어난 반란의 여파가 파죽지세로 밀려 들어왔던 것이다.

03
폴란드의 봉기-폴란드와 러시아의 죽음의 기록
-시베리아에서의 영향-개혁의 끝

1863년 1월 폴란드는 러시아의 지배에 반대하며 봉기했다. 도처에서 반란군이 조직되었고 18개월에 걸친 전란이 시작되었다. 런던의 망명객들은 폴란드 혁명위원회에 봉기를 연기해 줄 것을 요청했다. 그들은 반란이 일거에 분쇄되는 것은 물론이고 러시아의 개혁에도 악영향을 줄 것이라고 예상했다. 그러나 그것은 아무

소용이 없었다. 1861년 바르샤바에서 일어난 시위에 대한 탄압과 잔혹한 처형은 폴란드인들을 격분시켰다. 주사위는 이미 던져졌다.

그때만큼 폴란드가 러시아 사람들에게 많은 동정과 호응을 얻은 적은 없었다. 혁명가는 물론 러시아의 가장 온건한 사람들도 폴란드를 원한 깊은 종속국가로 만들기보다는 친한 이웃으로 만드는 편이 훨씬 이득이라는 생각을 가지고 있었다. 고유한 민족적 기질과 언어, 문학과 예술, 산업을 가지고 있는 폴란드를 소멸시키는 것은 불가능했다. 지금 러시아가 폴란드를 지배하기는 하지만 그것은 권력의 억압에 의한 것일 뿐이었다. 그리고 지금까지 그래왔듯이 그것은 러시아 국내의 억압을 조장하는 결과를 낳을 것이었다. 학창시절 나는 평화적인 슬라브주의자 이반 악사코프가 신문 〈그날〉에 게재한 「꿈」에 전적으로 찬성했다. 그는 「꿈」에서 러시아군의 폴란드 철수가 낳는 긍정적인 결과에 대해 논했다.

1863년의 혁명이 일어났을 때 몇몇 러시아 장교들은 폴란드인에 대한 공격을 거부하였고 또 다른 장교들은 혁명군에 가담하여 교수대에서 처형되거나 전장에서 싸늘한 시체가 되었다. 반란 자금이 러시아 전역에서 — 특히 시베리아에서 완전히 공개적으로 — 모아졌고 각 대학에서는 혁명군에 가담하려는 학생들이 줄을 이었다.

전국이 들썩이는 이 소용돌이의 한복판에서 다음과 같은 소문이 국내에 퍼졌다. 1월 10일 밤 반란군이 마을에 주둔하고 있던 러시아 군대를 습격하여 학살을 자행했다는 것이었다. 전날 밤만 해도 러시아 군대와 폴란드인의 관계는 매우 우호적이었다고 한다. 이 소문에는 과장이 있었지만 어느 정도 사실이었다. 이 소문이 러시아 국민들에게 준 충격은 참담한 것이었다. 기원으로 보면 동족이었으나 지금은 민족성이 달라진 두 민족 간의 해묵은 반감이 다시 고개를 쳐든 것이었다.

그러나 이 나쁜 감정도 시간이 지나면서 차츰 진정되기 시작했다. 폴란드 국민들이 압도적인 러시아군에 대항하여 용감하게 투쟁하는 과정에서 보여준 불굴의 인내력은 상당한 동정심을 불러 일으켰다. 폴란드 혁명위원회는 옛 국경선을 경계로 하는 폴란드 재건안을 요구했는데 그 요구에는 소러시아, 즉 우크라이나의 여러 주도 포함되어 있었다. 과거 3세기 동안 몇 번에 걸쳐 폴란드 정권에 의해 대학살을 경험한 소러시아의 그리스 정교도 주민들은 폴란드가 자신들을 지배하는 것을 증오했다. 게다가 나폴레옹 3세의 러시아에 대한 전쟁 개시 위협은 아무런 쓸모 없이 폴란드인에게 손해만 안겨 주었다. 러시아의 급진주의자들은 폴란드의 민족주의적 혁명 정부가 농노에게 토지를 분배하는 일에 협조하지 않는 것을 보고 분개했다. 러시아 정부는 이 틈을 노려 폴란드의 지주와 투쟁하는 농민의 보호자를 자처했다.

폴란드에서 혁명이 일어났을 때 러시아에서는 혁명이 민주주의와 공화주의를 실현하는 방향으로 가야 한다고 생각했다. 조국의 독립을 위하여 분투하는 혁명정부의 선결과제는 민주주의적 기초 위에서 농노를 해방하는 것이라고 생각했다.

1861년 페테르부르크에서 공포된 해방령은 좋은 기회였다. 농노의 주인에 대한 의무는 1863년 2월 19일자로 끝났다. 그러나 토지분배에 대한 농노와 지주와의 합의는 상당히 까다로운 절차를 거치지 않으면 안 되었다. 분배된 농지에 대해 해마다 갚아야 하는 돈 — 터무니없이 높은 — 은 면적 당 얼마로 정해져 있었다. 그러나 농민은 택지 비용도 갚아야 했다. 하지만 정부는 단지 택지의 최고가만 법령으로 정했다. 그 비용을 받든지 말든지는 지주의 손에 달려 있었다. 어떤 경우에는 정부가 토지 상환금을 고시가로 쳐서 지주에게 지불하고 농민에게 토지를 불하해 줄 때도 있었다. 그런 경우 농민은 49년 동안 원금과 연리 6%의 이자를 정부에 갚아야 했다. 그러나 이런 경우는 극히 소수였고 일반적으로 토지 상환금은 농민들에게 과도한 부담일 뿐 아니라 농민들을 피폐하게 만들었다. 심지어 상환기간도 정해져 있지 않아 지주들이 제멋대로 적용했고, 해방 후에도 20년이 지나도록 해결되지 않는 경우가 허다했다.

이런 조건 하에서 혁명정부는 러시아의 법률을 대대적으로 수정할 좋은 기회가 있었다. 즉 러시아와 비슷하거나 더 열악한 환경에 처해있는 폴란드의 농노들에게 더 좋고 확실한 해방의 조건을 제시하고 정의로운 법령을 만들었어야 했다. 그러나 그런 일은 일어나지 않았다. 순수 민족주의자들과 귀족주의자들이 운동을 주도

하면서 중대한 근본 문제들이 등한시되고 말았다. 이리하여 러시아 정부는 폴란드 농민을 쉽게 자신들 편으로 만들 수 있었다.

알렉산드르 2세는 니콜라이 밀루틴에게 러시아에서 실시한 방식으로 폴란드의 농노를 해방시키라고 명령했다.

"폴란드에 가서 지주에 대한 혁명적 강령을 실행하고 오라." 고 알렉산드르 2세는 밀루틴에게 말했다. 밀루틴은 체르카스키 공작 등 여러 사람들과 함께 황제의 명령대로 지주에게서 토지를 몰수하여 농민에게 보다 많은 토지를 분배하는 일에 최선을 다했다.

나는 밀루틴과 체르카스키 공작을 따라 폴란드에 갔던 한 관리를 만난 적이 있었다. "우리는 자유로 충만했습니다." 하고 관리는 내게 말했다. "농민들에게 손을 내미는 방법은 어떤 마을에 가서 농민들의 모임을 개최하는 것입니다. 그리고 이렇게 말합니다. '첫째로 당신들은 지금 어떤 토지를 갖고 있습니까?' 그러면 농민들은 이러이러한 토지를 가지고 있다고 말합니다. '전부터 가지고 있는 것은 이것 뿐입니까?' 하고 재차 물으면 '천만에요. 몇 해 전에는 이 목장도 저희들의 것이었습니다. 저 밭도 저희들 것이었고요.' 하고 이구동성으로 말합니다. 그러면 나는 또 이렇게 묻습니다. '누가 그것을 증명할 수 있습니까?' 그러면 선뜻 나서는 자가 없습니다. 너무 오래된 일이니까. 그러나 마침내 한 늙은이가 무리에서 나옵니다. 그들은 '이 영감님은 모든 것을 알고 있습니다.'라고 말합니다. 늙은이는 젊었을 때 알고 있던 일과 아버지에게 들은 것을 일일이 이야기합니다. 나는 그의 이야기를 도중에 가로막고 '그 토지는 그미나(gmina: 촌락공동체)의 것입니다. 토지가 당신들 것임을 선언하십시오.' 노인이 선언을 하자마자 나는 서류를 작성해서 '자, 이 토지는 당신들 것이오. 당신들은 이제 옛 주인에게는 아무런 의무도 없습니다. 다만 일년에 얼마씩 상환금을 정부에 내기만 하면 됩니다. 택지는 전답에 딸린 것이므로 상환금을 낼 필요가 없습니다.' 하고 그들에게 선언합니다."

이 정책이 낳은 결과는 누구나 상상할 수 있을 것이다. 앞에서 언급한 바 있는 사촌형 표트르 니콜라예비치 크로포트킨은 근위 창기병 연대를 이끌고 폴란드와 리투아니아에서 싸웠다. 혁명은 이미 통제할 수 있는 선을 넘어섰고, 페테르부르크의 근위연대도 파견되었다. 나중에 들은 바로는 리투아니아에 파견되는 미하일 무라비요프가 마리아 황후에게 작별 인사를 하자 황후는 "러시아를 위해서 적어도 리투아니아만은 구하도록 하라."고 말했다고 한다. 폴란드는 이미 가망이 없다고 생각했던 것이다.

"무장 혁명군이 장악한 지방이었지."라고 사촌형이 나에게 말했다. "우리가 입성했을 때 그들은 보이지도 않았어. 한 무리의 혁명군들이 간헐적으로 우리 분대를 공격했지. 그들은 전투를 해나가면서 사람들에게 알려졌고 지지하는 민중들이 늘어갔어. 그들은 소규모 전투에서 뛰어났기 때문에 우리는 길게 열을 지어 전진할 수밖에 없었지. 적군의 흔적을 발견할 수 없었던 우리는 숲을 통과해서 그 지방을 벗어났지. 나중에 우리가 그 지방으로 다시 돌아갔을 때 적군들이 우리 후방에서 애국세를 걷었다는 걸 알았어. 그리고 어떤 식으로든 우리에게 편의를 제공한 농민들은 나무에 목매달아 죽였어. 그렇게 몇 달이 지났지. 밀루틴과 체르카스키가 나타나기 전까지 나아지는 상황은 없었지. 그들이 농노를 해방하고 토지를 분배하자 상황은 역전되었어. 농민은 우리 편이 되었고 혁명군을 소탕하는 데 손발이 되어 주었거든. 반란은 간단하게 막을 내린 것이지."

나는 시베리아에서 추방당한 폴란드인들과 이 문제를 자주 토론했다. 어떤 사람은 당시의 잘못이 무엇이었는지를 잘 이해하고 있었다. 혁명은 성공한 뒤의 정치적 보상이 아니라, 그 시작부터가 짓밟히고 억압당하는 사람들을 향한 정의의 행동이어야 한다. 그렇지 않은 혁명은 반드시 실패한다. 불행하게도 지도자들은 그 중요한 문제를 망각하고 혁명을 군사적 전술로만 이해하는 경우가 많다. 혁명가가 진정으로 민중을 위한 새 시대가 왔음을 알리는 데 실패한다면 어떠한 시도도 실패로 돌아갈 것이라고 나는 확신한다.

이 폴란드혁명의 비참한 실패는 누구나 아는 대로다. 이것은 이미 역사의 영역에 편입되었다. 그러나 몇천 명이 전장에서 죽었고, 몇백 명이 교수형을 당했고, 몇만 명이 러시아나 시베리아 각지로 유배되었는가에 관해서는 아직 충분히 알려져 있지 않다. 수년 전 러시아에서 인쇄된 정부의 통계를 보면, 폴란드 본국은 제쳐놓고 리투아니아 주에서만 포악한 미하일 무라비요프가 — 러시아 정부는 비르노에 그의 기념상을 세웠다 — 128명의 폴란드인을 교수형에 처했고, 9,423명의 남녀를 러시아나 시베리아로 추방했다. 역시 러시아에서 발행된 공보(公報)에 따르면 18,672명의 남녀가 폴란드에서 시베리아로 유배를 당했고 그중 10,407명은 동시베리아로 쫓겨났다. 나는 또한 동시베리아의 총독이 약 11,000명의 죄수들과 추방자들이 이송되었다고 말한 것을 기억한다. 나는 또한 바로 그 땅에서 그들을 만났다. 그리고 내 눈으로 그 비참한 광경을 목격했다. 그러니까 적어도 6, 7만 명이 폴란드에서 러시아의 각 주와 우랄, 카프카즈와 시베리아로 추방된 셈이다.

러시아에서도 혁명의 결과는 똑같이 비참했다. 폴란드의 반란은 러시아의 개혁에 종지부를 찍었다. 지방자치법과 재판소 개혁에 관한 법안은 이미 1862년에 완성되어 있었으나 그 공포는 1864년과 1866년에야 이루어졌다. 게다가 알렉산드르 2세는 마지막 순간에 니콜라이 밀루틴이 마련한 자치법안을 채택하여 이 두 개혁안이 발표되자마자 어떤 항목에는 부칙을 첨가하고 어떤 항목은 없애 개혁안의 중요성을 감소시켰다.

최악의 상황은 여론 자체가 역전된 것이다. 농노제 유지파의 대표 카트코프는 영웅이 되어 러시아의 '애국자'로 칭송되었고, 페테르부르크나 모스크바 상류사회의 중심인물이 되었다. 그 후로 개혁을 입에 담는 자는 즉시 이 카트코프에 의하여 '러시아의 반역자'로 낙인이 찍혔다.

반동의 여파는 얼마 지나지 않아 이곳 벽지까지 파급되었다. 3월 어느 날, 이르쿠츠크로부터 특사가 편지 한 통을 가지고 왔다. 그것은 쿠켈 장군에게 보낸 것인데, 즉각 자바이칼 지사직을 사임하고 이르쿠츠크에서 다음 명령을 기다리되 총사령관으로 재복귀할 생각은 말라는 내용이었다.

무슨 이유일까? 이는 무슨 의미를 내포하는 것일까? 설명이 필요 없었다. 쿠켈과 개인적으로 친분이 있던 총독도 이 명령에 대해서는 한마디도 하지 않았다. 쿠켈이 헌병에게 호위되어 페테르부르크로 가서 석관(石棺)이라고 불리는 페트로파블로프스크 요새에 감금된다는 뜻일까? 이것은 있을 수 있는 일이다. 나중에 우리는 당국이 실제로 그렇게 할 예정이었다는 말을 들었다. '아무르의 정복자' 니콜라이 무라비요프가 쿠켈의 면죄를 친히 황제에게 간청하지 않았다면 진짜로 감금되었을 것이다.

쿠켈과 그의 친절한 가족들과의 이별은 나에게 마치 장례식 같았다. 나의 마음은 무겁고 어두웠다. 나는 한 친구를 잃은 것이 아니라 지금껏 품어오던 희망 — 당시의 유행어로 말하면 '환상으로 가득찬 길' — 을 매장하는 것 같았다.

그것은 시대의 종말이었다. 새 지사가 왔다. 그는 무사안일주의형 인간이었다. 나는 더 이상 여유를 부릴 시간이 없다고 생각하고 한층 더 박차를 가해 추방제도와 지방자치제의 개정안을 완성했다. 지사는 형식적으로 몇몇 이견을 내놓았으나 서류에 서명하고 주무부서로 회송했다. 그러나 페테르부르크에서 개혁안은 이제 필요가 없었다. 우리의 개혁안은 전국 각지에서 보낸 수백 개의 법안과 함께 어둠 속에 묻혔다. 몇 개의 '개선된 감옥'이 — 실제로는 예전보다 훨씬 나빠진 — 감옥을 시찰하는 외국의 명사들에게 보여 줄 목적으로 각 수도에 건축되었다. 그러나 감옥과 추방제도는 1886년 조지 케넌이 조사한 것만 보아도 1867년에 내가 거기서 떠나던 때와 다를 바가 없었다. 수십년이 지난 오늘*에 와서야 겨우 정부당국자는 새 재판소와 시베리아의 도시자치를 채택하고 추방제도 조사위원회를 재구성했다.

케넌이 시베리아 여행에서 런던으로 돌아온 다음 날 스테프냐크**, 차이코프스 키***, 나, 그리고 한 망명객은 그를 만나려고 수소문했다. 그날 밤 우리는 차링

---

* 저자는 1897년에 이것을 썼다.

** 세르게이 스테프냐크-크라프친스키 (1851~1895):귀족 출신의 러시아 혁명가.

*** 니콜라이 차이코프스키(1850~1926): 귀족 출신의 러시아 혁명가

스테프냐크-크라프친스키

크로스 거리 근처 작은 호텔에서 그를 만났다. 케넌과는 모두 초면이었다. 러시아어도 못 하면서 시베리아 감옥의 현황을 모조리 파악하겠다는 철부지 영국인을 신뢰하지 않았기 때문에 우리는 먼저 케넌에게 난처한 질문들을 건넸다. 뜻밖에도 그는 유창하게 러시아어를 구사할 뿐만 아니라 시베리아에 대해서도 많은 것을 알고 있었다. 그가 시베리아로 추방된 정치범들을 대개 알고 있었으므로 우리는 질문을 퍼부었다. "아무개 아무개는 어디 있소? 결혼은 했습니까?"

"결혼 생활은 어떻답니까?" "아직도 건강합니까?" 케넌은 우리에게 만족스런 대답을 해주었다.

이런 질문이 끝나고 돌아가려 할 때 나는, "케넌씨, 치타의 소방망루는 다 지어졌소? 모르십니까?" 하고 물어보았다. 스테프냐크는 내가 케넌을 너무 귀찮게 한다고 생각했는지 나에게 따가운 눈총을 주었다. 그러나 케넌은 웃기 시작했고 나도 웃었다. 우리는 더욱 큰 소리로 웃으면서 질문과 대답을 주고받았다.

"당신은 그것을 어떻게 알지요?"

"그런 당신은요?"

"세워졌습니까?"

"네. 두 배의 예산으로."

그러자 마침내 스테프냐크가 입을 열었다.

"도대체 뭐가 그렇게 우스운 거요?"

그의 표정은 극히 호의적이었다. 케넌은 그의 책을 읽은 독자라면 반드시 기억하고 있을 이 망루에 대해 이야기하기 시작했다. 1859년에 치타 시민들은 소방망루를 세우기 위하여 돈을 모았다. 그러나 그 예산을 일단 내무성에 제출하지 않으면 안 되었다. 그래서 그들은 페테르부르크로 갔다. 그러나 2년 후에나 정식 허가가 났고, 치타로 돌아와 보니 한창 개발 중인 이 도시에서는 목재 값과 공사비가 그 전보다 껑충 뛰어 있었다. 이것이 1862년 내가 치타에 있을 때의 상황이었다. 그래서 그들은 다시 새 예산을 짜서 그것을 페테르부르크로 보냈다. 이 과정은 25년 동안 되풀이되었다. 치타 시민들은 실제 공사비용의 거의 두 배의 예산

차이코프스키

을 써내야 했다. 이 엉터리 예산서는 페테르부르크에서 크게 말썽이 되다가 겨우 허가되었다. 이것이 치타에 소방망루가 선 유래였다.

알렉산드르 2세는 큰 과실을 범했다. 그는 국민들에게 지나친 희망을 불어넣고 그것을 현실화하는데 실패하여 자신을 파멸로 몰고 갔다. 그러나 지금 내가 한 이야기에서도 — 치타의 에피소드는 러시아 전역에서 흔히 벌어지는 이야기였다 — 그의 실패를 잘 알 수 있을 것이다. 그는 국민에게 많은 희망을 품게 하였을 뿐 아니라 주위의 여론에 따라 온 러시아 국민으로 하여금 실제로 개혁에 몰두하게 했다. 그는 국민들에게 즉시 할 수 있다는 것을 가르쳐 주고 그 실행이 얼마나 쉬운지를 깨닫게 해주었다. 또한 지금 당장 실현될 수 없는 이상은 포기하게 하고, 당대에 실현할 수 있는 이상만을 요구했다. 그런데 그들은 자신들이 만든 안이 실행단계에 이르자 서명을 거부했다. 어떤 반동주의자도 낡은 시대의 유물들 — 개선되지 않은 구식 재판소와 실행되지 못하는 지방자치, 추방제도 등 — 이 좋은 것이니 보존해야 한다고 말하지 않았었다. 그러나 새로운 것은 그것이 무엇이든 두려운 것이었고 모든 것을 옛날 그대로 내버려두고 있었다. 그 후 35년 동안 개혁을 입에 담는

시베리아 여행 때 그린 크로포트킨의 그림

자는 '요주의 인물'로 낙인이 찍혔고, 누가 봐도 나쁜 제도조차 '개혁'할 수 없었다.

04
아무르 지역으로의 이동-아무르 강 탐험-첫번째 부송 경험
-태풍-페테르부르크 출장

나는 더 이상 치타에서 어떠한 개혁도 추진할 수 없다고 판단하여 그 해, 즉 1863 년 여름 아무르 강 시찰 명령을 기쁘게 승낙했다. 아무르 강의 북쪽 강변과 남쪽 표트르 대제 만(블라디보스톡)에 이르는 광대한 지역은 무라비요프 백작이 페테르부르크의 뜻과 상관없이 ― 중앙정부의 원조도 없이 ― 러시아에 병합한 것이다. 그가 남부에 위치한 비옥한 땅을 포함해 2백여 년 동안 시베리아인들이 군침을 흘려오던 이 강 유역을 점령하려는 대담한 계획을 세웠을 때, 페테르부르크의 어느 누구도 그에게 반대하지 않는 자가 없었다(그때는 일본이 유럽에 개방된 지 얼마 안 되었을 때였다). 그가 이 태평양 연안에 러시아의 유력한 근거지를 구축하여 미국과 연합하려고 했을 때, 육군성은 그곳에 배치할 병력이 없다고 했고, 재무성은 예산이 없다고 했다. 외무성은 '외교적 분쟁'을 피하기 위해 강력히 반대했다. 무라비요프는 혼자서 모든 책임을 지고 행동해야 했고, 인구가 적은 동시베리아의 극히 빈약한 재정에 의지하지 않으면 안 되었다. 게다가 서유럽 외교관들의 반대를 무릅쓰고 이 점령을 '기정 사실'로 만들기 위해서는 모든 일을 급히 서둘러야 했다.

허울뿐인 점령만으로는 부족했다. 그는 아무르 강가와 남쪽 지류인 우수리 강가 2천 5백 베르스타에 걸쳐 이민부락을 만들고 시베리아와 태평양 연안 사이에 정식 교통로를 설치해야 한다는 결론을 얻었다. 이민부락을 만들려면 사람이 필요했다. 그러나 동시베리아의 적은 인구로는 도저히 감당할 수 없었다. 무라비요프는 사람들을 보충하기 위해 수단과 방법을 가리지 않았다. 먼저 그는 형기를 마치면 광산의 농노가 될 죄수들을 석방하여 두 부락을 만들었다. 그리고 무라비요프는 일반 죄수(대개는 절도와 살인범) 1천 명을 석방시켜 자유인으로써 아무르 강 하류에 정착시켰다. 그는 친히 이 죄수들의 송별식에 참석하여 강둑 위에서 연설했다.

"러시아의 아들들아. 거기서 자유민이 되어라. 토지를 일구어 러시아의 땅으로 만들어라. 새로운 인생을 시작하라."

러시아 여인들은 남편이 시베리아로 징역을 가면 자진해서 남편을 따라가는 것이 대부분이었다. 이들도 대개 가족들을 데리고 갔다. 처자식이 없는 자는 무라비요프에게 신고를 해야 했다.

"여자가 없어서야 쓰나. 짝을 지어 줘야지."

그는 여죄수도 약 백 명을 석방하여 각자 원하는 남자를 선택하게 했다. 그러나 시간이 별로 없었다. 강 상류가 점점 낮아졌기 때문에 빨리 배를 띄우지 않으면 안 되었다. 무라비요프는 강기슭에 그들을 짝지어 세워 놓고 축복의 말을 했다.

"너희들은 이제 부부가 되었다. 서로 따뜻하게 대해야 한다. 남편은 아내를 학대해서는 안 된다. 그럼 잘 가거라."

그 후 6년쯤 지나 나는 이 식민지를 둘러보았다. 마을은 가난했다. 그들이 정착한 땅은 사람의 발길이 닿은 적이 없는 숲이었고, 이들은 이 처녀림을 개척하는 일부터 시작해야 했다. 그러나 전체적으로 보면 이 이민정책이 실패한 것은 아니었다. 또 '무라비요프 식 결혼'도 보통 결혼에 비해 더 불행한 것은 아니었다. 그리고 훌륭한 인격과 지혜를 가지고 있는 아무르의 주교 이노켄투스는 이들 사이에서 생긴 자식들을 합법적으로 인정해 주었고 그들을 모두 교회 명부에 올려주었다.

동시베리아로 보내진 이민자들은 그리 성공하지 못했다. 그는 그곳에 보낼 사람이 없자 육군 교도소에서 수천 명의 병사들을 데려와 이주시켰다. 병사들은 카자크 가정에 '양자'로 편입되었다. 그러나 니콜라이 1세 시대의 엄한 군기 아래서 10

크로포트킨이 그린 시베리아의 일상

년에서 20년을 보낸 이들은 농경생활에 적응하지 못했다. 그들은 양부모의 집을 빠져나와 도시의 부랑자가 되거나 품을 팔아 겨우 입에 풀칠을 했다. 혹 돈이 조금이라도 모일라치면 모조리 술을 사 마시며 새처럼 홀가분한 생활을 했다.

카자크인들이 사는 자바이칼로 이주된 잡다한 사람들, 죄수와 급조된 '양자들'은 성공적으로 정착하지 못했다. 특히 하류지방과 우수리 강변은 더욱 심했다. 그들은 처녀림을 1평씩 개척해 나가야 했다. 7월의 계절풍이 몰아오는 폭우나 대홍수, 수많은 철새들이 끊임없이 농작물에 피해를 입혀 주민들을 절망에 빠뜨렸다.

마침내 아무르 강 하류에 배치된 군인들과 이민자들을 위해 매년 다량의 소금, 밀가루, 햄 등을 배로 수송하지 않으면 안 되었다. 그러기 위해 치타에서는 150척 정도의 화물선을 건조해야 했다. 배는 물이 차는 봄에 인고다 강, 실카 강, 아무르 강에 띄워졌다. 화물선단은 2, 30척씩 조를 나누어 카자크 장교와 문관의 지휘를 받았다. 그들 대부분은 항해술은 잘 몰랐지만 적어도 운반하는 식료품에 대해 허위 분실신고를 할 만큼 비양심적이지는 않았다. 나는 이 화물선단의 사령관인 말로프스키 소령의 부관으로 임명되었다.

항해자로서의 내 첫 경험은 실패로 끝났다. 나는 몇 척의 배를 인솔해 가능한 빨리 아무르 강 상류로 가서 그곳에서 배를 인도하는 임무를 맡고 있었다. 나는 임무를 수행하기 위해 위에서 말한 '양자'들을 선원으로 고용해야만 했다. 그들은 아무도 큰 강을 항해해 본 경험이 없었다. 나 역시 마찬가지였다. 출발 당일 아침 나는 부근의 술집을 돌아다니면서 선원들을 모아야만 했다. 이른 아침인데도 대부분이 만취해 있었고, 강물에라도 한 번 빠뜨려야 정신이 들 것 같았다. 배에 오르고 나서도 일일이 할 일을 가르쳐 주어야 했다. 낮에는 별 사고 없이 급류를 타고 강 하류로 순조롭게 항해했다. 선원들은 아직 배를 강변에 대는 일을—그것은 정말 엄청난 노력을 요구했다—전혀 걱정하지 않아도 좋았다. 어둑어둑 해가 질 즈음 우리는 50톤이라는 엄청난 양의 짐을 실은 배를 강가에 대려고 했다. 그런데 내가 인솔하는 배 중의 하나가 멀리 떨어져 가서 까마득한 절벽 밑에서 암초와 부딪쳐 멈춰

크로포트킨이 그린 아무르 강

서고 말았다. 배는 그 자리에서 꼼짝도 하지 않았다. 게다가 비가 와서 불어났던 수위가 빠르게 줄어들었다. 그 배에 타고 있던 열 명 정도의 인원이 아무리 노력을 해도 배는 꼼짝도 하지 않았다. 나는 가까운 카자크 마을로 작은 배를 타고 가서 카자크 부대에 도움을 청했다. 그리고 동시에 20베르스타쯤 떨어진 곳에 주둔하고 있던 카자크 장교인 친구에게 사람을 보냈다. 이 친구는 이런 일에 경험이 많았다.

아침이 되었다. 남녀 1백명쯤 되는 카자크인들이 도와주러 왔다. 절벽 밑은 물이 제법 깊어서 짐을 부리려 해도 배와 강가를 연결할 방법이 없었다. 암초로부터 배를 밀어내려고 하다가 배 밑바닥이 깨져 물이 사정없이 새어 들어왔고 밀가루나 소금이 흘러 내려갔다. 작은 물고기들이 구멍으로 들어와 배 안을 자유롭게 헤엄치고 돌아다녔다. 나는 어찌할 바를 몰라 넋 빠진 사람처럼 멍하니 서 있었다. 이런 위급상황을 극복할 극히 간단하고 효과적인 응급조치가 있었다. 밀가루 부대를 구멍에 틀어넣으면 된다. 그러면 구멍이 꼭 메워지고 바깥쪽 밀가루가 풀이 되면서 물을 막게 되는 것이다. 그러나 당시에는 아무도 이 방법을 몰랐다.

몇 분이 지나자 한 척의 배가 내려왔다. 우리는 절망에 빠진 엘자가 로엔그린을 태운 백조를 맞이할 때*보다 더욱 감동적으로 이 허름한 배를 맞이했다. 아름다운 실카 강을 뒤덮은 아침 안개는 이 시적 풍경에 한층 운치를 더해주었다. 친구인 카자크 장교는 내 편지를 보고는 인력으로는 암초에서 배를 끌어낼 수 없으리라 판단하고 화물만이라도 옮겨 싣기 위해 근처에 있던 빈 배를 끌고 왔다.

구멍을 막고 물도 퍼냈다. 우리는 배를 옆 화물선에 매어두고 짐을 옮겨 실었다. 다음날 아침 여행은 계속되었다. 이 작은 경험이 내게는 아주 값진 것이었다. 그 후로는 이런 실패 없이 아무르 강변의 목적지에 도달했다. 밤마다 경사가 급하고 비교적 낮은 강변을 찾아 배를 매어두고 아름다운 산맥 사이로 빠르게 흐르는 물결을 바라보며 불을 지폈다. 낮에는 이처럼 유쾌한 여행은 없을 것처럼 생각될 정도였다. 증기선 같은 소음도 없고 유유히 물결만 타고 내려가면 되었다. 자연을 사랑하는 자에게 실카 강의 하류, 아무르 강의 상류는 세계에서 가장 아름다운 경치 중의 하나였으나 길이 좁아서 말을 타고 달리기는 너무 힘들었다. 그 해 가을 내가 희생을 치르고 얻은 것은 이것이었다. 동시베리아의 실카 강을 따라 (약 180베르스타에 걸쳐) 있는 7개의 정박항은 '7개의 대죄(大罪)'로 알려져 있었다. 동시베리아 횡단 철도의 부설비용은 상상도 못할 만큼 막대할 것이다. 프레이저 강 협곡을 따라 로키 산맥을 횡단하는 캐나다─태평양 철도를 건설할 때 드는 비용보다 훨씬 많을 것이다.

나는 화물선을 인도한 뒤 우편선을 타고 1,500 베르스타 가량 아래로 내려갔다. 배의 후미는 지붕으로 덮여 있고, 뱃머리에는 음식을 요리할 수 있는 화로가 있었다. 승무원은 세 명이었다. 서둘러야 할 여행이었기에 낮이면 계속 교대해 가며 노를 저었고, 밤이면 물결이 흐르는 대로 맡겨두었다. 나는 배가 뱃길을 벗어나지 않게 하기 위해 매일 밤 서너 시간씩 보초를 섰다. 머리 위로는 밝은 달이 빛나고 강 표면에는 검은 산 그림자가 드리워져 있는 풍경은 형언할 수 없는 분위기를 자아냈다. 노를 젓는 사람들은 앞서 얘기한 '양자'들로 구제할 수 없는 도둑이나 강도라고

---

* 바그너의 1848년 작 오페라 '로엔그린'의 한 장면.

평판이 나 있는 부랑자들이었다. 나는 지폐와 동전이 가득 든 돈자루를 가지고 있었다. 서유럽에서 이런 모습으로 강 위를 여행한다면 매우 위험한 일이겠지만 동시베리아에서는 그렇지 않았다. 나는 낡은 총 한 자루 없이 이 여행에서 오히려 그들 부랑자들과 다시없는 동반자가 되었다. 블라고베시첸스크 부근에 이르렀을 때에는 그들도 잠시 이성을 잃었다. 그들은 한숨을 거칠게 쉬면서 말했다.

"저곳에는 고량주가 아주 싸지. 환장하겠네! 싸기도 하고 한잔 마시면 순식간에 사람을 뻗게 만들지!" 나는 증기선으로 갈아타고 떠나는 한 친구에게 돈을 맡아달라고 부탁했다. "도움을 주지 않는군." 그들은 중얼거렸다. "한잔 쭉 들이키면…… 싸기도 하고…… 한 잔이면 쭉 뻗을 텐데!" 하고 그들은 끊임없이 말했다. 그들은 안절부절 못했다. 그로부터 몇 달 뒤, 다시 그 도시를 지나갈 때 한 '양자'가 인사불성이 된 것을 보았다. 그는 중국술을 마시기 위해 마지막으로 남은 구두까지 팔아버렸고 날치기까지 하다가 감옥에 갇혔다. 나의 친구가 그를 석방해 주어 그는 배로 돌아올 수 있었다.

아무르 강, 미시시피 강, 혹은 양쯔 강을 본 사람만이 아무르 강이 송화강과 만나 얼마나 거대한 강이 되는지, 폭풍이라도 불어올라치면 얼마나 무시무시한 물결을 일으키는지 상상할 수 있을 것이다. 7월이 되어 계절풍을 동반하는 장마철이 되면 송화 강과 우수리 강, 아무르 강은 상상도 못할 만큼 물이 불어서, 버드나무 숲이 잠겨서 수천 개의 조그만 섬이 되곤 한다. 강폭은 지역에 따라 3베르스타, 5베르스타, 혹은 7르스타까지 될 때도 있다.

강물은 본류나 지류를 따라 호수로 흘러든다. 강한 바람이 동쪽에서 역류해 불어오면 세인트로렌스 하구에서 보는 것보다 높은 파도가 본류와 지류에 밀어닥친다. 특히 지나 해에서 일어난 태풍이 아무르 강 지방으로 불어올 때는 더욱 세차다. 나는 이 태풍과 마주친 적이 있다. 그때 나는 블라고베시첸스크에서 말로프스키 소령과 함께 갑판이 넓은 배를 타고 있었다. 소령은 배에 돛을 올려 바람을 잘 받을 수 있도록 했다. 폭풍이 불기 시작하자 우리는 안전한 강변으로 피했다. 이틀 동안

정박했지만 폭풍은 더욱 거세졌다. 나는 가까운 숲 속 몇백 야드쯤 들어갔다가 거대한 나무들이 눈앞에서 바람에 쓰러질 것 같아 도망쳐 나왔다. 그날 아침 출항했다면 강변까지 안전하게 피신할 수 없어 조난당하고 말았을 것이다.

폭풍우가 수그러들자 우리는 바로 출발했다. 앞서간 화물선단을 따라잡을 생각이었다. 그러나 이틀을 항해해도 화물선단의 그림자조차 찾아볼 수가 없었다. 말로프스키는 잠도 자지 못하고 식욕도 없어 중병을 앓는 사람 같았다. 하루는 갑판 위에 주저앉아 "이젠 다 틀렸어." 하고 중얼거렸다. 근처에는 마을도 거의 없어 누구에게 물어보려고 해도 물어볼 사람이 없었다. 새로운 폭풍이 불어왔다. 며칠이 지나 우리는 어느 마을에 도착했는데 지나가는 화물선단을 본 적이 없고 배의 파편이 떠내려 오는 것은 보았다고 했다. 2천 톤의 화물을 실은 40척의 배가 틀림없이 파선되어 버린 것이었다. 이 때문에 만약 식료품 공급이 중단되면 내년 봄에는 아무르의 하류에서 큰 기근이 일어날 판이었다. 게다가 조금만 있으면 겨울이 다가와 항해를 할 수도 없었다. 강변에는 아직 전신도 설치되어 있지 않았다.

우리는 회의를 열고 말로프스키 소령을 급히 아무르 강까지 내려 보내기로 결정했다. 항해가 불가능하기 전에 일본에서 다소의 곡식을 사들일 수 있으리라고 생각했다. 그리고 그동안 나는 손해액을 산정하고 배나 말이나 기선을 닥치는 대로 이용하여 아무르 강과 실카 강의 3천 베르스타를 전속력으로 거슬러 올라가기로 했다. 치타 당국에 보고해서 될 수 있는 대로 빨리 얼마간의 식량이든 모아서 보내 달라고 요청할 생각이었다. 빠르면 아마 가을 안으로 식량 일부가 아무르 강 상류에 도착할 것이고, 그러면 이른 봄에 하류지방으로 운반할 수 있을 것이다. 기근이 들었을 때에는 식량의 도착이 몇 주일, 아니 며칠만 빨라도 그 차이가 컸다.

나는 작은 배로 3천 베르스타의 여행을 시작했다. 대략 30베르스타 정도씩 떨어져 있는 마을마다 사공을 바꾸어가며 거슬러 올라가야 했기 때문에 속도는 매우 늦었다. 강을 거슬러 올라가는 기선이 없어서 이렇게 가야만 했다. 우수리 강 하구(하바로프스크)까지만 가면 기선을 탈 수 있었다. 그렇게 화물선단이 난파된 곳까지 가서 건질 수 있는 식량이 얼마나 되는지 확인할 요량이었다. 그러나 마을에서 구한 배는 아주 작고 보잘 것 없었고, 날씨는 거칠었다. 우리는 물가를 따라 올라갔지만 가끔 강폭이 넓은 아무르 강의 지류를 가로질러야 했다. 이때마다 맹렬한 바람에 일렁이는 파도가 우리가 탄 작은 배를 삼킬 듯 했다. 어느 날 우리는 강폭이 1베르스타나 되는 지류를 가로질러야 했다. 거친 파도가 산처럼 밀어닥쳤고 배를 젓던 두 사람은 공포에 질려 얼굴이 창백해지고 입술은 새파래져 떨면서 기도를 했다. 그러나 노를 잡고 있던 또 한 명은 침착하게 밀어닥치는 파도를 응시했다. 그 소년은 겨우 15살이었다. 파도가 잠시 잠잠해졌나 했더니 갑자기 앞쪽에서 거친 파도가 치솟아 배를 뒤흔들었다. 우리는 배의 방향을 조금 바꾸면서 안전하게 파도를 헤쳐 나갔다. 파도가 밀려올 때마다 배에는 물이 찼다. 낡은 바가지로 끊임없이 물을 퍼냈지만 물이 고이는 속도를 따라갈 수 없었다. 거대한 파도를 연거푸 두 차례나 뒤집어 쓴 나는 어깨에 메고 있던 무거운 동전 자루를 놓치기도 했다. 며칠씩이나 힘겹게 강을 가로질러 가면서도 나는 사공들에게 일을 강요하지 않았다. 그들은 내가 왜 이 위험한 여행을 하는지 잘 알고 있었고, 그들 스스로도 어떻게 해서든 해내야만 한다고 생각하고 있었다.

"사람이 나서 한 번 죽지 두 번 죽나."

그들은 이렇게 말하며 가슴에 성호를 긋곤 했다.

이윽고 나는 대부분의 화물선대가 난파된 장소에 도착했다. 44척의 화물선이 폭풍우로 침몰되어 있었다. 화물을 건진다는 것은 도저히 불가능해 보였다. 극소량만을 건질 수 있을 뿐이었다. 2천 톤의 밀가루가 날아가 버렸다. 나는 피해상황을 파악하고 곧장 여행을 계속했다.

며칠이 지나자 느릿느릿 거슬러온 기선에 옮겨 탈 수 있었다. 기선에서 나는 새로운 상황과 맞닥뜨렸다. 승객들 이야기로는 선장이 정신이상을 일으켜 물속으로 뛰어들었다고 했다. 선장은 겨우 구출되어 선실에서 자고 있었다. 승객들은 나에게 선장을 대신해서 항해를 지휘해달라고 부탁했다. 나는 어쩔 수 없이 책임을 떠

맡게 되었다. 그런데 하루 종일 난간에 서 있어도 모든 일이 탈 없이 진행되어 거의 할 일이 없었다. 선장이 할 일이라곤 연료용 목재를 구입하기 위해 육지에 배를 댈 때나 강변 기슭의 윤곽이 희미하게 드러나는 새벽녘 출항할 때 화부에게 서너 마디 격려의 말을 건네는 것뿐이었다. 선장이 하는 일은 지도를 볼 줄만 알면 누구나 충분히 할 수 있는 일이었다.

나는 기선에서 내려 말로 갈아타고 마침내 자바이칼 지방에 도착했다. 내년 봄 아무르 지방에 발생할 기근이 아무래도 마음에 걸렸다. 내가 타고 온 작은 증기선으로 물살이 빠른 실카 강을 거슬러 올라가는 것은 무리였다. 나는 20시간 내에 도착해야 한다고 생각하여 기선편을 포기하고 카자크 병사 한 명과 함께 아무르 강을 따라 수백 베르스타를 말을 타고 올라갔다. 이 산길은 시베리아에서도 가장 험준했다. 쉬지 않고 숲길을 달리다 한밤중이 되어서야 야영지에서 불을 지폈다. 이렇게 어렵게 얻은 10시간 내지 12시간은 결코 얕잡아 볼 수는 없는 것이었다. 항해를 할 수 없는 날이 하루하루 다가오고 있었기 때문이다. 벌써 밤에는 강이 얼기 시작했다. 마침내 나는 실카 강변 카라의 죄수 이민지에서 자바이칼 주지사와 내 친구 페다센코 대령을 만났다. 대령은 식량을 구하는 대로 즉시 보내주겠다고 약속했고, 나는 이를 보고하기 위해 곧바로 이르쿠츠크로 출발했다.

이르쿠츠크에서는 내가 그 긴 여행을 이렇게 빨리 마친 것에 매우 놀랐다. 나는 너무 지쳐 있었다. 하루종일 거의 잠만 잤고 일주일이 지나서야 겨우 활기를 되찾았다. 총독이 나를 찾아왔다.

"충분히 쉬었습니까?"

"화물선단의 난파 사실을 페테르부르크에 보고해 줄 수 없겠소?"

그 얘기는 또다시 이르쿠츠크와 니즈니 노브고로드 사이의 4,800베르스타를 20일 이내에 — 하루라도 늦는 것은 허락되지 않았다 — 주파해 달라는 것이었다. 니지니 노브고로드까지만 가면 페테르부르크 행 기차를 탈 수 있었다. 하지만 그 곳까지는 밤낮으로 우편 마차를 타고 가야만 한다. 더구나 얼어붙은 길을 계속해서 전속력으로 달리기 위해서는 역마다 마차를 갈아타야만 했다. 나는 형 알렉산드르를 만날 수 있다는 생각에 총독의 부탁을 받아들였다. 다음 날 저녁 나는 다시 출발했다. 서시베리아의 저지대나 우랄 지방에 도착했을 때는 여행 자체가 고역이었다. 길이 얼어붙어 마차 바퀴가 몇 번씩 깨져 나갔다. 하천도 얼어붙었고 오브 강을 건널 때는 떠다니는 얼음덩어리를 헤쳐야 했다. 몰려오는 얼음덩어리는 금방이라도 배를 부술 것만 같았다. 톰 강에 이르렀을 때에는 떠다니던 얼음덩어리조차 전날 밤에 얼어붙었다. 내가 걸어서 강을 건너려고 하자 농민들이 도하를 막았다. 내가 받아들이지 않자 농민들은 '증명서'를 써달라고 했다.

"무슨 증명서가 필요한 거요?"

"예, 종이에 이렇게 써 주시면 됩니다. ─ 내가 신의 뜻에 따라 익사하는 것은 농민의 과실이 아님을 증명한다."

"좋습니다, 써주지요."

그들은 증명서를 받은 후에야 나를 보내주었다. 용감하고 영리한 소년이 나무막대기로 얼음의 단단함을 살피면서 앞장을 섰다. 나는 공문서가 든 상자를 어깨에 메고 소년의 뒤를 따랐다. 만일의 사태를 위해 소년과 나는 길게 연결한 그물을 붙잡고 앞장서고, 일정한 거리를 두고 뒤를 따르는 5명의 농민이 그물을 잡았다. 농민 한 사람은 짚뭉치를 갖고 있다가 얼음이 그리 단단해 보이지 않는 곳에 던졌다.

나는 모스크바에 무사히 도착했다. 형은 정거장으로 마중을 나왔고 함께 페테르부르크로 갔다.

젊음의 힘은 실로 대단했다. 24시간 동안 잠도 자지 않고 고된 여행을 해서 페테르부르크에 도착한 나는 바로 급송 공문서를 건네주고, 사촌누이를 찾아갔다. 사촌누이는 환하게 웃으며 나를 맞이했다.

"오늘 밤에 무도회가 있어. 함께 안 갈래?" 하고 그녀가 말했다. 나는 사촌누이와 함께 무도회에 가서 다음 날 새벽까지 춤을 추었다.

나는 페테르부르크의 당국자와 만나고 나서야 내가 왜 시급한 보고를 위해 파견됐는지를 알 수 있었다. 그들은 대규모 화물선단이 난파될 수 있다는 사실을 믿으려 하지 않았다.

"당신은 그 현장에 있었습니까?"

"그들이 식량을 훔치고 당신에게 몇 척의 화물선 잔해를 보여준 것이 아니라고 단정할 수 있습니까?"

나는 이러한 질문에 끊임없이 대답해야 했다.

페테르부르크에서 시베리아 문제를 담당하는 최고책임자들은 시베리아에 대해 심각할 정도로 무지했다. "하지만 말이요……" 하며 그중의 한 사람이 말했다. 그는 불어로 말했다. "44척의 화물선이 네바 강에서 난파되었는데 누구 한 사람 구출하러 가지 않았다는 것이 말이 됩니까?" "아무르 강의 하류는 네바 강을 서너 개 합친 것보다 큽니다!" 나는 큰 소리로 외쳤다. "정말 그렇게 큰가요?"

그는 잠시 사건을 이해했나 싶더니 언제 그랬냐는 듯 유창한 불어로 잡담을 하기 시작했다.

"최근에 화가 슈바르츠를 만나본 적이 있나요? 그의 〈폭군 존〉은 걸작이 아닙니까? 쿠켈이 왜 구속됐는지 알고 있습니까?"

그리고 그는 쿠켈에게 왔다는, 폴란드 반란에 지지를 호소하는 편지에 대해 상세히 이야기했다.

"체르니셰프스키가 체포된 것을 알고 있습니까? 그는 지금 요새에 갇혀 있습니다."

"이유가 뭡니까? 그가 무슨 잘못을 했길래……." 하고 나는 물었다.

"특별한 이유는 없지요. 정치적 고려라는 것이 있소. 그는 영리해요, 섬뜩하리만큼. 게다가 청년층에 큰 영향을 미치고 있소. 정부가 그것을 그냥 두고만 보고 있을 수는 없다는 것은 당신도 잘 알거요."

이그나티에프 백작은 그런 질문은 하지 않았다. 그는 아무르 지방은 물론 페테르부르크의 사정도 잘 알고 있었다. 그는 모든 상황을 파악하고는 나에게 말했다.

"자네가 현장에 가서 난파의 흔적을 확인한 것은 잘한 일이야. 그들이 자네를 보낸 것도 현명했네. 잘 했어! 누구도 화물선단의 난파를 쉽게 믿으려 하지 않을 걸세. '또 다른 사기'가 아닌가 생각들을 할 걸세. 그러나 사람들은 근위로서 유명했고 시베리아에 간 지도 얼마 안 되는 자네가 사기꾼들을 감쌀 리 없다고 말하고 있네. 모두가 자네를 믿네."

육군대신 드미트리 밀루틴은 페테르부르크 행정당국의 관리들 중에서 이 문제를 제대로 처리해 준 유일한 사람이었다. 그 역시 여러 질문을 했지만, 모두 요점이 있었고 곧바로 사실을 납득했다. 비록 짧은 대화였지만 쓸데없는 대화는 전혀 없었다.

"그러니까 자네 말은 강가 주민들이 화물을 옮겨주었단 말인가? 나머지 화물은 치타에서 운반했고? 좋네. 그런데 내년에 폭풍이 불면 또 난파되지 않겠나?"

"아니죠, 화물선을 호송하는 조그만 예인선 두 척만 있으면 됩니다."

"그걸로 될까?"

"그렇습니다. 만일 한 척만 있었어도 손실을 절반으로 줄일 수 있었을 겁니다."

"좋아, 자네가 말한 것을 나에게 모두 써 주게. 정확하게. 형식에 얽매이지 말고."

05
이르쿠츠크로의 귀환~만주 여행~흥안령~우윤 홀돈지의 화산

나는 페테르부르크에 오래 머무르지 않고 겨울이 다 가기 전에 이르쿠츠크로 돌아왔다. 형은 두세 달 후에 이르쿠츠크로 와서 나와 합류했다. 형은 이르쿠츠크 카자크 연대의 사관으로 부임했다.

한겨울의 시베리아 횡단은 두려운 일이었지만 다른 계절보다는 나은 점도 있었다. 눈 덮인 길은 아름다웠고, 추위는 가혹했지만 견딜 수 있었다. 시베리아에서는 겨울에 이동할 때 안팎이 모피로 된 모포를 두르고 썰매 안에 길게 눕는다. 그러면 섭씨 영하 40도에서 60도를 오르내리는 엄동설한에서도 견딜 수 있었다. 나는 역에 도착할 때마다 재빠르게 말을 갈아탔고 하루 한 번 식사를 하기 위해 한 시간 정도 머물렀다. 페테르부르크를 떠난 지 19일 만에 이르쿠츠크에 도착했다. 하루 평균 300베르스타 정도의 속도로 달려온 것이었다. 크라스노야르스크에서 이르쿠츠크까지의 마지막 1,000베르스타는 단 70시간 만에 주파했다. 추위도 그리 심하지 않고 도로 상태는 좋았으며 나에게서 충분한 은화를 받은 마부들은 힘이 넘쳤다. 삼두마차의 작고 경쾌한 말은 즐거운 듯 언덕과 계곡을 달렸고 얼어붙은 강은 햇빛을 받아 은백색으로 빛났다.

나는 이르쿠츠크에 도착한 후, 카자크 문제를 담당하는 동시베리아 총감부의 무관으로 임명되었다. 그러나 특별히 할 일은 없었다. 모두 관례대로 처리하고 더이상 개혁을 언급하지 말 것, 이것이 지금 페테르부르크의 슬로건이었다. 그래서 나는 만주지방 지리학 탐사를 해보지 않겠냐는 제안을 쾌히 승낙했다.

아시아의 지도를 살펴보면, 러시아의 국경은 대체로 북위 50도를 따라 뻗다가 자바이칼에서 갑자기 북쪽으로 굽는다. 국경선은 4백 베르스타 정도 아르군 강을 따라 이어지고 아무르 강에서 다시 동남쪽으로 굽어서 다시 북위 50도 근처에 위치한 아무르 지방의 수도 블라고베시첸스크에 이른다.

자바이칼은 소와 말이 매우 풍부한 지방이다. 자바이칼 주의 동남쪽 끝에서 블라고베시첸스크 까지 동서간 거리는 7백 베르스타에 불과하지만 아르군 강과 아무르 강을 따라 내려가는 길은 1천5백 베르스타가 넘고 항해를 할 수 없는 하류에는 험준한 산맥들이 늘어서 있다.

이 지방은 목축이 발달해 있고, 동남부 일대에서 가축을 기르는 카자크인들은 중부 아무르 지방과 직접 교류를 원하고 있었다. 카자크인들은 교역을 해온 몽골인들에게 흥안령(興安嶺)을 넘어 동쪽으로 가면 별 어려움 없이 아무르 지방에 도착할 수 있다는 말을 들었다. 동쪽으로 곧장 가면 흥안령을 넘을 수 있는 옛 중국 길이 나오고 그 길은 다시 숭가리 강의 한 지류인 논니 강변 메르겐의 만주 도시로 통한다고 했다. 중부 아무르 지방으로 가는 좋은 길이 있다는 것이었다.

대상을 조직한 카자크인들은 길을 찾기 위해 내게 지휘를 부탁했다. 나는 흔쾌히 승낙했다. 유럽인으로서 이 지방을 방문한 사람은 없었다. 몇년 전에는 이 길을 가던 러시아 지리학자가 살해되기도 했다. 청나라 강희제 때 예수회 선교사 두 명이 메르겐까지 들어가 위도를 측정한 일은 있었다. 그러나 메르겐에서 북쪽으로 펼쳐져 있는 폭 750 베르스타, 길이 900 베르스타의 광활한 지역은 전혀 알려진 바가 없었다. 나는 그 지방에 관한 모든 문헌을 조사했지만 중국의 지리학자조차도 이 지방에 대해 알고 있는 사람이 없었다. 중부 아무르 지방과 자바이칼 주를 연결하는 일은 상당히 중요했고 추루하이투는 만주 횡단철도의 기점이 될 예정이었다. 우리는 이 대사업의 선구자인 셈이었다.

그러나 한 가지 곤란한 점이 있었다. 러시아와 청나라 사이에 체결된 조약에 따라 러시아인은 '청나라 및 몽골'과 자유롭게 교역할 수 있다고 되어 있어 생각하기에 따라 만주는 조약에서 제외될 수도 있고, 포함될 수도 있었다. 국경문제를 다루는 중국관리는 전자로 해석했고 러시아인은 후자로 해석했다. 게다가 조약은 교역에 한정되어 있어서 군인은 만주로 들어갈 수 없었다. 나는 교역상인으로서 가야만 했다. 나는 이르쿠츠크에서 여러 상품을 사들여 상인으로 가장했다. 총독은 나에게 '이르쿠츠크 제2조합 상인 표트르 알렉세예프와 그 일행'이라고 쓴 여권을 내주었다. 총독은 만약 중국 당국에 붙들려서 북경과 고비사막을 거쳐 러시아 국경으로 낙타를 타고 호송되는 경우가 생겨도—몽골에서 죄인을 호송하는 수단은 낙타였다— 본명을 발설하여 자신을 배신하면 안 된다고 당부했다. 물론 나는 그 조건을 받아들였다. 아직 어떤 유럽인도 가본 적이 없는 곳을 탐험한다는 것은 참으로 큰 유혹이었다. 이런 기회를 놓칠 수는 없었다.

자바이칼에서 내 정체를 감추는 일은 쉽지 않았다. 카자크인들은 꼬치꼬치 캐묻기를 매우 좋아하여 새로운 손님이 오면 극진하게 대접하는 한편 상인들에게 돌아가며 의례적인 질문을 퍼부었다.

　"치타에서 오셨으면 멀고, 지루했겠습니다. 그렇지요? 치타 너머에서 오셨으면 더욱 멀었겠습니다. 당신은 이르쿠츠크에서 오셨나요? 거기서 장사를 했나요? 많은 상인들이 이 길을 지나가지요. 당신도 네르친스크로 가나요? 보아하니 결혼도 하셨겠네요. 가족은 두고 오셨나요? 자녀가 많습니까? 전부 아들은 아니겠지요?"

　이런 식으로 30분은 질문을 퍼부었다. 카자크 부대의 지휘관인 북스회프덴 대위는 상인들의 신상을 모두 파악하고 있었기 때문에 우리는 그에 대비하지 않으면 안 되었다. 나는 예전에 치타나 이르쿠츠크에서 아마추어 연극을 해본 적이 있었다. 내가 좋아하는 오스트로프스키의 연극이었는데 상인들의 생활상을 그린 것이었다. 나는 연극에 몰두했고 형에게 군인 대신 연극배우가 되고 싶다는 열망을 담은 편지를 쓰기도 했었다. 나는 주로 어린 상인의 역을 맡아 상인의 말투나 접시를 받치고 차를 마시는 몸짓 — 나는 그것을 니콜스코예에 있으면서 알았지만 — 을 몸에 익혔다. 그것을 실제로 써먹을 기회가 생긴 것이다.

　"앉으세요, 표트르 알렉세예비치 씨!"

　북스회프덴 대위는 김을 내며 끓고 있던 차 주전자를 식탁 위에 올려놓으며 말했다.

　"감사합니다. 됐습니다."

　나는 식탁 의자 끝에 걸터앉아 모스크바 상인 흉내를 내며 차를 마시기 시작했다. 내가 찻잔을 가만히 응시하며 입김을 불면서, 설탕 덩어리를 상인들 특유의 방식으로 조금 베어 물자 북스회프덴은 터져나오는 웃음을 참으려고 애썼다. 카자크인들이 내 정체를 알아챌 것이라는 사실은 잘 알고 있었다. 중요한 것은 여기서 2, 3일간의 시간을 벌고 정체가 드러나기 전에 국경을 넘는 것이었다. 여하튼 나는 상인 역할을 훌륭하게 소화했다. 어느 마을을 지나려 할 때 한 노파가 손짓으로 나를 불러 이렇게 물었다.

"뒤에 또 누가 오우?"

"아닙니다, 할머니. 제가 들은 바로는 오는 사람이 없습니다."

"라포츠키 공작이라는 분이 오신다던데 진짜로 오우?"

"아아, 그 분이요? 맞습니다. 공작은 이르쿠츠크에서 오려고 하지만 그게 가능하겠습니까? 길이 이렇게 험한데! 공작에겐 당치 않지요. 아직도 이르쿠츠크에 있을 겁니다."

"그럼 그렇지. 공작이 어떻게 와?"

우리는 별일 없이 국경을 넘었다. 일행은 카자크인 11명과 퉁구스족 1명 그리고 나였다. 우리는 모두 말을 탔다. 40마리의 말과 2대의 마차도 끌고 있었다. 이륜마차 속에는 내가 사들인 옷감, 벨벳, 금실로 놓은 자수 등이 들어 있었다. 나는 마차와 말을 돌보는 일을 한 사람에게 맡기고 카자크인 한 사람을 대상의 '대표'로 뽑아 중국 당국과의 외교적 협상을 일임했다. 카자크인들은 모두 몽골어를 했고 퉁구스족은 만주어를 알고 있었다. 카자크 대상들은 물론 내 정체를 알고 있었다(그중의 한 사람은 이르쿠츠크에서부터 알고 있었다). 하지만 이 탐험이 얼마나 중요한지 알고 있었기 때문에 결코 폭로하지 않았다. 내가 다른 사람들처럼 길고 푸른 옷을 입고 있어서 그런지 중국인들은 나에게 별로 관심을 갖지 않았다. 나는 지나는 길마다 눈에 띄지 않게 나침반으로 위치를 측정했다. 첫날에는 중국 병사들이 위스키 한 잔을 얻어 마시기 위해 우리를 에워싸는 바람에 종이도 꺼내지 못하고 나침반을 몰래 들여다보며 방위나 거리를 주머니 속에서 표시해야만 했다. 우리는 무기가 전혀 없었다. 결혼을 앞둔 퉁구스족만이 미래의 아내를 사는 데 필요한 모피를 모으느라 화승총을 가지고 있었는데 가끔 사슴을 잡아 저녁식사에 고기를 대접하기도 했다.

위스키가 동이 나자 중국병사들은 우리를 떠났다. 우리는 언덕이나 골짜기를 넘으며 가능한 한 곧장 동쪽으로 나아갔다. 4, 5일이 지나서야 우리는 홍안령을 넘어 메르겐으로 통하는 길로 짐작되는 곳에 들어섰다.

우리를 두렵게 했던, 지도상에 새까맣게 표시된 대산맥을 넘는 일은 의외로 수월했다. 우리는 이륜마차를 타고 혼자 여행하는 초라한 늙은 관리를 뒤따랐다. 이틀간은 계속 오르막길뿐이었다. 주위의 풍경은 이곳이 상당한 고지대임을 보여주고 있었다. 지면은 축축하고 도로는 질퍽거리고 풀은 듬성듬성 나 있고 수목은 힘이 없고 대부분 구불구불한 덩굴로 뒤덮여 있었다. 나무들이 전혀 없는 돌산이 양옆으로 우뚝 솟아 있어서 산맥을 넘으려면 꽤나 힘이 들것 같았다. 바로 그때 중국인 관리가 '오보' 앞에서 마차를 세웠다. '오보'라는 것은 돌무더기 앞에 나뭇가지를 꽂고 말갈기뭉치나 헝겊조각을 묶어놓은 것으로서 몽골인들이 자연을 숭배하고 제물을 바치는 장소이다. 중국인은 말에서 털을 뽑아 나뭇가지에 묶었다. 중국인 관리가 말했다. "저기 보이는 강이 아무르 강으로 흘러 들어갑니다." "여기가 흥안령의 끝입니까?" "그렇습니다. 이제 아무르 지방에 닿을 때까지 산은 없습니다. 언덕들이 있을 뿐이죠."

우리들 일행이 술렁거리기 시작했다.

"저 강이 아무르 강으로 흘러간다. 아무르 강으로!"

카자크인들은 큰소리로 외쳤다. 카자크인들은 평생 동안 이 위대한 강에 대해 들으며 자랐다. 이 위대한 강은 야생 포도나무를 자라게 하고, 수백 베르스타의 대초원을 이루며, 수백만 명의 사람들에게 부를 가져다주었다. 그들은 아무르 강이 러시아에 병합된 후 그 강에 가려면 긴 여행을 감수해야 한다느니, 개척자들은 매우 고된 노동을 해야 한다느니, 아무르 강 상류 지방에 이주한 친척이 매우 잘 산다느니 하는 이야기를 들어 왔다. 그런데 우리가 아무르로 가는 지름길을 발견한 것이다!

우리 앞에 펼쳐진 경사가 급한 길은 작은 강까지 구불구불 뻗어 있었다. 작은 강은 우뚝 솟은 산 사이를 굽이치며 아무르 강으로 흘러갔다. 일행이 아무르 강까지 가는 데는 아무런 장애도 없었다. 이 뜻밖의 지리학적 발견을 앞에 둔 기쁨은 여행가라면 쉽게 상상할 수 있을 것이다. 카자크인들은 말에서 내렸다. 그들은 말에서 뽑은 갈기를 오보 위의 나뭇가지에 묶었다. 시베리아인들은 대체로 다른 종교의 신에 대한 두려움을 갖고 있었다. 그들의 말에 따르면 이교의 신을 존경하지는 않지만 함부로 대하면 신이 사람에게 해를 끼치기 때문에 적당하게 존경을 표시해서 기분을 풀어주는 것이 현명한 태도라고 했다.

"봐! 여기 이상한 나무가 있어. 떡갈나무 같은데?"

급한 비탈길을 내려가던 카자크인이 소리쳤다. 시베리아에서는 떡갈나무가 전혀 자라지 않았다. 우리가 동쪽 경사면을 올라올 때만 해도 볼 수 없었던 나무였다.

"이것 봐, 개암나무야!"

그들은 계속 소리쳤다.

"저건 무슨 나무지?"

"참피나무야."

러시아에서는 전혀 찾아볼 수 없는, 만주에서 자생하는 식물군으로 알고 있는 나무들을 발견하자 그들은 환호했다. 오랫동안 북방인들이 꿈꾸어 온 따뜻한 대지가 눈앞에 펼쳐진 것을 보고 환호할 수밖에 없었다. 그들은 무성한 풀에 덮인 대지 위에 드러눕거나 땅바닥에 키스했다. 그들은 한시라도 빨리 아무르 강에 도착하고 싶어 했다. 두 주일이 지나 아무르 강에서 30베르스타 정도 떨어진 지점에서 마지막 야영을 했다. 그들은 마치 어린아이처럼 들떠 있었다. 밤이 다 새기도 전에 말안장을 올려놓고 나를 독촉하여 출발했다. 높은 곳에 올라 그 웅대한 강을 바라보게 되자 시적 감수성이 둔한 시베리아인들의 눈도 시인의 감동으로 빛났다. 분명한 것은 — 시일이 빠를 수도 있고 늦을 수도 있지만 — 정부의 지원이 있건 없건, 아니 정부의 의도와 배치될지라도 지금은 황량하지만 많은 가능성이 잠재되어 있는 아무르 강 유역으로 러시아 이민자들이 쇄도해 올 것이라는 점이었다. 미시시피 강변을 캐나다 이민들이 개척한 것처럼.

그런데 다음 날 아침 푸른 옷을 걸치고 유리 단추가 달린 관모를 쓴, 우리와 함께 흥안령을 넘은 애꾸눈의 중국관리가 갑자기 우리에게 지금부터 한 발자국이라도 앞으로 나가서는 안 된다고 말했다. 우리의 '대표'는 관리와 그의 서기를 우리 텐트로 데려와 접대했지만 관리는 서기가 자기 귀에 속삭인 말, 즉 더이상 앞으로 나갈 수 없다는 말만 되풀이했다. 그는 우리의 여권을 북경으로 보낸 다음 무슨 명령이 있을 때까지 이 자리에서 기다리라고 했다. 우리는 단호하게 거절했다. 그러자 그는 우리의 여권을 문제삼기 시작했다.

"이것이 도대체 여권이오?" 하며 관리는 싸늘한 눈초리로 여권을 쳐다보았다. 여권은 허술한 양피지에 러시아어와 몽골어가 몇 줄 적혀 있고 봉랍으로 간단히 봉한 것이었다.

"이것은 당신들 마음대로 쓰고 구리로 봉한 것이오. 내 여권을 보시오. 이 정도는 되어야지."

그는 이렇게 말하며 한자로 가득 채워진 60센티미터 정도 되는 종이를 우리에게 펼쳤다. 말다툼이 오가는 동안 나는 잡동사니들이 가득 들어 있는 상자 옆에 앉아 있었다. 나는 문득 〈모스크바 신문〉을 손에 들었다. 신문은 모스크바대학에서 발행하는 것으로 제목 옆에 독수리 문장이 찍혀 있었다.

"이것을 보여 주시오." 하며 나는 '대표'에게 말했다. 그는 신문을 펼치고 독수리 문장을 가리키며 "조금 전의 여권은 다른 사람에게 보이기 위한 것이고 이것이 우리의 여권이오." 하고 말했다. 관리는 깜짝 놀라며 "아니, 여기에 적힌 것이 모두 당신들에 관한 것입니까?" 하고 물었다. 그러자 대표는 "그렇소." 하고 눈 하나 깜짝하지 않고 대답했다.

긴 문장을 보고 크게 놀란 노인은 한 사람 한 사람을 뚫어지게 바라보면서 고개를 끄덕였다. 그러나 서기가 다시 관리의 귀에 대고 뭐라고 속삭이자 관리는 다시 단호하게 여행을 계속할 수 없다고 말했다.

"말은 충분히 했으니 말에 안장을 얹으라고 명령하시오." 하고 나는 대표에게 말했다. 카자크인들도 같은 생각을 하고 있었다. 우리는 관리에게 작별을 고했다. "당신은 폭력을 쓰지는 않았지만 우리가 만주로 들어가지 못하게 최선을 다했소.

그럼에도 불구하고 여행을 강행한 죄는 우리에게 있소."라고 말한 후 출발했다.

며칠 후 우리는 메르겐에 도착해 약간의 물건들을 팔았다. 이윽고 아무르 강 오른편 강가에 있는 아이훈(愛琿)이라는 중국 마을에 도착했다. 왼쪽 강변에는 블라고베시첸스크라는 러시아 마을이 있었다. 우리는 직통로 외에도 흥미로운 것들을 많이 발견했다. 국경선으로서의 흥안령의 성격, 넘기가 쉽다는 것, 오랫동안 지리학 문헌의 수수께끼였던 우윤 홀던지 지방의 제3의 화산 등. 나는 상인은 아니었다. 메르겐에서 중국손님이 45루블에 팔라고 한 시계를 — 떠듬거리는 중국어로 — 35루블만 내라고 했을 정도였다. 그러나 카자크인들은 능숙하게 장사를 했고 가져온 말도 비싼 값에 팔았다. 나의 말과 물건은 카자크인들이 팔아 주었다. 대충 계산해보니 탐험대가 정부에 지불한 돈은 고작 22루블밖에 되지 않았다.

06
숭가리 강 항해–지린–중국인 친구들–서부 사얀 산맥 연구
–올레크민스코–비팀 학술탐험–시베리아가 준 교훈

그 해 여름 내내 나는 배를 타고 아무르 강을 여행했다. 하구라기보다는 만(灣)이라고 하는 편이 옳을 니콜라예프스크에서 나는 총독과 합류하여 기선을 타고 우수리 강을 거슬러 올라갔다. 가을에는 숭가리 강을 따라 만주의 심장부로 거슬러 올라가 지린까지 갔다.

아시아의 강들은 두 개의 큰 강이 합류하는 곳이 많았다. 지리학자조차 어느 쪽이 본류인지 좀처럼 구별하기가 어려웠다. 인고다 강과 오논 강은 합류하여 실카 강이 되고 실카 강과 아르군 강이 합류하여 아무르 강이 되고 아무르 강은 동북쪽에서 흘러들어오는 숭가리 강과 합류하여 타르타르 해협의 황무지에서 태평양으로 흐르는 웅대한 대하(大河)가 되는 것이다.

1864년까지 만주의 대하인 숭가리 강에 대해서는 알려진 바가 거의 없었다. 알려진 것이라야 예수회 선교사 시대 이후 전해진 빈약하기 짝이 없는 정보였다. 몽고나 만주에 대한 탐험 열정이 높아지면서 지금까지 러시아가 중국에 대해 품고 있던 공포는 과장된 것임이 명백해졌다. 우리 젊은 청년들은 숭가리 강을 탐험할 필요가 있다고 총독에게 설명했다. 아무르 강 인근이 아프리카처럼 미지의 광대한 지역이라는 점은 우리의 투지를 크게 불러 일으켰다. 뜻밖에도 코르사코프 장군은 지린성의 총감에게 친선의 메시지를 보낸다는 명목 하에 숭가리 강으로 기선을 올려 보내기로 결정했다. 그 친서는 울가의 러시아 영사가 가지고 갔다. 의사 1명, 천문학자 1명, 지리학자 2명, 그리고 나는 체르니예프 대령의 지휘 하에 석탄을 실은 바지선을 대동한 우수리 호라는 작은 기선을 타고 탐험을 시작했다. 25명의 병사가 바지선을 타고 동행했고 소총은 눈에 띄지 않도록 석탄 속에 숨겼다.

준비기간이 짧아 일이 너무 급하게 진행되었다. 더욱이 작은 기선에는 이렇게 많은 사람을 수용할 설비조차 제대로 갖추어져 있지 않았다. 우리는 모두 긴장한 상태였고 필수품들을 마구 작은 선실에 넣었다. 어떤 사람은 잘 곳이 없어 식탁 위에서 자야 했고 식료품은 물론 칼이나 포크도 부족했다. 식사 때 어떤 사람은 나이프 대신에 연필 깎는 칼을 사용했고 끝이 갈라진 나의 중국제 칼은 포크로 사용되었다.

숭가리 강을 거슬러 올라가는 일은 쉽지 않았다. 큰 강도 아무르 강과 마찬가지로 하류에 이르면 수심이 매우 얕아 기선이 통과할 수 있는 수로를 찾기가 어려웠다. 모래로 된 강바닥에다 배의 용골(龍骨)을 비비고 수심이 되는 곳에 바지선을 보내 물길을 찾으면서 하루에 겨우 60베르스타 정도 이동할 수 있었다. 젊은 선장은 가을 안에 지린에 도착하겠다는 결심으로 매일 배를 전진시켰다. 상류로 올라갈수록 강의 풍경이 점점 아름다워졌고 항해도 보다 수월해졌다. 그리고 논니 강이 지류와 합류하는 지점의 사막을 지나면서부터 항해는 훨씬 쉽고 즐거웠다. 수 주일간의 항해를 마치고 우리는 지린성의 수도에 도착했다. 그리고 두 지리학자가 강의 위치를 표시한 훌륭한 지도가 만들어졌다. 시간적 여유가 없었던 우리는 어떤 마을이나 도시에도 배를 대지 않았다. 강변에는 촌락이 매우 드물었고 그나마 너무 멀리 떨어져 있었다. 하류 지방은 매년 범람하는 저지대뿐이었다. 저지대로부터 수백 베르스타나 거슬러 올라가도 계속되는 사구(砂丘) 주변을 항해했다. 숭가리 강 상류 지린 지방에 이르러서야 인구가 많은 지역을 볼 수 있었다.

만일 우리의 목적이 숭가리 강의 실황을 조사하는 것이 아니고 만주와의 우호관계를 맺는 것이었다면 탐험은 분명 실패했을 것이다. 만주 관청은 8년 전 무라비요프의 '방문'이 결국 아무르 강과 우수리 강의 합병으로 끝난 사실을 아직도 생생하게 기억하고 있었다. 그들은 새로운 불청객을 의심의 눈초리로 바라보았다. 출발 전에 보고된, 석탄 속에 숨겨둔 25정의 소총도 의심을 불러일으켰다. 기선이 지린의 번화한 도시에 닻을 내리려 하자 상인들은 모두 옛 무기고에서 녹슨 무기를 꺼내 무장했다. 길을 다니는 데 별다른 방해는 받지 않았지만 모든 상점은 문을 닫았고 물건도 일절 팔지 않았다. 그나마 구한 식료품도 선물로 얻은 것이고 돈은 전혀 받으려 하지 않았다.

가을은 빠르게 지나갔고 곧 서리가 내리기 시작했다. 우수리 강에서 겨울을 보낼 수는 없었으므로 급히 귀환해야 했다. 우리는 지린의 도시를 살펴보기는 했지만 대화를 나눈 사람이라고는 매일 아침 기선으로 찾아오는 2명의 통역뿐이었다. 그러나 우리는 소기의 목적을 이루어냈다. 항해 가능성을 확인했고 하구에서 지린까지의 지도도 작성했다. 지도 덕분에 우리는 아무런 사고 없이 전속력으로 기선을 몰고 갈 수 있었다. 단 한 번 배가 사주(砂州)에서 좌초되었으나 중국관리들은 우리가 겨울 내내 머무르는 것을 탐탁해하지 않았기 때문에 2백여 명의 사람들을 보내 선박 인양작업을 도와주었다. 내가 강에 들어가 막대기를 들고 러시아 노래인

두비누시카(뱃짐을 부리며 부르는 노래)를 부르기 시작하자 모든 사람이 동시에 힘을 모아 배를 힘껏 끌어 당겼다. 중국인들은 재미있어 했고 노래를 몇 번 반복한 후에야 기선이 완전히 사주에서 벗어날 수 있었다. 이 작은 사건을 계기로 중국인들과의 허물은 없어졌다. 물론 여기서 말하는 중국인들이란 오만한 만주의 관료들을 증오하는 민중들이었다.

우리는 천제(天帝)의 나라에서 추방된 사람들이 사는 부락들을 방문해 극진한 대접을 받았다. 특히 어느 날 저녁의 추억은 아직도 생생히 남아 있다. 어둠이 깔리면서 그림같이 아름다운 작은 부락에 도착했을 때였다. 동료와 함께 상륙했지만 나는 혼자서 마을을 찾았다. 나는 1백여 명의 중국인에게 완전히 둘러싸였다. 나는 중국어를 한 마디도 몰랐고 그들도 러시아어를 전혀 몰랐지만 서로 손짓을 주고받으며 대화를 할 수 있었다. 우정의 표시로 어깨를 가볍게 두드리는 것은 세계 공통의 언어였다. 서로 담배를 권하고 불을 붙여 주는 것도 만국 공통의 우정의 표시였다. 그들은 내가 어린 나이인데도 턱수염을 기르는 것을 매우 흥미롭게 여겼다. 중국에서는 16세가 되기 전에는 턱수염을 기르는 사람이 없었다. 내가 손짓으로 먹을 것이 없어지면 수염을 먹는다고 하자 웃음바다가 되었고 모두 더욱 친해진 듯이 내 어깨를 두드렸다. 그들은 내게 집을 보여 주거나 담배를 권했고 나를 기선까지 바래다주기도 했다. 그러나 이 마을에는 경찰이 한 명도 없었다는 것을 부연해 두어야겠다. 다른 마을에서도 나를 따라온 병사들은 항상 중국인과 친해졌지만 경찰이 나타나면 모든 일이 허사였다. 경찰 뒤에서 그들이 지어 보이는 갖가지 표정들을 보면 정부당국의 대변자인 경찰을 증오한다는 것을 알 수 있었다.

그 후 이 탐험은 잊혀져 버렸다. 천문학자 우솔트체프와 나는 시베리아 지리학협회에 이 보고서를 발표했지만 몇 년 후 이르쿠츠크에서 대화재가 일어나 보고서와 숭가리 강의 지도가 모두 타 버렸다. 만주 횡단철도 건설이 시작되고 나서야 러시아 지리학자들이 보고서를 발굴하여 우리가 이 대하를 35년 전에 탐험했다는 사실을 발표했다.

개혁을 위해서 할 일이 없는 상황 속에서도 나는 무언가 할 수 있는 일을 찾으려고 애썼다. 그러나 그러한 노력이 헛수고라는 사실만 뼈저리게 느낄 뿐이었다. 예를 들어 내가 카자크 문제 담당총독의 부관 자격으로 우수리 카자크의 경제 상태를 치밀하게 조사했을 때였다. 해마다 작황은 형편없었고 정부는 기근을 막기 위해 겨울마다 식량을 보내주어야 했다. 내가 우수리 지방에서 보고서 작성을 마치고 돌아왔을 때는 모든 사람들이 축하해 주었다. 나는 진급도 했고 상도 받았다. 내가 제안한 정책들은 모두 채택되어, 어떤 사람들에게는 이주 원조를 위해, 또 다른 사람들에게는 가축매입을 위해 특별보조금을 주기로 했다. 그러나 늙어빠진 주정뱅이 관리가 정책의 집행을 맡게 되었다. 그는 보조금을 물 쓰듯이 하고 불쌍한 카자크인들을 무자비하게 채찍질해서 '우수한 농부'로 전환시키려 했다. 이러한 일들은 페테르부르크의 동궁에서 우수리 강이나 캄차트카 반도에 이르기까지 러시아 전역에서 일어나고 있었다.

시베리아의 최고 행정부는 러시아의 다른 지방보다 훨씬 진보적이었고 복지에 깊은 관심을 쏟고 있었다. 그러나 그것은 일개 행정기관 — 페테르부르크에 뿌리를 둔 하나의 나뭇가지 — 에 불과했다. 페테르부르크의 뿌리는 시베리아 행정당국의 핵심적인 의도를 빼고 시베리아의 자주적인 생활과 진보의 싹을 뽑아 버리기에 충분했다. 지방을 위한 일은 무엇이든 불신의 눈으로 바라보았고 많은 반대를 하여 핵심적인 것을 빼 버렸다. 이러한 반대는 인간의 악의에서 나온다기보다는 — 인간은 일반적으로 제도보다 선하다 — 인간이 속한 피라미드식 중앙집권적 행정기구에서 나오는 것이었다. 행정당국이 멀리 떨어진 수도에 있다는 사실은 지방의 모든 문제를 행정관리의 입장에서 바라보게 했고, 지방의 유익함을 생각하기 전에 상관과 상급 행정기관의 눈치를 보기 일쑤였다.

나는 탐험에 열정을 쏟기 시작했다. 1865년에 탐험한 서부 사얀 산맥에서 시베리아 고지대의 구조에 대한 새로운 이해의 실마리를 찾았고 중국 국경에 가로놓인 중요한 화산지대도 발견했다. 다음 해에는 야쿠츠크 주의 — 비팀과 올로크마 구릉에 위치한 ― 금광과 자바이칼 주를 잇는 직통로를 발견하기 위해 긴 여행을 시작했다. 러시아의 탐험대들은 이미 1860년에서 1865년에 걸쳐 이 길을 발견하기 위해 금광과 자바이칼 주 사이에 있는 온통 바위뿐인 산맥을 횡단하려고 시도했었다. 그들은 남쪽에서 북쪽으로 올라와 이 지역에 도달했지만 황량한 산들이 수백 베르스타이나 펼쳐진 것을 보자 사기가 떨어져 원주민에게 살해된 한 사람을 제외하고는 모두 남쪽으로 내려가 버렸다. 탐험이 성공하려면 북에서 남으로 ― 황량한 미지의 황야에서 기온이 온화하고 사람도 사는 남쪽으로 ― 이동해야 한다는 것은 분명했다. 내가 탐험을 준비하는 동안 퉁구스족 한 명이 나무껍질에 칼로 그린 지도를 보여주었다. 가장 낮은 문명의 단계에 있는 종족이 순전히 자신의 지리적 감각만으로 만든 이 작은 지도는 나의 관심을 불러일으켰고 또한 너무 정확하여 나에게 충격을 가져다주었다. 나는 지도를 전적으로 신뢰하면서 지도를 따라 북쪽으로 여행을 시작했다.

장래가 촉망되는 젊은 박물학자 폴라코프와 또 한 명의 지리학자를 데리고 우선 레나 강을 따라 북쪽의 금광으로 갔다. 그 곳에서 3개월분의 식량을 준비하고 탐험대를 꾸려 남쪽으로 내려갔다. 20년 전에 이 길을 다녀온 경험이 있는 늙은 야쿠트

크로포트킨이 발견한 화산

족 사냥꾼이 안내를 맡았고 우리는 지도가 가리키는 계곡 길을 따라 250베르스타이나 되는 산악 행군을 시작했다. 산꼭대기에서 살펴보면 길은 보이지 않고 계곡이 모두 숲에 묻혀 있었다. 안내인은 분간하기도 어려운 길을 훌륭하게 안내했다.

우리는 마침내 교통로를 발견했다. 3개월 동안 사람이 전혀 살지 않는 산 속과 습한 고원을 헤매면서 목적지인 치타에 도착했다. 이 길은 현재 남쪽에서 금광지역으로 가축을 운송하는 중요한 통로가 되었는데 나에게 이 여행은 시베리아의 산과 고지대의 구조를 이해할 수 있는 열쇠를 제공했다.

시베리아에서 몇 년간 지내면서 다른 곳에서는 얻을 수 없는 교훈을 얻었다. 행정기구는 절대로 민중을 위해 유용하게 사용될 수 없다는 깨달음이었다. 나는 그같은 환상에서 영원히 벗어났다. 나는 인간과 인간성뿐 아니라 인간 사회의 내적인 원천을 이해하기 시작했다. 문서에는 좀처럼 등장하지 않는 이름 없는 민중의 건설적인 노동이 사회의 발전에 얼마나 중요한 역할을 하는지 눈앞에 또렷이 나타나기 시작했다. 일례로 나는 아무르 지방에 이주된 두호보르파* 공동체의 생활방식을 보면서 형제애를 기반으로 한 반(半)공산주의적 조직에서 얻어지는 막대한 이득을 보았다. 러시아 개척민의 정착이 거의 실패하는 상황 속에서 그들의 이민이 성공할 수 있었던 이유를 깨달았다. 그것은 책에서는 배울 수 없는 것이었다. 원주민들과 생활하면서 문명의 영향력이 없이도 복잡한 사회 조직이 만들어질 수 있다는 것을 알게 되었다. 이러한 경험은 책에서 얻은 깨달음 못지않은 각성을 가져다주었다. 이름 없는 민중이 모든 중요한 역사적 사건 — 전쟁까지를 포함해 — 을 완성하는 것을 목격한 나는 이들의 역할을 실감하게 되었다. 『전쟁과 평화』에서 톨스토이가 표현한 것처럼 지도자와 민중과의 관계에 대해 다시 생각하게 되었다.

지주의 집에서 자란 나는 많은 청년들처럼 지휘와 명령과 질책과 징벌의 필요성을 인정하며 살아왔다. 그러나 어려서부터 어른으로서 대접받으며 하찮은 실수

---

* 러시아 정교의 한 분파로 교회중심이 아닌 신앙중심의 개혁을 주장해 정부와 교회 당국의 탄압을 받았다.

라도 중대한 결과를 초래하는 일들을 수행해야 했던 나는, 명령과 규율에 따라 행동하는 것과 상호이해를 원칙으로 행동하는 것의 차이점을 깨닫게 되었다. 전자는 군대에서 열병하는 것에는 효과가 컸으나 실생활에서는 별 쓸모가 없었다. 목적은 많은 사람들이 뜻을 한데 모아 각고의 노력을 기울일 때만이 실현될 수 있었다. 나는 당시 나의 신념을 당파투쟁의 용어를 빌어 표현하지는 않았지만, 그 때까지 견지해 온 신념을 시베리아에서 모두 버렸다고 말할 수 있다. 나는 이미 아나키스트가 될 준비를 하고 있었던 것이다.

열아홉 살부터 스물다섯 살까지 나는 여러 중요한 개혁안을 작성하고 아무르 강 연안에서 수백 명의 인사들을 만났으며, 극히 적은 자금으로 많은 탐험을 했다. 이것들이 성공을 거둔 것도 중요한 일을 하는 데는 명령이나 규율이 별 도움이 안 된다는 것을 깨달았기 때문이다. 어떤 작업이든 계획하고 사전에 착수하는 사람은 필요하지만, 일하는 단계에서는 — 특히 러시아에서는 — 군대식 명령이 아닌 공동의 이해에 기초해서 진행되어야 한다. 나는 국가의 질서를 만들어내는 사람들이 유토피아 국가를 건설하기 위한 계획안을 작성하기 전에 국가가 관리하는 학교에서 실제로 생활해 보았더라면 러시아 사회의 군대식 피라미드 조직을 그대로 받아들이지는 않았을 것이라고 생각한다.

나는 점점 시베리아 생활에 싫증이 났다. 1864년 형 알렉산드르는 이르쿠츠크로 오게 되었다. 나는 카자크 중대의 부관으로 부임해 온 그와 같이 있는 것만이 즐거울 뿐이었다. 우리는 많은 책을 읽으며 당대의 모든 철학적, 과학적, 사회학적인 문제를 토론했다. 우리는 지적 생활을 동경했으나 시베리아에는 그러한 것이 조금도 없었다. 미국의 지질학자 라파엘 펌펠리나 독일의 유명한 인류학자 아돌프 바스티안 같은 이들이 이르쿠츠크를 지나가기도 했는데 — 우리가 체류하는 동안 과학자들의 방문은 이들이 유일했다 — 우리에게는 매우 큰 사건이었다. 신문을 통해 보는 서유럽의 과학적, 정치적 사건들은 마음을 들뜨게 했고 우리의 대화는 항상 러시아로 돌아가야 한다는 결론에 도달했다. 또한 1866년 폴란드 유형수들의

크로포트킨이 그린 비팀 강줄기와 메모

폭동은 우리가 러시아 군대의 장교로서 가지고 있던 자부심의 허위성에 대해 눈뜨게 해주었다.

07
바이칼 환상도로에서의 폴란드 유형수들의 폭동-진압, 퇴역

바이칼 호숫가의 절벽을 깎아 도로를 만드는 작업에 동원된 폴란드 유형수들이 쇠사슬을 끊고 몽골을 넘어 목숨을 걸고 중국으로 탈출하려했을 때 나는 멀리 떨어진 비팀 구릉에 있었다. 진압군이 투입되었고 러시아의 한 장교가 폭도들에게 살해되었다. 나는 이르쿠츠크로 돌아오는 도중 이 소식을 들었다. 이르쿠츠크에서 50여 명의 폴란드인이 군법회의에 회부되었다. 공개적으로 진행된 러시아의 군법회의를 방청한 나는 심문내용을 자세히 기록해 페테르부르크의 한 신문사에 보냈고 신문에 내가 보낸 글의 전문이 게재된 것을 본 총독은 크게 분노했다.

1863년의 폭동으로 1만 1천명의 폴란드인이 동시베리아로 유배되었다. 그들은 주로 학생, 화가, 장교, 귀족들과 특히 바르샤바 등지에서 가장 지적이고 진보적인 노동자들이었다. 이들 대다수는 노역에 동원되었고 또 다른 이들은 동시베리아에서 기아에 시달리고 있었다. 노역에 동원된 이들은 치타에서 아무르 강으로 항해할 화물선을 건조하거나 — 이것은 가장 나은 축에 속했다 — 철공일이나 제염작업에 투입되었다. 나는 레나 강변 제염공장에서 죄수들이 반나체로 염수가 담긴 큰 솥을 둘러싸고 지옥의 유황불 같은 열기를 견디며 염수를 긴 주걱으로 휘젓는 것을 보았다. 공장의 문은 활짝 열려 있어서 얼음 같은 공기가 세차게 들어오고 있었다. 이런 작업을 2년쯤 하고 나면 반드시 폐병에 걸려 죽었다.

그 후 많은 폴란드 유형수들이 바이칼 호의 남쪽 강변도로 부설작업에 동원되었다. 폭이 좁고 길이가 600베르스타에 이르는 이 고산호수는 해발 3천에서 5천 피트의 아름다운 산으로 둘러싸여 있었다. 이 산들은 이르쿠츠크에서 자바이칼과 아무르 지방으로 가는 길을 가로막고 있었다. 겨울에는 얼어붙은 바이칼 호 수면 위로 건너고, 여름에는 기선으로 갈 수 있지만, 봄과 가을에 이르쿠츠크에서 치타나 캬흐타에 — 북경으로 가기 위해 — 가려면 높이 7, 8천 피트의 산들을 넘어가는 수밖에 없었다. 나는 5월에 눈을 머리에 이고 있는 산봉우리들의 아름다운 풍경을 감상하면서 산을 넘어 여행해 본 적이 있는데 참으로 험난한 여행길이었다. 정상인 하말 다반까지 불과 12베르스타의 길을 가는 데 새벽 3시에서 밤 8시까지 꼬박 하루가 걸렸다. 말은 해빙되는 눈길에서 자꾸 미끄러져 얼음조각이 흐르는 수면 위로 사람을 빠뜨리기 일쑤였다. 이런 까닭에 남쪽 호수 가에 거의 수직으로 서 있는 절벽을 깎아 길을 만들고 산 위에서 호수로 무섭게 흘러 달리는 급류를 건널 다리를 놓아 영구적인 도로를 건설하기로 결정했던 것이다. 이 공사에 폴란드 유형수들이 동원되었다.

러시아의 정치범들도 시베리아로 유배되었으나 운명에 복종하는 러시아인의 특성 때문에 반항은 하지 않았을 뿐만 아니라, 한번도 자신을 해방시키려고 계획하지도 않고 하루하루 목숨을 내맡기고 있었다. 이에 반하여 폴란드인은 — 이것은 그들의 명예를 위하여 말해두지 않으면 안 된다 — 러시아인처럼 비굴하지 않았고 공공연하게 반란을 일으켰다. 성공할 가망이 없음에도 불구하고 그들은 반항했다. 앞에는 큰 호수가 가로놓여 있고 뒤에는 사람이 발을 디뎌 보지 않은 높은 산이 있고 그 너머에는 북몽골의 황야가 펼쳐져 있었지만 그들은 굴하지 않았다. 그들은 감시병들의 무기를 탈취하거나 긴 자루 끝에 창처럼 낫을 단 무기 — 폴란드인의 폭동에 늘 사용되는 — 를 만들어 산 넘고 몽골을 지나 중국으로 가서 영국 배를 타려 했다. 어느 날 바이칼 호 주변 도로에서 작업하던 폴란드인들이 감시병 10여

명의 무기를 빼앗아 폭동을 일으켰다는 소식이 이르쿠츠크로 전해졌다. 이르쿠츠크에는 진압을 위해 파견할 수 있는 병사가 고작 80명 정도밖에 없었다. 이들은 기선을 타고 호수를 건너 폭도들을 향해 진격했다.

1866년 겨울 이르쿠츠크는 매우 불경기였다. 이 시베리아의 도시는 러시아의 다른 지방처럼 계급차별이 심하지 않아 장교와 관리, 지방상인들, 그리고 그들의 처와 딸로 구성된 '사교계'는 겨울이면 토요일마다 공회당에 모이곤 했다. 그러나 그해 겨울은 불경기로 인해 저녁 파티도 없었고, 아마추어 연극 공연도 별 재미를 보지 못했다. 이르쿠츠크에서 대규모로 벌어지던 도박판도 시들했다. 관리들도 돈이 말랐고, 은행어음장을 뭉치로 가지고 다니며 도박판에 생기를 불어넣던 금광관리들도 사라졌다. 그해 겨울은 지루하기 짝이 없었다. 사람들은 옹기종기 모여 앉아 수다를 떨고, 영적인 체험을 이야기하며 겨울을 보냈다.

작년에 뛰어난 입담으로 이르쿠츠크 사교계의 총아로 떠올랐던 한 신사는 자신에 대한 사람들의 관심이 떨어지는 것을 보고는 심령술을 새로운 화제로 삼았다. 말재간이 뛰어난 그는 일주일 만에 숙녀들을 심령술에 푹 빠져들게 하는 데 성공했다. 심령술은 어떻게 시간을 죽여야 할지 모르는 사람들 사이를 파고들었다. 응접실마다 심령술을 통해 사교가 이루어졌다. 내가 아는 포탈로프라는 장교도 매우 진지하게 심령술과 연애에 빠져 있었으나, 심령술에 대한 열정이 더 강했다. 폴란드인의 폭동 소식이 전해지자 그는 80여 명의 병사들을 데리고 사태를 진압하라는 명령을 받았다. 그는 빛나는 공훈을 세우고 돌아올 생각으로 일기에 다음과 같이 썼다.

"폴란드 폭도들을 진압하러 간다. 내 가벼운 상처 정도는 감수하리라."

그러나 그는 살해되었다. 그가 지휘관인 대령과 나란히 말을 달리고 있었을 때였다. 갑자기 '폭도들과의 전투' ― 그 전투에 대한 생생한 기록이 참모본부에 남아 있다 ― 가 시작되었다. 행군하던 병사들이 50여 명의 폴란드인과 마주쳤던 것이다. 그들 중 대여섯 명은 소총으로, 나머지는 몽둥이와 낫으로 무장하고 있었다. 숲을 점령한 그들은 총을 쏘았다. 병사들도 응전했다. 말에서 내린 포탈로프 중위는 숲 속으로 진격하게 해달라고 두 번이나 대령을 재촉했다. 대령은 매우 화가 나서 현재의 위치에서 한 발자국도 움직이지 말라고 명령했다. 대령의 명령에도 불구하고 중위는 어디론가 사라졌다. 숲 속에서 몇 발의 총성이 들렸고, 곧이어 비명소리가 들렸다. 병사들이 달려가자 중위는 이미 피로 물든 풀 위에 쓰러져 있었다. 폴란드인들은 탄환이 다 떨어지자 항복했다. 전투는 끝났으나 포탈로프는 죽었다. 그는 권총을 들고 숲으로 돌진해서 낫을 든 폴란드인들을 향해 난사하여 한 사람을 죽이는 데 성공했지만 탄환이 다 떨어지자 그들이 낫을 들고 반격했던 것이다.

화가 난 러시아 장교들은 호수가 도로에서 반란에 가담하지도 않은 폴란드인들을 잔혹하게 폭행했다. 한 장교는 텐트 속에 뛰어 들어가 가만히 있는 유형수들에게 욕설을 퍼붓고 권총을 쏘아 2명에게 중상을 입혔다.

육군 당국에서는 러시아 장교 한 명이 죽었기 때문에 반란을 일으킨 폴란드인들을 사형해야 한다는 논리가 우세했다. 군법회의는 폴란드인 다섯 명에게 사형을 선고했다. 반란의 지도자였던 30세의 잘생긴 피아니스트 살라모비치와, 전 러시아 육군 장교였던 60세의 셀린스키 등이 사형선고를 받았다.

총독은 페테르부르크에 전보를 쳐서 처형을 연기해 달라고 요청했으나 아무런 회답도 받지 못했다. 총독은 그들을 처형하지 않겠다고 우리에게 약속했으나 며칠이 지나도 회신이 없자 어느 날 아침 사형을 집행했다. 페테르부르크의 답신은 4주가 지나서야 도착했다. '총독이 재량껏 적절한 조치를 취하라'는 답신이었지만 5명은 이미 총살된 뒤였다.

사람들은 폭동에 대해 참으로 어리석은 짓이었다고 말했으나 성과가 없었던 것은 아니었다. 이 사건이 유럽에 전해지면서 사형집행과 두 장교의 잔인한 폭행은 오스트리아가 시베리아에 유배된 갈리시아인을 보호한다는 명분으로 1863년 혁명전쟁에 뛰어드는 기폭제가 되었다. 반란 이후 시베리아에 유배된 폴란드인들의 생활은 상당히 개선되었다. 그것은 모두 이들 반란자들, 이르쿠츠크에서 사형당한

다섯 명의 용감한 사람들과 그들을 따라 무기를 잡은 사람들 덕택이었다.

폭동은 형과 나에게 큰 교훈이 되었다. 우리는 군대에 몸담고 있는 것이 무엇을 의미하는지를 깨달았다. 나는 이르쿠츠크에서 멀리 떨어져 있었으나 형은 이르쿠츠크에 있었고 그 중대는 진압군으로 파견되었다. 다행히 형을 잘 알고 있던 연대장은 어떤 구실을 붙여 다른 장교에게 중대를 지휘하라고 명했다.

우리는 군대를 떠나 러시아로 돌아가기로 결정했다. 이것은 쉬운 일이 아니었다. 이미 형은 시베리아에서 결혼을 했기 때문에 더욱 힘들었다. 그러나 우리는 수속을 마치고, 1867년 초 페테르부르크를 향해 떠났다.

페테르부르크, 첫 번째 유럽 여행

01
대학교 입학–북아시아 지역의 지도 수정

1867년 초가을, 형의 식구들과 함께 페테르부르크에서 살게 되었다. 나는 대학에 입학했다. 젊다기보다는 어리다고 해야 좋을 학생들과 함께 공부하게 되었다. 5년간 그렇게 바라던 공부를 하게 된 것이었다. 나는 수학적 훈련만이 모든 연구와 사고의 기초라고 생각해서 수학과에 들어갔다. 형은 육군법률대학에 들어갔으나 나는 군대와 완전히 인연을 끊었다. 군복이 아닌 옷은 꼴도 보기 싫어하던 아버지에게는 몹시 불만이었다. 우리는 모든 것을 스스로 해결해야 했다.

5년 동안 나는 공부와 과학적인 연구에 모든 시간을 바쳤다. 수학과 학생으로서 공부할 것이 매우 많았지만 다행히 고등수학에 소양이 있었기 때문에 지리학에 할애할 시간이 있었다. 시베리아에서 열심히 일하던 습관이 여전히 몸에 배어 있었다.

나의 마지막 탐험에 대한 보고서가 인쇄되었으나 보충해야 할 내용들이 많았다. 나는 시베리아 여행을 통해서 지도상에 그려진 북부아시아 산맥은 대부분 잘못되었다는 점을 확신했다. 당시 지도를 그린 사람들은 대고원이 있을 것이라고는 생각조차 하지 못했다. 대고원이야말로 아시아 지형의 가장 큰 특징인데도 말이다. 고원 대신 그려져 있는 산들은—예를 들면 시커먼 벌레가 동쪽으로 기어가는 모양으로 그려져 있는 스타노보이 산맥의 동쪽에 있는—실제로는 존재하지 않으며 탐험가들의 보고와도 다른 것이었다. 북대서양과 태평양으로 흐르는 지류들의 원천은 광활한 고원이었다. 그런데 유럽의 지리학자들이 높은 산봉우리들이 분수계(分水界)를 따라 뻗어있어야 하는 걸로 생각해서 있지도 않은 산맥을 상상해서 그려 넣었던 것이다. 수많은 상상의 산들이 북부 아시아 지도에 사방으로 뻗어 있었다.

조화롭게 구성된 아시아 산맥들의 위치에서 진정한 원칙을 발견하는 것은 몇년 동안 나의 모든 관심을 집중시킨 연구 과제였다. 오랫동안 옛 지도와 중국 자료를 연구한 후 아시아가 위도와 경도를 따라 달리는 산맥의 네트워크로 뒤덮여 있다고 결론내린 알렉산더 폰 훔볼트의 일반화는 미심쩍은 데가 있었다. 결국 나는 훔볼트의 일반화가 사실과 일치하지 않는다는 사실을 발견했다.

나는 처음부터 다시 순수한 귀납적 방법으로 연구에 들어갔다. 종래의 탐험가들이 기압에 대해 조사한 모든 자료를 수집하여 몇백 개나 되는 지역의 고도를 계산했다. 그런 다음 탐험가들의 모든 지리학적, 물리학적 관찰—가설이 아닌 사실을 바탕으로 한—을 커다란 지도에 일일이 표시했다. 그리고 나는 어떤 등고선이 사실에 가장 근접한지를 알아내려고 했다.

이 예비작업은 2년 이상 걸렸다. 그 후 몇 달 동안은 혼란한 관찰기록들이 의미하는 바를 찾으려고 노력했다. 그러던 어느 날 갑자기 모든 것이 분명해졌다. 아시아의 주요 산맥은 북에서 남으로 혹은 서에서 동으로 뻗어 있는 것이 아니라, 마치 미국의 록키 산맥이나 아메리카 고원이 서북에서 동남으로 뻗어있는 것처럼 서남에서 동북으로 뻗어 있으며, 몇 개의 부수적인 산맥만 서북으로 뻗어 있었던 것이다. 게다가 아시아의 모든 산맥은 알프스 산맥처럼 독립된 산의 집합이 아니라, 베링 해협 쪽에 있었던 대륙인 거대한 고원에 딸려 있는 것이었다. 고원 주변에 높은 봉우리들이 솟아 있고 세월이 흐르면서 침전물에 의해 나중에 형성된 단구(段丘)가 바다에서 솟아올라 아시아의 원시 척추인 고원 양쪽으로 폭을 넓혔다.

오랫동안의 연구 끝에 마음을 환하게 열어주는 착상이 갑자기 떠오르는 기쁨은 인생에서 자주 접할 수 있는 것이 아니다. 몇 년 동안 그렇게 혼란스럽고 모순되고 해결

불가능한 것처럼 보이던 것들이 한꺼번에 조화로운 전체 속에서 제각기 적당한 자리를 찾았다. 혼란스러운 사실과 추측의 안개 — 대부분 애초부터 모순이었던 — 속에 숨어 있던 고원 전체의 모습이 갑자기 드러났다. 그것은 방금 전까지 안개 속에 숨어 있던 알프스의 산봉우리들이 돌연 아름답고 웅장한 모습을 드러내면서 태양빛을 받아 변화무쌍하고 도도한 자태를 뽐내는 것과 같다. 나는 방금 전까지만 해도 절망적일 정도로 뒤엉켜있던 수백 개의 독립적인 사실들을 적용해 가면서 결론을 검토해 보았다. 사실들은 각자의 자리에서 그 특징적인 윤곽을 더욱 도드라지게 하거나 미처 생각하지 못했던 세부적인 의미를 보충해 주었다. 그리하여 결론은 힘을 얻고 범주가 확장되었다. 또 결론의 기초는 더욱 넓어지고 견고해졌다. 한편 내 시야는 먼 지평선의 안개를 넘어 더 멀리 있는 새로운 지형의 윤곽과 더 확장된 결론을 꿰뚫어 볼 수 있게 되었다.

한번이라도 이런 과학적 창조의 기쁨을 맛본 사람은 평생 그것을 잊지 못할 것이다. 그리고 다시 이 기쁨을 맛보려고 노력할 것이다. 그리고 과학적인 방법과 여유가 한 줌의 사람들에게만 제한되어 있지 않다면 많은 사람들이 이런 행복을 느낄 수 있을 것이다. 그럼에도 불구하고 이렇게 소중한 행복을 — 그 행복이 크든 작든 — 극소수만 누리고 있다는 생각을 하면 고통을 느끼지 않을 수 없다. 이 작업은 과학에 중요한 공헌을 했다고 나는 생각한다. 애초의 의도는 독립적인 각 지역을 자세히 검토해 북부아시아의 산맥과 고원에 관한 새로운 견해를 담은 방대한 분량의 책을 내는 것이었다. 그러나 1873년 곧 체포될 것을 예감한 나는 지도와 논문만을 겨우 쓸 수 있었다. 이 지도와 논문은 내가 페트로파블로프스크 감옥에 수감되었을 때 형이 감수해서 지리학협회가 출판했다. 내 연구에 대해 알고 있었던 지도제작자 페테르만은 지도제작에 나의 의견을 받아들였다. 그때 이래로 거의 모든 지도에는 나의 의견이 반영되었다. 이제 아시아 지도는 대륙의 외형적 특징뿐 아니라 기후와 동식물의 분포와 역사까지도 설명하게 되었다. 이 지도는 북반구의 두 대륙의 구조와 그 지질학적 성장과정의 현저한 유사성을 드러낸다. 그것은 내가 미국을 여행하면서도 확인할 수 있었다. 이제 아시아 지도에 이런 변화가 언제 이루어졌는지를 기억하는 지도제작자는 거의 없다. 그러나 새로운 과학개념은 기존의 이름에 얽매이지 말고 독립적으로 발전해야한다. 그래야 최초에 제창된 이론에 포함된 오류를 수정하기 쉽다.*

02
러시아 지리학회-당시의 러시아 여행가들-평원 탐험-핀란드 지질연구

한편 나는 러시아 지리학회 저술분과의 간사로도 많은 일을 했다. 당시에는 투르케스탄이나 파미르 고원의 탐사에 관심이 많았다. 세베르초프가 몇 년 동안의 여행을 마치고 막 돌아왔을 때였다. 위대한 동물학자이자 천부적인 지리학자이며 내가 만난 사람들 중 가장 지적인 사람이었던 그는, 다른 러시아인들처럼 글쓰기를 싫어했다. 그는 협회에서 강연한 내용을 기록한 속기를 수정하는 것 외에는 아무것도 쓰지 않았다. 그래서 그의 이름으로 발표된 책들은 탐사와 결론의 진정한 가치를 충분히 전달하지 못했다. 불행하게도 러시아에서는 사상이나 연구결과에 대해 글쓰기를 싫어하는 것이 흔한 일이었다. 세베르초프가 강연한 내용, 즉 투르케스탄 산악지대와 동식물의 지리적 분포에 대한 학설, 특히 조류에서 새로운 종이 생길 때 잡종이 미치는 역할에 대한 학설, ─ 그의 강연 속기록에 몇 줄 적혀 있는 이것을 나는 어느 모임에서 우연히 발견했다─종의 진화에 있어서 상호부조의 중요성에 대한 견해 등은 그가 비범한 재능과 독창성을 가지고 있음을 말해 주었다. 하지만 그는 그것을 빼어

---

* 독일인 지질학자인 아돌프 쉬틀러(Adolf Stieler)가 그린 시베리아 북부와 만주지방의 지도는 새롭게 찍은 사진에 의해서 만든 것이 아니라 고대 중국인들이 상상하여 만든 지도를 그려 넣은 것이었다. ─ 저자, 1917년.

난 문장으로 표현할 만한 필력을 갖고 있지 못했다. 만약 그에게 글재주가 있었다면 그는 당대의 가장 뛰어난 과학자가 되었을 것이다.

만년에 오스트레일리아로 망명한 저명한 학자 미클루흐-마클라이 역시 글보다는 말을 선호했다. 그는 항상 말라리아로 고생하는 병약한 사람이었다. 내가 처음 그를 알게 된 것은 그가 홍해 연안에서 돌아온 직후였다. 그는 헤켈*의 제자로 해저의 무척추동물의 생태에 대해 조예가 깊었다. 지리학협

세베르초프

회는 그를 미지의 땅 뉴기니 연안으로 보냈다. 그곳에서 그는 원주민들을 연구하고 싶어 했다. 그는 뱃사람 한 명만 데리고 식인종이라고 소문난 원주민들이 산다는 해안에 정착했다. 이 두 명의 로빈슨 크루소는 원주민 부락 옆에 작은 오두막을 짓고 18개월 동안 그들과 친하게 지냈다. 원주민들에게 항상 정직하게 대하고, 그들을 조금이라도 속이지 않는다는 것이 그의 원칙이었다. 얼마 후 그는 사진을 찍지 않는다는 조건으로 고용한 원주민 한 명을 데리고 말레이 군도를 여행했다. 원주민들은 사진에 찍히면 영혼을 빼앗기는 것으로 생각했다. 인류학적인 연구자료를 수집하던 미클루흐-마클라이는 어느 날 원주민이 깊은 잠에 빠져있는 틈을 이용하여 사진을 찍고 싶은 생각이 들었다. 그 원주민은 종족의 전형이었기 때문이다. 그러나 미클루흐-마클라이는 약속을 상기하고 결국 사진을 찍지 않았다. 그는 뉴기니를 떠날 때 원주민들에게 다시 돌아오겠다고 약속했다. 그로부터 수년 후 그는 치명적인 병으로 고생하는 동안에도 이 약속을 지키기 위해 그곳으로 돌아갔

---

* Ernst Haeckel:1834~1919, 독일의 유명한 생물학자이자 박물학자 겸 철학자, 의사, 교수, 화가이다.

다. 그러나 이 비범한 사람도 가치 있는 관찰의 몇 만분의 일도 발표하지 않았다.

　박물학자인 아내 올가와 함께 투르케스탄을 여행하면서 동물들을 관찰한 페드 첸코는 전형적인 '서유럽인'이었다. 그는 관찰 결과를 명확하게 표현하려고 애썼다. 그러나 불행히도 스위스의 어느 산에서 사고로 죽었다. 투르케스탄의 여러 산들을 여행한 그는 자신의 왕성한 혈기와 체력을 과신한 나머지 가이드도 없이 등반하다 폭설 속에 묻히고 말았다. 다행히 사후에 부인이 그의 탐사기를 출판했다. 그의 아들은 양친의 사업을 이어가고 있는 것으로 알고 있다.

　나는 프르제발스키와도 절친했다. 본래는 폴란드 혈통이었으나 그는 자신이 '러시아의 애국자'로 보이고 싶어 했다. 그는 열정적인 사냥꾼으로 중앙아시아의 탐사에 열중했다. 아무도 밟아 보지 않은 땅을 탐사하고 싶은 욕망 때문이었지만, 더불어 야생 산양이나 낙타, 말을 사냥해보고 싶은 욕구도 있었다. 탐사에서 발견한 것을 이야기 해 달라고 하면, 조곤조곤 이야기하다가 갑자기 목소리를 높이며 이렇게 말했다.

　"근데 그곳의 사냥은 정말 끝내 주지!"

　그러고는 정작 중요한 대목은 건너뛰고 사정거리까지 야생마에 접근하기 위해 얼마의 거리를 기어갔는지 열변을 토했다. 그는 페테르부르크에 돌아오자마자 다시 새로운 탐험을 계획하고, 지독하게 생활비를 아껴서 그것으로 새로운 여행을 떠나곤 했다. 건장한 신체 조건으로 보나 사냥 솜씨로 보나 그는 여행가로서 좋은 자질을 두루 갖추고 있었다. 그리고 그는 천성적으로 그런 생활을 좋아했다. 그를 죽음에 이르게 한 마지막 탐험 때 그는 세 명의 동료와 함께 중앙아시아를 여행했고 원주민들과도 친하게 지냈다. 그런데 탐험의 성격이 점점 군사적인 성격을 띠게 되면서 원주민들과의 평화적인 교류보다는 무장한 일행의 힘을 더 믿게 되었다. 정통한 소식에 의하면 그는 티베트 탐험 초반에 죽지 않았다 하더라도 살아서 돌아오지는 못했을 것이라고 했다. 그의 사후 탐험은 동료였던 피에프초프, 로보로프스키, 코즐로프에 의해 평화적이고도 성공적으로 수행되었다.

로빈슨 크루소의 섬– 크로포트킨의 상상도

지리학협회는 왕성하게 활동했고, 그곳에서 다루는 대부분의 문제는 저술분과 간사인 내게 매우 흥미로웠다. 그 문제들은 여기에 쓰기에는 너무나 전문적이다. 그 무렵 러시아인들은 러시아령 북극해의 항해나 어업, 무역에 대한 관심이 매우 고조되어 있었다. 북극해에 대한 관심을 처음으로 불러일으킨 사람은 시베리아의 상인이며 금광업자인 시도로프였다. 그는 보조금을 받아 해군학교를 설립하고 백해를 탐사한다면 러시아의 어업과 해운사업이 크게 발전할 것으로 예상했다. 그러나 불행히도 그런 사소한 것조차도 모두 페테르부르크를 통해야 했다. 우아하고 도도하고 문학적이며 예술적인 지배권력층과 이 거대한 도시는 지방에 대해 어떠한 관심도 없었다. 불쌍한 시도로프의 노력에 대해 돌아오는 것은 냉소뿐이었다. 러시아 지리학협회가 북극해에 뒤늦게 주목하게 된 것도 외국이 관심을 보이고 나서였다.

1869년부터 1871년 사이 바다표범 포획선을 탄 용감한 노르웨이의 어부들이 정말로 우연히 카라 해를 항해할 수 있다는 것을 증명해주었다. 노바야제믈랴 섬과 시베리아 해안 사이에 있는 이 바다는 '영원히 얼음이 쌓여있는 냉동고'로 묘사되곤 했다. 그런데 그런 바다를 노르웨이의 작은 범선들이 종횡무진 항해를 했던 것이다. 놀라지 않을 수 없었다. 모험심 강한 노르웨이인들은, 우리들이 모두 천고(千古)의 빙원(氷原) 속에 숨어 영원히 사람 눈에 띄지 않으리라고 믿었던, 저 유명한 네덜란드인 바렌츠가 겨울을 났던 장소까지 찾아냈다는 것이었다.

"예외적인 기후 변화와 결빙상태가 있었겠지."라고 늙은 항해자들은 말했다. 그러나 우리 중 몇몇은 작은 범선과 소수의 인원으로도 얼음 사이를 헤치며 제집처럼 드나들 수 있는 카라 해를, 단지 해군함장이 사고에 대한 책임감 때문에 꺼려왔던 것이며 탐험은 그렇게 위험하지 않다는 것을 확신하게 되었다.

이 발견은 북극 탐험에 대한 대중의 관심을 불러일으켰다. 그 후 노르덴시욀드의 아시아 일주, 시베리아에 이르는 북동 항로의 발견, 피어리의 북 그린란드 발견, 난센의 프람 탐험에 이르기까지 북극 탐험의 신기원은 사실 노르웨이 선원들이 연 것이었다. 우리 지리학회도 활동을 개시했다. 북극 탐험의 계획을 세우고 그 탐험에서 수행할 과학적 연구 과제를 확정하기 위한 위원회가 구성되었다. 각 분야의 전문가들이 보고서에 연구 과제를 기록하기로 되어 있었으나 식물학, 지질학, 기상학에 관한 것만 제 시간에 제출되었고 나머지는 서기인 내가 써야만 했다. 해양동물학, 조류, 진자 측정, 지자기(地磁氣) 등 몇몇 항목은 완전히 생소한 것이었다. 성실한 인간이 전력을 기울여 문제의 근본을 향해 똑바로 나아가면, 짧은 시간에 누구도 생각하지 못한 성취를 이루어낼 수 있는 법이다. 보고서도 이렇게 완성되었다.

보고서에는 노르웨이 범선 정찰대가 북쪽과 동북쪽으로 진입하는 데 성공함으로써 국내에 북극 항해에 대한 관심이 고조되고 있다는 점과 북극 탐험의 중요성에 대한 설명이 들어 있었다. 우리는 노르웨이 어선이 어떤 미지의 땅에 도착했거나, 적어도 그것을 목격했으며, 노바야제믈랴에서 그리 멀지 않은 거리에 그 미지의 땅이 있을 것으로 예측했다. 그런 땅이 있을 가능성은 러시아 해군 장교 바론 시칠링도 자신의 훌륭하지만 거의 알려지지 않은 논문에서 언급한 바 있었다. 노바야제믈랴를 탐사한 뤼야의 논문으로 북극해에 관한 전반적인 조건을 이해한 나는 이 가설이 옳다고 생각했다. 육지는 노바야제믈랴의 서남쪽에, 스피츠베르겐 보다 높은 위도에 있을 것이다. 노바야제믈랴 서쪽의 얼음들이 안정적이고, 그 안에 진흙과 돌이 섞여 있는 등 여러 사소한 현상들이 가설을 뒷받침해 주었다. 만약 그곳에 육지가 없다면 베링 해협이 위치한 경도에서 서쪽에 있는 그린란드로 흐르는 유빙(流氷)은 바론 시칠

노르덴시욀드

링의 말처럼 노스 곶(North Cape)에 도달하게 될 것이고, 라포니아 해안도 그린란드의 북단처럼 얼음으로 뒤덮여 있어야 할 것이다. 멕시코 만류의 약한 난류로는 북유럽 해안에 얼음이 퇴적되는 것을 막을 수 없다. 수년 후 오스트리아의 탐험대가 이 미지의 땅을 발견했고 프란츠요제프랜드라고 명명되었다.

제출한 보고서는 뜻밖의 결과를 낳았다. 학회에서 나에게 노르웨이의 범선을 타고 탐험대를 인솔하지 않겠느냐고 권유한 것이다. 나는 한 번도 바다에 나가본 적이 없다고 대답했다. 그러나 칼센이나 요한센의 경험에다가 과학자의 독창성이 결합된다면 못할 일이 없다고 했다. 만일 재무성이 가운데서 훼방을 놓지만 않았어도 나는 제안을 승낙했을 것이다. 재무성은 이 탐험에 필요한 3, 4천 파운드의 돈을 국고에서 지원할 수 없다고 답변했다. 결국 러시아는 북극해 탐사에 뛰어들지 않았다. 북극의 안개 속에 숨어 있던 육지는 파베르와 베이프레히트에게 발견되었고, 노바야제믈랴의 동북쪽에 있으리라고 추정되는 군도 — 나는 이 군도의 존재를 점점 더 확신하고 있다 — 는 아직 발견되지 않고 있다. 학회는 나를 북극 탐험 대신 핀란드와 스웨덴에서 실시하는 빙하시대의 퇴적물 조사작업에 투입했다. 그리고 이 여행은 나의 인생을 전혀 다른 방향으로 돌려놓았다.

그해 여름 러시아 과학협회는, 스웨덴과 핀란드에는 '아사르'로, 영국에는 '에스카'나 '케임'으로 알려져 있는 긴 퇴적층의 구조를 연구하기 위해 연륜 있는 지질학자 헤르멘셀과 정열적인 시베리아 탐험가 프리드리히 슈미트를 파견했다. 지리학회는 이 연구에 나를 함께 파견했다. 우리 세 사람은 풍가하르주 하류의 아름다운 퇴적층을 조사하고 헤어졌다. 그 해 여름 나는 질리도록 걸었다. 핀란드 여행을 마치고 스웨덴으로 건너갔다. 스웨덴에서 나는 노르덴시욀드 일행과 함께 행복한 시간을 보냈다. 1871년이었던 그 때 이미 노르덴시욀드는 시베리아 강 하구와 북쪽 루트를 통해 지나 베링 해협까지 갈 계획을 내게 이야기해 준 바 있었다. 나는 핀란드로 돌아가 가을까지 빙하에 관한 흥미로운 탐사를 계속했다. 나는 여행 도중에 사회 문제에 대해서도 많은 생각을 했다. 이때의 생각은 그 후 나의 발전에 결정적인 영향을 미쳤다.

러시아 지리에 관한 유익한 자료들은 모두 내 손을 거쳐 지리학회에 들어갔다. 나는 차츰 세계에서 거대한 부분을 차지하는 러시아 지리에 대한 글을 써보면 어떨까 생각하게 되었다. 나는 표층(表層)구조에 기초하여 각 지역의 지리적 차이를 자세히 서술하고 그 차이가 낳은 각기 다른 경제생활의 형태를 고찰하고자 했다. 가령 남러시아의 넓은 평야는 가뭄과 흉년이 잦다. 단순히 우발적인 재앙으로 취급되어온 가뭄과 흉년이 사실은, 남향 경사면에 위치한 땅이 비옥한 것과 같은 자연적 특질인 것이다. 따라서 남부평야의 경제생활은 어쩔 수 없는 정기적인 가뭄에 대비해 조직되어야 한다. 러시아 제국의 각 지방은 칼 리터가 뛰어난 논문에서 아시아의 지방들을 다룬 것처럼 과학적 방법으로 기술되지 않으면 안 되었다.

그러나 이런 작업은 충분한 시간과 완전한 자유를 요구한다. 나는 지리학협회의 사무관이 된다면 이 작업을 수행하는 데 많은 도움이 될 것이라고 생각했다. 1871년 가을, 나는 핀란드에서 탐사작업을 하고 있었다. 새로 부설된 철로를 따라 해안선 쪽으로 천천히 내려가면서 후기 빙하시대의 흔적이 어디까지 뻗어 있는지, 그 최초의 흔적이 어느 지점에서 나타나는지 면밀히 관찰하던 중이었다.

나는 지리학협회에서 전보를 받았다.

"우리 협회는 당신이 사무관직을 맡아주시길 희망합니다."

동시에 전임 사무관에게도 이 권고를 꼭 수락해 달라는 부탁을 받았다. 나의 숙원이 달성된 셈이었다. 그러나 이미 다른 사상, 다른 희망이 나를 지배하고 있었다. 나는 진지하게 생각한 후 답전을 보냈다.

"정말로 감사합니다만 사양하겠습니다."

03
삶의 목표–지리학협회의 사무관직 제의에 대한 거절

우리는 정치적, 사회적으로 익숙한 억압에 쉽게 구속되는 경우가 많다. 그것은 자신의 지위와 업무가 올바른 일을 수행하는가, 자신의 직업이 진정으로 내적 열망과 재능에 부합하는가, 모든 사람들이 일에서 얻고 싶어 하는 보편적인 만족을 주는가를 자문할 시간을 갖지 않기 때문이다. 바쁘게 사는 사람은 특히 그런 구속에 빠지기 쉽다. 일상은 매일 새로운 일을 던져주어 목표치를 끝내지 못한 채 밤 늦게 침대에 몸을 던지게 만들고 아침이 되면 다시 전날 못 다한 일을 서둘러 계속하게 한다. 세월은 흘러가도 인생이 어느 방향으로 가는지 생각할 시간이 없다. 나도 그랬다.

핀란드를 여행하는 동안 나는 생각할 여유가 있었다. 핀란드 고유의 이륜마차인 카리아를 타고 지질학자에게는 아무런 관심도 불러일으키지 못하는 평원을 횡단하는 동안, 어깨에 해머를 지고 자갈채취장을 걸어가는 농민을 보며 나는 생각했다. 의심할 여지없이 흥미로운 지질학적 작업을 하는 동안에도 하나의 관념, 나의 내적 자아를 더욱 강하게 사로잡는 생각이 있었다.

나는 돌을 고르고 딱딱한 흙을 부수면서 토지를 개간하는 데 들인 핀란드 농부들의 고된 땀방울을 보면서 중얼거렸다.

"나는 러시아의 지리에 대해 쓸 것이다. 그리고 농민들에게 토지를 경작하는 최선의 방법을 가르쳐 줄 것이다. 이곳에는 미국제 잡초제거기를 써야하고, 저곳에는 과학적인 처방에 의한 비료를 주어야 한다……. 그러나 농민들에게 미국제 기계에 관해 말해 봐야 무슨 소용이 있는가. 그들에게는 다음 추수 때까지 먹을 빵조차 없다. 그들이 지불해야 할 자갈밭의 소작료는 토지 개량에 성공할수록 점점 더 오를 뿐이다. 그들은 일년에 두 번 굽는 돌같이 딱딱한 호밀 빵을 씹고 있다. 곁들여 먹는 것이라고는 믿을 수 없을 정도로 짜게 소금에 절인 대구와 크림을 만들고 남은 찌꺼기 우유 한 방울뿐이다. 그들이 소출의 전부를 소작료와 세금을 내기 위해 팔아 버리는 상황에서 어떻게 미제 기계를 말할 수 있겠는가. 그들은 나에게 더불어 생활하기를 요구하고 있다. 자유로운 토지의 주인이 될 수 있도록 도와주길 바라고 있다. 그런 후에 그들은 책을 읽을 것이다. 지금은 아니다."

내 생각은 핀란드에서 최근에 내가 방문했던 니콜스코예로 옮겨졌다. 이제 자유의 몸이 된 그들은 자유를 매우 소중하게 생각하고 있다. 그러나 그들에게는 목장이 전혀 없었다. 지주들이 수단과 방법을 가리지 않고 목장을 자신의 소유로 만들어버렸기 때문이다. 내가 어렸을 때 사보힌 가에서는 밤이 되면 여섯 마리의 말을 목장에 풀어놓았고 톨카초프 가는 일곱 마리의 말을 풀어놓았다. 그러나 지금은 두 집안 모두 세 마리밖에 없고, 그전에 세 마리를 키우던 집은 한 마리밖에 없거나 한 마리도 없게 되었다. 보잘것없는 한 마리의 말로 무엇을 할 것인가. 목장도, 말도, 비료도 없다. 그런데 어떻게 내가 그들에게 목초를 가꾸는 법을 말해 줄 수 있겠는가. 그들은 궁핍에 시달리고 있고 몇년 후에는 가혹한 세금 때문에 더욱 가난해질 것이다. 내가 그들에게 아버지가 코스티노 숲에서 풀을 베어도 좋다고 허락했다는 말을 전할 수 있다면 얼마나 기뻐하겠는가.

"도련님네 농노들은 일을 무섭게 합니다."라는 말은 인근 주민들이면 누구나 하는 소리였다. 그런데 '최소법(law of mini-mum)' — 해방령의 수정이 허용되자 지주들이 삽입했던 악마적인 조항 — 을 이용해 계모가 몰수한 토지는 지금 엉겅퀴로 가득 찬 숲이 되었고 '무섭게 일하는' 농민들은 농사짓는 것도 허용되지 않고 있다. 그 같은 일이 러시아의 도처에서 일어나고 있었다. 그리고 중부 러시아의 흉작이 끔찍한 기근으로 이어진다는 것은 전에도 이미 겪은 일이었고 정부의 조사위원들도 경고한 바 있었다. 예상대로 기근은 1876년, 1884년, 1891년, 1895년, 1898년에 반복적으로 일어났다.

과학이란 훌륭한 것이다. 나는 그 기쁨을 체험했고 그것을 중요하게 생각해 왔다. 아마 많은 동료들도 그럴 것이다. 지금도 핀란드의 호수나 언덕을 바라보노라면 새롭고 멋진 추론이 떠오른다. 내 눈 앞에는 먼 과거에 인류가 출현한 직후, 스칸디나비아나 핀란드 북쪽의 섬들에 해마다 얼음이 퇴적되는 것이 보인다. 광대한 얼음은 유럽의 북부로, 그리고 천천히 중부 지방까지 확대되어 간다. 북반구에 살던 생물들은 광대한 빙원에서 불어오는 차디찬 입김에 밀려 남으로 남으로 도망쳐 내려간다. 가련하고 약하고 무지한 인간도 힘들게 생활을 유지하고 있었다. 세월이 흘러 얼음이 녹기 시작했고 호수의 시대가 전개되었다. 움푹 파인 땅마다 무수한 호수가 생겼고 주변의 깊이를 알 수 없는 늪지에는 극지(極地)식물이 살기 시작했다. 다시 일련의 시대가 지난 후 극히 완만하게 건조가 시작되고 남쪽 식물들이 서서히 옮겨와 살게 되었다. 그리고 오늘날 우리는 건조한 초원과 스텝의 형성에 따른 급속한 건조시대에 살고 있다. 인류는 이 건조현상을 저지할 방법을 발견하지 않으면 안 된다. 이미 중앙아시아는 건조현상의 희생물이 되었고 근동(近東)지방도 위협을 느끼고 있다.

당시에 중앙아시아까지 빙원이 생길 것이라는 믿음은 이단시되었다. 내 눈앞에는 커다란 그림이 떠오르고 있었는데 나는 그 수천 개의 세부 그림들을 자세히 그리고 싶었다. 그것은 현존하는 동식물의 지리적 분포를 알 수 있는 열쇠로 지질학과 자연 지리학에 새로운 지평을 열어줄 것이었다.

그러나 주변에 배고픈 사람들이 진흙 같은 한 조각 빵 때문에 투쟁하는 때에, 고상한 즐거움을 누리는 것이 어떻게 옳다고 할 수 있겠는가. 내가 이 고상한 정서의 세계에서 생활하기 위하여 소비하는 모든 것은 바로 땀 흘려 농사지어도 자식들에게 빵 한 조각 배불리 먹일 수 없는 농민들에게서 빼앗은 것이 아닌가.

지식은 거대한 힘이다. 사람은 지식이 있어야 한다. 만일 지식이 — 지식만이라도 — 모든 사람들에게 공유된다면 어떻게 될까? 과학은 비약적으로 발전하고, 생산과 발명 등 사회적 창조 행위가 속도를 측정할 수 없을 정도로 장족의 발전을 하지 않을까?

민중은 알고 싶어 한다. 그들은 배우고 싶어 하며 배울 수 있다. 거인들이 두 호수를 연결시키기 위해 급하게 쌓아올린 것 같은 모레인*의 꼭대기에서 한 핀란드 농부가 아름다운 호수와 수많은 섬들을 바라보며 묵상에 잠겨 있다. 언제나 빈곤하고 짓밟히는 그들이지만 이곳을 지나갈 때는 누구나 멈춰 서서 풍경에 감탄한다. 호수 기슭에서는 또 다른 농부가 최고의 음악가 못지않게 매우 아름다운 노래를 부르고 있었는데, 노래에는 풍부한 감정과 명상적인 힘이 실려 있었다. 두 사람은 깊이 느끼고, 기도하고, 생각하고 있었다. 그들은 기회와 방법과 시간만 주어진다면 자신의 지식을 확장시킬 준비가 되어 있었다.

내가 이 사람들을 위해 나가야 할 방향은 바로 이것이었다. 말로만 인류의 진보를 역설하는 진보주의자들, 농민과 함께 앞으로 나아가는 체 하면서 실은 농민들로부터 멀리 떨어져 있는 그들은 단지 자신의 모순을 감추는데 급급하여 궤변만 늘어놓고 있었다.

그래서 나는 지리학협회에 거절의 답변을 보냈던 것이다.

---

* 빙하에 의해 운반되어서 쌓인 암석 · 모래 · 점토 따위의 퇴석.

04
페테르부르크의 상황–알렉산드르 2세의 이중인격, 관리들의 매수
–민중 교육 확대의 걸림돌

페테르부르크는 1862년 내가 떠나던 때와는 완전히 딴판으로 변해 있었다. "오! 당신은 체르니셰프스키 시대의 페테르부르크를 알고 있군요."라고 시인 마이코프가 내게 말한 적이 있었다. 실제로 내가 아는 것은 체르니셰프스키의 인기가 높았던 때의 페테르부르크였다. 내가 돌아와서 보게 된 이 도시를 어떻게 표현해야 할까? 캬바레와 댄스홀의 페테르부르크라고 할까. 한마디로 '페테르부르크'는 궁정 귀족층의 사교계를 의미하는 것 그 이상도 그 이하도 아니었다.

궁정과 사교계는 자유사상을 신랄하게 비난했다. 1860년대의 저명인사들은 물론 심지어 니콜라이 무라비요프 백작과 니콜라이 밀류틴 같은 온건파들도 위험인물로 간주되고 있었다. 드미트리 밀류틴만이 알렉산드르 2세 밑에서 육군대신으로 그 지위를 유지하고 있었다. 그것은 알렉산드르 2세가 주도하는 군대 개혁의 실현에 많은 세월이 필요했기 때문이다. 개혁인사들은 모조리 쫓겨나거나 한직으로 밀려났다.

나는 전 외무부 고위관리였던 사람과 이야기할 기회가 있었다. 그가 어느 고위관리를 맹렬하게 비난하는 말을 듣고 "그래도 그는 니콜라이 1세 밑에서 일하지는 않았잖습니까."라고 변호하자 그는 "하지만 지금 그는 슈발로프와 드레포프의 권력 밑에서 일하고 있습니다."라고 답했다. 그것은 당시의 상황을 잘 드러낸 말이었고 나는 더 이상 할 말이 없었다.

알렉산드르 2세

국립경찰청장 슈발로프 장군과 페테르부르크 시경국장 트레포프 장군이 러시아의 실질적 지배자였고 알렉산드르 2세는 그들의 행정관이자 앞잡이에 불과했다. 두 사람은 공포정치를 펴고 있었다. 트레포프는 페테르부르크에 혁명의 유령이 덮쳐오고 있다고 알렉산드르에게 엄포를 놓았고 황제는 이 전지전능한 시경국장이 일일 보고자리에 2, 3분만 늦게 나타나도 '페테르부르크에 별 일 없나?' 하고 물어볼 정도였다.

모 후작부인과 결별한 알렉산드르 2세는 곧 풀루리 장군과 친해졌다. 풀루리 장군은 1852년 12월 2일의 쿠데타의 주역이며 나폴레옹 3세의 시종무관이었던 인물이다. 두 사람은 늘 함께 다녔다. 한번은 풀루리가 러시아 황제에게 받은 위대한 은총에 대해 파리의 인사들에게 이야기한 적이 있었다. 그의 말에 따르면 네바 강변을 달리다가 자신을 발견한 황제가 마차에 동석하게 했다고 한다. 마차는 폭이 12인치 밖에 안 되고, 좌석이 하나밖에 없었다. 이 프랑스 장군은 좁은 좌석에 서로 엉덩이의 반만 걸친 채 황제와 자신이 서로 꽉 붙잡아야 했던 모습을 장황하게 설명했다. 꽁피에뉴에서 온 이 사람은 이 사건을 통해 러시아의 새로운 친구들에게 자신의 이름과 그 우정이 의미하는 바를 알렸다.

슈발로프는 항상 군주의 심리상태를 조절하며 이득을 취했다. 끊임없이 반동적인 법안을 마련해놓고, 알렉산드르가 서명을 주저하면, 혁명의 도래와 루이 16세의 운명을 상기시키면서 '황실을 구한다'는 명목으로 폭압적인 법안에 서명하게 하였다. 그것은 알렉산드르를 때때로 비탄과 가책에 빠지게 했다. 그는 우울해져서 슬픈 목소리로 즉위 초기의 빛나던 치세와 현재의 반동적인 성격을 말하곤 했다. 그러면 슈발로프는 특별히 성대한 곰 사냥대회를 열어 사냥꾼들과 유쾌한 간신들, 그리고 시녀들을 마차에 가득 태워 노브고로트 숲으로 향했다. 명사수였던 알렉산드르 2세가 사냥감 가까이 접근해 곰을 쏘아 맞추어 분위기가 절정이 이르렀을 때 슈발로프는 폭압적 조치나 자기 일당들의 이익을 위한 수탈 계획에 서명하도록 했다.

알렉산드르 2세는 평범한 인간은 아니었으나 그의 내면에는 서로 다른 두 존재가 살고 있었다. 두 사람은 점점 서로 격렬하게 싸웠다. 세월이 갈수록 내부 갈등은 점점 더 심해졌다. 그는 멋있게 행동하다가도 순식간에 짐승처럼 변했다. 현실적인 위기에 직면해서는 침착하고도 이성적인 용기를 발휘했으나 머리 속에서만 존재하는 끊임없는 위험의 공포 속에서 살았다. 그는 겁쟁이는 아니었다. 곰과 맞대결할 정도로 용기 있는 사람이었다. 한번은 곰이 그의 총을 맞고도 쓰러지지 않자 황제 뒤에서 창을 든 사나이가 앞으로 뛰어 나왔지만 곰에게 맞아 쓰러져 버렸다. 황제는 그를 구하기 위해 곰에게 접근해서 사살했다(이 이야기는 그 사나이에게서 직접 들은 것이다). 그러나 황제는 평생 동안 상상 속의 공포와 불안의식에 사로잡혀 있었다. 그는 동료에게는 아주 친절했으나 그 친절함 속에는 끔찍한 냉혈적 잔혹성, 즉 17세기적 잔혹성이 있었다. 그것은 폴란드 폭동과 그 이후 1880년 러시아 청년 반란을 진압할 때 나타났다. 누구도 황제가 이렇게 잔인하리라고는 생각하지 못했다. 그렇게 그는 이중생활을 하고 있었다. 그는 가장 반동적인 법령에도 흔쾌히 서명해 놓고 곧 후회하곤 했다. 만년의 내면적 갈등은 점점 격렬해져서 거의 비극적인 성격을 띨 정도였다.

1872년 슈발로프는 영국주재대사로 파견되었으나 동료인 포다포프 장군이 1877년 투르크전쟁이 발발할 때까지 같은 정책을 수행했다. 그동안 국고와 영지, 리투아니아 반란 후 몰수된 토지, 오렌부르크의 바슈키르족 거주 지역에 대한 악질적인 횡령과 수탈이 대규모로 진행되었다. 이 사실은 궁중의 경쟁자들이 두 사람의 비리를 알렉산드르 2세에게 폭로하면서 공개되었다. 밝혀진 몇몇 사건은 최고법정인 원로원회의에 공개회부되었다. 이 재판에서 다음과 같은 것이 밝혀졌다. 극히 부정한 방법으로 리투아니아령 농민들의 토지를 강탈한 포다포프의 한 동료는 항의하는 농민들을 내무부 동료의 힘을 빌려 투옥하거나 태형 또는 총살에 처했다. 이것은 오늘날까지 자행되어 온 러시아 수탈의 역사 가운데서도 가장 악질적인 사건이었다. 드레포프를 파면시킨 이 사건이 만천하에 드러난 것은 베라 자술리치라는 사람이 드레포프를 저격한 사건이 터진 후였다. 베라 자술리치는 드레포프가 옥중의 정치범에게 태형을 가한 데 대한 복수를 한 것이었다. 저격으로 중상을 입은 드레포프는 유언장을 썼다. 그는 유언장을 통해 차르에게 자신이 오랫동안 시경국장이라는 요직에 있었음에도 불구하고 청렴했다는 믿음을 주려고 했으나 실제로는 어마어마한 유산을 상속자에게 남겼다. 그러나 어떤 신하가 이 거짓을 알렉산드르 2세에게 알렸고, 드레포프는 완전히 신용을 잃었다. 이로써 그들 일당의 횡령 사건이 원로원에 회부되었던 것이다.

각 관청의 횡령, 특히 철도 및 공업 분야에서 행해진 횡령 규모는 엄청난 것이었다. 당시 이런 횡령으로 막대한 부를 축적한 자가 적지 않았다. 현재 해군은 알렉산드르 2세가 황태자에게 말했듯이 '누구누구의 호주머니'에 있었다. 국가가 책정한 철도 건설비용은 터무니없이 높았다. 기업들은 관청의 관리들에게 책정된 배당금을 바치기로 약속하지 않으면 사업을 시작할 수도 없었다.

페테르부르크에서 사업을 하려던 나의 친구는 고위인사에게 순이익의 25퍼센트, 재무부의 관리에게 15퍼센트, 같은 부서의 다른 관리에게 10퍼센트, 그리고 네 번째 서열의 관리에게 5퍼센트를 배당해야 한다는 것을 내무부에서 분명하게 들었다. 이런 관례는 공공연히 행해졌기 때문에 알렉산드르 2세도 알고 있었다. 황제가 손수 기입한 회계 감사원장의 보고서는 이 사실을 잘 보여주고 있다. 그러나 그는 이 도둑들이 황제를 혁명으로부터 보호해 준다고 생각했기 때문에 약탈행위가 공공연한 문제가 되기 전까지는 모른 체했다.

후에 알렉산드르 3세가 된 황태자를 제외한 — 황태자는 늘 선량하고 검소했다 — 나머지 태공들은 모두 아버지인 황제의 선례를 따랐다.

한 태공이 네바 강변의 작은 레스토랑에서 벌이곤 했던 질펀한 파티는 여러 추문을 낳았고, 급기야 한 밤에 시경국장이 출동해 레스토랑 주인에게 다시 태공을 들이면 시베리아로 추방하겠다고 협박해야 하는 상황까지 벌어졌다.

"저의 난처함을 상상해 보십시오." 하고 주인이 벽과 천장을 두꺼운 비단으로 장식한 태공 전용 룸을 내게 보여주면서 말했다.

"한쪽으로는 황족의 눈총을 받고, 또 한쪽으로는 드레포프 장군의 시베리아 추방 협박까지 받고 있습니다. 물론 저는 장군님 말씀대로 했습니다. 아시는 대로 지금 장군의 권력은 무소불위니까요."

또 한 태공은 정신병자 같은 행동으로 유명했고 또 다른 태공은 어머니의 다이아몬드를 훔쳐서 투르키스탄으로 추방되었다.

남편에게 버림받은 황후 마리아 알렉산드로브나는 궁정생활에 두려움을 느꼈고, 점점 독실한 신앙인이 되다 못해 러시아 교회의 새로운 종파인 예수회(제수이트파) 궁정목사의 손에 놀아나게 되었다. 이 사악한 목사 일파는 급속히 세력을 확장하여 학교를 장악하면서 국가의 권력자로 성장했다.

러시아 농촌의 사제들은 세례나 결혼식, 장례식을 주재하느라 학교 교육에 신경을 쓸 겨를이 없었다. 시골학교에서 성경을 가르치고 월급을 받는 사제조차도 시간이 없어 자신의 업무를 다른 사람에게 맡길 정도였다. 그럼에도 불구하고 고위 성직자들은 소위 혁명적 정신에 대한 알렉산드르 2세의 증오를 이용해서 학교를 장악하려는 캠페인을 전개했다. "성직자의 학교가 아닌 것은 학교가 아니다."가 그들의 슬로건이었다. 전 러시아가 교육을 원했지만 국가재정에 포함된 4백만 달러라는 어처구니없이 적은 예산조차도 교육부가 기초교육을 위해 쓰지 않고 대부분은 마을 사제의 감독 하에 진행되는 학교설립 보조금 명목으로 교회총회에 지급되었다. 학교의 절반은 존재했지만 나머지 절반은 서류상에만 존재했다.

러시아는 기술교육을 원했으나 교육부는 고전을 가르치는 고등학교만 만들었다. 어려운 라틴어나 그리스어 교육과정은 학생들이 읽고 생각하는 것을 막는 가장 좋은 방법이었기 때문이다. 이 고등학교에서 8년간의 교육과정을 수료하는 데 성공하는 학생은 겨우 2, 3퍼센트에 불과했다. 특별한 존재가 될 가능성이 있거나 독립적인 사고를 하는 학생들은 마지막 학년에 올라가기 전에 걸러졌다. 모든 수단을 동원해 학생 수를 감소시켰다. 교육은 일종의 사치로 여겨졌고 극소수를 위한 것이었다.

동시에 교육부는 교사들의 세미나나 기술학교, 심지어는 그저 평범한 초등학교를 열려고 하는 모든 개인과 단체 — 지역이나 지방 의회, 지방자치단체 같은 — 의 노력에 집요하고도 끈질기게 반대했다. 산업기술자나 농업기술자, 지질학자가 절대적으로 부족한 국가에서 기술교육은 곧 혁명사상으로 취급되었다. 기술교육을 금지시켰고 기술교육이 실행되면 곧바로 기소되었다. 지금도 매년 가을 2, 3천명의 학생들이 결원이 없다는 이유만으로 공업고등학교의 입학을 거부당하고 있다. 공적으로 유용한 일을 하고자 사람들은 절망감에 사로잡혔다. 과도한 세금에 더해 연체세금마저 거두어가는 혹독한 정책은 농민들을 파산으로 몰아갔다. 지방에서는 지방장관들만이 이처럼 가혹한 수단을 동원하여 세금을 뜯어가는 행태를 반겼다.

이것은 페테르부르크의 공식적인 입장이었다. 그것은 러시아 전역에 커다란 영향을 미쳤다.

05
페테르부르크 사회의 악화~영향의 결과. 카라코조프 습격사건
~카라코조프를 죽이려고 했을까?~젊은이들의 비극적인 투쟁

시베리아를 떠나기 전, 우리 형제는 페테르부르크에 가면 지적인 생활이 있으며, 함께 문학 모임을 만들 만한 지인들도 생길 것이라고 얘기하곤 했다. 실제로 급진주의자와 온건한 슬라브주의자들 중에 그런 지인들이 생겼다. 그러나 솔직히 그들은 실망스러웠다. 우리는 훌륭한 사람들을 발견했지만 — 러시아에는 훌륭한 사람들이 많다 — 그들은 우리가 이상적으로 생각하는 정치적인 작가는 아니었다. 탁월한 작가들은 — 체르니셰프스키나 미하일로프, 라브로프 같은 — 국외로 추방되거나 망명했고, 피사레프 같은 작가는 페트로파블로프스크 요새 감옥에 갇혀 있었다. 그밖의 사람들은 정세를 비관하여 변절하거나 일종의 온건한 전제주의로 기울고 있었다. 대다수는 신념을 견지하기는 하지만 자신감을 상실하여 신념을 표현하는 것을 극히 꺼렸다.

개혁이 절정에 달할 무렵 진보적인 작가들은 거의 모두 게르첸이나 투르게네프의 동료들, '위대한 러시아인' 혹은 잠시 존재했던 '토지와 의지 비밀결사' 등과 관계를 갖고 있었다. 그러나 지금 그 사람들은 과거의 정치적 혐의가 탄로날까 두려워 가능한 한 이전의 신념을 숨기기에 급급하고 있다.

그때에도 편집인의 뛰어난 외교적 수완 덕분에 한두 개의 자유주의적 잡지가 발행되고 있었다. 잡지들은 갈수록 심해지는 절대다수 농민들의 궁핍과 절망적인 상태를 담은 훌륭한 글들을 담았고, 모든 진보의 길 앞에 놓인 장애를 제거하기 위해 노력했다. 이런 사실들은 사람들을 절망으로 몰아가기에 충분했다. 그러나 누구도 절망적 상황으로부터 벗어날 구제책을 제시하거나 행동의 방향을 암시하지 않았다. 일부 작가들은 아직도 알렉산드르 2세가 다시 개혁적인 인물이 될 것이라는 희망을 간직하고 있었다. 그러나 대부분은 자유주의적인 잡지들이 탄압을 받거나 편집인과 기고가들이 '제국의 외진 곳'으로 유배되지 않을까 하는 두려움에 떨고 있었다. 공포는 희망과 마찬가지로 사람들을 마비시켰다.

형과 나는 몇몇 문학서클에 초대되어 가끔씩 친목모임에 참석했다. "조국의 기록"이라는 서클을 소개시켜준 것은 퍄트코프스키였다. 퍄트코프스키는 『고아원의 역사』라는 책으로 황후 마리야 표도로브나에게서 꽤 많은 돈을 받았다. 그래서 그는 한 달에 한 번 만찬을 베풀었는데 그곳으로 쿠로치킨, 레이킨, 미나예프 그리고 때로는 미하일로프스키 등 당대 유명한 작가들이 오곤 했다. 동명의 잡지의 편집자들인 네크라소프와 시체드린은 한 번도 이곳에 오지 않았다. 하지만 옐리세예프는 딱 한 번 왔었다. 나는 첫 눈에 그가 훌륭한 사람임을 알 수 있었다. 하지만 나는 그와 가까와지는데 실패했다.

미하일로프스키는 당시 거의 대부분의 시간을 말하지 않고 있었던 수줍음 많이 청년이었다. 그는 내 맘에 들었다. 하지만 우리가 어떤 이야기를 했는지 기억은 나지 않는다. 퍄트코프스키의 만찬 주인공은 대부분 자신의 시를 낭독하는 쿠로치킨이었다. 정치에 대한 진지한 대화는 없었다. 형이 국내 문제나 나폴레옹 3세가 패배했던 1870년의 프랑스로 화제를 돌리면, 연장자 중의 한 명이 "이번의 '라 벨 엘렌느' 공연을 어떻게들 보셨습니까?"라든가 "이 훈제 생선 요리는 어떻습니까?" 하며 말을 끊었다.

문학서클 밖의 상황은 더욱 심각했다. 1860년대의 러시아, 특히 페테르부르크에는 신념을 위해서는 어떤 희생도 감수할 준비가 되어 있는 것처럼 보이는 진보적인 인사들로 가득 차 있었다. "그런데 그들이 왜 이렇게 된 것일까?" 하고 나는 자문했다. 예전에 진보적이었던 선배들도 만나 보았으나 "몸조심하게. 젊은이."라는 말밖에는 들을 수 없었다. '쇠는 풀보다도 강하다'거나 '자기 이마로 돌담을 부수는 사람은 아무도 없다'는 식의 러시아 속담 — 불행하게도 러시아에는 이런 속담이 너무 많다 — 이 생활철학의 규범이 되어 있었다. 그들은 "할 만큼 했으니 더 이상 우리에게 무엇을 요구하지 말라."거나 "참게나. 이런 상황이 오래 가지는 않을 걸세."라고 말했다. 우리 젊은이들은 필요하다면 행동하고, 위험을 감수하고, 모든 것을 희생하며 투쟁을 재개할 준비가 되어 있었다. 우리는 다만 선배들에게 조언과 안내와 정신적 지지를 요구한 것일 뿐이었다.

상류층 출신의 구(舊) 개혁자를 그린 작품 『연기』에서 투르게네프는 이들에 대한 실망을 담고 있다. 읽고 있으면 분통이 터지는 소설들 중 특히 코아노프스키 부인이 크레스토프스키 — 그녀를 또 다른 소설가 프세볼로드 크레스토프스키와 혼동하면 안 된다 — 라는 필명으로 쓴 작품에는 '1860년대 자유주의자들'의 타락상이 여러 측면에서 그려져 있다. '일상생활의 즐거움' — 아마 생존의 기쁨이라고 하는 것이 맞을 것이다 — 이 이들 진보주의자들의 생활 원칙이 되었다. 10년 전 개혁운동의 동력이 되었던 익명의 군중들은 더 이상 '그런 감상적인 말'을 듣기를 거절했다. '현실적인' 사람들의 손에 쏟아질 부를 즐기기 위해 서둘렀다.

농노제가 폐지된 이래 재산을 모을 새로운 길이 많이 열렸다. 군중은 이 길로 열심히 몰려들었다. 러시아에 철도가 열광적으로 부설되었다. 많은 지주들이 최근 개업한 사설은행에서 토지를 담보로 돈을 빌렸다. 새로 개업한 개인 공증인들과 변호사들이 법원에서 막대한 수입을 올렸다. 주식회사가 급격히 불어나고 발기인들은 큰 돈을 벌었다. 백 명의 농노들을 부리며 작은 영지에서 고만고만한 수입을 올리던 시골사람이나, 법원에서 관리 노릇을 하며 고만고만한 월급으로 살던 사람들이, 엄청난 재산을 모아 농노시대에 대지주 외에는 벌 수 없을 정도의 수입을 올리게 되었다.

문화적 분위기도 점점 천박해졌다. 급진운동의 본거지였던 이탈리아 오페라극장은 황량해졌다. 러시아의 대 작곡가들의 권리를 바보스러울 정도로 옹호하던 러시아 오페라극장도 지금은 몇몇 마니아들만 찾을 뿐이었다. 이곳들은 한가했지만 페테르부르크 사회의 꽃이 된 베르그 극장*의 파리 삼류 배우들 — 근위 기병들이 갈채를 보내는 — 의 공연과 러시아어로 각색된 '아름다운 헬레네'가 성황을 이루었다. 러시아의 위대한 희곡 작가들은 모두 잊혀졌고 오펜바흐의 오페레테 음악이 최고로 인기를 끌었던 것이다.

당시 정치적 분위기에서 뜻있는 사람들은 구차한 이유나 변명을 대지 않고 침묵했다. 1866년 4월 카라코조프가 알렉산드르 2세를 저격한 이래 국립경찰은 무소불위의 권력이 되었다. '급진주의자'로 의심받는 자는 공포 속에서 생활해야만 했다. 무슨 일을 했건 안 했건 간에 정치 사범에게 동정을 표시했다거나, 심야 가택수

---

* 오페레타, 샹송, 캉캉 춤 등의 공연을 주로 하던 1866년부터 1876년까지 페테르부르크에 있었던 극장.

색에서 압수된 편지에서 '불온한' 사상이 발견되었다는 이유만으로 언제 체포될지 몰랐기 때문이다. 정치적인 이유로 체포되면 페트로파블로프스크 요새에 갇혀 고문을 받은 뒤 시베리아로 추방되었다.

지금까지도 카라코조프 서클의 운동은 잘 알려져 있지 않다. 당시 시베리아에 있었던 나는 이에 대한 소문을 들을 수 있었다. 이 운동은 서로 다른 두 경향이 결합되어 있었다. 하나는 후에 규모가 엄청나게 커진 '브 나로드* 운동이었고, 다른 하나는 순수하게 정치적인 것이었다. 1864년경 일군의 청년들이 ─ 그중에는 사학자로서, 인류학자로서 촉망받는 대학교수도 있었다 ─ 정부의 반대를 무릅쓰고 교육과 지식을 민중에게 전할 의도로 몰려들었다. 그들은 평범한 직공으로 대공업도시에 가서 협동조합과 간이학교를 세웠다. 그들은 탁월한 방법과 인내로 교육한 민중들을 거점 삼아 진보적인 사상을 확대 시켜나갈 계획이었다. 그 열정은 대단했다. 운동을 후원하는 막대한 돈이 모금되었다. 나는 이 운동이 후에 일어난 모든 진보적인 운동과 비교해서 가장 튼튼한 물질적 기초 위에서 진행되었다고 생각한다. 발기인들은 노동계급과 가까운 사람들이었다.

한편 일부 운동원들 ─ 카라코조프, 이슈친과 그 동료들 ─ 의 운동은 정치적인 방향으로 나아갔다. 1862년부터 1866년까지 알렉산드르 2세의 정치는 명확히 반동적인 것이었다. 그는 가장 반동적인 인물들에게 둘러싸여 있었다. 치세 초기의 빛나는 개혁안들은 타협적인 부칙과 측근들에 의해 완전히 붕괴되었다. 장원제와 농노제로의 회귀가 수구진영에서 공공연하게 기대되는 반면 주요 개혁, 즉 농노제 폐지가 반개혁세력의 공격을 견딜 수 있으리라고 생각하는 사람은 아무도 없었다. 모든 상황은 카라코조프와 그 동료들로 하여금 알렉산드르 2세의 통치가 계속된다면 그동안 이룬 성취도 물거품이 될 위험이 있다는 생각을 하게 만들었다. 러시아는 다시 니콜라이 1세의 공포정치 시대로 후퇴하고 말 것이었다. 동시에 그들은 '늘 반복되면서도 늘 새로웠던 이야기'인 황태자와 그의 삼촌 콘스탄틴의 자유주의

---

* 러시아어로 '민중 속으로'라는 뜻으로 러시아의 농촌운동을 일컫는다.

적 성향에 큰 희망을 가졌다. 1866년 이전 이러한 두려움과 희망은 카라코조프가 관계하고 있었던 상층 서클도 갖고 있었다고 말할 수 있다. 어쨌든 카라코조프는 어느 날 알렉산드르 2세가 여름정원에서 마차에 오르려 할 때 저격을 시도했다. 탄환은 빗나갔고 카라코조프는 현장에서 체포되었다.

모스크바 반동진영의 우두머리이며 정치적인 분쟁이 있을 때마다 금전적인 이득을 챙기는데 귀재였던 카트코프는 모든 급진주의자와 자유주의자가 카라코조프와 공모한 것처럼 비난했다. 물론 그것은 명백한 거짓이었다. 그는 신문에 카라코조프가 개혁파의 최고 지도자인 콘스탄틴 태공의 손에 놀아나는 앞잡이에 불과하다는 기사를 써서 모스크바 사람들이 그렇게 믿도록 만들었다. 슈발로프와 드레포프가 이를 이용할 것이라는 것, 그리고 곧 알렉산드르 2세의 공포정치가 시작되리라는 것을 누구나 어느 정도 예상할 수 있었다.

폴란드 폭동 때 '살인마'라는 별명을 얻은 바 있는 무라비요프는 이 허구적인 역모 사건에 대해 모든 수단을 동원해 엄중 조사하여 사건의 배후를 밝히라는 명령을 받았다. 그는 "죄수들의 입을 열게 할 방법이 있다."고 호언장담하며 전 계층의 유력인사 수백 명을 체포하여 조사했다. 그는 잔혹한 고문도 마다할 인물이 아니었다. 카라코조프는 고문을 당하며 자백을 강요받았지만 누구의 이름도 대지 않았다는 것이 페테르부르크의 하나된 공론이었다.

많은 사람들을 공포에 떨게 했던 국가 비밀문서들은 동궁 맞은편에 거대한 돌로 만들어진 요새들에 잘 보관되어 있었다. 그 문서들은 최근에야 역사가들에 의해 공개되었다. 그러나 이 사건을 밝혀줄 무라비요프의 비밀문서는 아직도 발견되지 않고 있다.

1866년 나는 시베리아에 있었다. 그 해 말, 러시아에서 이르쿠츠크로 여행을 하던 동료 장교 한 명이 여인숙에서 두 명의 헌병과 함께 묵게 되었다. 헌병들은 횡령 혐의로 추방된 한 관리를 시베리아로 호송하고 본국으로 귀환하는 길이었다. 장교는 추운 겨울 밤 테이블 앞에서 술을 마시고 있는 헌병들과 함께 어울려 이야기를 주고받았다. 헌병 중 한 사람이 카라코조프를 알고 있었다. "녀석은 참 교활했어요." 헌병이 이야기를 시작했다. "그 놈이 요새에 있을 때 두 명씩 두 시간 교대로 녀석이 잠들지 못하게 하라는 명령을 받았지요. 그래서 녀석을 작은 의자 위에 앉히고서 졸기 시작하면 바로 흔들어 깨우곤 했습니다. 어쩌겠습니까? 그렇게 명령받은 걸. 근데, 녀석이 얼마나 교활한지 보십시오. 녀석은 다리를 꼬고 앉았는데, 한쪽 다리를 떨어서 깨어있는 것처럼 믿게 했어요. 녀석은 다리를 떨면서 한참 동안 잤을 겁니다. 그것을 알아차린 우리는 교대하면서 녀석이 다리를 흔들거나 말거나 매번마다 흔들어 깨우라고 알려주었습니다."

나의 친구가 물었다.

"그런 일이 얼마나 계속되었나?"

"오, 여러 날이죠. 일주일 이상이었을 겁니다."

헌병의 말투는 진솔했고 꾸밈이 없었다. 카라코조프가 최소한 이 정도로 고문받았다는 것은 확실했다.

카라코조프의 교수형 집행에 참석한 근위학교 시절의 동료가 있었다.

"그가 올라탄 수레가 요새 문 밖으로 나와 거친 비탈길을 덜컹거리며 내려오는 것을 보았을 때 나는 고무인형을 처형하려는 것이 아닌가 하고 생각했다네. 머리와 손, 아니 몸 전체가 흐느적거려서 뼈가 다 부러진 게 아닌가 할 정도였으니까. 도대체 어떻게 했길래 그렇게 참혹할 수 있는지 소름이 다 끼치더라고. 그러나 두 군인이 부축해서 마차에서 내려주었을 때 그는 자기 발로 교수대에 오르려고 안간힘을 썼네. 고무인형도 아니었고 기절해 있는 것도 아니었지. 장교들도 끔찍해서 아무도 입을 열지 않았네."

나는 친구에게 카라코조프가 고문을 당해서 그렇게 된 것이냐고 조심스럽게 묻자, 친구는 "그렇겠지." 하고 대답했다.

대단히 강인한 정신의 소유자가 어떻게 그런 상태가 되었는지는 몇 주일 동안 잠을 재우지 않았다는 것만으로도 충분한 설명이 될 것이다. 게다가 나는 요새에서 죄수들에게 — 1879년에 아드리안 사브로프라는 죄수에게 사용한 것은 확실하다 — 약물을 투입한 사실을 확신하고 있다. 무라비요프의 고문이 여기서 끝났을까? 더 심한 고문도 했을까? 그것을 알 수는 없지만, 페테르부르크의 고위 관료들에게서 고문이 있었다는 말은 들었다.

무라비요프는 페테르부르크의 모든 급진분자들을 근절하겠다고 장담했다. 과거 조금이라도 급진성향을 가졌던 사람은 언제 이 무자비한 자의 손에 걸려들지 몰라 공포에 떨었다. 그들은 위험한 정치단체의 가입을 꺼렸고, 젊은이들과의 접촉도 꺼렸다. 투르게네프가 소설에서 묘사한 것처럼 '아버지'와 '아들', 즉 세대 간은 물론 30대와 20대 사이에도 커다란 의식적 간극이 생겼다.

러시아의 청년은 농노제를 지지하는 아버지 뿐 아니라 형에게도 환영받지 못했다. 형은 동생의 사회주의적 동경에 동조하기는커녕, 도움을 요청할까봐 두려워했다. 나는 자문했다. 일찍이 아버지와 형도 포기한 강적에 대항해 투쟁했던 이런 젊은이들이 역사에 있었던가? 더구나 이 젊은이들이 가슴에 품고 실현하려고 하는 지적 유산은 바로 아버지와 형에게서 받은 것 아닌가? 어느 때의 투쟁이 이보다 더 비극적인 조건에서 수행되었던가?

06
여성의 고등교육─젊은 여성들의 과학에 대한 열정과 성공의 원인

내가 페테르부르크에서 생활하면서 유일하게 낙관적으로 본 것은 청년운동이었다. 지하에서는 다양한 조류들을 흡수해 강력한 선동성과 혁명성을 지닌 운동이 전개되었고, 그 운동은 15년 동안 러시아인의 이목을 집중시켰다. 이에 관해서는 다시 부연하기로 하고, 여기서는 고등교육을 받을 권리를 쟁취하기 위하여 공개적으로 싸웠던 여성들에 대해서 이야기하겠다. 당시 페테르부르크는 이 여성운동의 중심이었다.

젊은 형수는 매일 오후 여성 교육학강좌를 갔다 와서는 생동감 넘치는 현장의 모습을 나에게 전해주곤 했다. 강좌에서 여성을 위한 의학전문학교와 대학 설립이 제안되고 다른 교육방법과 학교에 관한 논의가 이루어졌다. 수백 명의 여성들이 이 문제에 지대한 관심을 가지고 토론을 벌였다. 무슨 일이라도 하겠다며 페테르부르크로 모여든 최빈곤층 여성들까지도 번역업계, 출판업계, 인쇄업계, 제본업계에서 일하면서 고등교육에 대한 열망을 가지게 되었다. 내가 어디에서도 보지 못한 활기와 열정이 여성들을 장악하고 있었다.

정부가 대학에 여성을 입학시킬 수 없다는 방침을 내린 이래 여성들은 자신들의 대학을 설립하기 위해 온 힘을 기울였다. 교육부는 여자고등학교를 졸업한 학생은 대학 강의를 들을 수 있는 소양이 없다고 발표했다. 그러자 여성들은 이렇게 응수했다.

"좋습니다. 그러면 대입 예비과정을 허가해주십시오. 그리고 당신이 선호하는 프로그램을 마련해 주십시오. 정부보조금은 요구하지 않겠습니다. 허가만 내주면 해내겠습니다." 허가는 물론 나지 않았다.

그녀들은 페테르부르크 도처에 개인강좌와 응접실강좌를 열었다. 많은 대학교수들이 이 새로운 운동에 동조해 강의해 주었다. 자신도 가난한 형편이지만 강의료 얘기가 나오면 자신에 대한 모욕으로 받아들이겠다고 주최측에 주의를 줄 정도였다. 매년 여름에는 대학교수들의 지도 하에 페테르부르크 교외에서 자연과학 중심의 수업이 진행되었다. 참가자의 대부분은 여성이었다. 산파를 위한 강좌에서는 학생들의 요구로 계획보다 자세히 강의하거나 보충수업을 해 주어야 했다.

여성들은 모든 수단을 동원해 장벽을 돌파해 나갔다. 여성들은 노교수 그루벨의

해부학 연구실에 입실하는 것을 허락받았는데 뛰어난 연구작업으로 해부학자들을 자기들 편으로 만들어 버렸다. 여성들은 한 교수가 휴일이나 야간에 연구실을 이용해도 좋다고 하자 그곳에서 밤늦게까지 공부했다.

마침내 여성들은 교육부의 반대를 무릅쓰고 대입 예비학교를 설립했다. 명목상의 이름은 교육학강좌로 했다. 미래의 어머니들이 교육학을 공부하는 것마저 금지할 수는 없었다. 그러나 다양하게 마련된 여러 과목의 강좌는 사실상 예비대학의 성격을 띠고 있었다.

여성들은 한 걸음씩 권리영역을 넓혀 나갔다. 독일 어느 대학의 교수가 몇몇 여성들에게 강의실을 개방한다는 사실이 알려지자 그 교수를 찾아가 곧장 완전한 입실을 허락받았다. 여성들은 하이델베르크에서 법과 역사를, 베를린에서 수학을 공부했다. 취리히에서는 1백여 명의 러시아 여성들이 대학과 기술전문학교에 다녔다. 그녀들은 그곳에서 학위보다 더 가치 있는 것을 얻었다. 학문이 뛰어난 교수들이 여성들을 좋게 평가하고 인정해 주었던 것이다. 교수들은 여러 사람들에게 자주 여성들을 칭찬하곤 했다. 내가 1872년 취리히에서 만난 한 학생은, 기술전문학교에 다니는 어린 여학생들이 수년 간 수학교육을 받은 사람처럼 미분공식을 이용해 매우 복잡한 열역학 문제를 푸는 것을 보고 놀랐다고 했다. 베를린 대학의 바이엘슈트라스 교수 밑에서 수학을 공부하던 러시아 여성 소피아 코발레프스카야는 저명한 수학자가 되어 스톡홀름대학 교수로 초빙되었다. 아마 그녀는 남자대학의 교수가 된 최초의 여성일 것이다. 그녀는 너무 어려 스웨덴에서는 누구나 그녀를 '쏘냐'라는 애칭으로 부를 정도였다.

교육받은 여성에 대한 알렉산드르 2세의 공공연한 혐오에도 불구하고, ― 그가 길에서 안경을 쓰고 둥그런 가리발디 모자를 쓴 여자를 만났다면 틀림없이 자신을 암살하려는 니힐리스트*라고 생각하여 떨었을 것이다 ― 모든 여학생을 혁명가로 취급하는 국립경찰의 심한 반대에도 불구하고, 카트코프가 이 운동에 대해 신문에

---

* 이곳의 니힐리스트는 단순한 허무주의자가 아니라 19세기 러시아의 아나키스트를 일컫는다.

비열한 중상모략을 일삼았음에도 불구하고, 여성들은 정부의 눈앞에서 교육기관들을 설립하는 데 성공했던 것이다.

몇몇 여성들이 외국에서 의학박사 학위를 취득한 1872년, 여성들은 정부로부터 여자의과대학 설립허가를 받아냈다. 러시아 정부가 해외로 망명한 혁명가들과의 접촉을 막기 위해 취리히에서 공부하던 여성들을 소환했을 때, 이미 4개의 여자대학이 문을 열었고, 여학생 수는 거의 1천여 명에 달했다.

여자의과대학이 갖은 박해를 받아 일시 폐교되었음에도 불구하고 현재 러시아에는 670여 명의 여의사가 활약하고 있다는 것은 믿을 수 없겠지만 틀림없는 사실이다.

이것은 실로 놀랄만한 성공이며 지극히 교훈적인 운동이었다. 운동이 성공을 거둔 요인은 무엇보다 모든 직업여성들의 무한한 헌신 때문이었다. 그녀들은 이미 크림전쟁의 간호사로, 학교설립자로, 농촌의 가장 헌신적인 초등학교 교사로, 농민을 위한 산파나 간호조무사로 일하고 있었다. 1878년 투르크전쟁 때에는 부상병으로 가득찬 병원에서 간호사와 의사로 일해 군사령관이나 알렉산드르 2세의 감사장을 받기도 했다. 내가 아는 두 여성은 모두 '수배' 상태에서 가짜 여권과 가명을 쓰며 전쟁터에서 간호사로 일했다. 두 사람 중 더 큰 '범인'은 나의 탈출에 중요한 역할을 맡기도 했는데, 그녀는 심지어 부상병을 수용하는 큰 병원의 수간호사로 임명되기도 했다. 반면 다른 한 여성은 티푸스에 걸려 죽었다. 한마디로 그녀들은 민중을 위한 것이라면 아무리 사회적으로 천한 일이라도, 아무리 큰 자기희생을 요구하더라도 상관하지 않았다. 그것도 소수가 아니라, 수백 명이 아니라, 수천 명이 그랬다. 그녀들은 참된 의미의 권리를 쟁취했던 것이다.

이 운동의 또 다른 특징은 선후배들 간의 갈등이 없거나 적어도 사소한 갈등으로 커다란 간극을 보이지 않았다는 사실이다. 초기의 선배 지도자들은 훨씬 급진적인 젊은 여성들과도 연대를 끊은 적이 없었다. 지도자들은 어떠한 정치적 선동에도 흔들리지 않으면서 보다 높은 목적을 향해 나아갔지만, 운동의 진정한 힘이 대부분 급진적인 혹은 혁명적인 단체에 가입한 젊은 여성들에게 있음을 잊지 않았다. 그녀들은 옳았다. 지나치게 고지식하다고 생각될 정도로 옳았다. 그러나 그녀들은 젊은 여학생들 — 머리를 짧고 통치마를 입은, 모든 행동에서 민주적인 정신을 드러내는 전형적인 니힐리스트들 — 과 연계를 끊지 않았다. 그녀들은 젊은 여성들과 어울리지 않았고 마찰도 있었지만 분열하지는 않았다. 이것은 광기어린 박해의 시대에 아주 훌륭한 일이었다.

그녀들은 젊고 민주적인 여성들에게 이렇게 말하는 것처럼 보였다.

"우리는 비로드 옷을 입고 리본을 하고 다니네. 그런 차림을 해야 '정치적으로 믿을 수 있다.'고 생각하는 바보들을 상대해야 하기 때문에. 그러나 자네들은 자유롭게 하고 싶은 대로 하게."

취리히에서 공부하던 여성들이 러시아 정부로부터 귀국명령을 받았을 때에도 이 고지식한 여성들은 정부를 적으로 삼지는 않고 이렇게 말할 뿐이었다.

"마음에 들지 않습니까? 좋습니다. 그렇다면 러시아에 여자대학을 설립하십시오. 그렇지 않으면 젊은 여성들은 더 많이 외국으로 나가게 되고 망명객과도 접촉하게 되겠지요."

혁명가를 양성한다는 비난을 받고, 대학 폐쇄명령을 받았을 때도 그녀들은 이렇게 대답했다.

"그래요. 많은 학생이 혁명가가 되고 있습니다. 그러나 그것이 모든 대학을 폐쇄해야 하는 이유가 된다는 말입니까?" 당시 정치 지도자 중에서 당내 급진파를 적대시하지 않는 도덕적 용기를 가진 정치지도자는 거의 없지 않았던가!

여성들이 현명하고 성공적인 태도를 가질 수 있었던 진짜 비밀은 운동의 핵심인사들이 사회와 국가의 특권적 지위를 누리려는 페미니스트가 아니었다는 데 있다. 그녀들은 그런 것과는 거리가 멀었다. 대부분 여성지도자들의 관심은 민중에게 있었다. 나는 1862년 일요학교에서 활발한 활동을 벌였던 대표적인 지도자였던 스타소바를 기억한다. 그녀의 동료들과 여공들 사이에는 유대감이 형성되었고, 가혹한 노동에 시달리는 여공들에게 많은 관심을 보이며 학교 밖에서도 탐욕스러운 고용주들과 함께 맞서 싸웠다. 나는 교육강좌에서, 마을학교에서 여성들이 보여준 뜨거운 관심을 기억한다. 그리고 그 운동에서 중요한 일을 맡는 것을 마다하지 않았던 바론코프 같은 이도 기억한다. 그러한 사회적 정신은 강좌에서 구현되었다. 여성들이 쟁취하고자 했던 것은 단지 개인적으로 교육을 받는 것만이 아니라 나아가 민중을 위한 활동가가 되는 것이었다. 이것이 그들이 성공한 이유였다.

07
아버지의 죽음-스타라야 코뉴센나야의 새로운 모습

몇 년 사이에 아버지의 건강은 점점 악화되었다. 1871년 봄에 형과 내가 찾아갔을 때 의사는 아버지가 가을의 첫서리가 내릴 때를 넘기지 못할 것이라고 말했다. 아버지는 여전히 스타라야 코뉴센나야 거리에서 옛날 모습대로 살고 있었다. 그러나 이 귀족 도시는 모든 것이 변해 있었다. 한때 위세가 당당했던 부유한 농노 소유자들은 없었다. 농노해방 때 받은 배상금을 마구 써버린 그들은 어쩔 수 없이 새로 생긴 토지은행에 영지를 저당잡히고는 결국 지방이나 시골에 묻혀 사는 지경으로 전락했다. 그들이 살았던 집에는 부유한 상인이나 철도건설 기술자들이 살고 있었다.

시종무관들이 모여 살던 구역에서는 새로운 세력들이 폐허 위에서 자신의 권리를 주장하며 투쟁하고 있었다. 그런 까닭에 아버지의 말벗이라고는, 러시아가 이 새로운 질서 아래 곧 망할 것이라고 저주를 퍼부으며 슬픔을 달래는 두세 명의 퇴역장군과 가끔 방문하는 친척들뿐이었다. 어렸을 적 모스크바에는 20가구의 친척들이 살았으나 지금은 2가구 밖에 없었다. 그나마 이 두 집안조차도 새로운 조류에 합류하여 어머니가 자식들과 민중을 위한 학교나 여자대학 문제를 논의하고 있었고 아버지는 이런 친척들을 경멸했다. 조금도 변하지 않은 계모와 이복동생 폴리나만이 최선을 다해 아버지를 위로했다. 그러나 그들조차도 익숙하지 않은 낯선 변화를 온몸으로 느끼고 있었다.

아버지는 형 알렉산드르에게 언제나 퉁명스럽게 대했다. 그러나 형은 누구에게도 악의를 품지 못하는 사람이었다. 형은 깊고 푸른 눈에 한없이 부드러운 미소를 지으며 아버지의 병실로 들어갔다. 그는 곧 어떻게 해야 환자를 편하게 하는지를 알았고, 그의 간호는 오랫동안 환자를 보살펴온 사람처럼 자연스러웠다. 아버지는 당혹스러워하면서 이해할 수 없는 놈이라는 식으로 형을 쳐다보았다. 우리의 방문은 칙칙하고 우울한 병실에 활기를 불어넣었다. 계모와 폴리나도 점점 활기를 되찾았고, 아버지도 그러한 변화를 받아들였다.

그러나 한 가지만은 아버지를 슬프게 할 수밖에 없었다. 아버지는 우리가 반성하면서 아버지의 도움을 청하며 돌아올 것이라고 생각했다. 아버지가 이 문제에 대해 이야기를 꺼내려고 하면 우리는 "걱정하실 것 없습니다. 저희는 잘 살고 있으니까요." 하고 말을 가볍게 가로챘다. 이것은 아버지를 당혹스럽게 만들었다. 아버지는 옛날처럼 자식이 용서를 빌고 도움을 청하는 모습이 재현될 것이라고 생각했고 이런 장면이 실제로 연출되지 않는 것을 한참 동안 이상하게 여겼다. 그러나 그 이후 아버지는 점점 우리를 대견하게 생각하게 되었다. 떠날 때가 되자 우리 세 사람은 이별을 슬퍼했다. 아버지는 자신이 평생 동안 유지해 왔던 체계가 무너진 상황에서 다시 우울한 외로움 속에 남겨지는 것이 두려운 듯했다. 그러나 형은 귀대해야 했으며 나 역시 핀란드로 떠나지 않으면 안 되었다.

내가 핀란드에서 전보를 받고 다시 집으로 왔을 때는 장례식이 막 시작될 무렵이었다. 장례식장은 아버지가 세례를 받고, 할머니의 장례식을 치렀던 붉은 벽돌의 오래된 교회였다. 장례행렬은 어릴 때부터 낯익은 집들이 늘어서 있는 길을 지나갔다. 겉모양은 그대로였지만 어느 집이든 내부에서는 새로운 생활이 시작되고 있었다.

옛날에는 증조할머니의 소유였고, 다시 미르스키 공작부인의 소유였다가 지금은 N장군이 사는 집이 있었는데 그 집의 딸은 착했지만 완고한 부모와 2, 3년 동안 계속 싸우고 있었다. 부모는 딸을 귀하게 여겼지만 모스크바에 개설된 여자대학의 강좌를 듣는 것만은 허락하지 않고 있었다. 결국 그녀는 감시를 받으며 어머니의 고급마차로 통학하는 조건으로 허락을 받아냈다. 대담한 어머니는 학생들 틈에 끼어서 딸 곁에 몇 시간씩 붙어 다녔다. 그러나 이런 감시에도 불구하고 2, 3년 뒤 딸은 혁명당에 가담하고 말았다. 그녀는 체포되어 1년 동안 페트로파블로프스크 요새감옥에 수감되었다.

그 맞은편 집에서는 봉건적인 Z백작과 두 딸이 심하게 싸우고 있었다. 딸들은 부모가 강요하는 무료한 생활에 염증을 느꼈다. 그녀들은 자유롭고 즐겁게 대학 강좌를 들으러 다니는 여성들을 부러워했다. 이 싸움은 2년 동안 계속되었다. 부모는 이 문제만은 절대로 양보하지 않았다. 결국 언니의 음독자살이 있고 나서야 동생은 원하는 대로 해도 좋다는 허락을 받게 되었다.

그 옆집은 1년 동안 우리 가족이 살기도 했었고, 나와 차이코프스키가 모스크바에서 조직했던 서클의 첫 비밀집회를 열기도 했던 곳이다. 그 집도 유년시절과는 많이 달라져 있었다. 그 집은 나탈리아 아름펠트의 소유가 되어 있었다(그녀는 차이코프스키 단 회원이었으며, 후에 조지 케넌이 시베리아에 관한 책에서 감동적으로 묘사한 카라해(海)의 '유형수'였다). 아버지가 돌아가신 집에서 엎어지면 코 닿을 곳에서, 나는 농민으로 변장한 스테프냐크를 만났다. 농민들에게 사회주의를 선전하다가 체포된 그는 탈출했던 것이다.

과거 15년 동안 스타라야 코뉴센나야 거리에 이런 변화들이 일어났다. 옛 귀족의 마지막 거점인 이곳에도 새로운 정신이 침투하고 있었다.

08
첫 유럽 여행–취리히 여행–인터내셔널, 사회주의 문학
–제네바의 리더들과 정치가들

그 이듬해 이른 봄, 나는 처음으로 서유럽을 여행했다. 러시아의 국경을 통과하면서 조국을 떠나는 모든 러시아인들이 느꼈던 감회를 나도 느꼈다. 기차로 인적이 드문 서북 지방을 달릴 때는 마치 황야를 지나는 듯했다. 몇 백 베르스타 내내 숲이라고 부를 수 없는 낮은 덤불들이 계속되었다. 곳곳에는 눈 덮인 작은 마을과 행인도 없는 좁고 꼬불꼬불한 진흙투성이 길이 보였다. 그러다 기차가 프러시아에 들어서자 갑자기 경치가 완전히 변했다. 깨끗한 마을과 아름다운 농장, 포장된 도로가 눈에 들어왔다. 이 변화는 독일로 들어가면서 점점 뚜렷해졌다. 우중충한 베를린조차도 러시아 도시들보다 활기차 보였다.

기후도 대조적이었다. 이틀 전에 눈 쌓인 페테르부르크를 출발한 나는 중부 독일에 도착하여 외투도 없이 따스한 햇볕을 받으며 만개한 꽃들을 바라보면서 플랫폼을 걸었다. 곧 라인 강에 다다랐고 나아가 햇빛이 강렬한 스위스로 넘어갔다. 나는 작고 깔끔한 호텔에서 눈 덮인 산들을 바라보면서 야외에서 아침을 먹었다. 지금까지 러시아가 북방에 위치한다는 사실이 무엇을 의미하는지, 핀란드만 연안과 같은 위도에 생활 근거지를 마련해야 한다는 사실이 러시아 국민의 역사에 얼마나 많은 영향을 미쳤는지 나는 그제야 생생하게 깨달았다. 남방의 토지에 대한 러시아인의 이해할 수 없을 정도의 애착, 끊임없이 시도되었던 러시아인의 흑해 진출, 만주까지 내려간 시베리아의 개척민 이동의 의미를 비로소 나는 충분히 이해했던 것이다.

당시 취리히는 러시아 학생들로 가득차 있었다. 기술전문학교 근처 유명한 오베르슈트라스는 러시아의 거리가 되었고, 그곳에서는 주로 러시아어가 사용되었다. 러시아 학생들은 대부분 다른 학생들처럼 검소했고, 여학생들은 더욱 검소했다. 그들은 커피, 빵, 우유 그리고 알코올램프로 구운 얇은 고기를 먹으며 — 그것은 그들이 평소에 먹는 음식의 전부였다 — 최근의 사회주의운동 소식과 책에 대해서 진지하게 토론을 벌이곤 했다. 최소한의 생활비를 제외하고 돈이 남으면, 전단을 만들거나 창간을 준비하는 러시아어 잡지 혹은 스위스의 노동신문 후원비로 내는 등 '공공목적'을 위해 사용했다. 의복은 참으로 소박했다. 푸슈킨은 유명한 시에서 "열여섯 살 처녀에게 어울리지 않는 모자가 있을까?"라고 했다. 취리히의 러시아 여학생들은 전통 있는 츠빙글리의 시민들에게 이렇게 도전적으로 묻는 것 같았다.

"젊고 지적이며 정열적인 우리에게 어울리지 않는 옷이 있겠습니까?"

여학생들은 검소한 생활을 하면서 어떤 학생들보다도 열심히 공부했다. 취리히의 교수들은 남학생들에게 여학생들의 모범적인 자세를 본받으라고 말하곤 했다.

물론 러시아의 남녀 학생들은 노동운동에 적극적으로 참여했다. 노동자 신문들과 찌라시를 읽었으며 이러저러한 당의 활동에도 적극적이었다. 사회민주주의자들이 대부분이었지만 소네치카, 스메츠카야, 로스 등 바쿠닌주의자들도 몇 있었다. 그 당시 나를 놀라게 한 것은 이들이 스위스의 현지 노동운동과 거리를 두고 있었다는 것이다. 남녀학생들의 논쟁을 들으면서 이들이 자신의 당을 위해서 취리히에서 목숨을 바칠 준비가 되어 있다는 것을 알 수 있었다. 하지만 취리히의 노동운동에 그들은 관여하지 않았다. 그들은 '자신들만의 수프'를 끓였다. 이들은 외국 노동자들 사이에서 실습을 하는 것보다 러시아의 노동자와 농부들의 현재의 삶을 더 잘 알도록 공부하는 것 그리고 운동의 방향성에 대해서 논쟁하는 것이 더 중요하다고 생각했다. 러시아인들은 사회주의자 선동가가 멋지게 연설하는 큰 모임에만 갔다. 그들은 노동자들 사이에서 일상적이고 조용하게 노동을 하는 것을 좋아하지

제1인터내셔널 지도자들

않았다. 당시에도 그랬고 그것은 나중에도 지속되었다.

　나는 오래 전부터 인터내셔널*에 대해 알고 싶었다. 러시아의 신문 칼럼에서는 꽤 자주 언급되었지만 그 사상이나 활동에 대해 기사를 쓰는 것은 금지되어 있었다. 나는 그것이 많은 성과를 이뤄낸 운동일 것이라고 추측했지만 인터내셔널의 목적과 경향을 확실하게 파악하지 못하고 있었다. 나는 스위스에 온 김에 이 오랜 희망을 달성해 보기로 했다.

　인터내셔널의 활동은 절정에 있었다. 1840년부터 1848년까지 유럽 노동자의 가슴에 거대한 희망이 일깨워지고 있었다. 나는 얼마나 엄청난 양의 문서들이 기독교사회주의자, 국가사회주의자, 푸리에주의자, 생시몽주의자, 오언주의자 등의 사회주의자들에 의해 유포되었는지를 그제야 비로소 알게 되었다. 나는 그제서야

＊　노동자계급 최초의 국제조직. 1864년 9월28일 영국 런던의 세인트 마틴 홀에서 창립되었다. 일명 제1인터내셔널이라고 한다.

이 운동의 깊이를 이해하기 시작했다. 또한 우리 세대가 생각해온 동시대적인 사상이 최근 몇 년 동안 얼마나 많이 개발되고 전파되었는지를 알게 되었다. 그것은 실로 거대한 물결이었다.

공화주의자들은 오늘날 일반적으로 이해되는, 자본가가 지배하는 민주적 '공화국'과는 전혀 다른 '공화국'을 생각하고 있었다. 그들은 유럽 합중국을 구상하며 기계를 변화시키려고 했다. 즉 생산의 도구가 사회구성원 모두에게 이롭게 쓰이도록 하기 위한 것이었다. 피에르 뒤퐁의 노래처럼 '쇠는 노동자의 것'이었다. 그들은 정치적 권리에 관한 평등 못지않게 경제적 평등을 실현하려고 애썼다. 민족주의자들은 '이탈리아 청년' '독일 청년' '헝가리 청년'에게서 토지분배와 경제개혁의 꿈이 실현될 가능성을 보았다.

그러나 파리 6월 봉기의 실패, 니콜라이 1세의 군대에 대한 헝가리의 패배, 프랑스 군대와 오스트리아 군대에 대한 이탈리아의 패배, 그리고 끔찍한 정치적, 사상적 반동정치는 유럽 전역에서 이 운동을 완전히 붕괴시키고 말았다. 그 후 20년간 사회주의문학, 사회주의문헌, 경제혁명의 원칙 그리고 범세계적인 형제애는 완전히 잊혀졌다.

그러나 모든 노동자의 국제적 단결이라는 사상만은 살아남았다. 소수의 프랑스 이주민들이 미합중국에서, 로버트 오언의 계승자들이 영국에서 사상을 전파했다. 1862년 런던 국제박람회에 참가한 프랑스 노동자 대표자들과 영국 노동자들이 만나 이룬 합의는 온 유럽에 퍼져서 수백만 명의 노동자를 포괄하는 거대한 운동의 시발점이 되었다. 20년 동안 잠들어 있던 희망은 노동자들에게 다시 '신앙, 성별, 국적, 인종, 피부색에 상관없는' 단결과 '노동자의 해방이 노동자 자신의 임무'임을 호소했다. 사랑과 자선의 이름이 아니라 정의의 이름으로, 목적과 희망을 이성적으로 인식하고 있는 사람들의 집단적인 힘으로 인류를 진보시키지 않으면 안 된다고 호소했던 것이다.

1868년과 1869년에 파리에서 일어난 두 차례의 동맹파업은 외국, 특히 영국으로부터 약간의 돈을 지원받았다. 정작 노동자들은 그 지원에 큰 의미를 부여하지 않았는데도 불구하고 제정 프랑스정부는 이를 빌미로 인터내셔널을 탄압하기 시작했다. 그 때문에 두 차례의 파업은 모든 국가를 적으로 규정하고 만국의 노동자의 연대와 단결을 선언하는 대대적인 운동의 기원이 되었다. 모든 산업 노동자가 국제적으로 단결하고 국제적 원조하에 자본에 맞서 싸운다는 생각은 무관심한 노동자까지도 흥분시켰다. 운동은 프랑스, 이탈리아, 스페인 등지로 들불처럼 퍼져서 지적이고, 활동적이며, 헌신적인 많은 노동자를 싸움에 끌어들였다. 부유하고 교양 있는 지식계급에서도 탁월한 운동가들이 배출되었다. 일찍이 생각해 보지도 못했던 세력이 유럽에서 날로 강대해져 갔다. 만약 프로이센–프랑스전쟁으로 발목이 잡히지만 않았다면 틀림없이 유럽에서 거대한 사건이 발발해 문명의 모습을 뒤바꾸어 놓고, 인류의 진보를 촉진시켰을 것이다. 그러나 독일인들은 비정상적인 상황을 초래했고, 4반세기 동안 전 유럽을 군국주의 시대 속으로 던져 넣었다.

노동자들 사이에서는 커다란 사회 문제에 대한 여러 부분적 해결 — 예를 들면 협동조합, 국가의 지원을 받는 생산조합, 서민은행과 신용대출 등 — 이 이루어지고 있었다. 이런 해결책들은 인터내셔널 지부에서, 지방대회, 국내대회, 국제대회에서 열띠게 토론되었다. 매년 열리는 대회는 현재 우리 세대가 당면한 사회 문제에 대한 사상적 진전에 있어서 획기적인 분수령이 되었다. 대회에 참석한 노동자들의 집단적 토론의 결과인 수많은 이론의 의의는 아직도 충분히 인정받지 못하고 있다.* 오늘날 '과학적 사회주의'라든가 '아나키즘'의 이름으로 유행하는 모든 사조는 모두 인터내셔널 대회에서 비롯되었다 해도 과언이 아니다. 운동에 참가한 소수의 지식인은 노동자 스스로 지부에서, 대회에서 제기한 비판과 희망을 이론으로 정리한 것에 불과했다.

1870년부터 1871년에 걸친 프로이센–프랑스전쟁은 인터내셔널의 발전을 방해

---

* 여기서 나는 이 부분에 대해서 자세히 다루고 있는 1905년 가을에 나온 책을 소개하고자 한다. 그것은 내 친구 제임스 길리안(James Guillaume)이 쓴 『L'Internationale. Documents et souvenirs (1864–1878)』이다. 이 책은 4권으로 되어 있다. – 저자, 1917년.

1872년의 크로포트킨

했으나 협회를 완전히 해체하지는 못했다. 스위스의 모든 공업중심지에는 여러 동맹지부가 활기차게 활동하고 있었다. 수천 명의 노동자가 집회에 참여해서 토지와 공장의 사유제도에 대한 투쟁을 선언하고 머지않아 자본주의가 종말을 고할 것이라고 주장했다. 각 지방대회에서는 현 사회제도의 본질적인 문제들이 토론되었다. 부르주아들은 인터내셔널과 그 지부의 회원 수에도 놀랐지만, 그들의 높은 지적 수준에도 놀랐다. 스위스에서 단결된 노동쟁의를 방해하던 시계공과 귀금속공 같은 특권적인 숙련기술자들과 방직공이나 건축공 같은 단순노동자들 사이의 질투와 편견도 해소되기 시작했으며, 가장 중요한 모순은 소수의 자본가와 그들을 위해 평생 부를 생산해야만 하는 노동자 사이의 모순이라는 생각이 상식으로 자리잡았다.

이탈리아 중부와 북부에는 인터내셔널의 소조직과 지부가 밀집되어 있었다. 이들 단체들은 이탈리아의 통일은 망상에 불과하다고 선언하고 토지는 농민에게, 공장은 노동자에게 돌아가야 하며 인간의 착취를 옹호하고 유지하는 역할을 하는 국가를 폐지하고 혁명을 수행하지 않으면 안 된다고 주장했다.

스페인에서도 같은 조직이 카탈루냐, 발렌시아, 안달루시아를 장악하고 있었다. 이들 조직은 8시간 노동을 관철시킨 바르셀로나의 유력한 노동조합에게 원조를 받고 있었다. 인터내셔널에 정기적으로 회비를 납부하는 회원 8만 명은 활동적이고 의식 있는 인사들이 총망라되었다 해도 과언이 아니었다. 1871년과 1872년 사이의 정치적 음모에 휘말려들지 않은 그들은 민중의 광범위한 지지를 받고 있었다. 지방대회나 국내대회에서 공포된 선언서는 노동자의 이상과 사회에 대한 치밀하고도 논리적인 비판이 구현된 것이었다.

벨기에나 네덜란드, 포르투갈의 민중들과 벨기에의 탄광노동자, 섬유노동자들이 협회에 가입해 있었다. 사회주의에는 찬성하지 않는 영국의 보수적 노동조합도 자본가에 대한 투쟁 특히 동맹파업에 대해서는 원칙적으로 유럽대륙의 형제를 지지하고 있었다. 독일 사회주의자들은 다수인 라살파와 연합하여 사회민주당의 기초를 다졌고 오스트리아와 헝가리도 같은 길을 걷고 있었다. 프랑스에서는 파리코뮌이 패배한 후 인터내셔널 회원을 체포하기 위한 악법이 공포되어 국제조직 건설을 엄두도 못 내고 있었다. 그러나 이러한 반동의 시대가 계

라브로바

속되지는 않을 것이라는 것, 프랑스 노동자들도 머지않아 인터내셔널에 가입하여 지도적 위치를 점할 수 있을 것이라는 점을 누구도 의심하지 않았다.

나는 인터내셔널 취리히 지부에 가입했다. 그리고 러시아 친구들에게 다른 나라에서 진행되는 운동에 대한 정보를 어디서 얻을 수 있는지를 물어보았다.

그들의 대답은 "읽으라."는 것이었다. 취리히에서 공부하고 있던 친척 누이(소피야 니콜라예브나 라브로바)는 책들과 2년간 모은 신문 스크랩을 가져다 주었다. 나는 그것을 밤낮을 가리지 않고 읽으면서 깊은 감동을 받았다. 나는 오베르슈트라스가의 작고 아담한 방에서 새로운 사상적 조류에 눈뜨게 되었다. 창문으로는 스위스인들이 독립을 위해 싸웠던 산을 배경으로 푸른 호수가 보였으며 종교전쟁의 무대였던 옛 도시의 높은 첨탑도 볼 수 있었다.

책으로 발행된 사회주의적 문헌은 많지 않았다. 돈 한푼 아쉬운 노동자들을 감

안해 주로 팸플릿과 신문에 중점을 두고 있었다. 그래서 사회주의를 알고자 하는 사람은 책을 읽어도 원하는 것을 얻을 수 없었다. 책에는 사회주의이론이나 과학적 주장은 담겨 있었지만 노동자들이 어떻게 사회주의의 이상을 받아들이고 실천하고 있는가에 대해서는 나와 있지 않았다. 그것을 알기 위해서는 신문을 수집해 통독하는 수밖에 없었다. 특히 논설보다는 기사를 잘 읽어야 했다.

신문을 읽음으로써 알 수 있는 전혀 새로운 사회적 관계와 사고 방법 그리고 행동은 어디서도 얻을 수 없는 통찰을 주었다. 즉 일상에서 고통 받는 사람들이 얼마나 깊이 사회주의운동의 도덕적 힘에 매료되고 기꺼이 실천하고 있는가를 알 수 있었다. 사회주의의 실현불가능 혹은 진보의 느림에 대한 논의는 아무런 가치가 없었다. 진보의 속도는 인간존재에 대해 자세히 알아야 판단될 것이기 때문이다. 인간에 대해 알지 못하면서 어떻게 그것을 추정할 수 있단 말인가.

나는 문건과 신문을 읽으면서 내 앞에 미지의 세계가 펼쳐지는 것을 느꼈다. 그것은 유식한 사회이론가들도 전혀 모르는 세계였다. 그 세계를 알기 위해 나는 인터내셔널에서 몇 달 동안 노동자들과 함께 생활하기로 했다. 인터내셔널의 러시아 친구들은 나를 격려해 주었고, 나는 며칠 간 취리히에 머물다가 당시 국제적 운동의 중심지였던 제네바로 향했다.

제네바 지부의 집회장소는 2,000명 이상을 수용할 있는 프리메이슨단 본부의 대강당이었다. 소회의실에서는 밤마다 여러 위원회와 간부회의가 개최되었다. 그리고 이 운동에 뛰어든 극소수의 중산층들, 주로 파리코뮌의 프랑스 망명객들이 노동자들을 위해 개최한 역사, 공학, 물리학 등의 무료 강습회가 열렸다. 그곳은 민중의 집회장이고 민중의 대학이었다.

이 본부에서 활동하는 쾌활하고 영리하며 활동적인 지도자 니콜라이 오틴과 노동자들이 올가 부인이라고 부르던 덕망 있는 여성지도자는 러시아인이었다. 그녀는 모든 위원회를 움직이는 핵심인사였다. 오틴과 올가 부인은 친절하게도 나를 여러 노동조합 지부의 유명인사들에게 소개해주고 위원회에도 참석시켜 주었다.

그러나 나는 노동자들과 함께 있는 것이 더 좋았다. 나는 매일 저녁 노동자들과 어울려 홀 중앙의 테이블에서 시큼한 포도주를 마셨다. 그리고 노동자들, 특히 파리 코뮌 후 프랑스에서 도망쳐 온 알자스 출신의 석공과 친해졌다. 석공에게는 얼마 전에 죽은 나의 조카들─형의 아이들─또래의 자식들이 있었는데, 나는 아이들을 통하여 그 가족들과도 친해졌다. 나는 사회주의운동의 내면을 이해하게 되었고 노동자들의 사고방식도 알 수 있게 되었다.

노동자들은 이 국제운동에 모든 희망을 걸고 있었다. 젊은이건 노인이건 장시간의 노동을 끝낸 후 본부에 모여 교육받거나, 모든 생산수단의 공유와 계급, 인종, 국적의 차별이 없는 형제적 연대에 기초한 미래 건설에 대한 강연을 들었다. 그들은 평화적이든 아니든, 곧 위대한 사회혁명이 일어나서 경제구조를 바꿔놓기를 열망했다. 어느 누구도 계급투쟁은 바라지 않았지만 지배계급의 어리석음에 대한 투쟁만이 착취당해온 민중의 행복과 자유를 가져올 수 있다면 피하지 않겠다고 말했다.

인터내셔널의 급격한 발전이 노동자들에게 미친 영향이 얼마나 큰지, 노동자들이 얼마나 이 협회에 믿음과 애정을 가지고 있는지 그리고 그들이 협회를 위해서 얼마나 헌신적이었는지는 함께 생활해보지 않은 사람은 알 수 없다. 매일, 매주, 매년 수천 명의 노동자들이 내핍생활을 하며 돈과 시간을 바쳐 소조활동을 하고, 신문을 발행하고, 대회 비용과 운영비를 충당했다. 그리고 협회가 인간을 고양하는 힘은 나를 깊이 감동시켰다. 파리에서 온 회원들은 모두 금주와 금연을 했다. "왜 그런 악습을 계속해야 합니까?" 하고 그들은 말했다.

노동자들이 노동운동을 위해 바친 희생은 외부의 사람들은 도저히 이해할 수 없을 것이다. 고용주의 미움을 살 뿐 아니라 언제 해고를 당해 오랫동안 고생해야 할지도 모르는 상황에서 공공연히 인터내셔널에 가입하는 것은 적잖은 용기가 필요했다. 아무리 형편이 좋은 노동자라 하더라도 노동조합이나 진보적인 정당에 가입하는 것 자체가 희생을 요구하는 것이었다. 몇 푼의 돈도 노동자의 가난한 살림에 비춰보면 결코 적지 않은 것이었다. 집회에 참가하는 것 역시 희생을 요구했다. 우리 같은 사람에게는 집회에 참가하는 것이 즐거움이었지만 매일 아침 5시나 6시부터 노동하는 사람들에게는 그만큼 휴식시간을 줄여야 한다는 것을 의미했다.

나는 노동자들의 헌신적인 행동을 보면서 나 자신을 채찍질했다. 나는 노동자들이 얼마나 배우고 싶어 하는지, 그러나 자발적으로 노동자들을 돕는 사람들이 얼마나 적은지 알게 되었다. 나는 노동조직을 확대 발전시키는 데 지식인의 도움이 얼마나 필요한지를 깨달았다. 그러나 정치적 자본으로 이용하려는 야심 없이 고립무원의 민중들을 진정으로 도우려는 사람이 얼마나 될 것인가. 나는 노동자들과 운명을 같이하지 않으면 안 되겠다고 생각했다. 스테프냐크는 『어느 니힐리스트의 생애』에서 모든 혁명가에게는 — 그 자체는 중요하지 않을지 모르지만 — 어떤 상황에 혁명에 헌신하겠다고 맹세하는 순간이 있다고 했다. 나에게도 그러한 순간이 있었다. 본부의 집회에서 나는 노동자들의 요구에도 불구하고 지식인들이 자신의 지식과 열정을 바치지 않고 회피하는 비겁한 모습을 보았다.

"여기 노예적 삶을 자각하고 거기서 탈출하려는 사람들이 있다."고 나는 마음 속으로 외쳤다. "그러나 그것을 도와주려는 사람들은 어디에 있는가? 다른 야심 없이, 진정으로 노동자들의 해방을 위해 헌신하는 사람이 어디 있는가?"

나는 점점 본부의 운동이 과연 건전한지 의문을 갖게 되었다. 어느 날 저녁 나는 제네바의 유명한 변호사 A씨가 주관하는 집회에 참석했다. 그는 자신이 지금까지 협회에 가입하지 않은 것은 자기 업무를 정리해야 했기 때문이고, 지금은 일을 완전히 끝냈기 때문에 노동운동에 참여하고자 왔다고 말했다. 나는 이 거침없는 고백을 듣고 소름이 끼쳤다. 이런 감정을 석공 친구에게 이야기했더니, 지난 선거에서 급진당으로 출마했다가 실패한 그 신사는 이번에 노동자의 표를 얻어서 당선되려는 것이라고 설명했다.

"지금은 그런 자의 도움도 받아야겠지. 하지만 혁명이 일어나면 그런 놈들을 제일 먼저 몰아내야만 하네."

어느 날 〈제네바 신문〉의 비방에 항의하기 위한 규탄대회가 있었다. 제네바 자본가계급의 기관지인 이 신문은 본부에 내분이 있다는 것과 건축노동조합이 1869년과 같은 총파업을 계획하고 있다고 보도했다. 수천 명의 노동자들이 집회에 참석하여 홀을 가득 메웠다. 오틴은 결의문을 채택하자고 했다. 그러나 내가 보기에는 매우 묘하게 여겨졌다. "노동자가 파업한다는 보도에 왜 그토록 분개하며 항의하는 것일까? 왜 이 보도가 비방이 되는 것일까? 아니면 동맹파업이 범죄라는 말인가?" 하고 나는 속으로 생각했다.

오틴은 그 결의문 채택을 제안하며 이렇게 연설했다.

"만약 여러분이 찬성한다면 나는 결의문을 신문사로 보냈겠습니다."

오틴이 연단에서 내려오자 어떤 사람이 신문사에 보내기 전에 토론을 해야 하지 않겠냐고 의문을 제기했다. 그리고 건축노동조합의 대표자들이 일어나 이렇게 낮은 임금으로는 생활하기도 힘들다, 일거리가 많은 봄에 임금인상을 했으면 좋겠다, 그 때도 임금인상이 이뤄지지 않으면 총파업을 시작하자는 등의 발언을 했다.

나는 다음 날 오틴에게 화를 내면서 그를 비판했다.

"지도자로서 실제로 동맹파업 얘기가 있었다는 사실은 당연히 알고 있어야 하지 않겠습니까."

나는 당시 지도자들의 진실한 동기에 대해서 아무런 의심을 품지 않았다. 그런데 나는 오틴의 입에서 지금 동맹파업을 하면 변호사 A씨의 선거를 망친다는 대답을 들었다.

나는 지도자들의 이러한 술수와 연단에서의 열변을 일치시킬 수 없었다. 나는 실망했다. 그래서 나는 바쿠닌 파인 제네바의 다른 지부로 옮기고 싶다고 오틴에게 말했다. 그 무렵에는 아나키스트라는 말이 별로 쓰이지 않았다. 오틴은 니콜라이 주코프스키라는 러시아인에게 소개장을 써 주었다. 그리고 나를 보며 "자네는 다시 돌아오지 않을 거야. 그들과 함께 잘해 나가게나." 하며 서운한 표정을 지었다. 그 추측은 정확히 들어맞았다.

09
쥐라산 시계공들―아나키즘의 시작―뇌샤텔의 친구들
―파리코뮌의 망명객들

나는 뇌샤텔 쥐라산 기슭에 사는 시계공들과 일주일을 보냈다. 그 때 나는, 그 후 수년 간 사회주의 안에서 아나키스트적 경향을 선도하며 사회주의의 발전에 중요한 역할을 수행한 쥐라연합을 알게 되었다.

1872년 쥐라연합은 인터내셔널 총무위원회의 권위에 맞서고 있었다. 인터내셔널은 본질적으로 노동자 단체였다. 노동자들은 이 국제연맹이 정당이라고 생각하지 않았다. 예를 들어서, 벨기에 동부 지부에서는 정관에 육체노동자가 아니면 회원이 될 수 없다며 공장관리자도 배제할 정도였다.

노동자들은 각국과 지역, 지부가 자율적으로 자유롭게 발전해야 한다는 연합주의 노선을 따르고 있었다. 그러나 인터내셔널의 중산층 출신의 구파 혁명가들은 낡은 중앙집권적 피라미드 형태의 결사를 염두에 두고 있었다. 그들은 이 같은 생각을 가지고 인터내셔널에서 전국의 위원회들을 매개했다. 마르크스와 엥겔스가 그 지도자였다. 그러나 중앙기관이 생겼다는 것 자체만으로도 불편한 관계가 발생했다. 총무위원회는 연락이 닿는 데 만족하지 않고, 지방연합과 지부 그리고 그 회원들의 행동마저 통제하려 했다. 파리코뮌 봉기가 일어나자 ― 지도자들은 다음 날 상황이 어떻게 전개될지도 모르면서 '자신들을 따르라'고 했다 ― 총무위원회는 이 봉기를 런던에서 직접 지휘하려고 하였다. 총무위원회는 매일매일 사건을 보고

받고 지령을 내렸으며 자신들의 입장 외의 다른 입장은 모두 반대했다. 지도기관의 불합리성은 소수의 대의원에 의해 선출된 총무위원회가 1871년에 열린 비밀회의에서 선거운동에 집중하기로 결정했을 때부터 드러났다. 사람들은 그 의도가 아무리 민주적일지라도 지배기구는 모두 악이라고 생각하게 되었다. 쥐라연합은 총무위원회 반대세력의 중심이었다.

쥐라산 기슭에는 제네바의 본부에서 보았던 지도자와 노동자간의 괴리를 찾아볼 수 없었다. 그곳에도 다른 사람보다 조금 더 지적이거나 주동적인 사람이 있었지만 단지 그뿐이었다. 제임스 기욤*이라는 사람은 내가 만나 본 사람 중에서 가장 박식하고 총명한 사람이었는데, 작은 인쇄소의 편집인 겸 지배인이었다. 그는 수입이 매우 적었기 때문에 밤마다 독일어 소설을 프랑스어로 번역하고 있었다. 16쪽을 번역해야 수입이 고작 8프랑 정도였다.

내가 뇌샤텔에 갔을 때 기욤은 너무 바빠 이야기할 틈도 없었다. 인쇄소에서는 지방신문의 창간호를 찍어내야 했는데 기욤은 교정과 편집업무 외에도 신문을 넣은 봉투에 수천 명의 신문 구독자들의 주소와 이름을 쓰고 붙이는 일까지 해야만 했다.

나는 봉투에 이름 쓰는 일을 도와주려 했지만 불가능한 일이었다. 종이쪽지에 알아보기도 힘든 글씨로 쓰인 명단을 보며 판독하며 써야 했기 때문이다.

"그렇다면 좋습니다. 오후에 다시 와서 봉투를 붙이는 일을 돕겠습니다. 남는 시간은 저를 위해 할애해 주십시오."

우리는 서로를 잘 이해했다. 기욤은 뜨겁게 내 손을 쥐었고, 그것은 우리 우정의 시작이었다. 우리는 그날 밤 늦게까지 인쇄소에서 보냈다. 기욤이 주소를 쓰면 나는 봉투를 붙였다. 예전에 작곡가였던 파리코뮌의 한 전사도 함께 일했는데 그는 소설의 활자를 조판하면서 계속 우리와 이야기했다. 이 식자공은 조판하는 활자 문구를 큰 소리로 읽으면서 짬짬이 이야기를 꺼냈다.

---

* Jame Guillaume: 쥐라연합에서 지도자로 활동한 아나키스트로 바쿠닌과 교류했으며 크로 포트킨이 아나키스트가 되는 데 결정적인 역할을 했다.

"시가전이 아주 격렬해졌어요." 하고 말하다가도 "마리, 나는 당신을 사랑해……노동자들은 무섭게 분노하여 몽마르트에서 영웅적으로 싸웠다……라고 말하고 그는 그녀 앞에 꿇어앉았다……그 전투는 4일간이나 계속되었다." 하고 읽어 내려갔다. 그는 케이스에서 빠르게 활자를 뽑으면서 이야기를 했다. 기욤이 작업복을 벗은 것은 깊은 밤이었다. 우리는 좀더 이야기를 나누기 위해 밖으로 나갔다. 이렇게 일을 마친 후에도 기욤은 다시 쥐라연합의 회보를 편집해야 했다.

뇌샤텔에서 나는 마론과도 알게 되었다. 어릴 때 농촌의 목동이었던 마론은 파리에서 바구니 만드는 기술을 익혔다. 인터내셔널에 가입한 1869년 나폴레옹 3세가 협회를 탄압할 때 이미 그는 제본공 바란, 목공 팽디*와 함께 핵심지도자였다. 코뮌 봉기가 일어났을 때 압도적인 표차로 코뮌 정부위원으로 선출된 세 사람은 파리노동자의 마음을 완전히 사로잡았다. 마론은 파리의 한 구역의 구역장이기도 했다. 그런데 지금 그는 스위스에서 바구니를 만들면서 생계를 유지하고 있었다. 그는 시외의 산 중턱에 작은 집을 빌려 뇌샤텔호수의 경치를 즐기며 일하고 있었다. 밤이 되면 코뮌에 관한 책을 읽거나 노동신문에 실을 논문, 혹은 편지를 썼다.

나는 매일 큰 얼굴에, 성실하고 지적이며 친절한 이 파리코뮌의 전사를 찾아가 코뮌봉기 — 최근 출판된 『프랑스 프롤레타리아의 제3의 패배』라는 책에서 그가 서술하고 있는 — 에 관한 이야기를 들었다. 어느 날 아침 내가 갔을 때 그가 아주 반가워하며 말했다.

"여보게, 팽디가 살아 있었어. 이게 그의 편지야. 지금 스위스에 있다는군."

팽디는 5월 25일인가 26일에 추일리 궁전에서 목격된 이후 아무 소식도 없었기 때문에 이미 사망한 것으로 여겨지고 있었다. 그런데 파리에 숨어 있었던 것이다. 그는 바구니를 만들면서 조용한 목소리로 팽디나 바란, 혹은 자신으로 오인되어 베르사유의 군인들에게 죽은 많은 사람들, 파리의 노동자들이 숭배해 마지않았던

---

* Jean-Louis Pindy: 파리코뮌에서 활동하다 스위스로 망명한 프랑스 아나키스트 혁명가. 국제노동자협회 총평의회의 권위에 반발했다.

바란과 패배했을 때 살아남기를 바라지 않았던 드레클뤼즈, 수도 탈환을 축하하며 잔인하게 사람들을 죽였던 파리의 자본가계급에 대해 이야기했다.

그는 소년들의 영웅적인 행동을 이야기하면서 입술을 가늘게 떨었다. 특히 한 소년의 이야기를 하다가 그는 울음을 터뜨리고 말았다. 소년은 베르사유군에게 총살당하기 직전 자기가 가지고 있던 은시계를 가까이에 살고 있는 가난한 어머니에게 갖다 주게 해달라고 애원했다. 순간 불쌍한 생각이 든 장교는 속으로 돌아오지 않기를 바라면서 소년을 풀어주었다. 그런데 30분이 지난 후 되돌아온 소년은 돌담 밑에 쓰러져 있는 시체들 사이에 서서 "자, 이제 죽을 수 있어요." 하고 말했다. 12발의 탄환은 어린 소년의 온몸을 관통했다. 내가 『시골 지주의 재판백서』라는 끔찍한 책을 읽을 때만큼 고통스러웠던 적은 일찍이 없었다. 그 책은 1871년 5월말 갈리페 장군의 지휘 하에 베르사유군이 자행한 살육에 대해 취재했던 〈스탠다드〉 〈데일리 텔리그라프〉 〈타임즈〉의 현지 특파원들이 쓴 글을 발췌한 것과 반란군의 잔혹한 진압을 종용하는 〈피가로〉의 글들을 모아 놓은 것이었다. 이 책을 읽고 나는 인간에 대해서 절망했다. 훗날 그때의 테러에서 살아남아 과거의 악몽을 극복하며, 슬픔 속에서도 냉철하게 미래를 내다보며 최후의 승리를 믿는 사람들을 만나지 않았다면 나는 절망에서 헤어나지 못했을 것이다. 마론, 제네바에서 만난 파리코뮌의 망명객들, 루이즈 미셸과 르프랑세즈, 엘리제 르클뤼를 비롯한 수많은 동지들이 모두 그랬다.

"우리는 고통스러운 실패를 맛보아야만 했다. 코뮌은 파괴되었다. 하지만 우리는 패배한 것이 아니다." 그들은 이렇게 이야기하면서 가장 어려운 시기에 희망을 갖고 힘든일을 수행했다.

나는 뇌샤텔에서 송비에르로 갔다. 쥐라산의 작은 골짜기에 있는 마을 주민들은 프랑스어를 사용하며, 가족 전원이 시계 공장에서 일하는 것이 보통이었다. 나는 시계 공장에서 일하는 지도자 아드헤말 슈비츠기벨을 알게 되었다. 금은 회중시계의 뚜껑에 문양을 조각하는 열 명쯤 되는 젊은이들과 함께 앉아 있던 그는 내게 벤

치나 책상에 앉으라고 권했다. 우리는 사회주의와 아나키즘 그리고 오늘밤 열릴 집회에 대해 진지하게 토론했다.

우리는 그날 밤 지척도 분간할 수 없고, 몸속의 피가 얼어붙을 정도로 거센 눈보라를 뚫고 이웃 마을까지 갔다. 폭설에도 불구하고 50명 가량의 연로한 시계공들이 이웃 마을에서 모여들었다. 어떤 이는 10베르스타나 되는 먼 곳에서 오기도 했다.

이곳의 노동자들은 평생 대규모의 공장에서 일해야 하는 다른 노동자들에 비해서 아는 것이 훨씬 많았다. 시계공들은 자신의 마을에서 일하기 때문에 서로를 잘 알아 어떤 이야기든 자유롭게 나눌 수 있었기 때문이다. 일반적으로 소기업의 노동자들은 독립심과 창의성이 뛰어났다. 쥐라연합 안에 지도자와 대중간의 괴리가 없었던 것도 서로 의견을 존중하려고 노력했기 때문이다. 이곳에서 노동자는 소수의 지도자에게 지도받거나 정치적인 목적에 이용되는 존재가 아니었다. 지도자는 다만 다른 사람들보다 활동적인 사람일 뿐이었다. 아니 지도자라기보다는 발기인이라고 해야 옳았다. 이곳의 노동자들, 특히 중년노동자들이 명석한 논리와 판단력으로 복잡한 사회문제를 해결해 내는 능력은 감동적이었다. 쥐라연합이 사회주의의 발전에 중대한 역할을 한 것은 중앙집권주의가 아닌 자유연합주의 사상이 그들의 사상에 반영되어 있었기 때문이다. 시계공들이 아니었다면 연합주의도 오랫동안 추상적인 수준에 머물러 있었을지 모른다.

쥐라연합과 바쿠닌에 의해 주창되었던 아나키즘과 그것에 기초한 국가사회주의에 대한 비판— 정치적 전제주의보다 경제적 전제주의가 더 위험하고 끔찍하다는—은 내 마음을 강하게 움직였다. 그러나 그보다 노동자들의 평등한 인간관계, 독립적인 주체로서 사고하고 표현하는 것, 그리고 운동에 대한 한없는 헌신이 훨씬 감동적이었다. 일주일간 시계공들과 함께 생활하고 나서 쥐라를 떠날 무렵에는 사회주의에 대한 나의 견해가 결정되어 있었다. 나는 아나키스트가 된 것이었다.

그 후 나는 벨기에를 여행하면서 브뤼셀의 중앙집권적 정치운동과 베르비에 직물노동자들의 독립적 경제운동을 비교할 수 있었다. 이곳의 직물노동자들은 내가 서유럽에서 만났던 사람들 중에서 가장 성품이 좋은 이들이었다.

10
바쿠닌의 영향—사회주의 프로그램

당시 바쿠닌은 로카르노에 있었다. 나는 지금도 그때 그를 만나지 못한 것을 한스럽게 생각한다. 4년 후 내가 다시 스위스에 갔을 때 그는 이미 사망했다. 그는 쥐라의 동료들이 사상을 정리하고 희망을 이론화할 수 있는 틀을 제공해 주었다. 그는 쥐라 사람들에게 불굴의 힘과 혁명적 열정을 불어넣었다. 쥐라산 기슭 로쿨에서 기욤이 편집한 작은 신문을 시작으로 사회주의 운동에 새로운 독립적인 경향이 생겨나는 것을 본 바쿠닌은 곧바로 로쿨로 달려왔다. 그는 새로운 친구들과 며칠 밤을 새며 이야기를 했고, 인간의 자유를 위한 역사적 필연성을 역설했다. 그는 그 신문에 자유를 향한 역사적 진보에 관한 탁월하고 깊이 있는 논문들을 발표했다. 그는 로쿨을 아나키즘 선전의 근거지로 삼았다.

그가 로카르노로 간 후 — 그곳에서 그는 이탈리아에서 활동한 절친한 동료인 파넬리를 통해 스페인에도 사상을 전파했다 — 쥐라 사람들은 독립적으로 운동을 계속했고, '미셸(미하일 바쿠닌)'이라는 이름이 그들

바쿠닌

의 입에 자주 오르내렸다. 그러나 그것은 권위적인 지도자의 이름으로서가 아니라 동료이자 개인적인 벗으로서의 이름이었다. 내가 가장 놀란 것은 그가 지적인 권위보다도 도덕적 인격으로서 영향을 미치고 있다는 점이었다. 나는 쥐라연합에서 아나키즘에 관해 이야기하면서 "바쿠닌이 이렇게 말했다." 라든가 "바쿠닌은 이렇게 생각했다."는 것을 기준으로 결론내리는 것을 본 적이 없다. 정당에서 흔히 보듯이, 바쿠닌의 글과 말은 모든 사람이 따라야 하는 계율이 아니었다. 그들의 일반적인 취지나 경향은 쥐라의 동료들이 바쿠닌에게서 암시받은 것도 있지만 바쿠닌이 쥐라의 동료들에게 빌려온 것도 있었다. 각자의 의견은 개성을 나타내고 있었다. 나는 딱 한 번 바쿠닌의 이름이 권위로 불려지는 것을 들은 적이 있다. 나는 지금도 그 장소와 상황을 기억하고 있다. 어느 날 청년들이 여성 비하적인 발언을 하자 한 여성이 이렇게 말했다. "미셸이 이곳에 없는 게 유감이군요. 그가 있었다면 그렇게 이야기하지 않았을 텐데." 그것은 그가 모든 것을 포기하고 오로지 혁명을 위해서 사는 혁명가의 전형을 보여 주었다는 것을 반증하는 말이었다. 지고지순한 인생관은 그들에게 계속 영향을 미쳤다.

나는 여행에서 명료한 사회사상을 품고 돌아왔다. 그 후 나는 아나키즘을 확실하고 구체적인 모습으로 발전시키려고 노력했다.

밤을 새워 가며 사색하고 연구한 끝에 해결한 문제가 하나 있었다. 모든 생산물과 생산도구를 사회에 일임하는 것은 — 그것이 사회민주주의자들이 말하는 인민국가 형식이든 아나키스트들이 말하는 집단간의 자유로운 동맹 형식이든 — 역사의 어떤 혁명보다 거대한 격변을 요구한다는 것이었다. 노동자들은 지난 세기 프랑스의 공화주의자나 농민이 싸웠던 일부 부패한 귀족들이 아니라 — 그 싸움조차도 수많은 죽음을 불러왔지만 — 근세국가의 모든 권력기관을 장악하고 있고 지적으로 육체적으로 훨씬 강한 부르주아와 상대하지 않으면 안 되었다. 나는 폭력적인 혁명이건 평화적인 혁명이건, 공격대상인 경제적 정치적 특권층 내부에 새로운 이상이 깊이 침윤되지 않으면 혁명은 성공할 수 없다는 것을 깨달았다. 러시아의 농노해방을 목격한 나는 자신들의 권리가 부당하다는 신념이 지주들 사이에 광범위하게 받아들여지지 않으면 서유럽의 개혁이나 혁명처럼 실패할 것이라고 확신했다. 그런데 현재의 임금제도로부터 노동자를 해방시켜야 한다는 사상이 부르주아 내부에 널리 침투되고 있었다. 현재의 경제체제와 자신의 모든 특권을 열렬히 옹호하던 부르주아들도 그런 변화를 불가피한 것으로 받아들였다. 대신 그들은 변화의 '시기'를 문제 삼거나, 사회주의 경제체제가 과연 지금보다 나은지 혹은 자본가보다 노동자가 생산을 관리하는 것이 더 효율적인지를 의심하는 것에 불과했다.

파리코뮌은 충분한 확신이 없는 이상을 가지고 봉기했을 때 어떤 결과를 낳게 되는지를 보여주는 끔찍한 실례였다. 1871년 3월 노동자가 대도시의 주인이 되었을 때 그들은 자본가들의 소유권을 노리지 않았다. 오히려 지도자들은 그 권리를 보호했다. 공황으로 산업이 마비되고 노동자들은 식량이 없음에도 불구하고 코뮌의 지도자들은 파리의 은행과 공장과 상점과 저택소유자의 권리를 보호했다. 그리고 봉기가 진압되었을 때 자본가계급은 반역자들의 자치주의적 요구를 무시했다. 노동자들이 자신의 재산을 빼앗지 않을까 하는 공포 속에서 두 달을 보낸 프랑스의 자본가계급은 노동자들에게 복수했다. 혁명의 수행과정에서도 살아남았던 노동자들이 싸움이 끝난 후 대규모로 학살당했다. 그 수가 무려 3만 명이었다. 노동자가 소유의 사회화에 첫발을 내디딘 의미를 인정하더라도 보복이 남긴 상흔은 너무나도 끔찍한 것이었다.

인류가 발전하는 데 있어서 충돌이 불가피하고, 시민전쟁이 특정 개인의 의지와 무관하게 일어난 사건이었더라도 적어도 막연한 열망이 아니라 확실한 계획을 가지고 충돌했어야 한다는 것이 나의 결론이다. 폭력투쟁은 부차적인 문제다. 충돌의 폭력성을 줄이기 위해서라도, 사상을 광범위하게 확산시키는 것이 우선시되어야 했다. 그래야 충돌의 마지막 국면에서 총과 화기보다 창조적인 힘에 의해 재건작업이 이루어질 수 있다. 그것은 사회가 얼마나 자유롭고 창조적인 사회적 힘을 가지고 있느냐에 달려 있다. 심지어 변화를 반대했던 계급에게도 동의를 얻는 수

준 높은 작업이 이루어졌어야 했다. 이와 같은 광범위한 사상적 동의 위에서 행해지는 충돌은 양쪽의 희생자 수를 훨씬 줄일 것이다. 투쟁이 낮은 수준의 공격 본능이 분출되는 것이어서는 안 된다. 나는 이런 생각을 하며 러시아로 돌아왔다.

11
크라쿠프–밀수업자들과의 협상–책의 밀반입

나는 여행 중에 많은 책과 사회주의신문 합본호를 샀다. 러시아에서 이런 책들은 검열관에 의해 '무조건 금지'되고 있었다. 그리고 어떤 신문의 합본호와 인터내셔널 대회 보고서 등은 벨기에에서 아무리 돈을 많이 주어도 살 수 없었다. "이것을 가지고 돌아가자. 형님과 친구들이 페테르부르크에서 이걸 읽으면 얼마나 기뻐할까." 나는 이렇게 생각하고 그것을 꼭 가지고 돌아가겠다고 결심했다. 나는 비엔나, 바르샤바를 거쳐 페테르부르크로 돌아왔다. 당시 수천 명의 유대인이 폴란드 국경에서 밀수를 하며 살고 있었는데, 나는 그들을 이용하면 책을 러시아로 반입할 수 있을 것이라고 생각했다. 그러나 다른 승객들이 모두 빠져나가는 국경 근처 작은 기차역에서 밀수업자를 탐문하면 의심을 살 것 같았다. 그래서 나는 기차를 갈아타고 크라쿠프로 갔다. 구 폴란드 수도였던 그 곳도 국경과 가까우므로 유대인 밀수업자를 찾을 수 있을 것이었다.

해질 무렵 한때 번화했던 도시에 도착했다. 그리고 이튿날 아침 호텔을 나와 밀수꾼들을 찾으러 다녔다. 그러나 놀랍게도 퇴락한 시장의 길모퉁이마다 전통적인 의상과 머리모양을 한, 폴란드 귀족이나 상인들에게 얼마간의 돈을 받고 심부름을 해주는 유대인들이 눈에 띄었다. 나는 유대인 한 명만 원했는데, 지금은 너무 많았다. '누구에게 접근해야 하지?' 나는 당혹스러워하며 거리를 한 바퀴 돌다가 내가 묵은 호텔 앞에 서 있는 유대인에게 다가갔다. 호텔은 한때는 젊고 예쁜 여인들로 가득했던 고궁이었는데 지금은 가끔 찾아오는 여행자에게 식사와 잠자리를 제공하고 있었다. 나는 그에게 책과 신문이 든 무거운 짐을 가리키며 이것을 러시아로 반입하고 싶다고 말했다.

"그건 쉽죠. 제가 국제 무역회사의 대표를 모셔 오죠. 이 회사는 세계에서 가장 큰 밀수업체이니 일을 확실하게 처리해 드릴 겁니다." 30분 후 그는 회사 대표라는 자와 함께 돌아왔다. 대표는 러시아어와 독일어와 폴란드어에 능통한 젊은 신사였다.

그는 나의 짐을 물끄러미 바라보고는 손으로 무게를 달아보며 짐 안에 무엇이 들었는지 물었다. "모두 러시아 당국이 엄금하는 서적입니다. 그래서 밀반입을 해야만 합니다." 그가 말했다. "책은 사실 우리가 취급하지 않는 품목입니다. 우리가 취급하는 것은 비싼 비단입니다. 비단을 기준으로 무게를 계산하면 엄청난 비용을 받아야 합니다. 그리고 솔직히 저는 책 같은 것을 취급하는 것은 그리 내키지 않습니다. 그놈들이 꼬투리를 잡아 정치적인 사건으로 만들면 그것을 수습하기 위해 막대한 돈을 써야 하니까요." 하고 말했다. 그러면서 이렇게 덧붙였다. "그러나 걱정 마십시오. 이 사람이 다른 방법을 알아봐 줄 겁니다." 호텔 직원은 "그렇군요. 그런 일이라면 다른 방법이 있습니다." 하고 자신 있게 말했다.

한 시간 후 그는 다른 젊은 남자를 데리고 돌아왔다. 남자는 짐을 문 구석에 옮겨놓더니 "좋습니다. 내일 떠나시면 러시아 기차역에서 책을 받으실 수 있게 하겠습니다." 하고 말하면서 어떤 방식으로 인도해야 할지 설명해주었다.

"비용은 얼마나 듭니까?" 하고 내가 물었더니 "얼마나 주실 수 있습니까?"라고 반문했다. 나는 지갑을 책상 위에 올려놓으면서 말했다.

"여비만 남겨두고 나머지는 모두 드리도록 하죠. 어차피 3등 열차로 가면 되니까요." "하하하!" 두 남자는 함께 웃었다. "무슨 말씀을 하시는 겁니까. 당신 같은 신사가 3등차로 여행을 하신다구요? 그럴 수는 없습니다. 나는 8루블이면 족합니다. 그리고 이 사람에게는 1루블 정도만 주시면 됩니다. 우리는 날강도가 아닙니다. 이래 뵈도 정직한 장사꾼입니다." 두 사람은 돈을 더 주겠다고 해도 한사코 받지 않았다.

나는 국경지대 유대인 밀수업자들이 정직하다는 소문을 그전부터 들어오기는 했지만 이렇게 직접 거래를 하게 되리라고는 생각하지 않았다. 그 후로도 우리 단체가 많은 서적을 외국에서 반입할 때나 망명객들이 러시아로 몰래 들어오거나 나갈 때도 이들은 배신하거나 터무니없는 돈을 요구한 적이 없었다. 이튿날 나는 크라쿠프를 떠났다. 그리고 약속한 러시아의 역에 닿자 한 짐꾼이 내게 다가와 플랫폼을 순찰하는 헌병에게 들릴 만큼 "저번에 선생님께서 놔두고 가신 짐입니다." 하고 소리치며 짐을 넘겨주었다.

나는 이 책들을 하루 빨리 형에게 보여 주고 싶어 곧장 페테르부르크로 서둘러 출발했다.

12
니힐리즘—가식에 대한 경멸과 절대적 진실—'브 나로드' 운동

내가 없는 동안 러시아의 지식인 청년들 사이에 놀라운 운동이 일어나고 있었다. 농노제는 폐지되었으나 농노제도 하에서 250년 동안 이어져 온, 인간의 개성을 극단적으로 무시하는 하인제도가 낳은 관행과 습관, 그리고 전제적인 가부장제 아래 처자식들의 위선적인 복종은 여전했다. 당시 유럽 어느 나라에서도 가정에서의 전제적인 행태를 볼 수 있었다. 새커리와 디킨스의 작품에 그 증거가 충분히 담겨 있다. 그러나 러시아만큼 전제주의가 발달한 곳은 없었다. 모든 러시아의 가정에서 상사와 부하, 지휘관과 병사, 고용자와 피고용자 사이에서나 볼 수 있는 상명하복관계가 뚜렷했다. 이런 사고방식과 편견, 그리고 야비함이 견고한 세계를 형성하고 있었다. 심지어는 당대의 가장 뛰어난 인물들도 농노시대의 유물이 유지되는데 공헌하고 있었다. 법률의 힘도 이런 상황을 개선하지 못했다. 거대한 사회운동만이 이 악의 뿌리인 일상적인 관행과 습관을 개선할 수 있었다. 러시아에서 개인주의적인 반란은 서유럽과 아메리카의 어느 곳보다도 훨씬 강력했고 비판도 훨씬 격렬했다. 투르게네프는 『아버지와 아들』에서 그 운동의 성격을 니힐리즘으로 표현했다.

이 운동은 서유럽에서 오해를 받았다. 일례로 신문에서는 이 운동에 대해 언급할 때 니힐리즘과 테러리즘을 혼용했다. 알렉산드르 2세 말년에 폭발하여 그의 비극적인 죽음으로 끝난 혁명은 어느 곳에서나 니힐리즘이라고 불리고 있었다. 그러나 니힐리즘과 테러리즘을 혼동하는 것은 스토아철학 혹은 실증주의 같은 철학을 공화주의 같은 정치운동과 혼동하는 것만큼 잘못된 것이다.

테러리즘은 어떤 역사적 순간에 발생하는 특정한 정치적 투쟁 방식을 일컫는 것이다. 그것은 있다가도 사라지고, 부활했다가 다시 사라지는 것이다. 그러나 니힐리즘은 러시아 지식계급의 생활 전반에 영향을 미쳤고, 그 영향은 그 후로도 수년 동안 지속되었다. 청년운동에서 불가피한 과격한 측면이 제거된 니힐리즘이 러시아 지식계급의 생활에 유포되어 있었다. 이런 경향은 서유럽에서는 볼 수 없는 것이었다. 다양한 형태로 표출된 니힐리즘은 러시아의 많은 작가들에게 대단한 진정성을 부여해 서유럽의 독자들을 깜짝 놀라게 했다. 니힐리스트들은 누구보다 먼저 '문명인들의 인습'에 대한 전쟁을 선포했다. 절대적 진실성이 그들의 뚜렷한 특징이었다. 그들은 진실이라는 이름 아래 이성이 인정할 수 없는 미신과 편견, 풍속과 관습을 스스로 파기하고 타인에게도 그것을 요구했다. 그들은 이성적 권위 이외의 모든 권위 앞에 무릎 꿇기를 거부했다. 사회제도와 관습을 철저히 분석하여 모든 허위적 궤변에 반항했다.

그들은 아버지 세대의 미신과도 절연했다. 그들은 실증주의자이자 불가지론자, 혹은 스펜서 같은 진화론자이자 과학적 유물론자였다. 그리고 그들은 진실한 믿음을 가진 신앙은 공격하지 않았으나 종교의 탈을 쓰고 민중을 지배하려는 허위에 대해서는 끊임없이 공격했다.

문명인들의 생활은 습관적 허위로 가득차 있다. 그런 사람들은 서로 싫어하는 사람을 길에서 만나도 얼굴에 그윽한 미소를 짓는 반면 니힐리스트는 얼굴 근육 하나 움직이지 않았고, 진짜로 반가운 사람에게만 미소를 지었다. 니힐리스트는 위선적인 겉치레를 혐오했고, 아버지의 부드러운 공손함에 반항하여 거칠게 행동했다. 그들은 아버지가 이상주의자처럼 이야기하다가 처자식과 농노에게는 야만인처럼 행동하는 것을 보았다. 그들이 감상주의에 반대해 떨쳐 일어선 그 자체가 이상적인 러시아의 생활조건을 형성하는 것이었다. 예술 역시 허위의식과 광범위하게 연관되어 있었다. 미(美), 이상, 예술을 위한 예술, 미학에 대한 논의는 ― 모든 예술품은 굶주리는 농부와 노동자들로부터 거둬들인 돈으로써 구매되고 있었고 소위 '미의 숭배'라는 것은 지극히 통속적인 허영심을 충족시키기 위한 가면에 불과했다 ― 니힐리스트들에게 혐오감을 불러일으켰다. 금세기의 가장 위대한 예술가인 톨스토이는 예술에 대해 강력하게 일축했다. "마돈나나 셰익스피어에 대한 어떤 세련된 말보다도 한 켤레의 부츠가 더 소중하다."

사랑이 없는 결혼이나 우정이 없는 관계는 배척되었다. 젊은 니힐리스트 여성들은 '인형의 집' 속에 갇힌 인형이 되어 재산 때문에 결혼을 강요당하기보다는 저택과 비단옷을 포기하는 편을 택했다. 그녀들은 초라한 검정 모직 옷을 입고 머리카락을 잘랐으며 독립적인 생활을 위해 고등학교를 다녔다. 여성들은 사랑도 우정도 없는 결혼은 진정한 결혼이 아니라는 것을 알게 되었다. 법적으로 부부일지라도 사랑이 없다고 판단되면 남편과의 인연을 끊었다. 그런 여성들은 독신으로 살거나 자녀들과 함께 가난에 맞섰다. 관습적인 생활 밑에서 영원히 자신을 속이기보다는 외로움과 빈곤을 택했던 것이다.

니힐리스트들은 사소한 일상생활도 무척 소중하게 생각했다. 그들은 관습적인 미사여구 대신 무뚝뚝하고 간단하게 자신의 의사를 표현했다. 심지어 사랑하는 사람에게도 겉으로는 그렇게 대했다.

이르쿠츠크에서 우리는 매주 한 번씩 클럽에 모여 무도회를 열었다. 나는 잠시 이 모임에 참석했으나 일이 바빠져서 모임에 참석할 수가 없게 되었다. 어느 날 밤 한 부인이 내 친구에게 내가 왜 모임에 나오지 않는지 물었다. "그 친구는 운동 삼아 말을 타고 있습니다." 하고 친구가 되는 대로 대답했다. "춤은 안 추더라도 한두 시간 정도 우리와 보내는 것은 나쁘지 않을 텐데요." 하고 부인이 말하자 니힐리스트 친구는 "춤도 안 추는데 여기 와서 뭘 한단 말이요? 당신하고 옷차림이나 액세서리에 대해 이야기하라고? 그 친구는 그만하면 됐소."라고 반박했다. "그래도 오면 아가씨들도 보고……." 하고 옆에 있던 젊은 여성이 말했다. "그래요, 공부를 열심히 하는 여성이라도 있다면 그 친구가 독일어 공부 정도는 도와줄 거요." 친구의 빈정거림이 어떤 결과를 낳았는지를 말해야겠다. 이르쿠츠크 아가씨들 대부분이 나와 형, 내 친구를 둘러싸고 독일어 공부를 어떻게 해야 하는지를 물어대기 시작했다.

친한 사람들이 화려하게 치장된 방에서 잡담하면서 저임금 노동자나 빈민들에 대해 값싼 동정을 보낼 때 니힐리스트들은 민중의 복지에 대해 조금도 신경 쓰지 않는 상급기관들은 강도들일 뿐이라고 노골적으로 말했다. 그들은 예쁘고 젊은 여성에게 거침없이 이렇게 말했다. "그렇게 바보 같은 농담만 하고 가짜 시뇽*을 머리에 붙이고 다니는 것이 창피하지도 않소?" 그들은 인형이 아닌 인간적인 동료를 원했고, 여성을 '연약한 존재'로 여겨 과도한 예의를 차리는 것을 거부했다. 여성이 방 안에 들어와도 지쳐 보이는데 다른 좌석이 없을 때가 아니면 자리에서 벌떡 일어나지 않았다. 여성도 동성 친구를 대하듯 했다. 그러나 전혀 모르는 여성이라도 배우고 싶어 하는 의지가 있다면 매일 밤 도시의 끝에서 끝까지라도 걸어갔다.

---

* 깨끗하게 빗어올려 뒤에서 틀어 묶은 머리.

러시아의 2대 소설가 투르게네프와 곤차로프는 작품 속에 이 새로운 인간형을 묘사하려고 노력했다. 곤차로프는 『절벽』에서 한 실존인물을 통해 니힐리스트를 풍자하려고 했으나 전형을 그려내지는 못했다. 니힐리스트들에게 찬사를 보냈던 투르게네프의 니힐리스트 주인공 바자로프도 우리를 만족시키지는 못했다. 바자로프는 우리가 보기에 너무 무정했다. 특히 늙은 아버지와의 관계에서. 우리는 니힐리스트가 시민으로서의 의무를 저버리는 것처럼 묘사된데 대해서도 비판적이었다. 러시아 젊은이들은 단순한 반항아로 그려진 주인공에 만족할 수 없었다. 개인의 권리를 소중하게 여기며 모든 허위를 부정하는 니힐리즘은 거대한 목적을 위해 살지 않고 평등하게 자유롭고자 하는 사람들의 진일보한 사상이었다. 니힐리스트들은 예술적이지 않은 체르니셰프스키의 소설 『무엇을 할 것인가』에 묘사된 니힐리스트가 오히려 자신들의 초상에 가깝다고 보았다.

"노예가 만든 빵은 쓰다."라고 시인 네크라소프는 썼다. 실제로 니힐리스트들은 그런 빵을 먹지 않았다. 그들은 농노와 노동자의 노예적 노동에 의하여 축적된 부를 누리기를 거부했다.

러시아인들은 카라코조프와 그의 친구들에 대한 글을 읽고 경악했다. 거액의 상속자들인 청년들은 서너 명이 한 방에서 한 달에 10루블도 안 되는 돈으로 생활하면서 자신들이 일하는 공동조합과 공동공장에 재산을 썼던 것이다. 그로부터 5년 후 이런 일을 하는 훌륭한 러시아 청년들이 수만 명으로 늘었다.

'브 나로드!'가 그들의 모토였다. 1860년에서 1865년에 걸쳐 거의 모든 부유한 가정에서 낡은 전통을 유지하고자 하는 아버지와 이상을 좇아 생활할 권리를 주장하는 아들 사이에 첨예한 갈등이 있었다. 청년들은 군대와 공장을 떠나 대학이 있는 도시로 몰려들었다. 극히 귀족적인 가정에서 자란 젊은 여성들도 돈 한푼 없이 페테르부르크나 모스크바로 몰려와 가깝게는 가정의 굴레, 멀게는 남편의 굴레에서 벗어나기 위해 배움에 힘썼다. 힘들고 고된 투쟁 끝에 많은 여성들이 개인적인 자유를 성취했다. 그리고 지식을 개인적인 즐거움이 아니라 민중을 위해서 쓰고자 했다.

러시아의 모든 도시에서, 페테르부르크의 모든 구역에서 자기개발과 독학을 위한 소그룹들이 조직되었다. 철학서적, 경제논문, 러시아 소장 역사학자들의 연구성과들이 모임에서 상세하게 읽혀진 후 끝없는 토론으로 이어졌다. 독서와 토론의 목적은 그들 앞에 놓인 거대한 문제, 즉 어떤 방법으로 민중을 도울 것인가 하는 것이었다. 그들은 점차 민중 속에서 민중적인 삶을 사는 것이 유일한 방법이라는 결론을 얻게 되었다. 청년들은 의사, 간호조무사, 서기, 농부, 철공소 직공, 목수가 되어 농민들과 가까이 접촉하면서 살려고 했다. 수백 명의 여성들이 교사, 조산사, 간호사가 되어 극빈층을 위해 헌신했다.

그들의 마음 속에는 사회재건에 대한 어떠한 개념도, 사회혁명에 대한 사상도 없었다. 그들은 단지 농민들을 가르치고, 의료에 도움을 주고, 몽매와 빈곤에서 벗어나게 하고자 했을 따름이다. 그럼으로써 그들은 대중을 위한 보다 나은 사회적 활동이 무엇인지를 알아보려고 했다. 스위스에서 돌아온 나는 이 운동이 고조되고 있음을 알 수 있었다.

13
차이코프스키단-드미트리, 세르게이, 소피야 페로프스카야, 차이코프스키

인터내셔널에서 내가 받은 인상과 관련 서적을 친구들과 공유했다. 나는 대학을 다니는 동안 친구다운 친구를 사귀지 못했다. 내 나이가 다른 친구들보다 많았고 젊은이들 사이에서는 몇 살 차이라도 완전한 교우를 맺는 데 장애가 되었다. 1861년 신 입학령이 공포된 이후 가장 진보적이고 가장 독립적인 학생들은 고등학교에서 퇴학을 당해 대학에 입학할 수 없었다. 지금 대학에 다니고 있는 학우들은 착했지만, 시험 외에는 아무것도 관심을 가지지 않는 공부벌레들이었다.

나는 드미트리 켈니츠라는 학생과 친하게 지냈다. 그는 남러시아 출신으로 독일 성을 가졌지만 독일어는 거의 하지 못했고 얼굴도 튜튼인이라기보다는 남러시아인에 가까웠다. 그는 매우 영리했고, 많은 책을 읽었으며 읽은 것에 대해서 진지하게 생각하곤 했다. 그는 과학을 좋아했고 그 가치를 높이 평가했지만, 그도 곧 과학자로 사는 것은 속물의 진영에 편입된다는 것을 의미한다는 결론을 내리게 되었고, 그 외에도 그가 할 수 있는 긴급한 일들이 많다는 것을 알게 되었다. 그는 2년 동안 대학 강의에 참석했으나 곧 포기하고 사회운동에 전념했다. 그의 생활은 무질서했다. 나는 그에게 일정한 거주지가 있는지 의심스러웠다. 그는 가끔 나에게 "종이 있어요?" 하고 물었다. 종이를 주면 책상 구석에 앉아 열심히 번역을 했다. 번역으로 번 돈은 그의 필요를 채우기에는 터무니없이 적었다. 돈이 생기면 그는 동료를 만나거나 어려운 친구를 돕기 위해 먼 곳까지 가곤 했다. 또한 동료들이 관심을 가지고 있는 어떤 소년을 자유 청강생으로 대학에 입학시키기 위해 페테르부르크를 횡단하여 먼 교외까지 걸어서 가기도 했다. 그는 확실히 천재였다. 서유럽에는 그보다 훨씬 재능 없는 사람들이 정치적인 지위를 차지하고 있었다. 그러나 그는 그런 지위에 조금도 욕심이 없었다. 그에게는 사람들을 이끌 야심이 없었고, 자신이 해야 하는 일 중에서 하찮은 일은 아무것도 없다고 생각했다. 이런 점은 그만의 특징이 아니었다. 학생 서클에서 몇 년 동안 살다시피 했던 학생들은 모두 이런 품성을 지니고 있었다.

내가 돌아오자 켈니츠는 내게 '차이코프스키단'으로 알려진 서클에 가입하라고 권유했다. 이 서클은 러시아의 사회운동사에 주요한 역할을 해온 단체였다. 켈니츠는 내게 말했다. "역대 회원들은 대개 입헌주의자들이었지만 솔직하고 열린 사고를 하는 좋은 친구들이에요. 그 친구들은 러시아 전역에 동지들이 있어요. 아마 가입하면 무슨 일을 해야 할지 금방 알게 될 거예요." 나는 이미 그 서클과 몇몇 회원들을 알고 있었다. 나는 차이코프스키단의 첫 모임에서부터 끌렸고, 그 이후 26년 동안 우정은 변함이 없었다.

초창기 이 서클은 자기개발과 학습을 목적으로 모인 소그룹에 불과했다. 그중에는 소피아 페로프스카야라는 여성이 있었고 물론 차이코프스키도 있었다. 1869년 네차예프는 민중 속에서 일하고 싶다고 말한 청년들 사이에 비밀 혁명조직을 꾸리려고 했다. 목적을 달성하기 위해 그는 낡은 음모를 동원했다. 심지어는 각 단체들이 자신의 지도에 따르게 하려고 기만적인 수단까지 거침없이 동원했다. 그런 방법은 러시아에서 성공하지 못했고, 조직은 금방 와해되었다. 전회원이 체포되었고 아무것도 이뤄내지 못한 채 가장 훌륭하고 순수한 청년들이 시베리아로 유형을 가야했다. 내가 말한 학습 서클은 네차예프의 방법에 반대해 조직된 것이었다.

이 서클은 장래 어떠한 정치적 노선을 표방하거나 어떤 운동방식을 취하게 되더라도, 모든 조직은 도덕적인 개인을 기초로 설립되어야 한다는 전적으로 옳은 판단에 기반한 것이었다. 이것이 차이코프스키단이 점점 외연을 넓혀 러시아 전역으로 퍼진 이유였다. 훗날 정부의 광포한 탄압이 혁명적 투쟁을 야기했을 때, 격렬한 항쟁에 온몸을 바친 훌륭한 청년들을 차이코프스키단이 배출한 이유가 바로 거기에 있었다.

그러나 1872년 당시 서클은 혁명적이지 않았다. 만일 자기개발모임으로 계속 남았다면 수도원처럼 경직되고 말았을 것이다. 그러나 회원들은 적당한 일을 발견해 냈다. 그들은 좋은 책을 배포하기 시작했다. 라살, 베르비(『러시아 노동계급의 조건』), 마르크스, 러시아사 등을 사서 지방 학생들에게 보냈다. 그리고 수년 후 러시아 제국 38개 주의 주요 도시에는 모두 이 작업에 참여하는 소그룹이 생기게 되었다. 그리고 일반적인 시대의 조류, 즉 서유럽에서 노동운동이 급속히 확산되고 있다는 소식에 자극받은 서클은 점점 젊은 지식인들 사이에서 사회주의 선전의 중심이 되었고, 자연스럽게 지방 서클 회원들 간의 매개체가 되었다. 그러면서 학생과 노동자 사이의 무관심이 사라지고 페테르부르크와 일부 지방에서 노동자들과의 연대가 이루어졌다. 1872년 봄 내가 서클에 가입했을 때는 이런 중요한 시점이었다.

모든 비밀결사는 러시아에서 가혹한 탄압을 받았다. 서유럽의 독자들은 나의 입회식이나 충성의 선서에 대한 묘사를 기대할지도 모르겠다. 실망스럽겠지만 그런 것은 없었다. 그런 의식이 있었다면 우리가 제일 먼저 비웃었을 것이다. 켈니츠는 기회를 놓치지 않고 냉소적인 말을 퍼부어 의식에 찬물을 끼얹었을 것이다. 서클에는 정관조차 없었다. 서클은 여러모로 살펴보아 절대적인 신용이 있지 않으면 회원으로 받아들이지 않았다. 새 회원을 받아들이기 전에, 니힐리스트들의 특징인 솔직함과 진지함을 통해 인간성이 논의되었다. 조금이라도 진실성이 떨어지거나 자만심이 있으면 가입할 수 없었다. 차이코프스키단은 회원 수에 연연하지 않았고, 청년들이 벌이는 모든 활동을 장악하거나 전국에 있는 서클들을 통합하려고 하지도 않았다. 차이코프스키단은 다른 단체들과 친밀한 관계를 맺고 있었다. 필요한 일이 있으면 돕기도 하고 도움을 받기도 했으나 서로의 자율성을 침해하는 일은 없었다.

차이코프스키단은 다른 서클들의 동료로 남아있기를 원했다. 나는 그들만큼 도덕적으로 우수한 젊은이들을 어디에서도 만나 본 적이 없다. 지금도 나는 그들의 일원이었던 것을 자랑스럽게 생각한다.

14
정치 · 사회적 기류—알렉산드르 2세와 혁명가들

내가 차이코프스키단에 들어갔을 때 회원들은 활동방향에 대해 열띤 논의를 벌이고 있었다. 일부는 지식청년들 사이에 급진적이고 사회주의적인 선전을 계속해야 한다고 주장했고, 다른 이들은 노동계급의 거대한 잠재력을 일깨울 사람을 키워 농민과 도시 노동자들을 상대로 주요활동이 이루어져야 한다고 주장했다. 당시 페테르부르크와 여러 지방에 조직된 수백 개의 서클에서도 이 같은 논의가 진행되고 있었는데, 대개 두 번째 안이 우세했다.

청년들이 단지 추상적으로 사회주의를 받아들였다면, '생산도구의 사회화'를 비롯해 단순한 목적에 만족하고 정치적 선동활동을 수행했을 것이다. 서유럽과 미국의 많은 중산층 사회주의자들은 실제로 이 노선을 택했다. 그러나 우리는 전혀 다른 방식으로 사회주의를 그려나갔다. 그들은 사회주의 이론가라기보다는 노동자들보다 잘 살지 않겠다, 서클에서 '내 것과 네 것'을 구별하지 않겠다, 아버지에게 상속받은 재산을 향유하며 즐기지 않겠다는 의미의 사회주의자였다. 그들은 자본주의에 대해 관심을 가졌고, 전쟁에 대한 톨스토이의 발언에 관심을 가졌다. 톨스토이는 전쟁과 군복을 입는 것을 비난하면서 민중들에게 군인이 되지 말고 무장을 해제할 것을 촉구했다. 러시아 청년들은 아버지에게 신세지는 것을 거부했다. 자신이 민중과 조금도 다르지 않다고 생각한 수천 명의 청년들이 집을 떠나 시골이나 산업도시에서 자신의 힘으로 살고자 했다. 그것은 조직운동이라기보다는 특정 기간 동안 갑작스럽게 양심이 발동한 대중적 경향이었다.

지금 소그룹들은 러시아에 자유와 혁명의 이상을 확산시키기 위한 체계적인 운동을 준비하고 있었다. 그들은 농민과 노동자들 사이에서 활동했다. 많은 작가들이 이 '민중 속으로(브 나로드)'라는 운동을 해외에서 수입해 설명했다. 외국의 선동가들은 어디에든 있었으나 청년들은 그들이 선동하기도 전에, 심지어는 인터내셔널이 창설되기도 전에 바쿠닌의 목소리에 귀를 기울였고, 인터내셔널의 선동에 매료되었다. 그런 경향성을 처음 나타낸 사람들이 1866년의 카라코조프 그룹이었다. 투르게네프는 니힐리즘적 경향이 도래하리라는 것을 이미 1859년에 예고했다. 나는 이 서클에서 최선을 다해 활동했다.

가끔 러시아의 절대권력에 반대하는 정치선동의 필요성이 논의되었다. 농민들은 이미 과도한 세금징수로 돌이킬 수 없을 정도로 몰락했고 연체된 세금을 갚기 위해 소를 내다 팔고 있었다. 특히 중앙러시아는 엄청난 세금징수로 조만간 모든 사람이 파산할 지경이었고, 정부도 그것을 알고 있었다. 러시아는 가장 악랄한 방법으로 민중을 수탈했다. 우리는 관료기구의 불법성을 더욱 적나라하게 알게 되었고, 그것은 경악스러울 정도로 흉포했다. 우리는 한밤중에 농민이나 노동자의 집을 경찰이 습격하고, 외딴 시골에서는 사람들이 영장도 없이 연행되어 투옥되고 있다는 소식을 접했다. 우리는 절대권력에 반대하는 정치투쟁과 차르 타도의 필요성을 절감했다. 그리고 그러한 투쟁은 합법적인 기반 위에서는 불가능하다는 것을 깨달았다. 선배들은 우리의 사회주의적 이상에 동조하지 않았고, 우리는 그들과 함께 하지 않았다. 우리들은 '요주의 인물'로 찍혔고 선배들은 그런 우리와 어울리려고 하지 않았다. 민주적인 성향을 가진 청년들이나 고학력 여성들은 경찰의 감시대상이 되었고, 카트코프에 의해 국가의 적으로 규정되었다. 단발머리를 하고 푸른색 안경을 쓴 여학생, 오버코트 대신 스코틀랜드식의 숄을 두른 학생은 니힐리스트, 즉 정치를 불신하는 사람이라는 증거였다. 다른 학생들의 방문이 잦은 하숙집은 경찰이 정기적으로 들이닥쳐 수색했다. 하숙집의 야밤수색이 너무 일상적이어서 켈니츠가 우스개 소리로 경찰에게 "아직도 책을 다 파악하지 못했습니까? 올 때마다 그렇게 뒤적이면서도? 달마다 올 필요 없이 차라리 책 목록을 모두 적어가는 게 좋겠어요. 그러면 올 때마다 추가만 하면 될 게 아닙니까." 하고 말한 적도 있었다. 그들은 정치를 불신하고 있다는 혐의가 조금만 있어도 학교에서 학생을 체포하여 몇 개월 동안 구속시키거나 먼 우랄지역 같은 곳으로 유형을 보낼 수 있었다. 심지어는 증거가 없어도 그것이 가능했다. 한번은 검열관이 인가하여 인쇄한 책인데도 우리 서클이 배포했다는 이유로 차이코프스키가 두 번이나 체포되어 4~6개월 동안 수감되었다. 두 번째 구속되었을 때는 그의 인생에서 매우 중요한 시기였다. 그는 대학에서 마지막 시험을 쳐야 했다. 경찰은 그를 우랄지역으로 유형 보낼 충분한 증거를 확보하지 못해 석방할 수밖에 없었다. 그러나 경찰은 "한번만 더 붙잡히면 시베리아로 보내버릴 거야!" 하고 으름장을 놓았다. 실제로 알렉산드르 2세는 코사크 순찰대가 밤낮으로 경계를 서는 그 스텝지역에 젊은 정치범들을 보내 주민 수 1, 2만 명의 특별도시를 만들려고 했다. 그는 언젠가 실패할 이 아시아 계획을 협박으로 실현시키려 했다.

우리 회원 중에는 지방자치기구 '젬스트보'에서 일하는 사람도 있었다. 자치기구 사람들은 사명감을 가지고 일했으며 중앙러시아의 경제적 조건을 진지하게 연구하며 본격적인 자치를 준비했다. 그러나 그곳에서 일하는 많은 청년들이 정부와 접촉하면서 희망을 버렸다.

정부는 겉으로는 일부 주에서 제한된 형태의 자치를 허용하는 것처럼 보였지만 개혁의지와 활동을 가로막는 상태에서 그것은 사실상 유명무실했다. 지방의 자치정부는 단지 지방부가세를 거두어 중앙정부에 보내는 일을 하고 있을 뿐이었다. 지방 의회에서 추진하는 모든 개혁적인 시도, 학교와 사범대학 건립, 위생 설비, 농경지 개량 등은 중앙정부로부터 불온한 혐의를 받았고 반대에 직면했다. 〈모스크바 신문〉은 지방자치를 방해하는 독재 권력에 대한 항거를 '국가 안에 또 하나의 국가'를 만드는 '분리주의'로 규정했다.

트베리 사범대학이나 '젬스트보'가 일상적인 탄압과 금지와 중지명령 등으로 얼마나 시달렸는지 말한다 해도 서유럽이나 미국 독자들은 믿을 수 없을 것이다. 그들은 책을 집어던지며 이렇게 말할 것이다. "믿을 수 없어, 이렇게 황당한 것을 믿으라고!" 그러나 그것은 사실이다. 선거에 의해 선출된 젬스트보 의원들은 직위를 박탈당하고 지역에서 추방당했다. 혹은 합법적인 방법으로 젬스트보가 황제에게 청원을 해도 추방되었다. '지방의회의 선출 의원들은 내각관료에 불과하며 내무장관에게 복종해야 한다.'는 것이 페테르부르크 정부의 논리였다. 그보다 지위가 낮은 사람들은 ─ 지방의회에서 일하는 교사, 의사 같은 ─ 절대권력을 가진 제국 재판소 제3국(局)의 명령만 있으면 경찰에 의해 아무 절차 없이 사형되거나 추방되었다.

1896년에 이런 일도 있었다. 지방 의회의 유력한 의원이자 부유한 지주인 한 남자의 아내가 평소 교육에 관심을 가지고 있었다. 그녀는 자신의 생일에 교사 8명을 초대했다. 그녀는 '농민들 외에는 누구도 만나볼 수 있는 기회가 없는 사람들이니 얼마나 불쌍해.' 하고 생각했던 것이다. 그런데 그 이튿날 경찰이 찾아와 상부에 보고해야 하니 교사들의 이름을 가르쳐 달라고 요구했다. 그녀가 거부하자 "좋소. 당신이 가르쳐 주지 않아도 알아내는 방법이 있소. 교사들은 모이면 안 됩니다. 그들이 모인다면 나는 상부에 보고할 것이오." 하고 경찰이 말했다. 이 경우는 그녀의 배경이 교사들의 방패가 되어 주었으나 만약 교사들이 동료 교사의 하숙집에서 모였다면 경찰의 급습을 받아 교육부로부터 면직 처분되었을 것이다. 경찰의 수사를 받는 동안 항의하는 교사가 있으면 그 교사는 우랄지방으로 보내질 것이다. 이것이 지방의회가 개설되고 33년이 지났을 때의 현실이었다.

1870년대의 상황이 더 심했다는 것은 말할 필요도 없다. 이 기구를 정치투쟁의 기반으로 만든 것은 무엇이었을까?

나는 아버지에게 탐보프 영지를 상속받았을 때 그곳에 살면서 지방의회에서 일해 볼까 하는 생각을 진지하게 해본 적이 있었다. 일부 농민들과 근처의 가난한 신부들도 그렇게 하기를 바랐다. 나는 농민들의 지적 수준과 행복지수를 높이는 데 도움이 된다면 아무리 하찮은 일이라도 할 준비가 되어 있었다. 나는 어느 날 몇 사람의 조언자들과 함께 있을 때 물어보았다. "내가 학교, 농업실험실, 협동조합을 설립하고 최근 부당한 대우를 받은 마을 농민들을 옹호하면 당국이 가만히 내버려둘까?" 사람들은 "그럴 리가 없죠!" 하고 만장일치로 대답했다.

며칠 후 마을에서 가장 존경받는 늙은 신부가 두 사람의 비국교파 지도자를 소개하면서 말했다. "이 두 사람과 얘기해보세요. 그리고 마음이 있다면 이들과 함께 성경을 들고 농민들을 교화하세요. 음, 당신은 농민들에게 무엇을 교화해야 하는지를 아니까요. 이 사람들이 당신을 숨겨주면 경찰은 당신을 찾을 수 없을 겁니다. 그 방법 외에는 없어요. 늙은 내가 당신에게 충고할 수 있는 것은 이것뿐입니다."

나는 그들에게 위클리프*와 같은 역할을 하고 싶지 않다고 말하고 그 이유를 솔직하게 말했다. 그러나 신부의 말은 옳았다. 롤라즈**와 같은 운동은 러시아 농민들 사이에서 급속도로 성장하고 있었다. 평화를 사랑하는 두호보르파에 자행된 고문과 1897년 남부러시아 비국교파 농민들에 대한 무자비한 탄압, 심지어 아이들에게 강제로 실시된 러시아정교 수도원의 교육에도 불구하고 이 종교적 운동은 전에 없던 힘을 얻었던 것이다.

합법적인 운동이 내부에서 끊임없이 제기되자 나는 그렇게 하기로 방침을 정하고 적절한 활동계획을 마련한 적이 있었다. 나는 서클이 만장일치로 모든 일을 결정해야 하고, 그렇게 결정되면 개인적인 감정은 드러내지 말고 맡은 임무를 최선을 다해 실행해야 한다고 생각했다. 그래서 나는 제안했다. "만약 합법적인 운동을 하기로 조직이 결정한다면 나는 탈퇴하고, 명목상 회원 한 사람하고만 관계를 유지하겠다. 예를 들어 차이코프스키하고만. 그리고 그를 통해서만 서클의 일과 내가 하는 일을 공유하겠다. 나는 관료들과 높은 상급기관에서 작업을 할 수 있다. 나는 지금의 정치상황을 혐오하는 관료들을 많이 알고 있다. 그들을 데리고 와서 가입시키겠다. 언젠가는 알렉산드르 2세가 헌법을 민중에게 넘기도록 하는 날이 올 것이다. 그때 차르는 기만적인 술책으로 민중과 타협하려 할 것이다. 그럴 때 우리에게 장교 출신이 있다면 군대를 선동하는 데 도움이 될 것이다. 그러나 이 같은 활동이 궁극적으로는 방향이 같다고 해도 너희와는 전혀 다른 것이다. 나는 그것을 심각하게 받아들인다. 나는 내가 왜 이 서클에 가입했는지, 누가 나를 믿어주는지 잘 알고 있다. 그리고 내가 그런 합법적인 활동을 하기에 알맞은 사람이 아니라고 생각하는 일부 회원들이 있다는 것도 알고 있다. 이것은 나 혼자 결정할 수 있는 문제가 아니다. 내가 그렇게 하는 것이 좋겠다고 결정한다면 나는 방금 말한 작업을

---

* 영국의 선구적 종교개혁가. 최고의 권위는 성서에 있다고 확신하고, 반(反)교황 정책을 취하며 교회개혁 운동에 앞장섰다.

** 종교개혁가들. 위클리프의 가르침을 따르던 사람들을 일컫는다.

최선을 다해 해내겠다."

서클은 이 제안을 받아들이지 않았다. 서로의 생각을 잘 알고 있었고, 그런 방향으로 나간다면 내가 진짜로 탈퇴할 것을 알았기 때문이다. 나의 개인적인 행복이나 인생을 위해서도 나의 제안이 받아들여지지 않은 것은 다행스러운 일이었다. 그런 방향으로 나가는 것은 나의 생각과 어긋나는 것이었고 만약 그랬다면 나는 다른 길에서 행복을 찾아야 했을 것이다. 그러나 6, 7년 후 테러리스트들이 알렉산드르 2세에 반대해 대대적인 투쟁을 벌였을 때 내가 제안했던 일을 누군가 했었다면 그렇게 처참한 대량학살은 막을 수 있었을 것이다. 궁중에서 일어나는 움직임들을 미리 파악할 수 있었을 것이고, 모든 방법을 동원해 행정기관에서 물밑작업을 했다면 동궁의 지지는 얻어낼 수 있었을 것이었다.

정치적인 노력의 필요성은 우리 소그룹 토론과정에서 계속 제기되었지만 성과는 없었다. 무관심하고 냉담한 부유층에는 희망이 없었고 탄압받는 청년들의 분노는 결국 6년 후 테러투쟁을 낳았다. 가장 비극적인 역사의 아이러니는 알렉산드르 2세의 맹목적인 공포와 분노로 인해 고된 노동으로 유형지에서 죽어간 수백 명의 청년들과 1871년부터 1878년까지 알렉산드르 2세를 보호했던 청년들이 같은 청년들이라는 사실이었다.

그 때 사회주의단체들은 오히려 카라코조프와 같은 차르에 대한 직접적인 테러를 막는 것이 방침이었다. 그리고 '노동자와 농민들 사이에서 대대적인 사회주의 대중운동을 준비하자.'는 것이 당시의 슬로건이었다. 당시에는 이렇게 생각했다. "차르 및 그 고문들과 문제를 일으켜선 안 된다. 대중운동이 시작되어, 농민이 세금의 폐지와 토지 소유권을 주장하는 운동에 동참하면, 황제는 유산계급과 지주들 사이에서 농민을 지지할 방법을 모색하기 위해 의회를 소집할 것이다. 1789년 프랑스 농민봉기 때 국왕이 국민의회를 소집했던 것처럼 러시아도 그럴 것이다."

그러나 이런 경향만 있었던 것은 아니다. 몇몇 사람들과 그룹들은 점점 반동적이 되어가는 알렉산드르 2세에게는 더이상 희망이 없는 것으로 보고, 자유주의적으로 보이는 황태자에게 막연한 기대를 걸거나 — 권좌에 오를 차기 젊은 황제는 모두 자유주의적이라고 생각되는 경향이 있었다 — 사고를 전환하여 카라코조프의 전례를 따라야 한다고 집요하게 주장했다. 그러나 단체들은 그런 생각에 강력하게 반대했고 동료들에게 그런 테러에 나서지 말 것을 종용했다. 지금까지 공개되지 않은 사실 하나를 폭로하겠다. 한 청년이 알렉산드르 2세를 암살하겠다고 굳게 결심하고 남부의 어느 주에서 페테르부르크로 왔고, 차이코프스키단의 일부 회원들이 그의 계획을 알아차렸다. 그들은 갖은 말로 그를 설득했으나 여의치 않자 그러면 실력을 행사해서라도 암살을 막겠다고 공언했다. 당시 동궁의 경호가 극히 허술했음을 잘 아는 나는 그들이 알렉산드르 2세의 생명을 건져주었다고 단언한다. 그렇게 폭력에 반대했던 청년들이 후에, 마침내 인내심의 한계선을 뚫고 전쟁에 가담하게 되었던 것이다.

15
차이코프스키단의 활동 – 크라프친스키와의 우정
– 민중 속으로의 발걸음 – 노동자를 대상으로 한 성공적인 선전활동

체포되기 직전까지 차이코프스키단에서 활동한 2년은 나의 생활과 사상에 깊은 족적을 남겼다. 그 2년은 매순간 내적 자아의 모든 요소들이 약동하고, 진정한 삶의 가치로 충만해 있던 시기였다. 우리는 공동의 목표로 긴밀하게 결합되어 있을 뿐 아니라 서로를 폭넓고도 섬세하게 배려하는 가족이었다. 우리 서클에서 잠시라도 불화가 생기는 것은 생각조차 할 수 없었다. 정치 운동을 해본 사람이라면 내 말을 이해할 수 있을 것이다.

나는 과학자로서의 삶을 완전히 그만두기 전에 지리학협회에 제출해야 할 핀란드 탐사보고서와 내가 관여하고 있던 협회의 다른 작업을 완성해 놓고자 했다. 나의 새로운 친구들은 이 결정에 동의해 주었다. 그들은 그것을 하지 않는 것은 옳지 않다고 말했다. 나는 열심히 노력해서 지질학 및 지리학 책을 써냈다.

서클의 모임은 잦았고 나는 한 번도 빠지지 않았다. 우리는 늘 페테르부르크 교외의 작은 집에서 모였다. 이집은 소피아 페로프스카야가 어느 기술자 아내의 이름으로 가짜 신분증을 만들어 빌린 것이었다. 그녀는 귀족가문 출신으로 아버지가 한때 페테르부르크의 군사총독을 지낸 적도 있었다. 그녀는 자신을 몹시 사랑하는 어머니의 허락을 얻어낸 후 고등학교에 입학하기 위해 집을 떠났다. 그리고 부유한 공장주의 딸 세 명과 함께 차이코프스키단의 전신인 작은 학습서클을 만들었다. 기술자 아내의 이름에 무명옷을 입고 남자 장화와 머릿수건을 두른 채 네바 강에서 물통을 메는 그녀가, 몇 년 전 수도에서 가장 화려한 거실에 있었던 소녀라고 아무도 생각하지 않았다. 우리는 누구나 그녀를 좋아했고, 우리가 방문하면 그녀는 특유의 미소로 맞아주었다. 그녀가 가장 무서운 표정을 지으며 나무랄 때는, 양피 외투를 입은 우리가 진흙길을 걸어와 더러워진 농부 장화로 집을 더럽힐 때였는데, 그럴 때조차도 그녀는 소녀처럼 순수해 보였다. 도덕적으로 그녀는 '엄숙주의자'였으나 잔소리하는 타입은 아니었다. 만일 어떤 사람의 행동이 마음에 들지 않으면 한번 쳐다볼 뿐이었다. 그러나 그 눈빛에는 열린 마음과 사람을 이해하는 관대한 아량이 담겨 있었다. 그녀는 한마디로 불요불굴의 존재였다. 누군가 일을 중단할 줄 모르는 그녀를 보고 '여성스러운 남자'라고 한 적이 있었는데, 내 기억에도 그녀는 그렇게 각인되어 있다.

페로프스카야는 근본적으로 '민중주의자'이자 강철 같은 신념을 지닌 혁명전사였다. 그녀는 노동자와 농민을 사랑하기 위해 허구적으로 미화시키지 않았다. 그녀는 있는 그대로 그들을 바라보았다. 한번은 내게 이렇게 말했다. "우리는 거대한 일을 시작했어요. 아마도 두 세대는 이 일에 치일 거예요. 그래도 해내야 돼요." 우리 서클의 여성들은 단두대의 이슬로 사라진다고 하더라도 자신의 신념을 포기하지 않았다. 누구든 정면으로 맞섰다. 그러나 아무도 그런 운명이 실제로 다가오리라는 것을 예상하지 못했다. 페로프스카야의 유명한 사진에는 그녀의 비범함이 드러나 있다. 진정한 용기, 명석한 지성, 사랑스러운 본성이 너무도 잘 드러나 있다. 그녀가 교수대에 오르기 몇 시간 전 어머니에게 쓴 편지에는 일찍이 드러내지 않았던 여성의 사랑스러운 영혼이 잘 표현되어 있다.

다음의 사건은 우리 서클의 다른 여성들이 어땠는지를 잘 보여준다. 어느 날 저녁 쿠프레야노프와 나는 급하게 의논할 일이 있어 바르바라 B를 찾아갔다. 자정이 지난 시간이었으나 그녀의 창문에 불이 켜져 있었고 우리는 계단을 올라갔다. 그녀는 조그만 방 책상에서 서클의 프로그램을 베끼고 있었다. 평소 그녀의 의지가 얼마나 강한지 알고 있었던 우리는 문득 그녀에게 장난치고 싶은 생각이 들었다. "B, 우리는 당신을 데려가려고 왔어요. 우리는 무모하기는 하지만 요새에 갇힌 동지들을 구출하려고 하오." 그녀는 아무것도 묻지 않았다. 그녀는 가만히 펜을 내려놓고 의자에서 일어나 한 마디만 했다. "갑시다." 너무나도 쉽고 태연하게 말하는 것을 들은 나는 내가 얼마나 어리석은 장난을 했는지를 즉시 알아차리고 사실대로 말했다. 그녀는 의자에 털썩 주저앉더니 눈물을 글썽이며, 절망적인 목소리로 물었다. "장난이라고요? 왜 당신은 그런 장난을 하죠?" 나는 나의 행동이 너무 잔인했음을 깨달았다.

우리 서클에서 인기가 많던 또 한 사람은 세르게이 크라프친스키였다. 영국과 미국에 스테프냐크로 널리 알려진 바로 그 사람이다. 그는 자신의 안전을 너무 소홀히 해서 가끔 '갓난아기'로 불렸다. 세르게이라는 이름이 선동가로서 노동자 단체들 사이에서 유명해지면서 그는 항상 경찰들에게 추격을 받았다. 그럼에도 불구하고 그는 자신을 숨기는 데 조금도 주의를 기울이지 않았다. 나는 어느 날 모임에서 경솔한 행동에 대해 그가 심한 질책을 받은 것을 기억한다. 그는 종종 모임에 늦곤 했는데, 그것은 모임장소까지의 거리가 멀었기 때문이다. 농부처럼 양털 옷을 입은 그는 제시간에 도착하기 위해 도심 한복판 대로변을 줄곧 달렸다. "어떻게 하려고 그럽니까? 그런 행동은 의심을 불러일으키고 도둑으로 체포될 수도 있어요." 나는 그가 다른 사람만큼 조심하겠다고 타협하기를 바랐다.

우리가 친해지게 된 것은 스탠리의 책『나는 어떻게 리빙스턴을 알게 되었는가』를 통해서였다. 어느 날 모임은 밤 12시까지 계속되었는데, 우리가 돌아가려 할 때 코르닐로바 세 자매 중 한 사람이 우리 중에서 누가 내일 아침 8시까지 이 스탠리의 책 16쪽을 번역해줄 수 없느냐고 물었다. 나는 분량을 보고 누가 도와준다면 밤에 작업을 할 수 있겠다고 했다. 세르게이가 자원했고 새벽 4시에 번역은 끝났다. 그리고 각자 번역을 해서 서로 비교해보았다. 그리고 우리는 카샤* 한 냄비를 비우고, 함께 집으로 돌아갔다. 그날 밤 이후로 우리는 가까워졌다.

나는 능력 있고 정확하게 일하는 사람을 좋아한다. 처음 내가 세르게이에게 호감을 가진 것은 빠르고 정확한 번역능력 때문이었다. 그러나 알아갈수록 그의 선량함, 솔직함, 정열적인 에너지, 탁월한 감각, 뛰어난 지성, 소박함, 진실성, 끈기를 정말로 사랑하게 되었다. 그는 많이 읽고 생각했으며 그가 준비하는 투쟁의 혁명성은 나와 견해가 비슷했다. 나보다 10살 연하인 그는 아마 혁명이 거친 논쟁을 가져올 것을 미처 깨닫지 못했을 것이다. 그는 후에 자신이 시골 농민들에게 어떻게 선전활동을 벌였는지 재미있게 말해 주었다. "하루는 내가 동지들과 함께 길을 걷고 있는데, 썰매를 탄 농부가 우리 옆을 지나가는 거예요. 나는 농부에게 세금을 내면 안 된다, 관료들은 민중을 착취하고 있다고 말했어요. 나는 성경을 인용하면서, 당신들이 봉기해야 한다고 설득했지요. 농부는 말을 채찍질했고, 우리는 빨리 뒤쫓았죠. 말이 달리자 우리는 뒤처지기 시작했지요. 그래도 나는 세금과 봉기에 대해 계속 소리쳤지요. 농부는 말을 전속력으로 달리게 했지만 말은 달리지 못했어요. 못 먹은 조랑말이었으니까요. 그래서 우리는 숨이 턱에 차오를 때까지 달리

---

* 쌀 등의 곡물로 만든 러시아식 죽.

면서 선전을 했어요."

세르게이는 가끔 카잔에 머물렀는데, 그럴 때면 나는 편지로 그와 의사교환을 나누어야 했다. 암호로 편지 쓰는 것을 싫어했던 그는 나에게 예전에 음모사건에 자주 사용되었던 통신방법을 이용하자고 제안했다. 일반 편지와 다를 바 없는 이 편지에는 특정 단어만 의미를 갖는다. 예를 들어 우리가 다섯 번째 단어에만 의미를 부여한다고 하자. "서둘러 편지를 써서 미안하네. 내일 나를 보러 오게. 내일 늦게 나는 여동생에게 갈 예정이네. 니콜라이 형이 많이 아프네. 오면 수술하는데 늦을 것 같아." 다섯 번째 단어만 골라내면 의미는 '내일 늦게 니콜라이에게 오시오.' 가 된다. 우리는 편지 한 장의 정보를 전하기 위해서 7, 8장의 편지를 써야 했으며, 나머지를 말이 되도록 채워 넣기 위해 온갖 상상력을 발휘해야 했다. 그는 이 방법으로 스릴 넘치는 사건과 드라마틱한 결말의 이야기를 써서 나에게 보내 주었다. 그는 후에 나에게 이 통신방법이 자신의 문학적 재능을 개발하는 데 도움을 주었다고 이야기했다. 재능 있는 사람에게는 모든 일들이 그 재능을 개발하는 데 공헌하는 법이다.

1874년 1, 2월경 나는 모스크바에 있는 누이 레나의 집에서 기거했다. 레나는 말르이 블라시예프스키 골목에 있는 회색의 작은 집에서 살고 있었다. 이 집은 아버지의 집(풀리 장군으로부터 구입한) 바로 맞은편에 있었다. 하루는 아침 일찍 한 농부가 나를 보자고 해 나갔더니, 방금 트베리에서 도망쳐온 세르게이가 서 있었다. 건장한 체격의 세르게이 옆에는 역시 체격이 좋은 장교 출신 로가초프가 함께 있었는데, 그들은 벌목공이 되어 지방을 떠돌고 있었다. 경험이 없는 사람에게는 매우 힘든 일이었지만 두 사람은 모두 그 일을 좋아했다. 이 건장한 두 사람을 장교로 볼 사람은 아무도 없을 것 같았다. 그들은 아무런 의심을 받지 않고 2주일 동안 그렇게 돌아다니며 두려움 없이 선전활동을 벌였다. 신약성서를 거의 암기하고 있는 세르게이는 종교적인 설교자로서 성서를 인용하면서 혁명을 시작해야 한다고 말했다. 때로는 경제학자의 말을 인용하면서 논지를 펴 나갔다. 두 사람을 진정한 사도라고 생각한 농민들은 너도 나도 집에 초대했고, 음식값을 내려고 하면 한사코 거절했다. 2주 동안 그들은 많은 마을들을 술렁이게 만들었고, 그들의 명성은 멀리 퍼져 나갔다. 남녀노소는 헛간에서 이 '특사'들에 대해 수군거렸다. 그리고 곧 지주들에게서 토지가 몰수되고, 지주들은 차르로부터 연금을 받게 될 것이라고 떠들기 시작했다. 젊은 사람들은 경찰에게 더욱 공세적이 되었다. "잠깐만요. 이제 우리 시대가 올 거요. 당신들의 헤롯왕의 지배도 오래 가지 않을 거요." 그러나 벌목꾼의 소문은 경찰 당국의 귀에 들어갔고, 그들은 체포되었다. 경찰은 그들을 10베르스타 떨어진 경찰서로 호송하라고 명령했다.

농민 몇 명의 호송을 받던 그들은 축제가 벌어지는 마을을 지나게 되었다. "죄수요? 좋소! 이리 오시오." 하고 농민들이 말했다. 호송하던 농민들은 하루 종일 마을 이집 저집을 다니며 집에서 만든 맥주를 대접받았다. 그들은 취했고, 죄수도 같이 취해야 한다고 우겼다. 세르게이는 "농민들은 큰 나무 사발에 맥주를 부어 주었고, 나는 마시는 체 하며 입술만 댔어요. 아무도 내가 얼마나 마셨는지 몰랐죠."라고 말했다. 호송 농민들은 모두 취했고, 경찰서에 이런 꼴로 갈 순 없다며 마을에서 하룻밤 묵고 가기로 했다. 세르게이는 농민들과 이야기를 나눴고 그의 말을 들은 농민들은 이렇게 훌륭한 사람이 체포된 것을 안타까워했다. 잠자리에 들려고 할 때 한 농민이 세르게이에게 속삭였다. "문을 닫고 나갈 때 빗장을 걸지 않겠소." 무슨 뜻인지 알아들은 세르게이와 그의 동료는 모두 잠든 틈을 타 빠져 나왔다. 새벽 5시경 25베르스타 정도 떨어진 한 간이역에 도착한 그들은 첫차를 타고 모스크바로 왔다.

세르게이는 모스크바의 레베데프 씨 집에 남았다. 레베데프 가족은 우리의 모스크바 서클과 친한 사이였다. 거기서 세르게이는 타티야나 레베데바를 만났다. 타티아나는 나중에 "민중의 의지" 당의 실행위원회에서 중요한 역할을 담당하였다. 하지만 당시는 지주 가족의 어린 소녀에 불과했다. 세르게이는 반자서전적인 소설 『안드레이 코주호프』에서 그녀에 대해서 자세히 서술했다. 나중에 우리 모두가 페테르부르크에서 체포된 이후, 모스크바는 그와 보이날스키의 지도하에 운동의 주요 중심지가 되었다.

나는 세르게이에 대해서 이야기를 하면서 훨씬 나중의 일들에 대한 이야기가 나왔다. 우리는 다시 내가 막 차이코프스키단에 가입한 1872년 봄으로 돌아가자. 당시에 선동가들의 소그룹이 도시와 마을 곳곳에 다양한 형태로 생겨났다. 뜻 있는 부유층 청년들이 민중과 접촉하기 위해 대장간이나 작은 농장에서 일하기 시작했다. 모스크바에서는 취리히 대학에서 공부한, 부유층 출신의 수많은 젊은 여성들이 하루에 14~16시간 동안 일하는 열악한 환경의 방직공장에 들어가 비참한 생활을 했다. 그것은 최소한 2, 3천명의 활동가들과 그 두세 배에 달하는 동조자들이 다양한 방법으로 돕는 거대한 운동이었다. 그리고 활동가들 중 절반은 우리 페테르부르크의 서클과 정기적으로 교신했다, 물론 항상 암호로.

러시아의 혹독한 검열 아래서 출판이 불가능하다고 판단한—조금이라도 사회주의적 성향이 보이면 출판이 금지되었다—우리는 외국에 인쇄소를 차렸다. 내가 속해 있던 '문학위원회'에서는 노동자와 농민을 위한 수많은 팸플릿을 써야 했다. 세르게이는 라므네* 스타일과 동화 형식으로 두개의 팸플릿을 썼는데, 모두 널리 읽히고 있었다. 외국에서 인쇄된 책과 팸플릿은 수천 부씩 러시아로 밀반입되어 특정 장소에 쌓였다가 각 지방으로 보내졌고, 그것은 다시 농민과 노동자들에게 배포되었다. 이 일은 많은 여행과 거대한 통신망이 요구되었다. 특히 경찰로부터 우리의 동조자들과 서점들을 보호하기 위해서 더욱 그랬다. 각 지방마다 특별한 암호를 사용했는데, 가끔 6, 7시간 동안 모든 세부사항을 검토하고도 암호가 일치하지 않아 종이에 숫자와 분수를 가득 써가며 밤을 새우는 때가 있었다.

우리의 모임은 따뜻한 동지애로 충만했다. 러시아 사람들의 체질에 맞지 않는 의장이라든가 형식주의 같은 것은 없었다. 프로그램 문제 같은 것을 논의할 때는 격렬하게 논쟁하기도 했지만, 우리는 서구의 형식주의에 의존하지 않고도 해결할

---

* 프랑스의 사상가이자 종교철학자. 뛰어난 문체로 『종교 무관심론』을 저술했다.

수 있었다. 절대적인 성실성, 최선을 다해 어려움을 해결하고자 하는 마음, 기만적인 태도에 대한 솔직한 비판만 있으면 충분했다. 만약 누군가 말로 웅변적 효과를 노리고자 하면 즉시 악의 없는 농담으로 그 부적절함을 지적해주었다. 가끔 우리는 모임을 하는 동안 식사를 하기도 했는데, 오이와 치즈를 곁들인 호밀 빵과 묽은 차가 전부였다. 돈이 없어서가 아니었다. 돈은 충분히 있었으나 계속 증가하는 출판과 번역 비용, 수배된 친구들을 지원하는 비용, 새로운 사업을 펼칠 수 있는 비용을 대려면 오히려 부족한 실정이었다.

오래지 않아 우리는 페테르부르크의 많은 노동자들과 알게 되었다. 세르듀코프라는 지식인 청년은 국영 군수업체에서 일하는 기술자 30명을 조직해 독서토론회를 만들었다. 기술자들은 페테르부르크에서 꽤 높은 보수를 받았고, 특히 독신자들은 넉넉한 생활을 하고 있었다. 그들은 급진적인 사회주의자들의 책에 금방 익숙해졌다. 버클, 라살, 밀, 드레이퍼, 슈필하겐은 그들에게 친숙한 이름이 되었다. 그러나 기술자들은 학생들과는 달랐다. 이 모임에 가입한 켈니츠, 세르게이, 그리고 나는 모임에 자주 참석하여 여러 주제에 대해 비공식적으로 강의했다. 그러나 이 청년들이 자신들보다 훨씬 열악한 처지의 각성되지 못한 노동자들 사이에서 열렬한 선동가로 활동하리라는 우리의 희망은 실현되지 않았다. 그들은 특권을 가진 제네바의 시계공들처럼 일반 노동자를 깔보고 쉽사리 사회주의의 순교자가 되려고 하지 않았다. 나중에 그들 중 몇 명이 정치 혁명의 열렬한 선동가가 된 것은 사회주의자로서 '생각하려 했다'는 이유로 3, 4년간 투옥된 후 러시아 절대주의의 깊은 내면을 엿보게 되었기 때문이다.

나의 관심은 특히 방직공장의 노동자들에게 쏠려 있었다. 페테르부르크에는 겨울철에 방직공장에서 일하고 여름에는 고향에 돌아가서 농사를 짓는 사람들이 많았다. 반농반공의 이 노동자들은 일반적으로 러시아의 공동체적인 시골 정서를 가지고 있었다. 우리 운동은 그들 사이에서 들불처럼 번져갔다. 우리는 이 새로운 친구들의 열정을 자제시키지 않으면 안 될 정도였다. 그렇지 않으면 늙은이 젊은이할 것 없이 한꺼번에 수백 명씩 하숙집으로 몰려들었다. 그들 대부분은 '아르텔'이라는 작은 조합을 만들어 생활했다. 그것은 12~13명이 공동주택을 빌려 공동으로 식사하면서 생활비용을 분담하는 방식이었다. 노동자들은 다른 석공과 목수의 아르텔도 소개해 주었다. 세르게이와 니켈츠는 일부 아르텔에 가입했고, 우리는 집으로 찾아온 그들과 사회주의에 대해 이야기하며 밤을 새곤 했다. 페테르부르크에는 우리 서클 사람들이 모여 사는 특별 공동주택이 있었는데, 그곳에서 매일 밤 노동자들이 찾아와 글을 배우고 이야기를 나누었다. 가끔 우리는 그들의 고향을 방문해 1, 2주일 동안 머무르며 공공연한 선전활동을 벌였다.

그들과 상대할 때는 우리도 똑같이 농민의 옷차림을 해야 했다. 러시아에서 농민과 지식인의 격차는 컸고, 그들 간의 접촉도 드물었다. 시골에 도시인이 나타나면 농민들의 주의를 끌 뿐 아니라 도시에서도 지식인의 옷차림과 말투를 쓰는 낯선 사람이 노동자들 사이에 나타나면 경찰로 오해받기 일쑤였다. 그들은 "나쁜 의도가 없다면 무엇 때문에 천한 우리에게 접근하는 거요?" 하고 말했다. 나는 가끔 고급 저택이나 동궁에서 저녁 식사를 한 후에 먼 교외에 있는 가난한 학생의 하숙집에 들러 좋은 옷을 벗고, 농민 부츠와 양가죽 옷을 입고는 길거리에서 농민들과 농담을 하며 빈민가의 노동자들을 만나러 갔다.

거기서 나는 외국에서 목격한 노동운동에 대해 이야기했다. 한마디의 말도 놓치지 않고 열심히 들은 그들은 질문했다. "우리가 러시아에서 무엇을 할 수 있습니까?" "선전하고 조직해야 합니다. 다른 왕도는 없습니다." 하고 우리는 대답했다. 우리들은 프랑스 혁명 때의 민중의 이야기나 에르크만과 샤트리앙의 유명한 '한 농부의 이야기'의 번안 소설을 읽어 주었다. 사람들은 금서를 배포한 소설 속의 인물 쇼벨을 칭송하면서 그를 정열적으로 본받으려고 했다. "다른 사람들에게 선전해서 우리와 함께 하게 해야 합니다. 수가 더 많아지면 우리가 무엇을 성취할 수 있는지 알게 될 겁니다." 하고 우리는 말했다. 그들은 완전히 이해했고 운동가로서 시골마을에 가려고 했다. 우리는 그들의 열정을 누그러뜨려야 했다.

나는 그들과 함께 가장 행복한 시간을 보냈다. 내가 러시아에서 자유주의자로서 보낸 마지막 날인 1874년 1월 1일은 잊을 수 없는 날이다. 전날 밤 나는 어느 공장에 있었다. 시민의 의무와 공동체적인 행복 등에 대한 감동적이고 고상한 이야기가 오갔다. 그러나 모든 감동적인 이야기의 밑바탕에는 '어떻게 하면 자신의 안전을 도모할 수 있는가?' 하는 내용이 깔려 있었다. 아무도 자신은 아직 위험한 일에 투신할 용기가 없노라고 솔직하게 말하지 않았다. 사람들은 스스로를 정당화하기 위해 자신의 희생적 의지를 강조함과 동시에 진화의 느린 속성, 하층민의 타성, 희생의 무용성에 대한 궤변을 늘어놓았다. 나는 깊은 슬픔에 휩싸여 집으로 돌아왔다.

다음 날 나는 어두운 지하 방에서 모이는 방직공장 노동자들의 모임에 갔다. 나는 농민의 옷차림으로 양가죽 옷을 입은 사람들 속에 잠자코 앉아 있었다. 노동자 한 사람이 나에게 한 사람을 소개했다. "보로딘이라는 친구입니다." 그러자 그가 "보로딘이라고 불러주세요. 외국에서 무엇을 보았습니까?" 하고 말했다. 나는 서유럽 노동운동의 투쟁과 어려움 그리고 희망에 대해 이야기했다.

청중은 대부분 중년이었다. 그들은 내게 인터내셔널의 현황과 목적, 그 성공 가능성에 대해 물었다. 모두 핵심적인 질문들이었다. 그 다음엔 러시아에서 무엇을 할 수 있는지, 우리 운동의 전망은 어떤지에 대한 질문이 날아왔다. 나는 우리 운동의 위험성을 축소하지 않고 내가 생각하는 바를 솔직하게 말했다. "우리는 조만간 시베리아로 유배될지도 모릅니다. 또 여러분들은 우리에게 이런 말을 들었다는 이유로 장기간 투옥될 수도 있습니다." 이런 두려운 말에도 그들은 놀라지 않았다. 그들은 헤어지면서 이렇게 말했다. "어쨌든 시베리아에도 사람은 있을 것 아니오, 혼자 사는 것은 아니니까." "사람 사는 곳은 다 마찬가지지." "악마도 그것을 그리는 사람만큼 무섭지는 않은 법이야." "늑대가 무서우면 숲에 들어가지도 않았어." 나중에 몇 명이 체포되었을 때 그들은 용감하게 행동했고 우리의 신변을 보호했으며 한 명도 배신하지 않았다.

16
체포-루군 검찰관의 심문-페트로파블로프스크 요새감옥 감금

내가 지금 이야기하는 이 2년 동안 페테르부르크와 다른 지방에서 많은 사람들이 체포되었다. 동지들이 실종되지 않고 지나가는 달이 없었다. 1873년 연말 즈음에는 체포 소식이 줄을 이었다. 12월에는 페테르부르크 교외의 한 거점이 습격당했다. 우리들은 페로프스카야와 다른 세명의 동지를 잃었다. 우리는 도심에서 더떨어진 곳에 새로운 은신처를 마련했으나 그곳도 금방 포기해야만 했다. 경찰은더욱 예민해졌다. 노동자들의 거주지역에 학생이 나타나면 노동자들 사이에서 활동하는 첩자가 즉시 경찰에게 알렸다.

드미트리 켈니츠, 세르게이 그리고 나는 경찰이 눈치채지 못하게 농부로 변장하고 다녔다. 노동자들에게 이름이 널리 알려진 드미트리와 세르게이를 잡으려는경찰의 추적은 특히 집요해서 만약 경찰들이 야간에 동지들의 하숙집을 습격한다면 즉시 체포될 판이었다. 드미트리는 경찰의 추적을 피해 매일 밤 은신처를 바꾸어야 했다. 그가 어느 동지의 집에 들어가며 "하룻밤 잘 수 있소?" 하고 물으면 "안되오. 내 집은 요즘 경찰에게 감시당하고 있소. N에게 가는 것이 낫겠소." 하고 대답했다. 그 집에 가면 "나는 방금 옆집 사람이 첩자라는 얘기를 듣고 돌아오는 길이오. M에게 가보시오. 그는 가장 절친한 친구요. 여기서 좀 머니 마차를 타는 게 좋겠소. 돈은 여기 있소." 하곤 했다. 그러나 마차를 타지 않는 것을 원칙으로 삼는 드미트리는 은신처로 가기 위해 도시의 반대편 변두리까지 걷거나 근처에서 어떻게

든 은신처를 찾아 보았다.

1874년 1월 초 방직 노동자들의 주요 본거지도 털리고 말았다. 가장 뛰어난 동지들이 악명 높은 '형사 3과'의 문으로 사라졌다. 우리 서클 회원은 점점 줄었고, 총회를 여는 것은 힘들어졌다. 우리가 체포되더라도 일을 계속해 나갈 새로운 청년 모임을 조직하려고 갖은 노력을 다했다. 차이코프스키는 남부지방에 있었고 드미트리와 세르게이는 페테르부르크를 떠났다. 남아있는 5, 6명이 모든 일을 처리해야 했다. 나는 지리학협회에 보고서를 제출하자마자 남서부지방으로 가서 1870년대 말에 아일랜드에서 강력한 힘을 발휘한 동맹과 같은 토지동맹을 조직할 예정이었다.

2개월 후에는 비교적 조용해졌다. 3월 중순에 우리는 서클 회원들 중 거의 모든 노동자들이 체포되었다는 것을 알게 되었다. 그 중에는 불행하게도 니조프킨이라는 학생이 있었는데, 우리는 그가 자신이 아는 모든 사람을 불어버릴 것으로 확신했다. 드미트리와 세르게이 뿐 아니라 서클의 설립자인 세르듀코프 그리고 나의 이름은 그가 취조를 받자마자 튀어나올 것이 분명했다. 며칠 후 가장 신뢰할 수 없는 두 명의 방직노동자가 체포되었다. 그들은 동지에게서 받은 돈을 횡령한 적도 있었다. 그들은 나를 보로딘으로 알고 있었다. 그들은 농민 옷차림을 하고 방직노동자들에게 이야기하던 보로딘의 행적을 즉시 자백할 것이었다. 일주일도 안 되어 우리 서클에서 세르듀코프와 나를 제외한 모든 사람들이 체포되었다.

이제 페테르부르크를 떠나는 수밖에는 없었다. 그것은 우리가 결코 원하지 않던 것이었다. 외국에서 팸플릿을 인쇄해서 러시아로 반입하는 거대한 조직, 서클들과 농장들, 그리고 유럽과 러시아 50개 주 가운데서 40개 주에 연결된 통신망 — 그것은 우리가 2년에 걸쳐 조금씩 이룩한 것이었다 — 그리고 페테르부르크의 노동자 그룹과 4개의 노동자 운동본부……. 이 모든 관계를 유지하고 연락할 수 있는 사람들을 세워 놓지도 못한 채 우리가 어떻게 떠날 수 있단 말인가! 세르듀코프와 나는 우리 단체에 두 사람을 새로 가입시켜서 업무를 인계하기로 결정했다. 우리는 밤마다 장소를 바꿔가며 모임을 가졌다. 우리는 누구의 이름과 주소도 글로 남기지 않기로 했다. 다만 팸플릿을 반입할 주소는 암호로 써서 안전한 장소에 맡겨두었다. 우리는 두 명의 새로운 회원에게 몇 백 명의 이름과 주소 그리고 12개의 암호를 암기할 때까지 반복해서 가르쳐 주었다.

우리는 매일 밤 러시아 전역을 돌아다녔다. 특히 밀수입자들에게 책을 받는 청년들이 산재해 있는 서부국경과 우리의 주요거점이 있는 동부지역에서 오래 머물렀다. 우리는 변장을 하고 새로운 멤버를 도시의 동조자에게 데리고 가거나 아직 체포되지 않은 노동자들에게 그들을 소개했다.

우리는 어떤 사람의 집에서 사라졌다가 다른 집에 가명으로 나타나곤 했다. 자신의 집을 나온 세르듀코프는 여권을 가지고 있지 않았으므로 친구 집에 은신해 있었다. 나 역시 그와 같은 처지로 은신해야 했지만, 상황이 허락하지 않았다. 나는 핀란드와 러시아의 지질 구성에 관한 보고서를 끝내고, 그것을 지리학협회에서 발표해야 했다. 초대장도 이미 와 있었다. 그러나 무슨 일인지, 페테르부르크에서 두 군데의 지리학협회가 합동세미나를 하기로 한 날 나의 보고서 발표를 일주일 연기하자고 연락이 왔다. 빙원(氷原)이 중부 러시아까지 확장될 것이라고 생각하는 것을 나의 친구이자 스승인 프리드리히 슈미트를 제외한 협회의 모든 지질학자들은 이 가설이 지나치게 극단적이라고 생각하였고 처음부터 다시 논의하기를 원했다. 나는 페테르부르크에 꼼짝없이 일주일 이상을 머물러 있어야 했다.

낯선 자들이 집 주변을 서성이고, 갖은 구실을 붙여 나를 호출했다. 어떤 사나이는 탐보프 영지의 우리 집 나무들을 사고 싶다고 했다. 우리 집의 영지는 나무 한 그루 없는 목초지였다. 나는 집 앞의 거리, 말라야 모르스카야 거리에서 예전에 체포되었던 두 방직노동자 중 한사람을 보고 놀라지 않을 수 없었다. 나는 우리 집이 감시당하고 있다는 것을 알았다. 그러나 나는 오는 화요일 밤에 지리학협회에 가야 했기 때문에 아무 일도 없는 것처럼 행동했다.

세미나 날짜가 왔다. 토론은 매우 활발했고 적어도 한 가지는 내 주장이 이겼다.

지질학자들은 러시아의 홍적기(洪積期)에 관한 모든 학설은 근거가 없으며 전체적으로 재검토되어야 한다는 것을 인식했다. 나는 뛰어난 지질학자 발보 드 마르니의 다음과 같은 이야기를 듣고 만족했다. "여러분, 빙원이든 아니든, 유빙(流氷) 작용에 관한 기존의 학설은 어떤 탐사에도 근거한 것이 아님을 인정해야 합니다." 그리고 나는 그 자리에서 자연지리학부의 부장 자리를 제의받았다. 그러나 나는 오늘 밤을 '제3국(局)'의 감옥에서 맞는 것은 아닐까 자문하고 있었다.

그날 밤 나는 집으로 돌아가지 않았다면 좋았을 것이나 지난 며칠간 무리를 한 터라 무척 피곤했기 때문에 집으로 왔다. 그 날 밤 경찰의 기습은 없었다. 나는 서류 중에서 다른 사람을 위태롭게 할 만한 것은 모두 폐기하고, 짐을 싸서 떠날 준비를 했다. 나는 내 집이 감시당하고 있다는 것을 알고 있었지만 밤에 경찰이 들이닥치지 않으면 새벽에 몰래 빠져나갈 수 있으리라 생각했다. 새벽녘 내가 떠나려고 하자 하녀가 "서비스 계단으로 가시는 게 좋겠어요." 하고 말해주었다. 나는 그녀가 말하는 바를 이해하고 재빨리 계단을 내려와 집밖으로 나갔다. 나는 문 앞에 서 있는 마차에 뛰어올랐다. 마부는 나를 네프스키 거리로 데리고 갔다. 처음에는 쫓아오는 자가 없어 안심했으나 곧 전속력으로 뒤쫓아오는 마차를 발견했다. 우리의 말은 다소 느렸고 마차는 우리를 추월했다.

놀랍게도 마차 안에 체포된 두 방직노동자 중 한 사람이 다른 어떤 사람과 동승해 있었다. 그는 나에게 할 말이 있다는 듯 손을 흔들었다. 나는 마부에게 마차를 세우라고 했다. '아마 석방된 그가 나에게 긴히 할 말이 있는 모양이다.' 하고 생각했다. 마차가 멈추자 그와 함께 있던 사나이가 "보로딘 씨, 크로포트킨 공작 당신을 체포한다." 하고 크게 외쳤다. 그가 신호를 보내자, 주변에 배치되어 있던 경찰들이 마차로 뛰어올라왔다. 그러고는 페테르부르크 경찰의 직인이 찍힌 신분증을 내밀었다. "나는 당신을 데리고 오라는 총독의 명령을 받았소." 저항은 불가능했다. 두 명의 경찰이 이미 밀착해 있었다. 나는 마부에게 마차를 돌려 총독 관저로 가자고 했다. 노동자는 여전히 그 마차로 우리를 따라왔다.

경찰은 내가 보로딘과 동일인물인지를 알 수 없어 열흘 동안 체포를 망설인 것이었다. 그 노동자의 부름에 내가 응답한 것으로 의혹은 풀렸던 것이다.

내가 집을 막 떠나려 할 때 한 청년이 모스크바 친구 보이날스키와 드미트리가 친구 폴랴코프에게 보낸 편지를 갖다 주었다. 보이날스키의 편지에는 모스크바에 비밀 인쇄소를 마련했다는 것과 모스크바에서의 활동에 관련된 기쁜 소식으로 가득 차 있었다. 나는 편지를 읽고 파기해 버렸다. 드미트리의 편지에는 순수한 잡담만 들어 있었으므로 간직하고 있었다. 체포된 마당에 그것도 없애는 것이 좋겠다고 생각하고 형사에게 아까 보여주었던 신분증을 다시 보여 달라고 했다. 그가 주머니를 뒤지는 틈을 타 몰래 편지를 길에 떨어뜨렸다. 그러나 총독 관저에 도착했을 때 노동자가 그 편지를 형사에게 건네주며 "저 선생님이 길에 이 편지를 떨어뜨리는 것을 보고 주워 가지고 왔습니다."라고 말했다.

사법당국의 대표인 검찰관을 기다리는 시간은 지겨웠다. 검찰관은 경찰이 수사하는 동안 옆에 서 있다가 합법성을 부여해 주는 허수아비들이었다. 나는 그들이 경찰 앞에서 몇 시간이고 서 있다가 가짜 사법 대표로서의 자기 역할을 수행하는 것을 지켜보았다. 그들은 나를 집으로 데리고 가 내가 쓴 서류들을 모조리 조사했다. 새벽 3시까지 계속되었으나 나나 다른 사람에게 불리한 서류는 한 장도 발견되지 않았다.

나는 집에서 '제3국'으로 이송되었다. '제3국'은 니콜라이 1세 치세 이후 오늘날까지 러시아를 통치한 절대권력 기구로 '권력 중의 권력'이었다. 그것은 러시아 황군설립 반대파들을 잔혹하게 고문해 죽인 표트르 1세의 '비밀정보국'에서 유래된 것이었다. 여왕들의 치세에는 '비밀사무국'으로 이어졌다. 안나 이오노브나 여왕 때에는 무자비한 비론*이 고문실에서 러시아 전체를 공포로 몰아넣었다. 철혈(鐵血) 군주 니콜라이 1세는 그 조직에 헌병부대를 배치시켜 오늘날의 조직으로 만들었고 헌병사령관은 러시아제국에서 황제보다 두려운 존재가 되었다. 이 조직은 한

---

* 안나 여왕의 총신. 안나의 사후에는 이반 4세의 섭정을 하기도 하였다.

때 없어졌다. 하지만 불사조처럼 '제3국'이라는 이름으로 더 강한 모습으로 나타났다.

기차역이 있는 러시아의 모든 지방과 도시에는 헌병이 배치되어 있었다. 이들이 장교나 대령에게 직접 보고하면, 장교나 대령은 헌병사령관에게, 헌병사령관은 매일 황제에게 보고했다. 제국의 모든 관리들은 헌병의 감시 아래 있었다. 차르의 지배를 받는 모든 사람들의 공적 사적 생활을 감시하는 것은 장교와 대령들의 의무였다. 심지어 지방 총독이나 주지사, 태공들조차도 예외가 아니었으며 황제 자신도 그들의 엄중한 감시 하에 있었다. 그들은 궁중의 사소한 사건 뿐 아니라 궁중 밖에서 황제가 하는 행동도 모두 파악하고 있었다. 한마디로 헌병 사령관은 가장 내밀한 러시아의 통치자였다.

알렉산드르 2세 치세에 '제3국'은 절대권력 기구였다. 헌병 대령들은 러시아의 법 또는 재판소에 구애받지 않고 얼마든지 수사를 할 수 있었다. 그들은 원하면 누구든 원하는 기간 동안 구속할 수 있었고, 수백 명을 동북부 러시아나 시베리아로 추방할 수도 있었다. 그들을 통솔할 수도 없고 그들이 하는 일을 알 수도 없었던 내무장관의 서명은 형식에 불과했다.

나에 대한 취조는 새벽 4시에 시작되었다.

"당신은 현 정부의 형태를 전복하는 것을 목적으로 하는 비밀결사에 속해 있으면서 신성한 황제 폐하에 대해 반대하는 음모를 꾸민 죄로 고발을 당했소. 이 죄를 인정합니까?" 하고 물었다.

"나는 공개적으로 말할 수 있는 곳으로 나를 데려가기 전에는 아무것도 대답할 수 없소." 하고 진지하게 말했다.

"기록해." 검찰관은 서기에게 말했다.

"죄를 아직 인정하지 않는군요." 그는 잠시 후 "한 가지 물어볼 게 있는데, 당신은 니콜라이 차이코프스키라는 사람을 아시오?"

"당신이 꼭 질문을 해야겠다면 당신이 하고 싶은 모든 질문에 '아니오!'라고 써주시오."

"그러면 당신이 방금 전에 말한 폴라코프를 아느냐고 물으면?"

"당신이 그런 질문을 하는 순간 주저 말고 '아니오'라고 쓰시오. 나의 형을 아느냐, 혹은 누나를 아느냐, 혹은 어머니를 아느냐 하는 질문에 대해서도 '아니오'라고 쓰시오. 나에게 다른 대답은 들을 수 없을 것이오. 내가 다른 사람에 관해서 '안다'고 대답하면 당신은 사태를 악화시키려는 계획을 짤 것이고, 내가 이름을 불었다고 말할 테니까."

그는 긴 질문 리스트를 읽어나갔고 나는 끈질기게 매번 "아니오."라고 대답했다. 한 시간 동안 심문이 계속되었고 나는 그 두 노동자를 제외한 다른 구속자들이 모두 훌륭하게 행동하고 있다는 것을 알았다. 그 노동자들은 내가 방직 노동자들과 두 번 만난 것 밖에는 모르고 있었고 헌병들은 우리 서클에 대해 아무것도 모르고 있었다.

"왜 그러는 거요, 공작?" 하고 한 헌병 사관이 감방으로 데리고 가면서 말했다. "답변 거부는 당신에게 치명적으로 작용할 겁니다." "그건 나의 권리요. 그렇지 않소?" "맞습니다. 그러나 당신은 아셔야 합니다……. 이 방에서 편히 쉬세요. 당신이 체포될 때부터 따뜻하게 데워놓았습니다."

방은 아늑했고, 나는 곧 잠들었다. 이튿날 아침 헌병이 나를 깨우더니 차를 가지고 왔다. 그 뒤에 따라온 다른 사람이 태연하게 나에게 속삭였다. "여기 종이와 연필이 있으니 편지를 쓰세요." 나는 그의 이름을 듣고 그가 우리의 동조자인 것을 알았다. 그는 '제3국(局)'에 투옥된 사람들 사이에서 통신 역할을 해주곤 했다.

나는 사방에서 벽을 두드리는 소리를 들었다. 그 소리는 빠르게 전해졌다. 그것은 죄수들이 서로 통방하는 소리였다. 신참자인 나는 그 소리가 의미하는 바를 알수 없었다. 그 소리는 한꺼번에 사방에 들리는 것 같았다.

한 가지 걱정되는 일이 있었다. 나의 집을 수색하는 동안 검찰관이 드미트리가 편지를 보낸 주소의 주인인 폴라코프의 집을 수색해야겠다고 헌병 직원에게 속삭이는 것을 들었기 때문이다. 폴라코프는 젊은 학생으로, 나와 시베리아 비팀 탐사를 함께 한 매우 재능 있는 동식물학자였다. 몽골 국경 근처 가난한 코사크 집안에서 태어나 온갖 어려움을 극복하고 페테르부르크에 와서 대학에 입학한 그는 마지막 시험을 치르고 있는 중이었다. 그는 긴 탐사를 마치면서 나와 친해져 한때 페테르부르크에서 함께 지낸 적도 있었으나 정치운동에는 관심이 없었다.

나는 검찰관에게 그에 대해 말했다. "나의 명예를 걸고 말하건대 폴라코프는 어떠한 정치운동에도 가담하지 않았다. 내일 그는 시험을 통과해야 하고, 그가 온갖 고생을 해가며 장애물과 싸워서 얻은 현재의 과학적 성취를 당신은 영원히 망쳐버릴 수도 있다. 당신은 그런 것에 별 관심이 없겠지만, 그는 대학에서 러시아 과학을 빛낼 차세대 인재로 여겨지고 있다."

그럼에도 불구하고 가택수색은 행해졌으나 그의 시험을 위해 수색이 3일간 연기되었다. 며칠 후 나를 불러낸 검찰관은 의기양양한 표정으로 내가 쓴 편지를 내보였다. 그 편지에는 "이 짐을 V · E에게 전해주기를 부탁하네. 별도의 말이 있을 때까지 가지고 있으라고 전해주게."라고 쓰여 있었다. 편지에 수신인은 적혀 있지 않았다. 검찰관은 이렇게 말했다. "이 편지는 폴라코프의 집에서 발견되었소. 공작, 그의 운명은 당신의 손에 달려 있소. 만일 당신이 V · E가 누구인지를 말해 주면 폴라코프를 석방하겠소. 그러나 당신이 거절하면 그가 우리에게 그 사람이 누구인지 말할 때까지 가두어두겠소."

나는 검은 초크로 주소가 쓰인 봉투와 보통 연필로 쓰인 편지를 보고, 즉시 당시의 상황을 기억해냈다. "이 편지와 봉투는 함께 있었을 리가 없소. 당신이 편지를 봉투 속에 넣은 것이 틀림없소." 하고 나는 반박했다.

검찰관은 얼굴을 붉혔다. 나는 계속해서 "당신처럼 현실적인 사람이 내가 다른 필기구로 쓴 것도 구분할 줄 모른다고 믿는 거요? 이 두 가지가 같은 것이라고 사람들이 생각하는가 보시오! 그리고 검찰관, 이 편지는 폴라코프에게 보낸 것이 아니오."

검찰관은 잠시 주저했으나, 다시 뻔뻔스럽게 말했다. "폴라코프는 이 편지가 당신이 보낸 것이라고 인정하고 있단 말이야."

검찰관은 거짓말을 하고 있었다. 폴라코프는 자신에 관해서는 모든 것을 인정하겠지만 다른 사람을 끌어들이느니 시베리아로 가는 것을 택할 사람이었다. 나는 검찰관의 얼굴을 똑바로 쳐다보면서 말했다. "아닙니다. 그는 결코 그렇게 말하지 않았소. 당신 말이 사실이 아니라는 것은 당신이 더 잘 알거요."

검찰관은 격분했다. 아니면 그런 척 하는 건지도 몰랐다. "그러면 여기서 잠시 기다리시오. 폴라코프의 자술서를 가져오겠소. 그는 옆방에서 취조 받고 있으니까." "얼마든지 기다리겠소."

나는 연거푸 담배를 피우며 소파에 앉아 있었다. 자술서는 끝내 오지 않았다.

물론 그런 자술서는 없었다. 그 후 1878년에 나는 제네바에서 폴라코프를 만나 함께 알레치 빙하를 여행했다. 말할 필요도 없이 그의 대답은 내가 기대한 것과 같았다. 그는 편지와 편지에 적힌 V·E를 모른다고 했다고 한다. 그는 나에게 책들을 빌려가 읽고 되돌려주곤 했는데, 편지는 책에 끼워져 있었고, 봉투는 그의 낡은 코트에 들어 있었다. 그는 몇 주일 동안 구금되었다가 그의 과학 동료의 주선으로 석방되었다. V·E는 괴롭힘을 당하지 않았다.

나는 감방으로 돌아가지 않았다. 30분 후에 검찰관은 헌병 사관과 함께 들어와 말했다. "조사는 끝났소. 당신은 다른 곳으로 이송될 것이오."

그 후 나는 그를 볼 때마다 이렇게 질문하며 괴롭혔다. "폴라코프의 자술서는 어떻게 되었소?"

사륜마차가 문 앞에 서 있었다. 나는 올라탔고, 체르케스 출신의 키가 큰 헌병사관이 옆에 앉았다. 나는 사관에게 말을 걸었으나 그는 코를 골며 잠을 잤다. 마차는 철교를 건너고 연병장을 지나 운하를 따라 달렸다. 일부러 대로를 피하는 것 같았다. "리토프스키 감옥으로 갑니까?" 그곳에 이미 많은 동지가 갇혀 있다는 것을 아는 나는 헌병사관에게 물었다. 그는 대답해 주지 않았다. 2년 동안 나를 짓누를 절대침묵의 체계가 이 사륜마차에서 시작되었다. 궁전교(dvortchovii most)를 건널 때 페트로파블로프스크 요새로 가는 길이라는 것을 알아차렸다.

나는 이제 이 아름다운 강도 다시 볼 수 없게 될 거라고 생각했다. 태양은 지고 있었다. 핀란드만의 서쪽에는 두터운 회색 구름이 걸려있는데 반해 내 머리 위에는 얇은 구름들이 떠다녔으며, 그 사이로 창공이 드문드문 보였다. 마차는 왼편으로 돌아 요새의 검은 아치형 문으로 진입했다.

"여기서 한 2년은 있어야겠지요." 하고 나는 사관에게 말했다.

"아니요, 왜 그렇게 오래 있어요?" 하고 요새 안에 들어와서야 발언권을 얻은 체르케스인 사관이 물었다.

"2주일 내에 법정에 서는 것으로 당신 사건은 종결될 겁니다." "나를 법정에 세우는 것은 쉽습니다. 하지만 당신들은 러시아의 모든 사회주의자들을 체포해야 할 겁니다. 그러나 사회주의자들은 많습니다. 아마 2년 내내 잡아들여도 끝나지 않을 겁니다." 그 때 나는 내 말이 얼마나 예언적인지 깨닫지 못했다.

마차는 요새사령부 입구에 멈췄다. 그리고 우리는 응접실에 들어갔다. 마른 체격에 신경질적으로 보이는 늙은 코르사코프 장군이 들어왔다. 사관은 긴장한 목소리로 장군에게 보고했고, 장군은 "좋아." 하고 말했다. 그는 냉소적인 눈길로 사관을 바라보더니, 눈을 돌려 나를 쳐다보았다. 새로운 죄수를 받는 것이 달갑지 않다는 표정이었고 자신이 하는 일을 약간 짜증스럽게 생각하는 것 같았다. 그럼에도 불구하고 '나는 군인이다. 나의 의무를 다할 뿐이다.' 하는 태도였다. 우리는 다시 마차를 타고 곧 다른 문 앞에 멈췄다. 우리는 그 자리에서 병사가 안에서 문을 열어줄 때까지 대기했다. 좁은 통로를 지나 세 번째 철문을 통과하자, 어두운 아치형 통로가 나왔고, 어둡고 습기찬 작은 방으로 들어갔다.

요새 주둔부대의 사병 몇 명이 부드러운 펠트화를 신고 소리 나지 않게 돌아다녔다. 그들은 아무 말도 하지 않았다. 형무소장은 새로운 죄수를 받았다는 표시로 그 체르케스인 사관의 장부에 서명했다. 그들은 나의 옷을 벗기고 죄수복으로 갈아 입혔다. 녹색 플란넬 드레싱 가운과 크고 두꺼운 모직 스타킹, 보트 모양의 노란 슬리퍼—그것은 신고 걸을 수 없을 정도로 너무 컸다—를 지급 받았다.

나는 지금도 드레싱 가운과 슬리퍼, 그리고 두꺼운 스타킹을 보면 치가 떨린다. 나는 심지어 실크 속옷도 벗어야 했다. 눅눅한 요새에서 속옷은 특히 가지고 있고 싶었지만 허락되지 않았다. 나는 당연히 항의했고, 이 때문에 소란스러워졌다. 한 시간 후 코르사코프 장군의 명령으로 나는 속옷을 되돌려 받을 수 있었다.

나는 무장한 보초들이 돌아다니는 어두운 통로를 지나 감방에 넣어졌다. 내 뒤로 육중한 오크나무 문이 닫히고 자물쇠가 채워졌다. 나는 어두컴컴한 방에 혼자 남겨졌다.

요새 그리고 탈옥

01

페트로파블로프스크 요새-나의 독방-무위의 고통
-형의 면회-연구의 허락

지난 2세기 동안 이 끔찍한 요새에서 러시아의 수많은 인재들이 죽었다. 페테르부르크 사람들은 그 이름조차 입에 올리기를 두려워할 정도였다.

표트르 1세는 이곳에서 자신의 손으로 아들 알렉세이를 고문하고 죽였다. 타라카노바 공주는 이곳 독방에 갇혀 홍수 때는 물이 감방에 가득찼고, 쥐는 빠져죽지 않기 위해 공주의 몸을 기어올랐다. 저 악명 높은 미니치*는 이곳에서 정적들을 고문했고 예카테리나 2세는 남편의 살해 계획을 반대한 사람들을 생매장했다. 표트르 1세 시대 이후 170년 동안 네바 강을 사이에 두고 동궁과 마주보고 있는 이 석조요새는 학살과 고문의 역사였다. 이곳에 갇힌 사람들은 서서히 죽어가거나, 어둡고 습기 찬 지하감방에서 홀로 미쳐갔다.

이 러시아의 바스티유에는 러시아에서 처음으로 공화주의와 농노제 폐지의 깃발을 올린 죄로 최초로 순교한 데카브리스트들의 흔적을 찾아볼 수 있다. 이곳에 시인 릴레예프와 셰프첸코, 도스토예프스키, 바쿠닌, 체르니셰프스키, 피사레프 등 우리 시대의 최고의 작가들이 수감되었다. 이곳에서 카라코조프도 고문당하고

---

* 안나 여제 시대의 총사령관으로 나중에 이반 4세의 섭정을 하는 비론을 체포하고 시베리아로 유형을 보내기도 한다.

페트로파블로프스크 요새–감옥

교수형에 처해졌다.

　알렉세이 보루감옥 어딘가에는 아직도 네차예프가 수감되어 있었다. 그는 일반 죄수로 체포되어 스위스에서 러시아로 송환되었지만, 이곳에서 위험한 정치범으로 취급되어 다시 햇빛을 보기 힘들게 되었다. 또 소문에는 다른 사람들이 알아서는 안 될 궁중비화를 알고 있다는 이유로 알렉산드르 2세가 종신형에 처해 보루 감옥에 갇혀있는 사람이 2~3명 있다고 한다. 그중에 긴 회색 수염을 기른 사람을 내가 아는 사람이 최근 비밀요새에서 보았다고 했다.

　이 모든 어두운 그림자가 나의 머리 속에 떠올랐다. 나의 상념은 바쿠닌에게 머물렀다. 그는 1848년 이후 2년 동안 오스트리아의 요새에 쇠사슬로 벽에 묶여 있다가 니콜라이 1세에게 인도되어 6년을 더 이 요새에 수감되었다. 철혈 차르의 죽음으로 석방되었을 때 그는 자유의 몸이었던 동지들보다 훨씬 새로운 활기를 운동에 불어넣었다. "그는 그런 상황에서도 살아있었다. 나도 그래야 한다. 결코 여기서 주저앉지 않으리!" 하고 나는 다짐했다.

나는 창문 쪽으로 다가가 보았다. 창문은 내가 손을 쭉 뻗어야 겨우 닿는 높이에 위치에 있었다. 5피트 두께의 벽을 뚫어 만든 창문은 폭이 좁고 길었는데, 창살이 쳐진 이중 창문이었다. 창문에서 10야드 정도 떨어진 거리에 매우 두꺼운 요새의 외벽이 있고 그 위에 회색 초소가 보였다. 고개를 들면 겨우 한 줌의 하늘을 볼 수 있었다.

나는 얼마나 오랜 세월을 있어야 할지 모를 이 방을 자세히 살펴보다. 창문으로 보이는 높은 굴뚝의 위치로 나는 내가 네바 강을 굽어보는 요새의 남서쪽 코너에 있다고 추측했다. 그러나 내가 갇힌 이 건물은 요새의 본건물이 아니고, '레두이*라고 불리는 각면 보루였다. 그것은 요새보다 조금 더 높게 지어진 5각형 모양의 2층짜리 석조 건물로 2열로 총을 설치할 수 있게 되어 있었다. 내 방은 대포를 설치하게 되어 있었고 창은 포문이었다. 햇빛은 들어오지 않았다. 심지어 여름에도 두꺼운 벽에 부딪쳐 들어오지 못했다. 방에는 철제 침대, 작은 오크나무 테이블과 의자가 있었다. 바닥에는 채색된 펠트가 깔려있었고 벽에는 노란 벽지가 발라져있는데, 그냥 벽에 붙여놓은 것이 아니었다. 벽지는 합판에 붙어 있었고, 그 뒤에는 철창, 그 뒤에는 펠트, 그 뒤가 벽이었다. 일종의 방음장치였다. 방에는 세면대와 음식물이 들어오는 작고 두꺼운 오크나무 문이 있었다. 그리고 밖에서 여닫는 셔터 문에는 작은 유리 구멍이 있었다. 그것은 죄수의 일거수일투족을 감시하기 위한 것이었다.

간수들은 슬금슬금 문 앞에 와서는 자주 이 구멍을 통해 안을 들여다보았다. 내가 말을 걸려고 하면 겁먹은 눈은 유리구멍 셔터를 닫았고 1, 2분 후 다시 슬쩍 열었다. 나는 간수에게 아무런 대답도 들을 수 없었다.

절대침묵이 사방을 지배했다. 나는 테이블을 창문 아래로 끌고 가 한 줌의 하늘을 바라보거나, 네바 강 혹은 강 너머 도시의 소리를 들으려했지만 허사였다. 죽음의 침묵이 나를 억압했고 나는 노래를 불렀다. 처음에는 작은 목소리로 부르다가

---

* 프랑스어 Reduit 로 본성에서 떨어진 조그만 성을 뜻한다.

점점 크게 불렀다.

"나는 영원히 사랑하기 위해 안녕이라고 말해야 했던가." 나는 내가 좋아하는 글린카의 오페라 〈루슬란과 류드밀라〉를 불렀다.

"노래를 부르지 마세요." 하고 저음의 목소리가 식구통에서 들려왔다.

"부르겠소."

"부르면 안 됩니다."

"그래도 부르겠소."

그때 소장이 와서 노래를 부르면 안 된다는 둥 그러면 요새의 사령관에게 보고할 수도 있다는 둥 나를 설득하려 했다.

나는 "말도 하지 못하고, 노래도 부를 수 없다면 나의 목은 막혀버리고, 나의 폐는 쓸모가 없어져버릴 것이오." 하고 주장했다.

"그러면 조금 더 낮은 톤으로 부르는 게 좋겠소." 하고 소장은 간청하듯 말했다.

그러나 그것도 소용없었다. 며칠이 지나자 나는 노래 부르고 싶은 생각이 없어졌다. 나는 원칙적으로 노래를 부르려고 했으나, 그것도 소용없었다. '중요한 것은 체력을 보존하는 것이다. 아파선 안 된다. 북극의 탐사를 떠나 캠프에서 2년 동안 생활한다고 생각하자. 운동과 체조를 충분히 하자. 환경에 굴복해서는 안 된다. 이 방이 끝에서 저 끝까지 10보니, 150회 왕복하면 1베르스타를 걷는 셈이다.' 나는 매일 7베르스타를 걷기로 했다. 아침에 1베르스타, 점심식사 전에 2베르스타, 저녁식사 후 2베르스타 그리고 자기 전에 1베르스타를 걷기로 했다. '테이블에 10개비의 담배를 올려놓고 지나갈 때마다 1개비씩 반대편으로 옮겨놓자. 그러면 쉽게 왕복 300회를 셀 수 있을 것이다. 빨리 걷되 어지럽지 않게 코너에서는 천천히 오른쪽 왼쪽을 번갈아가며 돌자. 그리고 하루에 두 번씩 무거운 물건을 이용해 근력운동을 하자.' 나는 무거운 물건을 손과 발을 이용해 들어올리거나 어깨와 등에 얹혀놓고 운동을 했다.

내가 감옥에 들어오고 2, 3시간 후 소장이 몇 권의 책을 넣어주었는데 그 중에는 내가 오랫동안 벗 삼았던 조지 루이스의 러시아 번역판『생리학』제1권도 있었다. 그러나 내가 다시 읽어보고 싶었던 제2권은 없었다. 나는 종이와 펜과 잉크를 요구했지만 허락되지 않았다. 황제의 특별허가를 얻어내기 전에는 요새에서 펜과 잉크는 결코 허락되지 않았다. 글을 쓸 수 없다는 사실이 매우 고통스러웠던 나는 외젠쉬*의『인민의 비밀』처럼, 러시아 역사를 기초로 한 대중소설을 구상하기 시작했다. 나는 플롯, 묘사, 대화를 구성한 다음 처음부터 끝까지 암기해 보았다. 2~3개월 이상 이런 작업이 계속 되었을 때 내 머리는 터져버릴 것 같았다.

감옥은 몇 세대의 수형수들을 걸치는 동안 책이 쌓이게 되었다. 체르니셰프스키, 카라코조프와 그 추종자들, 네차예프와 그 추종자들은 다음 세대의 수형수들을 위해서 모든 것을 남겨두었다. 데카브리스트들이 남겨놓은 책들도 몇 권 있었다. 그 책들 중 하나가 내 손에 들어왔는데 나는 감사하는 마음으로 신비주의철학적인 작품을 읽었다. 19세기의 독재에 처음으로 항거했던 사람들이 읽었던 바로 그 책을 그들의 흔적을 살펴보면서 읽었다. 사실 거의 모든 책은 손톱자국들이 어지럽게 나 있었다. 사람들은 손톱자국으로 자신의 이름과 이야기를 남기고자 했던 것이다. 그 중에서 내 눈에 뜨인 것은 바로 "네차예프 1873" 이었다. 바로 얼마전까지 이곳에서 살면서 그가 한 독방에서 쓴 것이었다. 어쩌면 지금 이 순간에 바로 옆에 있었을 지도 몰랐다.

많은 수형수들이 감옥에서만큼은 조용하게 끝까지 진지하게 책을 읽을 수 있었다. 이른 시기에 서클 활동과 정치적 선전활동에 참여하게 되는 대부분의 혁명가들은 바로 감옥에서 두꺼운 책들을 읽을 수 있었다. 요한 모스트**가 한번은 내게 편지를 쓰기를 자기가 받은 교육은 독일의 감옥에서 받은 것이 전부였다고 했다. 리용의 아나키스트들도 단지 클레르보 감옥에서 교육다운 교육을 받을 수 있었다.

---

* Eugene Sue:1804−1857, 신문소설의 대표적인 작가. 그의 작품들은 멜로드라마라는 비난을 받지만 프랑스에서는 최초로 산업혁명이 가져온 사회의 병폐를 다루었다는 데 의의가 크다.

** Johann Most:1846~1906, 독일의 아나키스트

만약 감옥이 아니라면 어디서 젊은 노동자들이 공부를 할 수 있단 말인가! 그리고 대부분의 젊은 학생들은 감옥에서 많은 것들을 접할 수 있었고, 역사를 더욱 자세히 알게 되었다.

　루이스를 지지하기 위해서는 쉬로세*의 『18세기 역사』를 읽어야 했다. 이 책은 당시에 감옥에 수감되는 거의 모든 사람들이 몇 번씩이고 읽었던 책이다. 감옥의 검열은 독일의 역사학자의 이 역작을 통과시켜주었다. 이 책은 자유주의 사상에 빠져 있었고 이 책을 통해서 우리의 젊은이들은 프랑스 혁명에 대해서 공부를 할 수 있었다. 내게도 마찬가지로 책들을 보관할 수 있도록 해주었다. 그래서 나는 솔로비요프의 역사서들과 코스토마로프, 세르게예비치, 벨라예프 등의 책을 읽을 수 있었다. 나는 이 책들을 모두 몇 번씩 읽으면서 마음 깊이 새겼다. 나는 개론서들만을 읽은 것이 아니었다. 예를 들어서 『러시아 황제와 황후의 복식』같은 책들도 읽었다. 나는 이 책을 체르카소프가 보관하고 있는 것을 가져와서 읽었다.

　나에게는 아주 좋은 기억이 있는 또 한 권의 책이 있다. 그것은 스타슐레비치**의 『요약 중세사』이었다. 만약 고대사와 현대사를 서술할 때 작가들이 자신의 주관에 의해서 해석을 했다면 중세에 대한 연구는 완전히 깜깜한 상태였다. 국가에서 만들어준 역사학자들 대부분은 중세 삶의 의미를 전혀 알지 못하였다. 그들에게 중요한 것은 봉토가 어떻게 시작이 되었으며 봉건영주들과 왕권과의 관계가 어떤 지였다. 권리장전 또는 농부와 지주와의 관계에 대한 협의, 국가기관으로서의 교회의 왕, 교황 또는 자신의 신도단과의 관계 등이 중요했다 — 오귀스틴 티에르를 제외한 모든 역사가들 아니 티에르를 포함한 모든 역사가들이 관심을 갖고 있는 것이었다 — 농부와 도시인들간의 관계는 어떠한 글에서도 규정되어 있지 않았다 — 마찬가지로 농민과 농민회의 관계 도 마찬가지이다 — 로마 정부의 학파와 로마의 권리에서 자란 대부분의 역사학자들은 이 사회가 기록되지 않은 보통의 법에 의해

---

*　Friedrich Christoph Schlosser:1776~1861, 독일의 역사학자

**　Mikhail Matveevich Stasyulevich:1826~1911, 러시아의 역사학자

서 구성되고 있다는 것을 의심하지 않았다.

이것이 바로 내가 스타슐레비치가 구성한 "요약" 중세사를 기쁘게 읽는 이유이다. 스타슐레비치의 책에는 일반인들의 일반적인 관계가 나와 있다. 물론 다른 특별한 관계들도 이 책에 나와 있다.

나는 세르게예비치의 『베체와 공작』 그리고 벨라예프의 『루시에서의 농노들』이라는 책을 가장 여러 번 읽었다. 그 속에는 중세 러시아인들의 삶이 그려져 있었다. 그리고 나는 "성자전"도 즐겁게 읽었다. 그곳에는 교회들 사진 사이로 어디에서도 볼 수 없는 보통사람들의 일상의 모습이 사진에 나왔다. 러시아 연대기는 훌륭하지만 거의 아무도 읽지 않았다는데 놀라지 않을 수 없다. 프스코프 연대기에는 중세의 도시의 삶을 엿볼 수 있는 생생한 자료들이 고스란히 담겨 있었다. 그런 것들은 어떤 문학 작품 속에서도 볼 수 없는 것들이었다. 왜냐하면 프스코프는 오랫동안 중세의 모습을 간직하고 있었기 때문이다. 그래서 연대기가 더 훌륭한 작품성을 가지게 된 것이다. 강력한 상인 부자가 없었던 프스코프의 민중들은 보다 발전된 삶을 살 수 있었는데 연대기를 남기지 않은 유럽의 비슷한 도시들과 비견할 수 있을 정도였다.

이러한 한 나라의 독창적인 역사를 연구한다는 것은 전체 유럽 국가들에 대한 이해를 하는데 큰 도움이 된다. 언뜻보면 프랑스 역사와 독일 역사 그리고 러시아 역사에 비슷한 점이 있을까 하는 생각을 한다. 하지만 똑같은 삶이 이곳들에서 반복된다. 물론 각각의 특성들이 있다. 각각의 나라는 자신만의 모습이 있다. 외교나 군사력을 어떻게 사용하는지도 전혀 다르다. 하지만 이러한 민족성이나 특수성을 고려하지 않고 인류 문화로 본다면 확실하게 서로 닮아있다.

메로빙거 왕조 시대의 프랑스는 러시아의 류리크 왕조시대 초기와 닮아 있다. 류드비크 11세와 이반뇌제가, 표트르 1세와 류드비크 14세 가 비슷하다. 그리고 알렉산드르 2세와 류드비크 16세가 닮은 점이 있다. 닮은 점을 더 찾는 것은 불필요한 일이다. 역사의 발전은 그렇게 진행되는 것이기 때문이다.

한마디로 내가 감옥에 갇힌 첫 날부터 읽을 거리는 충분했다. 하지만 나는 읽으면서 메모를 하고 글을 쓰고 하였다, 한 번 읽고 만족하지 않기 위해서.

한 번은 프랑스의 소설가 외젠 쉬의 소설 『민중의 비밀』에 나오는 두 개의 산문을 구하였다. 쉬라는 이름이 알려졌다면 검열에 통과하지 못하였을 것이다. 번역은 거의 완벽했다. 나는 산문 속의 사상에 심취하게 되었다. 나는 머릿속에 마찬가지로 러시아 역사 속의 농민들의 삶을 그린 산문을 만들기 시작했다. 나는 서문, 인물들, 사건, 대화들을 만들면서 구석에서 구석으로 걸어다니면서 장을 계속해서 만들어 나갔다. 나는 어딘가에서 존 스튜어트 밀이 이런 식으로 글을 쓰기 전에 했다는 것을 읽었다.

만약에 한없이 착하고 친절한 형 알렉산드르가 없었다면 이런 식의 두뇌집약적인 노동은 더이상 머리를 쓸 수 없을 정도로 만들었을 것이다. 내게 2~3개월 동안 창작을 하는 것을 허락해 주지 않았다.

형은 내가 체포되었을 때 취리히에 있었다. 그는 어려서부터 마음껏 생각하고, 읽고 자신의 사상을 공개적으로 표현할 수 있는 외국으로 가고 싶어 했다.

형은 러시아에서의 민중 선동에 관심이 없었다. 그는 민중 혁명의 가능성을 믿지 않았다. 그의 생각에 혁명이라는 것은 조직된 민중의 대표, 의회 그리고 용감한 인텔리겐차들에 의해서 이루어지는 것이었다. 형은 의회 역사가들이 이야기하는 프랑스 혁명에 대해서 알고 있었으며, 인텔리겐챠 지도자들의 지도아래 바스티유 감옥과 튈르리 궁전으로 향했던 파리 시민들의 심정을 이해했다. 하지만 가난하고 때로는 당당하지만 어떤 때는 난폭하고, 술이 취해서 자신들을 지켜준 사람들의 처형에 박수를 치기도 하는 민중들은 우아하고 귀족적인 성격의 그를 움츠려들게 만들었다.

형은 사회적 선동은 모름지기 서유럽 같은 것이어야 한다고 생각했다. 즉, 교육받은 지도자들이 있고, 이들이 대중을 선동하고 조직하여 데모에 참여하도록 유도하는 것이다. 오늘은 이 노동자와 이야기하고 내일은 저 노동자와 이야기하고, 시골에 가서 농민들과 대화하고 그들이 모임을 갖도록 만드는 등의 일상 속의 작은 운동들은 그의 관심을 끌지 못하였다. 형은 농민들의 혁명적 본능도 그 본능을을 깨울 가능성도 그리고 우리의 운동에도 참여를 하지 않았다. "난 네가 어떻게 러시아에서 특히 농민들의 혁명이 가능하다고 믿는 것을 폄하하려는 것은 아니야." 형은 자신이 믿고 있는 것을 보여주지 않으면서 조심스럽게 이야기를 했다.

형은 내가 외국에서 돌아와서 차이코프스키단에 가입한 뒤 이제 막 노동자들 사이에서 선동을 시작하려고 할 때 러시아에서 스위스로 갔다.

한마디로 형 사샤는 나로드니키도 혁명가도 아니었다. 형은 서양에서 마주칠 수 있는 원칙적인 사회주의자였으며, 인터내셔널에 동조를 하였다. 하지만 그는 중도주의자에 가까웠다. 만약에 파리코뮌 때 우리가 프랑스에 있었다면 그는 목숨을 걸고 최선을 다해서 끝까지 살아남은 노동자들과 함께 바리케이트를 치고 싸웠을 것이다. 전투조직의 일원이 되어서 가장 용감한 전사가 되었을 것이다. 하지만 그는 평화 기간 동안은 대중선동에 의한 시위, 대표자 회의, 시위행진 등을 믿는 중도주의자였다.

당시 러시아의 인텔리겐차 계층을 지배하고 있던 분위기는 그에게 역겨운 것이었다. 절대적인 진실성과 개방적인 솔직성이 그의 가장 두드러진 성격이었다. 그는 거짓 혹은 형식적인 가식도 견디지 못했다. 러시아 언론자유의 부재, 억압에 굴종하는 러시아인, 진실하지 못한 러시아 작가들의 언어들은 그의 개방적인 성격과 전혀 어울리지 않았다. 문학 서클인 "조국의 기록"에 참여를 한 뒤 그는 대표적인 문학가들과 인텔리겐챠 지도자들에 대한 불신만 더 키웠다. 이들의 순종성, 편암함에 대한 추구 그리고 당시 프랑스에서 준비되고 있는 위대한 정치 드라마에 대한 경박한 생각들을 형은 못 견디어했다.

생각도, 말도, 읽기도 하지 말고 명령하는 대로 해야만 하는 러시아의 생활이 형을 괴롭혔다. 형은 페테르부르크에서 가슴을 뛰게 만들고 생동하는 이성을 가진 그룹을 찾으려고 했으나 젊은이들 외에는 어디에서도 찾을 수 없었다. 하지만 젊

라브로프

은이들은 민중속으로 뛰어 들어가거나, 자기가 읽은 두 세권의 책으로 복잡한 사회문제를 풀어내는 자신의 능력을 스스로 자랑스러워 하면서 "무식한 군중들과는 아무 것도 할 수 없다."고 이야기하는 무리들이었다.

내가 서유럽에 갔을 때 나는 스위스에서 기쁨에 넘쳐서 내가 그곳에서 본 삶과 기후 그리고 아이들의 건강에 대해서 썼을 때 형은 스위스로 떠날 준비를 했다. 두 아들을 잃고 난 후 ─ 사랑스럽고 영리했던 세 살짜리 페챠는 콜레라에 걸린 지 이틀 만에 세상을 떠났고, 두 달 밖에 되지 않은 어예쁜 아기였던 사샤는 폐병에 걸려서 죽었다 ─ 그의 페테르부르크에 대한 혐오는 더욱 커졌다. 형은 스위스, 취리히로 이사를 했다. 당시 그곳에는 러시아에서 온 많은 유학생들이 살고 있었으며, 그 중에는 형이 평생의 스승으로 모신 표트르 라브로비치 라브로프*도 있었다.

내가 이미 이야기를 했듯이 형은 1819년부터 대작『이성의 재판 앞에 선 신』을 쓰기 시작했다. 하지만 신에 대한 부정과 유물론적 세계관에서 형은 아직 결론을 내리지 못하고 있었다.

신의 존재에 대해서 그는 믿지 않았고 ─그는 어떠한 방법으로든 그것을 확신했다 ─ 인격체로서의 신, 창조물로서의 신, 만물로서의 신 그리고 무(無)의 신의 불가능성에 대해서 탁월하게 입장을 밝혔다. 그는 역사적인 측면에서 인류에게 나타난 신의 모습에 대해서 잘 이해하고 있었다.

"신은 없다고 그렇게 이야기를 해야 하지만 과학적으로 이것을 어떻게 이야기해야 할 지 잘 모르겠어. 어떤 세밀한 부분에서 나는 도대체 이해를 할 수 없어. 어

---

* Petr Lavrov:1823~1900, 러시아의 사회학자, 혁명가.

쩌면 평생 이해를 하지 못할 거야. 수많은 대화와 정의를 살펴봐도 도대체 증명할 수 없어." 그는 결국 과학적으로 신이 없다라고 이야기할 수 없다고 말했다.

"하지만 내가 말할 자격이 없다고 하더라도 우리가 알고 있는 물리·화학적인 힘 이외의 어떤 힘도 존재하지 않아." 그가 말했다.

"좋아, 하지만 형은 우리가 아직 알아내지 못한 새로운 힘에 대해서 이야기를 하잖아. 그것도 마찬가지로 나중에는 물리·화학적인 힘이 될 거야. 그러니까 역학의 법칙에 해당하는 힘 말이야. 그 법칙은 어떤 법칙이든 될 수 있는 것 아닐까?"

"아니, 난 그걸 말할 자격이 없어. 난 그것에 대해서 전혀 모르고 있어 그러니까 거기에 합당한 이야기를 할 수 없는 거지. 난 그것이 물리·화학적인 힘이라는 것을 믿어. 아니 어쩌면 아무것도 믿지 않아, 아무것도 알지 못하잖아. 만약 네가 그것이 물리·화학적인 힘이라고 강제로 만들어 버린다면 그것은 네가 무식하다는 것을 보여주는 것이야.

나는 내 생각에 유일한 올바른 방법으로 논쟁을 하려고 노력했다. 하지만 이것은 철학책에서 볼 수 없었던 것이야."

"과학에서 이야기하는 모든 것은 가능성에 대한 단순한 확인이야. 만약 내가 돼지가 발이 네 개 달리고 머리가 하나인 새끼돼지를 낳았다고 이야기하면 그것은 확률이 높지. 하지만 상황에 따라서 내가 전혀 생각하지도 않은 머리가 두 개이고 다리가 여섯 개인 새끼돼지가 나올 수도 있어. "기형성"이나 "우연성" 이라는 단어는 원인에 영향을 주는 표현이야. 나중의 경우는 내가 미리 보거나 알지 못하는 상황에서는 전혀 생각하지 못한 거야.

과학에서 이야기하는 모든 특성은 같은 거야. 마찬가지로 어떤 길이를 잴 때 우리는 오차 범위를 이야기하잖아. 그러니까 예를 들어서 '지구의 둘레는 4천만 미터 플러스마이너스 1000 미터' 라고 이야기를 하잖아. 그러니까 마찬가지로 어떤 현상에 대해서도 그렇게 이야기를 해야 한다는 것이지. 예르 ㄹ들어서 공이 굴러서 벽의 한 구석으로 굴러갈 경우에 이야기할 때 어떤 구석으로 공이 굴러갈 확률은 그 바닥 또는 공이 아주 조금이라도 수평을 유지하지 못하기 때문이며, 공의 온도는 팽창감을 변화시켜준다 등의 추가적인 설명이 필요한 거야. 마찬가지로 내가 만약 금성이 내일 어떤 곳에 어떻게 멈추어 서게 된다고 이야기를 한다면 이것은 환상이 아니라 아주 특별한 가능성에 대해서 이야기를 한 것이야. 나는 그때 단지 이야기를 하면 되는 것이지. 다만 금성이 그곳에 서 있는 것을 방해하는 것들이 수백만 가지가 있어. 이들 원인들이 모두 우리가 생각했던 것 범위 밖에서 일어나고 사라지게 된다면 나는 확신하건대 금성이 내일 그곳에 멈추어 서게 될 거야. 천 년 후에 금성이 어떤 곳에 있게 될 거라고 나는 이야기할 수 없어 왜냐하면 내가 천 년 동안 일어나게 될 혼동을 제대로 파악할 수 없으며 내가 전혀 생각하지 못한 상황들이 벌어지게 될 것이기 때문에 예견한다는 것은 거짓말이 되는 것이야.

가능성은 적거나 크거나 또는 그 한계가 없고나 모든 과학적 추측의 기반이야. 그러므로 새로운 힘의 존재 ― 물리 · 화학적이지 않은 ― 에 대한 가능성은 내일 금성이 우리 태양계에서 사리지거나 태양이 사라지는 것과 같은 확률이야."

"아니야, 내가 전혀 모르는 전혀 다른 이야기야." 형이 대답했다.

그렇게 형은 유물론 ― 무식함을 보여주는 것이라고 형이 말한 ― 을 부정하면서 칸트주의자로 남아 있었다. 형은 신을 부정하면서도 신이 존재하지 않는다고 말하지 못했다.

"내가 신을 믿는다면 내가 미쳤다는 이야기일 거야. 난 얼마전에 신을 믿는 꿈을 꾸었어. 난 깔깔거리며 웃으면서 잠에서 깨어났어. 하지만 과학적으로 신이 없다는 것을 증명할 수 있다고 나는 말할 수 없어. 과학은 신의 존재도 증명할 수 없지만 그 부정도 할 수 없어."

"하지만 형은 그 이론의 기원을 알고 있잖아."

"기원은 않좋아. 타원형 궤도에 대한 생각의 기원은 아무것도 중명해주지 못해."

우리는 그렇게 평생동안 서로의 의견을 합의하지 못했다. 마찬가지로 정신적인 삶의 물리 · 화학적인 기반에 대해서도 마찬가지 였다. 이 문제를 가지고 형과 나는 집안 전체에 울려퍼질정도로 큰소리를 질러가며 싸웠다. 하지만 결코 서로 합의하지 못했다. "현상은 공간과 시간속에서만 인식이 가능해. 심리적인 현상은 우리는 시간적으로만 알 수 있어." 형은 이런 식으로 수백 번 아니 수천 번 내게 말했다, 그것은 이미 다 증명이 된 이론이라고. 만약 인간의 뇌에서 일어나고 있는 분자의 모든 운동을 관찰할 수 있다면 그리고 어떤 진동과 느낌 사이의 평행선을 그리게 된다면 이것은 두 개의 평행선이 나타난 것이다라고 이야기할 수 있다. "나는 이들의 총체로서 생각하고 있는 내가 누구인지 이야기할 수 있다. 하지만 이것은 과학적으로 증명된 것이 아니다. 왜냐하면 현상의 존재에 대해서 과학적으로 아무것도 알려져 있지 않기 때문이다."

우리는 논쟁을 할 때마다 존재라는 단어 앞에서 합의를 위해서 나가야하는데 그 이상 앞으로 나갈 수 없는 한계처럼 멈추어 섰다.

"하지만 넌 아픔—느낌의 위치를 말하잖아. 생리학자들은 화학적인 프로세스 또는 전기적 자극을 어떤 신경에 가하게 되지. 그들은 공간에서의 느낌을 연구하고 있어!"

"아니야, 그는 내 느낌을 알지 못해. 내가 아픔을 정하는 거지. 하지만 고통은 시간적으로만 존재하는 거야. 고통의 존재를 알아낼 수 없어."

형에게는 이러한 반대 의견을 가진 다른 사람들처럼 일련의 다른 생각들이 있었다. 그것들은 대부분의 경우 이야기를 하지 않는다. 하지만 형은 자신의 특유의 개방적인 솔직성에 근거하여 가끔씩 이 전혀 과학적이지 않은 질문들을 한다.

그렇게 형은 두어번 정도 말했다.

"무엇때문에 이 세계가 존재하는걸까? 존재하는 이유가 뭘까?"

그는 라마르크의 진화론자 — 다윈주의자가 아니었다 — 였으며, 신을 부정하고, 세계의 존재 목적에 대한 질문을 스스로에게 던지며 괴로워했다.

"그래 이게 다 의인화(擬人化)야. 인간 처럼 자연을 생각하는 거야. 너는 지금 자신의 감정을 외부세계로 전달하는 야생동물처럼 이야기를 하는 거야. 거기서 인간처럼 생각하는 창조자를, 위대한 힘을 보는 거야."

형의 시적인 성격은 목적이 없는 세계를 생각할 수 없었다. 그의 성격은 자연 속에서 인류의 감정을 찾았다.

마찬가지로 우리에게 보이지 않는 자연의 힘의 존재 가능성에 대한 생각은 강신술(降神術)에 대한 믿음으로 이어지기도 했다.

형은 천성적으로 자연주의자였다. 그는 수학이 뭔지 알게 되면서 부터 그리고 가장 간단한 기하학적 이론들을 알게 되면서부터 별똥별에 대한 소논문과 우주의 형성에 대한 소논문 등의 천문학적인 글들을 썼다. 실제로 이 글들에 대해서 천문학자들은 경의를 표했다.

한번은 천문학자인 사비치가 길에서 나를 불러 세웠다. "당신 형의 논문은 정말 훌륭하다는 것을 알고있나요! 우리는 아주 세세한 것에 신경을 쓰고 있는데 당신 형은 새로운 세계를 열었죠. 우주의 구성에 대한 가장 복잡한 문제를 잘 풀어 놓았더군요."

얼마전에 미국에서 홀든 — 천문학계에서 뛰어난 학자인 —교수가 "우주의 구성에 대한 구체적이고 형상화된 가설을 만들어내는 훌륭한 능력"을 가진 사샤를 러시아의 천문학자 길덴이 자신에게 보낸 추천서를 보여줄 수 없는 것을 안타까워 했다.

별똥별에 대한 어려운 문제도 형 사샤는 간단하게 풀었다.

하지만 형 사샤의 지적 능력은 정확하게 재고 실험하고 관찰하는 자연과학자의 그것이 아니었다. 형의 방법론은 자연과학자의 방법론이 아니었다. 생물학에서 형은 실험에 기반을 한 찬반 논증에 동의를 했다. 천문학에 있어서도 다른 사실들과 관련이 있는 예측과 논증들에 동의하는 것에 기반을 둔 이러저러한 비평적 논증과 예측들을 높게 평가했다. 하지만 그의 방법론은 전혀 과학적이지 않았다. 정확하게 말해서 그의 방법론은 비평적 또는 변증법적이었지 과학에 근거를 둔 것은 아니었다.

348

보이지 않는 힘의 정체를 밝히고자 그는 가장 비(非)비평적인, 즉 가장 비과학적인 방법으로 강신술사들의 마술을 믿게 되었다. 예를 들어서 내가 연행되기 바로 직전 집에서 있을 때 형으로부터 장문의 편지를 받았다. 그곳에서 형은 그런 마술의 현실성에 대해서 옹호하였다. 어떤(학자)가 그가 보는 데서 그랜드피아노의 한 쪽 다리가 들렸다고 이야기를 하면서 내가 이것이 줄이나 지렛대없이 불가능하다고 한 나의 무식함에 대해서 비난을 했다.

나는 이 편지를 사육제기간에 받았다. 종이로 만든 꽃을 아주 길고 가는 철사로 고정시킨 부활절 케익이 내가 있는 감옥으로 보내졌다. 나는 철사들 중 하나를 단단하게 고정시켜서 거기에 책들을 걸어 놓았다. 노란 색 구리로 만든 철사는 실처럼 아주 가늘었지만 믿을 수 없을 정도로 무거운 책을 잘 견디어냈다. 나는 그 책의 무게를 정확하게 기억하지 못하지만 그 책은 아주 두꺼운 것이었다.

이 감옥에서의 경험을 사샤 형에게 이야기를 하면서 나는 형에게 첫번째 마술사가 학자들보다 더 과학적인 행동을 했다고 썼다. 형은 그랜드피아노가 아무런 철사에 묶여있지 않으며 그렇게 가는 철사가 그렇게 무거운 그랜드피아노를 들어올릴 수 없다는 것을 증명했으면 좋았을 것이다.

하지만 모든 칸트주의자들이 그렇듯이 형은 그런 실험을 할 생각을 하지 못했다. 형은 그것을 믿었다. 형의 세계관이 비록 무신론주의적이지만 형은 그런 사실을 믿을 준비가 되어 있었다.

형은 자신의 철학관을 라브로프의 논문 〈세계의 역학이론〉에서 찾아냈다. 형은 그 논문을 어렸을 때부터 깊은 공감을 하고 있었다. 형은 자신의 성장에 영향을 준 몇 권의 책들 중의 하나로 그것을 뽑았다. 형의 철학관은 칸트주의와도 가까웠지만 라브로프의 유물론과도 깊게 관계가 있었다. 취리히에 있을 때 이미 라브로프에 대한 깊의 경의를 표시하였다. P 라브로프와 인사를 나눈 뒤 그에 대한 신망은 더욱 깊어졌으며 나이차이에도 불구하고 둘의 우정은 매우 깊었다.

당시 취리히에서는 라브로프주의자들과 바쿠닌주의자들간의 논쟁이 심하게 일어났다. 그 논쟁에서 중립을 유지하는 것은 불가능했다. 사샤는 두세 명의 취리히 사람과 함께 중립적인 입장을 고수하려고 노력했다. 하지만 그것때문에 양측 모두 가 그를 냉대하였다. 만약 그의 개방적인 솔직함이 없었다면 아마도 양측은 모두 그를 적이라고 규정했을 것이다. 그의 완전히 개방적인 성격때문에 그는 그가 보 다 확신을 가지고 있는 그룹, 즉 라브로프주의자들의 행동방식만이 옳다고 이야기 하지 않았다. 한번은 라브로프주의자들이 도서관을 습격한 사건이 있었는데 형은 그것을 인정하지 않았다.그러자 라브로프주의자들은 마치 적들에게 그러는 것처 럼 형을 비난했다. 그리고 소콜로프가 스미르노프를 구타한 사건이 있었는데 형이 스미르노프의 편을 들지 않자 이번엔 바쿠닌주의자들이 형을 따갑게 바라보았다. 그리고 나중에 스미르노프의 행동이 위선이었다는 것이 드러났을 때에 형이 그것 을 인정하지 않자 이번에는 라브로프주의자들이 형을 따갑게 바라보았다. 이런 식 이었다. 만약 사람들이 형을 개인적으로 좋아하지 않았다면 취리히에서 형의 삶은 행복하지 않았을 것이다. 형은 이런 모든 것들에도 불구하고 라브로프와 계속 좋 은 우정을 유지하고 있었다. 라브로프가 비록 자신의 추종자들 편에 서있었다고 하더라도 형에 대한 그들의 행동을 묵인하지 않았을 것이다.

'차이코프스키단'에게도 영향을 준 이 논쟁에 우리는 어떤 입장이었는지 이야기 를 할 필요가 있을 것이다. 우리는 취리히에 인쇄소를 가지고 있었다. 처음에는 알 렉산드로프라는 사람이 그것을 운영하였다. 나는 취리히에서 한두 번 이 알렉산드 로프라는 사람을 본 적이 있었다. 나는 그와 거의 이야기를 나눈 적이 없었다. 그는 키가 크고 단단하게 생겼으며 그다지 식견이 있지는 않았다. 하지만 젊은이들을 사로잡는 매력이 있었다. 그의 주변에는 항상 몇명의 식자공—학생들이 있었다. 이 들은 인쇄를 도와주면서 식자하는 법을 배웠다.

취리히에서는 그가 몇몇 여인들과 염문을 뿌리고 다닌다고 소문이 퍼졌다. 사람 들은 그를 별로 좋아하지 않았다. 그래서 우리는 인쇄를 강화하려고 골덴베르그 를 그곳으로 보내서 알렉산드로프를 대신하도록 하였다. 골덴베르그는 우리의 브로슈어들을 인쇄하기 시작했다. 그때 작업한 것들에는 〈현자 나우모벤 〉〈무언가, 형제들〉〈사 형제에 관한 이야기〉〈푸가초프주의자〉〈성(聖) 금요일〉 등이 있다.

우리는 러시아인들을 위한 책들 외에 외국에서 발행되는 잡지를 내고 싶었다.

당시에 우리는 하나는 라브로프, 다른 하나는 바쿠닌에게 의뢰를 했다. 라브로프는 처음에는 법 관련 잡지를 내고 싶어했다. 이 계획은 내 기억에 내가 외국 여행을 하기도 전에 그리고 내가 차이코프스키단에 들어가기도 전에 페테르부르그에서 보았던 것이다. 그때 나는 라브로프를 알지도 못했고, 페테르부르크에서의 그의 활동도 전혀 모른 채 이 계획에 신경을 쓰지 않았다. 내 기억으로 그 잡지 안에는 노동자에 대한 생각도 사회주의 운동도 전혀 없었다.

나중에 라브로프는 이 프로그램에 사회주의적 생각을 첨부하였다.

내가 외국에서 돌아와서 단원으로서 '차이코프스키단 '에서 인터내셔널에 대한 나의 생각을 이야기하자 라브로프와 바쿠닌을 직접 보고 어떤 잡지가 더 우리의 계획과 맞는지 선택하기 위해서 대표자를 취리히로 파견하기로 결정했다. 나는 드미트리를 보낼 것을 조언했지만 서클은 쿠프리야노프(서클의 브레인)를 보내기로 결정했다. 당시 서클 전체는 쿠프리야노프의 판단을 전적으로 믿고 있었다.

쿠프리야노프가 자신의 미션을 어떻게 수행했는지는 모른다. 바쿠닌주의자들이 말하건데 그는 자기들 중 누구와도 만나지 않고 곧장 라브로프에게로 갔고 만약 라브로프가 막 태동하고 있는 젊은이들의 운동에 도움을 주고 싶은 마음이 있다면 보다 사회주의적인 프로그램(라브로프의 세 번째 프로그램)이 필요하다고 이야기를 했다고 한다. 어쨌거나 사실은 그가 외국에서 돌아오고 나서 (나는 당시에 그에게 패스포드를 빌려주고 패스포드 없이 레나 누나의 집에서 살고 있었다.) 서클은 〈전진〉을 자신의 기관지로 결정하고 라브로프의 잡지에 자금을 지원했다. 서클의 대다수는 비록 사회적민주주의와 아나키즘에 대해서 잘 몰랐지만 서클의 관계로 규정해보건대 전체적으로 아나키즘보다는 사회적민주주의에 더 가까웠다.

나와 차루신은 전적으로, 세르게이 크라프친스키 그리고 드미트리 클레멘츠

클레멘츠

는 바쿠닌의 조직 또는 둘 다 동의를 하였다. 하지만 코르닐로바 자매들은 사회적민주주의 편에 완강하게 섰다. 하지만 우리는 서로 논쟁을 하지 않았다. 우리는 그럴 필요가 없다고 생각했다. 잡지가 나오고 마음에 들면 그것을 사람들에게 나누어주면 되는 것이고, 다른 잡지가 나오고 마음에 들면 또 사람들에게 나누어주는 것일 뿐이다. 읽는 사람들이 자기들에게 필요한 것을 선택하면 된다. 사실 우리는 우리의 일이 있었다. 그렇기 때문에 취리히에서의 일에 전혀 동요를 하지 않았다. 몇 명은 소콜로프의 스미르노프 구타 사건에 대해서 신경질적으로 반응을 했다. 대부분의 사람들은 주먹다짐을 맹 비난했다. 그리고 이쪽 편도 저쪽 편도 들지 않았다. 우리에게는 우리의 책을 만들어야하는 일이 있었고 그것만이 우리의 주요한 관심사였다.

〈전진〉 첫 호는 대학교에서 공부를 해야만 하는 필요성에 대한 글이 실려있었다. 젊은이들이 민중속으로 배우러 가자, 대학의 교수들한테서 사회과학을 배울 학생들이 없었기 때문이었다. 이 첫 호는 대부분의 사람들뿐만 아니라 우리 서클 사람들까지도 놀라게 만들었다. 이상한 느낌이 들었으며 아무도 마음에 들어하지 않았다. 젊은 지도자들은 자기 스스로 지도를 했다. 누구의 이야기도 듣지 않았다.

하지만 이 잡지에 우리는 특별한 의미를 부여하지 않았다. 우리는 우리의 일을 할 뿐 라브로프의 충고가 우리들 중 누구에게도 영향을 미치지는 않았다. 한번은 한 회의석상에서 만약 〈전진〉의 번역 일에 우리 서클이 나를 보낸다면 나는 그렇게 하겠지만 그 내용에 동의하지는 않을 것이라고 이야기를 했던 것이 기억난다.

우리 서클의 적극적인 활동가들 대부분은, 특히 노동자들 사이에서 일을 하고 있는 활동가들은 같은 생각이었다. 당시의 열정적인 삶을 사는 우리에게 잡지는 아무런 의미도 없었다.

우리가 발행한 한 잡지에 대해서 이야기를 하겠다. 나는 세르게이, 드미트리, 티호미로프와 함께(3명만 내 기억에 있다) 〈문학 위원회〉 서클에 가입했다. 우리는 페로프스카야가 임대하고 있는 바로 그 집에서 모임을 가졌다.

티호미로프

내 기억으로 우리는 티호미로프의 두 권의 책, 즉 〈사 형제에 관한 이야기〉 〈푸가초프주의자〉만을 읽었다. 왜냐하면 나는 조직개편을 하는 와중에 참여를 시작했기 때문이다. 〈사 형제에 관한 이야기〉는 우리 모두의 마음에 들었다. 하지만 그 결론 부분을 읽었을 때 우리는 실망을 하지 않을 수 없었다. 저자에게는 4명의 형제가 있었는데 자본가들과 정부관료한테 고난을 겪고 모두 시베리아의 국경지대로 보내졌고 거기서 슬퍼하였다. 세르게이와 나는 끝을 바꾸기로 하였다. 그리고 우리는 끝을 바꾸었다. 그래서 우리는 이들을 동서남북 사방으로 보내서 그곳에서 폭동을 일으키게 만들었다.

〈푸가초프주의자〉도 마찬가지로 끝이 마음에 안들었다. 몇몇 사람들이 푸가초프의 군사행동이 당시에 발행된 사료에 입각하여서 너무나 사실적으로 묘사되었다고 했다. 그래서 군인 출신이었던 세르게이와 나는 이 세부 묘사를 없애고 사람들이 지루하지 않게 느낄 정도로만 남겨두었다. 그리고 그 끝을 혁명군의 무정부주의 이상을 집어넣었다.

내가 몇 쪽를 써서 붙여 넣었다. 내가 작업한 원고가 나중에 헌병대의 손에 들어

가게 되었다.

여기서 길게 돌아왔지만 형 사샤에게로 다시 돌아가자.

내가 잡혀갔다는 소식을 들었을 때 형은 러시아로 돌아올 생각 없이 취리히에 살고 있었다.

형은 모든 것을 버렸다. 일도, 자기가 좋아하던 삶도 버리고 내가 감옥에서 나올 수 있도록 도와주기 위해서 러시아로 왔다.

내가 연행된 후 6개월이 지난 뒤 형을 볼 수 있도록 해주었다. 내 방으로 내 옷이 보내졌고, 갈아입으라고 했다.

"무엇 때문에? 어디로?" 아무도 대답이 없었다. 나는 간수를 지나서 나를 기다리고 있는 조지아인 현병사관에게 갔다. 현병사관는철문을 열었고, 철문을 열자마자 마차가 기다리고 있었다. 나는 그렇게 "제3국(局)"으로 출발했다.

요새에서 나와서 페테르부르크 도시를 지나는 것은 즐거운 일이다. 그런데 네프스키 대로를 따라서 나를 데리고 가고 있었다!

나는 가면서 어떻게 도망갈 것인가 계획을 세웠다. 장교는 한쪽에 앉아서 졸고 있엇다. 문을 조용히 열고 뛰어내려서 힘껏 달려서 근처에 있는 아무 여자에게 달려가는 거야. 마차에서 뛰어내리는 것은 쉬운 일이었다. 물론 귀부인은 절대로 나를 마차에 태우지 않을거야, 하지만 화류계의 여인이라면 거부하지 않을 거야, 내가 만약 그녀의 마차에 뛰어올라서 간절하게 부탁을 한다면.

환상은 무엇인들 못하겠는가. 만약 누군가가 예비 말을 붙잡고 가까이 다가온다면 바로 뛰어서 도망갈 수 있을 것이다.

나는 제 3국에서 형 사샤를 만났다. 우리는 두 명의 헌병의 입회 하에 면회를 하게 되었다.

우리는 둘 다 감정이 북받쳐 있었다. 형은 매우 분노했다. 형은 헌병들을 도둑들이라고 욕을 했다. "저들이 다 훔쳐갔어, 난 네 서류들 중에서 이러저러한 것들을 찾을 수 없었어." 이 모든 서류는 내가 잡혀가기 몇 시간 전에 헌병들이 찾지 못하는 곳으로 내가 보낸 서류들 이었다. 나는 입모양을 해가면서 형에게 사인을 주려고 노력했다. "그냥 둬, 형!" 하지만 형은 진정하지 않았다. "그럴 수 없어, 내가 꼭 그 서류들을 찾아오고 말거야." 나는 간신히 프랑스어로 서류들을 헌병들이 가져가지 않았다는 것을 알려주었다.

형은 지리학협회와 과학아카데미의 모든 지인들을 총동원해서 내가 요새 안에서 글을 쓸 수 있도록 도와달라고 했다. 펜과 종이는 감옥 안에서 엄격하게 금지되어 있다. 하지만 체르니셰프스키와 피사례프에게 글을 쓸 수 있도록 해주었다. 그것도 차르가 직접 특별 명령을 내렸다.

형은 알고 있는 모든 학자들을 동원했다. 지리학협회는 물론 나의 핀란드 여행기에 대한 보고서를 받아보기를 원했을 것이다. 하지만 만약 형이 나서지 않았다면 그들은 내가 글을 쓸 수 있는 허락을 받을 수 있도록 하는데 손가락 하나도 까닥하지 않았을 것이다. 과학아카데미도 마찬가지로 이 분야에 관심을 갖고 있었다.

어느날 마침내 내게 간수 보고로드스키가 들어와서 학술적인 보고서를 쓸 것을 허락한다고 하면서 내게 필요한 책 목록을 적으라고 했다. 나는 약 50권의 책 목록을 썼다. 그는 경악을 했다. "그렇게 많은 책은 허락되지 않을거요. 다섯에서 열 권 정도만 쓰세요. 그리고 다음에 조금씩 더 요청을 하는 것이 좋을 겁니다." 나는 그렇게 했다. 그리고 마침내 책과 펜 그리고 종이를 받았다. 종이는 내가 필요한 장수만큼만 주었으며 나는 그 종이들을 한 장도 버리지 않고 갖고 있어야만 했다. 펜, 잉크, 연필은 "일몰까지만 허락"하였다.

동절기에 페테르부르크의 일몰 시간은 오후 3시였다. 그것은 어떻게 할 수 없었다. '일몰까지'는 알렉산드르 2세가 허락할 때 사용한 말이었다.

02
감옥에서의 연구 작업－러시아 역사 연구

이리하여 나는 일을 할 수 있었다!

작업만 할 수 있다면, 빵과 물 이외에는 아무것도 없어도 좋았다. 가장 축축한 감방이라도 좋았다.

그러나 오직 나만이 글을 쓰도록 허락되었다. 저 유명한 '193인'의 공판이 열리기 전 3년 이상을 감옥에서 보내고 있는 동지들에게 허락된 것은 겨우 석판 한 장씩이었다. 물론 석판 한 장도 이런 환경에서는 소중했다. 그들은 석판에 배운 글씨를 연습하고, 수학문제를 풀었다. 그러나 석판 위에 쓰는 것도 몇 시간 밖에 할 수 없었다.

나의 옥중 생활은 더욱 규칙적이 되어갔다. 나는 그제야 살맛이 났다. 아침 9시가 되면 이미 2베르스타 걷기운동을 끝낸 나는 연필과 펜이 오기를 기다렸다. 내가 지리학협회와 관련해서 하고 있던 작업에는 핀란드 탐험보고서 외에도 빙하기의 가설에 기반한 연구도 있었다. 나는 시간이 충분하므로 나의 저작을 증보하기로 마음먹었다. 과학아카데미는 좋은 책들을 넣어주었고, 나의 방 한쪽 구석에는 극지방 탐사에 관한 거의 모든 보고서가 정리된 『스웨덴 지질학 요람』과 〈런던 지리학 협회 계간지〉 합본호를 포함한 책과 지도로 가득차게 되었다.

요새에서 나의 책은 두 권의 두꺼운 책으로 불어났다. 제1권은 형과 폴라코프에 의해 지리학협회 총서로 출간되었지만 제2권은 출간되지 못했다. 나는 제2권을 끝내지 못하고 탈옥했고, 원고는 제3국의 수중에 남아있게 되었다. 원고는 1895년에 발견되었고, 러시아 지리학협회로 넘겨졌다가 다시 런던에 있는 나에게 돌아왔다.

오후 5시에 — 겨울에는 3시 — 작은 램프가 들여 보내지자마자 작업을 중지하고, 연필과 펜을 반납해야 했다. 그러면 나는 책을 읽었는데, 주로 역사책이었다. 요새는 수감된 정치범들에게 차입된 책들로 거대한 도서관이 되었다. 나도 여기에 많은 러시아 역사책들을 보탰다. 나는 친척들 덕분에 모스크바 공국 시대의 러시아 역사에 대한 거의 모든 책과 문헌들을 읽을 수 있었다. 나는 독서를 하면서 러시아의 역사 특히 프스코프의 중세민주공화국의 훌륭한 역사에 대해 알게 되었다. 그것은 역사적으로 중세 유럽의 도시국가 중 가장 훌륭한 것이었다. 그러나 대부분의 건조한 문헌들과 성자들의 삶에서는 별다른 것을 발견하지 못했다. 나는 소설도 많이 읽었고 직접 크리스마스 이브를 다룬 소설을 쓰기도 했다. 친척들은 크리스마스 날 디킨스의 크리스마스 소설을 나에게 보내주었고 나는 이 위대한 작가의 훌륭한 작품을 읽고 울고 웃으며 혼자서 파티를 즐겼다.

03
감옥 마당 산책~형의 연행~제3국의 복수

가장 끔찍한 것은 나를 지배하는 무덤 같은 적막이었다. 간수들의 군화 끄는 소리, 거의 들리지 않는 유리구멍 셔터 여닫는 소리, 요새성당의 종소리 외에는 아무 소리도 나지 않았다. 15분마다 〈나를 구원하소서〉 하는 방송이 들렸고, 매 시간 종소리가 길게 연이어 울려 퍼졌다. 그 뒤로 음울한 찬송가가 이어졌다. 찬송가가 갑작스러운 기온의 변화에 의해 음조가 변할 때면 마치 장례식의 종소리 같이 무서운 불협화음이 되었다. 게다가 한밤중의 괴괴한 시간에는 〈하느님이시여, 차르를 구하소서〉가 흘러나왔다. 그 찬송가는 15분 동안 계속되었고, 그것이 끝나자마자 〈주님이시여, 나를 구하소서〉가 잠들지 않은 죄수들을 위해 흘러나왔다. 죄수들은 찬송가를 들으며, 15분, 1시간, 하루, 한 달을 식물인간처럼 하릴 없이 시간을 보내야 했다. 간수 앞에서, 죽을 때까지, 혹은 석방될 때까지.

사방은 죽음처럼 고요했다.

나는 공연히 창틀을 두들겨보았다. 오른쪽에서도 왼쪽에서도 대답은 없었다. 나는 공연히 벽을 두드리거나 바닥을 발로 구른 후 어떤 반응이 돌아오는지를 들었다. 그러나 아무 소리도 들리지 않았다. 한 달이 지나도, 두 달이 지나도, 일 년이 지나도 그리고 일 년 반이 지나도 아무도 나의 노크에 대답하지 않았다.

윗층을 청소를 하는지 아니면 수리를 하는지 나는 아랫층으로 이감되었다. 아랫방은 햇빛이 더 조금 들어왔으며 하늘은 거의 보이지 않았다. 단지 더러운 회색 벽만이 눈 앞에 보였고 비둘기도 창가로 내려앉지 않았다. 지도를 그릴 수 없을 정도로 어두웠지만 나의 근시 덕분에 간신히 지도를 그릴 수 있었다

그리고 그 아랫층의 감방에서도 내 노크에 대답하는 소리는 어디에서도 들리지 않았다.

만약 비가 오지 않거나 눈보라가 치지 않는다면 매일 아침 나는 감옥의 마당에서 산책을 할 수 있었다. 약 열한 시경에 부드러운 펠트화를 신은 하사관 한 명이 내게 옷을 가져왔다. 나는 서둘로 옷을 입었으며 만약 10번을 왕복하면서 자신의 걷는 소리라도 들을 수 있다는 것에 기뻐했다. 마당이라고 해봐야 5각형 모양으로 생긴 작은 마당 가운데에는 목욕탕 건물이 있었고 그 건물을 둘러싼 좁은 포장길에 불과했다. 그래도 나는 걷는 게 좋았다.

산보를 하면서 나는 가끔 18~19살 된 형무소장의 딸을 보았다. 형무소장의 관사에서 출입문 밖으로 나가기 위해서는 이 마당을 지나가야 했기 때문이다. 죄수들

에게 그녀는 유일한 관심사였다. 그녀는 간수의 딸이라는 사실이 창피한 듯 눈을 내리깔고 서둘러 지나가곤 했다. 나는 사관생도인 그녀의 남동생도 마당에서 한두 번 본 적이 있었는데, 그는 안타까운 표정으로 나를 똑바로 바라보곤 했다. 그의 표정에서 강한 암시를 받은 나는 탈옥 후 누군가에게 그때 받은 인상에 대해 말한 적도 있었다. 4, 5년 후, 장교가 된 그는 시베리아로 추방당했다. 내 생각에 그는 틀림없이 혁명당에 가담했거나, 외부 운동가들과 요새 죄수들과의 교신을 도와주었을 것이다.

그리고 나는 목욕탕 주위에 핀 몇 송이 꽃을 기억한다. 그 꽃들은 마르고 잎사귀도 거의 없었지만 거대한 성의 돌들 사이를 뚫고 목욕탕 남쪽에서 올라왔다. 나는 그 꽃들을 보고 인도를 벗어나서 꽃들에게 다가갔다. 그러자 경비원과 하사관 모두 내게 달려왔다. "제발, 인도로만 다니세요." 나는 꽃들에게 더 다가갔다. 그러자 세 명의 경비원이 나를 감싸고 서서 내 기분을 언짢게 만들었다. 나는 더 이상 꽃들에게 다가가지 않았다.

첫 번째, 두 번째, 세 번째, 열 번째, 열다섯 번째 철조망이 둘러친 창문…… 그리고 또 첫 번째…… 그것만이 이 마당의 다른 모습이었다. 한두 번 참새가 날아 들어왔는데 그것이 특별한 일이었다.

나는 보통 고개를 떨구지 않고 페트로파블로프스크 성당의 황금빛 지붕을 보면서 걸었다. 이 지붕만이 어떤 날은 태양빛을 받아서 밝게 금빛으로 빛났고 어떤 날은 회색 구름 아래서 자신의 반짝거림을 감추기도 하였다. 어두운 구름이 내려오는 겨울에는 철로 만든 뾰족한 바늘로 하늘을 찌르며 지붕은 어두워졌다.

"하루가 갔네." 난 달력을 만든 첫날 자신에게 말했다.

내게는 두 개의 안경이 있었다. 하나는 글을 쓸 때 쓰는 것이고 하나는 길을 갈 때 보는 것이었다. 하나는 마름모 모양의 사각형의 무늬가 있는 가죽 지갑에 넣어 있었다. 나는 그 마름모 모양이 양쪽면에 수백개 그려져 있다고 생각했다. 하나를 일주일로 생각하고 난 잠자리에 들기 전에 칼로 마름모에 대각선을 그었다. 나는 그런 식으로 날짜를 기억했다.

우리 요새의 대포에서 나는 대포 소리가 경축일임을 내게 일깨워준다. 한번은 경축일 대포 소리가 나야할 시간에 대포 소리가 들리지 않았다. 나는 바짝 긴장하였다. 101번의 대포 소리가 들리지 않을까, 혹시 차르가 죽은 것은 아닐까. 하지만 대포 소리는 31번에 그쳤다. 즉 황제의 가족에 새 생명이 탄생한 것이다.

한번은 바람이 심하게 지붕 위로 불고 창문을 흔들었고, 대포 소리가 들렸다. 홍수였다. 물론 타라카노바 공작부인을 그린 그 유명한 그림처럼 난리가 났다. 물이 차는 감옥 안에 있던 쥐들이 쏟아져 나왔다.

겨울이 왔다. 독방에서의 겨울은 무겁고, 어둡고, 우울하였다. 특히 포대감방의 습기를 제거하기 위한 과도한 난방으로 나는 거의 질식사할 정도였다. 온도를 낮추어달라는 나의 요구가 받아들여지자 이번에는 벽이 마치 물통처럼 물방울들을 쏟아냈다. 그 결과 나는 류머티즘으로 몹시 고통스러웠다.

그럼에도 불구하고 뜰에서 주운 유리조각으로 연필을 깎아서 어둠 속에서 나는 즐겁게 글을 쓰고 지도를 그렸다. 나는 성실하게 감방에서 매일 7베르스타 걷기운동과 오크의자를 이용한 근력운동을 계속했다. 시간은 흘러갔다. 그러던 중 슬픔이 나를 엄습해 무너뜨렸다. 형 알렉산드르가 구속된 것이었다.

1874년 12월 25일 나의 명명일에 형은 누이 레나와 함께 면회를 왔다. 형은 이 날을 그냥 보내고 싶지 않았던 것이다. 나는 형에게 편지를 주고 싶었지만 형도 내게 편지를 주었고, 편지끼리 서로 부딪혀서 내 편지는 그만 바닥으로 떨어졌다. 나는 당황했다. 서로 인사를 해야 할 때였고, 사관이 우리를 쳐다보고 있었다. 이제 나가야 하였다. 나는 레나와 함께 일어섰다. 형은 아주 작게 만든 편지를 찾고 있었다. 형이 편지를 찾는 동안 나와 레나는 잠시 창가에 서 있었다. 마침내 형이 내게 고개를 숙여서 사인을 보냈다. "찾았어."*

---

* 오랜만의 면회는 죄수와 면회자 모두를 흥분시켰다. 사람들은 허락된 짧은 시간동안 서로 사랑하는 사람의 얼굴을 보고 목소리를 들었다. 사람들은 매우 가까운 거리에 있으면서도 서로 멀리 떨어져 있는 것과 같았다. 적이자 첩자인 사관 앞에서 친밀하게 대화할 수 없었

그리고 일주일 후 나는 내가 기대하고 있는 책의 출판에 관련된 형의 편지 대신 폴라코프의 짧은 편지를 받았다. 앞으로 책 출판 관련 일을 자신이 하게 되었으니, 출판에 관련된 모든 일을 자신에게 말해달라는 것이었다. 나는 편지의 어조로 보아 형에게 무슨 좋지 않은 일이 생겼다는 것을 즉시 알아차렸다. 단순히 형이 아프다면 폴라코프는 그것을 말해주었을 것이다. 무서운 번민의 나날이 계속되었다. 알렉산드르가 체포된 것이 틀림없고, 그것은 나 때문이었다! 나는 갑자기 삶의 활력을 잃어버렸다. 산보도, 운동도, 작업도 모두 흥미가 없어졌다. 하루 종일 나는 방안을 오가며 형의 체포에 대해서만 생각했다. 결혼을 하지 않은 나에게 투옥은 나 개인만의 불편이었으나 결혼한 그에게는 사랑하는 처와 자식이 있었다. 그리고 첫째 아이를 잃어버린 그는 둘째 아이에게 모든 애정을 쏟고 있었다.

나를 가장 괴롭힌 것은 답답함이었다. 형이 무슨 일을 했을까? 무슨 죄목으로 구속되었을까? 그들은 형을 어떻게 하려는 것일까? 몇 주일이 지났다. 나의 걱정은 점점 깊어만 갔다. 그러나 아무 소식도 없었다. 나는 마침내 우회적인 방법을 통해 형이 라브로프에게 보낸 편지 때문에 구속되었다는 사실을 알게 되었다.

내가 자세한 내막을 알게 된 것은 그로부터도 한참 후였다. 형은 나와 마지막으로 면회한 후 당시 런던에서 〈전진〉을 발행하는 옛 친구 라브로프에게 편지를 썼다. 그리고 그 편지에서 내 건강에 관한 걱정과 러시아에서 행해지는 많은 구속 사건들, 그리고 전제정치에 대한 증오심을 적나라하게 표명했다. 편지는 우체국에서 제3국에 의해 검열되었고, 제3국은 크리스마스이브에 그의 집을 수색했다. 그들은 평소보다 훨씬 야만적으로 수색했다. 한밤중에 6명이 집에 난입해서 집안을 발칵 뒤집어놓았다. 심지어 병든 아기를 내려놓고 침상과 매트리스까지도 조사했다. 그러나 아무것도 나오지 않았다.

형은 이 가택수색에 매우 분노했다. 그는 평소의 솔직한 태도로 행동대원격인

기 때문이다. 형과 누이는 나의 건강을 염려했다. 어둡고 음울한 겨울 날씨와 습기가 기세를 떨치기 시작했기 때문이다. 우리는 무거운 마음으로 헤어졌다. ─저자

헌병사관에게 말했다. "사관, 당신에게는 아무런 감정이 없소. 당신은 교육도 별로 못 받았고 당신이 무엇을 하는지를 거의 모르고 있소." 형은 검찰관 쪽으로 몸을 돌려 말을 계속했다. "그러나 선생님, 당신은 자신이 무슨 역할을 하고 있는지 알고 있을 거요. 당신은 대학교육을 받았을 것이오. 법도 알고, 당신의 입회 하에 이 사관들의 불법적인 행동을 은폐하려지만, 말 그대로 당신의 발로 법을 유린하고 있다는 사실도 알거요. 당신은 한마디로 악마요!"

반감이 생긴 그들은 형을 5월까지 제3국에 가두고 말았다. 형의 예쁜 아들 — 병 때문에 더욱 사랑스럽고 영리해보이던 — 은 폐병으로 죽어가고 있었다. 의사는 며칠 밖에 더 못살 것이라고 말하였다. 적에게 어떤 부탁도 결코 하지 않았던 형도 이때만은 아들을 마지막으로 보게 해달라고 부탁했다. 그는 자신의 명예를 걸고 다시 돌아오겠으니, 한 시간만 외출을 시켜주거나 아니면 감시병과 함께 다녀올 수 있게 해달라고 애원했다. 그들은 거절했다. 그들은 스스로 그것이 복수임을 부인하지 않았다.

아들은 죽었고, 형이 동시베리아의 작은 마을 미누신스크로 송환된다는 말을 들은 형수는 거의 미칠 지경이 되었다. 형은 두 명의 헌병 사이에 앉아 마차로 송환될 것이었다. 아내는 뒤따라 갈 수는 있지만 함께 갈 수는 없었다.

"내 죄가 무엇인지. 그것만이라도 말해주시오." 하고 형은 요구했다. 그러나 그 편지 이상의 구실은 없었다. 동시베리아로의 추방은 단순한 복수치고는 너무 가혹한 독단이었다. 추방이 몇 달 이상 지속되리고 예상한 친척들은 아무도 없었다. 형은 내무장관에게 고소를 했지만 헌병사령관의 업무에 자신이 간섭할 수 없다는 대답뿐이었다. 원로원에도 고소를 했으나 아무 소용이 없었다.

2년 후 누이 레나가 황제에게 탄원서를 써 보냈다. 그리고 하르코프 총독이자 황제의 시종무관, 궁정의 총신이었던 사촌 형 드미트리도 제3국의 조치에 매우 분노하여 차르에게 탄원서를 직접 전달하며 몇 마디를 덧붙였다. 그러나 알렉산드르 2세에게는 로마노프 가의 특징인 복수심이 특히 발달해 있었다. 황제는 탄원서 위에 '보류'라고 썼다. 형은 12년 동안 시베리아에 유배되었고, 영원히 러시아로 돌아올 수 없었다.

04
수인들의 의사소통-예상치 못한 황제의 동생의 방문

1874년 여름의 대대적인 체포와 경찰에 의한 탄압국면은 러시아 청년들의 생각에 큰 변화를 낳았다. 그때까지만 해도 지배적인 운동방식은 사회주의 운동가가 되려는 노동자들과 농민들을 찾아내는 것이었다. 그러나 지금 공장은 스파이들로 가득차 있었고, 그것은 언제든지 선동가나 노동자가 모두 연행되거나 시베리아로 영원히 추방될 수 있음을 의미했다. 새로운 형태의 '브 나로드' 운동이 시작되었다. 수백 명의 청년들이 모든 경고를 무시하고 지방과 도시, 마을로 퍼져 나가 공공연하게 팸플릿과 노래책자, 그리고 선언문을 배포하며 군중에게 혁명을 호소했다. 우리 서클에서는 그 해 여름을 '광란의 여름'이라고 이름 붙였다.

헌병들은 당황했다. 모든 운동가들을 추적하기에는 눈과 손이 모자랐다. 그래도 검거 기간 중 1,500여 명이 체포되고 그 절반은 몇 년 동안 옥살이를 했다.

1875년 여름 어느 날 옆방에서 굽 높은 장화소리가 가볍게 들리더니, 몇 분 후 몇 마디의 대화하는 소리가 들렸다. 감방에서 여자 목소리와 퉁명스럽게 대답하는 저음의 목소리 ― 초병이 틀림없다 ― 가 들렸다. 그리고 대령의 빠른 박차소리, 대령이 초병에게 욕하는 소리, 자물쇠에 키를 꽂는 소리가 들렸다. 대령이 무슨 말을 하자 여자가 크게 대답했다. "아무 말도 안 했어요. 하사관을 불러달라는 말 밖에는."

그리고 자물쇠가 채워졌다. 그리고 대령이 다시 낮은 목소리로 초병을 꾸짖는 소리가 들렸다.

나는 더 이상 혼자가 아니었다. 나는 이곳의 병사들을 지배하는 엄한 금기 — 죄수와 말하면 안 된다는 — 를 대번에 깨뜨린 여성 이웃*을 갖게 되었다. 그날부터 15개월 동안 침묵해왔던 요새의 벽이 꿈틀대기 시작했다. 나는 사방에서 발로 마루바닥을 구르는 소리를 들었다. 1번, 1, 2, 3, 4……11번, 그리고 24번, 다시 15번, 잠시 사이를 두고 3번, 33번의 발 구르는 소리가 이어졌다. 노크 소리가 계속 반복되자, 옆방의 여자도 그것이 "Kto vy(당신은 누구요)?"라는 의미임을 알아차렸다. 러시아어에서는 V가 세 번째 알파벳 글자다. 그리하여 곧 대화가 이루어졌다. 대화에는 보통 간략한 알파벳을 사용했다. 즉 알파벳을 다섯 자씩 여섯부분으로 나누어 먼저 몇 번째 부분인지를 알리고 그중의 몇 번째 글자라는 것을 알렸다.

어느 날 나는 뜻밖의 방문을 받았다. 요새를 시찰 나온 알렉산드르 2세의 동생 니콜라이 태공이 자신의 시종무관을 대동하고 내 방에 들어온 것이다. 그가 들어오자 문이 잠겼고, 그는 나에게 다가오며 "안녕하신가, 크로포트킨." 하고 말했다. 그는 나를 개인적으로 알고 있었고, 오랜 친구를 대하듯이 반갑게 부드러운 음성으로 말했다. "어떻게 된 건가, 크로포트킨. 근위이자 상사였던 자네가 이런 사건에 연루되어 이런 누추한 포대감옥에 갇혀있다니?"

"모든 사람은 자신의 의견을 가질 수 있습니다." 하고 대답했다.

"의견? 그러면 자네의 의견은 혁명을 일으켜야겠다는 것인가?"

어떻게 대답해야 할까? 그렇다? 그러면 헌병들에게는 일체의 대답을 거부한 내가 황제의 동생 앞에서 '모두 시인한' 꼴이 되지 않는가. 그것은 마치 사관학교 사령관이 사관생도에게 '시인'을 받아내려는 듯한 말투였다. 그러나 아니라고 대답할

---

* 나는 취리히에서 이 여자와 인사를 나누었다. 그녀는 플라토노바였다. 그녀에게서는 부드러움이 느껴졌다. 플라토노바는 취리히에서 한 카프카즈인과 함께 있었다. 그리고 그와 함께 러시아로 돌아갔다. 소식에 의하면 카프카즈인은 잡혀갔고, 그녀는 행방불명이 되었다. 플라토노바가 그녀의 진짜 이름인지 알 수 없다 – 저자.

수는 없었다. 그것은 거짓말이기 때문이다. 나는 무슨 말을 해야 할지 몰라 아무 말 없이 서 있었다.

"알겠네. 자네는 지금 부끄러워하는 게로군."

이 말은 나를 화나게 했다. 나는 조금 날카로운 어조로 말했다. "검찰관에게 대답했습니다. 더 할 말은 없습니다."

"오해하지 말게, 크로포트킨." 그는 부드러운 어조로 말했다.

"나는 검찰관으로서 자네에게 말하는 게 아니네. 한 사람의 개인으로서 말하는 것이네, 한 사람의 개인으로서." 그는 낮은 목소리로 반복했다.

머리 속에 많은 생각이 맴돌았다. 포자 후작*의 역할을 해볼까? 러시아의 황폐함, 농민들의 파멸, 관료들의 독단, 그리고 곧 다가올 끔찍한 기근을 태공을 통해 황제에게 말해볼까? 우리는 절망적 상태에서 농민들을 구제하고 싶었다고, 그들의 고개를 들게 하고 싶었다고, 모든 방법을 동원해 알렉산드르 2세에게 영향을 주고 싶었다고 말할까? 이런 생각 뒤에 곧바로 다른 생각이 이어졌다. 그리고 나 자신에게 이렇게 말했다. "안 된다! 말도 안 돼! 그들은 그런 것들을 모두 알고 있다. 그들은 국가의 적이다. 그런 말은 그들을 변화시킬 수 없다."

나는 공인인 태공을 한 개인으로 볼 수 없다고 대답했다.

그러자 그는 우회적인 질문을 했다. "시베리아에서 데카브리스트들과 함께 지내면서 그런 사상을 가지게 된 것 아닌가?"

"아닙니다. 저는 데카브리스트들을 아무도 모르고 그들과 얘기해본 적도 없습니다."

"그러면 페테르부르크에서 그런 생각을 가지게 되었다는 건가?"

"저는 항상 그랬습니다."

"왜지? 자네 같은 근위가?" 그는 놀라며 물었다.

---

* 실러의 「돈 카를로스」에 등장하는 인물로 폭군에게 약탈당한 인권의 반환을 요구한 이상주의자.

"근위학교에서 저는 어린아이였지요. 어린아이일 때 불분명한 것도 어른이 되면 분명해지지요."

그는 나에게 그 같은 질문을 더 했고, 나는 그가 의도하는 것이 무엇인지를 명확하게 알 수 있었다. 그는 자백을 얻어내려고 했던 것이다. 나는 그가 알렉산드르 2세에게 이렇게 말하는 모습이 생생하게 머리 속에 그려졌다. "검찰관들은 모두 저능아들이에요. 그는 검찰관들에게는 아무런 대답도 하지 않았지만, 저와 10분간 이야기하면서 모든 것을 털어놓았어요." 나는 불쾌해졌다. 그는 그런 의도로 질문했다. "자네는 어떻게 그런 사람들과 함께 지낼 수가 있나? 농민들이나, 이름도 없는 사람들과 말이야." 나는 그를 쏘아보면서 말했다. "저는 이미 검찰관에게 모든 대답을 했다고 이미 말씀드렸습니다." 그러자 그는 거칠게 감방을 나가버렸다.

그 후 경비병들 사이에 이 방문은 하나의 전설이 되었다. 탈옥할 때 나를 데리고 가기 위해 마차를 몰고 온 사람은 군모를 쓰고, 갈색 구레나룻을 길렀었는데 그 모습이 약간 니콜라이 태공과 닮았다. 페테르부르크 위수병들 사이에는 나를 빼간 사람이 태공이라는 소문이 퍼졌다. 신문과 인명사전의 시대에도 전설은 만들어졌다.

05
감옥 생활의 결과~탈출~영국 함선

2년이 지났지만 우리 사건은 진전이 없었다. 2년 동안의 미결수 생활로 인해서 몇몇 동지들은 미쳐버리기도 했고, 몇몇 동지들은 자살을 하기도 했다.

러시아 전역에서 새로운 사회주의자들이 계속해서 잡혔지만 그 수는 줄어들지 않았다. 새로운 사회주의자들은 점점 더 많은 군중들을 결집시켜 나갔다. "브 나로드" 운동은 점점 확대되어 갔다. 예를 들어서 당시 유명한 화가였던 N. N. 게는 1878~1879년 사이에 페테르부르크를 버리고 지금은 그림을 그릴 때가 아니라 민중들과 함께 살아야 하며, 그 속에서 유럽에 비해서 천 년은 뒤쳐진 문화를 만들어야 한다고 하면서 소러시아(지금의 우크라이나)로 갔다. 그의 이상은 수천 명의 젊은 이들이 행했던 것과 똑같이 행동하는 것이었다.

레프 톨스토이도 마찬가지의 행동을 하였다. 다만 다른 방식으로 그것을 수행했다. 톨스토이는그는 자신이 종교관을 바꾼 이유를 설명하려고 애쓰면서 문화적이며 혁명적인 영향 아래 지난 15년 동안 니힐리스트들이 했던 행동들을 행하였다.

나는 진술을 하지 않겠다고 했고, 이것은 나의 마음을 편하게 해주었다. 나를 더 이상 괴롭히지 않았고 겨우 두 번 정도 심문을 받았을 뿐이었다. 예심은 감옥 안에서 이루어졌다. 1866년에 카라코조프*와 그 추종자들이 갇혀 있던 방에서 이루어졌다.

예심판사는 헌병대 장군인 노비츠키였다. 그는 매우 영리하고 뛰어난 사람이었다. 만약 그가 헌병대에 있지 않았다면 친근하게 느껴질 정도로 악의가 없어 보였다.

한번은 그가 나를 불러서 의자에 앉힌 후 내게 궐련을 권했다. 나는 받지 않았다. 그는 담배를 다 핀 후 내게 내가 쓴 종이를 보여주었다. 그것은 티호미로프의 〈푸카초프〉 끝에 내가 쓴 것이었다. 그 옆에는 내가 이미 연행되고 난 이후에 발행된 우리의 잡지가 놓여 있었다. 난 그것을 보고 기쁜 나머지 "오, 이것 좀 봐도 되나요, 난 아직 안 읽어봤는데." 라고 말을 하고 말았다.

그는 내가 쓴 글을 읽기 시작했고, 내게 새 잡지를 살펴봐도 된다고 했다. 잡지의 인쇄는 아주 잘되어 있었다. 오자도 없었다. 노비츠키는 발음을 정확하게 읽어

---

* Dmitry Karakozov :1840~1866, 1866년 4월에 알렉산드르 2세를 저격하려다 실패한 러시아의 혁명가이자 테러리스트 . 그해 9월 그는 교수형을 당했다.

내려갔다. 특히 중세의 지방자치 단체처럼 자유농노 연맹에 참여한 자유농노 단체(신부도, 나으리도 관리도 없는)에 대한 그림은 그의 관심을 끌었다. 이 단체들은 민회를 구성하였다. 그는 점점 더 글에 끌려서 읽어내려갔다.

그러다가 갑자기 웃음을 터뜨리더니 내게 말을 붙였다.

"공작님, 정말로 당신은 우리의 이 어두운 현실에서 이게 가능하다고 생각한 겁니까? 훌륭하죠, 정말 근사합니다. 하지만 이건 이백 년은 더 있어야 될 겁니다."

"어쩌면 삼백 년이 걸릴지도 모르죠."

"그러니까 이것을 당신이 쓴 것이라는 것을 인정하시는 거죠?"

"물론이요."

"그 내용을 이렇게 인쇄한 것이죠?"

"당신 눈으로 보고 있지 않소."

"전 당신에게 그것을 보여주어야만 했습니다. 원하시면 집으로 돌아갈 수 있도록 해드리겠습니다."

"네, 좋죠. 그럼 훌륭하죠. 하지만 당분간은 감옥에 있겠습니다." 내가 대답했다.

그는 당혹스러워했다……. 그리고 일어나서 문까지 나를 배웅했다. 손을 내밀었지만 나는 그의 손을 잡지 않았다. 그가 다시 말을 덧붙였다.

"공작님, 전 당신을 존경합니다. 이렇게 진술을 거부하는 것도 깊이 존경합니다. 하지만 공작님의 이 행동이 자신에게 얼마나 큰 해를 끼치는 줄 안다면. 감히 제가 말을 할 수 없지만 한마디만 한다면 공포스러운 일을 만드는 것입니다."

나는 어깨를 한 번 으쓱한 다음에 방에서 나갔다.

얼마의 시간이 흐르고 나서 다시 나를 마지막으로 심문하려고 불렀다. 문 앞에는 마슬로프스키 검사가 보였다. 나는 폴랴코프의 진술을 비웃을 준비를 하였다. 하지만 그는 문 앞에만 나타난 뒤 바로 노비츠키에게 나를 눈짓으로 보낸 뒤 사라져버렸다.

노비츠키가 앉아있는 책상에는 내가 쓴 편지가 놓여 있었다. 그 편지는 내가 연행되던 날 두 개의 패스포드와 함께 압수한 것이었다. 그것은 암호를 사용해서 만든 짧은 메모였다. "여기 두 개의 패스포가 있소, 이것을 가지고 ~을 하시오."라고 모스크바로 보낼 편지를 쓴 것이었다. 물론 나는 그것이 내가 쓴 것이라고 이야기했다.

"자, 이것은 2년 전에 쓴 당신의 메모입니다. 이것은 암호로 쓰여진 것이죠. 솔직히 이야기하건대 암호를 푸는 방식을 당신의 동료 중 한 명에게서 알아냈습니다 (그는 이 편지를 보이나랄스키한테서 찾아냈다. 그 편지는 모든 동료들의 걱정에도 불구하고 서클 회원이 아닌 보이나랄스키에게 전달된 것이었다. 그리고 보이나랄스키는 그것을 자신의 수첩에 옮겨 적었다. 이 암호로 쓰여진 편지들이 이미 제3국에 많이 있었다. 비록 우리의 암호가 아주 단순한 것이었지만 보이나랄스키가 잡히기 전까지 아무도 우리의 암호를 해독하지 못했다)."

"열쇠를 알고 있다면 뭣 때문에 내게 물어보는거요?"

"정말 솔직하게 이야기하는 겁니다. 우리는 알고 있습니다. 하지만 당신에게 물어보고 싶습니다."

"전혀 쓸데 없는 짓이요. 당신과 같이 현명한 사람이 그런 질문을 가지고 나를 귀찮게 할 필요가 없다는 것을 모른다는 것에 놀랄 뿐이요. 당신은 내가 어떤 힌트도 주지 않을 것이라는 것을 잘 알고 있지 않소."

"그렇소……. 이것이 암호를 해독한 결과요." 그가 중얼거렸다.

"난 그걸 읽을 생각도 없소. 메모는 내가 한 것이지만, 그 해석은 당신이 한 것이잖소. 만약 해석이 맞다고 생각하면 그렇게 생각하세요. 나하고는 상관 없는 일이니까."

"그렇소, 나도 미리 알고 있소, 하지만 일을 해야 합니다."

"승진하려고요? 그렇군요? 그럼 안녕히 가십시오." 내가 일어나자 마슬로프스키가 달려왔다. 아마도 문 밖에서 우리의 대화를 엿들은 것 같다.

"어떻게 되었소?"

"내가 이야기하지 않았습니까. 공작을 귀찮게 할 필요가 없다고. 그는 아무 것도 몰라요."

"오, 공작님!……" 그가 나를 복도로 배웅을 하면서 입을 떼었다.

"안녕히 가십시오." 나는 이야기를 하고 경호원들과 함께 그곳에서 나왔다.

그렇게 내 심문은 끝났다.

유치장에 있던 나는 1876년 3, 4월 마침내 제3국의 예심이 끝났다는 기별을 받았다. '사건'은 재판소로 넘어갔고 우리는 곧 재판을 받을 것이라고 했다.

수빈이라고 하는 재판관이 나를 찾았다. 나는 감옥에서 재판소로 연결된 내부 통로를 이용하여 갔다. 재판소에는 슈빈이라는 재판관과 서기가 앉아 있었다. 두꺼운 책들이 책상 위에 놓여 있었다.

나는 평생 동안 이 재판관 슈빈보다 더 기분 나쁜 사람을 본 적이 없다. 얼굴은 창백하였고, 음탕한 얼굴을 하고 있었다. 커다란 안경은 눈을 거의 가렸다. 입술은 가늘고 악의에 차 있었다. 머리카락은 무슨 색깔인지 알 수 없었고, 커다란 사각형 모양의 머리가 조그마한 몸 위에 얹어 있었다. 롬브로조*가 아마도 자신의 대리인을 이곳으로 보낸 것 같았다. 나는 무언가에 대해서 그와 이야기를 주고 받은 후 바로 그를 미워하게 되었다.

슈빈은 지금 예심은 끝났고 정식 재판으로 일이 넘어갔다고 내게 말했다. 그는 내게 불리한 모든 증거들을 내게 알려줘야만 하였다.

그것들은 얼마 되지 않았다.

공장 근로자인지 우리 써클의 회원인지 누군가가 내가 노동자들을 만나고 다녔으며, 혁명적인 내용을 강의를 하고 다녔다고 진술한 것 같다고 했다. 한 젊은이였는데 그 이름을 알려줄 필요는 없을 것이다. 왜냐하면 그는 그냥 수다를 떨다가 실수로 말을 했을 뿐이었다. 한번은 그를 노비츠키에게 데리고 왔다, —아마 노비츠키에게 데려갔을 것이다— 내가 노동자들을 가르쳤는지 물어보았다. 나는 어떠한 힌트도 주지 않겠다고 말했다. 그러자 방 안으로 얼굴이 하얗게 질려있는 젊은이

---

* Cesare Lombroso : 1835~1909, 19세기 이탈리아의 범죄학자, 법의학자, 범죄인류학자이다. 세계 최초로 범죄인의 성격을 연구하였다.

한 명을 들여 보냈다.

"난 당신을 몰라요. " 검사에게 한마디도 할 시간 없이 그가 문지방을 넘자마자 내가 단호하게 말했다.

젊은이는 너무 공포스러워했다.

"난 몰라요, 기억도 없어요……. 그런것 같아요……. 그들을 본 것 기억이 안 나요. "그가 중얼거렸다.

"난 당신을 몰라요., 한번도 본 적이 없습니다." 나는 그에게 소리를 쳤다. 그러자 그는 더 기겁을 하면서 놀랐다. 검사는 그가 자신이 한 말을 번복하려고한다는 것을 알고는 바로 그를 밖으로 내보냈다.

그런 장면은 2분을 넘기지 못했다.

그의 진술이 있었고, 그들은 강의를 듣고 있었는데 내가 그 강의에 자주 나타났다.

나중에 예고르의 증언이 있었다. 예고르는 다음의 두 방직공 주위를 하는 일 없이 왔다갔다하는 백수였다. 그는 내가 방직공들한테 자주 들렸으며 땅 없는 남자는 남자가 아니다 주주들한테서 땅을 빼앗아야 한다고 이야기했다고 했다. 그 다음에 두 명의 방직공의 두 번의 증언이 있었다. 그들은 내가 그들에게 온 힘을 다해서 차르를 죽여야 한다고 이야기했다고 했다. 예고르와 다른 사람(이름을 잊었다)은 스파이였다.

이것들은 모두 완전히 만들어낸 것이었다. 당시 우리는 차르에 대해서는 전혀 생각을 하지 않았다. 우리는 오직 농민반란에만 관심을 가졌다. 우리에게 중요한 것은 차르가 아니라 누가 땅을 소유하고 있느냐 하는 것이었다. 이 두 명의 방직공과는 나는 말을 섞은 기억이 없다. 나는 방세를 낼 8루블을 유용한 그들을 만나서 욕을 하였던 것이 다였다.

이러한 증언들을 듣고 나는 그것이 형사가 말한대로 쓴것임을 알았다. 무슨 목적인지 뻔한 것이었다.

"이런 증거는 25루블이면 금방 다 만들 수 있소. "내가 말했다.

"누가 그 사람들에게 돈을 지불한다는 거죠?" 슈빈이 쇳소리를 냈다.

나는 잠깐 동안 생각했다.

"당신이죠." 그의 악의에 찬 얼굴을 보면서 내가 말했다. 그리고 손가락으로 그를 가리켰다.

그는 악의에 차서 녹색을 변했다. 하얗게 되었다거나 노랗게 되었다거나가 아니다. 말 그대로 녹색이 되었다.

나는 나에게 나쁜 증언이 또 어떤 것들이 있는지 살펴보았다. 내가 손으로 직접 쓴 프로그램에 대한 보고서, 〈푸가초프주의자〉 말미에 쓴 것들. 그것도 내가 쓴 것이었다. 그리고 무엇때문에 동지들이 보관을 하고 있었던 암호 편지가 다 였다.

"더 이상 없소?"

"여기 또 있소." 서기가 종이가 가득 들어있는 두꺼운 사건 일지를 꺼냈다.

노동자들의 증언들이 있었다. 그들은 내가 차르에 대해서 욕을 한 것에 대한 기억이 없다고 했다.

그리고 사랑스러운 야코프 이바노비치의 증언이 있었다.

"그런 말 들은 바가 없소, 보로딘이 누구 누구(두 방직공)를 심하게 욕을 했다. 왜냐하면 집을 빌릴 돈을 유용했기 때문이다. 정확하게 기억한다. 심하게 욕을 했다. 돈을 함부로 쓰지 말라고."

"이게 다요?"

"그게 다요."

나는 펜을 들어서 첨부된 종이 위에 어떠한 증거도 재판에 낼 생각이 없다고 굵은 글씨로 썼다.

일 년이 흘렀다. 우리는 여전히 요새에 갇혀 있었다. 2년이 흘렀다. 몇몇 사람들은 요새에서 죽었고, 몇몇 사람은 미쳐버렸다. 하지만 재판에 대한 소식은 들리지 않았다.

두 번째 겨울이 끝나갈 무렵 내 건강은 완전히 쇠약해졌다. 이제 오크나무 의자도 무겁게 느껴졌고, 7베르스타도 끝없는 거리처럼 느껴졌다. 요새 안에는 60명이 갇혀 있었는데, 겨울에는 해가 짧아 산보가 3일에 한 번 15분간 허락되었다. 겨울의 5~6시간의 짧은 낮 시간 동안 20명을 산책시키기에도 힘들었다. 나는 체력을 유지하기 위해 최선을 다했으나 극한의 날씨는 건강을 위협했다. 시베리아 여행에서 얻은 경미한 괴혈병이 어둡고 습한 포대감방에서 도지고 말았다. 징역병에 걸린 것이다.

유치장은 프랑스와 벨기에의 감옥을 모델로 해서 최근에 지어진 4층 건물로 방마다 안뜰이 바라보이는 창문이 있었다. 문은 발코니 위에 있었는데, 각층의 발코니는 철제 계단으로 연결되어 있었다.

동지들에게 유치장으로의 이송은 큰 기쁨이었다. 활기찬 생활을 할 기회, 연락을 주고받을 기회, 친척과의 면회와 왕래의 기회가 요새보다 더 많았기 때문이다. 통방(通房)을 하루 종일 방해받지 않고 계속할 수 있었다. 나는 옆방 청년에게 이 방법으로 파리코뮌의 역사를 처음부터 끝까지 이야기해주었는데 일주일 동안 벽을 두드려야 했다.

내 건강은 요새에 있을 때보다 악화되었다. 나는 길이가 네 발걸음밖에 안 되는 좁은 감방이 답답해 견딜 수가 없었다. 스팀이 설치되자마자 얼음처럼 차가웠던 방은 견디기 힘들만큼 뜨거워졌다. 걷기운동을 하면 너무 자주 돌아서 몇 분 후에는 어지러웠고 높은 벽돌담장으로 둘러쳐진 뜰에서 10분간 운동을 해도 건강은 회복되지 않았다. 자신의 감옥에서 '괴혈병'이 발생했다는 말을 듣기 싫어한 담당의사는 병명을 입에 올리지도 않았다.

나는 음식을 차입 받았다. 어떤 변호사와 결혼한 친척이 재판소 가까이 살고 있었기 때문이다. 그러나 소화기관이 약해진 나는 하루에 계란 한두 개와 빵 몇 조각 외에는 아무것도 먹지 못했다. 체력이 급격히 떨어졌다. 내가 몇 달 못 살 것이라는 것이 중론이었다. 2층에 있는 나의 감방으로 가기 위해 계단을 오를 때도 두세 번 쉬지 않으면 안 되었다. 한번은 선임 경비병이 나를 동정하며 "불쌍한 사람 같으니. 아무래도 이번 여름을 날 수 없을 것 같소." 하고 말한 적이 있었다.

나의 친척들은 매우 놀랐다. 누이 엘레나는 병보석을 추진했으나 검찰관 슈빈은 냉소를 보내며 "열흘 내에 죽는다는 의사의 소견서를 가져오면 석방해주겠다."고 대답했다. 그는 누이가 의자 위에 쓰러져 흐느끼는 것을 흐뭇한 듯이 바라보았다. 그러나 누이는 이름난 내과의사인 페테르부르크의 국군병원장에게 진찰을 받아보게 해달라는 요구를 관철시켰다. 쾌활하며 총명하고 연로한 장군인 원장은 가장 정확한 방법으로 나를 진찰했다. 그는 특별한 질병은 없고, 단지 혈액에 산소가 부족하다는 진단을 내렸다.

그는 "당신의 몸이 원하는 것은 산소요." 하고 말했다. 그는 잠시 머뭇거리며 서 있더니, 단호하게 말했다. "말해봐야 소용없을지도 모르지만, 당신은 여기 있으면 안 되오. 병원으로 옮겨야 하오."

10일쯤 지나 나는 국군병원으로 옮겨졌다. 페테르부르크의 교외에 위치한 국군병원은 재판에 계류 중인 장교나 병사환자를 위한 작은 감옥이 있었다. 나의 동지 두 사람도 이 감옥으로 이송되어 있었는데 폐병으로 죽을 것이 거의 확실했다.

병원에 들어가자마자 나는 회복되기 시작했다. 나는 간수들 방에 인접한 1층의 넓은 방을 배당받았다. 방에는 남향의 큰 창문이 있었다. 창문으로는 작은 가로수 길과 길 건너편 넓은 공터에서 2백여 명의 목수들이 티푸스 환자를 수용할 목조건물을 짓고 있는 것이 보였다. 매일 밤 목수들은 한 시간 가량 합창을 했다. 합창은 큰 목수조합에서나 조직할 수 있는 규모였다. 초병들은 가로수 길을 오갔다. 초소는 내 방 맞은편에 있었다.

창문은 하루 종일 열려 있었다. 나는 그렇게 오랫동안 그리워하던 햇볕을 마음껏 쪼였고 건강은 빠른 속도로 호전되었다. 오히려 너무 빨리 좋아지고 있다고 생각할 정도였다. 나는 가벼운 음식은 소화시킬 수 있고, 체력도 생기자 다시 작업에 착수했다. 제2권을 완성할 길이 없다고 판단한 나는 원고를 고쳐 썼고, 그것이 제1권으로 출판되었다.

크로포트킨이 그린 군인병원 모습, 창문에 크로포트킨이 보인다.

요새에서 나는 병원감옥에 있었던 동지로부터 탈출하기 어렵지 않다는 얘기를 들은 적이 있었다. 그러나 와보니 탈출이 생각보다 훨씬 어려웠다. 내가 들은 것 보다 경계가 훨씬 삼엄했다. 문 앞의 길목에 초병이 서 있어서 나는 방을 나갈 수 없었다. 병원을 경비하는 장교와 사병이 가끔씩 들어와 별일이 없는지 확인했다.

동지들은 나를 탈출시키기 위해 여러 전략을 세웠는데 그중에는 아주 재미있는 것도 있었다. 예를 들면 내가 창문 철창을 쇠톱으로 잘라놓으면, 비 내리는 밤 가로수 길의 초소에서 초병들이 졸고 있는 동안 동지들 두 명이 초소를 넘어뜨려 그들을 독안에 든 쥐 꼴로 만든다. 그러는 동안 나는 창문에서 뛰어내린다.

그러나 뜻밖에 좋은 기회가 왔다. 어느 날 한 병사가 "산책을 신청할 수도 있다." 고 나에게 속삭였다. 나는 산책을 신청했다. 의사도 내 요구에 찬성해주었고, 나는 매일 오후 4시부터 한 시간씩 감옥의 뜰에서 산책할 수 있게 허가를 받았다. 나는 병원 환자가 입는 녹색 플란넬 가운을 입고 있었으나 부츠와 조끼와 바지는 산책시간에 맞추어 매일 배달되었다.

나는 그 첫 번째 산책을 결코 잊을 수 없다. 산책하러 나왔을 때 길이 300보, 폭 200보의 잔디 뜰이 눈앞에 펼쳐져 있었다. 나는 열려진 정문을 통해 거대한 병원 건물 맞은편의 길과 행인들을 볼 수 있었다. 현관 계단에서 병원 정문과 뜰을 보았을 때 나는 미동도 할 수 없었다.

뜰 끝에 길이가 150보 정도 되는 병원감옥이 있었고 모퉁이마다 초소가 있었다. 두 명의 초병이 빌딩 앞에 난 잔디 사이의 길을 터벅터벅 걸어 순찰하고 있었다. 나는 좁은 길을 따라 산보를 하겠다고 말했고 두 명의 초병이 계속 위아래에서 왔다 갔다 했으므로 그들과의 거리가 15보 이상 떨어지지 않았다. 현관에는 세 명의 초병이 서 있었다.

넓은 뜰 맞은편 끝에는 10여 대의 마차에서 연료용 땔감이 내려지고 그것은 다시 10여 명의 농민들에 의해 벽을 따라 쌓아졌다. 뜰 전체는 두꺼운 널빤지로 높은 담장이 둘러쳐져 있었다. 문은 마차가 출입할 수 있도록 열려 있었다.

열린 문은 나를 흥분시켰다. "문 쪽을 쳐다보면 안 된다."고 나는 자신에게 말했다. 그러나 나는 산보하는 내내 문 쪽을 바라보고 있었다. 나는 감방으로 돌아오자마자 동지들에게 이 좋은 소식을 알리는 편지를 썼다. "나는 암호를 쓸 수도 없을 정도로 흥분해 있네." 나는 떨리는 손으로 편지를 썼다. "자유가 다가왔다고 생각하니 열병이라도 걸린 것처럼 떨리네. 그들은 오늘 나를 뜰로 데리고 나갔다네. 문은 열려 있었고, 그 근처에는 초병도 없었네. 경계가 소홀한 틈을 타 내가 문으로 달려 나가면 초병들도 나를 잡을 수 없을 것이네." 나는 탈출 계획을 설명했다. "여성 한 사람을 무개마차에 태워 병원으로 보내게. 그녀가 내리고, 마차는 문에서 50보 정도 떨어진 곳에서 그녀를 기다리게. 4시경 내가 산보를 할 때 감옥 안의 상황이 좋으면 손을 모자에 얹어 신호를 보내겠네. 그때 거리가 안전하면 '좋다'는 신호를 보내게. 신호가 없으면 탈출하지 않겠네. 문을 넘어서면 잡히지 않아야 하니까. 신호는 빛이나 소리로 전해주게. 마부가 반짝이는 모자를 이용해 병원 본관 위에 태양광선을 반사시키든지, 거리가 안전하다는 뜻으로 노래를 — 그게 더 낫겠네

— 불러주게. 아니면 뜰에서 보이는 회색 방갈로 창문에서 신호를 보내주게. 간수들은 내가 커브를 돌 때 토끼를 쫓는 개처럼 추격할 것이며, 내가 직선거리로 들어섰을 때 그들과 나와의 거리는 약 5~10보일 것이네. 거리에서 내가 마차로 뛰어들면 전속력으로 달려야 하네. 간수가 총을 쏜다면……그것은 어쩔 수 없네. 그것은 우리 예상 밖의 일이니까. 어차피 감옥에 있어도 죽는 것은 마찬가지니 위험을 감수할 가치는 있다고 생각하네."

반대 의견도 있었지만, 결국 탈출 계획은 채택되었다. 작전은 우리 서클에서 맡기로 했는데, 나를 전혀 모르는 회원도 가장 사랑하는 친형제를 구출하는 마음으로 작전에 참여했다. 여러 가지 어려움 속에서 작전은 준비되었고 시간은 무섭게도 빨리 지나갔다. 밤늦게까지 열심히 일했음에도 불구하고 건강은 빠른 속도로 회복되었다. 처음 뜰로 산보를 나왔을 때 나는 작은 길을 거북이처럼 걸었으나 충분히 뛸 수 있을 만큼 건강해졌음을 느낄 수 있었다. 나는 산보를 금지당하지 않도록 여전히 거북이처럼 걸었으나 타고난 활동성은 순간순간 끊임없이 나를 배신하려 했다. 그 동안 나의 동지들은 작전에 참가할 사람들 20여 명, 믿을만한 말, 숙달된 마부를 구하고 예상치 못한 돌발사태에 대응하기 위해 철저하게 준비했다. 준비기간으로 한 달이 걸렸고, 나는 언제 다시 유치장으로 돌아갈지 몰랐다.

마침내 탈출할 날짜가 정해졌다. 날짜는 구력(舊曆) 6월 29일, 성 베드로와 성 바울의 날이었다. 동지들은 이 날의 탈출이 성공하기를 바라는 염원을 담았다. 그들은 "안의 상황은 좋다."는 나의 신호에 대해 빨간 풍선을 띄움으로써 "밖의 상황이 좋다."는 답신을 보내겠다고 알려왔다. 그런 다음 마차가 오고 길에 이상이 없음을 알리기 위하여 노래를 부르겠다고 했다.

29일 나는 뜰로 나갔다. 모자를 벗고 풍선이 오르기를 기다렸다. 그러나 풍선은 보이지 않았다. 30분이 지났다. 길에 마차가 달려오는 소리가 들렸다. 내가 모르는 노래를 부르는 남자 목소리가 들렸다. 그러나 풍선은 없었다.

시간은 지나가 버렸다. 나는 낙담하며 방으로 돌아왔다. "무언가 잘못된 것이 틀림없어." 하고 나는 중얼거렸다.

그날은 뜻밖의 일이 일어났었다. 평소 페테르부르크의 고스티느이 드보르 시장 근처에서 어린이들에게 풍선을 팔던 수백 명의 장사꾼들이 그날 아침에는 한 명도 없어 풍선을 구경도 할 수 없었다. 결국 한 어린아이가 가지고 있는 것을 발견했지만 낡아서 떠오르지 않았다. 동지들은 안경점에서 수소 만드는 기구를 사서 풍선에다 수소를 주입했지만 더욱 날지 않았다. 수소가 건조하지 않았던 것이다. 시간은 임박했다. 그래서 한 여성이 풍선을 매단 우산을 머리 위로 높이 치켜들고 높은 뜰 담을 따라 왔다 갔다 했다. 그러나 나는 아무것도 보지 못했다. 담이 너무 높았고 여성의 키는 너무 작았다.

풍선사고는 매우 다행스러운 일이었다. 산보시간이 끝났을 때 나타난 마차는 병원으로 땔감을 나르는 짐마차들 때문에 멈추어야 했다. 짐마차들의 말들이 무질서하게 몰려왔고 —어떤 것은 길 왼편으로, 어떤 것은 길 오른편으로 몰려왔다— 마차는 속도를 줄이고 그 사이를 천천히 통과해야 했다. 짐마차들이 길을 돌 때는 길이 완전히 가로막혔다. 내가 마차에 타고 있었다면, 우리는 틀림없이 붙잡혔을 것이다.

이제 모든 신호체계는 탈출 후 우리가 통과해야 할 길을 따라 설정되었다. 길에 장애물이 없으면 신호를 주기로 했다. 병원에서 2베르스타까지 동지들이 보초를 섰다. 한 동지는 손에 손수건을 들고 왔다 갔다 하면서 접근해오는 마차가 있으면 손수건을 호주머니에 넣었고, 또 다른 동지는 바위에 앉아 체리를 먹으면서 근처에 오는 마차를 막았다. 모든 신호는 길을 따라 마침내 마차에까지 전해졌다. 동지들은 내가 뜰에서 볼 수 있는 회색 방갈로까지 빌려서 창문을 열어놓고, 바이올리니스트는 길에 장애물이 없다는 신호로 바이올린을 연주했다.

날짜는 이튿날로 다시 정해졌다. 더이상 연기하는 것은 위험했다. 병원사람들에게 마차가 눈에 띄었고, 수상한 점이 당국의 귀에 들어간 것이 틀림없었다. 탈출하기 전날 밤 나는 순찰장교가 내 방의 창문 맞은편에 서 있는 초병에게 "실탄은 어디에 있나?" 하고 묻는 것을 들었다. 초병은 주섬주섬 탄통에서 실탄을 꺼내 장교

앞에 내밀었다. 장교는 초병을 꾸짖었다. "오늘 밤에는 코트주머니에 실탄 4발을 넣어두라고 지시했잖아." 장교는 초병이 실탄 4발을 주머니에 넣을 때까지 서 있었다. 장교는 "철저히 경계하라!"고 말하면서 떠났다.

동지들은 새로운 신호체계를 내게 알려야 했다. 다음 날 2시경 친척을 사칭한 한 여성*이 감옥으로 찾아와 나에게 시계를 전해달라고 요청했다. 모든 물건은 검찰관의 손을 거쳐야 했으나 이것은 박스가 아닌 그냥 시계였기 때문에 통과되었다. 시계 속에는 탈출의 모든 계획이 적힌 암호문이 들어 있었다. 나는 그것을 읽고 전율하였다. 실로 대담하기 짝이 없는 모험이었다. 정치적인 이유로 경찰에게 쫓기는 몸이었던 그 여성은 누군가 시계 뚜껑을 열어보았다면 현장에서 체포되었을 것이다. 나는 그녀가 조용히 감옥을 빠져나가 가로수 길을 따라 걸어가는 것을 바라보았다.

나는 평소처럼 4시에 뜰로 나왔고, 신호가 전해졌다. 그 다음 마차가 오는 소리가 들렸고, 몇 분 후 회색 방갈로의 바이올린 소리가 뜰까지 울려 퍼졌다. 그러나 나는 그때 건물 저쪽 끝에 있었다. 문에서 가장 가까운 곳 — 그곳에서 문까지는 100보 정도였다 — 으로 돌아왔을 때 간수는 바로 내 뒤에 있었다. "한 바퀴만 더 돌자." 하고 나는 생각했다. 그러나 맞은편 끝에 다다르기 전 바이올린 소리가 갑자기 그쳤다.

걱정하던 나는 15분 이상이 지나서야 바이올린 소리가 중단된 이유를 알았다. 짐을 잔뜩 실은 마차들 10여 대가 문으로 들어와 뜰 저편으로 이동했다.

마차가 문을 통과하자 즉시 바이올리니스트 — 매우 훌륭한 연주자였다 — 는 사람을 흥분시키는 콘츠키의 마주르카를 거칠게 연주하기 시작했다. 마치 "바로 지금이에요!" 하고 말하는 듯 했다. 나는 문에서 가장 가까운 곳으로 천천히 돌았다. 내가 그곳에 다다르기 전에 마주르카가 중단되지 않을까 두려워하면서.

그곳에 도착하여 돌아보니, 뒤에 있는 간수는 나와 5~6보 정도 떨어져 있었다.

---

* 이제 나는 이 여자가 누구인지 이야기르 할 수 있다. 이 여자는 내 형의 아내의 누이인 소피야 니콜라옙나 라브로바였다. 그녀는 러시아 혁명이 일어나기 두 달 전에 세상을 떠났다.—저자, 1917년.

그는 다른 곳을 바라보고 있었다. "지금이 아니면 기회는 없다." 이런 생각이 섬광처럼 머리를 스쳐지나갔다. 나는 녹색 플란넬 가운을 벗어던지며 뛰기 시작했다.

나는 여러 날 동안 이 어마어마하게 길고 거추장스러운 옷을 벗는 연습을 계속해 왔다. 가운은 너무 길어서 마치 여성들이 마차를 탈 때 하는 것처럼 왼손으로 아랫부분을 감아올려야 할 정도였다. 어떻게 해도 한번의 동작으로는 벗을 수 없었다. 겨드랑이 아래를 찢어 보았으나 도움이 되지 않았다. 그래서 나는 두 번의 동작으로 벗어던지기로 했다. 먼저 오른쪽 팔을 빼낸 다음 가운 아래를 들어 왼쪽으로 벗어던지는 것이었다.

나는 방에서 병사가 총을 다루듯 익숙해질 때까지 참을성 있게 연습했다. "하나, 둘" 하면 가운은 바닥에 떨어졌다.

나는 내 체력을 별로 믿지 않았다. 나는 힘을 아끼기 위해서 다소 천천히 뛰기 시작했다. 그러나 몇 걸음 옮기자마자 뜰 저편에서 장작을 쌓던 농민들이 소리치기 시작했다. "도망친다! 서라! 저놈 잡아라!" 그들은 나를 붙잡기 위해 문으로 달려왔다. 나는 있는 힘껏 달렸다. 달리는 것 외에는 아무것도 생각나지 않았다. 심지어 문에 마차들이 파놓은 구덩이가 있다는 사실도 몰랐다. 달려라! 달려! 전속력으로!

회색 방갈로에서 그 장면을 목격한 동지들이 나중에 해준 말에 의하면 간수가 나를 뒤쫓았고, 곧이어 현관 계단에 앉아있던 3명의 초병이 뛰어왔다고 한다. 간수는 내 뒤에 바짝 따라붙었다. 내가 거의 붙잡힐 것이라고 동지들이 생각할 정도였다. 간수는 소총을 휘둘렀고, 총검으로 내 등을 찌르려 했다. 한순간 동지들은 내가 총검에 찔렸다고 생각했다고 한다. 간수는 나를 붙잡을 수 있다고 과신한 나머지 총을 쏘지는 않았다. 그러나 나는 거리를 유지했고, 그는 문에서 추격을 포기했다.

문을 무사히 빠져나온 나는 마차에 군모를 쓴 사람이 타고 있는 것을 보고 가슴이 덜컥 내려앉았다. 사나이는 나에게 얼굴도 돌리지 않았다. "당했구나." 하고 나는 생각했다. 동지들은 마지막 편지에서 이렇게 썼다. "일단 길에 나오면 절대로 탈출을 포기해선 안 된다. 필요한 경우에는 자네를 엄호할 동지가 있을 것이다."

나는 마차가 적에게 탈취되었다면 뛰어오르지 않으려고 했다. 그러나 내가 마차에 가까이 접근해서 보니 갈색 구레나룻을 기른 것이 내 친구처럼 보였다. 그 친구는 우리 서클에는 가입하지는 않았지만 우리와 절친한 사이였다. 동지들이 위험에 처했을 때 그가 어떻게 헤라클레스 같은 힘으로 대담하게 행동했는지에 대해 나는 몇 번 들은 적이 있었다. "그가 대기하기로 한 걸까? 그럴까?" 하고 생각했다. 나는 무심결에 하마터면 그의 이름을 부르려다가 그의 주의를 끌기 위해 달리면서 박수를 쳤다. 얼굴을 돌린 그는 내 친구였다.*

"뛰어오르게! 빨리 빨리!" 하고 나를 부르며 무서운 목소리로 소리쳤다. 그리고는 권총을 마부에게 겨누며 "전속력으로! 전속력으로! 안 그러면 죽여 버릴 거야!" 하고 소리쳤다. 이번 작전을 목적으로 산 아름다운 경주마는 전속력으로 달리기 시작했다. 20여명이 쫓아오며 "저놈 잡아라! 저놈 잡아라!" 하고 뒤에서 소리를 질렀다. 그동안 친구는 좋은 오버코트와 오페라 모자를 나에게 입혀주었다. 그러나 진짜로 위험한 것은 추격자들이 아니라 마차가 대기하고 있던 지점 맞은편 병원 정문에 근무하던 보초병이었다. 보초병은 몇 발자국만 뛰어오면 내가 마차에 올라타는 것을 막거나 진로를 가로막을 수 있는 위치에 있었다. 한 동지가 초병의 주의를 분산시킬 목적으로 그에게 말을 걸었다. 동지는 훌륭하게 역할을 수행해냈다. 한때 병원 실험실에 근무한 적이 있는 초병에게 동지는 과학적인 소재, 현미경과 현미경으로 본 것들에 대해 잡담을 했다. 그는 사람 몸에 있는 기생충에 대해 초병에게 물었다. "그 기생충 꼬리가 참 길다는 것을 아시오?" "꼬리가 있다고요?" "그럼. 있지. 현미경으로 보면 이렇게 크게 보이는데?" "그런 얘기 그만 하시오!" 하며 초병은 이렇게 반박했다. "그건 내가 잘 압니다. 내가 현미경으로 맨 처음 관찰한 것이 그 기생충이었어요." 마차가 그 옆을 지나가고 내가 마차로 뛰어오를 때까지 활발한 토론은 계속되고 있었다. 꾸며낸 이야기 같겠지만 그것은 사실이다.

---

* 그는 터키전쟁때 야전병원에서 냉정함을 잃지 않았던 오레스트 베이마르 박사였다. 그는 1880년 카라로 유배당한 뒤 강제노역에 의한 폐병으로 사망했다—저자.

나를 뒤쫓느라 아무도 없는, 장작을 쌓아놓은 뜰 담을 지난 마차는 좁은 길로 급회전했다. 회전의 각도가 너무 커서 마차는 전복될 뻔 했고, 나는 바깥으로 튕겨져 나갈 뻔했다. 친구는 나를 안쪽으로 잡아당겨주었다.

좁은 길을 달린 마차는 왼편으로 꺾었다. 공관건물 현관 앞에서 근무를 서던 헌병 두 명이 군모를 쓴 내 친구에게 경례를 붙였다. "침착! 침착!" 하고 아직도 몹시 흥분해 있는 친구에게 나는 말했다. "일이 잘 되가는군. 헌병이 우리에게 경례를 하다니!" 그러자 마부가 나를 돌아보았다. 행복하게 웃고 있는 그 역시 나의 친구인 것을 알았다.

전력질주하는 우리는 곳곳에서 윙크를 하거나 탈출 성공을 축하하는 동지들을 볼 수 있었다. 네프스키 대로로 진입한 우리는 옆길로 빠져 어느 문 앞에서 내렸고, 마부는 돌아갔다. 나는 계단을 급히 올라가 2층에서 몹시 걱정하며 나를 기다리는 이복 누나의 품에 안겼다. 그녀는 울음과 웃음이 뒤섞인 얼굴로 빨리 옷을 갈아입고 면도를 하라고 했다. 10분 후 친구와 나는 집에서 나와 역마차를 탔다.

그러는 동안 병원감옥의 경비교도들은 역마차를 타고 추격하려고 했다. 그러나 반경 1베르스타 이내에 역마차는 한 대도 없었다. 모든 역마차를 나의 동지들이 빌려 타고 가버렸던 것이다. 웅성웅성 모여 있던 군중들 틈에 영리한 한 노파가 있었다. 노파는 "멍청한 사람들 같으니." 하고 중얼거리더니 "틀림없이 큰길로 갔을 테니 큰길로 똑바로 난 지름길로 가면 붙잡을 수 있을 거야." 노파의 말이 옳다고 판단한 장교는 옆에 서 있던 철도마차에 올라와서 말을 빌려달라고 요구했다. 그러나 사람들이 완강하게 거절해 장교들도 어찌할 수 없었다.

회색 방갈로에 있었던 바이올리니스트와 시계를 건네준 여성은 군중 속에서 노파가 충고하는 것을 듣고 있었다.

그날 오후는 날씨가 쾌청했다. 우리는 페테르부르크의 귀족들이 맑은 봄날 일몰을 보러 가곤 하는 섬으로 마차를 몰았다. 그리고 교외의 이발소에서 면도를 했다. 면도로 얼굴 모습이 다소 변했지만 알아보지 못할 정도는 아니었다. 우리는 정처 없이 섬을 왔다 갔다 했다. 밤늦게까지는 페테르부르크로 들어가면 안 된다고 했기 때문에 우리는 어디로 가야 할지 몰랐다. "그동안 뭘 하지?" 하고 나는 친구에게 물었다. 그는 곰곰이 생각하더니 갑자기 "도논으로 갑시다!" 하고 마부에게 소리쳤다. 도논은 페테르부르크 일류 레스토랑이었다. "아무도 도논에 자네가 있다고 생각하지는 못할 거야." 하고 그는 낮은 목소리로 말했다. "다른 곳은 모두 찾아다닐 테지만 그곳은 안심이네. 그곳에서 저녁을 먹고 술도 한잔하면서 탈출 성공을 축하하세."

그런 이성적인 제안에 내가 무슨 이견을 달겠는가? 우리는 도논으로 갔고, 손님들로 가득찬, 불빛이 휘황한 홀을 지나 시간이 될 때까지 룸에서 저녁시간을 보냈다. 우리가 맨 처음 들렀던 집은 우리가 떠난 지 두 시간도 안 돼 수색을 당했다. 동지들의 집들도 마찬가지였다. 그러나 아무도 도논은 생각하지 못했다.

이틀 후 나는 나를 위해 마련된 집으로 들어갔다. 그 집은 가짜 신분증으로 빌린 집이었다. 나를 그곳에 데려다 주기로 되어 있던 여성 동지가 위험이 없는지 먼저 방문해보았다. 그곳에는 스파이들이 들끓고 있었기 때문이다. 너무 많은 친구들이 나의 안부를 묻기 위해 방문하는 바람에 경찰의 의심을 산 것이었다. 게다가 제3국에 의해 제작된 나의 몽타주 수백 장이 경찰과 스파이들에게 배포되었다. 나를 본 적이 있는 형사들은 거리에서 나를 찾았고, 나를 본 적이 없는 형사들은 감옥에서 나를 본 경비교도들과 함께 다녔다. 황제는 백주대낮에 탈주사건이 발생한 것에 대해 매우 분노했고, "반드시 찾아내라."고 명령했다.

페테르부르크에 머물러 있는 것은 불가능했으므로 나는 교외에 은신해 있었다. 10여 명의 동지들과 함께 매년 그맘때 페테르부르크 사람들이 소풍을 자주 오는 마을에 머물러 있었다. 그러나 곧 외국으로 가야 한다고 결정이 났다. 우리는 외국신문을 보고 발트 해 연안과 핀란드로 가는, 국경 근처의 모든 기차역과 선로에는 나의 얼굴을 아는 형사들의 경비가 삼엄하다는 사실을 알았다. 나는 그들이 가장 예상하지 않는 방향으로 탈출하기로 결정했다. 나는 동지의 여권을 가지고, 한 명의 동지와 함께 핀란드를 지나 보스니아만 북부의 외딴 항구로 갔고, 그곳에서 스웨덴으로 건너갔다.

증기선이 출발하기 직전 국경까지 동행한 동지가 페테르부르크의 소식을 전해 주었다. 그는 그 소식을 그 전에는 나에게 알려주지 않기로 동지들과 약속했었다. 누이 엘레나 뿐만 아니라, 형과 형수가 시베리아로 떠난 지 한 달 후 감옥으로 면회 를 왔던 형의 처제도 체포되었다는 소식이었다.

누이는 내가 탈출을 준비하는 것에 대해 아무것도 모르고 있었다. 내가 탈출하 고 난 후 한 동지가 그녀에게 달려가 이 기쁜 소식을 전해주었을 뿐이다. 그녀는 아 무 것도 몰랐다고 항의했지만 아무 소용이 없었다. 그녀는 어린 아이들과 헤어져 서 2주일간 갇혀 있어야 했다. 형의 처제는 모종의 계획이 있다는 것을 막연하게 알고 있었지만 탈출 준비작업에는 조금도 간여하지 않았다. 공공연히 면회를 오는 사람들이 이런 일에 관련되지 않는다는 상식은 당국도 잘 알고 있었다. 그럼에도 불구하고 그녀는 2개월 동안 감옥에 갇혀 있었다. 그녀의 석방을 위해 온갖 노력을 다하던 유명한 변호사 남편은 "그녀가 탈주와 아무런 관련이 없었다는 걸 우리도 잘 알고 있소. 그러나 우리는 사건 당일 탈주에 관여한 사람을 발견해 체포했다고 보고해버렸소. 그녀가 진짜 범인이 아니라는 것을 황제가 받아들일 수 있도록 준 비하는 하는 데는 시간이 좀 걸릴 것이오."라고 헌병사관이 말하는 것을 들었다.

나는 아무 곳에도 머물지 않고 곧장 스웨덴을 지나 크리스차이나*로 갔다. 그곳 에서 며칠동안 헐(Hull)로 가는 증기선을 기다리면서 나는 노르웨이의 농민당에 대 한 자료를 수집했다. 나는 걱정스러운 마음으로 증기선을 탔다. "어느 나라 증기선 일까? 노르웨이? 독일? 영국?" 나는 선미에 유니언 잭(영국 국기)이 펄럭이는 것을 보았다. 이 깃발 아래서 러시아, 이탈리아, 프랑스, 헝가리 등 많은 망명객들이 피 신처를 찾았다. 나는 가슴 속 깊이 깃발에 감사했다.

---

* 지금의 오슬로.

서유럽

01
에든버러와 런던-〈Nature〉와 〈Times〉에 기고-스위스행

영국 해안에 다다랐을 때 북해에는 성난 폭풍이 몰아쳤다. 그러나 나는 즐거운 마음으로 폭풍을 맞았다. 나는 거센 파도와 싸우는 기선을 갑판에 앉아 몇 시간 동안 즐겁게 바라보았다. 포말이 나의 얼굴을 때렸다. 2년 동안 어두운 포대감옥에 갇혀 있던 나의 모든 세포조직이 약동하는 생명력을 강하게 탐미하는 것 같았다.

우리가 탄 배는 하얀 거품과 물을 갑판위로 튕겨대는 거대한 파도 속에서 미쳐 날뛰었다. 나는 닻줄이 놓여 있는 선수에 두세 명의 영국 아가씨들과 함께 앉아서 파도를 갈라 놓는 바람을 즐기며 감옥 안에서의 오랜 공포 후에 다시 돌아온 삶을 만끽하고 있었다.

나는 몇 주 혹은 몇 달만 외국에 머무를 예정이었다. 그 시간이면 탈옥사건의 여파가 가라앉고 건강도 회복할 수 있을 것이라 생각했다. 러시아를 떠날 때 사용한 레바소프라는 이름으로 나는 영국에 무사히 도착했다. 나는 러시아대사관의 스파이들이 추적해올 가능성이 있는 런던을 피해 에든버러로 갔다.

하지만 나는 더이상 러시아로 돌아가지 못하게 되었다. 나는 당시 서유럽에서 일어난 사회주의 아나키스트운동에 관여하기 시작했던 것이다. 나는 러시아보다는 이곳에서 이 운동을 돕는 것이 러시아가 적절한 운동노선을 모색하는 데 더욱 효과적일 것이라고 생각했다. 러시아에서 선전활동을 하기에는 나의 얼굴이 노동자와 농민 사이에 너무 잘 알려져 있었다. 그리고 러시아의 운동은 전제정치의 대표자에 대한 음모와 무장투쟁으로 변해 대중운동에 대한 생각은 폐기되었다. 반면나는 점점 더 노동대중과 운명을 같이 해야 한다는 방향으로 이끌렸다. 노동대중에게 모든 노동자의 이익을 위해 노력해야 한다는 사상을 전파하는 것, 도래할 사회혁명에서 지켜져야 할 원칙과 개념을 심화 확대시키는 것, 이상과 원칙을 지도자가 명령하는 것이 아니라 노동대중이 결정함으로써 자신의 것으로 만드는 것, 새롭고 평등한 사회의 건설자로서 역사의 전면에 나서기를 요구하는 시대적 요청에 부응하여 노동대중들이 자신의 선도성을 깨닫는 것은 내가 당시 러시아에서 해야 하는 일 못지않게 인류의 진보를 위해 필요한 일이라고 생각되었다.

나는 서유럽에서 활동하는 동지들에게 합류해, 오랫동안 힘겨운 투쟁을 벌여 지친 사람들의 힘을 덜어주었다.

나는 외국에서 활동을 하고 있는 러시아인들의 시각에 동의를 할 수 없었다. 러시아 동지들은 내가 러시아를 배반하고 서유럽 내에서의 활동에 힘을 쏟고 있다고 생각하기도 했다. 사실 나는 그 반대로 생각했다. 서유럽을 위하여 활동을 하는 것이 러시아에서 내가 활동하는 것 보도 더 의미 있는 활동이라고 생각했다. 러시아에서 일어나는 모든 운동은 유럽의 영향을 받아서 생긴 것이다. 유럽에서의 활동과 사상이 그대로 전수되고 있다. 페트라세프스키는 푸리에주의자이고, 체르니세프스키는 푸리에주의와 생시몽주의의 추종자이다. 1870년대와 현재의 운동은 인터내셔널, 코뮌, 유럽 바쿠닌주의, 마르크시즘의 계승자들의 운동이다.

만약 내게 이미 존재하고 있는 튼튼한 당을 도와주는 일을 하게 했다면 아마도나는 그렇게 하지 않았을 것이다. 나는 그곳에서 나와서 무언가 새로운 것을 찾았을 것이다. 하지만 1878~1879년은 1873~1876년의 러시아에서의 우리의 운동이쇠퇴하고 새로운 운동, 보다 혁명적인 특성을 가진 운동이 생길 시점이었다. 쥐라연합은 유럽에 남아있는 유일한 아나키즘의 보루였으며, 새로운 운동이 시작되었다. 우리 서클의 함께 일하던 친구들은 나 혼자와 몇몇 노동자들만 남게 되었다. 나는 그들과 함께 모든 일을 이삼 년 동안 해야만 했다. 이것에 대해서는 나중에 이야기를 하도록 하자.

어쨌든 중요한 것은 나는 러시아에서 내가 할 수 있는 일을 찾을 수 없었다. 1876년에 내가 탈출을 하였을 때 우리 서클에는 남아 있는 사람이 거의 없었기에 혁명을 위해서 아무 것도 할 수 없었다. 활동적인 사람들은 모두 감옥들에 갇혀 있었다. 감옥에서 탈출하여서 페테르부르크의 교외에 약 일주일간 머물렀을 때 몇몇 옛 동지들을 볼 수 있었지만 그들은 한결같이 슬픈 표정에 할 일을 찾지 못하고 있었다. 그런 상황에서 내가 무엇을 할 수 있었을까?

민중들에게 보낼 수 있는 사람이 더 이상 없었다. 갈 수 있는 사람들은 다 갔고 다 잡혀갔다. 평화적인 시위는 불가능하였다. 전투상태에서 해야만 했다. 하지만 젊은이들은 그것을 원하지 않았다. 나중에 자술리치 저격 사건*과 오데사에서의 자코뱅당의 무력 충력 그리고 몇몇 젊은이들에 대한 교수형은 테러를 하도록 부추겼다. 이들은 이제 농민봉기에 관심을 가지면서도 차르에대한 정치적인 테러에 대한 생각만을 하였다. 나는 혁명적 선전활동은 농민들 사이에서 농민봉기를 준비하는 형식으로 이루어져야 된다고 생각했다. 차르와의 투쟁이 불필요하다고 생각하는 것은 아니었다. 다만 그것이 전체 혁명의 일환으로 진행되어야 한다는 것이다. 하지만 현재 그것은 혁명당의 몇 명에게만 국한된 것이었다.

개인적으로 나는 차르를 성공적으로 암살하였다고 하더라도 직접적인 결과, 즉 정치적인 자유가 바로 나올 것이라고 생각하지 않는다. 파생적인 결과물은 전제정치를 파괴하고 전투의욕을 발전시킨다는 것을 나는 잘 알고 있다. 하지만 테러투쟁을 전격적으로 찬성하기 위해서는 직접적인 결과의 크기를 믿어야 한다. 하지만 나는 지금까지도 전제정치에 대한 테러투쟁의 이러한 결과를 믿지 못한다. 이러한

---

* 1877년 사회주의자인 베라 자술리치(1849~1919)는 페테르부르크 경찰국장 트레포프 총감의 전횡에 항거하는 의미로 그를 저격하여 중상을 입힌다.

투쟁이 농민의 적들에 대한 무력 투쟁으로 확장되고 민중과 노동자가 봉기를 하게 된다고 믿지 못한다. 하지만 이러한 류의 선전활동에 대해서 〈토지와 권리〉에 이야기를 했지만 코발리크와 보이나랄스키 등 서너 명을 제외하고 모든 사람들이 이 일을 하지 않으려고 했으며 실행위원회와 그 협력자들은 이러한 선전활동이 해로운 것이라고 했다. 이들은 자유주의자들이 용기있는 행동을 하도록 해서, 차르가 민주적인 헌법을 만들게 하려고 했으며, 토지 획득을 위한 암살, 방화 등의 민중들의 여러가지 행동들은 자유주의자들을 놀라게 해서 그들이 혁명당으로부터 떨어지게 만들 뿐이라고 생각했다.

지금도 여전히 그런 식이었다. 나도 어려운 시기를 보냈고, 가족들도 어려운 시기였다. 러시아로 가서 선동가인것을 숨기고 비밀리에 혁명적인 선동을 한다는 것은 어려운 일이었다. 그리고 지금(1899~1900)도 만약 나를 필요로 하는 곳이 있다면 나는 쏟아지는 포탄 속으로 들어가겠다. 나는 이것에 대해서 자주 생각을 하였고, 그 생각의 결과였다. 하지만 러시아에서 나를 필요로 하는 사람은 아무도 없었다. 내가 만약 지금 러시아로 돌아간다면 누군가가 하던 일을 하게 될 것이다. 그리고 내 주위에는 전혀 모르는 사람들만을 느끼게 될 것이다. 내가 지금까지도 러시아를 위한 잡지를 발행하지 않는 것이 바로 이런 이유에서 였다.

나는 현재도(1899년 여름) 러시아에서는 그 상황을 벗어나기 위해서는 농민의 봉기가 반드시 필요하다고 절실하게 믿고 있다. 하지만 지금도 25년 전과 마찬가지로 젊은 인텔리겐챠들은 나와 같은 생각을 하고 있는 사람들이 없다. 지금 현제 모든 시선은 러시아에서 그 성공이 지나치게 부풀려진 독일의 사회민주당에 가 있다. 만약 이탈리아에서 1789~1793년의 프랑스 혁명과 같은 전국 단위의 혁명을 만들어낸 민중봉기가 시작되었다면, 또는 만약 프랑스에서 다시 한번 민중봉기가 일어나서 전체 프랑스에 코뮌을 을 만들고 재산몰수 등이 있었다면 러시아의 상황은 아마 달라졌을 것이다. 그랬다면 아마도 우리 러시아의 젊은이들은 농민봉기의 의미를 다시 한번 되새기고 러시아에서의 그런 봉기를 준비하려고 매진했을 것이다.

헐을 경유해 에든버러로 출발을 하면서 나는 영국에 무사히 도착했음을 러시아의 동지들과 쥐라연합에 알렸다. 사회주의자는 반드시 자신이 직접 노동하여 생계를 유지해야 했고, 나는 교외에 있는 스코틀랜드 식 건물의 작은 방을 구하자마자 일을 찾아 나섰다.

내가 타고 온 기선의 승객 중에 노르웨이의 교수가 있었다. 나는 옛날에 배워서 조금 아는 스웨덴어로 말을 걸었다. 그는 독일어로 이렇게 말했다. "노르웨이어를 할줄 아시면, 나도 배우려던 참이니, 그걸로 대화하시지요."

"스웨덴어 말씀하시는 거 아닌가요? 제가 한 말이 스웨덴어 맞지요?" 하고 나는 당황해서 물었다.

"저는 노르웨이어가 더 나을 것 같습니다. 저는 스웨덴어를 전혀 못 합니다." 하고 그는 대답했다.

줄 베른 소설에 등장하는 인물이 스페인어 대신 포르투갈어를 배운 것 같은 일이 나에게 일어났다. 어쨌든 나는 그와 노르웨이어로 많은 대화를 나누었고, 그는 나에게 크리스차니아에서 발행된 신문을 한 부 주었다. 신문에는 방금 돌아온 노르웨이 북대서양 심해 탐험에 대한 기사가 실려 있었다.

나는 에든버러에 도착하자마자 이 탐험에 관한 글을 영문으로 써서 〈네이처(Nature)〉지에 보냈다. 그 잡지는 창간호부터 형과 내가 페테르부르크에서 정기구독해왔던 잡지였다. 편집차장은 글에 대한 감사의 편지를 보내왔다. 그러면서 매우 정중하게 나의 영어는 매우 훌륭하지만 '조금만 더 관용적'이길 요구했다. 그것은 내가 영국에서 종종 들었던 말이었다. 나는 러시아에서 영어를 배웠고 형과 함께 페이지의 『지질학의 철학』과 스펜서의 『생물학의 원리』를 번역한 적도 있었으나 책으로만 공부해서 발음이 매우 좋지 않았다. 그래서 스코틀랜드 출신인 집주인 아주머니에게 내 말을 이해시키는 데 나는 많은 어려움을 겪었다. 그녀의 딸과는 말하고자 하는 바를 종이에 써서 대화를 나누곤 했다. 관용어에 대한 개념이 없는 나는 아주 재미있는 실수를 저지르곤 했다. 한번은 내가 티타임을 갖자는 뜻으로

'cup of tea'라고 써서 주었는데 너무 많은 차를 가져다주어 당황한 적도 있었다. 나는 집주인이 나를 남의 차나 탐을 내는 동화 속 욕심장이로 취급할까봐 내가 읽은 영문 지질학 책이나 스펜서의 생물학에는 영국의 차 마시는 관습에 대해서는 아무것도 씌어 있지 않았다고 말해주었다.

나는 〈러시아 지리학협회 회보〉의 정기구독을 신청하였고 러시아의 지리탐사에 관한 글을 〈타임〉지에 써 보내곤 했다. 당시 프르제발스키*는 중앙아시아에 있었고, 그의 탐사과정에 대한 나의 기사는 영국에서 많은 관심을 불러일으켰다.

가지고 온 돈은 다 떨어져갔지만 러시아로 보내는 편지는 모두 도중에서 차단되기 때문에 주소를 친척들에게 알려줄 수도 없었다. 나는 몇 주 후에 런던으로 떠났다. 그곳에서 고정적인 일자리를 구할 수 있으리라고 생각했기 때문이었다. 노망명객 라브로프는 런던에서 신문 〈전진〉을 계속 발행하고 있었으나 곧 러시아로 돌아갈 예정이었던 나는 스파이들이 엄중 감시하고 있는 신문사로 찾아갈 수는 없었다.

나는 자연스럽게 〈네이처〉지를 찾아갔고, 그곳에서 편집차장 스코트 켈티 씨에게 극진한 대접을 받았다. 그는 단신 난을 확장하고 싶어 했고, 내가 그 일을 하기에 적합하다고 판단했다. 그래서 사무실에 내 책상이 마련되었고 여러 언어로 쓰인 과학평론들이 책상 위에 쌓였다. "매주 월요일에 와주십시오, 레바소프 씨." 하고 그는 말했다. "이 평론들을 훑어보시고 주목할만한 가치가 있는 것이 있으면 기사를 써주시면 됩니다. 전문가에게 청탁을 해야 될 것은 표시를 해주시면 되고요." 켈티 씨는 내가 영어로 쓴 것을 그에게 주기 전에 서너번씩 고친다는 사실을 몰랐다. 나는 과학평론들을 집으로 가지고 와 〈네이처〉에 단신을 쓰거나 〈타임〉지에 기고하면서 제법 생계를 유지할 수 있었다. 매주 목요일에 원고료를 지급해주는 〈타임〉지의 주급제도는 좋은 제도였다. 프르제발스키나 러시아에서 흥미로운 소식이 없는 주에는 원고료로 겨우 빵과 차를 살 수 있었다.

어느 날 켈티 씨가 몇 권의 러시아 책을 가지고 와서 서평을 써달라고 부탁했다.

---

* Nikolai Prudjevalski:1839~1888, 러시아의 탐험가, 자연주의자. 러시아 학술원 회원.

그 책은 놀랍게도 '빙하기'와 '아시아의 산악지(山岳 誌)'에 관한 나의 저서였다. 형이 우리가 애독하던 〈네이처〉에 이 책들을 보냈던 것이다. 나는 매우 당혹스러웠고, 집에서 이 문제에 대해 생각해보기 위해 책을 가방에 넣었다. "어떻게 하지? 내 책을 칭찬할 수도 없고 책과 같은 의견을 가진 내가 저자에 대해 혹평할 수도 없으니." 다음 날 책을 돌려보낸 나는 켈티 씨에게 사정을 설명했다. 레바소프라는 이름으로 나를 소개했지만 사실은 내가 이 책의 저자이므로 서평을 쓸 수 없다고 말했다.

『빙하기』 책 표지

신문을 통해 크로포트킨이 탈출했다는 사실을 알고 있었던 켈티 씨는 이 망명객이 무사히 영국에 있음을 매우 기뻐했다. 서평 문제에 대해서는 혹평하거나 칭찬할 필요 없이 그냥 독자들에게 그 책에 대해 간단히 설명해주면 된다고 했다. 그날 이후 그와의 우정은 더욱 돈독해졌다.

1876년 11월 혹은 12월, 라브로프가 발행하는 신문 〈전진〉의 편지란에 러시아에서 온 편지를 수취하러 'K'는 편집국으로 오라는 글을 본 나는 편지가 틀림없이 나에게 온 것이라고 생각했다. 신문사를 방문한 나는 발행인과 직원들과 곧 절친한 사이가 되었다.

처음으로 신문사를 방문했을 때 — 나는 수염을 깎고 모자를 쓰고 있었다 — 나는 문을 열어 준 여성에게 "라브로프 씨 계십니까?" 하고 유창한 영어로 물어보았다. 나는 이름을 밝히지 않은 한 아무도 나를 모를 것이라고 생각했다. 그러나 취리히에서 형과 잘 알고 지낸 그 여성은 대번에 나를 알아보았고, 라브로프에게 누가 찾아왔는지를 알리기 위해 2층으로 뛰어올라갔다. "저는 금방 알 수 있었어요." 하고 그녀는 나중에 말하였다. "눈이 형과 아주 닮았거든요."

나는 영국에 오래 있지 않았다. 쥐라연합의 친구인 제임스 기욤과 자주 연락을 취하던 나는 스위스에서도 안정적인 지리학 관련 직장을 구할 수 있다고 판단했다. 그리고 곧바로 스위스로 갔다. 최근 집에서 받은 편지에 의하면 러시아에서도 이렇다 할 일자리를 구할 수 없다 하니 차라리 외국에 있는 것이 낫겠다고 생각했다. 당시에는 투르크의 억압에 저항한 슬라브운동이 전국을 휩쓸고 있었다. 나의 친구 세르게이와 켈니츠 등은 그 반란에 결합하기 위해 발칸 반도로 갔다. 그들은 불가리아 참사에 관한 〈데일리 뉴스〉의 기사를 읽고 눈물을 흘렸으며 발칸의 반란군과 간호사로 갈 것이라고 편지를 보내왔다.

나는 스위스에서 인터내셔널 산하 쥐라연합에 가입했다. 그리고 스위스 친구들의 권고에 따라 라쇼드퐁에 자리를 잡았다.

02
인터내셔널과 독일 사회민주당
– 프랑스, 스페인, 이탈리아에서의 인터내셔널의 발전

쥐라연합은 사회주의의 근대적 발전에 중요한 역할을 했다. 어떤 목표를 가진 하나의 정치정당이 건설된 후 만족할만한 목표달성이 어렵다는 이유로 두 분파로 갈라지는 경우가 흔히 발생한다. 한 일파는 그대로지만 다른 일파는 이전의 목표를 한마디도 바꾸지 않는다고 하면서도 개량적인 안을 제시하고, 조금씩 타협을 거듭함에 따라 정당은 애초의 목적과는 동떨어진 집단이 되고 마는 것이다.

이러한 분열이 인터내셔널에서도 일어났다. 토지나 자본 등 모든 생산수단의 소유권을 현재의 소유주에게서 빼앗아 생산자에게 이전시키는 것이 연합의 애초의 목표였다. 만국의 노동자들에게 자본주의를 반대해 직접 투쟁하는 조직을 건설하자고, 부의 생산과 소비를 사회화하는 방법을 강구자하고 호소했다. 생산수단을 장악하고 현재의 정치조직과 무관하게 생산을 통제하기 위해서는 완벽한 사회 재건이 이루어져야 한다고 주장했다. 따라서 연합은 먼저 인간의 마음에서, 그 다음에는 생활양식의 형태에 거대한 혁명을 준비하는 기관이 되어야 한다. 그 혁명은 광범위한 연대를 기반으로 인류에게 새로운 시대를 여는 것이었다. 그러기 위해서는 잠들어 있는 수백만 명의 유럽 노동자를 일깨우고 최고의 지적인 세력들을 협회에 끌어들이는 것이 급선무였다.

그러나 두 개의 분파가 생겼다. 1870년의 전쟁(프로이센-프랑스전쟁)에서 프랑스가 완전히 패배하고 파리코뮌의 봉기가 진압되고 프랑스의 노동자가 인터내셔널에 가담하는 것을 금지한 드레코니언 법이 통과되었을 때, 또한 1848년 이래 급진당이 주장해온 '독일통일'을 의회가 채택했을 때 사회주의운동의 목적과 방법을 수정하려는 시도가 있었다. '현 국가권력의 장악'이라는 슬로건이 '사회민주당'의 이름으로 채택되었다. 이 정당이 독일 국회의 선거에서 최초로 거둔 성공은 큰 희망을 불러일으켰다. 사회민주당의 대의원은 2명에서 7명으로 그 다음 번에는 9명으로 불어났다. 그리고 금세기 말에는 사회민주당이 독일 국회의 다수당으로서 합법적인 방법으로 사회주의적 '민주국가'를 건설할 것이라고 확신하기에 이르렀다. 이 정당의 사회주의적 이상은 노동자 조직의 특징을 상쇄시키고 산업의 국가적 경영 즉 국가사회주의가 되었다. 국가사회주의란 요컨대 국가자본주의다. 오늘날 스위스의 사회민주당은 정치적으로는 연방주의 대신 중앙집권주의를, 경제적으로는 철도나 은행의 국영과 주류의 전매를 주장하고 있다. 그리고 가까운 장래에 토지와 주요 산업 심지어 소비까지 국가가 관리하게 될 것이 틀림없다.

독일 사회민주당의 생명력과 활동은 점차 선거상의 손익에 의해 좌우되었다. 노동조합은 무시되고 동맹파업은 비난받았다. 이것들은 모두 노동자의 관심을 선거에서 다른 곳으로 돌리게 하기 때문이었다. 유럽의 모든 나라에서 사회민주당 지도자들은 심지어 자본주의 계열 신문보다 민중폭동이나 혁명적 선동에 대해 더욱 거세게 비판했다.

그러나 남부의 국가에서는 소수의 당원에게서만 이러한 경향이 발견되었다. 남부의 인터내셔널과 그 지부는 애초의 원칙에 충실했다. 역사적으로 연합주의자이고 중앙집권적 국가개념에 적대적이며 혁명전통을 간직하고 있는 남부의 노동자들은 독일의 이러한 변화를 따르지 않았다. 사회주의운동진영에 발생한 분열 양상은 프랑스와 프로이센의 전쟁 이후 더 뚜렷해졌다. 이미 말했듯이 인터내셔널은 총평의회라는 이름으로 런던에 통치기구를 설치했다. 엥겔스와 마르크스가 지도자로 활동하는 평의회는 사회민주주의 경향의 새로운 거점이 되었다. 한편 남부연합에서 지도자가 된 사람은 바쿠닌 파였다.

마르크스 파와 바쿠닌 파의 갈등은 개인적인 것이 아니었다. 그것은 연합주의와 중앙집권주의, 자유로운 공동체와 국가의 가부장적 지배, 민중의 자유로운 운동과 입법을 통한 자본주의 개선, 남부의 정신과 독일 정신의 충돌이었다. 전쟁에서 프랑스를 패배시킨 후 과학, 정치, 철학의 우월성을 주장하던 독일은 '과학'적인 사회주의를 주창하면서 그와 다른 의견을 가진 사람들을 모두 '공상주의자'로 몰아세웠다.

1872년에 열린 인터내셔널의 헤이그대회에서 런던평의회는 위선적인 다수결의 원칙에 따라 바쿠닌과 그의 동지 기욤, 심지어 쥐라연합까지 제명시켜버렸다. 그러나 아직 협회에 남아있는 스페인, 이탈리아, 벨기에의 연합 대다수가 쥐라연합을 지지할 것이 확실해지자 대회는 협회 자체를 해산시키려고 했다. 소수의 사회민주주의자로 구성된 새로운 총평의회가 뉴욕에 건설되었다. 뉴욕에는 협회에 가입된 노동자 단체가 하나도 없었으며 이후에도 있었다는 얘기를 들어본 적이 없었다. 그러나 그 동안에 스페인, 이탈리아, 벨기에 그리고 쥐라연합은 계속해서 5~6년 동안 매년 국제대회를 개최했다.

내가 스위스에 갔을 때 쥐라연합은 인터내셔널에서 중심적이고 지도적인 위치를 차지하고 있었다. 바쿠닌은 사망—그는 1876년 7월 1일 사망했다—했으나 쥐라연합의 영향력은 여전했다.

프랑스-프로이센 전쟁이 발발하기 전, 프랑스, 스페인, 이탈리아에서는 노동운동을 분쇄하기 위한 기만적인 조치와 백색테러가 자행되었음에도 불구하고 인터내셔널의 노동자들이 발전시킨 혁명정신은 흔들리지 않았다. 프랑스 사람들은 부르봉 왕조의 재건이 임박했다는 사실을 알고 있었다. 마크마옹 원수는 공화국의 대통령이었지만 군주제의 부활을 준비하는 것이 목적이었다. 앙리 5세의 장엄한 파리 입성 날짜도 정해졌고 왕위 계승자의 왕관과 문장으로 장식된 말안장도 준비되어 있었다. 또한 강베타와 클레망소 ― 기회주의자와 급진주의자 ― 가 왕정복고 저지를 위한 쿠데타를 일으킬 위원회를 프랑스 전역에 배치해두었다는 것도 알고 있었다. 그러나 전국에 배치된 위원회의 근본적인 힘은 노동자들, 특히 설립 초기의 정신을 계속 유지했던 인터내셔널의 노동자들에게 있었다. 비상사태가 발생하면 부르주아 출신의 급진적 지도자들은 주저하겠지만, 노동자들은 기회를 놓치지 않고 공화정 방어 초기에 사회주의의 방향으로 나갈 것이었다.

스페인에서도 마찬가지였다. 성직자와 귀족들은 국왕을 반동적 추진력으로 이용했고, 공화주의자들은 노동운동을 기반으로 국왕을 협박했다.

카탈루냐에서만 10만 명 이상의 노동자가 강력한 노동조합을 결성했고, 8만 명 이상이 인터내셔널에 가입해 정기적인 모임에 참여하며 의무감이 강한 스페인 사람들답게 협회에 꼬박꼬박 후원금을 보내왔다. 나는 현지에서 얻은 지식으로 이 조직들을 잘 알고 있었다. 그들은 스페인합중국 건설과 식민지 지배 포기에 대한 선언을 준비하고 있었으며 일부 선진적인 지역에서는 집산주의(集散主義)로 나가고자 하는 진지한 시도가 있었다. 노동자와 농민조직은 군주제를 유지하려는 성직자들의 노골적인 반동정책에 대해 끊임없는 위협이 되었다.

이탈리아도 마찬가지였다. 이탈리아 북부의 상업조합은 지금 같은 힘이 없었고, 이탈리아 각지에는 인터내셔널 지부와 공화주의자 그룹들이 창궐했다. 끊임없는 위협에 시달리던 군주는 중산층 공화주의자들이 노동자의 혁명성에 호소하면

끝장이라고 생각하고 있었다.

　20여 년이 지난 지금 돌이켜보면 1871년 이후 유럽이 엄혹한 반동기를 극복할 수 있었던 것은, 프랑스-프로이센 전쟁 이전에 서유럽에서 탄생한 그 정신이 사회주의 아나키스트, 블랑키주의자, 마치니주의자, 스페인의 '연방주의' 공화주의자들에 의해 유지되었기 때문이다.

　물론 지방선거 투쟁에 몰두하던 마르크스주의자들은 이러한 상황을 전혀 몰랐다. 그들은 비스마르크의 벼락이 머리에 떨어지는 것을 걱정했고 특히 독일에서 혁명정신이 나타나 아직 충분한 힘이 없는 상태에서 탄압이 자행될 것을 두려워했다. 그들은 서유럽의 혁명가들이 모두 동의하는 전략적 목표를 거부했을 뿐 아니라 혁명정신에 대한 증오심을 고취시켰다. 그리고 러시아를 비롯하여 혁명정신이 나타나는 지역에 대해 신랄하게 비판했다.

　당시 마크마옹 원수 밑에서 프랑스는 혁명적인 신문을 출판할 수 없었다. 심지어 라 마르세예즈를 부르는 것도 범죄로 간주되었다. 1878년 5월, 프랑스를 여행하면서 몇 명의 신병들이 이 노래를 부르자 기차에 타고 있던 승객들이 공포에 떠는 것을 보고 나는 매우 놀랐다. "라 마르세예즈를 부르는 것이 다시 허락됐나요?" 하고 승객들은 걱정스럽게 서로 물어볼 정도였다. 프랑스에는 사회주의신문이 전혀 없었다. 내용이 매우 좋았던 스페인의 사회주의신문에는 사회주의 아나키즘 진영에서 발표한 훌륭한 선언문이 게재되었다. 그러나 외부에서는 이런 스페인의 사상에 대해 거의 몰랐다. 이탈리아의 사회주의신문은 잠시 발행되었다가 사라지고 다시 다른 제호로 발행되곤 했다. 그 신문에도 훌륭한 내용이 있었지만 해외로 알려지지는 않았다.

　꾸준히 프랑스어 신문들을 발행하는 쥐라연합이 결국 남부 유럽 혁명정신 ─ 반동과 어둠의 시대에서 유럽을 구할 ─ 의 거점이 되었다. 쥐라연합의 사상적 기반인 바쿠닌 파의 아나키즘 이론은 유럽 전대륙으로 확산되었다.

03
쥐라연합과 그 활동가들:
기욤, 슈비츠게벨, 슈피겔, 엘리제 르클뤼, 르프랑세

다양한 국적을 가진 훌륭한 인물들 중 절대다수가 바쿠닌의 동지들이었고, 그들은 대부분 쥐라연합에 속해 있었다. 연합의 〈회보〉의 발행인은 뇌샤텔의 귀족가문 출신으로 교사였던 제임스 기욤이었다. 작고, 말랐지만 로베스피에르처럼 단호해 보이는 그는 우정과 황금같이 고귀한 마음을 가졌을 뿐 아니라 초인적인 능력과 엄격함을 겸비한 지도자였다. 그는 모든 장애와 싸우며 8년 동안 연합의 가장 핵심적인 사업이었던 신문발행을 책임지고 해냈다. 그는 스위스에서 아무 일도 할 수 없게 되었을 때 신문발행을 그만두고 프랑스로 떠났다. 아마도 그는 교육사에서 가장 존경받는 인물이 될 것이다.

스위스인이면서 프랑스어를 쓰는 아데마르 슈비츠게벨은 베른의 쥐라 언덕의 명랑하고 활동적이며 통찰력이 있는 시계공들의 전형이었다. 시계에 조각을 하는 그는 불경기 때 월급이 삭감되어도 한시도 손에서 일을 놓지 않고 명랑하고 쾌활하게 생활하며 대가족을 부양했다. 어려운 경제문제나 정치문제에 대해 그 깊은 의미를 놓치지 않고도 철저히 노동자의 관점에서 숙고하는 그의 재능은 참으로 뛰어났다. 그는 쥐라에서 널리 알려진 저명인사였고, 외국의 노동자들 사이에서도 많은 인기를 누렸다.

그에 필적하는 스위스인으로 시계공 슈피겔이 있었다. 그는 사고방식과 행동에

르클뤼

있어서 사색적이고 느린 영국인을 많이 닮았다. 그는 한 가지 사실이 갖는 의미를 끝까지 탐구했는데 시계 뚜껑을 만들면서 이끌어 낸 결론을 말할 때면 그 정치(精緻)함에 깊은 감명을 받았다.

이 세 사람의 주변에는 신뢰할 수 있는 노동자들이 있었다. 그들은 자유를 열정적으로 사랑하고 운동에 참여하는 것을 매우 행복하게 생각하는 중년층과 독립심이 강하고 인정이 많으며 활동적이면서도 언제나 자신을 희생할 각오가 되어 있는 100여 명의 청년들이었다.

몇 명의 파리코뮌 망명자들도 쥐라연합에 가입했다. 위대한 지리학자인 엘리제 르클뤼도 그중 한 사람이었다. 그의 생활은 청교도적이었고 정신은 18세기의 프랑스 백과전서파와 통하는 점이 있었다. 사람들을 고취시키기는 해도 절대로 지배하려 하지는 않았다. 그의 사회주의 아나키즘은 모든 문명의 단계와 기후에서 사는 인류의 생활 형태에 관한 광범위하고 내밀한 지식을 개괄한 것이었다. 그의 책은 세기의 베스트셀러였다. 그의 뛰어나고 아름다운 문체는 인간의 정신과 양심을 움직였다. 사회주의 아나키스트 신문사에서 일하게 되었을 때 그는 편집자 — 그와 비교하면 거의 소년이라고 해야 좋을 — 에게 "내가 무슨 일을 해야 하는지 말씀해주십시오."라고 말하며 말단 직원처럼 책상에 앉아 신문의 공백을 채워 갔다. 그는 파리코뮌 전선에서 총을 잡았었다. 그가 만약 세계적인 명저『지리학』을 쓰기 위해 비서를 구했는데 비서가 머뭇거리며 "내가 할 일이 무엇입니까?" 하고 묻는다면 그는 이렇게 대답했을 것이다. "책은 여기에 있고 책상은 저기에 있습니다. 하고 싶으신 대로 하십시오."

르클뤼 옆에는 그보다 나이가 많은 르프랑세가 있었다. 교사 출신인 그는 1848년 혁명, 나폴레옹의 쿠데타, 1870년 이렇게 세 번이나 망명해야 했다. 로잔 역에서 짐꾼으로 일했던 사람은 파리코뮌의 중앙위원이었던 그가 수백만 프랑을 가지고 파리를 빠져 나왔으며, 돈 보따리가 너무 무거워 젊은 친구에게 도움을 요청해야 했을 정도라고 증언했다. 그 파리코뮌의 진정한 역사적 의미를 밝힌 책을 쓰기도 했다. 그는 "미안하지만 나는 코뮌주의자이지 아나키스트는 아닙니다."라고 퉁명스럽게 말하곤 했다. "나는 당신들처럼 어리석은 사람들과 함께 일할 수 없습니다." 그러면서도 그는 항상 우리와 함께 일했다. "당신들은 어리석기는 하지만 내가 제일 사랑하는 사람들입니다. 당신들과 일하다 보면 제 자신을 잃어버립니다."

파리코뮌의 중앙위원으로 우리와 함께 지낸 또 한 사람은 어렸을 때 파리로 입양된 프랑스 북부 출신의 목수인 팽디였다. 인터내셔널가 지지한 파업을 통해 왕성한 활동과 명석한 두뇌로 파리 전역에 알려져 파리코뮌의 중앙위원으로 선출된 그는 튈르리 궁전의 사령관으로 임명되었다. 베르사유 군대가 파리에 입성한 후 수백 명의 포로를 총살했을 때 적어도 세 명 이상이 다른 도시에서 그로 오인되어 사망했다. 그는 용감한 재봉사 아가씨의 집에 은신해 있었는데 군대가 그 집을 수색할 때 그녀의 침착한 대응으로 살아남을 수 있었다. 그녀는 후에 그의 아내가 되었다. 1년 후 그들은 아무도 모르게 파리를 빠져 나와 스위스로 왔다. 팽디는 스위스에서 기술을 배워 낮에는 작열하는 용광로 옆에서 일했고 밤에는 선전활동에 정열적으로 몰두했다. 그는 혁명가의 열정과 파리 노동자 특유의 조직력과 감각이 잘 겸비된 인물이었다.

당시 폴 브루스는 젊은 의사였다. 정신적 활동력이 왕성한 그는 정치하게 어떤 사상을 기하학적 논리로 정리하려 했다. 특히 국가와 그 조직에 대한 그의 비판은 강력했다. 그는 프랑스어 판과 독일어 판 신문을 편집했고 수십 쪽에 달하는 편지를 썼으며 노동자의 야간모임에서 핵심적 역할을 했다. 남부인 특유의 섬세한 심성을 가지고 노동자들을 조직하려고 쉼 없이 노력했다.

스위스에서 우리에게 협력한 사람 중에는 카피에로와 말라테스타가 있었다. 항상 함께 거론되는 이 두 사람은 이탈리아에서는 한 세대 이상 기억될 것이다. 그들은 바쿠닌의 개인적인 친구였다. 카피에로는 극히 고결하고 순수한 이상주의자였다. 적지 않은 재산을 이상을 위해 모두 쓰면서도 앞으로 어떻게 살아갈지에 대해서는 문제삼지 않았다. 끊임없이 생각하는 사색가로 다른 사람을 해롭게 하는 일이 전혀 없는 사람이었다. 그는 총을 들고 베네벤토의 산속으로 들어갔다. 두 사람은 민중봉기가 단지 세금관리들에 대한 반대가 아닌 더 깊은 의미를 가져야 한다면 그것은 사회주의적 성격이어야 한다는 생각을 가지고 있었다. 말라테스타는 의과학생이었지만 혁명을 위해 의사도 재산도 모두 포기했다. 그는 불같은 정열과 지성을 갖춘 순수한 이상주의자였고 평생 — 그는 당시 50살 정도였다 — 빵과 잠자리가 없어도 걱정하지 않았다. 자기 것이라고는 방 한 칸도 없고 런던의 길거리에서 샤베트를 팔아 생계를 이어갔지만 밤이면 이탈리아신문을 위해 훌륭한 글들을 썼다. 프랑스에 투옥됐다가 석방되자마자 국외로 추방되었고 이탈리아에서 재차 유죄 선고를 받아 섬에 유배되었지만 그곳에서 탈출하여 변장을 하고 다시 이탈리아로 돌아왔다. 그는 어디에 있든지 열정을 가지고 30년 동안 끊임없이 투쟁해온 사람이었다. 그는 감옥에서 석방됐을 때나, 섬에서 탈출했을 때나 조금도 변함없이 곧바로 새로운 투쟁에 돌입했다. 그는 인간, 동지, 자식들에 대해 언제나 변함없는 애정을 가지고 있었고 심지어 적과 감옥의 간수에 대해서도 증오하는 일이 없었다.

러시아인은 극히 소수였다. 대부분은 독일 사회민주주의를 따르고 있었다. 게르첸의 친구 중에 1863년 러시아에서 온 주코프스키가 있었다. 그는 풍채가 좋고 총명한 귀족이었다. 노동자들에게 인기가 있었고 어느 누구보다 뛰어난 '노동자의 귀'였다. 그는 노동자가 사회재건의 과제 속에서 수행해야 할 역할과 수준 높은 역사적 견해를 설명함으로써 그들에게 혁명사상을 고취시켰다. 그는 진지하고 성실한 태도로 그들을 감동시켰다. 러시아 참모본부의 장교 출신인 소콜로프도 우리와 함께 행동했다. 폴 루이 쿠리에의 대담성과 프루동의 철학사상을 숭배했던 그는 많은 논문을 발표하여 러시아에 많은 사회주의자들을 만들어냈다.

나는 단체의 대표자이거나 그들만큼 잘 알려진 저술가와 선동가들만 언급했다. 나는 이들의 이름을 언급하지 않는 것이 오히려 낫지 않나 하고 자문해보기도 하지만, 이들은 한 사람의 저술가로서 쥐라연합의 역사에서 중요한 역할을 하고, 전선에서 투쟁했으며, 하찮은 일이건 중요한 일이건, 눈에 띄는 일이건 그렇지 않은 일이건 무슨 일이든지 할 준비가 되어 있었다. 그들은 그 일이 얼마나 거대한 결과를 낳을지, 자신과 가족에게 얼마나 큰 걱정을 낳을지 결코 묻지 않았다.

독일인 베르네르와 린케, 스페인인 알바라신 등도 언급해야 하지만 나의 묘사가 모든 사람들이 그들을 얼마나 존경하고 사랑했는지를 제대로 전달할 수 있을지 의심스럽다.

04
라쇼드퐁 방문–금지된 적기와 스위스 시가행진 그리고 새로운 사회

스위스의 도시 중에서 라쇼드퐁은 가장 매력 없는 도시일 것이다. 높은 고원에 위치한 도시에는 어떠한 식물도 자라지 않고, 겨울의 지독히 추운 바람에 노출되어 있다. 이곳에서 눈은 모스크바만큼 쌓여 있었고, 페테르부르크에서처럼 녹고 쌓이기를 반복했다. 그러나 이 도시는 우리의 사상을 전파하는 데 중요한 거점이었다. 이 도시는 팽디, 슈피겔, 알바라신, 그리고 블랑키주의자인 페레와 잘로에게 지역운동가로서의 생명을 부여했고, 나도 때로는 뇌샤텔에 있는 기욤을 만나거나 상트르메르의 계곡에서 슈비츠게벨을 만나기 위해 그곳을 방문했다.

내가 바라던 생활이 시작되었다. 카페나 공장 등지에 성명서를 배포하고 많은 모임을 조직했다. 매주 지부모임을 열어 열띤 토론을 가졌다. 다른 정당에서 개최한 집회에도 참여하여 아나키즘을 선전하였다. 다른 지부를 방문 지원하기 위해 나는 많은 여행을 해야 했다.

그 해 겨울 우리는 많은 노동자의 공감을 얻어냈으나 시계공업의 불경기로 인해 우리 활동은 큰 타격을 입었다. 노동자의 태반이 실직했고 남아있는 노동자들도 부분적으로 고용되었다. 지방자치단체는 식당을 열고 값싼 식사를 제공해야 했다. 아나키스트들이 라쇼드퐁에 설립한 공장은 노동자들에게 평등하게 이익을 분배하여 평판은 아주 좋았지만 일거리를 확보하는 데 많은 어려움이 있었다. 슈피겔은 양탄자 가게에서 양모를 빗질하며 생계를 이어가야 했다.

그 해(1877년) 우리는 적기를 들고 베른에서 시가행진을 전개했다. 반동의 물결은 스위스에도 밀어닥쳐 베른의 경찰은 헌법을 무시해가며 노동자의 깃발인 적기를 들지 못하게 했다. 그것은 노동자들이 자신의 권리가 짓밟히는 것에 대해 저항하겠다는 최소한의 의지를 보여주는 것이었다. 우리는 파리코뮌 기념일에 베른에서 금지된 적기를 들고 시가행진을 했다. 경찰과 충돌이 일어나 두 명의 동지가 상처를 입었고 경찰도 중상을 입었다. 그러나 적기는 집회장소에 무사히 도착할 수 있었다. 지도자들도 행진대열에 참여했음은 말할 것도 없다. 이 사건으로 30여 명의 스위스 노동자들이 재판을 받았고, 모두 자신에 떨어진 구형을 그대로 받아들였다. 두 명의 경찰에게 중상을 입힌 사람도 자발적으로 자수했다. 공판이 진행되는 동안 많은 사람들이 자유를 상실하지 않으려면 열정적으로 지켜져야 한다는 것에 동조했다. 그 결과 판결은 매우 가벼워졌고 1년 이상의 금고를 받은 사람은 아무도 없었다.

베른의 주정부는 적기를 들고 걷는 것을 금지시켰으나 쥐라연합은 상트르메르 집회에서 적기행진을 감행하며 무장을 하고 최후의 일인까지 노동자의 깃발을 지킬 것을 결정했다. 우리의 행진을 저지하기 위해 경찰부대가 광장에 배치되어 있었고 국민군은 사격연습을 구실로 가까운 들판에 대기하고 있었다. 우리는 시가지를 행진할 때 총소리를 들었다. 그러나 우리가 광장에 나타났을 때 경찰이 공격하면 엄청난 유혈사태가 벌어질 것이라고 생각한 시장은 시가행진을 방해하지 않았다. 우리는 전투를 원하지 않았다. 처음 집회장소에 들어섰을 때는 군대가 사격연습을 하는 소리에 자신도 모르게 팽팽한 긴장감이 흘렀다. 다행히 폭력사태는 발생하지 않았지만, 한편으로는 무언가 허전한 감정이 들기도 했다. 인간이란 참으로 묘한 존재다.

우리의 주요 활동은 이론과 행동에서 사회주의 아나키즘을 구현하는 것이었다. 이러한 점에서 쥐라연합이 후세에 남을 업적을 이루었다는 것은 의심할 여지가 없다.

우리는 여러 국가에서 낡은 것을 대신할 새로운 사회가 싹트는 것을 보았다. 평등한 사회에서는 팔과 두뇌를 고용주에게 팔기를 강요당하지 않을 뿐 아니라 독창적인 지식과 능력이 발휘될 자유로운 기회가 주어지고 그것은 모든 인간에게 최대의 행복을 가져다주는 사회를 건설하는 데 쓰일 것이다. 새로운 사회는 다양한 목적을 가진 조합들의 연합으로 구성될 것이다. 농업조합, 공업조합, 지식인조합, 예술인조합 등의 노동조합과 주택, 가스, 식량, 위생시설 등을 제공하는 소비를 위한 자치단체, 그 위로 자치단체와 노동조합의 연합체가 형성되고 그 위로는 더 광범위한 지역연합과 주(州)연합이 형성될 것이다. 그러면서도 경제적, 지적, 예술적, 도덕적 만족을 얻기 위해 예전처럼 주어진 영토에 제한받지 않고 서로 협력할 것이다. 이 모든 것은 중앙에서 관장하는 기구가 없이도 철도나 우편체제처럼 자유로운 협력에 따라 이루어질 것이다. 철도와 우편부문은 영리를 목적으로 하면서도 심지어 적대국가와도 자유롭게 연계가 된다. 기상학회, 산악회, 해안 자율경비대, 사이클동호회, 교사회 등의 ― 지적인 활동을 하는 것이건, 단순히 쾌락을 위한 것이건 ― 단체들이 자유롭게 조직될 것이다. 새로운 사회에서는 새로운 형태의 생산과 발명 그리고 조직을 만드는 데 있어서 완전한 자유가 보장될 것이다. 개인의 창의성은 격려되지만 반대로 획일화와 중앙집중적인 경향은 억제될 것이다. 새로운 사회는 고정된 형태가 아니라 유기체처럼 끊임없이 변화할 것이다. 현재 정부 고유의 기능이라고 생각하는 모든 일들은 자유로운 협정과 연합으로 대체될 것이기 때문에 중앙정부는 필요없다고 느낄 것이다. 그렇게 하면 대립과 분쟁이 격감할 것이고, 그래도 발생하는 대립과 분쟁은 중재를 신청하면 될 것이다.

우리는 인간이 바라는 변화의 중요성을 과소평가하지 않는다. 우리는 산업의 발전을 도모하기 위해서는 토지, 공장, 광산, 주택 등의 사적 소유가 필요하다는 것, 인간에게 일을 시키기 위해서는 임금체계가 필요하다는 현재의 의견에 대해 잘 알고 있다. 그리고 이러한 현 체제가 쉽게 사회화된 소유와 생산 개념에 길을 내주지 않을 것을 잘 알고 있다. 우리는 현재의 소유방식이 개인의 자아를 희생시킴으로써 유지되고 있으며, 그에 반대한 끈질긴 선동과 기나긴 투쟁만이 그것을 변화시킬 수 있다는 것도 알고 있다. 우리는 또한 권위의 필요성을 역설하는 지금의 관념 ― 그것은 우리 모두가 조작한 것이다 ― 이 문명화된 인류에 의해 한꺼번에 포기되지 않는다는 것도 알고 있다. 권위에 반대한 선동과 저항은 기존의 역사적 가르침에 대한 완전한 수정일 뿐 아니라 통치자와 법률이 인간 고유의 사회적 감정과 관습에서 비롯되었다는 관념이 잘못된 것임을 사람들에게 받아들이라고 요구하는 것이다. 우리는 이 모든 것을 알고 있다. 우리는 또한 이러한 방향에서 선전함으로써 인류의 진보를 이룰 수 있다는 것을 알고 있다.

나는 노동자들이 나와 친해지고 지식인들에게 동조하면서 그들이 물질적인 풍요보다는 자유에 더 가치를 둔다는 것을 깨달았다. 50년 전의 노동자들은 물질적인 행복을 약속하는 대가로 개인적 자유를 지배자나 독재 군주에게 팔아 버렸지만 지금은 달랐다. 나는 남부 유럽국가의 노동자들 사이에서 지도자 ― 그것이 노동운동에서 매우 뛰어난 능력을 발휘해 선출된 사람이라고 할지라도 ― 에 대한 맹목적인 추종이 소멸하고 있음을 알았다. "먼저 우리가 무엇을 원하는지를 알아야 한다. 그래야 최선을 다해 운동할 수 있다."는 사고가 노동자들 사이에서 널리 확산되어 있었다. 인터내셔널의 강령에 있는 "노동자의 해방은 노동자의 손으로 완성해야 한다."는 항목이 광범위한 공감을 얻어 마음 속에 뿌리내리고 있었다. 파리코뮌의 비통한 경험은 이 원칙을 더욱 확고하게 해주었다.

파리코뮌 봉기가 발생했을 때 많은 중산층 계급이 변혁에 가담하거나 적어도 새로운 사회적 변화를 받아들이려 했었다. 언젠가 엘리제 르클뤼가 이렇게 말한 적이 있었다. "내가 동생과 함께 조그만 방에서 길로 나오니 부유층들이 사방에서 '무엇을 해야 하는지 말해주시오. 우리는 새롭게 시작할 준비가 되어 있소.'라고 물었지요. 그러나 정작 준비되지 않은 것은 '우리'였습니다."

1871년 3월 25일 선출된 파리코뮌 중앙위원회만큼 모든 진보적 정당을 총망라한 정부는 일찍이 없었다. 혁명가적 단체들 — 블랑키 파, 자코뱅 당, 인터내셔널 파 — 이 일정한 비율로 중앙위원회를 구성했다. 그러나 노동자들은 이 대표조직을 움직일 만큼 사회개혁에 대한 뚜렷한 사상이 없었고, 코뮌정부는 그러한 방향으로 나가지 못했다. 노동대중으로부터 떨어져 오텔 드 빌에 갇힌 사실 자체가 코뮌을 무력하게 만들었다. 사회주의의 성공을 위해서는 소유와 생산의 사회화와 더불어 무정부, 자치, 개인의 자유로운 창의성, 한마디로 아나키즘을 전파했어야 했다.

아나키즘을 개인에게 사상의 표현과 행동에 대한 완전한 자유를 보장하는 것으로 이해한다면 그것은 너무 과장된 것이다. 나는 러시아의 니힐리즘에서 그런 과장을 발견했다. 그러나 우리는 솔직하고 개방된 비판을 보장하는 사회생활 그 자체가 자정능력을 가지고 과장을 제거하는 가장 효과적인 방법이 되리라 믿는다. 우리의 경험이 그것을 증명한다. 우리는 자유에 대한 일시적인 봉쇄를 없애는 것이 자유를 회복하는 가장 현명한 방법이라는 옛 말에 따라 행동했다. 평소에 인식하기 쉽지 않지만 인류에게는 옛날부터 전해 내려오는 핵심적인 사회적 습성이 있다. 그것은 강제적으로 유지된 것이 아닐 뿐 아니라 어떠한 강제보다도 우월하다. 인류의 모든 진보는 그것에 기반하고, 인류가 육체적으로나 정신적으로 타락하지 않는 한 어떠한 비판과 부정으로도 그 핵심이 파괴되지는 않을 것이다. 나는 여러 인간과 사물에 대한 경험을 쌓으면서 점점 더 확신하게 되었다.

푸리에

동시에 하나의 변화는 천재 한 사람의 가설로부터 생겨나거나 한 사람에 의해 발견되지 않으며 그것은 대중의 건설적인 작업의 결과라는 것을 이해하게 되었다. 중세 초기에 만들어진 재판과정, 촌락공동체, 길드, 중세도시, 국제법 등이 대중에 의해 만들어진 것처럼.

많은 선구자들은 이상적인 공화국을 때로는 권력의 원칙에 기초해 묘사하고 또 드물게는 자유의 원칙에 기초해 묘사했다. 로버트 오언과 푸리에는 로마제국이나 로마교회를 모방한 피라미드적 이상에 반대하고 유기적으로 발전하는 자유사회의 이상을 그려 보였다. 프루동은 그들을 계승했고 바쿠닌은 역사철학에 대한 광범하고 명확한 이해를 기초로 현 제도를 비판하며 "파괴하면서 건설했다." 그러나 모든 것은 단지 준비작업에 불과했다.

인터내셔널은 이러한 사회악의 문제를 해결하기 위하여 노동자들에게 직접 호소한다는 새로운 방법을 창출해냈다. 협회에 참가한 지식인들이 하는 일이란 단지 노동자에게 세계 여러 나라의 정세를 알려주고, 도출된 결과를 분석해주며 노동자 스스로 결론내릴 수 있도록 곁에서 도와줄 뿐이었다. 우리는 사회란 마땅히 이래야 한다는 이론으로부터 이상적인 공화국을 발전시켜야 한다고 주장하지 않았다. 오히려 노동자들에게 현존하는 사회악을 인식시키고 토론과 집회를 통해 지금보다 나은 사회의 모습은 어떠해야 하는가를 사고하도록 유도했다. 국제대회에서 제기된 문제를 모든 노동조합의 연구주제로 추천했다. 그러면 한 해 동안 유럽의 모든 지부에서 직업과 지방에 특성에 맞게 토론되었다. 지부의 결론은 지역대회에 제출되었고 그것은 좀더 정리된 형태로 다음 국제대회에 제출되었다. 우리가 이상으로 삼는 사회구조는 이처럼 이론과 실천이 철저히 아래로부터 수렴되는 것이었

다. 이러한 아나키스트의 이상을 실현하는
데 쥐라연합은 거대한 역할을 했다.

　나는 좋은 환경에서 아나키즘은 단지 자
유로운 사회에 대한 행동양식과 사상이라
는 것을 깨달았다. 그것은 지금까지 인문과
학에서 사용해 온 형이상학적 방법이나 변
증법적 방법과는 전혀 다른 방법으로 발전
시켜야 하는 자연적이고 사회적인 철학이
었다. 나는 아나키즘이 자연과학과 동일하
게 다루어져 왔다고 본다. 그러나 아나키즘
은 허버트 스펜서처럼 모호한 유추가 아니

프루동

라 인간의 여러 제도 위에 적용된 견고한 귀납적 기초 위에 성립된 것이다. 그래서
나는 아나키즘을 실현하기 위해 최선을 다했다.

05
아나키스트와 사회민주주의자의 투쟁-벨기에에서 탈출 스위스로
-프랑스에서의 사회주의의 재탄생

　1877년 가을 벨기에에서는 두 대회가 개최되었다. 하나는 베르비에에서 열린 인
터내셔널 대회이고 또 하나는 겐트에서 열린 국제사회주의자 대회였다. 후자는 독
일 사회민주주의자들이 유럽의 모든 노동운동을 중앙위원회 밑에 두고 복종시키

려는 의도로 열린 특히 중요한 대회였다. 중앙위원회는 인터내셔널의 총평의회가 이름을 바꾼 것에 불과하였다. 우리는 남부유럽 노동단체의 자치권을 보호해야 할 필요가 있었고, 그러므로 최선을 다해 이 대회를 잘 치러야 했다. 나는 레바소프라는 이름으로 참석했다. 독일인 식자공 베르네르와 린케는 바젤에서 벨기에까지 거의 걸어서 대회에 참석했다. 겐트대회에 참석한 사회주의 아나키스트들은 9명에 불과했지만, 중앙집권적 계획을 저지하는 데는 성공했다.

그 후 1/4세기 동안 국제사회주의자 대회가 열렸지만 매회 같은 투쟁이 반복되었다. 사회민주주의자들은 유럽의 노동운동을 자신들의 깃발 아래 편입시켜 통치하려 했고 사회주의 아나키스트들은 그것에 반대하며 저지했다. "현존 국가의 틀 안에서 정권을 획득한다."는 입장을 가진 사회민주주의자들은 그러한 원칙으로는 사회주의운동을 구체화할 수 없다는 점을 이해하지 못한 채 분열책동을 한다며 우리를 비난하였다. 사회주의는 태동 단계부터 생시몽, 푸리에, 로버트 오언으로 대표되는 3개의 방향으로 발전했다. 생시몽주의는 사회민주주의로 발전했고, 푸리에주의는 아나키즘이 되었으며, 오언주의는 영국과 미국에서 노동조합주의, 협동조합주의 및 자치사회주의로 발전했다. 국가주의적인 사회민주주의를 적대시하는 오언주의는 많은 점에서 아나키즘과 일치했다. 그런데 사회민주주의자들은 세 운동이 서로 다른 길을 통해 공동의 목표로 나아간다는 사실을 인식하지 못했을 뿐 아니라 후자의 두 가지 역시 인류의 진보에 귀중한 공헌을 할 것이라는 사실을 인정하지 않았다. 오로지 사회민주주적 형태의 노동운동이라는 실현 불가능한 이상을 실현하기 위해 25년 동안이나, 헛된 노력을 기울여 왔다.

겐트대회는 내게 뜻하지 않은 결과를 가져왔다. 대회가 시작된 지 3, 4일 후 내가 레바소프라는 가명으로 호텔에 묵는다는 사실을 알아낸 벨기에 경찰은 나에 대한 체포명령을 내렸다. 벨기에의 동지들은 나에게 조심하라고 일러주었다. 현재 정권을 장악한 성직자 내각은 나를 러시아로 송환할 수도 있으니 즉시 대회장을 떠나라고 했다. 그들은 나를 호텔로도 가지 말라고 했다. 기욤은 대회장에 가려는

나를 가로막고 서서 자신을 치고 가라고 했
다. 몇몇 동지들과 함께 그곳을 떠나려 하자
광장 모퉁이에 흩어져 있던 노동자들이 작
은 목소리로 이름을 부르기도 하고 휘파람
을 불기도 했다. 그것은 신비한 광경이었다.
속삭임과 휘파람의 전송을 받으며 동지들
은 그날 밤 내가 묵을 사회민주당 소속의 어
느 노동자의 집으로 데리고 갔다. 노동자는
내가 아나키스트임에도 불구하고 형제처럼
친절하게 대해주었다. 이튿날 아침 나는 증

생시몽

기선을 타고 다시 영국으로 향했다. 영국 세관의 관리가 나에게 짐을 보여 달라고
했지만 내가 작은 손가방 외에는 아무것도 가지고 있지 않은 것을 보자 선한 미소
를 지었다.

　나는 런던에 오래 머물지 않았다. 나는 대영박물관의 도서관에서 프랑스대혁명
의 초기에 혁명이 어떻게 일어나는지를 연구했다. 그러나 그보다 활동을 원했던
나는 즉시 파리로 갔다. 코뮌봉기에 대한 잔혹한 진압이 있은 후 파리에서는 노동
운동이 부활하고 있었다. 이탈리아 혁명가 코스타, 파리의 사회주의 아나키스트
들, 쥘 게드 및 그의 동지들 ― 그들은 엄밀하게 사회민주주의자들이 아니었다 ―
과 함께 처음으로 사회주의자 그룹을 창설하였다.

　처음에는 매우 작은 인원으로 시작했다. 5, 6명의 동료가 카페에 모이는 것에 불
과했으나 나중에 집회를 열자 1백여 명의 청중이 모여들어 우리를 행복하게 만들
었다. 이 운동이 2년 후 대활약을 할 것이라고는 아무도 상상하지 못했다. 그러나
프랑스에는 고유의 발전방식이 있었다. 반동이 득세하면, 표면적으로 운동은 자취
를 감춘다. 시류에 저항하여 투쟁하는 사람은 거의 없다. 그러나 불가사의한 방법
으로 눈에 보이지 않게 사상이 침투하여 반동의 기반을 와해시켜 나갔다. 새로운

흐름이 시작되었다고 느낄 때 갑자기 사라져 버렸다고 생각된 사상이 살아남아 끊임없이 성장을 거듭하고 있었음을 확인하게 된다. 그리고 선동이 공론화되자마자 수천 명의 지지자들이 갑자기 전면에 나선다. 그들의 존재는 그 이전에는 아무도 깨닫지 못한다. 블랑키는 이렇게 말하곤 했다. "파리에는 보통의 집회나 시위에는 나오지 않지만 일단 거리에서 사상을 표현하는 순간 동참하는 사람이 5만 명은 된다." 그때도 그랬다. 운동하는 우리들은 채 20명이 안 되었고 공개적인 지지자들도 2백 명이 안 되었다. 1878년 3월 최초의 파리코뮌 기념일까지 우리는 확실히 2백 명도 안 되었다. 그러나 2년 후 코뮌전사들이 사면되자 노동자들은 거리에서 코뮌의 귀환을 환영했다. 수천수만의 인파가 집회에서 코뮌을 격려하였다. 사회주의운동은 급속히 팽창했고, 급진주의운동도 마찬가지였다.

그러나 그때는 노동운동이 부활하기 전이었다. 1878년 4월 어느 날 밤 코스타와 프랑스인 동지 한 명이 체포되었다. 그는 인터내셔널 회원이라는 이유로 18개월의 징역형에 처해졌다. 나는 운이 좋아 체포를 면했다. 경찰은 레바소프를 체포하려다가 이름이 비슷한 러시아 학생을 체포했던 것이다. 그러나 나는 본명을 사용하면서 파리에 머물러 있었다. 한 달 후 스위스에서 나를 호출했다.

06
투르게네프와의 만남~러시아 젊은이들에 대한 그의 영향
~투르게네프와 니힐리즘~바자로프~안토콜스키와의 만남

파리에 있으면서 나는 처음으로 투르게네프와 알게 되었다. 그는 라브로프를 통해 러시아인의 한 사람으로서 탈옥을 축하하는 작은 연회를 베풀고 싶다는 뜻을 전해 왔다. 나는 숭배에 가까운 감정을 가지고 그의 집을 방문했다. 그는 『사냥꾼의 수기』에서 농노제도에 대해 거대한 파문을 일으켰고 — 당시 나는 그가 게르첸의 유력한 잡지 〈종〉에서 주도적인 역할을 하는 것은 몰랐다 — 이후의 소설을 통해서도 적지 않은 영향력을 미쳤다. 그는 소설을 통해 러시아 여성이 가지고 있는 본성 그리고 마음과 정신의 보고를 보여주었다. 또한 남성들을 고취시키는 존재로서의 여성도 보여주었고 남자가 얼마나 여성의 우월성을 깊이 묘사할 수 있는지, 남자가 얼마나 깊이 여성을 사랑할 수 있는지도 보여주었다. 그는 나를 포함하여 많은 동시대인에게 지울 수 없는 인상을 남겼다. 그 인상은 여성의 권리를 논하는 어떤 논문보다도 훨씬 강렬했다.

그의 풍모는 알려진 바대로 큰 키에 건장한 체격, 부드럽고 짙은 백발의 멋진 모습이었다. 눈은 지성으로 빛나고 거동 전체에는 러시아 일류작가 특유의 검소함과 소탈함이 묻어났다. 그의 두뇌는 광범위하게 개발되었음이 증명되었다. 그가 죽은 후 외과의사 폴 베르와 폴 르클뤼가 측정한 그의 뇌 무게는 당시 가장 무거운 뇌로 알려진 큐비에의 것보다 2킬로그램 이상 더 무거웠다. 두 사람은 저울이 잘못되지나 않았는지 의심해서 다른 저울로도 달아보았을 정도였다.

그의 말은 특히 뛰어났다. 글을 쓸 때처럼 형상적으로 말했다. 그는 철학적인 토론의 달인임에도 불구하고 어떤 사상을 전개할 때 주장에 의존하지 않고 마치 소설을 쓰듯이 아름다운 장면으로 묘사했다. 한번은 내게 이런 말을 한 적이 있었다. "자네는 프랑스인, 독일인 등 여러 나라 사람들과 많은 경험을 했네. 자네는 그들과 러시아인 사이에 심오하고도 불가피한 차이를 느껴본 적이 없나? 그들 대부분은 같은 주제를 놓고도 우리와는 다른 생각과 관점을 가지고 있는 것을 느껴본 적이 없나? 우리가 동의할 수 없는 생각 말일세."

나는 그런 점은 발견하지 못했다고 대답했다.

"아니야. 그런 것이 있네. 예를 하나 들어보지. 어느 날 밤 한 연극의 초연을 보러 갔을 때였네. 나는 플로베르, 도데, 졸라와 함께 앉아 있었네(그때 도데와 졸라 모두를 말했는지 확실하지 않다. 그러나 그중 한 사람을 말한 것은 확실하다). 모두 진보적인 사상을 가진 사람들이지. 연극의 줄거리는 이렇다네. 한 여자가 남편과 헤어지고 새 애인을 만나 같이 살게 되었네. 남자는 좋은 인물로 그려지고 있네. 두 사람은 몇 년 동안 매우 행복하게 살았어. 여자가 데리고 온 자식인 남매는 이혼할 당시에는 어린 아이였는데 딸은 열여덟 살이 되고 아들은 열일곱 살이 되었지. 남매는 남자를 진짜 아버지로 알고 따랐고, 남자도 친자식처럼 귀여워했어. 온 가족이 모여 아침 식사를 하는 장면에서 딸이 들어와 남자에게 다가가자 남자는 딸에게 키스해주려 하네. 그러자 친아버지가 아니라는 사실을 눈치 채고 있던 아들이 벌떡 일어나 '안 돼요!' 하고 외쳤지.

관중들은 굉장한 갈채를 보냈네. 함께 있던 플로베르 등도 마찬가지였어. 나는 기분이 나빠져서 '왜 그러나. 가족은 행복한데. 남자는 친아버지 이상으로 좋은 아버지인데. 아이의 엄마도 그를 사랑하고 행복하게 살고 있어. 저런 말을 하다니 저런 삐뚤어진 아이는 좀 맞아야 돼.' 그러나 아무 소용이 없었네. 그 후로도 몇 시간 토론해보았지만 아무도 나를 이해해주지 않았네."

나는 물론 투르게네프의 관점과 같았다. 나는 그의 지인들 대부분이 중산층이라는 것을 깨달았다. 부르주아계급의 국가간의 차이점은 매우 크다. 그러나 나의 친구들은 전부 노동계급이었고 그들 간에는 국가를 막론하고 거대한 동질감이 있었다.

그러나 이런 생각은 전적으로 틀린 것이었다. 그 후 나는 프랑스 노동자와 친해질 기회를 가지면서 투르게네프의 말이 옳다는 생각을 종종 하게 되었다. 결혼관계에 대한 러시아인들의 생각과 프랑스인의 생각 사이에는 많은 차이가 있었다. 그리고 그것은 중산층이나 노동계급이나 마찬가지였다. 다른 점에서도 러시아인과 프랑스인의 견해에는 많은 차이점이 있었다. 투르게네프가 죽은 후 나는 그가 이 문제에 관한 소설을 쓰려고 했었다는 말을 들었다. 만일 소설을 썼다면 틀림없이 앞서 말한 장면이 원고에 들어 있었을 것이다. 그가 그 소설을 쓰지 못한 것은 참으로 애석한 일이다. '서구적'인 사고방식을 완전히 이해했던 투르게네프가 평생 천착해온 그 주제에 관해 글을 썼다면, 아마 상당히 깊이 있는 작품이 나왔을 것이다.

19세기의 작가들 중 투르게네프는 예술가로서 가장 높은 경지에 도달한 사람이다. 그의 산문은 러시아인의 귀에 베토벤의 음악처럼 깊은 울림을 전해준다. 그의 주요 작품인 『루딘』 『어느 귀족의 은퇴』 『그 전날 밤』 『아버지와 아들』 『연기』 『처녀지』 등은 1848년 이후 빠르게 진보하는 '역사를 만드는' 러시아 지식인들을 묘사한 것이었다. 모두 깊이 있는 철학적 사상과 인도주의적 이해 그리고 유례 없는 예술적 아름다움으로 충만한 작품들이었다. 그러나 그가 가장 심오한 작품으로 생각하는 『아버지와 아들』은 러시아 청년들에게 거센 항의를 받았다. 러시아의 청년들은 주인공인 니힐리스트 바자로프가 결코 자신들을 대표할 수 없다고 선언했다. 심지어 많은 사람들은 니힐리즘을 희화화한 것으로 생각했다. 이런 오해는 투르게네프에게 깊은 상처를 주었다. 『처녀지』를 씀으로써 청년들과 화해가 이루어졌지만 그가 입은 상처는 결코 아물지 않았다. 그는 내가 자신의 작품을 열정적으로 숭배한다는 것을 라브로프로부터 들어 알고 있었다. 어느 날 안토콜리스키의 작업실을 방문하고 돌아오는 마차에서 그는 나에게 바자로프를 어떻게 생각하느냐고 물었다. 나는 솔직하게 대답하였다. "바자로프는 니힐리스트의 훌륭한 전형이긴 하지만 사람들은 선생님이 다른 주인공만큼 바자로프를 사랑하지 않는 것으로 생각하고 있습니다."

"그 반대네. 나는 그를 사랑하고 있어. 그것도 아주." 하고 투르게네프는 뜻밖에도 힘주어 말했다. "집에 가면 일기를 보여주겠네. 거기에는 바자로프의 죽음으로 소설을 끝맺었을 때 내가 얼마나 슬퍼했는지 기록되어 있네."

투르게네프가 바자로프의 지적인 면을 사랑했던 것은 확실하다. 그는 바자로프의 이름으로 일기를 쓰기도 하고 바자로프의 관점에서 시사문제를 비평할 정도로 주인공의 철학을 체현하고 있었다. 그러나 나는 그가 바자로프를 사랑하기보다는 그를 찬미했다고 생각한다. 그는 자신의 유명한 논문에서 인류의 역사를 이끌어온 인간형을 햄릿형과 돈 키호테형으로 대별했다. 그는 햄릿에 대해 이렇게 특징지었다. "무엇보다 분석을 우선시하는 이기주의자로 신념이 없다. 이기주의자는 심지어 자신도 믿을 수 없다. 그래서 그는 회의적이고 어떤 일도 성취할 수 없게 된다." "반면, 풍차와 싸우고 이발소의 접시를 맘브리노의 마술 투구로 착각하는 — 우리역시 이 같은 실수를 하지 않는가? — 돈 키호테는 군중의 우두머리다. 군중은 항상 다수의 조소를 개의치 않고 심지어 박해도 두려워하지 않고 보이는 목표에 눈을고정시키고 똑바로 앞으로 나아간다. 아마 누구나 그럴 것이다. 이런 사람은 끊임없이 길을 모색하고 가다 넘어지고 다시 일어선다. 그리고 마침내 찾아낸다. 그것은 당연하다. 그러나 햄릿은 회의주의자로서 선은 불신하지만 악은 인정한다. 악과 거짓은 증오해야 할 적이다. 회의는 무관심이 아니라 다만 부정과 의혹일 뿐이며 그것은 마침내 그의 의지를 꺾어놓고 만다."

투르게네프의 이러한 생각이 그의 주인공과 그의 관계를 이해하는 참된 열쇠가될 수 있다. 그와 그의 친구들은 대부분 이 햄릿형에 속해 있다. 그는 햄릿을 사랑했고, 돈 키호테는 찬미했다. 마찬가지로 그는 바자로프를 찬미했다. 그는 바자로프의 우월성을 찬미하면서도 그 고립된 지위의 비극적 성질을 잘 알고 있었다. 그는 햄릿형 주인공을 대할 때는 병상에 누워 있는 친구를 감싸듯 시적 애정을 지니고 대했다. 그러나 바자로프에게는 그러지 않았다. 그것은 그에게 무리였을 것이다.

"자네는 미쉬킨을 아는가?" 1878년 어느 날 그가 나에게 물었다. 그는 우리 서클에 대한 공판이 열릴 때 가장 강력한 개성을 드러냈던 동지였다. "나는 그에 관한 것들을 모두 알고 싶네. 그는 햄릿다운 면이 전혀 없는 사람이었네." 그렇게 말하면서 투르게네프는 러시아운동에 등장한 새로운 인간형에 대해 생각을 했다. 『처녀지』를 집필한 후 2년 만에 그전에는 존재하지 않았던 새로운 인간형의 혁명가가나타난 것이었다.

나는 1881년 가을에 마지막으로 그를 만났다. 병세는 심각했고, 알렉산드르 3세에게 편지를 써야 한다며 걱정하고 있었다. 알렉산드르 3세는 이제 막 즉위를 해서 어떤 정책을 펼지 망설이던 때였다. 투르게네프는 황제에게 러시아에 헌법을 공포해야 하는 필요성을 확실한 논거로 역설하려고 생각했던 것이다. 그는 슬픈 얼굴로 나에게 말했다. "꼭 편지를 보내야겠는데 할 수 있을지 모르겠네." 그는 암으로 심한 고통에 시달리고 있었다. 잠깐 이야기하는 것조차 매우 힘들어 했다. 그는 그때까지 편지을 쓰지 못한 상태였고, 몇 주 후에는 아무 소용이 없게 되고 말았다. 알렉산드르 3세가 러시아의 절대권력으로 남아 있겠다는 의도를 천명했기 때문이다.

한 가지 기억이 더 있다. 투르게네프는 우리 서클에서 민중들을 위해서 발간했던 책들에 대해서 나와 이야기를 나누었다. "그렇네…… 하지만 그것은 사람들에게 필요했던 것이 아니네." 무언가에 대해서 생각에 잠긴채 그가 말했다. 그리고 내가 놀라는 모습을 보고 그는 우리 민중들이 말도적들을 어떻게 물리쳤는지를 이야기 해주었다. 그가 무슨 말을 했는지는 정확하게 기억하지 못하지만 그가 지적한 말의 의미는 뚜렷하게 기억을 하고 있다. 애석하게도 누군가가 집무실로 들어와서 우리의 대화를 끊었다. 나는 몇 번이고 스스로에게 물어보았다. "그가 하려고 했던 이야기는 무엇일까?"

죽기 직전 그는 단편소설 한 편을 프랑스어로 구술하여서 비아르도 씨가 받아쓰게 했는데 이 단편소설이 그가 죽은 후 몇 년 뒤에 그리고로비치에 의해서 러시아어로 번역이 되었다. 그곳에서 그는 농민들이 말도적인 지주를 어떻게 물리쳤는지에 대해서 썼다…….

투르게네프가 얼마나 예술을 사랑했는지 잘 알려져 있다. 그가 안토콜스키에게서 위대한 화가의 모습을 보고 그는 환희에 차서 말했다. "내 평생 동안 천재적인 사람을 봤는지 못 봤는지 모르겠지만 봤다면 아마도 안토콜스키일 것이네!" 라고 내게 말했다. 그리고 미소를 지으면서 다음과 같이 덧붙였다. "어떤 언어로도 제대로 이야기를 못하더군, 러시아어도 프랑스어도, 엉망진창이야……. 하지만 조각상은 정말 대단해!" 나는 안토콜스키의 조각상 〈이반 뇌제〉를 보고 내가 얼마나 감명을 받았는지 이야기를 해주었다. 그리고 특히 밀랍으로 만든 책을 읽고 있는 유대인들의 모습과 지하실로 내려가는 대심문관들이 마음에 들었다고 이야기를 했다. 그러자 투르게네프는 얼마 전에 완성된 〈민중들 앞에 선 예수〉 상을 즉시 가서 보라고 했다. 나는 혹시 안토콜스키를 방해할까봐 걱정을 했다. 그러자 투르게네프는 안토콜스키의 작업실로 라브로프와 나를 데리고 가겠다고 안토콜스키와 시간을 잡겠다고 했다.

약속은 이행되었다. 그 조각상이 얼마나 훌륭한지는 이미 잘 알고 있을 것이다. 특히 "그를 십자가에 못박아라!"라고 이야기를 하는 군중들 앞에 서 있는 예수의 얼굴에 나타난 특별한 슬픔이 나를 감탄하게 했다. 아니 예수의 모습 자체가 나를 감탄하게 했다. 뒷모습만을 보면 그것은 밧줄에 묶인 건장한 농민의 모습이었다.

"조각상을 위에서 한번 보게. 그러면 그 머리에 얼마나 커다란 힘이, 얼마나 큰 경멸이……."

그리고 투르게네프는 내가 머리를 잘 볼 수 있도록 안토콜스키에게 사다리를 부탁했다. 안토콜스키는 거절하면서 말했다.

"그렇게 할 필요까지 없습니다. 이반 세르게예비치, 무엇 때문에요?"

"아니, 아니요. 이 사람이 볼 수 있게 해주세요. 이 사람은 혁명가입니다." 투르게네프가 고집을 부렸다.

그리고 실제로 사다리를 가져 왔고, 나는 그 머리를 위에서 바라보았다. 그리고 나는 예수의 위대한 힘을, 대중들의 어리석음을 경멸하는 모습을, 사형집행인에 대한 증오를 볼 수 있었다. 조각상 앞에 서서 예수가 묶인 밧줄을 풀고 사형집행인들을 내쫓기를 바랐다…….

07

러시아 투르크 전쟁 후의 러시아 대중의 불만-193명의 공판
-트레포프 총감 습격 사건-왕관을 쓴 사람에 대한 4번의 암살기도
-〈Le Revolte〉 사회주의 잡지가 가야 할 길-재정적 어려움과 기술적 어려움

러시아의 정세는 전혀 새로운 방향으로 전개되었다. 1877년 투르크에 대한 러시아의 침공의 결과는 참담한 것이었다. 전쟁이 발발하기 전 러시아에는 슬라브인들의 광범위한 지지가 있었다. 또한 많은 사람들이 발칸을 해방시키는 전쟁이 러시아를 진보적인 방향으로 유도할 것이라고 믿었다. 그러나 슬라브인들의 해방전쟁은 부분적인 성과만 있었고, 러시아 군참모부의 실책으로 막대한 희생자가 발생했다. 수십만 명의 병사들이 희생된 이 전쟁에서 러시아는 반쪽의 승리만 거두었고, 투르크에게 얻은 성과마저 베를린회의에서 완전히 수포로 돌아갔다. 또한 크림전쟁 때와 마찬가지로 전쟁기간 동안 막대한 국비가 횡령되었음은 누구나 알고 있었다.

1873년 이후 구속되었던 우리 동지들 193명의 공판이 고등법원에서 열린 때는 이러한 대중들의 불만이 러시아에 팽배하던 1877년 말이었다. 피고들은 유능한 변호사들의 변호를 받으며 광범위한 대중의 지지를 획득했다. 그들이 공판 전까지 3, 4년간 투옥되어 있었고, 적어도 21명이 자살하거나 미쳐버렸다는 사실이 알려지면서 페테르부르크 사람들과 심지어 재판관에게까지 강력한 지지를 보내게 되었다. 법정은 몇 명을 제외하고는 대부분 관대한 판결을 내렸다. 대다수의 피고들에

게 미결기간이 너무 길었고 그 자체가 형벌이어서 더 치를 죄값이 없다는 것이 이유였다. 황제라면 더욱 감형해줄 것이라는 의견까지 있었다. 그러나 놀라운 일이 벌어졌다. 판결이 번복되어 무거운 형벌이 부과되었던 것이다. 재판소가 무죄를 선고했던 사람은 러시아 벽지나 시베리아로 유배되었고, 단기 금고형이었던 사람은 5~12년의 징역형에 처해졌다. 제3국의 총책임자인 메젠초프 장군의 작품이었다.

당시 페테르부르크 경찰국장 트레포프 총감은 미결감옥을 방문했을 때 보고르보프라는 정치범이 전능한 총감에게 모자를 벗고 인사하지 않았다는 이유로 폭행했으며 그가 저항하자 태형에 처했다. 거세게 소리를 지르며 항의한 다른 정치범들도 간수와 경관들에게 심하게 구타당했다. 러시아의 정치범들은 시베리아 유배나 투옥의 고난은 묵묵히 참았지만 체벌은 용납하지 않았다. 보고르보프를 개인적으로 알지도 않는 베라 자술리치라는 젊은 여성은 경찰국장을 찾아가 총으로 그를 쏘았다. 트레포프는 부상만 입었다. 예쁜 얼굴과 수수한 매력을 가진 이 영웅적인 여성은 접견하러 온 알렉산드르 2세에게 강한 인상을 주었다. 페테르부르크에 너무 많은 적을 가지고 있던 트레포프는 이 사건을 민사사건으로 처리하려 했다. 베라 자술리치는 법정에서 이 사건을 사회에 알리려고 노력했지만 모든 노력이 수포로 돌아가자 무기를 사용했다고 적극적으로 진술했다. 런던 〈타임〉지의 페테르부르크 통신원에게 사건을 보도해 달라고 요청했지만 보도가 되지도 않았다. 그래서 아무에게도 말하지 않고 트레포프를 저격했다고 말했다. 결과적으로 보고르보프 사건이 공개되었고 트레포프도 약간의 부상만 입었으므로 매우 기쁘다고 진술했다. 배심원들은 만장일치로 무죄를 선고했다. 그녀가 재판소에서 나오는 순간문 앞에 운집해있던 페테르부르크의 젊은이들은 체포하려는 경찰들로부터 그녀를 구했다. 그녀는 곧 해외로 탈출했고, 스위스에서 우리와 함께 있었다.

이 사건은 유럽 전역에 충격을 주었다. 그녀가 석방되었다는 뉴스를 들었을 때파리에 있던 나는 업무차 몇몇 신문사에 들렀다. 나는 기자가 그 여성을 열정적으로 찬양하는 기사를 쓰는 것을 보았다. 심지어 보수적인 문예잡지인 〈르뷔 데 되 몽드(Revue des deux mondes, 두 개의 세계)〉조차도 1878년 한 해 동안 유럽에게 가장 강한 인상을 남긴 두 사람으로 베를린회담의 고르차코프 공작과 베라 자술리치라고 쓸 정도였다. 이 두 사람의 초상은 연감에 나란히 실렸다. 베라 자술리치의 헌신적인 행동은 유럽의 노동자들에게 깊은 인상을 남겼다.

그로부터 몇 개월 후 '왕관을 쓴 사람'에 대한 암살이 4차례나 연달아 시도되었다. 노동자 회델과 노빌링 박사는 독일 황제를 저격하였으며 몇 주일 후에는 스페인의 노동자 올리버 몬카시가 스페인의 왕을 저격할 목적으로 뒤쫓다 체포되었으며 요리사 파사난테는 칼을 들고 이탈리아 왕에게 덤벼들었다. 유럽 제국의 정부들은 세 국왕에 대한 피습은 국제적인 음모가 있으며 배후로 쥐라연합과 인터내셔널를 지목했다.

20여년이 지난 지금 나는 여전히 그런 추측이 아무런 근거가 없다는 걸 단호하게 말할 수 있다. 그러나 유럽의 정부들은 이러한 음모를 꾸민 혁명가들을 스위스가 피난시키고 있다고 비난했다. 쥐라연합의 기관지 〈아방가르드(avant-garde)〉발행인인 폴 브루스가 체포되어 기소되었다. 브루스나 쥐라연합이 암살사건과 연관되어 있다는 근거를 전혀 발견하지 못한 스위스의 재판관들은 그가 쓴 논문을 문제삼아 몇 달 동안의 금고형에 처했다. 연합정부는 신문 발행을 금지시키고 스위스의 모든 인쇄소가 이 같은 신문을 인쇄하지 못하도록 명령했다. 이런 조치로 쥐라연합은 기관지를 더 이상 낼 수 없게 되었다.

자국에서 유행하는 아나키스트운동을 주시하던 스위스의 정치가들은 쥐라연합의 지도자들에게 활동을 그만두지 않으면 직장에서 쫓겨나 굶주리게 될 것이라고 협박했다. 브루스는 스위스로부터 추방되었다. 8년 동안 온갖 난관을 무릅쓰고 기관지를 유지해 온 제임스 기욤 역시 학교에서 쫓겨났고 다른 직장을 구할 수 없어 스위스를 떠나 프랑스로 이주했다. 시계공장에서 일자리를 찾을 수 없게 되면, 많은 가족을 부양할 길이 없는 아데마르 슈비츠게벨은 운동에서 손을 떼야 했다. 스피치거 역시 같은 상황으로 해외로 이주해야 했다. 이런 사정으로 외국인인 내가 쥐라연합 기관지의 편집을 맡지 않으면 안 되게 되었다. 나는 주저하였으나 별 도리가 없었다. 나는 듀마르트리와 헤르찌히 두 동지와 함께 〈반란자(Le Revolte)〉라는 제호로 1879년 제네바에서 격주간 신문을 창간했다. 거의 대부분의 기사를 나 혼자 썼다. 창간 당시 23프랑(약 4달러) 밖에 돈이 없어서 선금을 걸고 작업을 시작했다. 창간호는 성공적이었다. 신문의 논조는 온건했지만 내용은 혁명적인 것이었다. 나는 복잡한 역사와 경제문제들을 총명한 노동자라면 누구나 이해할 수 있도록 최선을 다해 썼다. 이전에 발행했던 신문은 발행부수가 제일 많을 때가 6백 부에 불과했지만 〈반란자〉는 2천부를 찍었는데도 며칠만 지나면 한 부도 남김없이 팔렸다. 신문은 대단히 성공적이었다. 이 신문은 이후 제호를 〈새 시대(Temps Nouveaux)〉로 바꾸어서 계속 발행되었다.*

사회주의신문은 단지 현 상황에 대한 불평의 연대기로 그치는 경향이 있었다. 광산 · 공장 · 농장 노동자들에 대한 억압, 파업할 때의 노동자들의 참상과 고통, 고용주에 맞선 투쟁의 불가항력만 나열하면 독자들에게 심한 절망감을 심어주기에 알맞다. 그래서 편집자들은 형평성을 유지하기 위해 과격한 언어를 사용해 독자들에게 신념을 고취시키려 한다. 그러나 나는 반대로 혁명적 신문은 무엇보다도 곳곳에서 새로운 시대와 새로운 형태의 사회생활이 도래하는 징후, 그리고 낡은 체제에 반발하는 저항이 증가하고 있음을 알려야 한다고 생각했다. 이런 징후를 보여주면 머뭇거리는 절대 다수의 노동자들은 사회에서 진보적인 사상이 부활할 때 무의식중에 진보적인 사상을 지지하게 될 것이다. 전세계에 약동하는 인간의 심장박동, 오랜 부정에 대한 반역, 새로운 형태의 생활에 대해 공감하게 하기 위해 이것은 혁명적인 신문의 중요한 의무가 되어야 한다. 혁명을 성공시키는 것은 희망이지 절망이 아니다.

---

* 전쟁이 시작되고 신문은 폐간되었다. 왜냐하면 대부분의 동지들이 전쟁터로 나갔기 때문이다.— 저자, 1917년.

역사가들은 철학이 인류의 생각과 사회제도를 변화시킨다고 말하곤 했다. 그러나 역사는 철학이 변화시키는 것이 아니다. 위대한 사회철학자는 단지 변화의 도래를 감지하고, 그 내적 연관성을 이해하고, 귀납과 연역에 의해 앞으로 일어날 사태를 예언하는 것에 불과하다. 몇몇 원리에서 지리학적인 결론을 이끌어내는 것처럼 몇몇 원칙과 필연성을 바탕으로 사회조직의 설계도를 그리는 것은 쉬울지도 모른다. 올바른 사회적 전망은 수많은 사람들이 새

〈반란자〉 제1호

로운 생활의 징후에 주목하지 않으면, 산재한 우연적인 요소들을 조직화하고 그것을 바탕으로 일반화시키지 않으면 결코 실현되지 않는다.

나는 이런 생각을 가지고 명료하고 알기 쉬운 말로 독자들에게 다가가려고 노력했다. 나는 그들에게 익숙한 말로 온건한 태도를 취하면서 노동자들 스스로 사회의 변화에 대해 판단하게 했다. 사회가 잘못되었다고 판단되면 스스로 바로잡도록 유도했던 것이다. 현 제도를 비판할 때에도 나는 악의 뿌리를 파헤칠 뿐이었다. 인류의 낡은 유산에 대한 맹목적인 집착과 광범위하게 퍼져 있는 비겁한 마음과 의지가 모든 악의 근원임을 보여주었다.

듀마르트리와 헤르찌히는 이러한 신문의 방향에 전적으로 동의했다. 듀마르트리는 사부아의 가장 가난한 농민의 집에서 태어나 초등학교를 중퇴한 학력을 가지고 있었다. 그럼에도 불구하고 그는 내가 만나 본 사람들 중에 가장 지적인 사람 중

의 하나였다. 현 사회와 인간에 대한 그의 판단력은 예언적이라고 할 수 있을 정도로 비범했다. 그는 또한 사회주의 문헌의 뛰어난 비평가로서 단순한 미사여구와 사이비 과학의 외관에 속지 않았다.

헤르찌히는 제네바 출생의 젊은 사무원으로 감정을 겉으로 드러내지 않는 내성적인 사나이로 독창적인 생각을 말할 때는 소녀처럼 얼굴을 붉혔다. 내가 체포된 후 그가 신문 발행의 책임자가 되고부터는 순전히 의지력 하나로 훌륭한 글을 쓸 줄 알게 되었다. 제네바의 모든 고용주들로부터 보이콧을 당한 그는 가족과 함께 극심한 가난에 허덕였지만, 그러면서도 신문사를 파리로 옮길 때까지 유지시켜 나갔다. 이후 그는 이탈리아인 베르토니와 함께 제네바에서 훌륭한 아나키스트 노동자들의 신문 〈각성(Le Reveil)〉을 발행하였다.

나는 두 친구의 판단을 아무런 의심 없이 믿고 받아들였다. 만일 헤르찌히가 얼굴을 찌푸리며 "그래요……그럼……그렇게 하지요."라고 중얼거리면 나는 그렇게 해서는 안 된다는 것을 알았다. 듀마르트리는 쉽게 써지지 않은 부분이 있으면 자신의 좋지 않은 안경에 대해 불평하곤 했다. 그가 읽다가 "아니, 왜 이렇게 잘 안 보이지!" 하고 소리치면 나는 즉시 적절치 않은 곳이 있는 것을 알아차렸다. 그리고 어떤 생각이나 어떤 표현이 그에게 거부감을 불러일으켰을까 생각했다. 나는 "왜, 일이 잘 안 돼나?" 하고 물어도 아무 소용이 없다는 것을 알고 있었다. 그는 이렇게 대답했다. "아, 그것은 당신의 문제가 아니고 내 문제입니다. 너무 신경쓰지 마세요." 그러나 나는 그가 옳다고 느꼈고 그 구절을 다시 고쳐 쓰거나 다시 식자를 했다.

매우 어려운 시절도 있었다. 4호, 5호를 내고 난 후 인쇄소로부터 다른 인쇄소를 찾아보라는 연락이 왔다. 헌법에는 언론의 자유가 명시되어 있었지만 노동자를 위한 인쇄물은 많은 예외 조항으로 제한을 받고 있었다. 인쇄소는 우리의 신문에 대해 반대하지 않았다. 사장은 오히려 우리 신문을 좋아했다. 그러나 스위스의 모든 인쇄소는 다소 정부로부터 통계자료 같은 것을 수주받아 일하고 있었던 것이다. 인쇄소는 신문을 계속 인쇄하면 제네바 정부로부터 일을 받을 수 없다고 말했다.

나는 스위스에서 프랑스어가 통용되는 지역을 돌아다니며 인쇄소 주인들을 만나 보았다. 그러나 우리 신문에 호의적인 주인조차도 같은 대답을 했다. "정부에서 일을 받지 못하면 살 수가 없습니다. 아무도 〈반란자〉를 인쇄해줄 수 없을 겁니다."

나는 매우 실망하고 제네바로 돌아왔다. 그러나 듀마르트리는 오히려 열정과 희망에 불타 있었다. "간단한 문제입니다. 3개월 동안 신용담보로 인쇄기를 사면 됩니다. 3개월이면 기계 값을 지불할 수 있어요." "그렇지만 돈이라곤 겨우 2, 3백 프랑 밖에 없지 않소?" 나는 반대했다. "돈이란 우스운 겁니다. 만들면 되지 않습니까? 우선 기계를 주문해서 다음 호를 내면 돈이 모일 겁니다." 그의 판단은 정확했다. 우리는 기계를 주문했다. 그리고 다음 호를 우리의 '쥐라 인쇄소'에서 찍고 우리의 어려움을 호소하는 팸플릿을 발행했다. 우리 모두가 직접 인쇄했다. 과연 돈이 모이기 시작했다. 대부분 동전과 소액의 은화였지만 어쨌든 돈이 모였다.

나는 진보적인 정당들이 돈이 없다고 푸념하는 것을 여러 번 들어왔다. 그러나 나는 그 후 그런 말을 들을 때마다 우리의 주된 어려움은 돈의 부족이 아니라 목표를 향해 단호하게 전진하고 다른 사람을 고취시키는 '사람'의 부족이라고 설득하게 되었다. 우리는 1면에 후원금 모금을 호소하며 21년간 발행을 계속해 왔다. 일에 온 정력을 쏟는 사람이 있는 한—제네바에서는 헤르찌히와 듀마르트리가 그 일을 했고, 파리에서는 16년간 그라브가 그 일을 했다. 돈은 연간 800파운드 정도 모였다—돈은 모였다. 그 돈은 주로 노동자들이 보낸 동전과 은화였다. 그 돈은 신문과 팸플릿을 제작하는 데 충분했다. 모든 일이 그렇지만 신문은 사람이 돈보다 훨씬 강력한 힘을 발휘했다.

우리는 한 작은 사무실에 인쇄소를 차렸다. 식자 일은 소러시아 사람이 한 달에 60프랑의 박봉을 받기로 하고 일을 맡아 주었다. 그는 소박한 식사와 가끔 가는 오페라 이외에는 아무것도 바라는 것이 없었다. "터키탕에 가나, 쿠지마?" 언젠가 나는 제네바 거리에서 갈색 종이꾸러미를 들고 있는 그를 만나 이렇게 물었다. "아니요. 새 하숙집을 찾아 가고 있어요." 하고 그는 평소처럼 웃으며 명랑한 목소리로 대답을 했다.

불행하게도 그는 프랑스어를 전혀 몰랐다. 나는 학창시절 에베르트 선생님의 습자시간에 게을리 한 것을 후회하면서 될 수 있는 한 깨끗하게 원고를 쓰려고 노력했다. 그런데 쿠지마는 철자를 흘낏 보고 식자했기 때문에 immediatement를 immidifermut라든가 inmuidiatmunt로 놀라운 단어를 조합해내는 경우가 허다했다. 그러나 "띄어쓰기는 지켜서" 식자했으므로 문장의 길이는 변하지 않아, 긴 문장의 경우는 4~5개, 짧은 문장의 경우는 1~2개의 활자만 바꾸면 되었다. 우리는 아주 가까워졌고 나는 쿠지마에게 식자하는 법을 조금 배우기도 했다. 조판이 끝나면 식자판은 책임편집자였던 스위스인 동지 집으로 운반되었다. 그가 확인을 마치면 우리 중의 누군가가 식자판을 마차에 싣고 인쇄소로 다시 운반했다. '쥐라 인쇄소'는 출판물로 널리 유명해졌다. 특히 듀마르트리가 10상팀* 이상의 정가를 붙이지 못하게 한 팸플릿이 유명했다. 이 팸플릿을 위해서 완전히 새로운 스타일로 일해야 했다. 나는 나의 사상을 분량에 구애되지 않고 쓰고 싶었지만 그럴 수 없었다. "나는 간단하게 쓸 겨를이 없었다."고 변명했던 탈레랑 같은 작가들이 이때처럼 부러운 적이 없었다. 수개월간 연구한 결과 — 예를 들면 법률의 기원 등을 10상팀 짜리 팸플릿에 압축해 쓰는 일은 여간 시간이 걸리는 작업이 아니었다. 그러나 팸플릿은 노동자를 위한 것이었고, 한 부에 20상팀 하는 팸플릿은 평범한 노동자들에게 결코 싸지 않았다. 결과적으로 우리는 팸플릿을 1~2 수**(5~10 상팀)에 팔았다. 팸플릿은 수만 부가 팔려나갔고, 많은 나라에서 번역되어 재생산되었다. 당시의 나의 논문은 후에 내가 투옥되어 있는 동안 『반란자의 말』이라는 제목으로 엘리제 르클뤼에 의해 출판되었다.

프랑스는 언제나 우리 운동의 주요 목표였다. 〈반란자〉는 프랑스에서 엄격하게 금지되었다. 스위스에서 프랑스로 밀수입할 더 좋은 품목이 많았던 밀수업자들은

---

*   100상팀은 1프랑이다.

**   sou : 5상팀 또는 10상팀짜리 동전

신문을 취급하지 않았다. 나는 언젠가 밀수회사를 통해 프랑스 국경을 넘었다. 그들은 용감하고 신뢰할만한 사람들이었지만 신문밀수를 설득하지는 못했다. 우리는 프랑스에 있는 1백여 명의 독자들에게 신문을 우편으로 보낼 수밖에 없었다. 우리는 우송료를 청구하지 않고 프랑스 구독자들의 후원금으로 충당했다. 구독자들은 잊지 않고 늘 후원금을 보내주었다. 우리는 가끔 프랑스 경찰이 우리의 신문을 망하게 할 좋은 기회를 놓치고 있다고 생각했다. 1백여 명의 구독자들이 후원금을 보내지 못하게 막았다면 우리는 재정고갈로 망하고 말았을 것이다.

처음 1년간은 세 사람의 힘만으로 꾸려가야 했다. 차츰 이 일에 더 많은 관심을 갖게 된 엘리제 르클뤼는 내가 구속된 후 신문에 본격적으로 뛰어들었다. 르클뤼는 그의 기념비적인 저작 『지리학』 집필을 준비하던 중 러시아의 아시아 지역을 다룬 부분을 도와달라고 요청했다. 그는 러시아어를 잘 알았지만 시베리아에 대해서는 내가 도움이 되리라고 생각했다. 그 무렵 아내의 건강이 좋지 않았고 의사는 바람이 찬 제네바를 떠날 것을 권했다. 아내와 나는 1880년 초봄 당시 엘리제 르클뤼가 살고 있던 클라렌으로 이사했다. 우리는 아래로 제네바 호의 푸른 물이 내려다 보이고 뒤로는 덴뒤미디(Dent du Midi)의 하얀 설경이 보이는 클라렌 북부에 자리를 잡았다. 창문 아래로 작은 개천이 있었는데, 비가 온 뒤에는 무서운 급류로 변해 거센 물살이 좁은 개천의 돌들을 휩쓸고 내려갔다. 맞은편 언덕의 비탈에는 샤텔로의 고성이 우뚝 솟아 보였다. 성주는 1799년 문서소각혁명이 일어나기 전까지 부근의 농민들에게 출산, 결혼, 사망이 있을 때마다 굴욕적인 세금을 부과했다. 이곳에서 나는 아내의 도움을 받아 〈반란자〉에 쓴 글 중에서 가장 훌륭한 「청년에게 고함」을 썼다. 그 글은 각국의 언어로 수십만 장이 뿌려졌다. 나는 아내와 모든 일과 모든 문서에 대해 논의했다. 그녀는 나의 글에 대해 엄밀한 평가를 내려주기도 했다. 실제로 이후의 나의 저작물들은 거의 이곳에서 쓴 작품이다. 나와 같은 생각을 가진 지식인들, 소위 사회주의 아나키스트들은 전세계에 산재해 있었기 때문에 서로 접촉하기가 누구보다 어려웠다. 클라렌에서 나는 엘리제 르클뤼와 르프랑세 그리고 알고 지냈던 노동자들과 접촉했다. 나는 지리학 작업을 많이 하기는 했지만 사회주의 아나키즘에 관한 논문을 쓰는 것이 더 성과가 있었다.

08
발전하는 러시아 혁명 운동~"민중의 의지"당 집행위원회의 알렉산드르 2세 암살~알렉산드르 2세의 죽음

러시아에서는 자유를 위한 투쟁이 점점 더 격렬한 양상을 보였다. '193인 사건' 과 '50인 사건' 그리고 '도르그신 서클 사건' 등 많은 정치범의 공판이 고등법원에서 열렸고, 이 사건들에는 공통되는 특징이 있었다. 이 청년들은 농민과 노동자들에게 사회주의를 선전하고 해외에서 출판된 사회주의 팸플릿을 배포하면서 억압적인 경제체제에 반대하는 혁명을 호소했다. 그것은 다소 막연하고 애매한 말이었다. 한마디로 세계 각국에서 발생했던 일들이 러시아에서는 발생하지 않았다. 차르에 대한 암살과 혁명적 행동을 위한 준비는 없었다. 당시 러시아 청년들 대다수는 그런 행동에 적대적이었다. 1870~78년까지의 운동을 돌이켜보면 그들이 단지 농민, 노동자들과 함께 생활하면서 그들을 가르치고 능력 있는 개인 혹은 지방자치제의 일원이 되게 하는 것에 만족했다고 확신할 수 있다. 그 틀 안에서 지식이 있는 성실한 청년들이 대중에게 유용한 역할을 했던 것이다. 나는 그들을 잘 알고 있으며 충분한 지식을 갖고 이렇게 말하는 것이다.

그럼에도 불구하고 선고되는 형량은 지극히 무자비하고 야만적인 것이었다. 그러나 당국이 이런 야만성으로 뿌리뽑기에는 운동의 뿌리가 너무 깊었다. 6년, 10

년, 12년의 탄광 중노동이나 시베리아 유형은 보통이었다. 어떤 경우는 사회주의 팸플릿 한 장을 노동자에게 준 한 소녀가 9년간의 노역과 시베리아 종신추방형에 처해진 경우도 있었다. 구코프스카야라는 14세 소녀는 코발스키 등이 교수형에 처해질 때 괴테의 작품의 클뢰첸처럼 무심한 군중을 흥분시켰다는 이유로 시베리아 종신추방형에 처해졌다. 하지만 구코프스카야의 이 행동은 정권의 입장에서 보아도 당연한 것이었다. 왜냐하면 러시아에서는 형사범들에게 조차도 극형에 처하는 경우가 이전에는 없었다. 그런데 정치범들에게 사형이 언도되는 것은 당시로는 생각도 못했던 것이며 어두운 전제 시대인 니콜라이 황제 시대로 돌아간다는 것을 의미하는 것이기 때문이다. 시베리아의 황무지로 내던져진 소녀는 예니세이 강에 몸을 던졌다. 재판소에서 무죄 석방된 사람도 다시 헌병에게 체포되어 시베리아나 동북 러시아로 유배되어 매월 3루블(1달러 50센트)의 급여를 받으며 굶어야 했다. 유배지에는 하고 싶은 일도 찾을 수 없었고, 교육도 금지되어 있었다.

당국은 청년들을 더욱 분노하게 하려는 듯 피선고인들은 곧바로 시베리아로 보내지 않았다. 몇 년 동안 중앙감옥에 감금시켜 오히려 시베리아 유형생활을 부러워하게 만들었다. 중앙감옥은 끔찍한 곳이었다. 감옥사제가 기도 속에서 '티푸스의 소굴'이라고 말할 정도였다. 일년 동안의 치사율이 전체 수감자의 20퍼센트에 달했다. 중앙감옥에서 죄수들은 간수들의 학대로부터 자신을 지키기기 위해 혹은 몇 달 동안 미치지 않을 조건 ― 독방에서 어떤 작업이나 독서가 가능한 ― 을 얻기 위하여 죽음의 스트라이크라고 할 수 있는 단식투쟁으로 호소해야 했다. 평범한 청년들이 7, 8일 동안 음식도 먹지 않고 정신이 몽롱한 상태로 가만히 누워 있는 단식투쟁은 절박했지만, 헌병들은 그것조차 무관심했다. 하리코프에서는 녹초가 되어 누워있는 죄수들을 밧줄로 묶고 음식을 강제로 입 속에 밀어 넣었다.

감옥에서 흘러나온 이 끔찍한 소식은 무한히 펼쳐진 시베리아를 지나 청년들 사이에 광범위하게 퍼졌다. 어떤 때는 이런 소식 혹은 더 참혹한 소식이 매주 빠지지 않고 들려왔다.

청년들은 매우 분노했다. "다른 나라 사람들은 저항할 용기를 가지고 있다. 영국이나 프랑스 사람들은 결코 이런 폭력행위를 용납하지 않을 것이다. 왜 우리만 인내해야 하는가? 손에 무기를 들고 헌병들의 야간침탈에 저항하자. 그리고 체포가 그들의 손에서 천천히 악랄하게 죽는 것을 의미한다면, 그들도 목숨을 걸고 우리를 붙잡아야 한다는 것을 알게 해주어야 한다!" 오데사에서 코발스키와 그의 동지들은 어느 날 밤 그들을 체포하러 온 헌병들에게 권총으로 저항했다.

알렉산드르 2세는 이 새로운 움직임에 계엄령으로 응답했다. 러시아 각 지역의 총독에게는 이들을 가차 없이 교수형에 처하도록 명령했다. 코발스키와 그의 동지들은 — 권총을 쏘긴 했으나 아무도 죽지 않았다 — 사형에 처해졌다. 교수형은 당일 날 시행되었다. 2년 동안 23명이 처형되었는데 그중에는 기차역에서 혁명선언문을 붙이다가 잡힌 열아홉 살 소년도 있었다. 그는 미성년자였지만 성인과 똑같이 처형되었다.

'자기 방어'는 혁명가들의 슬로건이 되었다. 그것은 동지애라는 허울 아래 서클에 가입해 회원들에 대한 정보를 누출시키는 스파이들 — 스파이들은 운동가들을 신고하고 당국으로부터 돈을 받았다 — 에 대한 자기방어, 수감자에게는 비인간적인 처우에 대한 자기방어, 절대권력인 국가경찰에 대한 자기방어를 의미했다.

이러한 철저한 자기방어로 스파이들은 난관에 봉착했다. '193인 사건' 공판 이후 차르에게 형량을 두 배로 높일 것을 권한 메젠초프 장군은 대낮에 페테르부르크 한복판에서 살해되었다. 그보다 더 악질적인 헌병대령은 키예프에서 같은 운명을 맞이했다. 나의 사촌인 하리코프 지역의 총독 드미트리 크로포트킨은 극장에서 집으로 돌아오는 길에 저격되었다. 최초로 단식투쟁이 일어나고 강제로 음식을 먹이던 중앙감옥이 그의 감독 하에 있다는 것이다. 실제로 그는 나쁜 사람은 아니었다. 나는 그가 정치범들에게 호의를 갖고 있었던 것도 알고 있었다. 그러나 나약한 관리였던 그는 사건에 개입하기를 주저했다. 그가 황제에게 한마디만 건의했다면 죄수들에 대한 부당한 학대는 멈추었을 것이다. 알렉산드르 2세는 그를 몹시 좋아했고 지위도 높았기 때문에 황제는 귀담아 들었을 것이다. 실제로 2년 전 하리코프의 빈민들이 폭동을 일으킨 사건에 대해 빈민들을 관대하게 처리했음을 보고했을 때 황제는 "고맙네. 그것이 내가 바라던 것이었네."라고 말할 정도였다. 그러나 이번에는 간수들이 하는 행위를 방관했고, 동지에 대한 학대에 분노한 하리코프의 청년이 그를 저격한 것이었다.

그러나 황제는 그 투쟁의 대상에서 제외되었다. 1879년 이전까지 그의 생명을 노리는 어떤 암살도 계획된 적이 없었다. 그는 농노의 해방자라는 후광 덕분에 안전하게 몸을 지킬 수 있었다. 만약 이 위기에서 알렉산드르 2세가 러시아의 국가적 문제를 개선할 의지를 조금이라도 보여주었다면, 개혁적인 인사 한두 사람이라도 궁정으로 불러 국내의 사태 혹은 농민들의 상황을 조사하도록 명령했다면, 비밀경찰의 권력을 조금이라도 제한할 의지를 표명했다면 그는 열렬한 환영을 받았을 것이다. 그런 한 마디는 그를 또다시 '해방자'로 만들었을 것이다. 청년들은 게르첸의 말, "갈릴리아인이여 그대가 승리했도다."를 반복했을 것이다. 황제는 폴란드봉기 때 전제군주에 대한 열망 — 그것은 카트코프의 부추김에 따른 것이었다 — 으로 반란군들을 교수형에 처했듯이, 이번에도 천재적 악마인 카트코프를 교수형의 집행을 위한 특수군 총독에 임명하고 말았다.

'집행위원회'에 소속된 극소수의 혁명가들이 절대군주에 대한 투쟁을 선언한 것은 바로 그 시점이었다. 그것은 지식층, 심지어 차르의 측근들 사이에서도 점증하는 불만을 대변한 것이었다. 몇 번의 암살이 시도되었고, 결국 1881년 알렉산드르 2세는 사망했다.

앞서 말했듯이 알렉산더 2세의 마음에는 두 사람이 살고 있었다. 일생 동안 점점 첨예해진 두 사람의 갈등은 결국 비극을 낳았다. 자신을 암살하려는 솔로비요프와 맞닥뜨렸을 때 첫 번째 탄환이 빗나가자 황제는 가장 가까운 문 쪽을 향해 지그재그로 달렸다. 솔로비요프는 연달아 총을 쏘았으나 황제는 무사히 탈출할 수 있었다. 외투만 조금 찢겼을 뿐이었다. 그가 암살된 날에도 황제는 용기 있는 행동을 보여주었다. 위험에 직면했을 때도 그는 대담했지만 상상 속의 환영에 대해서는 끊임없이 떨고 있었다. 한번은 시종무관이 갑자기 몸을 움직이자 자신의 생명을 노리는 것이라고 착각해 사살한 적도 있었다. 황제는 자신의 생명을 구하기 위해, 돈 되는 지위를 좋아할 뿐 황제를 좋아하지 않는 한줌의 무리들에게 권력을 모두 맡겨 버렸다.

알렉산드르 2세는 황후가 죽자마자, 유리예프스카야—돌고루카야 공작의 딸과 결혼하기는 했지만 아이들의 어머니인 황후에게 애착이 남아 있었다. "황후에 대해 말하지 마오. 너무 괴로우니." 황제는 로리스 멜리코프에게 그렇게 말하곤 했다. 해방자였을 때 황제는 자신을 충실하게 보필했던 황후 마리아를 완전히 내팽개쳤다. 그는 무관심하게 그녀가 죽게 내버려 두었다. 지금은 죽은 어느 유명한 의사는 황후가 병들어 있는 동안 황제가 완전히 외면하는 것을 보고 충격을 받았다고 말한 적이 있었다. 황후를 돌보는 시녀 두 명 외에는 옆에 아무도 없었다. 시녀들은 황후에게 매우 헌신적이었다고 한다. 황제는 하루에 한번 형식적으로 방문했을 뿐 대부분은 다른 곳에서 보냈다.

'집행위원회'가 동궁을 통째로 날려버리려는 대담한 계획을 세웠을 때 알렉산드르 2세는 전례 없는 조치를 취했다. 그는 로리스 멜리코프에게 무한권력을 부여했다. 알렉산드르 2세는 전에도 아르메니아인인 이 장군에게 막강한 권력을 허용한 적이 있었다. 볼가 강 하류 지방에 흑사병이 창궐했을 때 독일은 전염병이 멈춰지지 않는다면 군대를 동원해 자신들의 검역소 아래 러시아를 두겠다고 협박했다. 궁정경찰의 경계도 믿지 못했던 알렉산드르 2세는 로리스 멜리코프에게 전권을 위임했던 것이다. 멜리코프는 자유주의자로 평판이 자자했고, 사람들은 이 새로운 조치로 곧 국민의회가 소집될 것이라고 해석했다. 새로운 암살 시도가 없자 차르는 다시 자신감을 회복했다. 몇 달 전까지만 해도 전권을 위임한 멜리코프 앞에 선 차르는 더이상 절대권력이 아니었다. 그는 단지 내무장관에 불과했다. 앞서 말했듯이 알렉산드르 2세가 반동적인 인물로 변하는 동안 발작적인 슬픔이 그를 지배했었다. 그는 다시금 격렬하게 눈물을 흘렸다. 그는 몇 시간 동안 멜리코프 앞에서 울었다. 그리고 멜리코프에게 이렇게 물었다. "헌법 초안 준비가 언제 끝나나?" 이틀 후 멜리코프가 헌법 초안 준비가 끝났다고 말하자 황제는 모든 것을 잊어버린 듯이 말했다. "내가 그런 말을 했소? 꼭 그렇게 해야 하나? 그것은 나의 아들을 위해 남겨 두는 것이 좋겠소. 그것은 나의 아들이 러시아에 주는 좋은 선물이 될 거야." 새로운 암살계획이 있다는 소문을 들은 황제는 다시 개혁에 착수할 준비를 했다. 그러나 혁명가들 사이에 아무런 움직임이 없자 그는 다시 반동적인 고문들에게 귀를 기울이며 사태를 방관했다. 멜리코프는 여러 번 자신의 사임을 요청했다.

1881년 2월 멜리코프는 '집행위원회'에 의해 새로운 음모가 준비되고 있다고 황제에게 보고했다. 그러나 아무리 수사해보아도 음모를 발견할 수 없었다. 알렉산드르 2세는 각 지방의 대표로 구성된 일종의 심의회의를 소집하기로 결심했다. 그는 루이 16세와 운명을 같이 한다는 마음으로, 프랑스에서 1789년 국민의회 이전에 소집했던 '명사(名士)회의'로 명명했다. 그러나 황제는 이 계획안을 추밀원(樞密院)에 상정하는 것에 대해 다시 머뭇거렸다. 그는 1881년 3월 1일 아침 로리스 멜리코프에게 최후통첩을 받은 후, 다음주 목요일에 추밀원에 상정하도록 명령했다. 일요일이었던 그날 그는 멜리코프로부터 암살시도가 있을지 모르니 사열식에 나가지 말라는 말을 들었으나, 그럼에도 불구하고 나갔다. 그는 예카테리나 태공녀*를 만나 황후 마리아에게 속죄하는 마음으로 이 기쁜 소식을 전하고 싶었던 것이리라. 그는 태공녀에게 프랑스어로 "명사회의를 소집하기로 했다."고 말했다 한다. 그러나 이미 늦었다. 그 미온적인 양보안은 발표되지 못했다. 동궁으로 돌아가다가 그는 암살되었다.

알렉산드르 2세가 암살되던 때의 광경은 세상에 알려진 대로다. 황제의 철갑마차를 세우기 위해 마차 밑으로 폭탄이 던져졌다. 폭탄을 던진 리자코프는 현장에

---

* 1861년에 해방파의 지도자 중 한 사람이었던 그의 백모 엘레나 파블로브나의 딸.

서 체포되었다. 마부는 황제에게 마차가 경미한 손상을 입었으므로 달리는 데 지
장이 없다며 나가지 말 것을 권했으나 황제는 기어이 마차에서 내렸다. 그는 내려
서 부상당한 체르케스인 병사들을 위로해야 할 의무가 있다고 생각했다. 그는 러
시아—투르크전쟁 당시 자신의 생일에 플레브나에서 거대한 폭발사건으로 참사가
일어났을 때도 그랬었다. 그는 리자코프에게 무슨 일인지 물어보았다. 그리고 그
가 청년 그리네베츠키 옆을 지나갈 때 그리네베츠키는 함께 자폭할 생각으로 황제
와 자신 사이에 폭탄을 던졌다. 두 사람은 몇 시간 밖에 살지 못했다.

알렉산드르 2세는 심하게 피를 흘리며 눈 위에 쓰러져 있었다. 신하들은 모두 그
를 버렸다! 신하들은 모두 폭탄을 피해 사라지고 없었다. 눈 위에서 고통스러워하
는 차르를 들어 썰매에 태우고 떨리는 그의 몸을 자신들의 외투로 감싸주고, 드러
난 대머리에 자신의 모자를 벗어 씌워준 것은 사열식에서 돌아오던 사관생도들이
었다. 그중에는 현장에 대기해 있던 테러리스트 에멜리아노프도 끼어 있었다. 종
이로 싼 폭탄을 겨드랑이에 끼고 있던 그는 체포되면 교수형에 처해질 것임에도 불
구하고 사관생도들과 함께 이 부상자의 운반을 도왔다. 인간의 본성이란 이렇게
모순으로 가득차 있는 것이다.

알렉산드르 2세의 생애는 비극으로 끝났다. 사람들은 차르가 어떻게 해서 혁
명가들의 손에 죽게 될 정도로 러시아에 나쁜 짓을 많이 하게 되었는지 이해할 수
없었다. 나는 알렉산드르 2세 초기의 반동적 단계와 점진적인 타락의 과정을 목
격했다. 그리고 그의 복잡한 개성도 파악할 수 있었다. 폭력적 기질이 교육에 의
해 부분적으로 완화되기는 했지만, 그는 타고난 독재자였다. 군인으로서는 용감
했지만 정치인이 가져야 할 용기는 없었다. 또한 열정은 강했지만 뜻은 약했다.
황제의 비극은 셰익스피어의 희곡처럼 피할 수 없는 운명이었던 것으로 보인다.
그가 폴란드봉기에 대해 최초의 사형을 명령한 직후, 즉 1862년 6월 13일 장교로
임관하는 우리에게 하는 연설을 들었을 때 나는 이미 그의 인생의 마지막 장을 예
견할 수 있었다.

09
황제를 지키기 위한 신성동맹-혁명가들의 죽음-스위스에서의 추방

페테르부르크의 궁정사람들은 공황상태에 빠졌다. 알렉산드르 3세는 몸집도 크고 힘도 셌으나 용기 있는 사람은 아니었다. 그는 거처를 동궁으로 옮기는 것을 거부하고 가치나에 있는 증조부 파벨 1세의 궁전에 틀어박혀 있었다. 나는 이 고궁 (古宮)에 대해 잘 알고 있다. 그것은 프랑스의 축성가 보방의 방식에 따라서 설계된 요새로 해자(垓字)로 둘러싸여 있고, 망루의 꼭대기에는 황제의 서재로 통하는 비밀계단이 있었다. 서재에는 적을 마루 밑의 예리한 바위가 있는 물 속으로 떨어지게 할 수 있는 함정, 지하감옥으로 통하는 비밀계단, 호수로 연결된 지하통로도 있었다. 파벨 1세의 궁전은 모두 이 같은 구조로 되어 있었다. 한편 알렉산드르 3세가 황태자였을 때 기거하던 아니츠코프 궁전 주변에는 혁명가들이 땅 밑을 파고 들어오는 것을 막는 자동전기장치가 설치되어 있었다.

황제를 지키는 비밀동맹도 만들어졌다. 이 동맹에 가입해 사회의 전 계급계층에 대해 자발적으로 스파이활동을 하면 급여를 세 배로 올려 주겠다며 장교들에게 가입을 권유했다. 여기에는 희극적인 장면이 연출되곤 했다. 기차를 탄 두 명의 장교가 서로 동맹원인 것을 모르고 불순한 대화를 나눈 후 체포하려다가 서로 헛고생을 하기도 했다. 이 동맹은 '보호'라는 미명 하에 공식화된 형태로 존재하면서 때때로 여러 '위험'을 조작해 황제를 놀라게 함으로써 조직을 유지하고 있다.

그보다 훨씬 은밀한 '신성동맹'은 혁명가들에 대해 다른 방법으로 대항하는 조직

알렉산드르 3세

으로 황제의 동생 블라디미르의 주도로 결성되었다. 해외로 망명한 혁명지도자들에 대한 암살도 이 조직이 하는 일 중의 하나였다. 나도 암살 리스트에 포함되어 있었다. 블라디미르 태공은 장교들이 겁이 많아 아무도 망명자를 암살하려 하지 않는다고 격렬하게 질책했다. 나와 함께 근위학교를 다닌 한 장교도 이 특수임무를 수행하도록 명령받았다.

이들의 주장대로 외국 망명자들이 페테르부르크의 '집행위원회'를 배후조종하고 있다는 것은 사실이 아니다. 시시각각 생존의 위협을 받고 있는 페테르부르크의 활동가들이 스위스에서 지시를 받아 움직인다는 것은 어불성설이다. 스테프냐크와 내가 몇 번이나 글로 썼듯이 현장에 있지도 않으면서 행동지침을 수립하는 불안한 일은 누구도 하지 않는다. "차르를 보호하는 데 있어서 이렇게 무력한 것은 반정부활동이 모두 외국에서 배후조종되기 때문이다."라고 페테르부르크 경찰이 말하는 것은 자신들을 변호하기에 적합하고, 그들이 원하는 보고서를 스파이들이 제출하기 때문이다.

러시아-투르크전쟁의 영웅인 스코벨레프도 이 신성동맹에 가담할 것을 권유받았으나 그는 단호히 거절했다. 런던에 있는 그의 친구에 의해 간행된 로리스 멜리코프의 유고에 따르면 즉위한 알렉산드르 3세가 '명사회의'의 소집을 망설이고 있을 때 스코벨레프는 심지어 로리스 멜리코프와 이그나티예프 백작*에게 알렉산드르 3세를 체포해 헌법 발표 선언문에 강제로 서명하게 하자고 제안했었다. 이그나티예프는 이 계획을 황제에게 밀고하고 그로 인해 총리대신으로 임명되었다. 총리

---

* 콘스탄티노플 외교관들은 그에게 '거짓말쟁이 파샤'라는 별명을 붙여주었다.

대신이 된 그는 파리 경시국장이었던 앙드
레의 조언을 받아들여 혁명가들의 활동을
마비시키기 위해 다양한 전략을 구사했다.

러시아의 자유주의자들이 어느 정도만이
라도 용기와 조직적인 힘을 보여주었다면
국민의회는 소집되었을지도 모른다. 로리
스 멜리코프의 유고에 따르면 알렉산드르 3
세는 한때 국민의회를 소집할 생각을 가졌
었다. 그는 국민의회를 소집하기로 마음의
결정을 내렸고 자신의 동생에게도 그 사실
을 알렸다. 늙은 빌헬름 1세도 그의 이러한

알렉산드르 3세와 그의 가족

생각을 지지했다. 바로 그때 자유주의 진영에서 아무런 움직임이 없었던 반면 카트
코프 당은 반대 방향으로 부산히 움직였다. 앙드레는 니힐리스트를 일소하라고 조
언했고, 일소하는 방법까지 제시했다.* 알렉산드르 3세는 마침내 자신이 계속 절대
군주로 남아있을 것임을 천명했다.

알렉산드르 2세가 죽고 몇 달 후 나는 스위스 연방정부로부터 추방명령을 받았
다. 나는 이를 기분 나쁘게 받아들이지 않았다. 스위스 정부는 여러 군주국으로부
터 망명객의 피신처라는 공격을 받았고 러시아 기관지로부터는 러시아에 있는 스
위스인 여성 가정교사와 하녀들을 모두 추방하겠다는 위협을 받고 있었다. 스위스
정부는 나를 추방함으로써 다소 러시아 경찰을 만족시킬 수 있었다. 그러나 나는
스위스 자체를 위해서 그 조치가 매우 안타까운 일이라고 생각했다. 왜냐하면 나
를 추방하는 것은 소위 '스위스의 음모' 논리를 시인하는 것으로 스위스에게는 약
점으로 작용하지만 이탈리아나 프랑스에게는 이로운 것으로 작용하기 때문이었
다. 2년 후 프랑스의 수상 쥘 페리가 이탈리아와 독일에게 스위스를 분할 점령하자

---

* 이 사실을 입증하는 전 파리 경시국장의 편지는 멜리코프의 유고 속에 있다.

고 제안했을 때 그 명분이 되었던 것은 스위스 정부가 '국제적 음모의 온상'이라는 것을 자인했다는 사실이었다. 이 최초의 양보는 오만한 요구를 낳았고 유지할 수 있었던 독립적 지위를 스스로 포기해 버린 결과가 되었다.

내가 추방명령을 받은 것은 1881년 7월 런던에서 열린 아나키스트 대회에 참석하고 돌아온 직후였다. 대회가 끝난 후 나는 영국에 몇 주 더 머물면서 처음으로 러시아의 문제를 아나키즘의 관점에서 본 〈뉴캐슬 크로니클(Newcastle Chronicle)〉을 썼다. 당시 영국 언론에는 러시아 문제에 대해서는 노비코프 부인의 입장—즉 카트코프와 러시아 국가경찰의 입장—만 메아리치고 있었다. 그래서 조셉 코언이 우리의 입장을 전할 수 있도록 호의적으로 신문 지면을 할애해주었을 때 나는 매우 기뻤다.

나는 엘리제 르클뤼 집 근처 높은 산기슭에 있는 아내에게 돌아가자마자 스위스를 떠나라는 명령을 받았다. 작은 짐 꾸러미를 기차역으로 보낸 우리는 그토록 좋아했던 산의 경치를 마지막으로 감상하면서 에이글까지 걸어가기로 했다. 지름길로 간다고 언덕을 넘었는데, 그것이 오히려 먼 우회로라는 것을 알고서 우리는 웃었다. 골짜기 아래 도착한 우리는 먼지 길을 터벅터벅 걸었다. 그때 영국 여성들이 자주 저지르는 희극적인 일이 일어났다. 마차에서 신사에게 기댄 잘 차려입은 귀부인이 초라하게 차려입은 우리 두 사람을 지나치며 소책자를 던졌다. 나는 먼지 속에서 소책자를 주웠다. 그녀는 자신들이 진정한 크리스천이라고 믿으며 '타락한 외국인들'에게 소책자를 배포하는 것을 의무라고 생각하는 부인이었다. 정류장에서 그녀를 다시 만나리라 생각한 나는 소책자에 하나님의 나라에서 부자에 관련된 유명한 구절과 그리스도교의 적인 바리새인에 관한 구절을 써두었다. 에이글에 도착하니 귀부인은 마차 안에서 다과를 먹고 있었다. 그녀는 숨 막히는 기차보다는 아름다운 마차로 여행을 계속하는 것이 좋겠다고 판단한 것 같았다. 나는 소책자를 정중하게 돌려주며 말했다. "여기에 몇 마디 덧붙여두었습니다. 혹시 부인께 도움이 될지 모르겠습니다." 그녀는 나에게 덤벼들지도 못하고 그리스도교의 인내심으로 교훈을 받아들이지도 못하면서 어쩔 줄을 몰라 했다. 그녀의 눈에는 두 층동이 빠르게 교차되었다.

아내가 제네바대학에서 학사시험을 치러야 했으므로 우리는 제네바호수의 사보이 강변에 있는 도농이라는 프랑스의 작은 도시에서 2, 3개월을 보냈다.

신성동맹이 내게 사형선고를 내렸음을 러시아의 최고 상층부에 있는 사람이 알려주었다. 심지어 암살계획의 최고책임자로서 페테르부르크에서 제네바로 파견된 여성의 이름도 내 귀에 들어왔다. 나는 간단하게 그 사실과 그녀의 이름을 〈타임〉지 제네바 특파원과 〈반란자〉에 써 보내며 무슨 일이 일어나면 발표해 줄 것을 부탁했다. 그 이후 나는 더 이상 걱정하지 않았다. 아내와 쌍소 부인은 그 일을 가볍게 받아들이지 않았다. 쌍소 부인은 착한 농부의 아내로 이 나쁜 소식을 다른 방법을 통해 알았다. 그녀의 여동생이 러시아 고위관리의 집에서 유모로 일하고 있었던 것이다. 그녀는 우리를 매우 따뜻하게 보살펴 주었다. 그녀의 집은 시내 밖에 있었는데 내가 밤에 외출할 때 — 가끔 기차역까지 아내를 마중 나가기도 했다 — 마다 갖가지 구실을 붙여 남편이 초롱불을 들고 따라가게 했다. "잠깐만요, 크로프트킨 씨. 살 것이 있어 우리 남편도 가야 합니다. 남편이 초롱불을 가지고 가니 같이 가세요!" 그렇지 않으면 말도 없이 남동생을 먼 거리까지 동행하게 했다.

10
런던으로의 이사-런던에서 보낸 한 해-영국의 정체

1881년 10, 11월 즈음 아내가 시험에 합격하자 우리는 도농에서 런던으로 옮겨 1년 가까이 지냈다. 내가 런던에 있었던 때가 그렇게 오래 되지 않았는데 당시 런던을 비롯한 영국 전역의 지적인 풍토는 완전히 변하였다. 주지하다시피 40년대 영국은 유럽 사회주의운동의 선두에 서 있었다. 그러나 그 후 반동기가 시작되면서 노동계급에게 많은 영향을 주었던 운동이 — 과학적 사회주의나 아나키즘에 대해서 더 이상 이야기하지 않았다 — 정체되고 말았다. 그것은 사실 영국뿐만 아니라 대륙에서도 마찬가지로 잊혀져가고 있었다. 프랑스의 저술가들이 외치는 '프롤레타리아의 제3의 각성'도 영국에서는 아직 시작되지 않았다. 1871년의 농업위원회의 활동이나 농업 노동자들 사이에서 일어난 선전활동, 크리스천 사회주의자운동이 돌파구를 열어주는 데 일정한 역할을 한 것은 사실이었다. 그러나 헨리 조지의 『진보와 빈곤』이 출판된 후에도 폭발적인 사회주의적 기운은 없었다.

내가 런던에서 보낸 1년은 완전히 유배 생활이었다. 진보적 사회주의자에게는 호흡할 공기조차 없는 느낌이었다. 내가 1886년 다시 런던에 돌아와서 보게 된 사회주의운동의 엄청난 발전은 그 조짐조차 볼 수 없었다. 번즈, 챔피온, 하디 등 노동운동 지도자들의 이름도 아직 들리지 않았다. 페이비언협회도 아직 없었다. 모리스도 아직 스스로 사회주의자라고 선언하지 않았다. 소수의 특권적 직업에 한정되어 있던 노동조합도 사회주의에는 적의를 품고 있었다. 사회주의운동의 대표자를 자처하며 유일하게 활동하는 하인드먼 부부의 주변에는 극소수의 노동자들이 모여 있을 뿐이었다. 그들은 1881년 가을 작은 집회를 열었지만 참석 인원은 하인드먼 부인이 참석자 전원을 집에 초대할 수 있을 정도였다. 그리고 급진적 사회주의운동으로 마음이 쏠리는 사람들도 솔직하고 공공연하게 그것을 드러내지 않았다. 그로부터 4년 후 사회주의자로 자처하지는 않았지만 민중의 행복과 교육을 위한 여러 활동에 가담하는 지식인이 생겨났다. 오늘날에는 잉글랜드와 스코틀랜드의 거의 모든 도시에 전혀 새로운 개혁적 분위기를 창출하는 사람들이 나타났지만 당시에는 그들의 존재를 느낄 수 없었다. 개혁에 대해 생각하고 말하는 사람들이 분명 있었고 운동이 광범위하게 파급될 수 있는 사회적 요소들이 존재했다. 그러나 중심적인 사회주의자 그룹을 발견하지 못한 사람들은 군중 속에 산재해 있었다. 그들은 서로를 몰랐고, 자신에 대해 아직 자각하지 못했다.

차이코프스키는 당시 런던에 있었다. 몇 년 동안 우리는 노동자들에게 사회주의를 선전하기 시작했다. 우리는 1881년 대회에서 알게 된 소수의 영국인 노동자나 존 모스트에 대한 기소에 반대해 사회주의로 돌아선 노동자들과 함께 급진적인 모임을 만들어 러시아에 대한 문제, 민중을 향한 청년운동과 대중적 사회주의에 대해 토론했다. 매우 작은 인원이었으며 좀처럼 10명을 넘기지 못했다. 가끔씩 반백의 턱수염을 기른 차티스트가 일어나 모든 얘기는 40년 전에 들었던 것이며, 그때는 많은 노동대중들에게 열정적으로 환영을 받았다, 그러나 지금은 모두 소멸해서 부활할 가망이 없다고 말하기도 했다.

하인드먼은 『모든 사람을 위한 영국』이란 제목으로 마르크스적인 사회주의에 대한 훌륭한 해설서를 출간했다. 1882년 여름 나는 그에게 사회주의신문을 창간하지 않겠느냐고 진지하게 설득했다. 〈반란자〉를 시작했을 때 소액의 자금으로도 가능했다는 이야기를 하면서 시도하면 성공할 수 있을 것이라고 말했다. 그러나 하인드먼은 일반적인 전망이 밝지 않을 뿐 아니라 자신이 자본을 조달할 방법이 없어 불가능하다고 말했다. 아마 그의 의견이 옳았을 것이다. 그러나 3년도 채 지나지 않아 그는 〈정의〉를 창간해 노동자의 열렬한 지지를 얻었다. 1886년 초에는 사회주의신문이 세 종류나 창간되었고 사회민주동맹은 유력한 단체로 부상하였다.

1882년 여름 나는 더럼광산 노동자들의 연차대회에서 서툰 영어로 연설했다. 뉴캐슬, 글라스고우, 에든버러에서도 러시아 운동에 대한 강연을 해서 열렬한 환영을 받았다. 집회가 끝난 후 노동자들은 거리에서 우리 니힐리스트에게 진심어린 갈채를 보냈다. 그러나 아내나 나의 런던 생활은 매우 외로웠고 영국에서 사회주의운동을 부흥시키려는 노력도 가망이 없어 보였다. 1882년 가을 우리는 다시 프랑스로 가기로 했다. 프랑스에 가면 구속될 것이 틀림없다고 생각했지만 우리는 "이런 묘지보다는 프랑스의 감옥이 더 낫다."라고 말하곤 했다. 진화는 더디게 진행된다고 말하는 사람은 영국 사회주의의 역사를 연구해 볼 필요가 있다. 확실히

진화는 더디다. 그러나 진화의 속도는 일정하지 않다. 침체기도 있고 갑자기 나아
가는 때도 있다.

11
런던에서 프랑스로~도농에서의 생활~스파이
~이그나티예프와 집행위원회의 계약

우리는 다시 도농으로 돌아와서 예전에 도움을 받았던 쌍소 부인의 집에서 살았
다. 폐병으로 죽어가는 처남도 스위스로 와서 우리와 함께 살았다.

도농에서 2개월 동안 살 때만큼 러시아의 스파이를 많이 본 적은 없다. 우리가
방을 계약하자마자 자신을 영국인이라고 소개한 남자가 옆방에 세 들었다. 러시아
스파이 한 무리가 집을 포위하고 갖가지 구실을 붙여 집안에 들어오기도 하고 3~4
명이 한 조가 되어 집 밖을 배회하기도 했다. 나는 그들이 쓰는 보고서가 얼마나 훌
륭할까 상상해보았다. 스파이들은 보고를 해야만 했다. 일주일 동안이나 수상한
점을 아무것도 발견하지 못했다고 보고하면 감봉당하거나 면직당할 것이다.

그때는 러시아 비밀경찰의 황금기였다. 이그나티예프 정책이 실효를 거둔 것이
다. 2~3개의 경찰조직이 서로 경쟁적으로 거액의 돈을 사용하며 대담하기 짝이 없
는 음모를 획책했다. 예를 들면 한 부서의 책임자인 스테이킨 대령은 데가예프라는
자와 공모해 이그나티예프의 요원을 제네바의 혁명가로 밀고하고 러시아 국가기관
에 있는 테러리스트들을 동원해 내무장관 톨스토이 백작과 블라디미르 태공을 죽
이고 스스로 절대권력인 내무장관에 올라 차르를 손에 넣고 주무르려 했다. 러시아

1882년의 크로포트킨   1882년의 아내

경찰의 활동은 극에 달해 바덴베르크 왕자를 불가리아에서 납치할 정도였다.

프랑스 경찰도 우리를 감시했다. "도농에서 무슨 짓을 할까?" 궁금해 하며 걱정했다. 나는 〈반란자〉의 편집을 계속하면서 〈브리태니커 백과사전〉을 위한 글과 〈뉴캐슬의 크로니클〉을 썼다. 그러니 그들이 보고할 것이 무엇이 있었겠는가? 어느 날 헌병이 쌍소 부인을 찾아왔다. 길에서 기계가 덜컹덜컹 하는 소리를 들은 그는 내가 비밀 인쇄기를 갖고 있다고 보고할 수 있기를 바랐다. 헌병은 내가 없을 때 찾아와서 부인에게 인쇄기를 보여 달라고 했다. 쌍소 부인은 그런 것은 없다며 아마 재봉틀 소리를 잘못 들은 것이라고 말했다. 하지만 그는 심드렁한 설명을 믿지 못하고 재봉질을 해보라고 하고는 집 안팎을 드나들며 자신이 들었던 소리와 같은지 확인했다.

"그 사람은 하루 종일 무얼 하고 있습니까?"라고 헌병이 쌍소 부인에게 물었다.

"글 씁디다."

"하루 종일 글만 쓰지는 않을 거 아닙니까."

"한낮에는 뜰에서 코를 골고 오후 4~5시 사이에는 날마다 산책을 합디다."

그때는 11월이었다.

"아, 알았다! 어둑해지기 시작할 때란 말이죠?" 그리고는 수첩에 "어두워지지 않으면 절대 외출하지 않는다."라고 적었다.

당시 러시아의 첩보활동은 말로 다 설명할 수 없을 지경이었다. 그것은 다음 같은 사실과 모종의 관련이 있음이 틀림없다. 이그나티예프는 총리대신에 임명되자 전 파리 경시국장 앙드레의 조언에 따라 새로운 계획을 수립했다. 그는 많은 요원들을 스파이로 여러 곳에 보냈고, 그중 한 사람이 새로운 신문을 발행했다. 그 신문은 러시아 지방자치의 확대를 주장했지만 본래 목적은 혁명가들에 맞서 테러리즘에 동의하지 않는 망명자들을 끌어들이려는 것이었다. 명백한 분열공작이었다. 집행위원회의 멤버들 거의 대부분을 체포하고 2명이 파리로 망명하자 이그나티예프는 부하를 파리에 보내 그들에게 휴전을 제의했다. 그는 알렉산드르 2세가 통치할 때의 일로 — 심지어 체포된다 하더라도 — 더 이상 처형하지 않겠다, 체르니셰프스키를 시베리아에서 석방하고 재판 없이 시베리아로 추방된 사람들도 재심사하겠다고 약속했다. 대신 '집행위원회'에서도 대관식이 끝날 때까지 황제 암살을 시도하지 않겠다고 약속해달라고 했다. 아마 알렉산드르 3세는 농민을 위한 개혁안에 대해 언급할 것이라고 했다. 그 후에 기소되어 체포된 사람들은 슐뢰셀부르크에 있는 러시아의 바스티유에 투옥되었는데 그곳에서도 15년 동안 처형된 사람이 없이 살아 있었다. 체르니셰프스키는 시베리아에서 이송되어 아스트라한에 유폐되었다. 러시아의 지적 세계와 두절된 그곳에서 그는 오래지 않아 사망했다. 조사위원이 시베리아를 돌아다니며 재심사하여 일부는 석방시키고 나머지는 유형 기간을 확정했다. 알렉산드르 형은 5년이 추가되었다.

1882년 런던에 있던 나는 어느 날 어떤 사람이 찾아와 자신이 러시아 정부의 정보 요원이라며 나와 이야기를 나누고 싶어 했다는 얘기를 들었다. "다시 우리 집에 오거든 계단 아래로 던져버리겠다고 전하시오." 하고 나는 말했다. 아마도 이그나티예프는 집행위원회의 공격에 대해서는 다짐을 받았지만, 사회주의 아나키스트들은 암살을 시도할지도 모른다고 생각했을 것이다. 그래서 나에게 찾아왔을 것이다.

12
1881~1882년의 프랑스-리옹에서의 노동자들의 고통
-카페 벨르쿠르 폭파사건-연행-리옹에서의 재판

1881~1882년 사이 프랑스에서는 아나키스트운동이 크게 발전했다. 일반적으로 프랑스인은 공산주의를 싫어한다고 여겨져 인터내셔널에서도 '집산주의'를 선전하고 있었다. 집산주의는 생산수단은 공동으로 소유하고 소비를 개인적으로 할 것인지, 집단적으로 할 것인지는 각 그룹이 결정한다는 의미였다. 그러나 실제로 프랑스인들이 싫어한 것은 수도원적인 공산주의 즉 푸리에가 제창한 낡은 학교 같은 공동생활주택이었다. 쥐라연합이 1880년 대회에서 사회주의(공산주의) 아나키즘을 대담하게 주장했을 때 프랑스에서 광범한 지지를 얻었다. 우리 신문은 프랑스로 퍼져나갔고 많은 프랑스 노동자와의 편지 교환이 이루어졌으며, 사회주의 아나키즘운동은 파리와 지방, 특히 리옹에서 급속히 발전했다. 1881년 도농에서 런던으로 가는 도중 리옹과 생테티엔, 빈을 방문하여 강연을 했을 때 많은 노동자들이 우리 사상을 기꺼이 받아들였다.

1882년 말경 참혹한 위기가 리옹 일대에 몰아닥쳤다. 방직산업이 마비되었고 직공들의 빈곤은 참혹했다. 매일 아침 군부대의 정문 앞에는 많은 어린이들이 몰려와 병사들이 먹다 남긴 빵이나 수프를 얻어갔다. 식량배급을 허용한 불랑제 장군에게는 대중들의 인기가 쏟아졌다. 이 지방의 광산노동자들도 매우 힘든 상황이었다.

나는 거대한 민심의 동요가 일어나고 있는 것을 알았으나 런던에서 1년을 체류하는 동안 프랑스 운동과의 밀접한 고리를 상실하고 말았다. 도농으로 돌아온 후 나는 신문을 통해 극단적 가톨릭교도인 광산 주인의 악랄한 행동에 격분한 몽소르민느의 광부들이 움직이기 시작했다는 것을 알았다. 그들은 비밀모임을 가지고 총파업을 논의했다. 광부들은 돌을 던지거나 다이너마이트를 폭파시키면서 저항했다. 발파작업을 하는 다이너마이트를 광부들은 많이 가지고 있었다. 리옹의 파업은 매우 격렬한 양상을 보였다. 기회주의적인 정치가들의 집회 참여는 허용되지 않았던 반면 사회주의 아나키스트들의 연설은 마지막을 장식했다. 그들은 광산과 모든 생산수단, 주택이 국가의 소유가 되어야 한다고 결의했다. 열광적으로 합의된 이 결의는 부르주아 계급에게 공포를 가져다주었다.

심각한 위기를 경시하는 언론과 확대되는 빈곤을 구제하기 위한 아무런 조치도 취하지 않는 기회주의적인 시의회, 정치지도자에 대한 노동자들의 감정은 날로 악화되어 갔다. 이러한 경우에 흔히 그렇듯 가난한 사람들의 분노는 쾌락과 방탕의 장소로 향했다. 참혹과 빈곤의 시대에 그러한 장소는 노동자들에게 부르주아계급의 이기와 타락의 상징으로 여겨졌다. 노동자들이 특히 증오한 곳은 벨르쿠르 극장의 지하카페였다. 밤새도록 문을 여는 이 카페에서 신문기자나 정치가들이 방탕한 여성들과 먹고 마시는 것을 사람들은 목격할 수 있었다. 집회가 열릴 때마다 이 카페가 거론되었고, 마침내 카페에서 다이너마이트가 폭발했다. 마침 그 자리에 있던 사회주의자가 점화된 다이너마이트를 밟아 끄려다 폭사했고 연회를 벌이던 정치인들도 중경상을 입었다. 다음 날에는 병무국 출구에서 다이너마이트가 폭발했고 리옹의 언덕 위에 서 있는 거대한 성모마리아 상을 아나키스트들이 폭파하려 한다는 소문이 나돌았다. 리옹과 그 인근에 사는 사람들은 모두 가톨릭 사제들에게 장악되어 있었다. 그런 상황에서 남성들이 사제들을 증오했다는 사실은 매우 중대한 의미를 지니고 있었다.

리옹의 부유층들은 공황상태에 빠졌다. 60여 명의 사회주의 아나키스트들이 체포되었다. 강연을 하기 위해 이곳에 온 에밀 고티에만이 중산층 출신이었고 나머지는 모두 노동자였다. 나를 운동의 지도자로 지목한 리옹신문은 나를 체포하라고 정부에 촉구했다. 내가 운동을 지휘하기 위해 영국에서 왔다는 것이었다. 이 작은 도시에 수많은 러시아의 스파이들이 우글거렸다. 나는 거의 매일 같이 다이너마이트 테러 음모를 모의하거나 다이너마이트를 내게 보냈다는 등 수상한 내용의 편지들을 받았다. 그것은 국제경찰 스파이들이 쓴 것이 틀림없었다. 나는 편지를 모두 모아 편지 겉봉에 '국제경찰'이라고 썼다. 그러나 편지들은 프랑스 경찰이 가택수색할 때 모두 압수해버렸다. 그들은 감히 편지들을 법원에 제출하지도 못했고 나에게 돌려주지도 않았다.

그들은 가택수색만 한 게 아니라 제네바로 가는 아내를 도농 역에서 체포해 수색했다. 그러나 나나 다른 사람을 위험에 처하게 할만한 것은 전혀 발견되지 않았다.

10여일이 지났다. 마음만 먹었다면 이곳을 떠날 수도 있었다. 나는 이곳을 떠나라는 권고의 편지도 몇 통 받았다. 내가 모르는 러시아 사람에게 온 것도 있었는데 아마 나를 아는 외교관 같았다. 당장 피하지 않으면 러시아와 프랑스가 체결한 망명자 소환협정의 첫 희생자가 될 것이라고 했다. 나는 그냥 남아 있었다. 〈타임〉지가 내가 도농에서 자취를 감추었다는 단신을 실었을 때 나는 〈타임〉지에 주소를 써서 보냈다. 너무 많은 동지들이 체포된 후라서 나는 떠날 의사가 전혀 없었다.

11월 21일 밤 처남은 내 팔에 안겨 숨을 거두었다. 우리는 그의 병이 치료될 수 없다는 것을 알았지만, 죽음에 맞서 용감히 투쟁한 후 꺼져가는 젊은 생명을 보는 것은 너무 참혹했다. 아내도 나도 슬픔에 무너져 내렸다. 2, 3시간 후 칙칙한 겨울 아침이 밝아올 무렵 헌병이 나를 체포하러 왔다.

아내가 정신적으로 매우 탈진해 있었기 때문에 나는 감옥 정문 앞으로 출두하겠으니 장례식이 끝날 때까지 아내 곁에 있게 해달라고 부탁했지만 거절당했다. 그날 저녁 나는 리옹으로 호송되었다. 전보를 받고 이 사실을 알게 된 엘리제 르클뤼는 곧장 달려와 아내를 위로했다. 장례식은 시민장으로 치러졌는데 이 작은 도시에서는 그런 일이 처음이었다. 도시 주민의 절반이 장례식에 참석해 빈민계층과 소박한 사보이 농민들의 마음은 지배자들이 아니라 우리와 함께 있음을 보여주었다. 나의 재판이 열렸을 때 농민들은 신문을 사기 위해 산간마을에서 도시까지 오거나 방청을 하며 어떻게 판결이 나는지를 보곤 했다.

또 나를 깊이 감동시킨 사건은 영국 친구의 리옹 방문이었다. 그는 영국 정치계에서 존경받는 유명 정치인을 대신해 온 것이었다. 나는 1882년 런던에 있을 때 그 런던신사의 집에서 즐거운 시간을 보냈었다. 그 친구는 나를 보석(保釋)으로 석방시키기 위해 거액의 돈을 가지고 왔다. 런던신사는 친구를 통해 보석은 조금도 걱정하지 말고 석방되는 즉시 프랑스를 떠나기만 하면 된다고 전해왔다. 무슨 수를 썼는지는 모르지만 그는 나와 자유롭게 면회했다. 내가 아내와 하는 이중의 철창으로 가로막힌 면회가 아니었다. 나는 존경하는 신사 부부에게 깊은 감사의 뜻을 전해달라고 하면서 그럼에도 불구하고 호의를 받아들일 수 없다고 말했다. 친구는 내 말에 매우 감동한 듯 했다.

프랑스정부는 국민에게 깊은 인상을 줄 대규모 재판을 원했지만 체포된 사회주의 아나키스트들을 폭발사건으로 기소할 수 있는 근거는 하나도 없었다. 우리를 배심원 앞에 세워야 하는데 그러면 우리는 무죄로 석방될 것이 틀림없었다. 따라서 정부는 마키아벨리적인 방법을 써서 인터내셔널 회원이라는 이유로 기소하려고 했다. 프랑스는 코뮌이 몰락한 직후 인터내셔널에 소속된 사람들을 처벌하는 법을 통과시켰었다. 최고형은 5년간의 금고였다. 경찰재판소는 틀림없이 정부의 의지대로 판결을 내릴 것이었다.

1883년 1월 1일 리옹에서 시작된 재판은 거의 2주간 계속됐다. 기소는 어처구니 없는 것이었다. 인터내셔널에 가입한 리옹의 노동자는 한 명도 없다는 사실은 누구나 알고 있었다. 그것은 완전한 실패였다. 기소 사실에 대한 유일한 참고인은 늙은 리옹 비밀경찰 부장으로 법정에서는 최대의 존경을 받는 사람이었다. 사실 여부에 관한 그의 보고는 매우 정확한 것이었다. 그는 이렇게 말했다. "사회주의 아나키스트들은 사람들의 마음을 사로잡았고, 그 때문에 기회주의자들은 집회에 참여할 수도 없었다. 그들은 집회에서 공산주의와 아나키즘을 선전했고 청중들과 함께 행동했다." 그의 증언이 공정한 것을 본 나는 대담하게 질문했다.

"당신은 리옹에서 인터내셔널에 대해 말하는 것을 들은 적이 있습니까?"

"아니오." 그는 퉁명스럽게 대답했다.

"1881년 런던대회에서 돌아온 내가 프랑스에서 인터내셔널를 재건하려 했다면 성공했을까요?"

"그렇지 않았을 거요. 노동자들은 인터내셔널에서 충분한 혁명성을 발견할 수 없었소."

"감사합니다." 나는 이번에는 검사를 향해 말했다. "이것으로 당신의 기소는 당신이 세운 참고인에 의해 뒤집어졌소."

그럼에도 불구하고 우리는 인터내셔널에 속해 있다는 이유로 유죄를 선고받았다. 우리 네 사람은 5년 금고형과 2,000프랑의 벌금형을 선고받았고 나머지는 1~4년의 금고형을 선고 받았다. 사실 그들은 인터내셔널에 관해서는 아무 조사도 하지 않았다. 그것은 완전히 잊혀져 있었다. 우리는 아나키즘에 관해 질문을 받고 그에 대답했다. 폭탄사건에 대해서는 한 마디도 언급하지 않았다. 한두 명의 리옹 동지들이 이 점을 분명히 하려고 했을 때 그들은 퉁명스럽게 당신들은 폭탄사건 때문에 기소된 것이 아니라 인터내셔널에 가입되어 있어서 기소된 것이라고 말했다. 그러나 인터내셔널에 소속된 사람은 나 혼자였다.

이런 재판에서 우스운 일들은 항상 있었다. 이번에는 나의 편지가 그 역할을 했다. 기소 근거는 없었다. 20여 차례 프랑스 사회주의 아나키스트 집을 수색한 끝에 찾아낸 것은 겨우 내 편지 두 통이었다. 검찰당국에서는 편지를 최대한 이용하려 했다. 한 통은 낙담한 어느 프랑스 노동자에게 보낸 것이었다. 나는 편지에서 우리가 위대한 시대를 살고 있다는 것, 위대한 변화가 도래하고 있다는 것, 새로운 사상이 탄생해 퍼지고 있다는 것 등을 그에게 말했다. 편지는 길지도 않았고, 검찰에 이용될만한 것이 거의 없었다. 다른 한 통은 12장짜리로 역시 프랑스 친구인 젊은 노동자에게 보낸 것이었다. 그는 집에서 구두를 만들어서 생활을 꾸려가고 있었다. 왼쪽에 놓인 작은 스토브 위에서 매일 점심을 만들어 먹고, 오른쪽에 놓인 작은 의자에 앉아 구두를 만들면서 동지들에게 장문의 편지를 쓰곤 했었다. 그는 제화공용 낮은 의자도 없었다. 그는 자신의 생활비와 시골 모친에게 보낼 돈만큼 최소한의 구두만 만들고는 장시간 동지들에게 편지를 쓰며 뛰어난 감각과 지성으로 아나키즘 이론을 발전시켜 나갔다. 지금 그는 프랑스의 저명한 저술가가 되어서 그 성격의 고결함으로 일반인들의 존경을 받고 있다. 그의 단점은 마침표 하나, 심지어 쉼표 하나 없이 8쪽 혹은 12쪽의 편지를 써내려간다는 점이었다. 나는 언젠가 그에게 장문의 편지를 썼다. 나는 생각을 문장, 구, 절로 나누어야 한다는 것, 그것들은 마침표와 세미콜론, 쉼표 등으로 끝맺어져야 한다는 것을 설명해주었다. 한마디로 간단한 문법 강의를 했던 것이다. 그리고 이 간단한 원칙을 지키면 글이 훨씬 좋아질 것이라고 말해주었다.

검찰관은 이 편지를 법정에서 읽어 내려가며 애처롭기 짝이 없는 억지를 부렸다. "여러분, 들으셨지요?" 그는 앞으로 나아가며 말했다. "분명히 들으셨을 겁니다. 언뜻 보기에 편지에는 특별한 내용이 없습니다. 그는 한 노동자에게 문법 강의를 했습니다.⋯⋯그러나." 그는 이 대목에서 깊은 감정을 담아 떨리는 목소리로 말했다. "그것은 가난한 노동자를 위한 것이 아닙니다. 그는 아마도 게으른 탓에 학교에서 공부를 하지 않았을 겁니다. 그것은 착하게 살라고 그를 도운 것이 아닙니다. 절대 아닙니다, 여러분! 이 편지는 그에게 우리의 위대하고도 아름다운 제도에 대해 증오심을 심고, 나아가서는 아나키즘이라는 독을 그에게 주입시켜서, 마침내 그를 우리 사회의 무서운 적으로 만들기 위한 것입니다. 크로포트킨이 프랑스의 흙을 밟은 그날을 저주합시다!"

우리는 그가 연설을 하는 동안 아이들처럼 웃지 않을 수 없었다. 판사들은 연기가 조금 지나치다는 표정으로 검찰관을 쳐다보았다. 그러나 그는 전혀 신경 쓰지 않고 자신의 웅변에 취해 점점 더 극적인 제스처와 억양으로 말했다. 그는 러시아

정부로부터 보상금을 타기 위해 정말 최선을 다했다.

유죄판결이 내려진 직후 재판장은 검찰총장으로 승진했다. 검찰관과 다른 재판관들은 러시아정부로부터 성 안나 십자훈장을 수여받았고, 프랑스정부로부터 그 수령을 허가받았다! 프랑스-러시아동맹은 리옹재판에서 시작되었다.

재판이 진행되는 동안 일류 연설가인 노동자 베르나르와 에밀 고티에의 연설은 사회주의 아나키스트가 한 연설 중 가장 훌륭한 연설이었다. 모든 신문들은 그 내용을 보도했다. 피고인들은 모두 결연한 태도로 2주 동안 자신의 입장을 밝혔다. 이들의 연설은 프랑스에서 아나키즘에 대한 잘못된 생각을 일소하는 데 큰 영향을 미쳤으며, 다른 나라에서도 사회주의가 부활하는 데 공헌했다. 친정부적 어용신문을 제외한 프랑스 신문들은 판결의 부당성을 이야기하고 재판관들을 공개적으로 비난했다. 심지어 보수적인 잡지 〈경제 저널(Journal des Economists)〉도 "법정의 심리과정에서 그러한 결과를 예상한 사람은 아무도 없었다."며 부당성을 주장했다. 여론은 우리의 승리였다. 하원에서 즉각 사면이 제기되었고 1백 표 정도의 지지를 얻어냈다. 그것은 매년 안건으로 상정되었고 점점 더 많은 표를 얻어 결국 우리는 석방되었다.

13
리옹의 감옥-감옥이 죄수들에게 미치는 악영향-클레르보 중앙 감옥 -수인들의 교육-늙은 수인들의 애처로운 상황-감옥의 일상

재판은 끝났지만 나는 여전히 2개월 동안 리옹감옥에 남아 있었다. 동지들 대부분은 경찰재판소의 판결에 불복하여 항소를 했기 때문에 우리는 결과를 기다려야

했다. 다른 네 명의 동지와 나는 고등재판소에 항소하는 것을 포기하고 감방에서
내 일을 했다. 동지인 베니스 출신의 방직공 마르틴은 옆방에 있었는데 우리는 형
이 확정되었기 때문에 함께 산보하는 것이 허락되었다. 우리는 하고 싶은 말이 있
으면 벽을 두드리면서 통방했다.

리옹에 있으면서 나는 감옥이 죄수들에게 미치는 끔찍한 비도덕적 영향에 대해
깨닫기 시작했다. 나는 감옥제도 자체를 비판하게 되었다.

리옹감옥은 별 모양으로 지어진 '현대식' 구조였다. 별 모양의 건물 사이에는 아
스팔트를 깐 작은 뜰이 있었고, 날씨가 허락되면 외부로 나가 사역을 하기도 했다.
주요 작업은 누에고치에서 실을 뽑아내는 일이었다. 소년수들은 일정한 시간에 뜰
로 나왔다. 나는 창을 통해 영양부족으로 마르고 힘없는 소년들을 바라보았다. 빈
혈을 앓는 소년수들은 모두 얼굴이 작고 마른 몸을 떨고 있었다. 그들은 기숙사에
서도 햇볕이 가득한 뜰에서도 계속 쇠약해져갔다. 몸은 망가져 활력도 없고 아무
런 의지도 없는 저 아이들이 출소한 후 어떻게 될 것인가? 활력과, 노동의욕, 지적
능력을 약화시키는 빈혈은 다혈증과는 비교도 안 되는 감옥생활의 적이었다. 당시
소년수들은 이런 환경에서 교육을 받았던 것이다! 감옥수용은 인간을 개선시키는
데 아무런 긍정적인 역할을 하지 않고, 할 수도 없었다. 모든 감옥의 분위기는 약
삭빠른 도박을 찬미했다. 그 약삭빠름은 약탈과 사기 등 반사회적인 행위로 구성
된다. 감옥은 미래에 일어날 모든 범죄를 기르는 온상이었다. 국가는 그것을 지원
하고 사회는 인내한다. 국가는 이러한 감옥의 폐해에 대해 귀를 기울이지 않는다.
"어릴 때 감옥에 들어가면 평생 죄수가 된다."는 말은 내가 나중에 범죄문제에 관
심 있는 사람들에게 들은 것이다. 아이들을 바라보면서 나는 그들의 장래가 어떨
지 예상할 수 있었다. 나는 이렇게 자문하지 않을 수 없었다. "이 아이들과 수백 명
의 아이들을 이러한 운명에 몰아넣는 재판관 중에 누가 더 악질적인 죄인가?" 나
는 재판관들의 범죄가 무의식적이라는 것을 인정한다. 그러나 감옥에 보내지는 사
람들은 우리가 생각하는 것만큼 의식적일까?

투옥된 첫 주에 나는 또 다른 점을 생생하게 깨달았다. 그것은 재판관이나 작가들이 잘 인식하지 못하는 것이다. 그것은 판결을 받은 죄수보다도 아무런 잘못이 없는 사람들에 훨씬 심각한 결과를 낳는다는 사실이다.

대부분의 나의 동지들은 평균적인 노동대중이다. 그들에게는 부양해야 할 처자식이나 그의 벌이에 의지해 살아가는 여동생이나 노모가 있다. 부양할 사람이 구속되자 여성들은 일자리를 얻기 위해 최선을 다했다. 일부는 일자리를 구했으나 일당 30센트짜리라도 정규직 일자리를 구한 사람은 아무도 없었다. 일주일 동안 7 프랑에서 9프랑 ― 2달러보다 적은 ― 으로 자식들과 살아가야 했다. 그것은 영양실조, 모든 것의 결핍, 건강과 지적 능력의 상실, 에너지와 의지의 고갈을 의미했다. 나는 법정에서 행하는 일들이 선고를 받은 사람보다도 사건과 무관한 가족들을 갖은 고생으로 몰아넣는다는 것을 깨달았다. 법적 처벌이 그 당사자에게만 육체적 정신적 고통을 준다는 것은 허구다. 인간은 부과된 고통이 아무리 심한 것이라도 점점 익숙해지게 마련이다. 사람은 조건을 변화시킬 수 없다는 생각이 들면 고통을 받아들이고 일정한 시간이 지나면 지병이 그렇듯이 고통에 무감각해진다. 그러나 그들이 수감되어 있는 동안 처자식이나 주변 사람들은 어떻게 하란 말인가. 그들은 수감자보다 훨씬 가혹한 벌을 받는다. 틀에 박힌 관습과 생각으로는 이 가혹한 부당함에 대해 생각할 수 없다. 나는 실제 체험으로 그것을 깨달았다.

1883년 3월 중순 1년 이상의 금고를 선고받은 우리 22명은 극비리에 클레르보의 중앙감옥으로 이송되었다. 이곳은 예전에는 성 베르나르 수도원이었는데, 프랑스혁명 때는 빈민을 위한 집이었다. 그 후 구치소 겸 교도소가 되었는데 죄수와 간수들 사이에서는 '구치소 겸 타락의 집'으로 불렸다.

리옹에 있는 동안 우리는 예비구속자 취급을 받았다. 자기 옷을 입고 있었고 음식물 차입도 가능했으며 한 달에 몇 프랑씩 내고 큰 독방 즉 자비(自費) 독방을 빌릴 수도 있었다. 나는 이 편리한 제도를 이용해 〈브리태니커 백과사전〉과 〈19세기〉를 위한 원고를 열심히 썼다. 클레르보에서 우리는 미결수 취급을 받았다. 그러나 프랑스에서는 정치범에게 자유의 박탈 외에 아무 것도 못하게 하는 것이 너무 심한 처사이기 때문에 부가적인 고통을 줄 필요는 없다고 일반적으로 생각했다. 결과적으로 우리는 리옹에서와 같은 대우를 받았다. 우리는 독방에서 사복을 입고 생활했고 강제노역에서 자유로웠으며 흡연을 할 수 있었다. 형무소장은 말했다. "수작업으로 돈을 벌고자 하는 사람은 코르셋을 재봉하거나 진주에 조각하는 일을 할 수 있다. 이 일은 수입이 적다. 그러나 여러분은 철제 침대나 표구 등을 만드는 감옥공장에는 고용될 수 없다. 그렇게 되면 일반 죄수들과 함께 방을 써야 하니까." 다른 죄수들처럼 우리도 감옥매점에서 매일 간식이나 1파인트 짜리 클라레*를 사먹을 수 있었다. 물건들은 값싸고 질이 좋았다.

클레르보의 첫 인상은 매우 좋았다. 우리는 수인용 열차 칸에 나눠 타고 하루 종일 이동을 해서 새벽 2, 3시에 중앙감옥에 도착했다. 중앙감옥에 도착하자 잠시 징벌방에 갇혔다가 매우 깨끗하게 청소된 감방으로 안내되었다. 밤늦은 시간임에도 불구하고 소박하지만 질 좋은 음식이 제공되었다. 감옥 매점에서는 반 파인트 짜리 포도주 빈뒤페(vin du pays)를 매우 저렴한 가격, 1리터에 24상팀으로 살 수 있었다. 형무소장과 간수들도 우리를 친절하게 대했다.

이튿날 형무소장은 우리에게 배정할 방을 보여주었다. 내가 매우 좋긴 하지만 22명이 생활하기에는 너무 좁아 병이 생길 것이라고 하자 그는 예전에 수도원 감독의 집이었다가 지금은 감옥병원으로 사용하는 다른 방을 배정해주었다. 창 밑으로는 정원이, 앞쪽으로는 아름다운 시골 전경이 펼쳐져 있었다. 같은 사동의 다른 방에서는 늙은 블랑키가 석방되기 전 3, 4년간을 보내고 있었다. 그 전에는 독방에 감금되어 있었다고 한다. 우리는 넓은 방 세 개를 얻었고 나와 고티에에게는 저술활동을 할 수 있도록 작은 방 하나를 더 배당해 주었다. 이 배려는 이미 영국의 많은 과학자들이 교도소 측과 교섭한 결과였다. 그들은 나에게 유죄판결이 내려지자마자 석방 청원서를 제출하기도 했다. 청원서에 서명한 사람 중에는 〈브리태니커 백

---

* 프랑스 보르도산 적포도주.

크로포트킨이 그린 클레르보 감옥의 전경

과사전〉의 많은 기고가들과 허버트 스펜서, 스윈번도 있었다. 빅토르 위고는 서명하면서 따뜻한 격려의 글도 덧붙였다. 프랑스 여론은 우리의 판결에 대해 매우 비판적이었다. 내가 필요로 하는 책을 아내가 파리에서 말하자, 과학학술원은 책을 제공했고, 에르네스트 르낭은 아내에게 명문의 편지와 함께 자신의 책을 기증했다.

우리는 작은 정원에서 나인 핀즈(nine pines)*나 페탕크(jeu de boule)**를 할 수 있었다. 건물 벽을 따라 80평방미터 정도의 좁은 화단을 만들어 믿기 어려울 정도로 많은 서양 상치, 무, 꽃 등을 길렀다. 클레르보에서 지낸 3년 동안 나는 학습모임을 만들어 동지들에게 우주론, 기하학, 물리학, 어학을 가르쳤다. 그 결과 거의 전원이 영어, 독일어, 이탈리아어, 스페인어 중 한 가지를 습득했다. 어떤 동지는 2개 국어를 습득했다. 우리는 〈로렛 백과사전〉 소책자를 보며 제본기술도 익히려고 노력했다.

---

* 9개의 핀을 사용하는 볼링.

** 두 조로 나뉘어 지름 3cm 정도의 나무 공을 6~10미터 떨어진 곳에 두고 그것을 표적으로 하여 금속 공을 던져 가까이에 떨어진 수를 겨루는 운동 경기.

그러나 1년이 지날 무렵 나의 건강은 다시 악화되었다. 클레르보 감옥은 늪지 위에 세워진 것이었으며, 말라리아는 이곳에서 일종의 풍토병이었다. 나도 괴혈병을 수반한 말라리아에 걸리고 말았다. 파리의 뷔르츠 연구소에서 실험을 하면서 이학박사 학위시험을 준비하던 아내는 모든 것을 팽개치고 클레르보의 작은 마을로 왔다. 감옥을 둘러싸고 있는 높은 벽 주변에 십여 가구가 모여 있는 마을이었다. 감옥의 담벼락 맞은편의 마을에 사는 생활은 유쾌하지 않았지만 그녀는 내가 석방될 때까지 머물렀다. 처음 1년 동안은 두 달에 한 번씩밖에 면회가 허용되지 않았다. 면회는 우리들 사이에 간수를 앉혀 놓고 진행되었다. 그러나 그녀가 클레르보에 남아있겠다고 선언하고 거처를 정하자 초소가 있는 감옥 담장 안쪽의 작은 집에서 매일 만나는 것이 허락되었다. 그녀는 숙소에서 음식을 가져왔다. 나중에는 심지어 형무소장의 뜰을 함께 산책하는 것도 허락되었다. 나는 아내와 산책을 할 때 동지 중 한 명과 늘 함께 했다.

내가 매우 놀란 것은 외벽은 과수원과 밀밭으로 둘러싸여 있는데, 클레르보의 중앙감옥은 마치 공장 타운 같은 모습을 하고 있다는 사실이었다. 영국에 비해 프랑스의 중앙감옥은 수감자가 간수의 변덕이나 생각에 좌우되기는 하지만 그 대우에 있어서는 영불 해협의 감옥들보다 훨씬 인도적이었다. 영국의 감옥에는 아직도 중세기풍의 복수체제가 압도적이지만 프랑스에서는 이미 옛날에 폐지되었다. 매트리스를 주었다 빼앗았다 하는 일은 없었다. 감옥에 들어오면서 받은 깔끔한 침대를 계속 가지고 있을 수 있었다. 형거(刑車)에 오른다거나 뱃밥*을 만드는 일 등 품위를 손상시키는 일도 시키지 않았다. 오히려 유익한 일을 시켰다. 그것이 클레르보의 중앙감옥이 공장 타운 같은 모습을 지닌 이유였다. 1,600여 명의 수인들에 의해 철제 가구, 액자, 거울, 도량측정기, 빌로드, 코르셋, 진주 세공, 구두 등이 감옥 안의 작은 공장들에서 만들어졌던 것이다.

불복종에 대한 형벌은 상당히 가혹했지만 영국에서 행해지고 있는 태형 같은 것

---

* 배에 물이 새지 않게 틈을 매우는 물건.

은 결코 없었다. 프랑스에서는 절대로 그런 짓을 할 수 없게 되어 있었다. 전체적으로 클레르보의 중앙감옥은 유럽에서 가장 좋은 교도소 중의 하나이다. 그러나 클레르보의 수감 결과도 다른 구식 감옥과 마찬가지로 나쁜 것이다. 감옥의 행정교도관이 언젠가 나에게 이런 말을 한 적이 있었다. "이것은 어불성설입니다. 나는 그런 거짓말을 절대로 믿지 않습니다."

　클레르보의 의무실(醫務室)은 우리 방 아래층에 있었는데 우리는 그곳에서 일하던 수인들과 자주 만났다. 그중에 백발의 오십대 남자는 우리가 그곳에 있는 동안 만기가 되었다. 그가 출소할 때 보여주었던 모습은 우리의 가슴을 찢는 것이었다. 그는 몇 주 혹은 몇 달 후에 다시 감옥에 들어오리라는 것을 잘 알고 있었다. 그는 의무실의 의사에게 자신의 의자를 맡아 달라고 부탁했다. 그가 클레르보에 들어오는 것은 처음도 끝도 아니었던 것이다. 출소해도 이 세상천지에 그의 늙은 몸을 의탁할 사람은 아무도 없었다. 그는 이렇게 말했다. "누가 이 늙은이를 써 주겠습니까? 무슨 장사를 할 수 있겠습니까? 아무도 없습니다! 나가면 옛 친구들에게 갈 수밖에 없습니다. 적어도 그들은 나를 친구로 받아주니까요." 그는 친구들과 실컷 마시며 흥미진진한 이야기, 강도질한 이야기 같은 것을 나눈다. 그는 자신의 나약한 의지와 친구들에 대한 의리 때문에 다시 범행에 가담하고 다시 구속되는 것이다. 그는 이제까지 이 과정을 되풀이했다. 그러나 출소 후 두 달이 지나도록 그는 클레르보로 돌아오지 않았다. 그러자 수인들뿐 아니라 간수들까지도 걱정했다. "아직까지 잡혀 들어오지 않는 걸 보면 다른 사법구역으로 간 게 아닐까?" "어떤 나쁜 사건에 연루되지 않았으면 하고 바랄 뿐이지." 하는 말이 오갔다. 나쁜 사건이라는 것은 절도보다 나쁜 짓을 의미했다. "불쌍하지. 참 좋고, 조용한 사람인데." 그러나 처음의 추측이 옳았다는 것이 드러났다. 다른 감옥에서 노인이 수감되었다는 것과 클레르보로 이송하려고 노력중이라는 말이 전해져왔다.

　늙은 수인들은 세상에서 가장 불쌍한 모습을 보여주었다. 노인 죄수들 대부분은 아동기 혹은 청소년기에 이미 수감된 경험이 있었다. "한번 죄수는 평생 죄수"라는 말은 경험에서 나온 것이었다. 벌써 예순을 바라보거나 넘은 사람들은 자신이 감옥에서 생을 마감해야 한다는 것을 잘 알고 있다. 감옥 행정본부에서는 그들의 출소를 앞당기기 위해 양모 부스러기로 물건을 만드는 작업장으로 보냈다. 작업장의 먼지는 그들의 기력을 소진시켰고, 그런 후에 그들은 감옥에서 영원히 석방될 수 있었다. 그러면 동료 죄수 네 사람이 노인을 공동묘지로 옮겼다. 뒤에는 묘지기 간수와 그의 검은 개 한 마리가 따를 뿐이었다. 장례행렬 선두의 목사는 길가의 밤나무나 전나무를 쳐다보면서 아무 생각 없이 기계적으로 기도문을 암송하면서 걸었고 관을 멘 동료들도 잠시나마 감옥 밖으로 나온 것을 즐거워 할 뿐이었다. 장례식의 엄숙함에 영향을 받는 것이라곤 검은 개 정도였다.

중앙감옥은 절대정숙으로 원칙을 세우고 그것을 유지하려 했으나 인간본성에 어긋난다는 점에서 엄격한 시행을 포기했다.

밖에서 보는 사람에게 감옥은 완전한 침묵으로 보이겠지만 실제생활은 작은 도시에 못지않게 분주하다. 숨죽인 목소리와 속삭임, 갑작스런 외침, 메모 쪽지, 흥미 있는 소식은 전 감옥에 즉각 퍼진다. 죄수들끼리의 일이건 행정본부에서 일어난 일이건 클레르보 마을에서 일어난 일이건 혹은 파리의 정계에서 일어난 일이건 공동침실, 공장, 독방 전체에 즉시 퍼져나갔다. 프랑스인은 이야기하는 것을 좋아해서 지하통신이 중단된 적이 없었다. 우리는 일반 형사범들과는 교류가 없었음에도 그날그날의 뉴스를 훤히 알고 있었다. "정원사 장이 2년형을 받고 돌아왔다." "시찰관의 아내가 그렇고 그런 여자들과 무서운 난투극을 벌였다." "독방에 있는 자크가 농사 작업장에서 일하는 친구 장에게 편지를 주다가 들켰다." "그 늙은 짐승 같은 놈이 어찌어찌해서 사법부에서 물러나고 사법부가 발칵 뒤집혔다." 하는 등의 소식이 들려왔다. "자크가 50상팀 짜리 담배 두 갑을 플란넬 재킷과 교환했다." 같은 소문은 옥중에 순식간에 퍼졌다. 한번은 수감된 변호사가 나에게 쪽지를 건네주었다. 마을에 있는 아내에게 같은 마을에 있는 그의 아내더러 자주 면회를 오도록 전해달라는 부탁이었다. 이 쪽지가 얼마나 많은 사람들의 손을 거쳐 나에게 전달되었는지 알 수도 없을 정도였다. 흥미로운 기사가 실린 신문은 기상천외한 방법을 통해 우리의 손에 들어왔다. 천으로 싼 신문은 돌에 묶여 높은 담장을 넘었다.

독방 수감도 정보교환을 막을 수는 없었다. 내가 클레르보에서 처음 수감되었을 때 독방은 몹시 추웠다. 너무 추워서 제대로 글을 쓸 수가 없었다. 그때 파리에 있던 아내가 내 편지를 받고서 내 필체로 인정하지 않을 정도였다. 감방을 따뜻하게 하라는 명령이 있었으나 간수들이 아무리 노력을 해도 독방은 여전히 추웠다. 나중에 안 사실이지만 모든 난방용 파이프가 쪽지나 편지, 주머니칼 등 온갖 잡동사니들로 꽉 막혀 있었던 것이다. 오랫동안 죄수들이 그 관에 여러 물건들을 숨겨왔던 것이다.

앞서 언급한 적이 있는 나의 친구 마르틴은 독방을 허락받았다. 10여 명과 함께 한 방에서 생활하던 그는 차라리 고독한 것이 낫겠다고 생각해 독방을 원했던 것이다. 그는 독방에서도 혼자가 될 수 없다는 것을 깨닫고 경악했다. 벽과 열쇠구멍으로 끊임없이 이야기가 오갔다. 순식간에 독방 수감자들은 누가 옆방으로 왔는지 알았고, 곧 동사의 죄수들 전체가 알게 되었다. 언뜻 보기에 벌집처럼 고립된 독방 생활은 고독만이 지배할 것 같지만 관념적인 생각일 뿐이다. 정신병리학자 크래프트 에빙도 독방 죄수들의 이러한 측면을 간과하고 있었다.

수인과 감옥이 수인에게 미치는 도덕적 영향에 대해서는, 1886년 클레르보에서 석방된 직후 영국에서 출판한 『러시아와 프랑스의 감옥』에서 자세히 썼으므로 여기서 자세히 논하지 않겠다. 그러나 한 가지 이야기해 두고 싶은 것이 있다. 실제로 감옥의 수감자는 잡다한 사람들로 구성되어 있는데 이런 학자들은 그들을 '재소자'로만 인식한다. 최근 롬브로소*의 추종자들 대부분이 범죄자들을 생산하는 기관인 감옥을 반사회적인 행동을 예방하는 기구로 인식하고 있다는 사실은 나에게 충격적이었다. 교육의 부재, 정규적인 일자리에 대한 혐오, 지속적인 노력이 유지될 수 없는 육체적인 무능력, 모험에 대한 그릇된 사랑, 도박적인 기질, 에너지의 부

---

* 범죄인에게는 선천적인 특성, 즉 인류학적 유전적 특성이 있다고 주장한 이탈리아 범죄인류학의 창시자.

재, 미숙한 의지, 타인의 행복에 대한 배려의 부족 등이 사람들을 법정 앞에 세우는 이유인 것은 누구나 알고 있다. 내가 수감생활을 하는 동안 깊이 인식한 것은 감옥이 인간이 각자 가지고 있는 본성의 결점을 양산시킨다는 점이다. 그러므로 감옥이 존재하는 한 범죄 역시 양산될 것이다. 투옥은 필연적으로 인간의 에너지를 파괴하고 의지를 절멸시킨다. 감옥에는 자신의 의지를 실현할 수 있는 장이 전혀 없다. 감옥에서 어떤 고유한 의지를 가진다는 것은 자신을 고통 속에 빠뜨리는 것을 의미할 뿐이다. 죄수의 의지는 소멸되어야 하는 것이며 실제로 소멸된다. 감옥에서는 인간의 자연스러운 공감대도 생길 여지가 없다. 죄수들에게는 공감대가 형성될만한 감옥 안팎의 모든 것과의 자유로운 접촉이 차단된다. 죄수는 육체와 정신을 유지하고자 하는 노력을 점점 상실하게 된다. 정규적인 노동을 싫어했던 죄수는 모든 의욕을 상실해 수감생활을 하는 동안 점점 더 그러한 성향이 심해질 뿐이다. 감옥에 들어오기 전에 단조로운 일에 쉽게 싫증을 내는 사람은 감옥에서 그러한 성향이 개선되는 것이 아니라 저임금의 과도한 노동으로 오히려 싫증에서 증오로 변할 뿐이다. 현 사회를 지배하고 있는 도덕의 사회적 기능에 대해 의문을 가진 사람이라면 투옥된 후 그러한 지배의 옹호자인 관료들에 대한 비판적 시각을 가질 것이다. 그리고 비슷한 생각을 가진 죄수와 알게 되어 그러한 지배체제를 완전히 부정하게 될 것이다. 성욕본능이 병적으로 발달해 수감된 사람이라면 감옥에서 수년을 보낸 후 그러한 성향은 무서운 지경으로 발전될 가능성이 많다. 결국 이런 방향—모든 사람에게 가장 위험한—에서 감옥교화는 가장 효과적이다.

낙후된 러시아의 감옥인 시베리아에서 사람들이 어떻게 도덕적으로 타락하는지, 어떻게 감옥이 그 타락의 온상이 되는지, 육체와 정신이 어떻게 더러움으로 가득차는지를 나는 목격했었다. 당시 열아홉 살이었던 나는 한 방에 저렇게 많은 인원을 수용하지 말고, 그들이 건강을 유지할 수 있도록 나누어 수용한다면 수감시설의 본질적인 개선을 이룰 수 있을 것이라고 생각했었다. 그러나 지금은 이러한 공상을 버렸다. 나는 최신식 감옥이건 구식 감옥보다 더러운 감옥이건 혹은 독방이건 아니건, 감옥이 죄수와 사회에 미치는 영향은 크게 달라지지 않을 것이라고 자신할 수 있다. 간수들은 죄수들을 선도할 수 없다. 오히려 압도적 다수의 죄수를 철저하게 타락시키는 결과를 가져올 뿐이다. 감옥에서 몇 년을 보낸 사람은 절도, 사기, 폭력을 전보다 훨씬 쉽게 저지른다. 죄수는 감옥에서 그러한 범죄를 더 잘할 수 있도록 준비되고, 더 잘할 수 있는 법을 배운다. 죄수는 사회에 대해 더 격분하게 되고 자신을 처음으로 법정에 세웠던 반사회적 행동에 불가피하게 더욱 깊이 빠져들게 된다. 출소 후의 범죄는 처음 저질렀던 것보다 더 심각할 것이고 그는 감옥이나 중노동을 해야 하는 유배지에서 생애를 마치게 되는 운명이 될 것이다. 나는 위 저서에서 감옥은 "국가가 운영하는 범죄대학"이라고 썼다. 15년이 지난 지금도 여전히 나의 생각이 옳다는 것을 확인할 뿐이다.

개인적으로 나는 프랑스 감옥에서 보낸 몇 년을 불평할 이유가 하나도 없다. 활동적이고 독립적인 인간에게는 자유와 활동을 제한하는 것 자체가 커다란 고통이다. 그 나머지, 감옥생활의 비참함은 말할 가치도 없다. 프랑스에서 활발한 정치운동이 벌어질 때 아무 일도 할 수 없는 우리는 참담한 마음을 금할 길이 없었다. 음울한 겨울 날씨는 재소자들을 항상 힘들게 한다. 봄이 되면 자유의 박탈을 그 전보다 훨씬 강하게 느낀다. 마치 푸른 옷을 입은 것 같은 초원이 창문으로 보이고 언덕에는 피어오르는 봄 아지랑이로 뒤덮여 있으며, 기차가 골짜기 사이를 질주하는 것을 볼 적마다 그 뒤를 쫓아가고 싶은 강렬한 욕구가 솟아올랐다. 그리고 숲의 공기를 들이마시거나 복잡한 도시에서 인간생활의 조류를 따라가고 싶은 욕망이 몰려왔다. 진보적인 정당에 자신의 운명을 거는 사람은 옥중에서 몇 년을 보낼 각오를 하므로 원망하지도 않는다. 심지어 이런 사람은 감옥에 있을 때도 완전히 활동을 그만 두지 않고 자신의 사상의 유포와 강화에 힘쓴다.

리옹에서 처음에는 동지들도, 아내도, 나 자신도 모두 간수를 실제 난폭한 무리라고 생각했다. 그러나 두세 번 충돌하고 난 후에는 사이가 좋아졌다. 감옥 당국은 파리의 신문이 우리를 지지하는 것을 알았으므로 클레망소의 예리한 비평이나 로

슈포르의 비난을 살만한 짓은 하지 않았다. 그러나 클레르보에서는 그러한 견제를 할 필요가 없었다. 우리가 오기 몇 달 전에 행정본부 직원들 모두가 교체되었다. 간수들이 죄수 하나를 독방에서 살해하고서 자살로 위장하기 위해 시체를 매달아 놓았으나 의사에 의해 사실이 밝혀졌고 형무소장이 해임되었다. 이를 계기로 감옥의 모든 사정이 전보다 훨씬 나아졌다. 나는 클레르보의 형무소장에 대해 좋은 기억을 가지고 있다. 그곳에 있으면서 나는 인간이란 자신이 속해 있는 제도 보다 훨씬 선한 경우가 많다는 것을 알았다. 개인적으로는 큰 고난이 없었다. 그러나 나는 그와 상관없이 감옥제도 그 자체를 비난하는 것이다. 감옥은 어두운 과거의 산물이며, 원칙적으로 잘못된 것으로 사회에 헤아릴 수 없을 정도로 많은 악을 초래하고 있다.

다시 말하건대, 나는 재소자에 대한 감옥의 비도덕적 영향을 확신할 수 있다. 모든 감옥은 사회적 질병의 온상으로 — 법정도 마찬가지다 — 그 주변 사람들에게 악영향을 미친다. 롬브로소는 죄수들을 대상으로 한 조사에서 자신이 일정한 '범죄자 타입'을 발견했다고 믿고 있다. 만약 그가 감옥 담장 너머 영역을 확대해 법정, 형사들, 스파이들, 비열한 법무관들, 정보원들, 그리고 이 얼간이들을 먹여살리는 사람들에 대해 조사를 한다면 아마 같은 결론에 도달할 것이다. 나는 리옹 재판소와 그 주변에 있는 사람들만큼 천박한 집단을 본 적이 없다. 클레르보 중앙감옥 담장 안에는 그런 사람이 없다. 디킨스나 삽화가 크룩생크는 작품에서 이러한 사람들에 대해 불후의 생명력을 불어넣어 법정 주변의 세계와 그 광범위한 폐해를 그려냈다. 클레르보와 같은 중앙감옥에서도 그것은 진실이다. 비열한 착취와 사기, 염탐과 부패의 분위기는 감옥에 만연해 있었다.

나는 이 모든 것을 보았다. 나는 이 모든 점을 내 자신의 의견으로 정리해 보았다. 투옥되기 전에는 현재의 형벌제도가 문제가 있다는 것을 알았다면, 클레르보 감옥에서 출소한 후에는 형벌제도가 단지 잘못된 것이고 정의롭지 않을 뿐 아니라 어리석기 짝이 없는 제도라는 것을 깨달았다. 인간의 범죄적 본능을 제어하는 장치로서 감옥이 필요하다는 미신 하에서 부패의 보편화라는 값비싼 대가를 치르고 있다. 그리고 그러한 현실은 절반은 무의식적으로 절반은 의식적으로 무시되고 있는 것이다.

14

비밀경찰과의 충돌~비밀 정보요원의 웃기는 고발~밝혀진 스파이들
~가짜 남작~스파이 활동의 결과

혁명가들은 활동하는 동안 무수한 스파이와 경찰의 끄나풀들을 만나게 된다. 나도 마찬가지였다. 정부는 이런 비열한 인간을 먹여살리는 데 막대한 돈을 쓰고 있다. 그들은 주로 젊은 친구들에게 위험한 존재들이다. 경험이 어느 정도 있는 활동가들은 직감적으로 이들을 감지해 경계한다. 그들은 가장 천박한 도덕적 기준을 가진 사회의 쓰레기들이다. '사회의 기둥'인 그들의 천박한 도덕성은 청년활동가들을 놀라게 하기에 충분하다. 청년활동가는 이렇게 자문할 것이다. "이런 사람이 왜 내 앞에 나타났지?" "도대체 이 사람이 우리와 공유할 수 있는 것이 있나?" 대부분의 경우에 스파이들을 만나면 이런 자문을 하게 된다.

내가 제네바에 있을 때 망명자를 염탐하기 위해 러시아 정보부가 보낸 스파이를 우리 모두 잘 알고 있었다. 그는 백작의 칭호를 썼지만 보관(寶冠)*이나 문장으로 장식된 마차도, 하인도 없었고 강아지의 망토에 보관과 문장을 장식했을 뿐이었다. 우리는 때때로 그를 카페에서 보았지만 그와 대화를 나눈 적은 없었다. 그는 가판

---

* 귀족들이 머리에 쓰는 관.

대에서 자신의 상관이 생각하는 말이 들어있을 법한 망명자의 모든 출판물을 사서 수집하는 '순수한' 임무를 수행하고 있었다.

제네바가 젊은 망명자들로 넘쳐나자 스파이들이 쏟아져 들어오기 시작했다. 그리고 그들은 이런 저런 방법으로 우리에게 알려졌다.

낯선 사람이 우리 앞에 나타나면 우리는 항상 니힐리스트 특유의 솔직함으로써 그의 과거와 현재의 전망에 대해 묻는다. 그러면 그가 어떤 사람인지 금방 드러난다. 솔직한 교류는 올바른 인간관계를 위해 가장 효과적인 방법이다. 스파이들과 상대할 경우에는 이런 방법이 특히 중요했다. 러시아에 있을 때는 듣지도 보지도 못했던 많은 사람들이 제네바로 왔다. 그중 많은 사람들이 도착한 지 며칠 만에 혹은 몇 시간 만에 망명자들에게 정다운 말을 건네며 다가왔다. 그러나 스파이들은 어떤 방법으로든 친교의 문턱을 넘어서지 못했다. 어떤 스파이는 우리가 알만한 사람들의 이름을 거론하며 최고의 찬사는 물론 그의 과거에 대해서도 정확하게 알았다. 심지어 그 스파이는 니힐리스트들이 쓰는 속어와 매너를 완벽하게 구사하기도 했다. 그러나 그는 러시아의 청년들 사이에서 피어난 니힐니스트의 윤리를 모방할 수는 없었다. 오직 이것만이 그와 우리를 구별시켜 주는 것이었다. 윤리 외에는 무엇이든 흉내낼 수 있었다.

내가 르클뤼와 클라렌에서 일할 때도 그런 사람이 있어 우리는 그를 경계했다. 우리는 그에게 나쁜 점을 찾지는 못했지만, 그가 '우리 사람'이 아니라고 느꼈고, 그가 점점 침투해오려 함에 따라 우리는 더욱 의심하게 되었다. 나는 그에게 한마디도 하지 않았다. 그 결과 그는 나만 찾게 되었다. 일상적인 채널을 통해서는 나에게 접근할 수 없음을 안 그는 나에게 편지를 쓰기 시작했다. 그리고는 수상한 목적을 가지고 숲 속 같은 곳에서 만나자고 했다. 나는 재미로 그의 제안을 받아들여 친한 친구와 함께 먼 약속장소까지 나갔다. 모종의 음모가 있었던 그는 내가 혼자가 아니라는 사실을 눈치채고 자리에 나타나지 않았다. 그렇게 해서 나는 그에게 말 한마디 건네는 시간을 아낄 수 있게 되어 기뻤다. 당시 나는 지리학과 〈반란자〉에 관련해 일분일초를 아껴가며 열심히 일하던 중이었다. 나는 더이상 음모에 휘말리지 않았다. 우리는 후에, 이 사람이 제3국에 거짓 보고를 해왔다는 사실을 알게 되었다. 그는 내가 페테르부르크의 황제 암살계획을 배후조종하고 있다는 무서운 보고를 했던 것이다! 그것은 모두 페테르부르크와 이탈리아 정부에서 돈을 받기 위한 행동이었다. 어느 날 스위스에서 체포된 카피에로는 이탈리아 스파이가 작성한 무서운 보고서를 보았다. 보고서는 카피에로와 내가 폭탄을 싣고 이탈리아로 잠입할 예정이라고 경고했다. 사실 나는 이탈리아에 가본 적도 없고, 갈 생각도 없었다.

첩자들이 항상 허위보고만을 일삼은 것은 아니었다. 개중에는 사실도 있었다. 그러나 모든 보고는 풍문에 의존한 것이었다. 우리 부부는 가장 행복한 순간을 보내고 있었다. 1881년 아내와 내가 파리에서 런던으로 여행했을 때 프랑스인 스파이는 우리들을 염탐하면서 프랑스 정부에 보고했다. 이중 첩보활동을 했던 그는— 그런 일은 가끔 있었다 — 로슈포르가 발행하는 신문에도 그 정보를 팔았다. 스파이가 하는 모든 말은 옳았다.

예를 들어 그는 이렇게 썼다. "나는 크로포트킨 부부가 탄 객실 다음 칸에 타고 있었다." 정확한 말이다. 그는 거기 있었다. 우리는 그를 목격했다. 그 험악하고 불쾌한 얼굴은 즉각 우리의 시선을 끌었다. "그들은 손님이 알아들을 수 없도록 러시아어로 말했다." 그것 또한 사실이다. 우리는 언제나 그랬듯이 러시아어로 말했다. "칼레에 도착하자 두 사람은 브로스*를 먹었다." 그것도 정확하다. 우리는 수프를 먹었다. 그러나 여기서부터 여행의 미스터리는 시작된다. "그 후, 두 사람은 갑자기 실종되었다. 나는 플랫폼 등을 찾아보았으나 허사였다. 그리고 그들이 다시 나타났을 때 크로포트킨은 변장을 하고 러시아 사제를 뒤따르고 있었다. 런던에 도착하고 나서야 두 사람과 사제는 헤어졌다. 사제는 어디론가 사라졌다." 그것도 모두 사실이다. 아내는 가벼운 치통이 있었고, 나는 레스토랑 주인에게 룸을 빌려달라고 요구했다. 그곳에서 아내는 잠시 쉬었다. 그것이 우리가 '실종된' 이유였다.

---

* 러시아어로는 불리온이라고 하며 고기 · 생선 · 야채 등을 고아 만든 수프를 일컫는다.

해협을 건널 때 나는 부드러운 펠트 모자를 주머니에 넣고 깃털 모자를 썼다. 그것이 '변장'이었다. 수상한 사제도 그곳에 있었다. 사건과 아무런 상관이 없다고 생각하겠지만 그는 러시아인이 아니었다. 어쨌든 그는 그리스 사제복을 입고 있었다. 그는 애처로운 목소리로 "아쿠아, 아쿠아(Aqua, aqua)."를 반복했다. 나는 웨이터에게 "이 분께 물 한잔 갖다 주시오." 하고 말했다. 사제는 나의 뛰어난 어학능력과 도움에 대해 연신 진심으로 감사하기 시작했다. 그를 안쓰럽게 여긴 아내가 여러 국어로 말을 걸어 보았지만 사제는 아무 말도 이해하지 못했다. 그는 남슬라브어만 할 줄 알았다. 우리가 알아들을 수 있는 말은 "나는 그리스인이다, 투르크 대사관, 런던"이 전부였다. 우리는 몸짓으로 그에게 우리도 런던으로 가는 중이니 함께 여행하는 것도 좋겠다고 말했다.

놀라운 것은 차링크로스에 도착하기 전에 우리가 그의 목적지인 투르크 대사관의 주소를 알아냈다는 것이다. 기차가 어떤 정류장에 멈추었을 때 이미 만원이 된 3등 칸에 두 명의 귀부인이 탔다. 두 사람은 손에 신문을 들고 있었다. 한 여성은 영국인이고 다른 한 여성은 프랑스어를 매우 잘하는 미인 — 그녀는 영국인인 체 했다 — 이었다. 몇 마디 이야기를 나누던 중 미인이 나에게 물었다. "이그나티에프 백작을 어떻게 생각하시나요?" 그리고는 "곧 새 황제를 암살하러 가실 건가요?" 하고 물었다. 이 두 질문으로 그들의 직업이 무엇인지 분명해졌다. 그러나 사제를 생각해 그녀에게 말했다. "혹시 투르크 대사관 주소를 아십니까?" 그녀는 학교 여학생처럼 거침없이 알려주었다. "그러면 러시아 대사관 주소도 알려주겠소?" 하고 나는 물었고 그녀는 즉시 대답해 주었다. 나는 두 주소를 사제에게 알려 주었다. 차링크로스에 도착하자 그 여자는 나의 짐에 과도하게 신경을 쓰면서 장갑 낀 손으로 무거운 짐을 들어주려 하였다. 나는 그녀가 놀랄 정도로 단호하게 말했다. "이제 됐습니다. 여성이 남자의 짐을 들어주는 법은 없소. 그만 가주시오!"

다시 우리의 신뢰할만한 프랑스 스파이에게로 돌아가자. "그는 차링크로스에서 내렸다."고 보고서에 적고 있다. "그러나 기차가 도착한 지 30분 이상이 지나도록,

다른 승객들이 역을 빠져나갈 때까지도 그는 역을 떠나지 않았다. 그동안 나는 멀리 기둥 뒤에 숨어서 지켜보았다. 승객이 모두 빠져나가자 플랫폼을 떠난 그들은 갑자기 마차에 올라탔다. 나는 마부가 입구에서 경찰에게 말한 주소를 엿들었다. 그리고 마차를 뒤쫓으려 했지만 주변에는 마차가 한 대도 없었다. 트라팔가 광장까지 달려가서 겨우 마차를 잡아탔다. 뒤따라가자 그는 그 주소지에 이미 하차해 있었다."

주소도 맞고 다른 것도 사실이다. 그러나 그 사람은 모든 사실을 미스터리로 만들고 있다. 나는 러시아 친구에게 미리 도착시간을 알려주었으나 그날 아침 짙은 안개가 낀 탓에 친구가 늦잠을 자버렸다. 그래서 우리는 반시간쯤 친구가 오기를 기다리다 물품보관소에 짐을 맡기고 그의 집으로 갔던 것이다.

"그곳에서 그들은 커튼을 내리고 두시까지 앉아 있었다. 그리고 키가 큰 사나이가 집에서 나와서 한 시간쯤 후 짐을 찾아서 돌아왔다." 커튼에 관한 것까지 정확하다. 우리는 안개 때문에 가스등을 켜고 짙은 안개에 휩싸인 지저분한 이즈린튼 거리 풍경을 커튼으로 가렸을 뿐이다.

엘리제 르클뤼와 클라렌에서 일할 때 나는 격주마다 〈반란자〉 발행을 보기 위해 제네바로 갔다. 어느 날 인쇄소에 간 나는 어느 러시아 신사가 나를 만나고 싶어 한다는 말을 들었다. 신사는 이미 나의 동지들과 만나, 필요한 자본은 자신이 댈 테니 러시아에서 〈반란자〉 같은 신문을 내볼 의향이 있는지를 나에게 물어보기 위해 왔다고 했다. 나는 그를 만나기 위하여 어느 카페로 갔다. '토넴'이라는 독일식 이름을 가진 그는 발트해 지역 출신이라고 내게 말했다. 그는 자신이 많은 부동산과 공장을 소유하고 있다고 자랑하며 러시아 정부의 발트해 지역에 대한 러시아화 정책에 매우 분개했다. 하지만 전체적으로 그는 믿을 수 없는 인상을 주었다. 동지들은 그의 제안을 받아들이라고 했지만 첫 인상이 매우 좋지 않았다.

그는 나를 카페에서 자신의 호텔 방으로 데리고 가 준비된 돈의 일부를 보여주었다. 그는 자신을 더욱 좋아하게 할 속셈이었지만 나는 오히려 불쾌했다. "나의 재산은 의심하지 마시오. 나는 중요한 발명을 했소. 그 발명을 하기 위해 많은 돈이 들었지요. 특허를 내면 아마 엄청난 돈을 벌게 될 거요. 그 돈은 모두 러시아의 혁명을 위해 쓰일 거요." 그는 나를 놀라게 해주려고 그 발명품인 촛대를 보여주었다. 촛대는 볼품없었고, 특징이 있다면 매우 지저분하다는 것과 초를 꽂는 곳에 세 가닥의 철사가 있을 뿐이었다. 가장 가난한 집의 주부라도 좋아하지 않을 것 같은 촛대였다. 심지어 특허를 낸다고 하더라도 특허료로 10달러 이상 지불할 공장은 없을 것 같았다. "부자가 이런 촛대에 희망을 건단 말인가! 정말 별꼴을 다 보겠군." 그에 대한 나의 의견은 결정되었다. 그는 부자일 리가 없으며 그가 댄다는 자본도 그의 것이 아니다. 나는 무뚝뚝하게 말했다. "좋습니다. 그렇게 러시아의 혁명적 신문에 관심이 많다면 당신이 장담한 것을 믿을 테니 입금자명을 내 이름으로 해서 은행에 입금시켜주시오. 그래야 내가 편하게 쓸 수 있으니. 그러나 당신은 신문에 아무런 관여도 해서는 안 됩니다." "물론이지요. 그렇고 말고요." 하고 그는 말했다. "옆에서 구경하거나, 가끔 조언한다거나 러시아 반입을 돕는 일만 하지요." "안 됩니다. 어떠한 간섭도 안 됩니다! 나를 만날 필요도 전혀 없습니다." 나의 동지들은 내가 너무 심하다고 생각했다. 그러나 얼마 후 나는 페테르부르크로부터 한 장의 편지를 받았다. 제3국에서 스파이를 보냈는데, 그 이름이 '토넴'이라는 것이었다. 그 촛대가 우리에게 좋은 일을 했던 셈이었다.

스파이들은 항상 이런 저런 자기모순적 행동을 보이기 마련이었다. 1881년 런던에 있었을 때 우리는 안개가 짙게 낀 어느 날 아침 두 러시아인의 방문을 받았다. 한 사람은 이름을 들은 적이 있는 사람이었고, 친구라는 또 다른 사람은 처음 본 사람이었다. 그 친구라는 사람은 런던 방문차 며칠간 동행하자고 했다 한다. 처음에 나는 그 친구를 소개받았을 때 아무런 의심이 없었다. 그 날 매우 바빴던 나는 근처에 사는 동지에게 친구에게 묵을 방을 찾아주고 런던 구경도 시켜달라고 부탁했다. 아직 영국을 제대로 구경한 적이 없는 아내도 동행했다. 오후에 아내가 돌아와 나에게 말했다. "그 사람 마음에 안들어요. 조심하세요." 나는 "왜 그러오? 무슨 일이 있었소?" 하고 물었다. "없었어요. 특별한 일은 없었지만 그가 우리 쪽 사람이 아니라는 것은 확실해요. 카페에서 웨이터를 대하는 태도나 돈 쓰는 것을 보고 우리 쪽 사람이 아니라는 것을 알았어요. 그렇다면 왜 우리에게 접근했을까요?" 아내는 직감이 틀림없다고 믿고 손님에 대한 대접은 하면서도 청년을 내 서재에 혼자 남겨두지 않았다. 대화를 나누면서 청년은 점점 저급한 도덕성을 드러냈다. 함께 온 친구조차도 얼굴을 붉힐 정도였다. 내가 신변에 대해 자세히 묻자 두 사람은 만족스럽지 못한 대답을 했다. 우리는 두 사람을 경계했다. 그들은 이틀 뒤 런던을 떠났다. 2주일 뒤에 러시아의 동지로부터 받은 편지에는 그 친구를 소개한 것에 대해 용서를 구하는 내용으로 가득차 있었다. 그들은 파리의 러시아 대사관에서 일하는 스파이로 밝혀졌다는 것이었다. 그래서 나는 스위스와 프랑스에 있는 러시아의 비밀 정보기관의 인명록을 뒤져보았다. 그것은 최근 집행위원회가 망명자들에게 보내준 것으로 페테르부르크에서 활동하는 스파이들의 이름이 실려 있었다. 나는 인명록에서 스펠링 하나가 다른 청년의 이름을 발견했다.

경찰의 보조금으로 경찰 정보기관의 책임자가 신문을 창간하는 것은 파리 경시국장인 앙드레가 1881년에 사용한 낡은 수법이었다. 당시 나는 엘리제 르클뤼와 함께 스위스의 산지에 머무르고 있었다. 그때 나는 프랑스인인가 벨기에인인가로부터 편지를 받았는데 파리에서 사회주의 아나키스트 신문을 발간하려는데 협조를 요청하는 내용이었다. 아첨으로 가득 찬 편지는 좋지 않은 인상을 심어주었다. 더구나 르클뤼는 유쾌하지 않은 일에 발신자의 이름이 거론되는 것을 들은 적이 있었다. 우리는 부탁을 거절하기로 하고 신문의 자금출처를 먼저 알아야겠다고 파리에 있는 동지에게 편지를 썼다. 그 돈은 오를레앙 파에게서 나온 것일 수도 있으니 — 그것은 왕가의 낡은 수법이었다 — 우리는 돈의 출처를 알아야했다. 파리의 동지는 노동자 특유의 단도직입적인 태도로 신문 발행인이 참석한 모임에서 편지를 낭독했다. 그는 몹시 분노하는 척했고 나는 이에 대해 몇 통의 답장을 써야 했다. 그러나 "성실한 사람이라면 자금의 출처만은 알려주어야 한다."는 점은 양보하지 않았다.

마침내 자금의 출처를 알려주었다. 질문 공세를 당한 그는 돈이 자신의 백모에게서 나왔다고 말했다. 그녀는 보수적인 부자이지만 신문에 대한 환상을 가지고 있어 자금을 대주었다는 것이었다. 백모는 지금 프랑스에 없고 런던에 있다고 했다. 우리는 집요하게 그녀의 이름과 주소를 물어 동지 말라테스타가 자진해 만나러 갔다. 말라테스타는 가구 도매상을 하고 있는 이탈리아인 동지와 함께 갔다. 그들은 부인이 작은 공동주택에 살고 있는 것을 확인했다. 그녀와 이야기를 하는 동안 말라테스타는 점점 그녀가 한 편의 코미디 속에서 백모 역할을 맡았다는 것을 확신하게 되었다. 실내의 의자와 테이블 등을 둘러본 가구점을 하는 동지는 바로 전날 가구들을 들여놓았다는 것을 알아챘다. 동지는 아마도 자신의 이웃 도매상에서 빌렸을 것이라고 판단했다. 책상과 의자에는 도매점의 라벨이 그대로 붙어있었던 것이다. 증거가 충분치는 않았으나 자연스럽게 우리의 의심은 증폭되었다. 나는 그 신문과 어떤 일도 하지 않겠다고 단호하게 거절했다.

신문은 들어 본 적이 없는 폭력, 방화, 암살, 폭탄테러에 대한 기사 외에는 아무것도 없었다. 나는 런던대회에 갔을 때 그 신문 발행인을 만났다. 음흉한 얼굴과 몇 마디 말, 그리고 함께 다니는 여자를 슬쩍 본 나는 그의 정체를 파악했다. 대회 기간 내내 그는 터무니없는 해결책을 제시해 모든 참석자들이 그를 경계했다. 그가 전세계의 사회주의 아나키스트들의 주소록을 만들자고 제안했을 때 정중하게 거절되었다.

각설하면, 그는 2개월 후 정체가 탄로났고 그 다음 날로 신문은 영원히 폐간되었다. 그로부터 2년 후 파리 경시국장 앙드레가 자신의 회고록을 출간했다. 그 책에서 그는 자신이 창간한 신문과 파리에서 정보기관이 조작한 — 정어리 박스 속에 폭탄을 넣어 티에르 동상 아래 설치했던 — 폭발사건에 대해 모두 밝혔다.

프랑스와 다른 나라에서도 이런 일을 위해 막대한 자금이 소모되었다. 이런 이야기는 몇 장(章)이라도 쓰겠지만 클레르보에서 일어났던 일 두 가지만 이야기하겠다.

아내가 감옥 담장의 그늘 아래 마을 여인숙에 머물 때였다. 어느 날 여주인은, 아내를 만나기 위해 호텔에 머무르고 있는 두 남자가 전한 편지를 들고 아내의 방으로 들어왔다. 여주인은 유창한 말솜씨로 그들을 옹호하며 중재했다. "나는 세상을 알아요. 부인, 그 분들은 훌륭한 신사들이었어요. 그 분들의 예의는 나무랄 데가 없었지요. 한 분은 독일장교라고 하던데 남작이랍니다. 또 다른 사람은 통역인데 두 분 다 부인을 잘 알더군요. 남작은 아프리카로 가는 길인데 다시 돌아올 수 없을 듯해서 떠나기 전에 부인을 만나고 싶다는군요."

아내가 초대장을 보니 "크로포트킨 공작부인, 언제 뵐 수 있소?"라고만 적혀 있었다. 두 신사의 '예의'는 더이상 말할 것도 없었다. 초대장의 내용이라는 것이 겉봉에 적힌 주소보다 예의가 없었다. 모든 어법과 상식에 반하는 '남작'은 해야만 하는 말만 적어놓았던 것이다. 아내는 만나는 것을 단호하게 거절했다.

남작은 계속 아내에게 편지를 보냈지만 아내는 뜯어보지도 않고 되돌려 보냈다. 마을 전체는 곧 두 파로 나누어졌다. 여주인을 필두로 한 남작파와 실질적으로 여주인의 남편을 필두로 한 반대파가 있었다. 하나의 로맨스가 회자되었다. 소문에 따르면 남작은 아내가 결혼하기 전부터 알던 사이였다. 빈에 있는 러시아 대사관에서 남작은 아내와 몇 번 춤을 춘 적이 있었다. 그는 아직도 그녀를 사랑하지만 무정한 그녀는 위험한 탐험을 떠나기 전에 얼굴이라도 한번 보자는 것을 거절했다는 것이었다.

나아가 그와 아내 사이에 낳은 아들을 우리가 숨기고 있다는 이야기까지 떠돌았다. 남작은 마을사람에게 "내 아들을 보신 적이 있나요? 금년이면 6살이 되었을 텐데."하고 묻고 다녔다. 그 말에 마을사람들은 "만약 아들이 있다면 아들과 떨어져 있을 부인이 아니다. 그러니 아들이 있을 리 없다."고 하는 쪽과 "그래. 남작 말대로 아들을 숨기고 있는 거야."고 하는 쪽이 맞섰다.

이 논쟁은 하나의 중요한 사실을 폭로하고 있었다. 나의 편지는 감옥 당국이 검열할 뿐 아니라 그 내용이 러시아 대사관에도 통보된다는 사실이 증명되었던 것이다. 리옹에 있을 때 아내는 스위스에 있는 엘리제 르클뤼에게 갔었다. 한번은 그녀가 편지에 '우리 아들'은 건강하게 잘 자라고 있으며 5살 생일에 모두 즐거운 저녁을 보냈다고 쓴 적이 있었다. 나는 '아들'이 우리가 평소에 대화할 때 '우리 말썽꾸러기'라고 부르던 〈반란자〉를 뜻한다는 것을 알았다. 그런데 지금 이 남자가 심지어 그 나이까지 정확하게 맞추면서 '우리 말썽꾸러기'를 요구하고 있었다. 그것은 편지가 형무소장 외에 다른 자들의 손으로 넘어가고 있다는 반증이었다. 이것을 알게 된 것은 잘된 일이었다.

지방 시골마을에서 사람들의 눈길을 피할 곳은 없었다. 남작은 곧 사람들의 의심을 불러일으켰다. 그는 다시 이전보다 장황하게 아내에게 편지를 썼다. 그가 편지에 쓴 내용은 이랬다. 내가 아는 사람이라고 소개한 것은 사과한다. 당신은 나를 모르지만 나는 당신이 잘되기를 비는 마음을 가지고 있다. 나는 당신에게 긴히 해줄 말이 있다. 당신 남편의 목숨은 경각에 달려있음을 경고한다.

남작과 그의 비서는 들판에서 자신들이 쓴 편지를 읽으며 앞으로의 진로를 의논했다. 산지기는 그들이 말다툼을 하는 것을 목격했다. 그들은 편지를 갈기갈기 찢어 땅에 버렸다. 산지기는 그들이 시야에서 사라진 후 편지 조각을 맞추어 읽었다. 한 시간쯤 지나자 마을사람들은 남작이 아내와 아는 사이가 아니라는 것을 알게 되었으며 남작 편에서 계속 흐르던 로맨스도 산산조각 났다.

그러자 이번에는 헌병하사관이 "어? 그렇다면 그들은 자신이 말한 남작이나 통역관도 아니잖아? 독일 스파이들이 틀림없어." 하고는 두 사람을 체포했다.

바로 얼마 전에 클레르보에서는 실제로 독일 스파이들이 활동했었다. 전시에는 감옥의 넓은 건물이 식량창고나 군대막사로 쓰였고 독일 참모부는 감옥 내부의 수용면적을 알고 싶어 했던 것이다. 한번은 어떤 쾌활한 떠돌이 사진사가 마을에 와서 공짜로 사진을 찍어주면서 사람들과 친해졌다. 사진사는 감옥 뿐 아니라 감방 안에서도 사진 찍는 것이 허락되었다. 사진을 다 찍은 사진사는 동부 국경 근처의 다른 마을로 가다가 군사자료를 소지한 혐의로 프랑스 당국에 체포되었다. 그 때의 일을 상기한 헌병하사관은 남작과 비서 역시 독일 스파이라는 결론을 내렸고, 그들을 '바르슈르오브'라는 작은 도시의 유치장에 감금했다. 이튿날 아침 그들은 석방되었고 지방신문에 그들은 독일 스파이가 아니라 '다른 우방국의 실력가가 파견한 사람들'이라는 기사가 발표됐다.

여론은 남작과 그 비서에 대해 반대하는 쪽으로 완전히 돌아섰지만 그들로서는 모험을 포기할 단계가 아니었다. 석방된 두 사람은 마을의 작은 카페에 들어가 술을 마시며 울분을 풀었다. 그들은 독일어로 대화했다. "너는 바보고 겁쟁이야." 자칭 통역가가 자칭 남작에게 말했다. "내가 너였다면 권총으로 검찰관을 쏘아버렸을 거야. 한번만 더 그러면 머리 속에 총알을 쑤셔 넣을 테다."

카페의 구석에서 앉아 그 얘기를 듣던 떠돌이 상인이 급히 헌병대장에게 밀고했다. 헌병대장은 즉시 보고서를 작성해 슈트라스부르크의 약제사인 남작의 비서를 다시 구속했다. 그는 또 바르슈르오브의 경찰재판소로 끌려가서 "공공장소에서 검찰관에 대한 위협적인 발언을 했다."는 이유로 1개월의 금고형을 선고받았다. 그 후로도 남작은 계속 소동을 피워, 두 사람이 떠날 때까지 마을은 조용할 날이 없었다.

이 스파이 사건은 코미디처럼 끝났다. 하지만 얼마나 많은 비극들을 이 악당들이 만들었는지 모른다! 얼마나 많은 소중한 생명들과 가족 그리고 행복을 이들은 자신들의 행복을 위해서 부수어 버렸다. 전세계 곳곳에 흩어져 있는 정부가 지원하는 수천 명의 스파들은 얼마나 많은 사람들을 괴롭혔을까! 세계 곳곳을 누비며 순박한 사람들에게 죄나 뒤집어씌우는 수천 명의 악당들에게 수당을 지급하고, 최하층이나 감옥에서 징병해온 군대를 유지하기 위해 막대한 돈을 쏟아 부었을 것을 생각하면 가슴이 먹먹하다. 영국에는 아내의 부탁을 받아서 남편에 관한 증거자료를 또는 남편의 부탁을 받아서 아내에 관한 증거자료를 모으는 신문들(특히 휴양지의 신문에는 탐정들을 구하는 기사들이 꽉 차 있다)이 있다. 이들 탐정들에게 돈만 주면 가족을 파괴하는 것은 물론 모든 일을 한다. 얼마전 프랑스 상급부대에 있었던 똑같은 방법의 스파이 활동이 발각된 적이 있었다. 이들은 똑같은 일이 자신들의 가족과 집에서도 있을 수 있다는 것을, 아니 더 나쁜 상황이 있을 수 있다는 것을 모르고 있다.

15

루이즈 미셸의 절도죄~감옥으로부터의 석방~파리~엘리 르클뤼
~영국으로의 이사~할로우에서의 생활
~ 형 알렉산드르의 학문적 성과~형의 죽음

 우리를 석방하라는 요구는 신문과 국회에서 끊임없이 제기되었다. 특히 '절도죄'를 선고받은 루이즈 미셸에 대한 석방의 요구가 거셌다. 루이즈 미셸은 평소에도 궁핍한 여자가 있으면 자신이 가지고 있는 마지막 숄이나 외투도 주었고 감옥에서도 차입된 음식이 있으면 동료 죄수들에게 보내버려 동지들은 그녀에게 좋은 음식을 먹이려 해도 그럴 수가 없었다. 그녀와 함께 푸셰는 노상강도죄로 9년형을 받았다. 그것은 기회주의적인 중산층이 듣기에도 너무한 것으로 보였다. 어느 날 실업자 데모의 선두에 선 그녀가 빵집에 들어가 빵 몇 덩이를 가져다가 굶주린 시위대에 나누어 준 것이 절도죄가 된 것이었다. 아나키스트 루이즈 미셸에 대한 석방의 요구는 정부에 대한 항의로 이어졌고 1885년 가을 세 명을 제외한 모든 동지들이 그레비 대통령의 사면조치로 석방되었다. 그러자 루이즈 미셸과 나를 석방하라는 외침이 점차 높아갔다. 그러나 알렉산드르 3세가 그것에 반대했다. 어느 날 국무총리 프레이시넷은 국회에서 질의에 대해 "크로포트킨의 석방에는 외교적인 어려움이 있다."고 대답했다. 독립국가의 수상 입에서 나온 발언치고는 이상해 보이겠지만 프랑스와 러시아간의 불온한 동맹이 체결된 이후 이런 식의 발언들은 계속 들려왔다. 1886년 1월 중순 루이즈 미셸, 푸셰, 그리고 클레르보 감옥에 남아있던

우리 4명은 석방되었다.

나의 석방은 감옥 근처 마을에 자발적으로 유폐된 아내의 석방을 의미했다. 아내는 건강이 나빠져 있었다. 우리는 파리로 가서 엘리 르클뤼와 함께 몇 주를 보냈다. 엘리 르클뤼는 인류학 분야에서 권위 있는 필자였다. 그는 프랑스 밖에서는 흔히 동생인 지리학자 엘리제와 혼동되는 경우가 많았다. 두 형제는 어릴 때부터 형제애가 돈독했다. 대학에 입학할 때 형제는 함께 지롱드 현의 계곡에 있는 작은 마을에서 스트라스

루이즈 미셸

부르까지 방랑하는 학생들처럼 개를 데리고 걸어갔다. 그들은 어떤 마을에 묵으면서 수프는 개에게 주고 자신들은 사과와 빵으로 저녁을 때웠다. 스트라스부르에서 동생은 지리학자 리터의 강의를 들으려고 베를린으로 갔다. 그 후 40년대에 두 사람은 파리에 있었다. 엘리 르클뤼는 푸리에주의자가 되었으며 1848년 공화국이 선포되었을 때 형제는 새로운 시대가 도래하는 것을 목격했다. 나폴레옹 3세가 쿠데타를 일으키자 형제는 모두 영국으로 망명했다. 대사면이 내려지자 형제는 파리로 돌아왔다. 엘리는 노동자들 사이에 널리 애독되는 푸리에주의적인 노동조합신문을 발간했다. 잘 알려지지는 않았지만 재미있는 일이 있다. 시저 역할 놀이를 하던 나폴레옹 3세는 노동문제에 관심을 가져야 할 의무가 있다고 믿었고 엘리 르클뤼의 신문이 인쇄될 때마다 시종무관을 인쇄소로 보내 신문을 튈르리궁전으로 가져오게 했다. 그는 나중에는 심지어 시저의 원대한 사회 개혁을 지지한다는 글을 쓰는 조건으로 인터내셔널를 후원하려고까지 했다. 그러나 인터내셔널에서 단호하게 거절하자 그는 탄압을 명령했다.

파리코뮌이 선포되었을 때 형제는 적극 가담했고 엘리 르클뤼는 바이얀의 지휘

아래 국립도서관과 루브르박물관 경비대에서 일했다. 일련의 화재와 튈르리궁전 수비군의 파리 진격이 이루어지는 동안 인류지식과 예술의 보고인 두 시설이 무사할 수 있었던 것은 그의 선견지명과 활동 덕분이었다. 그리스 작품의 애호가로서 해박한 지식을 가지고 있었던 그는 루브르박물관에서 가장 귀한 조각과 화병을 모두 안전하게 포장해서 지하실로 옮겼다. 또한 국립도서관의 귀중한 자료들도 세심한 주의를 기울여 안전한 장소로 옮겼으며 미친 듯이 타오르는 불길이 두 건물로 옮겨 붙지 않도록 조치했다. 그런 철학자의 반려자답게 그의 아내도 용감하게 두 아들을 데리고 거리로 나와 두 차례의 포위공격으로 매우 굶주린 사람들을 위한 급식조직을 만들었다. 몰락하기 몇 주 전에야 비로소 식량을 구할 방법이 없는 사람들에게 식량을 공급하는 것이 파리코뮌의 일차적 임무가 되었다. 자원봉사자들로 구호단체가 조직되었다. 마지막 순간까지 자신의 자리를 지킨 엘리 르클뤼가 베르사유의 군대의 총살을 피할 수 있었던 것은 단지 우연 때문이었다. 코뮌 치하에서 꼭 필요했던 그 일을 감히 받아들였다는 이유로 그에게 국외추방명령이 내려졌다. 그는 가족들과 함께 망명했다. 파리에 돌아온 그는 필생의 사업인 민속학 연구를 다시 시작했다. 그는 『원시인』 『오스트레일리아인』을 출간했을 뿐 아니라 그의 동생이 세운 브뤼셀의 고등연구학교에서 강의자료를 바탕으로 종교기원의 역사를 연구했다. 전체 민속학 문헌 중에 원시인의 본성에 대해 그토록 정밀하고 호소력 있게 이해시켜주는 작품은 많지 않다. 종교의 역사에 관한 그의 글—그 일부는 잡지 〈새로운 사회〉에 게재된 것으로 지금은 그 후속 잡지인 〈새로운 인류〉에 계속 실리고 있다—은 그 분야에서 최고의 작품이라고 말할 수 있다. 허버트 스펜서의 연구보다도 뛰어나다. 스펜서는 박학했지만 꾸밈없고 단순한 원시인의 본성에 대한 이해가 없었다. 엘리 르클뤼는 자신의 특별한 재능에 이제까지 간과되어왔던 신앙의 진화와 변화에 대한 매우 광범위한 지식을 결합시켰다. 엘리 르클뤼의 무한하게 선한 본성과 지적 탁월함 그리고 인류에 관계된 모든 분야에 대한 광범위한 지식 모두 그 누구도 아닌 자신만의 스타일로 정립되었음은 말할 것도 없다. 그의 겸손하고 온화한 인품과 깊은 철학적 통찰은 고대 그리스 철학자의 그것이었다. 고정된 형태의 수업이나 단편적인 지식보다 인도주의적인 사상의 폭넓은 이해가 더욱 평가되는 사회였다면 고대 그리스의 전형적인 인물들처럼 수많은 제자들에게 둘러싸였을 것이다.

우리가 머무는 동안 파리에서는 사회주의와 아나키즘운동이 활발하게 벌어지고 있었다. 루이즈 미셸은 매일 밤 강연을 했고, 노동자든 중산층이든 그녀의 강연을 들은 사람들은 감동했다. 이미 인기인이었던 그녀의 인기는 더욱 높아졌고, 심지어 진보적인 사상을 혐오하는 대학생들 사이에서도 이상적인 여성으로 숭배되었다. 내가 파리에 있을 때였다. 학생들이 많은 카페에서 어떤 사람이 루이즈 미셸을 경멸하자 젊은이들이 그녀를 옹호하며 큰 소란을 피웠다. 카페의 테이블과 컵이 부서졌다. 한번은 내가 수천 명의 청중들 앞에서 아나키즘에 대해 강연을 했다. 그리고 강연이 끝난 직후, 정부에서 반동적인 조치를 내리기 전에 파리를 떠났다. 친 러시아계 신문들은 나를 프랑스에서 추방하라고 주장하고 있었다.

파리에서 런던으로 간 나는 오랜 동지인 스테프냐크와 차이코프스키를 다시 만났다. 런던의 생활은 4년 전처럼 생기 없지 않았다. 우리는 할로우 시의 한 작은 집에 거처를 마련했다. 우리는 가구에 대해 조금도 걱정하지 않았다. 나는 많은 가구를 차이코프스키의 도움을 받아 직접 만들었다. 미국에 머물던 차이코프스키는 그곳에서 목수 일을 조금 배웠다. 중성 토양의 작은 꽃밭은 우리에게 커다란 즐거움을 주었다. 아내와 나는 원예에 심취했다. 투보가 쓴 글을 자주 읽었고 파리의 원예업자도 몇 명 알았으며, 클레르보감옥에서 정원을 만들어 본 경험이 있는 우리는 좋은 결과를 얻었다. 할로우로 오자마자 티푸스에 걸렸던 아내에게 정원 일은 좋은 요양소에 입원해 있는 것 보다 훨씬 효과가 있었다.

여름이 끝나갈 무렵 나는 커다란 충격을 받았다. 형 알렉산드르가 세상을 떠났다는 소식을 들은 것이다.

내가 프랑스 감옥에 투옥된 후 국외에 머무는 동안 서로 연락이 두절되어 있었

런던 근교 할로우 시

다. 러시아 정부의 눈으로는 형제를 사랑하는 것도 정치적인 이유로 박해받아야 하는 죄였다. 망명한 사람과 관계를 유지하는 것도 범죄였다. 차르의 백성은 최고 통치자의 권위에 도전한 모든 반란자들을 증오해야 했고 형은 경찰의 손안에 잡혀있었다. 그래서 나는 형뿐만 아니라 다른 친척들에게도 이를 악물고 편지를 쓰지 않았다. 차르가 누이 엘레나의 청원서에 "조금 더 가두어 둘 것"이라고 쓴 후 형이 빠른 시일 내에 석방될 희망은 없어졌다. 2년 후 재판 없이 형기미결로 시베리아로 유배된 자들의 형기를 결정하는 위원회가 설립되었고, 형은 5년형을 선고받았다. 그것은 7년형이었다. 그는 이미 시베리아에서 2년을 보냈던 것이다. 그후 로리스 멜리코프 휘하에 설치된 새로운 위원회는 5년을 추가했다. 따라서 형은 1886년 10월에 석방될 예정이었다. 그것은 12년의 유형이었다. 처음에는 동시베리아의 작은 도시에서, 다음에는 서시베리아의 저지대 톰스크에서 보냈다. 그동안 그는 한번도 극동 고지대 초원의 건조하고 건강에 좋은 기후에서 지낸 적이 없었다.

내가 클레르보에 투옥되었을 때 형은 편지를 보내왔고 우리는 몇 번 편지를 교환했다. 형은 우리 편지를 시베리아의 러시아 경찰과 프랑스 감옥당국이 읽겠지만 이 이중검열 하에서도 서로의 의견을 충분히 교환할 수 있을 것이라고 했다. 형은 세 아이들과의 가정생활과 자신의 연구작업에 대해 재미있게 써 보냈다. 형은 훌륭하고 독창적인 연구가 이루어지고 있는 이탈리아 과학의 발달을 주목하라고 했다. 그러나 그 성과들은 여전히 독일에서 활용되기 전까지는 과학계에 알려지지 않을 것이라고 했다. 그리고 러시아의 정치적 진보에 대한 자신의 견해도 피력했다. 그는 가까운 장래에 서유럽 의회형태의 입헌정치가 실현될 가능성은 믿지 않았지만 국민의회는 충분히 소집될 수 있다고 보았으며 그렇게 되기를 기대했다. 국민의회가 법률을 제정하고 입안하면 황제와 원로원은 제한적인 형태가 되고, 무엇을 하려고 해도 국민의회에 최종적인 재가를 얻어야 할 것이다.

형은 자신의 과학연구에 대해 많이 썼다. 그 전부터 천문학에 경도되어 왔던 형은 우리가 페테르부르크에 있었을 때 유성에 관한 모든 지식을 요약한 책을 출판한 적도 있다. 형은 훌륭한 비판정신으로 다른 가설들의 장단점을 찾아냈고 수학적 지식은 부족했지만 비상한 상상력을 발휘해 극히 복잡한 수학 연구결과도 이해하는 데 성공했다. 그는 가끔씩 움직이는 천체에 대해 왕성한 상상력으로 어떤 수학자들, 특히 공식 이외에는 아무것도 보지 못하고 물질세계의 현실을 놓치기 쉬운 이론적인 대수학자(algebraist)들보다 잘 이해할 수 있었다. 페테르부르크의 천문학자들도 형의 작품을 격찬했다. 그는 지금 우주구조에 대한 연구에 착수했다. 그는 태양계와 광막한 우주의 성단, 성운의 가설과 자료들을 분석하고, 그것들을 어떻게 분류할 것인가의 문제와 그것들의 탄생·진화·소멸의 법칙을 연구했다.

형의 새로운 연구성과를 높이 평가한 풀코보천문대의 천문학자 길든은 미국의 천문학자 홀든에게 형의 연구를 소개하는 편지를 보냈다. 나는 최근 워싱턴에 있

형 알렉산드르

었던 사람에게서 그 연구성과의 가치가 높이 평가되고 있다는 말을 듣고 몹시 기뻤다. 과학은 예나 지금이나 고도의 과학적인 사고를 요하는 작업이며, 과학적 사고는 치밀함과, 끈기, 비판적인 시각, 상상력을 요구한다.

그러나 최근의 과학의 진보에 대해 알 수 있는 문헌들이 많은 도서관으로부터 멀리 떨어져 있는 시베리아의 작은 마을에서 형은 유형에 처해진 그날까지 해왔던 연구를 구체화하는 일 이외에는 아무것도 할 수 없었다. 유형에 처해진 후에 발표된 중요한 연구성과물들이 있었다는 것은 형도 알고 있었다. 그러나 시베리아에 있는 한 필요한 책에 접근할 수 있는 방법이 없었다. 석방 시기가 다가오는 것도 그에게 희망을 주지는 못했다. 그는 대학이 있는 러시아나 서유럽의 도시에 거주하는 것이 허락되지 않는다는 것을 알고 있었다. 시베리아 유형은 두 번째 유형으로 이어졌다. 그곳은 시베리아보다 더 열악한 동러시아의 작은 마을이었던 것이다.

"파우스트의 절망이 때때로 나를 옥죈다."고 형은 썼다. 그는 석방되었을 때 항해가 폐쇄되기 전 마지막 증기선 편에 손수 아내와 아이를 러시아로 보냈다. 그리고 어느 음울한 날 밤 절망이 그의 생명을 앗아갔다.

몇 달 동안 어두운 그늘이 드리워져 있던 우리 집에 이듬해 봄 한줄기 서광이 비추었다. 심금을 울리는 가냘픈 울음소리와 함께 형의 이름을 갖게 될 작은 여자아이가 태어났다.

16
1886년 영국에서의 사회주의 운동-그 특성

1886년 영국의 사회주의운동은 전성기였다. 주요도시에서 대규모의 노동단체들이 공개적으로 이 운동에 결합했다. 또 많은 중산층 사람들 특히 청년들이 여러 방법으로 운동을 지원했다. 그 해에는 대부분 업계에 심각한 경제위기가 닥쳐 매일 아침, 때로는 하루 종일 노동자들이 떼 지어 다니며 "우리에게는 일자리가 없다."라고 외치거나 찬송가를 부르며 빵을 구걸했다. 밤에는 트라팔가 광장에 모인 많은 사람들이 비바람을 맞으며 신문지를 덮고 잤다. 2월 어느 날 군중들은 번즈, 하이드만, 챔피언의 연설을 들은 후 피카디리로 몰려가 대형상점의 유리창을 깼다. 그러나 이러한 불만의 폭발보다 중대한 것은 런던 교외의 빈곤한 노동자들 사이에 널리 퍼진 정신이었다. 가령 운동의 지도자들이 소요로 인해 무거운 형량을 선고받으면 이제까지 영국 노동운동사에서 볼 수 없었던 증오와 복수의 정신이 생겨났다. 1886년 노동운동에서 이러한 증오와 복수의 정신이 오랫동안 운동을 지배하리라는 명백한 징조들이 발견되었다. 부르주아계급은 그 위험성을 깨달았다. 이스트엔드(East End)의 빈민을 돕기 위해 웨스트엔드(West End)에서 상당한 액수의 돈이 즉시 모금되었다. 그것은 넓게 퍼진 궁핍을 구하기에는 태부족이었지만 성의 표시로는 충분했다. 그리고 검거된 지도자들을 2, 3개월의 금고형에 처하는 것이 고작이었다.

사회주의, 여러 사회개혁안, 사회의 재건설은 전 계급계층의 최대 관심사였다.

초가을부터 겨울까지 나는 전국 각지에서 강연요청을 받았다. 감옥에 대한 강연도 있었지만 주로 아나키즘에 관한 강연이었다. 나는 영국과 스코틀랜드의 거의 모든 대도시를 방문했다. 나는 재미로 강연이 끝난 후 가장 먼저 초청한 사람의 집에서 숙박하기로 원칙을 세웠다. 그래서 하루는 부르주아의 고급저택에서 묵고 다음 날은 노동자의 좁은 집에 묵게 되는 경우도 많았다. 매일 밤 나는 다양한 계급의 많은 사람들과 만났다. 노동자의 좁은 거실이든, 부르주아 응접실이든, 밤늦게까지 사회주의나 아나키즘에 관한 토론이 활발하게 이루어졌다. 노동자 집은 희망에 부풀어 있었고, 부르주아 집은 걱정이 있었으나 어느 곳이든 똑같이 진지했다.

고급저택에서 주로 하는 질문은 "사회주의자들이 원하는 것이 무엇입니까?" "그들이 의도하는 것이 무엇입니까?" 하는 것이었고, 다음으로 많은 질문이 "심각한 갈등의 순간에 절대적으로 양보해야 하는 것은 무엇입니까?" 하는 것이었다. 대화 속에서 사회주의가 주장하는 정의가 간단하게 부정되거나 완전히 불합리하다는 말은 좀처럼 듣기 힘들었다. 그러나 나는 영국에서는 혁명이 불가능하다는 강한 확신이 들었다. 노동대중의 요구는 사회주의자만큼 정밀하고 포괄적이지 못해 작은 성취에 만족했다. 영국의 노동계급들은 부차적인 양보사항들, 재산이나 여가를 보다 큰 미래의 약속으로 받아들이고 있었다. 나는 자신의 조국에서 많은 경험을 한 노 의원에게서 "영국은 중도좌파의 나라입니다. 우리는 서로 타협하며 살아왔지요."라는 말을 들은 적이 있었다.

나는 영국 노동자와 유럽 대륙 노동자의 질문에서 차이를 발견할 수 있었다. 남부유럽의 노동자들은 부분적인 이익보다 일반적인 원칙에 관심이 많았다. 그들에게 시의회가 파업지지 기금을 마련하는 안이나 학교의 아이들에게 식사를 제공하는 안을 통과시키는 것은 부차적인 문제로 중요하지 않았다. "학생들이 배가 고프면 공부를 할 수 없는 것 아닌가. 시당국이 아이들을 먹이는 것은 당연하다."고 프랑스 노동자들은 말했다. "노동자가 파업을 하게 하는 것은 고용주에게 잘못이 있다." 아무도 현재의 개인주의 사회가 공동체적인 원칙을 위해 주는 그런 작은 양보를 칭찬하지 않았다. 프랑스 노동자는 그런 양보의 시대를 뛰어넘는 생각을 가지고 있었다. 그들은 코뮌, 노동조합, 국가 중에서 무엇이 생산조직을 책임져야 하는지, 자유계약만으로 사회를 유지하는 것이 충분한지, 현재의 억압기구를 폐지한다면 무엇이 도덕적 억제를 하는지, 선거에 의해 선출된 민주적인 정부가 사회주의 방향으로 근본적인 변화를 도모할 수 있는지 아니면 현실보다 입법이 선행되어도 괜찮은지를 물었다. 그런데 영국에서는 일시적 양보를 얻어내는 쪽으로 점점 중심축이 옮겨지고 있었다. 국가의 산업경영은 불가능하다는 것이 오래 전부터 머리 속에 자리잡혀 있었던 노동자들은 전혀 새로운 형태의 창조적인 사회건설과 어떻게 해야 그런 사회를 건설할 수 있는 조건을 마련할 수 있는지에 대해 관심을 가지고 있었다. "크로포트킨 씨, 내일 우리가 기차역을 인수받는다고 합시다. 그러면 그것을 어떻게 관리해야 하는지, 당신의 의견을 듣고 싶군요." 노동자의 집에 들어가자마자 우리는 이런 식의 질문을 받았다. 혹은 "국가가 철도를 경영해야 한다는 생각을 좋아하지는 않습니다. 그리고 지금처럼 개인회사가 철도를 경영하는 것은 조직화된 약탈행위입니다. 노동자가 모든 철도를 장악했다면 기차를 어떤 과정을 통해서 운행해야 합니까?" 사상의 결핍은 현실의 디테일한 부분을 알려고 하는 좀더 깊게 욕망으로 보충되었다.

영국의 운동에는 또 다른 특징이 있었다. 그것은 부르주아계급이 운동에 직접 가담하거나 외각에서 지원했다는 점이었다. 프랑스나 스위스에서는 노동자와 자본가 두 계급은 서로 대립하는 형국이었다. 적어도 1876년부터 85년까지는 그랬었다. 스위스에서 3, 4년간 체류할 때 나는 노동자 외에 아는 사람들이 거의 없었다. 내가 아는 부르주아는 단 2명이었다. 영국은 그렇지 않았다. 많은 부르주아계급이 망설임 없이 공공연하게 런던과 지방에서 사회주의 모임을 조직하는 것을 돕거나 파업기간 동안 모금함을 들고 공원을 돌아다니는 모습을 자주 볼 수 있었다. 나는 70년대 초 러시아에 벌어졌던 '브 나로드'와 비슷한 운동이 — 러시아처럼 격렬하지 않았고, 완전한 자기희생이 요구되지도 않았으며 '자선'이라는 관념을 벗어난 것도 아니었지만 — 영국에서 벌어지는 것을 보았다. 영국에서도 노동자 거주지에서, 빈민가에서, 토인비 홀에 있는 노동회관에서 자신의 모든 역량을 쏟아 붓는 사람들이 있었다. 당시 영국에는 강렬한 열정이 있었다고 말할 수 있다. 많은 사람들이 사회혁명이 이미 시작되었다고 생각했을 것이다. 그러나 열정적인 사람들이 흔히 그렇듯이 길고 지루한 준비기간이 지속되자 그들 중 많은 사람들이 지쳐 떨어져 나갔다. 그리고 동정적인 방관자가 되어 전선 바깥에 서 있었다.

당시에는 애국주의가 팽배하였다. 교육을 받은 사람들 중 많은 수가 혁명이 사회주의 혁명이 막 시작되었다는 것을 의심하지 않았다. 윌리암 모리스의 코미디 〈판이 바뀌었다(Tables Turned)〉속의 주인공이 말하듯이 "혁명이 가까워진 것이 아니라 이미 시작이 되었다." 하지만 이러한 애국주의자들에게 자주 일어나는 일이 생겼다. 그들에게는 모든 장애를 극복할 수 있도록 오랫동안 다닐 수 있는 일자기가 필요했다. 그래서 많은 사람들이 투쟁의 대오에서 이탈했다. 그리고 그들은 공감하는 구경꾼의 역할에 만족하였다.

17
영국에서의 사회주의 운동 참여-문학적인 작업-생존 방식
- 사회주의 이상의 전파

운동에 활발하게 참여했던 나는 몇 명의 영국 동지들과 함께 기존의 사회주의 신문 3종에 추가로 새로운 사회주의 아나키즘 월간지 〈자유(Freedom)〉를 창간했다. 그 후 지금까지 〈자유〉는 발행되고 있다. 동시에 나는 체포된 후 중단되었던 아나키즘에 관한 저술활동을 재개했다. 나의 논문의 일부는 클레르보에 투옥되어 있을 때 『반란자의 말』이란 제목으로 엘리제 르클뤼가 출판해주었다. 나는 아나키즘적 공산주의 사회의 건설에서 예상되는 점들에 대해 쓰기 시작했다. 그것은 파리에서 발행된 〈반란자〉에 연재되었다. 반군사주의를 선동했다는 이유로 탄압받은 '우리 아들'은 제호를 여성의 이름으로 바꿀 수밖에 없었다*. 그 후 이 논문들은 손질되어 『빵과 의지(La Conquete du Pain)』로 출간되었다.

이 작업을 통해서 나는 오늘날 문명국들의 경제생활에 관해 보다 철저하게 연구할 수 있는 기회를 가졌다. 대부분의 사회주의자들은 현재의 문명사회가 모든 사람에게 물질적 풍요를 보장하기 위해서는 더 많은 생산이 필요하다는 점에 동의하고, 단지 문제가 되는 것은 분배라고 주장했다. 사회혁명이 발생하면 모든 사람들은 공장과 일터로 복귀해야 한다고 주장했다. 지금은 자본가들이 소유하고 있는 '잉여가치'와 이윤 자체를 사회화한다는 것이다. 반대로 나는 생활필수품조차도 부족한 것은 사적 소유제도 하에서 생산 자체가 왜곡된 방향으로 나아가기 때문이라고 생각한다. 물질적 풍요를 보장하기 위해서 잉여생산된 필수품은 없다. 흔히 과잉생산이라는 것은 대중이 생존에 필요한 물품조차 너무 가난해서 살 수 없음을 의미한다. 모든 문명국의 농업과 공업생산성은 모든 사람에게 풍요를 보장한다는 명분 하에서 거대하게 증대되었다. 이런 문제들은 나에게 근대농업과 교육의 가능성에 대해 다시 생각하게 만들었다. 교육이 모든 사람에게 정신적 육체적으로 즐거움을 주는 노동이라는 점에 대해 다시 생각해보게 되었다. 나는 〈19세기〉에 연재된 논문에서 이런 생각을 발전시켰다. 이 논문들은 지금 『전원 · 공장 · 작업장(Fields, Factories and Workshops)』이라는 제목으로 출판되었다.

나의 관심을 집중시킨 커다란 문제가 또 하나 있었다. 다윈의 법칙이라고 알려진 '적자생존'이라는 결론은 사실 그 후계자들이 개발한 것이다. 후계자들 중에는 헉슬리 같은 가장 지적인 인물들도 있었다. 문명사회에서 파렴치한 행위는 없다.

---

* 신문의 이름을 〈Le Revolt〉에서 〈La Revolt〉로 바꾼 것을 의미한다.

이 법칙에 따르면 문명사회에서 일어나는 파렴치한 일들, 백인과 소위 열등 인종의 관계, 강자와 약자의 관계에서 구실을 찾지 못할 것이 없다.

　나는 클레르보에 있는 동안에도 '적자생존의 법칙' 그 자체와 그 법칙을 인류의 문제에 적용하는 것을 근본적으로 수정할 필요가 있다고 생각했다. 몇 명의 사회주의자가 그런 방향으로 시도한 적이 있었지만 나에게는 만족스럽지 않았다. 나는 러시아의 동물학자 케슬레 교수의 강연에서 생존투쟁의 법칙에 대한 진정한 표현을 발견했다. 그는 강연에서 이렇게 말했다. "상호부조는 상호투쟁 못지않은 자연의 법칙이다. 그리고 종의 진보적 진화를 위해서는 전자가 후자보다 훨씬 중요하다." 안타깝게도 이 가설을 증명하는 예는 두 가지 밖에 없었지만 — 동물학자 쉐베르초프가 한두 가지 예증을 보탰다 — 나는 이 말에 모든 문제의 핵심이 들어있다고 생각했다. 1888년 헉슬리가 「적자생존 — 하나의 프로그램」이라는 극단적인 논문을 발표하자 나는 2년 동안 모아온 자료를 바탕으로 인간이나 동물의 생존경쟁에 관한 그의 견해에 대해 읽기 쉬운 형태로 반론을 제기하려 했다. 나는 이 문제에 대해 동지들과 말해보았다. 나는 영국에서 '적자생존'이라는 말은 '약자에게는 유감스러운' 일이지만 자연법칙의 결정적인 의미로, 하나의 종교로 깊이 각인되어 있음을 확인할 수 있었다. 두 사람만이 그 주장이 잘못되었다는 나의 반론에 찬성해 주었다. 〈19세기〉 편집장 제임스 놀즈는 깊은 통찰력으로 문제의 요지를 대번에 파악하고 내게 그것을 쓰라고 강력하게 격려해주었다. 또 한 사람의 지지자는 자신의 자서전에서 다윈에 대해 자신이 만나 본 사람 중에서 가장 지적인 사람이었다고 회고했던 베이츠였다. 지리학협회 서기를 맡고 있는 그에게 나의 견해를 말했다. 그는 기뻐하며 이렇게 얘기했다. "훌륭합니다. 반드시 쓰십시오. 그것이 진짜 다윈주의입니다. 그들이 다윈의 사상을 왜곡한 것을 생각하면 부끄럽습니다. 써 주십시오. 출판할 때가 되면 내가 추천장을 써 드리지요." 나에게 이보다 더 좋은 격려는 없었다. 나는 저술작업에 착수했다. 「동물간의 상호부조」 「원시인의 상호부조」 「고대인의 상호부조」 「중세 도시의 상호부조」 「우리 시대의 상호부조」

라는 제목의 논문들이 〈19세기〉에 발표되 었다. 안타깝게도 나는 베이츠에게 그가 살 아있을 때 맨 처음 발표된 동물들의 상호부 조에 관한 두 편의 논문밖에 보내줄 수 없었 다. 나는 그에게 제2부 〈인간의 상호부조〉를 보내주려고 했으나 그것을 완성하는 데 몇 년이 걸렸고 그동안 베이츠는 세상을 떠나 고 말았다.

헉슬리

이 작업을 하는 동안 나는 고대와 중세자 유도시의 제도에 대해 연구해야 했고, 그것 은 나를 또다른 중요한 연구로 이끌었다. 그 것은 유럽에서 최근 3세기 동안 출현한 국가들의 역사적 역할에 관한 것이었다. 한 편 각기 다른 문명단계의 상호부조제도의 연구는 나에게 인간의 도덕심과 정의감 을 기반으로 한 진화론을 검토하게 만들었다.

최근 10년 동안 영국에서 사회주의의 성장은 새로운 국면을 맞고 있었다. 영국 에서 열리는 사회주의와 아나키즘 집회의 횟수와 참석하는 군중의 숫자만으로 판 단하는 사람들은 사회주의운동은 퇴조하고 있다고 결론 내렸다. 의회에서 사회주 의를 주장하는 사람들이 선거에서 얼마나 많은 득표를 했는가 하는 것으로 진보를 판단하는 사람은 이제 영국에서 사회주의운동은 거의 존재하지 않는다고 비약했 다. 그러나 사회주의사상의 확산과 침투는 선거 득표수로 판단되어서는 안 된다. 영국은 특히 그렇다. 사실 푸리에, 생시몽, 로버트 오언에 의해 체계화된 3가지 사 회주의체제 중에서 잉글랜드와 스코틀랜드에서 우세했던 것은 오언의 사회주의 였다.

따라서 집회 횟수나 사회주의자들의 득표수로 판단하기 보다는 노동조합, 협동 조합, 또는 소위 자치사회주의에 사회주의적 관점이 얼마나 전국적으로 강하게 침

로버트 오언

투되어 있는가 하는 것으로 판단해야 한다. 이런 측면에서 사회주의사상의 침투정도는 1886년에 비교해 넓어졌고, 1876~82년과 비교하면 엄청나게 커졌다고 확신할 수 있다. 20년 전만해도 국가지상주의, 중앙집권주의, 타율주의는 사람들의 의식을 지배하고 있었다. 그에 반대한 아나키스트 소그룹의 끈질긴 노력은 헛되지 않았다. 무정부주의, 개인의 권리, 지방자치 그리고 자율의 사상은 헛되지 않았다고 느낄 만큼 대중 속에 확산되었다.

지금 온 유럽은 군국주의 정신의 확산일로로 빠져들고 있다. 그것은 국민개병제도를 실시한 독일 군국주의가 1871년 프랑스에게 승리한 필연적인 결과였다. 그것은 이미 많은 사람들이 예상한 것이었다. 특히 바쿠닌이 인상 깊게 예언했었다. 그러나 그에 반대되는 조류 역시 현대생활에 자리잡기 시작했다.

교조적인 요소가 제거된 공산주의사상이 아메리카와 유럽에 거대하게 확산되는 것을 나는 사회주의운동에 활발하게 참여한 지난 27년간 지켜보았다. 인터내셔널 1차 평의회가 개최되었을 때나 파리에서 코뮌봉기가 일어났을 때 노동자들이 가졌던 막연하고 혼란스럽고 소심했던 생각과 오늘날 수많은 노동자들이 도달한 생각을 비교하면 완전히 별개의 정신세계라고 말할 수 있을 정도로 진보했다고 말할 수 있다.

중세 코뮌을 탄생시킨 12, 13세기의 반란의 시대를 제외하고는 역사상 어느 시대에도 이처럼 심각한 변화를 겪은 시대는 없었다. 내 나이 지금 57세다. 나는 심지어 25년 전 여러 상황이 우연히 결합되어 유럽에서 광범위한 혁명이 발생했을 때보다 지금이 훨씬 중요한 시기라고 확신한다. 그것은 단지 양 진영의 투쟁이 벌어

지고 있다는 의미가 아니라 근본적이고도
급속한 사회재편이 이루어지고 있다는 의
미에서 하는 말이다. 각국에서 받아들이는
운동의 성격이 다르다 할지라도 지난 6세
기보다 요구되는 사회변화에 대한 노동자
의 인식이 더욱 깊어졌음이 드러날 것이라
고 확신한다. 반면 과도하게 폭력적이었던
기득권층의 혁명에 대한 저항은 둔화될 것
이다.

말년의 크로포크킨

　이 위대한 결과는 모든 나라, 모든 계급의
수많은 사람들이 과거 30년간 노력해 얻은
것으로 충분히 가치가 있는 것이다.

말년에 아내와 함께

말년에 책상 앞에 앉아 있는 크로포트킨

크로포트킨 장례 행렬

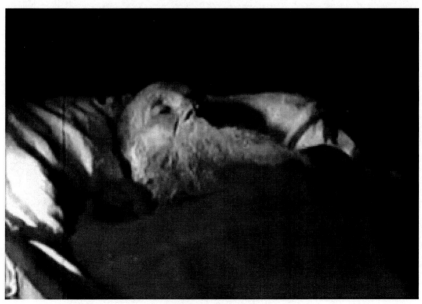

영면한 크로포트킨

모스크바 노보데비치 수도원 공동묘지의 크로포트킨의 묘

크로포트킨과 그의 시대

01
들어가며

　최근 21세기 대안사상으로서 아나키즘에 대한 관심이 높아지면서 크로포트킨의 저술들이 재조명되고 있다.

　크로포트킨의 저술들이 우리말로 소개되기 시작한 시기를 정확히 고증하기는 쉽지 않지만, 3.1운동 이후 항일 독립운동 지사들 사이에 아나키즘에 대한 관심이 모아지던 때와 시기를 같이했던 것으로 추측된다. 1920년대 초 '노동공제회' 기관지 〈공제〉 7호에는 「개미와 벌의 상호부조」와 「청년에게 호소함」이 실려 있었다. 1928년 6월 재중국조선무정부공산주의자연맹의 〈탈환〉 창간호에도 「청년에게 호소함」이 보인다. 역자는 책에서 "이 글은 크로포트킨이 프랑스에 체류할 때 불어로 쓴 것으로 세계 20여개 국어로 번역되었으며, 조선말로도 일본 동경의 '근독사'에서 펴낸 적이 있으나 동지의 입장에서 옮기지 않아 오역과 누락이 심하다."고 지적했다. 1926년 이정규가 런던 프리덤출판사(London Freedom Press)가 발간한 크로포트킨 시리즈 『법률과 강권』 『무정부주의자의 도덕』 등 10여 편의 소책자를 번역했다는 기록이 있다. 일제의 칼날이 번득이는 당시의 상황에서 이러한 책들이 단편적으로나마 우리 글로 소개되었다는 것 자체가 신기하게 여겨지지 않을 수 없다.

8.15 해방 직후 『청년에게 고함』 『빵과 의지』 등 소책자들이 거리에 나돌기는 했지만, 그 어수선하고 짧았던 기간에 크로포트킨의 저술들이 제대로 소개될 만큼 여유롭지는 않았다. 그런 와중에 성인기가 옮긴 『상호부조론』이 1948년에 발간된 것은 특기할만한 일이었다. 크로포트킨의 저서가 본격적으로 번역출간된 것은 한국전쟁 한참 뒤였다. 1973년 이을규가 옮긴 『근대과학과 아나키즘』이 창문사에서 발간되었고, 박정희 유신정치의 긴급조치 하에서 하기락이 옮긴 『청년에게 고함』이 당시 민주통일당이 청년당원 교육용으로 출간하기 직전 중앙정보부가 원고를 압수해 갔다.

80년대로 접어들면서 비로소 『전원 · 공장 · 작업장』(하기락 역, 1983년, 형설출판사) 『상호부조론』(하기락 역, 1983년, 형설출판사) 『한 혁명가의 회상』(박교인 옮김, 1985년, 한겨레) 『빵의 약취』(백낙철 역, 1988년, 우리) 『청년에게 호소함』(성정심 옮김, 1993년, 신명) 『근대과학과 아나키즘』(하기락 옮김, 1993년, 신명) 『빵의 약취』(백낙철 옮김, 1993년, 신명) 등 많은 크로포트킨의 저서들이 햇빛을 보기 시작했다.

『크로포트킨 자서전』은 월간 〈애틀랜틱〉지에 1898년 9월부터 다음 해 9월까지 연재했던 것에 가필해서 출간한 것이다. 그러나 이 책에서 크로포트킨은 자신의 인생과 심리보다도 당대의 역사와 심리를 묘사하는 데 힘쓰고 있다. 그는 이 책을 통해 관료체제하에 신음하는 러시아 민중의 현실과 심리를 여실히 보여준다. 또한 이 책은 19세기 후반 유럽 노동운동과 사회주의운동의 역사에 대한 생생한 기록이다. 이 책은 1899년 영문으로 처음 발간된 이래 수십 개 어로 번역출간된, 크로포트킨의 저서 중 가장 유명한 명저다. 문장마다 스며있는 휴머니즘은 독자를 감동으로 몰아간다.

크로포트킨의 생애와 사상을 이해하기 위해서는 아나키즘의 개념과 그 역사를 살펴볼 필요가 있다. 그래야 아나키즘운동 내에서의 그의 위상을 가늠할 수 있기 때문이다. 19세기 유럽 아나키즘운동의 추이와 크로포트킨의 사상을 개괄한 다음, 러시아혁명기 그의 마지막 생애를 살펴보는 것으로 해설에 가름하고자 한다.

02
19세기의 아나키즘운동

사회주의 아나키즘

아나키스트들의 사상이 다양하다는 것은 정평이 나 있지만, 그렇다고 서로 상반된 이질적인 것을 뜻하지는 않는다. 얼른 보기에 슈티르너의 개인주의적 아나키즘과 사회주의적 아나키즘 사이에는 큰 거리가 있는 것 같지만, 그렇게 현격한 차이가 있다고 볼 수는 없다. 사회주의적 아나키스트도 역시 개인주의자이고 개인주의적 아나키스트도 스스로 표명하지는 않지만 훌륭한 사회의 일원이기 때문이다. 간과해서는 안 될 것은 아나키즘이 인간존중과 개인의 절대자유를 근간으로 삼는다는 점이다. 바로 이 점이 아나키즘과 사회주의가 다른 점이고, 그에 따라 전략전술도 달라진다.

19세기 초 유토피아사상으로 출발한 초기사회주의는 로버트 오언, 생시몽 등 당대 지식인들에게서 나왔다. 그러나 그들은 사회의 미래상을 구상할 수는 있었지만, 그 미래상이 현존하는 지배권력을 어떻게 배제해나갈 것인가에 대해서는 이렇다할 대안을 제시하지 못했다. 지배권력은 감히 건드릴 수 없는 성역이었다. 더구나 유토피아라는 칭호가 붙으면서, 당시의 지배권력에서도 굳이 그들을 건드릴 필요를 느끼지 않았다.

그 후 노동자계급이 경제적 생활조건을 자연발생적 조합 형식으로 개선하고자 하면서 사회주의사상과 결부되지 않을 수 없었다. 그리하여 사회주의는 단순한 관념으로 끝나지 않고 현실권력과 정면대결하는 사회세력으로 탄생했다. 국가권력이 방관하지 않음에 따라 사회주의운동 진영에서는 기존의 지배권력과 어떻게 대결해나갈 것인가가 절실한 문제로 대두되었다. 권력을 대하는 태도에 따라 사회주의는 두 부류로 나뉘었다. 현재의 중앙집권적 지배권력과 싸우기 위해서는 노동자계급도 중앙집권적 권력을 형성해, 그 권력으로 반혁명세력을 배제하면서 이상사회에 도달한다는 마르크스주의가 한 부류를 형성했다. 그것은 인텔리겐치아 출신 지도자에 의해 사회주의이념이 발흥하고 그들을 중심으로 대중조직을 지휘할 중앙집권적 기구를 건설해 투쟁하자는 것이었다. 이와는 대조적으로 중앙집권적 권력에 대항하는 데 있어서 그와 같은 형태의 조직을 만들어 투쟁하는 것은 모순이며, 그것은 개인의 자유를 억압하는 또 하나의 다른 지배 권력으로 대체되는 것에 다름 아니라는 아나키즘이 다른 한 부류를 형성했다. 사회주의는 노동자들 사이에서 자연발생적으로 태동하는 것으로 인간에 대한 신뢰가 미래사회의 인간적인 연대로 이어진다는 믿음이었다.

노동자들에게는 권력을 부정하는 아나키즘이 보다 쉽게 받아들여졌다. 제1인터내셔널에서 마르크스주의가 다수파를 유지하지 못했던 것은 바로 이 때문이었다.

"쇠사슬 외에 더 잃을 것이 무엇인가!" 이것이 19세기 후반 궁핍한 생활을 타파하려는 노동자자계급의 구호였다. 당시 노동자들이 봉기한 최대의 동기는 경제적인 이유였다. 노동자들은 정치적인 해방이 가져다줄 것은 아무것도 없고, 경제적 자유만이 진정한 해방이라고 인식했다. 노동자들은 인텔리겐치아의 대중조작 수단인 정치에 대해 본능적인 반감을 나타내며, 마르크스보다 아나키스트인 바쿠닌을 더 선호했다.

아나키즘의 권력 부정은 인간 개개인의 존엄에 근원을 두고 있다. 피땀을 흘리는 노동자가 자본가보다 궁핍하게 살 수 밖에 없다는 것은 인간성에 대한 모독이라고 보았으며, 인간은 이 굴욕으로부터 해방되지 않으면 안 된다고 생각했던 것이다. 그러기 위해서는 굴욕을 강요하는 권력을 배제하지 않으면 안 되었다. 인간 개개인의 존엄에 대한 사상은 인간에 대한 신뢰에 바탕을 둔 것이다.

아나키즘 신봉자 중에는 이상사회로 가는 수단으로 혁명을 지지하는 사람이 많았다. 그러나 그것은 중앙집권적 혁명에 의한 것이 아니라, 자연발생적인 반란을 모델로 삼았다. 그들은 혁명이 기존의 권력을 해체하면 모두가 인간이 본래 가지고 있는 본성에 의해 조화로운 자연상태로 복귀한다고 보았다. 혁명 과정에 있어서의 인텔리겐치아의 선도적 역할을 부인하지는 않았지만, 아나키스트들이 신뢰한 것은 어디까지나 대중이었다.

중앙집중적 권력에 집착했던 마르크스는 제1인터내셔널에서, 레닌은 러시아사회민주노동당에서 중앙지도부의 권한을 양보하지 않았다.

아나키즘의 특성은 이론의 다원성이다. 일체의 권력을 부정하는 경향은 사상의 통일을 거부한다. 시대마다 그 시대의 과제를 둘러싼 이론이 없지 않지만, 마르크스주의처럼 하나의 세계관이 교조적으로 신봉되기를 원하는 사람은 아무도 없다. 그것이 바로 아나키즘의 정치세력화에 지장을 주는 결정적 요인이 되기도 한다.

제1인터내셔널

제1인터내셔널이 런던에서 결성된 것은 1864년이었다. 마르크스는 이 조직을 통해 1848년 혁명의 교훈을 되살리려고 했다. 1848년 유럽 각지에서 혁명이 승리를 거둔 것은 혁명가 개인의 용기보다 혁명정당에 이끌린 노동대중 때문임을 깨달았기 때문이었다. 마르크스는 노동자들이 일상적인 투쟁과정에서 건설한 노동조합을 새로운 조직의 모체로 삼았다. 제1인터내셔널은 제2인터내셔널이나 제3인터내셔널과는 달리 노동조합의 연합으로 출발했던 것이다.

영국에서는 1860년 파업 과정을 통해 런던노동조합(London Trade Council)이 생겨났다. 1862년 런던노동조합은 런던에서 열린 국제박람회에 프랑스노동조합을 초청했고, 그들 사이에 국제적인 노동조합을 결성하자는 의견이 거론되었다. 프랑스에서는 노동조합이 법으로 금지되어 있었지만, 부르주아계급을 견제하기 위해 노동자계급을 이용하고 있었던 나폴레옹 3세는 프랑스 대표단의 박람회 견학도 묵인해주었던 것이다.

1864년 런던을 방문한 프랑스 대표들은 노동조합을 정치적으로 이용하는 데 반대하는 입장이었고, 영국노동조합 대표들도 비슷한 입장이었다. 그런 까닭에 마르크스는 축사에서 노동자계급이 국가권력을 쟁취해야 한다는 것을 정면으로 제기하지 않고, '노동의 협동(Cooperative Labour)'이라는 말을 빈번하게 사용하며 노동자 대표들을 자극하지 않으려고 했던 것이다.

마르크스의 정치적 기대는 인터내셔널에서 충족되지 않았다. 창립대회의 마지막 순간까지 프랑스 대표단은 정치에 대한 경계심을 늦추지 않았다.

프랑스 대표단은 인터내셔널 규약 중에서 영어로 "그러므로 노동자계급의 경제적 해방이 최대의 목적이고 어떠한 정치적 운동도 수단으로서 이에 복무해야 한다."라고 되어있는 것을 프랑스어로 "그러므로 노동자계급의 경제적 해방이 최대의 목적이고 모든 정치적 운동은 이에 종속되어야 한다." 라고 바꾸어 놓았다. 마르크스를 격노케 한 이 오역은 프랑스 대표 다수가 신봉하던 프루동의 사상을 그대로 나타낸 것이었다.

프루동은 경제적인 문제가 상호주의와 협동에 의해 해결되어야 한다고 믿는다. 이자를 낳는 자본이 경쟁과 재산의 불평등을 야기한다고 생각한 프루동은 일체의 자본을 인민은행으로 집중시키고, 그 은행에서 무이자로 생산자에게 대출해주어야 한다고 생각하였다. 프루동은 '정치적' 혁명이 동원되는 것을 찬성하지 않았고, 노동자들이 의회선거로 대표자를 정계에 내보내는 것도 탐탁하게 생각하지 않았다.

1846년, 프루동은 마르크스가 내미는 손을 보기 좋게 뿌리쳤다. 프루동은 마르크스의 편지에 담긴 '결행의 순간'이라는 말에 거부감을 느꼈던 것이다.

"아마도 당신은 어떠한 사회개혁도 기습적인 방법이 아니고는 불가능하다고 생각하겠지요. 기습을 지난날에는 혁명이라고 불렀으며, 그것은 충격을 불러일으키자는 것이 틀림없습니다. 그 의견은 이해할만 합니다. 나도 오랫동안 그렇게 생각해왔으니까요. 그렇지만 최근 나는 그런 견해를 완전히 포기했습니다. 우리는 혁명이 유일한 성공의 길이라고 보지 않습니다. 왜냐하면 그런 수단은 폭력이나 자의적인 호소에 지나지 않는 것으로 결국 자기파멸을 가져올 것입니다. 그래서 나는 다음과 같이 주장합니다. 즉 경제적인 관계로 사회로부터 착취당했으므로 다른 경제적 관계 때문에 사회로 환원시키자는 것입니다.”

1846년 마르크스에게 혁명을 부정했음에도 불구하고 1848년 혁명이 파리를 엄습했을 때 프루동은 용감하게 거리로 나와 싸웠다. 사회혁명은 노동자 스스로 해결할 일이지, 정부나 인텔리겐치아에게 위탁할 일이 아니라는 것이 그의 신조였다. 그가 프랑스 노동자로부터 압도적인 신뢰를 받은 것도 바로 그 때문이었다.

바쿠닌과 마르크스

제1인터내셔널은 보다 상세한 규약을 제정하기 위해 1866년 제네바에서 제2차 대회를 열었다. 규약 심의과정에서 프랑스 대표가 중대한 문제를 제기했다. 인터내셔널 가입자격을 순수한 노동자로만 제한하자는 것이었다. 프랑스 대표는 정치운동보다도 파업과 경제투쟁에 중점을 두었고, 쁘띠부르주아 출신의 급진적 정치가들이 개입하는 것을 싫어했던 것이다. 이 제안은 출석하지 않았던 마르크스를 놀라게 하는 데는 효과가 있었지만 다수의 지지를 받는 데는 실패했다. 마르크스는 이 대회에서 8시간 노동제와 아동교육의 국가부담을 선언한 것으로 프루동 파를 압도한 것으로 자평했다. 사회개혁의 수단으로 국가권력을 이용한다는 원칙을 확인시켰다고 생각했기 때문이었다. 프루동 파를 제압했다고 생각했던 마르크스는 프루동보다 훨씬 힘겨운 저항에 부딪치게 되었다.

1867년 일찍이 생시몽주의자인 샤를 루마니에의 발의로 부르주아 급진파 명사들이 모여 '평화자유동맹'이라는 반전(反戰)운동 단체가 조직되었다. 이 단체를 한층 혁명적인 노동자 단체로 바꾸려 하다가 실패한 인사들이 1868년 탈퇴하여 '사회민주동맹'을 창립했다. 이 집단의 지도자가 바쿠닌이었다.

러시아의 유복한 귀족 출신인 바쿠닌은 1840년 친구 게르첸의 도움으로 독일로 망명하여 헤겔 좌파에 가담했었다. 1848년에는 프라하에서, 다음 해에는 드레스덴에서 혁명적 반란을 조직하다가 실패, 색스니에서 체포되어 사형선고를 받고, 러시아로 송환되어 페트로파블로프스크 요새감옥에서 6년간 유폐되었다가 다시 시베리아로 유배되었다. 그곳에서 그는 극적인 탈출에 성공, 일본, 미국을 거쳐 지구를 일주해서 1861년 다시 유럽으로 돌아왔고, 이탈리아에서 비밀혁명조직 '혁명형제동맹'을 조직하기도 했다.

호방하고 활달한 성격에 불을 토하는 열변, 그리고 타고난 선동가의 기질로 바쿠닌은 성격과 사상이 마르크스와 대조적이었다. 바쿠닌이 마르크스와의 차이점을 보다 분명하게 보여준 것은 베른에서 열린 '평화자유동맹'에서 행한 연설에서였다.

"나는 공산주의가 싫다. 그것은 자유를 부정하기 때문이다. 나는 자유 없이 인간적인 것을 생각할 수가 없다. 나는 공산주의자가 아니다. 공산주의는 사회의 모든 세력을 국가에 흡수시키려 하고 있다. 그렇게 되면 불가피하게 재산을 국가의 손에 집중시키게 된다. 나는 국가의 폐지를 바라는 자이다. 국가는 도덕과 문명이라는 구실 아래 인간을 노예화하고, 억압하고, 착취하며 약탈한다. 나는 국가가 아니라 사회조직, 집산조직 쪽에 서는 자이다. 자유로운 연합을 기초로 사회재산 형성에 찬성하는 자이다. 어떠한 종류건 위로부터의 권위에는 반대한다. 국가의 폐지를 외치는 나는 재산의 개인상속도 폐지할 것을 주장한다. 개인상속은 국가의 제도와 원리에서 나온 결과일 뿐이다. 여러분은 내가 집산주의자이지 공산주의자가 아닌 이유를 이해했으리라 생각한다."

이런 바쿠닌이 '사회민주동맹'이라는 단체의 이름으로 인터내셔널에 가입하겠다고 했을 때, 마르크스가 관장하는 총평의회가 내켜할 리 없었다.

바쿠닌이 인터내셔널에 출석한 것은 1869년 바젤회의 때였다. 마르크스는 출석하지 않고 대신 에카리우스를 출석시켰다. 바젤회의에서도 재산상속의 폐지를 통과시키려했던 바쿠닌은 에카리우스와 첨예하게 대립했다. 마르크스가 볼 때 재산 상속의 폐지는 사유재산의 폐지라는 근본적인 과제의 일부에 불과했다. 그러나 바쿠닌이 볼 때 재산상속의 폐지는 모든 국가의 제도를 공격하는 실마리인 동시에 강권적 정부를 무너뜨리기 위한 첫걸음이었던 것이다. 절대다수는 아니라 할지라도 바쿠닌에 찬성하는 사람들이 마르크스의 원칙론에 찬성하는 사람들보다 많았다.

바젤회의 결정에서 중요한 것은 총평의회의 권한을 강화하는 문제가 승인되었다는 점이다. 총평의회는 총회의 승인을 받기까지 잠정기간 동안 인터내셔널에의 가입을 허가하고 지부 자격을 부여하는 등의 권한을 갖게 되었다. 이로써 바쿠닌이 이끄는 '사회민주동맹'이 인터내셔널 제네바지부의 선전부로 승인되었다.

바젤회의의 또다른 의미는 토지의 국유화계획이 승인되어, 프루동이 말하는 토지소유자의 상호부조가 부정되었다는 것이다. 그것은 바쿠닌이 프루동의 대타로 등장한 것을 의미하기도 했다. 이후 인터내셔널은 마르크스와 바쿠닌의 갈등으로 붕괴하는 듯 보이지만, 이 내분도 실은 인터내셔널이 입은 중상에 기인한 것에 불과했다.

그 중상은 다름 아닌 1871년의 파리코뮌의 패배였다. 파리코뮌만큼 해석이 분분한 사건도 많지 않을 것이다. 파리코뮌은 비유하자면 아비규환의 난파선 위에서 각자 살아남기 위해 발버둥치는 군상과 같은 것이었다. 파리라고 하는 유람선이 프로이센-프랑스전쟁이라고 하는 풍랑을 만나 배에 구멍이 뚫렸을 때, 선장인 시장은 구명보트에 간부선원들만 태워 베르사유로 피난을 가버렸고, 돈 있는 승객들도 각자 구명대를 구해 배에서 떠나버렸다. 남은 사람들은 오직 노동자, 하급관리, '사상이 불온한' 저널리스트 및 예술가뿐이었다. 이런 무리들이 배가 침몰하지 않도록 일심협력해서 창출해낸 기구가 파리코뮌이었다.

자코뱅 잔당, 블랑키주의자, 프루동의 제자, 인터내셔널 파 등 다양한 색조의 무리들이 코뮌에 참가했다. 그들은 코뮌을 각자의 주의주장에 따라 해석했다. 실제로 코뮌은 성질상 그런 해석이 허용될 수 있는 장이었다. 마르크스는 노동자계급이 새로운 국가권력을 탄생시킨 것이라고 해석했다. 그러나 실상은 부르주아들이 모두 도망쳐버린 결과로 그렇게 된 것이었다.

블랑키주의자는 혁명적 엘리트가 일으킨 모범적 혁명이라고 생각했다. 그리하여 민중독재를 해야 할 때에 민주주의를 도입한 인터내셔널 파를 어리석다고 비판했다.

프루동의 제자들은 코뮌을 국가권력을 부정한 자유로운 자치체의 연합으로 규정했다.

코뮌에 건 다양한 기대에도 불구하고 난파선 파리는 침몰하고 말았다. 코뮌의 패배는 프랑스 노동자의 패배만이 아니었다. 각국의 노동자는 유럽혁명에 대한 꿈을 잃었다. 이로써 정치투쟁에 매달린 계절은 지나갔다. 노동자들은 자국에서의 생활조건을 조금이라도 개선하는 것이 급선무라고 생각하게 되었다. 유일한 예외가 이탈리아와 스페인이었다. 이곳은 바쿠닌의 영향이 가장 강한 곳이었다.

제1인터내셔널의 종말

유럽 노동자운동을 침체의 늪에서 구해내기 위해 마르크스가 고안해낸 처방은 각국마다 프롤레타리아 정당을 만들어 국가권력을 장악하는 방향으로 전체운동을 개편하는 것이었다. 국가권력을 프롤레타리아가 장악하지 않는 한 사회주의와 그것이 이상으로 하는 아나키즘도 이루어질 수 없다는 것이었다. 싸움은 철저한 정치투쟁의 방향으로 나가야하므로 아직 부르주아 권력이 확립되지 않은 나라에서는 부르주아 중에서 급진적인 사람들과 동맹을 맺어도 좋다는 것이었다. 그리고 인터내셔널은 전 유럽 정치투쟁의 참모본부가 되어야 한다고 보았다.

아나키스트들이 이런 처방에 동조할 리 없었다. 권력의 중앙집중은 지역과 대중의 창의성을 억누르는 것이었다.

1870년 인터내셔널 연차대회는 파리코뮌 관계로 열리지 않았고 1871년 9월 마르크스는 런던에서 인터내셔널 특별회의를 소집했다. 프랑스 대표로 망명자들을 대신 끼워 넣고, 스페인, 이탈리아, 폴란드 각 1명, 벨기에 6명, 독일은 프로이센-프랑스전쟁의 결과로 불참했고, 스위스 대표는 '자본론 번역사기사건'으로 출석이 거부되었다. 마르크스, 엥겔스, 에카리우스 등은 영국대표 자격으로 출석했다. 출석인원으로 보아 정상적인 국제대회라고 인정하기에는 무리가 있었던 이 대회에서 마르크스는 권위적으로 극히 중요한 선언을 했다. 즉 각국의 노동자들은 부르주아 정당과는 완전히 다른 독립적인 정당을 만들라는 것이었다.

이 같은 선언이 나온 것은 아나키스트들이 대회에 참석할 수 없었던 데다 망명자로 대체된 프랑스 대표들이 블랑키주의자 일색이었기 때문이다. 이에 대해 각국의 아나키스트들은 그대로 수긍할 수 없었다. 같은 해 11월 스위스의 아나키스트들은 손드리오에서 대회를 열고 다음과 같은 논의결과를 회지로 만들어 각국 인터내셔널 지부에 돌렸다.

"우리가 총평의회를 공격하는 것은 악의적인 것이 아니다. 총평의회 멤버들은 숙명적인 희생자들이다. 그들은 순전히 선의에서 그들의 특수한 목표를 이루기 위해 인터내셔널 내부에 권위주의를 끌어들이고자 한다. 노동자계급의 국가권력 쟁취를 목표로 하는 그들이 인터내셔널 조직을 총무위원회가 지배하고 지도하는 히에라르키*적 체제로 만들고자 하는 심정은 이해할만 하다. 그러나 우리는 본래 우리가 목적한 사회혁명의 명분에 따라 그들과 싸우지 않을 수 없다.

사회혁명의 강령은 다음과 같이 정리된다. 즉 '노동자의 해방은 노동자 자신의 손으로'이다. 어떠한 지도적 권위도 사양한다. 설사 그 권위가 노동자 스스로 동의하고, 임명한 것이라 하더라도 사양한다. 우리는 인터내셔널에서 지부의 자치권을 보장받기를 요구한다. 그것은 이미 우리들의 연합의 기초로 인정되어 왔던 것이다. 바젤회의에서 결정된 총평의회의 기능 강화는 기존의 상태로 복귀되어야 한다. 총평의회의 기능은 통신과 재정적 사무를 수행하는 것으로 족하다.

---

* 조직·집단질서, 개인에 있어서의 권력적·신분적·기능적 상하, 서열관계가 정돈된 피라미드형의 체계를 뜻한다.

우리가 건설할 미래사회는 현재 인터내셔널이 체현하는 조직적 운영을 뛰어넘을 수 없다. 우리는 그 때문에 이 조직을 이상에 다가서도록 만들려고 하는 것이다. 미래 인류사회의 맹아로서 인터내셔널은 자유와 연합이라는 원칙이 충실하게 반영된 것이어야 한다. 그러므로 권위주의와 독재로 향하는 어떠한 원리도 거부하지 않을 수 없다.”

이 회람의 효과로 1872년 9월 2일 헤이그에서 열린 인터내셔널 대회에서 마르크스는, 바쿠닌을 제명시키는 데는 성공했으나, 다수를 자기 쪽으로 끌어들이는 데는 실패했다. 인터내셔널이 아나키스트 진영으로 넘어가는 것을 원치 않았던 마르크스는 할 수 없이 총평의회를 런던에서 멀리 뉴욕으로 옮겼다. 그것을 마지막으로 제1인터내셔널의 생명은 끝나고 말았다.

9월 7일 인터내셔널 대회가 끝난 후 9월 15일 아나키스트를 포함한 자유주의자 그룹은 산디미에에서 대회를 열었다. 아나키즘운동의 역사상 쟁쟁한 인물이 가장 많이 모였던 대회였다. 산디미에대회의 선언 요지는 다음과 같다.

“첫째, 프롤레타리아가 이행해야 할 최대의 의무는 일체의 정치권력을 타파하는 것이다.

둘째, 정치권력을 타파한다는 명분을 내건 이른바 혁명적 임시정부의 권력은 또 다른 기만책이다. 그것은 프롤레타리아에게 기존 지배권력과 동일하게 위험한 것이다.

셋째, 일체의 부르주아정치의 굴레에서 벗어나 만국의 프롤레타리아가 사회혁명을 위해 일체의 타협을 배제하고 혁명적 행동을 위한 연대를 강화하지 않으면 안 된다.”

산디미에의 참가자 모두가 아나키스트였던 것은 아니다. 그러나 대회는 전체적으로 바쿠닌의 방식으로 진행되었으며 결정된 것 중 일부는 완전히 바쿠닌의 사상 그대로였다. 예를 들면, “프롤레타리아의 해방은 노동과 평등에 의거해 완전히 자유로운 경제조직과 연합을 창출하는 것 외에 다른 것일 수 없다. 그것은 어떠한 정치적 지배로부터도 자유로운 것이어야 한다. 조직은 프롤레타리아 자신의 자발적 행동, 프롤레타리아의 조합, 자유코뮌에 의거해 운영되어야 한다."와 같은 부분이 그랬다.

바쿠닌의 사상

바쿠닌은 철저하게 '지금의 문제'를 고민한 사람이었다. 예를 들어 '지금' 배가 고 픈 어떤 친구가 돈을 빌려 달라고 한다 치자. 그렇다면 그에게 돈을 빌려주면 그뿐 이다. 언제 그것을 돌려받을지, 돌려받을 가능성이 있는지는 생각할 필요가 없다. 그것은 '지금의 문제'가 아니기 때문이다. '지금' 어떤 문제가 있다면 '지금' 해결해 야지 내일까지 끌고 갈 필요가 없다는 것이 바쿠닌의 사고방식이었다.

그는 '지금' 눈앞에 있는 사람을 믿고 그 사람을 더없이 소중하게 생각했다. 그는 프롤레타리아 독재를 통해 보육원에서 대학까지의 교육이 이루어져 이상적인 인 간형이 만들어진다는 것을 믿지 않았다. 그에게는 지금 눈앞에 있는 인간이 더없 이 선량했다. 그러나 그 선량함은 국가와 사유재산으로 인해 여지없이 왜곡되어 버렸다. 그 굴레를 벗게 해주면 인간은 본래의 선량함으로 돌아갈 것이며 이상적 인 사회를 건설할 수 있다고 생각한 것이었다.

사회는 국가와 같은 인공적인 산물이 아니다. 사회는 자연의 질서이다. 바쿠닌 은 루소의 사회계약설을 공격했다. 사회계약설은 역사적으로 거짓말이며, 인간에 의한 인간의 억압을 합리화하는 것이었다.

애초에 국가가 출현했을 때, 계약 운운하는 공리주의적이고 합리주의적이며 개 인주의적인 생각 따위는 존재하지 않았다. 국가가 출현하기 이전에는 인간이 선과 악을 판별할 능력이 없는 존재였다는 것은 인간에 대한 모독이다. 인간은 국가가 생기기 이전에도 사회 속에서 살았으며, 선악을 판단할 줄 알았다. 오히려 국가는 인간의 양심을 고양하기보다는 마비시켰다.

국가에 대한 바쿠닌의 증오는 국가를 뒷받침하는 '신'에 대해서도 마찬가지였다. 신의 관념은 인간의 자유와 절대적으로 배치되는 것이기 때문에 결코 용인할 수 없었다. 신의 관념은 평등의 관념에도 배치된다. 만약 신 앞에서 평등하다고 한다면 그것은 노예적 평등이다. 그는 신의 관념이 인간의 언어사용의 혼란 속에서 발생한 것임을 논리적으로 증명하려 했다. 자연현상을 설명하기 위한 '작업가설'(作業假說)이 형이상학으로 승화되었다는 것이다.

인간이 신을 만든 것이지 신이 인간을 만든 것이 아니다. 인간은 피조물이 아니고 창조자이다. 이 창조성이야말로 인간의 본성이며, 자랑이다. 프롤레타리아가 미래를 제어하는 것은 그들이 미래로 향한 '건설적 이상'을 지니고 있기 때문이다.

바쿠닌이 말하는 프롤레타리아는 마르크스가 말하는 계급의식으로 무장한 프롤레타리아는 아니다. 그것은 파리의 부랑인이어도 좋고, 바르셀로나의 실업자라도 좋다. 노동자의 자발적 행동 속에서 사회적 협동의 본능이 되살아나는 것을 바쿠닌은 의심하지 않았다.

바쿠닌의 사상은 소집단의 원시적인 평화상황이 그대로 국제사회와 같은 대집단으로 넓혀질 수 있다는 신념에 의거하고 있다. 그가 말하는 코뮌연합의 기본인 코뮌은, 일찍이 유럽에 존재했던 원시집단인 남부 이탈리아의 농민취락을 모델로 한 것이었다. 그것은 그가 러시아에서 본 농민공동체인 미르와도 중첩되었다. 그것은 그가 어린 시절 6남 4녀의 형제자매의 평화로운 대가족 사이에서 자랐던 것과 무관하지 않을 것이다.

행동적 아나키즘의 새 국면

바쿠닌의 눈부신 활동에 힘입어 아나키즘은 제1인터내셔널이라는 프롤레타리아적, 비정치적, 국제적 성격의 대중운동에 접속하는 데 성공했다. 그러나 그 후 아나키스트들은 '초기의 지나치게 소심한 인터내셔널'을 '강력한 인터내셔널'로 바꾸어야 한다고 주장했다. 그러면서 실제 아나키즘운동은 당파적인 길로 들어서 노동운동과도 거리가 멀어지는 등 고립상태가 되었다. 거기에는 급속한 산업발전과 노동자에 대한 참정권의 보장도 한몫을 했다. 그런 과정을 통해 부르주아적 통치권력의 합법적 쟁취와 일상적 욕구의 만족을 추구하는 사회민주주의자에 의한 국제노동운동이 독점되었다.

제1인터내셔널이 붕괴하고 1872년 권위에 반대하는 자유주의 파의 산디미에대회가 열린 후부터 1889년 사회민주주의자에 의해 제2인터내셔널이 결성되기까지 보통 '흑색 인터내셔널'의 시대라고 부른다. 흑색 인터내셔널은 각국 정부의 노골적인 탄압하에서 정기적으로 국제대회를 열기 힘들었다. 1877년에는 마르크스주의자와 아나키스트들이 인터내셔널의 재건을 꾀하는 대회를 칸에서 열었지만, 그 기능을 제대로 회복하기 힘들었다. 게다가 바쿠닌의 사망(1876년), 쥐라의 맹주 기욤의 은퇴(1878년)로 아나키즘의 국제적 활동은 현저하게 위축되었고, 스페인, 이탈리아, 쥐라 등의 연맹이 독립적으로 활동했다.

이후의 시기를 행동적 아나키즘의 시대라고 규정한 것은 오히려 당시의 절박한 상황을 반영한 것이었다. 이 시기 아나키즘운동의 주요과제는 '행동에 의한 프로파간다(선전)'와 아나키즘 이론으로서의 '아나코 코뮌주의(anarcho ─ communism)' 정립 두 가지로 요약할 수 있다. 후자인 아나코 코뮌주의는 1876년부터 주로 쥐라 연합에서 바쿠닌의 집산주의 대신 대두된 실천적 경향이었다. 그것은 후일 크로포트킨에 의해 완성되었다. 아나코 코뮌주의는 순수성을 강조한 나머지 독단적이 되었으며, 그로 인해 마르크스주의와의 대립이 한층 격화되었다. 아나키즘 내의 다른 계파에 대해서도 배타적이 됨으로써 폭넓었던 아나키즘사상의 흐름이 지나치게 협소해지고, 다양성을 상실하는 결과를 낳았던 것이다.

'행동에 의한 프로파간다'는 홍보물 제작 배포와 직접행동 두 가지를 의미했으며, 그 활동의 주역은 단연 크로포트킨이었다. 1876년 바쿠닌의 뒤를 이어 쥐라연합에 나타난 크로포트킨은 가장 활발한 선동가이자 평론가로서의 기질을 유감없이 발휘했다. 크로포트킨은 사실 폭력주의를 좋아하지 않았으며, 행동적 아나키즘으로서의 테러리즘에 반대하는 입장을 취했다. 행동적 아나키즘은 바쿠닌의 '파괴의 교의'에 연원한 것이었다. 1876년 마라테스타와 카피로가 기초한 다음의 글은 그 사상을 잘 나타낸다.

"이탈리아연맹은 행동에 의해 사회주의의 원리를 확인하는 봉기행위가 가장 효과적인 프로파간다의 수단임을 믿는다."

그들은 이러한 사상으로 이탈리아 각지에서 봉기를 계획하고 지도했다. 그들의 방식은 불온한 기운이 감도는 지방에서 민중의 불만을 부추기고 단숨에 관청과 경찰을 습격하여 공문서를 불사르고, 부호의 집을 털어 재물을 주민들에게 나누어준 다음 사회혁명을 선언하는 식이었다. 봉기는 너무 많은 사람들의 희생을 요구했고, 그에 따라 점차 소멸되었다. 그리고 1880년대부터 테러리즘이 전 유럽에서 유행했다.

최초로 테러리즘의 방아쇠를 당긴 것은 러시아였다. 나로드니키(인민주의자)가 계획한 일련의 테러가 성공을 거두었고, 그것은 유럽의 아나키스트들을 크게 자극했다. 게다가 알렉산드르 2세가 암살되고 나서부터는 테러리즘이 전염병처럼 프랑스, 이탈리아, 스페인, 미국으로 번져 고위정치인의 생명을 빼앗고, 공공건물과 군사시설을 파괴해 권력층을 크게 긴장시켰다.

이에 전제권력은 테러를 조작해 탄압의 구실을 만들고, 혁명운동을 민중과 격리시키려고 했다. 불행하게도 행동적 아나키즘은 이 덫에 걸려 오늘날까지 회복하기 어려운 상처를 입었다. 조작된 테러의 대표적인 예가 바로 메이데이의 기원으로 알려진 시카고의 헤이마켓 사건이었다. 1886년 5월 1일에 이어 4일, 파슨스 등의 지도 하에 8시간 노동제 획득을 위한 집회를 경찰이 습격, 다수의 사상자를 냈다. 이에 격분해 6일 대규모 항의집회가 열렸고 집회가 끝날 무렵 경찰이 군중 속으로 뛰어들었을 때, 돌연 폭탄이 폭발하여 6명의 경관이 사망했다. 정부는 즉각 이 사건을 아나키스트의 소행으로 보고 충분한 심리도 없이 5명을 사형(링그는 옥중 자살), 그리고 다른 3명을 장기징역형에 처했다. 이 사건이 조작되었다는 것은 7년 후 일리노이 주지사 존 게르드에 의해 증명되었다. 메이데이는 이들 순교자들을 기념하는 의미가 포함되어 있다.

1889년 파리에서 창립된 제2인터내셔널은 마르크스, 엥겔스의 영향력이 강했던 독일 사회민주당을 기반으로 조직된 것으로 애초에 존 모스트, 빌헬름 핫센 등의 아나키스트들을 철저하게 배제했다. 1891년 브뤼셀대회에서는 참관인으로 출석한 아나키스트들을 밀고해서 체포당하게 하는 사건까지 일어났다. 1893년 취리히대회에서는 "그들은 강령도 원칙도 없다. 그들의 공통적인 목적은 부르주아보다 적대시하는 사회민주주의자에게 시비를 거는 것이다. 우리는 그자들을 상대할 필요도 없다."고 하면서 아나키스트들을 장외로 축출했다. 또한 프랑스 대표가 제출한, 정치행동을 인정하는 사회주의자만이 제2인터내셔널에 가입할 수 있다는 안을 통과시켰다. 여기서 정치행동이란 의회 내 투쟁을 의미했다.

1896년 런던대회 때는 크로포트킨을 위시한 마라테스타, 루이즈 미셸, 엘리제 르클뤼, 장 그라브 등 쟁쟁한 아나키스트들이 대거 참석을 시도했다. 그러나 교묘한 운영방식으로 참가가 불허되었다. 프랑스 노동조합 대표의 강력한 항의에도 불구하고 아나키스트를 배제시키는 것이 결의되었다.

혁명적 생디칼리즘(노동조합주의)

파리코뮌의 실패로 프랑스의 노동운동, 사회운동 뿐 아니라 유럽혁명운동도 결정적인 타격을 입었다.

당시 유럽 혁명운동의 주력이었던 프랑스는 코뮌의 패배 후 처형과 추방으로 많은 혁명가들을 잃었다. 프랑스를 중심으로 발전하던 제1인터내셔널 내의 집산주의적·생디칼리즘적 사회주의는 20년 가까이 답보상태에 머무르게 되었으며, 반면 독일의 권위적 사회주의가 대두하게 되었다.

프랑스에서 노동운동, 혁명운동이 본격적으로 부활한 것은 1880년 이후 루이즈 미셸 등 파리코뮌의 투사들이 특별사면을 받아 귀국한 후였다. 10년간의 공백과 독일사회민주당의 발전은 프랑스에도 강한 영향을 미쳐, 1880년대의 노동운동은 이를 정당화하려는 게르 파에게 끌려 다니던 시대라 해도 과언이 아니다.

1888년 노동조합법이 생긴 것을 계기로, 1892년 비로소 반게르 파 사람들이 모여 노동중계소연합(Federation des Bourses de Travail, 속칭 브루스연합)을 창설하고, 노동자 자신의 조합으로서의 생디칼리즘 색채를 나타내기 시작한다. 노동중계소란 노동조합이 관리하는 일종의 직업소개소로 지역마다 자치체의 보조를 받아 운영되었던 곳이다. 1895년 페르낭 펠루티에(Fernand Pelloutier)가 연합의 서기가 됨으로써 생디칼리즘 경향은 더욱 강화되었다. 노동운동 부활의 물결을 타고 두각을 나타낸 펠루티에는 제네스트(총파업) 사상에 공명하여, 1893년 파리로 옮겨온 이후 장 그라브 등과 접촉하면서 열렬한 아나키즘 노동운동가가 되었다. 1895년, 그는 「아나키즘과 노동운동」이라는 글에서 아나키스트들이 혁명적 생디칼리즘 운동에 뛰어들 것을 다음과 같이 호소했다.

"노동조합은 아나키즘의 실천적 학교가 되어야 한다. 선거를 위한 투쟁을 떠나서 아나키즘적으로 운영되는 경제투쟁의 실험실인 노동조합이야말로 사회민주주의를 주장하는 직업정치가들의 나쁜 영향에 대항할 수 있는 혁명적인 자유주의자의 조직일 것이다."

펠루티에는 계속해서 아나키즘의 최종목표인 아나코 코뮌사회와 노동조합을 이렇게 연결시켰다.

"현 사회의 모든 통치권력을 배제하는 자유주의적 조직, 생산수단의 주인인 노동자의 자유로운 합의에 의해 자주권을 가지고 모든 일을 처리하는 그러한 조직이 노동조합에서 발견될 수 있을 것이다."

그후 게르 파인 노동조합전국연합 내부에도 아나키즘이 점차 침투되어 두 전국조직이 1902년 노동총연맹(Confederation Generale de Travail, 약칭 CGT)으로 통합되었으며, 1906년 CGT 아미앵대회에서는 혁명적 생디칼리즘운동의 원칙을 규정한 이른바 아미앵 헌장이 채택되었다. 아미앵 헌장은 특히 생디칼리즘의 경제행동주의 및 정당운동배격을 규정한 데 의의가 있었다. 그 골격을 추려 소개하면 다음과 같다.

1. 모든 정당과 정파를 떠나 계급을 소멸시키기 위해 투쟁하는 노동자의 단결을 촉구한다.
2. 조합 외에도 각 개인이 사상 혹은 정치상의 자기 의견에 맞게 다른 단체에 가입할 수 있는 자유를 인정한다. 단, 외부에서 발표한 자기의 의견을 조합 안으로 끌어들이는 것은 금지한다.
3. 일상적 투쟁 사안인 노동시간의 단축, 임금인상 등을 성공시켜 복리증진에 이바지하기 위해 노동자의 협력을 요구한다.

그러나 이는 생디칼리즘 운동의 극히 일부분으로 생디칼리즘은 노동자의 완전한 해방을 위해 총파업을 중요한 활동방식으로 간주한다. 오늘의 저항조직이 미래의 생산과 분배의 조직으로서 사회개조의 기초가 될 것으로 전망한다.

그 후 아나코 생디칼리즘은 이탈리아, 스페인 등 남부유럽과 미국, 독일, 스웨덴, 러시아, 일본으로 확산되어, 한때 세계 프롤레타리아운동의 중심축을 이루기도 했다. 그러나 생디칼리즘은 순수 아나키스트파와 대립하여 조직을 양분했다.

1907년 암스테르담에서 열린 아나키즘 국제대회에서 프랑스의 생디칼리스트 피에르 모나트는 "노동운동을 혁명적 노선으로 이끌고 행동의 사상으로 무장시키는 데 아나키스트는 이렇다 할 공헌을 하지 못하고 있다."고 불만을 터뜨렸다. 이에 당시의 아나키스트의 최고 이론가 마라테스타는 "노동조합운동은 목전의 이익에 눈이 어두워 궁극적인 목표에서 빗나가고 있다."고 응수하면서 노동운동에 의해서만 사회문제를 해결할 수 있다는 주장에 대해 이의를 제기했다.

순수 아나키즘 파는 생디칼리즘이 일상투쟁론을 내세워 타락하는 것을 경계했고, 생디칼리즘파는 '순정파'들이 교조적 권위주의에 빠져 고립되어가고 있음을 비웃었다.

갈등으로 인한 에너지 소모는 1914년 발발한 제1차 세계대전과 1917년의 러시아 혁명에 효과적으로 대처하지 못하고 좌절하는 교훈을 남기게 되었다. 반면 1936년 스페인혁명에서 생디칼리즘 조직인 CNT와 아나키즘 조직인 FAI가 연대해 상당한 저력을 발휘했던 것 역시 좋은 교훈이 될 것이다.

03
크로포트킨의 사상

1886년부터 영국에 체류한 30여 년간, 크로포트킨은 오로지 아나키즘 이론의 정립에 몰두하며 아나키즘사상사에 더없이 귀중한 저작들을 펴냈다. 주요 저서로는 『빵과 의지』(1892년) 『전원·공장·작업장』(1898년) 『한 혁명가의 회상』(1999년) 『근대과학과 아나키즘』(1901년) 『상호부조론』(1902년) 『러시아문학의 이상과 현실』(1905년) 『프랑스대혁명』(1909년) 등이 있다. 영국 망명기간이 그의 저술활동에 있어 얼마나 중요한 시기였는지를 짐작할 수 있다.

아나키즘의 혁명이론
크로포트킨의 혁명이론에는 프랑스혁명에 대한 회상이 필수적으로 따라붙는다. 그가 『프랑스대혁명』을 쓴 것도 따지고 보면 대혁명에서의 민중운동에 대한 애석함을 후세에 교훈으로 전하려는 심정이었을 것이다. 그는 1881년 〈반역자〉에 발표한 「혁명의 연구」라는 논문에서 이렇게 말하고 있다.

"사람들은 이제 혁명이 진화의 주요한 방식 중 하나라는 것을 짐작하게 되었다.

자연 속에서 발생하는 어떠한 진화도 변혁 없이 행해지는 일은 없다. 지극히 완만한 변화의 시기 다음에는 급격한 변화의 시기가 온다. 완만한 변화와 급격한 변화는 동일하게 진화를 위해 필요한 것이다."

혁명은 인위적으로 일어나는 것이 아니라 폭풍이나 지진 같은 자연현상과 동일하게 인간의 역사에 불가피하게 돌출하는 것으로 혁명기에 개인의 의지와 행동은 풍랑 속의 일엽편주에 불과하게 된다. 그럼에도 불구하고 혁명에 직접 불을 지피는 것은 민중이라는 것을 크로포트킨은 부인하지 않는다. 더이상 참을 수 없다는 울부짖음, 생활에 대한 아우성, 빵에 대한 절규가 폭발할 때 프랑스 민중들은 혁명의 봉화를 높이 들었다. 그들은 부정해야 할 것, 타도해야 할 것, 파괴해야 할 것을 잘 알고 그것을 실천에 옮겼다. 그들은 매우 대담하고 용감했다. 그러나 크로포트킨은 「반역의 정신」에서 이렇게 말했다,

"혁명 이튿날 아침, 대중이 그렇게 바랐는데도 손에 들어온 것이 공허한 말뿐이라면, 명백하고 분명하게 상황이 자신들에게 유리하게 변혁되었다는 것을 인식할 수 없다면, 변혁이 인물과 신조의 변화만으로 끝난다면, 결국은 아무것도 달성되지 않은 것이다."

크로포트킨은 혁명에서 다음 두 가지가 반드시 이루어져야 한다고 생각했다. 첫째, 혁명정부를 세우려는 어떠한 기도도 분쇄할 것. 즉, 모든 악의 근원인 국가를 혁명의 이름으로 다시 세우는 잘못을 범하지 말라는 것이다. 둘째, 실질적인 사회적 평등을 향해 나갈 것. 이에 대해 크로포트킨은 파리코뮌의 예를 들어 설명한다.

"1871년 3월의 선거만큼 자유로운 선거는 없었다. 그것은 코뮌의 적들도 인정하는 바다. 압도적 다수의 선거인들이 최상의 인재, 미래의 인물, 진정한 혁명가를 권력의 자리에 앉히고자 했다. 모든 저명한 혁명가들이 압도적 다수로 선출되었다. 자코뱅파, 블랑키파, 인터내셔널파, 이 세 파가 코뮌의회를 대표했다. 어떤 선거도 이 이상 좋은 정부를 구성할 수는 없었다."

그러나 그들이 한 일은 결국 낡은 전철을 답습하여 구권력이 하던 일을 흉내내

는 것에 다름 아니었다.

크로포트킨은 더욱 나쁜 것으로 '혁명적 독재론'을 지적했다. "정부를 타도한 당이 정부를 대체하는 것은 당연하다. 당은 권력을 장악하고 모든 것을 혁명적 방법으로 처리할 것이다. 낡은 제도를 폐지하고 국가방위를 위한 비상시국에 돌입한다. 혁명의 전진을 위해 요구되는 명령에 복종하지 않는 자는 누구를 막론하고 처벌된다."

이쯤 되면 민중은 앞문으로 호랑이를 내쫓고, 뒷문으로는 늑대를 끌어들인 꼴이 된다. 혁명을 일으킨 목적이 고작 이것이었단 말인가! 크로포트킨은 실패의 원인이 인간에 있다기보다 제도에 있음을 질타했다. 혁명을 한다는 사람들이 민중의 자유를 억압하는 것 이외에는 아무런 쓸모가 없는 낡은 권력장치에 왜 계속 안주하려고 하느냐는 것이다.

"그렇다면 혁명이란 무엇인가? 혁명은 단순히 지배자를 교체하는 것이 아니다. 인민에 의한 모든 사회적 재부의 수용이다. 인간성의 발전을 오랫동안 저해한 모든 폭력의 폐지다. 이 거대한 경제혁명이 한낱 정부가 내놓는 법령으로 실현될 수 있을까?……혁명은 법령으로 이루어지는 것은 아니다. 사회적 재부의 수용이 실현되려면 인민이 자유로워야 한다. 오랫동안 길들여진 노예근성으로부터 해방되어 마음대로 행동하고, 누구의 명령 없이 전진할 수 있어야 하는 것이다."

요컨대 민중은 정치가나 지도자에 의지하거나, 의회나 관청 같은 권력시설을 점령하는 것보다 훨씬 대담해져야 한다는 의견이다. 오직 각자의 자주적 역량과 이웃과의 연대를 통한 힘으로 토지, 공장, 상점, 학교, 교통기관, 주택 등의 사회화를 선언해야 하며, 스스로의 힘으로 모든 기관을 운영해 나가겠다는 혁명프로그램이 확실하게 각자의 마음 속에 심어져 있어야 한다는 것이다. 그것이 혁명운동의 당면과제이며 그 과제가 착실하게 수행되고 있는지 여부가 혁명의 성패를 가르는 분기점이 된다는 것이다. 그러므로 혁명주체가 소수라고 해서 문제될 것은 없다는 주장이다. 언제 어떤 세상이건 정의로운 일 앞에 용감하게 앞장서는 소수는 있게 마련이다. 이 무명의 소수가 올바르게 생각하고, 아무런 사심 없이 고원한 이상으로 고무되어 있으며, 발의 또는 발안이 대중의 희망, 대중의 요구에 합치된다면 민중은 그들을 따르지 않을 수 없을 것이다.

크로포트킨의 이런 생각에는 청년시절 참가했던 나로드니키의 관념이 엿보이며, 봉기와 테러에 대한 비판도 포함되어 있다. 동시에 그 당시 점차 유력해지던 사회민주주의의 의회주의적 정치혁명론에 대한 반발도 가미되어 있다. 바쿠닌 식의 봉기주의에는 혁명을 강제로 일으키려는 — 물론 혁명적 정세를 고려하겠지만 — 쿠데타 의식이 남아있는 동시에 혁명에 즈음해서는 민중의 건설능력에 지나친 신뢰를 부여한 느낌이 없지 않다. 테러리즘은 봉기주의를 더욱 압축한 형태에 불과하며, 극히 특수한 경우를 제외하고는 전술로서의 효과가 없었다.

이런 점에서 크로포트킨은 그때까지의 행동적 아나키즘이론에 수정을 가한 것으로 보인다. 결국 혁명은 의식적으로 일으킬 수 있는 것이 못되며, 그런 혁명은 정치혁명, 즉 권력자의 교체로 끝나고 만다. 그러므로 민중의 마음 속에 뿌리내린 권력혁명에 대한 관념을 없애고, 혁명프로그램을 이해시키는 작업이 필요하다는 것이다.

그러나 크로포트킨의 이러한 사상이 혁명을 완전히 자연에 맡기고, 혁명운동 과제를 민중의 의식개혁으로 단순화시킨 결과를 낳지 않았나 하는 생각도 든다. 즉 계몽적 아나키즘으로 흘러 운동에너지를 약화시키는 요인이 되지는 않았나 하는 반성도 하게 되는 것이다.

아나코 코뮌주의

크로포트킨의 혁명이론은 아나코 코뮌주의로 요약된다. 쥐라연합 노동자들 사이에서 정립되기 시작한 아나코 코뮌주의는 행동적 아나키즘의 기본원리로 인정받게 되었다. 집산주의에서 공동체주의로 발전한 이 이론은 생산수단뿐 아니라 소비재까지 사회화하는 것으로 바쿠닌의 생각을 한층 심화시킨 것이라고 알려져 있다. 그러나 이 이론은 실제로는 그렇게 단순하지 않다.

노동자 농민의 자주적 사회화라는 바쿠닌의 구상은 마르크스의 노동가치설을 발판으로 하고 있지만, 크로포트킨의 사회화는 생산수단을 포함한 사회적 재부 일체를 사회화하자는 것이어서 오히려 노동가치설을 부인하는 것이 된다. 이 경제학적 입장 차이를 충분히 인식하지 못하면 집산주의와 코뮌주의의 차이, 그리고 혁명방법론에서 바쿠닌 방식과 크로포트킨 방식의 차이를 알 수 없을 뿐 아니라 크로포트킨의 사상의 근본도 파악할 수 없다.

크로포트킨은 새로운 경제학, 즉 '최소한의 에너지 소비를 통해 인간의 다양한 욕구를 최대한 만족시키는 것'을 제창하고 있다. '사회생리학'이라는 이 이론을 통해, 크로포트킨은 애덤 스미스에서 마르크스에 이르는 지금까지의 경제학이 부의 생산을 목표로 하는 것을 비판하고, 새로운 경제학은 인간의 욕망을 최소한의 노동으로 충족시키는 방법을 탐구하는 과학이 되지 않으면 안 된다고 말하고 있다. 그 주장은 이전까지의 경제학의 약점을 찌른 것으로 지금보아도 매우 선진적이다.

크로포트킨은 코뮌주의와 자유가 불가분의 관계에 있다고 파악했다. 그는 『빵의 정복』에서 이렇게 강조했다. "아나키는 코뮌주의로 통하며, 코뮌주의는 아나키로 통한다. 양자는 다같이 현대사회의 지배적 경향인 평등의 추구에 대한 표현이다." 상호보완이 되었을 때 코뮌주의와 자유가 각기 완전해질 수 있다는 것이다. 프루동이나 바쿠닌은 오히려 코뮌주의를 자유의 적으로 생각한 반면 크로포트킨은 이제까지 인류가 경험하고 실험해온 공산제의 역사를 검토한 바, 실패로 끝난 원인이 권력이 억지로 배당한 평등 때문이었으므로 권력지배를 제거함으로서 공동체주의가 성공할 수 있다고 했다.

크로포트킨은 또한 당시 사회주의자들 사이에서 논의되던 노동생산물의 분배 기준에 대해 전혀 새로운 결론을 도출해낸다. 그는 노동시간이나 노동의 질, 혹은 노동의 생산성이 분배의 기준이 될 수 없다고 했다. 노동가치의 산정은 결국 상대적인 것이어서 그 자체로 불평등을 낳기 쉽다. 반면 인간의 필요욕구는 절대적인 것이므로 그를 기준으로 분배하는 것이 가장 합리적이라는 것이다. 그것은 '능력에 따라 일하고, 필요에 따라 취한다.'는 슬로건으로 표현되었다. 그것은 임금제도의 폐지를 의미하는 것이기도 했다.

이런 크로포트킨의 주장에 대해 일각에서는 욕구는 개인에게는 절대적인 것이지만 주관적인 것이기도 해서 무한대로 팽창될 수도 있다, 그러므로 욕구를 분배의 기준으로 삼으면 사회질서가 엉망이 되리라는 반론도 있었다. 그에 대해 크로포트킨은 이렇게 대답한다.

"인간은 본래 필요한 것 이상을 요구하지는 않으며, 개인의 필요한 절대량은 대체로 정해져 있다. 인간이 필요한 것 이상을 바라는 것은 물자가 부족하거나, 부족할 우려가 있을 때다. 물건이 풍부해지면 저절로 코뮌주의가 이루어지지 않을 수 없다."

여기에는 두 가지 문제가 있다. 하나는 현재의 생산력이 인간의 욕구를 충족시킬 만큼 발전해 있는가의 여부, 다른 하나는 인간의 욕구를 충족시킬 만큼의 생산력에 도달하지 못할 경우 어떻게 할 것인가 하는 점이다.

이에 대해 크로포트킨은 『전원 · 공장 · 작업장』에서 답하고 있다. 그는 생산력이 모든 인간의 욕구를 충족시킬 정도로 발전하지 못했다는 것을 여러 가지 통계로 논증하면서, 그 원인을 당시 사회체제의 결함에서 찾고 있다. 인간의 필요를 위해서가 아니라 이윤의 추구라는 원칙에 의해 생산한 결과, 꼭 필요한 것이라도 돈벌이가 되지 않으면 생산이 제한되고, 불필요한 것이라도 돈벌이만 된다면 생산된다. 이 같은 왜곡이 생산기술의 발전에도 영향을 주어, 가장 중요한 식량생산의 기술은 진보하지 않는데 반해, 중공업 기술은 눈부신 진보가 이루어진다. 농업과 공업의 격차는 점점 벌어지고, 능률 본위의 분업제도 때문에 정신노동과 육체노동의 분열이 더욱 심화된다.

크로포트킨은 자본주의를 무너뜨리지 않으면 모든 인간의 욕구를 충족시킬만한 물자의 생산을 기대하기는 어렵다고 말한다. "생산력이 인간의 욕구를 충족시켜줄 단계에 이르지 못하고 있다. 생산력을 높이기 위해서는 자본주의체제를 무너뜨리고 인간의 욕구에 근거해 생산을 재편하지 않으면 안 된다. 그러기 위해서는 혁명이 필요하다." 크로포트킨은 생산체제의 재편성 원칙으로 자급자족의 수공업 제도를 제안하고 있다. 그것은 임금제도의 폐지와 더불어 코뮌주의적 목표를 이루기 위한 것이었다.

그렇다면 혁명 후 생산력이 발전하여 완전한 코뮌주의를 실현할 수 있는 단계에 도달하기까지 상당한 세월이 소요될 것을 예상하지 않을 수 없다. 이 과도기의 분배문제를 어떻게 할 것인가? 이에 대해 크로포트킨이 답한 것은 거의 없다. 바쿠닌에게는 '보이지 않는 독재'라는 생각이 있었지만, 크로포트킨은 과도기의 운영방식에 대해서는 함구하고 있다. 아나코 코뮌주의의 취약점과 연관되는 문제라고 할 만하다.

크로포트킨은 후기로 접어들면서 점차 아나코 코뮌주의의 행동적 측면의 취약성을 절감했던 것 같다. 대중조직에 의한 혁명적 생디칼리즘운동에 기대를 걸었던 흔적을 도처에서 발견할 수 있다. 러시아혁명 기간동안 마프노 농민운동을 격려한 것이라든지, 드미트로프의 협동조합 회원들을 가까이 하면서 혁명프로그램에 대한 교육을 시도했던 것이 그렇다.

궁극적으로 국가 없는 자유코뮌주의로 나가고자 했던 아나키즘은 어떤 근거에서 기원했으며 어떤 원칙과 연구방법을 통해 그런 체계에 도달했는가? 근대과학의 지적운동과는 어떤 관계에 있는가? 크로포트킨이 이런 질문에 답해주기 위해 저술한 것이『근대과학과 아나키즘』이었다. 이 저서를 통해 크로포트킨은 아나키즘이 19세기 자연과학 지적운동의 불가피한 결론이었다고 말하고 있다. 그는 형이상학적 개념이나 변증법처럼 유추(類推)하는 방법이 아니라 귀납과 연역의 방법에 의해서만 자연과학적 사실과 원칙을 인류사회에 적용하는 것이 가능하다고 했다. 그는 그런 연구방법으로 과학적 결론을 검증하고, 인간사회를 포함한 전 자연에 대한 역학적 해명을 시도했으며, 그것을 통해서 아나키즘의 우주관을 제시하려 했다.

크로포트킨은 이 저서에서 근대의 모든 자연과학의 경향 및 사회과학의 추세에 대해 상세히 논하고 사실에 대한 귀납적 연구방법에 의거해 아나키즘, 특히 아나코 코뮌주의가 근대사회혁명의 필연적 결론임을 입증하는 데 주력했다. 크로포트킨은 자연과학적 귀납법에 의해 얻어진 결론을 인류의 모든 생활에까지 적용시켜 자유 평등 박애의 도상에 있는 '인류 장래의 행진'을 성선설의 입장에서 입증하려 했다.

상호부조론

'진화의 한 요인으로서의 상호부조론'은 크로포트킨이 무려 13년간이나 심혼을 기울여 다듬은, 아나키즘사상에 생물학적 기초를 부여한 명저이다. 간단히 말하자면 생물계 진화의 요인으로서 생존경쟁과 함께 상호부조의 원칙이 있다는 것을 실증한 것이지만, 그가 왜 이런 착상을 하게 되었는가를 알기 위해서는 먼저 19세기 후반 유럽의 지적 흐름을 살펴볼 필요가 있다. 1860년 전후 5, 6년 사이에 출간된 유럽 과학계의 저작들은 인간의 자연관, 생명관, 특히 사회생활에 관한 견해에 있어서 일찍이 볼 수 없었던 변혁을 가져왔다. 그중에서도 찰스 다윈의 『종의 기원』은 가장 두드러진 것이었다. 『종의 기원』을 통해 다윈이 보여준 일관된 사상은 동물들은 먹이와 안전을 구하고 번식하기 위해 경쟁하고 투쟁한다는 것이다. 그는 '과도한 번식으로 말미암아 자연히 경쟁이 일어난다.'고 말하며 '생존경쟁은 동종 및 변종 사이에 가장 격렬하다.'고 했다. 그 후 출간된 『인류의 기원』에서 다윈은 '생존경쟁'의 개념을 훨씬 광범위하고 비유적인 의미로 해석했다. '각 개체가 지닌 사회적 본능이 자기보존의 본능보다 훨씬 강력하고 영구적이며 활발하다.'는 것이었다.

그 후의 진화론자들은 동물계가 피에 굶주린 아수라장이며, 개체의 이익을 위해 끊임없이 잔인한 투쟁을 벌이는 것이 원칙이라고 논하게 되었다. 다윈이즘의 가장 유력한 주창자인 토머스 헉슬리는 이런 협의의 생존경쟁을 인류사회에까지 적용시켰다. 그는 『생존경쟁과 그것이 인류에게 미치는 영향』에서 원시인류에 관하여 다음과 같이 말하고 있다.

"가장 약한 자, 가장 어리석은 자는 멸망하고, 가장 흉포한 자, 가장 표독한 자, 즉 환경과 대항하는데 가장 적합한 자가 살아남는다. 인생은 끊임없는 자유투쟁의 싸움터다." '종합철학'의 완성자 허버트 스펜서도 생존경쟁의 의미를 서로 다른 종의 동물간의 싸움 — 늑대가 토끼를 잡아먹고, 조류가 곤충을 먹으며 산다는 식의 — 뿐만 아니라 동일종끼리의 생존을 둘러싼 격렬한 싸움으로 이해했다. 그는 원시인을 '이빨과 발톱을 사용해 이웃사람이 가진 최후의 한 조각까지 탈취함으로써 생존을 유지하는 야수와 같은 존재'로 보았다. 이러한 오류에 빠진 것은 스펜서만이 아니었다. 홉스의 견해에 충실했던 19세기의 철학은 원시인을 먹이와 여자를 사이에 두고 싸우는 금수의 무리로 보고, 자비로운 권력이 나타난 후에야 비로소 그들 사이에 평화가 도래한다는 견해를 갖고 있었다.

구한말 이후 우리나라 민족운동진영에도 이런 사회진화론이 유입되어 소위 '민족자강운동'이 판을 친 적이 있었다. 단재 신채호가 크로포트킨의 『상호부조론』에 의해 아나키즘의 독립운동 노선을 채택했던 것은 결코 우연한 일로 볼 수 없는 일이다.

페테르부르크 대학에서 수학을 전공했고, 러시아지리학협회 회원이기도 했던 크로포트킨은 일찍부터 사실에 입각하지 않고는 믿지 않으며, 잠시도 사실의 관찰을 게을리 하지 않는 과학적 자세가 몸에 배어 있었다. 그런 그는 시베리아 탐험시절부터 다윈이즘의 생존경쟁 이론에 의혹을 품었고, 한편으로는 상호부조의 사상이 가슴 속에 싹트고 있었던 것이다.

1883년 프랑스 클레르보 감옥에 있을 때, 크로포트킨은 페테르부르크 대학총장 케슬레가 러시아 박물학자대회에서 행한 '상호부조의 법칙에 대해서'라는 강연 초록을 뒤늦게 받아보고 큰 감명을 받았다. 케슬레의 의견은 자연계에는 상호투쟁의 법칙 외에 상호부조의 법칙이 있는데 후자가 생존경쟁의 성공을 위해서나 종의 진보적 진화를 위해서 훨씬 중요하다는 것이었다. 케슬레의 강연은 다윈이 『인류의 기원』에서 논한 것을 부연한 것에 불과했다. 더구나 그는 1881년 아깝게도 일찍 세상을 떠났다. 크로포트킨은 이 사상을 확대 발전시키기 위해 자료수집에 나섰다.

1888년 헉슬리가 '생존경쟁이 인류에게 미치는 영향'을 발표했을 때, 크로포트킨은 이를 근본적으로 반박하기로 마음먹었다. 주위의 독려도 큰 힘이 되었다. 1890년부터 7년간 5차례에 걸쳐 〈19세기〉에 연재한 『상호부조론』은 1. 동물간의 상호부조 2. 원시인의 상호부조 3. 고대인의 상호부조 4. 중세도시의 상호부조 5. 근대사회의 상호부조 등 5편으로 되어 있다. 그리고 이것이 한권의 책으로 묶이기까지 다시 6년이 소요되었다.

크로포트킨은 곤충에서 최고의 포유류에 이르기까지 동물계에서 "소그룹이 각기 독립적으로 떨어져 생활하는 종은 비교적 적고, 그 수도 한정되어 있다."고 한다. 그것은 퇴화하는 중이거나 인간이 자연의 균형을 파괴했기 때문이다. 번영하는 종들의 일반적인 법칙인 상호부조는 진화에 있어서 가장 중요한 요소라고 논증했다.

상호부조를 통해 약한 동물들은 무서운 맹금이나 맹수에게서 자신들을 보호한다. 또한 상호부조를 통해 에너지의 소비를 적게 하면서도 종을 유지한다. 크로포트킨은 힘이나 민첩함, 보호색, 눈속임, 공복과 추위에 대한 내구력이 환경에서 최적자가 되도록 한다는 다윈과 월리스의 의견을 충분히 인정하면서도 상호부조의 사회성이 생존경쟁에 있어서 최대의 무기라고 주장한다. 자진해서 사회성을 버리는 종은 반드시 소멸하지만 단결의 방법을 아는 동물은 능력이 다른 동물들에 비해 떨어진다 하더라도 생존하고 진화할 기회를 가장 많이 얻는다는 것이다.

그와 같은 고찰은 인간에게도 마찬가지다. 크로포트킨은 원시인이 생존을 위하여 무차별적으로 투쟁했다는 헉슬리의 견해에 반대한다. 원시사회는 법률 대신 협동과 상호부조를 위한 관습과 터부 속에서 생활했다는 것을 보여준다. 그리고 새로운 요구가 새로운 비약을 인류에게 요구했고, 지역(촌락공동체)과 직종(길드)이 이중의 망을 형성해 도시를 출현케 했다고 주장한다. 더욱이 길드는 공동작업을 함으로써 중세 도시의 부유한 코뮌생활을 이끌었다는 것이다.

마지막 장에서, 그는 로마제국을 본뜬 개인주의적 국가의 발달이 상호 협동했던 중세 도시제도를 송두리째 파괴한 것을 안타까워하면서도, 그런 양상이 오래 지속되지는 못할 것이라고 예견했다. 요컨대 무엇으로도 인간 연대의 감정을 파괴할 수는 없다는 것이 그의 결론이다.

04
크로포트킨의 말년과 러시아 혁명

이 책은 1899년 57세의 시점에서 끝난다. 그 후 사망하기까지 20여년이 공백으로 남아있는 것이다. 특히 러시아혁명 이후 귀국한 크로포트킨의 생활은 볼셰비키정권에 의해 완전히 은폐되어 알 수가 없다. 따라서 크로포트킨이 러시아혁명을 어떻게 평가했으며 무엇을 구상했는지에 대해서도 알 수가 없다. 그 후 러시아에서 외국으로 탈출한 엠마 골드만 등 측근 아나키스트들의 증언과 러시아 연구자들의 끈질긴 노력으로 크로포트킨의 말년을 단편적으로나마 엿볼 수 있게 된 것을 다행으로 여기며 그 윤곽을 조립하고자 한다.

귀국 후 크로포트킨의 여생을 알아보기 위해서는 러시아혁명이 볼셰비키정권의 등장으로 어떻게 변질되어 갔으며, 그에 아나키즘 진영은 어떻게 대응했는지를 살펴볼 필요가 있다.

우유부단한 케렌스키체제를 무너뜨리고 권력탈취에 성공한 볼셰비키는 '모든 권력을 소비에트로!'라는 슬로건 아래 모든 역량을 정치권력 기반 강화에 집중했다. 그를 위해 레닌은 헌법제정회의 소집에 대한 공약을 유야무야하는 한편 대중의 전쟁혐오 정서에 편승해 브레스트-리토프스크 강화조약을 강압적으로 밀어붙이는 인기전술을 써서 프롤레타리아 독재의 기반을 닦았다. 노동자는 공장을 탈취했고, 농민은 토지를 확보했으며 병사는 고향으로 돌아갔다. 볼셰비키는 이 모두가 자신들이 권력을 잡았기 때문에 가능했던 것이며, 그렇지 않았다면 혁명은 실패하고 반혁명이 도래했으리라고 선전했다.

권력을 잡은 레닌은 사회주의 혁명으로 나가기 위해서는 과도적 독재권력이 필수라는 지론을 편다. 볼린 같은 사람은 이러한 현상에 대해 그 의도의 진실성에 상관없이 폐해가 심각하다고 주장했다.

"혁명을 인계받아 혁명의 주인이 된 권력은 관료적 강제장치를 동원하지 않을 수 없다. 그럼에 따라 지배하고 착취하는 데 관심이 있는 모든 종류의 사람들이 조직화된다. 처음에는 정치적으로, 그리고 점차 경제적으로 새로운 특권계급의 제도를 형성한다. 지도자, 관료, 장교, 경찰 등은 새로운 특권계급 제도에 의존하게 되며, 그 때문에 원칙과 정의를 백안시하고 특권계급을 방위하는 데만 몰두하게 된다. 도처에 불평등의 씨앗이 움트고 전 사회기구에 질병이 퍼진다. 대중은 그러한 질병과 싸우다가 지쳐 점점 소극적이게 되고, 새로운 가면을 쓴 부르주아적 원리로 복귀하는 것에 호의를 갖게 된다."

1918년 봄까지 볼셰비키 권력은 정치조직 — 경찰, 군대, 관료기구 — 을 상당한 수준으로 완비했다. 독재의 기반이 완비됨에 따라 기구들은 그것을 창설하고 유지해가는 사람들의 종속물이 되었다. 볼셰비키는 고도로 훈련되고 맹목적으로 복종하는 조직의 힘으로 각처에서 야기된 봉기시도를 분쇄하고 대중의 복종을 획득하자 공격방향을 아나키스트로 돌렸다.

10월혁명을 이룰 때까지 볼셰비키의 아나키스트에 대한 정책기조는 혁명의 성공에 도움이 되는 한 이용하고 필요하면 무기도 대주지만, 잠시도 경계를 늦추지는 않는다는 태도였다. 그러나 혁명이 승리하고 권력을 장악하자 태도가 일변하여 아나키스트에 대한 조직적인 소탕작전에 돌입했다. 레닌 정부는 브레스트리-토프스크 조약이 체결되자 좌파 사회혁명당원과 아나키스트에 대한 본격적인 투쟁을 전개할만한 여유가 생겼다고 보았다.

1918년 4월 12일 밤 중무장을 한 군대와 경찰은 모스크바의 전 아나키스트 조직본부 ― 모스크바 아나키스트연맹을 위시한 ― 를 포위 습격했다. 이와 함께 지방의 주요 도시에서도 아나키스트들에 대한 습격이 있었다. 2주간에 걸친 '아나코 공비'에 대한 소탕을 끝낸 후 트로츠키가 "소비에트 정부는 드디어 쇠빗자루로 러시아의 아나키스트들을 일소했다."고 호언한 것은 너무나 유명한 말이다. 그러나 이 검거는 서막이자 예행연습에 불과했다.

도시의 식량부족 문제에 대한 원인을 농민의 이기심과 부르주아정신, 도시에 대한 적개심으로 돌린 레닌은 농민에 대한 초기의 자유방임정책을 버리고 농민을 억압했다. 수확물의 공출이 강요되고 자유매매가 금지되었다. 투기억제를 명목으로 철도와 거리에 바리케이드가 설치되었으며, 수천 명의 농민과 시민들이 매매규제법을 위반했다는 죄목으로 체포되고 총살당했다. 그런다고 해결될 문제가 아니었다. 농민들의 저항이 거세졌고, 기아와 궁핍에 허덕인 도시노동자들이 울분에 떨며 다시 거리로 나왔다.

필연적으로 아나키스트들은 기만당하고 억압받는 대중과 일체가 되었다. 그들은 노동자를 지지하고 노동자와 그 조직을 통해 정치가의 개입 없이 사회적 재부를 관리할 권리를 요구했다. 또한 농민을 지지하며 그들이 독자적으로 자유롭게 노동자들과 거래할 수 있는 권리를 요구했다. 그들은 노동자와 농민의 이름으로 그들이 싸워 쟁취했으나 볼셰비키에 의해 수포로 돌아간 혁명의 열매를 반환할 것, 특히 '참되고 자유로운 소비에트제도'의 발양과 모든 '혁명적 조류의 정치적 자유'의 보장 등을 요구했다. 요컨대 그들 아나키스트들은 1917년 10월 획득한 것을 인민, 즉 노동자와 농민에게 반환할 것을 요구한 것이다.

1918년 봄의 검거선풍에 이어 아나키스트는 다시 습격을 받았다. 볼셰비키가 발을 들여놓은 지방이면 어디서나 아나키스트 그룹이 추방당하고 체포되었으며, 출판물은 압수되고, 강연회는 금지되었다. 이 같은 습격은 심지어 죄목도 법적절차도 없이 멋대로 자행되었다. 그것은 1918년 봄 트로츠키가 임의로 세운 선례에 의한 것이었다. 트로츠키는 1919년 여름 소위 마프노 운동의 불법화를 선언했던 것이다. 이로 인해 마프노의 농민자위군이 소탕됨과 동시에 러시아 전국에서 아나키스트들이 체포되었고 대개 적군(赤軍) 장교의 명령으로 즉결 처형되었다. 아나키스트 조직에 대한 박해는 주로 체카*나 적군 병사에 의해 저질러졌다. 투사들은 남녀 구분 없이 난폭하게 다루어졌으며 건물은 파괴되고 서적은 불살라졌다. 그 해 여름이 끝날 무렵에는 우크라이나 아나키스트 조직이 습격을 당했고, 같은 해 세모에는 러시아 내 아나키스트운동은 겨우 명맥을 유지할 정도였다. 바로 여기에 기묘한 사태가 벌어졌다.

1920년 10월 초 소비에트권력은 우파 반혁명세력인 표트르 브랑겔 남작의 백군(白軍)과 대결하게 되었다. 이 싸움에 밀리게 된 적군은 혁명적 마프노 농민자위군의 협조가 필요함을 느꼈고, 마프노와 화해하여 동맹을 맺게 되었다. 이 협정에 따라 투옥되거나 추방당한 모든 아나키스트들이 석방되고 우크라이나와 러시아 어디서나 공공연하게 활동할 자유가 보장되었다. 기소가 기각되고 몇 명의 투사가 석방되기도 했다. 그런데 브랑겔이 패퇴하자 소비에트 적군은 태도를 바꿔 마프노 농민군을 역습하고 다시 우크라이나의 아나키스트운동에 대한 격렬한 탄압을 자행했다. 11월 말 당국은 합법적인 회의에 참석하기 위해 각지에서 하리코프로 모여든 아나키스트들을, 패퇴하여 은신중인 브랑겔과 함께 일망타진했다. 동시에 우크라이나 전역에서 아나키스트들에 대한 일제검거에 나섰으며, 마프노 농민군의 가족들까지 인질로 잡아갔다. 그것은 흡사 부득이 취한 양보에 대한 복수심으로 치

---

* 1917년 취약한 국내외 상황을 타개하기 위해 레닌의 뜻에 따라 제르진스키가 창설한 비밀첩보기관으로, 소련 비밀경찰 KGB의 전신이다.

를 떠는 것 같았으며, '아나키스트라는 나쁜 인종'을 멸종시킬 기세였다. 이런 파렴치한 처사를 정당화하기 위해 볼셰비키 정부는 마프노의 배신 때문이었다며 '소비에트권력에 대한 아나키스트의 음모' 사건을 날조했다. 마프노 측 대표는 소비에트정부에 투옥, 추방된 20만 이상의 동지들의 석방을 강력히 요구했지만 그중에 '의식적인 아나키스트'가 얼마나 되는지는 분명치 않다. 이 시기 여러 지방에 있는 비밀감옥에서 얼마나 많은 사람들이 총살되거나 실종되었는지도 알 수 없다.

1921년 3월 크론슈타트 수병 반란 때 볼셰비키정부는 다시 아나키스트와 아나코 생디칼리스트에 대한 마녀사냥을 감행했고 이에 대해 조금이라도 이의를 제기하려는 자가 있으면 모조리 투옥했다.

사실 혁명 초기 아나키스트 세력은 보잘 것 없는 규모였다. 1917년 7월 초 해외 망명지에서 귀국하여 페트로그라드*에 도착한 볼린은 볼셰비키의 선전물이 거리마다 나붙은 것에 놀라며 당시 아나키스트 진영의 열악한 상황을 이렇게 회고하고 있다.

"나는 그곳에서 어떠한 아나키스트신문도, 어떠한 아나키스트의 연설도 접한 것이 없었다. 두세 개의 극히 초보적인 아나키스트 그룹이 있기는 했다. 그리고 크론슈타트에는 약간 영향력 있는 소수의 아나키스트가 있었다. 그러나 이들의 조직은 알려져 있지 않은 사상을 선전하거나 정력적인 볼셰비키 프로파간다와 경쟁할 만한 힘도 없었다. 혁명이 일어난 지 5개월이 지났을 때도 여전히 단 하나의 아나키스트신문이나 연설회도 그곳에서 찾아볼 수 없었다."

이렇게 빈약하고 불리한 상황이었는데도 아나키스트가 순식간에 도처에서 상당한 영향력을 갖게 되어 볼셰비키로 하여금 무력으로 아나키스트 정벌에 나서지 않을 수 없게 된 요인은 무엇이었을까? 국가나 정부 같은 독재체제에 의존하지 않고 사회적 기반을 변혁하려는 사상이 대중에게 수용되기 위해서는 계몽과 함께 역

---

* 상트페테르부르크 또는 페테르부르크. 1914년 페트로그라드로 개칭되었다가 1924년 레닌이 죽자 그를 기념하여 레닌그라드라고 불렸고 1991년 옛 이름인 상트페테르부르크를 되찾았다.

사적 경험이 필요했다. 1917년 여름 아나키스트들은 돈과 사람과 조직의 미비에도 불구하고 행동으로 농민운동을 지지하고 나섰다. 또한 10월혁명이 일어나기 전부터 노동자가 공장의 경영권을 쟁취하고 자기관리를 시도했을 때, 아나키스트들은 노동자의 편을 들었다.

10월혁명 과정에서 아나키스트들은 크론슈타트 수병들의 활동, 모스크바에서의 도빈스키 전투, 그리고 프레스니아 시가전, 수십 명의 희생자를 낸 노동자들의 가두투쟁에서 단연 두각을 나타냈다. 또한 아나키스트는 공산당과는 권력과 사상과 방법의 이견에 따라 결별선언을 했음에도 불구하고 혁명대의를 위해서는 온갖 지원을 아끼지 않았다. 혁명의 장애물이 된 헌법제정회의를 해산시키는 데 앞장선 것이라든지, 1919~1920년 남부의 우크라이나에서 데니킨, 브랑겔이 이끄는 백색 반혁명군을 상대하여 노동자, 농민으로 이루어진 빨치산부대와 함께 무수한 희생자를 내가며 혁혁한 전과를 올린 것은 다름 아닌 아나키스트였다. 아나키스트는 동부러시아와 시베리아에서 카자크 해군대장과의 전투에서도 큰 역할을 했다. 도처에서 아나키스트를 포함한 빨치산부대는 정규 적군보다 많은 일을 했으며 위기에 몰린 정부군을 구한 것도 아나키스트와 빨치산부대들이었다. 아나키스트는 사회혁명의 근본원리, 즉 참된 해방을 목표로 전진하는 노동자, 농민대중의 행동의 독립과 자유를 지키기 위해 희생하는 것을 두려워하지 않았다. 아나키스트의 활약은 전장에 한정된 것이 아니었다. 그들은 비권력 사회건설에 대한 그들의 사상을 노동자 대중에게 전하려고 애썼다. 당시의 가장 활동적인 아나키스트 조직을 소개하면 다음과 같다.

1) 아나코 생디칼리스트 프로파간다연합

1917년 여름에서 1918년 봄에 걸쳐 페트로그라드에서 아나코 생디칼리스트 사상을 노동자에게 전파하는 것을 목적으로 활동한 단체. 나중에는 잠시 모스크바에서도 활동. 〈노동자의 소리〉라는 기관지를 주간으로 발행했고, 아나코 생디칼리스트 인쇄소도 설립했으며, 뒤에는 일간지로 발전하는 성과를 보였다. 볼셰비키는 권력을 장악하자 온갖 방법으로 이 활동에 제동을 걸었으며, 특히 출판활동을 방해했다. 마침내 1918~1919년 볼셰비키정부는 프로파간다연합을 완전히 해산하고 인쇄소도 폐쇄했으며, 관계자 전원을 투옥 또는 추방했다.

2) 모스크바 아나키스트연맹

1917~1918년 모스크바와 그 근교에서 강력한 선전활동을 전개한 비교적 큰 조직. 이 조직은 아나코 코뮌주의 경향의 일간지 〈아나키〉를 간행하는 한편 아나키스트 인쇄소를 가지고 있었다. 노동조합보다는 행동, 변화, 건설의 기초로서 자유코뮌과 그 연합을 중시하는 점에서 생디칼리즘과는 차이가 있었다. 1918년 4월 소비에트정부에 의해 피습당한 후에도 1921년까지 잔존했으나, 크로포트킨 사망 후 소멸되었고 여기에 관여했던 투사들이 모두 처형당했다.

3) 우크라이나 아나키스트 조직 나바도연맹

1918년 말 우크라이나에서 창설. 당시 우크라이나에서 볼셰비키가 독재권을 행사하기 전, 나바도연맹은 도처에서 적극적, 구체적 활동으로 두각을 나타냈다. 비권력적 사회구조 형태를 위한 직접투쟁의 필요성을 역설하고, 우크라이나에서 선전선동을 통한 아나키즘사상의 보급에 크게 공헌했다. 그 주요한 기관지인 〈나바도〉는 분파를 초월해 우크라이나의 모든 아나키스트 그룹이 총단결할 것을 호소하며, 범러시아 아나키스트연맹을 창설하고자 노력했다.

또한 중앙의 탄광지대에서도 활동을 전개하여 혁명적 빨치산, 농민, 도시노동자 그리고 운동의 핵심인 마프노 운동과 밀접한 관계를 맺고 있었다. 연맹은 백색반혁명군과의 싸움에 활발히 참가했으며, 이들과의 전투에서 가장 우수한 투사들이 거의 모두 희생되었다. 우크라이나의 특수한 상황 때문에 그들은 정부의 거듭된 공격에도 잘 버티어냈다. 그러나 1920년 말 볼셰비키의 최후공격으로 마침내 완전히 도륙당하고 말았다.

이들 3개 조직 외에 개인주의적 아나키스트그룹은 생디칼리즘, 아나코 코뮌주의 및 공산주의에 대해 회의적이었고, 오로지 새로운 사회의 기초로서 개인의 자유로운 협회만을 인정했었다.

1917~1918년 러시아의 거의 모든 지역에 아나키즘운동과 조류가 번져나갔다. 아나키즘운동은 각처에서 독자적으로, 혹은 위에서 말한 3개 조직 중 어느 하나와 연대해 활발히 움직였다. 아나키즘운동은 주의나 전략이 다름에도 추구하는 기본 방향에서는 동일했던 까닭에 힘껏 혁명을 지지했다. 아나키스트 연합운동을 전개하고자 시도했지만 결국 볼셰비키권력의 잔혹한 탄압으로 소멸되고 말았다.

1917년 2월 혁명 후 크로포트킨은 40여 년간의 망명생활에 종지부를 찍고 여생을 러시아의 혁명에 이바지하기 위해 귀국했다. 임시정부 수반 케렌스키는 국제적 혁명가로 명성이 높은 그를 역까지 마중 나갔으며 각료직을 제의해 자기 정권의 권위를 높이려 들었다. 자신을 단지 정치적으로 이용하고자 하는 것을 모를 리 없는 크로포트킨은 동의하지 않았다.

이에 앞서 크로포트킨은 1914년 제1차 세계대전 시기 연합국의 대독선전을 지지하는 이른바 '16인 선언'을 발표하여 파문을 일으킨 적이 있다. 이로 인해 그는 전쟁 반대의 전통적 입장에 섰던 아나키스트 동료들과 사이가 벌어졌다. 동지들과의 관계가 복원된 것은 10월혁명으로 볼셰비키 정권이 들어선 이후부터였다. 정권탈취에 성공한 레닌은 어느 면에서는 아나키스트들의 주장에 따르고 있는 듯했다. 그러나 크로포트킨은 프롤레타리아 독재를 표방하는 볼셰비키의 저의를 간파하고 이를 '혁명의 장송(葬送)'이라고 비난했다. 과연 비밀경찰은 자파 이외의 모든 사회주의 세력들에 대하여 가차 없는 탄압을 자행했다. 아나키스트도 예외는 아니었다. 크로포트킨은 레닌을 만나 권력의 장악이 아닌 혁명의 대도로 나갈 것을 촉구했으며, 1920년 1월에는 공개서한으로 볼셰비키의 인질정책을 준열히 규탄했다.

"새로운 나라의 건설자가 되고자 하는 당신이 어떻게 이렇게 불쾌한 행동과 인정할 수 없는 방법에 동의할 수 있었단 말입니까?……혁명 과업을 위해서가 아니라 단지 당신의 생명을 지키기 위해 인질을 억류하는 것이 아닌지 의심스럽소.……어떻게 그렇게 권위주의적 관념의 포로가 될 수 있단 말이오? 당신이 유럽 코뮤니즘의 지도자라도 혁명운동을 더럽힐 권리를 가지고 있는 것은 아니지 않습니까."

이에 앞서 1919년 어느 날 크로포트킨은 프르헤비치의 집에서 레닌과 단독회견을 한 적이 있었다. 아나키스트에 대해 무자비한 처단정책을 쓰던 레닌은 그 자리에서 이전과는 다른 태도로 크로포트킨의 저서 『프랑스혁명사』에 대해 극찬을 아끼지 않으며 이 책을 수십만 부 인쇄하여 전국의 기관에 널리 배포하고 싶다는 의사를 표명했다고 한다. 크로포트킨은 출판을 반대하지는 않았지만, 정부인쇄소가 아닌 소비조합과 같은 곳에서 취급할 것을 조건으로 내세웠다. 레닌은 "희망하신다면 그렇게 해드리지요. 우리는 전적으로 편하신 대로 하겠습니다."하고 말했다. 그러자 크로포트킨이 "우리란 누굴 말하는 겁니까? 정부 말인가요?"라고 되받았다. 레닌은 허를 찔린 듯, 그러나 의연하게 "그럴 리 있겠습니까. 정부와는 관계가 없습니다. 우리나라에는 자유출판사들이 있으니까요. 문학가가 운영하거나 대중교양에 종사하는 노동조합 등……." 하고 말하면서 얼버무렸다고 한다.

이 약속은 공수표가 되고 말았지만, 레닌의 크로포트킨에 대한 예우는 각별한 데가 있었다는 것을 짐작케 한다. 크로포트킨은 모스크바 교외의 조용한 드미트로프에 머물렀는데, 그것은 혁명원로로서 볼셰비키혁명을 지지하는 것을 의미한다고 생각하는 사람들도 적지 않았다. 그러나 위의 공개서한을 통해서도 그것이 가당치 않은 억측이라는 것을 짐작할 수 있다.

결론적으로 크로포트킨은 숨을 거두기 직전까지 볼셰비키와는 또 다른 진정한 혁명의 생애를 살았다고 보아야 옳다. 그는 폐렴으로 사망했다기보다는 정치적 억압에 압살되었다고 볼 수 있다.

크로포트킨이 죽기 3개월 전 트로츠키는 마프노 농민운동의 근거지를 급습해 다수의 아나키스트들을 체포, 투옥함으로써 마지막 숨통을 끊어놓았다. 1918년 젊은 마프노는 정부의 탄압으로 모스크바에서 드미트로프로 투쟁의 본거지를 옮겨야 했고, 그때 노혁명가와 얼굴을 마주할 기회가 있었다. 그때 크로포트킨이 던진 한마디는 불굴의 전사의 마음을 크게 움직였다.

"투쟁에서 감상은 금물이오. 희생정신, 불퇴의 결의, 목적을 관철하려는 의지가 모든 것을 이겨낼 것이오. 이 점을 잊지 말고 건투하기 바라오!"

그러나 이미 이 두 거인의 반권력적 사상과 행동을 박멸하려는 볼셰비키의 포위망은 점점 숨통을 조여 오고 있었다. 그리하여 1920년 11월 마침내 마프노 농민운동의 총본거지가 동맹군이었던 적군에 의해 도륙당하는 사태가 발생했다. 이런 충격적 소식에 접한 크로포트킨은 병이 악화되지 않을 수 없었다. 그는 병상에 누워서도 언제나 아나키스트 동지들의 생명과 안전에 마음을 졸였다.

크로포트킨이 모스크바 교외의 드미트로프로 이주한 것은 1918년 여름이었다. 거처는 공원 뒤편 대로변에 있는 옛 귀족의 저택이었는데 길 위쪽은 과수원 담장으로 둘러싸여 있었다. 주위에는 자작나무 고목들이 우거져 봄이 되면 산까마귀들이 둥지를 트느라 부산했다.

옛 귀족의 집이라고는 하지만 원래 별장이었다. 방이 다섯으로 크로포트킨은 북쪽으로 창이 달린 작은 방을 침실 겸 서재로 썼다. 집에는 부인 소피아와 딸 알렉산드라 세 식구가 살고 있었으며 겨울에는 난방을 할 수 없어 한 방에서 생활할 때가 많았다. 엠마 골드만의 방문기(1920년)에 의하면 공산주의자들은 크로포트킨이 매우 쾌적한 생활을 하고 있으며 음식과 연료가 모자람이 없도록 배려하고 있다고 말했지만 막상 방문하고 보니 그게 아니었다고 했다. 그런 외중에 소피아부인이 식물학 전공지식을 활용하여 젖소 한 마리를 기르고 감자, 양상추 등 채소를 가꾸어 부식과 사료를 보태고, 우크라이나의 동지들, 특히 마프노가 가끔 특별 식품을 보내주었다고 했다. 노인의 병환에 필요한 영양식만 아니면, 어떻게든 생활이야 그럭저럭 꾸려갈 수 있다는 것이 소피아부인의 설명이었다는 것이다. 유럽 망명시절부터 심장질환으로 고생했던 크로포트킨은 휴식, 산책 등 규칙적인 생활로 건강을 유지하고 있었으며, 산책 때의 옷차림은 검은색 코트에 차양이 넓은 둥근 모자를 썼고, 손에는 단장을 들었다고 전해진다.

크로포트킨이 드미트로프로 이사해, 가장 먼저 방문한 곳은 드미트로프 협동조합연합회 사무실이었다. 그곳에는 도서관과 향토박물관이 있었으며 그는 2층의 도서실에 자주 드나들었다. 드미트로프에서 크로포트킨은 협동조합의 이론과 실천에 대해 새삼 깊이 생각할 기회를 가졌다. 그곳 조합원들과의 인적교류도 그러한 기회를 제공했다. 이곳에서 크로포트킨은 사회주의의 목표를 달성할 점진적이고도 가장 확실한 방도를 협동조합에서 발견했다. 그는 특히 높은 기술수준을 갖춘 영국식 수공업협동조합의 방식에 주목했던 것 같다.

그러나 그가 도서관에 드나든 직접적인 목적은 『윤리학』 집필을 위한 참고자료가 필요했기 때문이다. 물론 시골도서관에서 전문서적을 찾기는 어려웠고, 기껏해야 백과사전 정도가 고작이었을 것이다. 꼭 필요한 자료가 있으면 모스크바에 나가는 인편에 부탁해 구했다.

크로포트킨이 이사 왔을 때 향토박물관은 마침 개관을 앞두고 있었다. 크로포트킨은 자문역할을 자임하고 나서서 지리학자, 지질학자로서의 면모를 유감없이 드러냈으며, 여기저기서 전시할 물건을 찾아내기도 했다.

1918년 말에는 협동조합 대의원 집회에 초대되어 혁명론이나 협동조합론에 대해 연설하기도 했다. 그는 혁명주기설을 주장하면서 러시아혁명과 같은 변혁은 120~130년 주기로 발생하는 것으로 그럴 때마다 생산력과 지적 수준이 급격하게 제고된다고 했다. 그러므로 자유원리에 기초한 생활을 실현하기 위해 조합원들은 자신이 가지고 있는 역량과 지식을 최대한 투입해야 한다고 호소했다.

크로포트킨이 마지막으로 집회에 모습을 드러낸 것은 1920년 11월 14일 연합회 창립 5주년 기념집회였다. 크로포트킨은 그 자리에서 주목할만한 화제를 끄집어내어 주위를 긴장시켰다. 그는 1890년대부터 이미 생디칼리즘에 깊은 관심을 가지고 세계적 규모의 노동조합 국제연합조직을 제창한 바 있었다. 1905년 러시아혁명 때는 아나키스트가 소비에트에 참가하여 새로운 협동조합을 건설하자고 주장했다. 그는 이 주장이 드미트로프에서의 생활체험을 통해 러시아농촌의 협동조합 조직에 매력을 느끼게 되었기 때문이라고 고백했다. 그리고 협동조합은 권력에 의한 관리체제에 편입되어서는 안 되며, 코뮌 스스로 자치해야 한다고 주장했다. 그는 프랑스의 생디칼리즘을 예로 들며 그 반(反)중앙권력적 성격에 주목할 것을 강조하고, 러시아농촌의 지방협동조합이 소비에트정부의 개입을 배제하며 자유로운 공동사회로 발전해야 함을 호소했다.

그러나 크로포트킨은 드미트로프 역시 자신의 마지막 안식처가 아님을 직감했다. 일주일 후 협동조합 지도자들이 모조리 체포되었던 것이다. 그러나 크로포트킨을 더욱 고민에 빠지게 한 것이 있었다. 그것은 우크라이나 마프노 운동이었다. 당시 마프노는 볼셰비키 적군과 협력하여 브랑겔의 백군을 괴멸시키던 참이었다. 크로포트킨이 전투의 상황이나 적군과의 일시적 군사동맹 내용에 대해 얼마나 정확하게 파악했는지는 알 길이 없다. 그러나 1개월 전까지만 해도 적군과 마프노 사이는 쫓고 쫓기는 관계였으니, 공동의 적이 소멸된다는 것은 동맹관계가 다시 적대관계로 돌아갈 가능성을 내포하고 있었다. 크로포트킨의 마지막 연설이 있은 지 불과 10일 후 수만 명의 용맹스러운 마프노 농민군은 적군의 기습으로 '혁명의 적'이라는 낙인이 찍힌 채 괴멸되는 운명을 맞았다. 이 비극적인 소식은 노혁명가에게 커다란 충격이었다.

크로포트킨이 모스크바를 떠난 것은 자기 뜻이 아니었다. 조용한 곳에서 집필하고 싶은 생각이야 어찌 없었겠는가. 그러나 당시 크로포트킨의 정치적 운명은 1918년 러시아 아나키스트들의 전반적 정치운명과 맥을 같이하는 것으로 보아야 한다. 러시아혁명사에서 1918년은 혁명과 테러리즘이 격렬하게 교차했던 시기였다.

1917년 3월 모스크바에 모여든 여러 부류의 아나키스트들이 결성한 '모스크바 연맹'은 볼셰비키에 의해 조종되는 정부기관, 특히 감찰역할을 하는 인민위원회를 비판했으며, 인민위원회에 결정에 따른 '코미사르*의 전권'을 격렬하게 비난했다. 이러한 볼셰비키정권에 대한 비판은 브레스트-리토프스크조약의 체결로 최고조에 달했으며, 국경 근처에서는 흑색 방위대를 비밀리에 조직하는 사태까지 발생했다. 긴박한 분위기가 감도는 1918년 4월 체카 비밀경찰은 행동을 개시해 모스크바의 아나키스트 본부를 장악하고 500여명을 검거했다. 5월에는 〈노동자의 소리〉편집국도 폐쇄당했다. 그해 여름에는 레닌의 암살미수사건 등 요인에 대한 테러가 있었으며, 일부 아나키스트 지하조직은 '다이너마이트 시대'의 도래를 공언했던 것이다.

한편으로 정치적 긴장상황은 아나키스트의 이념적 지도자인 크로포트킨을 국외자로 방치해두지 않았고, 또 한편으로는 자연발생적인 사건들 사이에서 동지들에게 방관자로 몰리기도 했다. 이때의 크로포트킨의 심경은 헤아리고도 남음이 있다. 더욱이 테러를 반대해온 크로포트킨이 아니었던가.

수도 모스크바에서 크로포트킨의 유일한 자위수단은 집필활동이었다. 특히 그가 '연합주의자연맹'이 기획한 『연합주의백과사전』 전 4권에 정력적으로 관여하다 제1권 간행을 목전에 두고 돌연 드미트로프로 이주한 것으로 보아 그것이 자의적인 것이 아님을 짐작할 수 있다. 그럼에도 불구하고 그는 이에 대해 아무런 불만도 말한 적이 없었다.

크로포트킨이 드미트로프에서 집필하려고 했던 『혁명적 윤리학』은 끝내 완성되지 못했다. 『상호부조론』의 후속작으로 보는 견해도 있지만, 『프랑스대혁명』을 집필한 적이 있는 크로포트킨이 러시아혁명에서의 민중자결을 강조하는 또 다른 '러시아혁명사'를 구상한 것이라는 견해도 없지 않다. 어쨌든 볼셰비키혁명에 대한 비판적 관점이 들어있을 것으로 보이는 이 원고는 결국 햇빛을 보지 못했다.

조용하고 시간이 많기는 했지만, 드미트로프에는 최후의 저작을 완성하는 데 필요한 조건이 구비되어 있지 않았다. 모스크바처럼 많은 참고문헌이 있는 것도 아

---

* 러시아혁명 후의 소련에서 특정부문에 있어 전권(全權)을 행사한 위원.

니고, 곁에 도와줄 사람도 없었다. 초기에는 협동조합 타자수가 호의적으로 타자를 처주었으나 그녀가 퇴직하고 귀향한 후 그 도움도 더이상 받을 수 없었다. 돈을 주고 타자를 맡길 만큼 여유가 있는 것도 아니어서 1920년 5월부터는 거의 스스로 정서작업을 했다.

그리고 조금씩 최후의 날이 다가왔다. 산책을 나갔지만 가슴을 짓누르는 고통 때문에 마음 놓고 걸을 수도 없었다. 게다가 새해 초 무리한 외출이 화근이 되어 폐렴에 걸렸다. 병상을 돌보던 딸 알렉산드라의 급보로 1월 19일 모스크바에서 6명의 의사와 1명의 간호사가 도착했다. 프르헤비치가 주선한 것으로 그도 드미트로프로 달려왔다.

당시 간호사의 증언에 따르면 크로포트킨은 환자라고 할 수 없을 정도로 의연한 데가 있었으며 항상 무언가를 골똘히 생각하는 듯한 표정이었다고 한다. 그러다가 사색이 극에 달하면 쓰다 만 원고를 펼쳐, 다시 읽고 쓰곤 했다고 한다. 하다 남은 일이 최후까지 머리에서 떠나지 않았던 모양이다. 크로포트킨을 괴롭힌 것은 질병보다는 무력감과 회의였다. 이 험난한 혁명적 상황에서 어떻게 러시아민중을 위한 자유코뮌의 세계를 개척할 것인가. 자신에게 남겨진 최후의 무기, 펜에 의해 과연 그것이 가능할 것인가. 그렇게 생각하다가도 그는 벌떡 일어나 '아나키즘적 코뮌의 장래계획'에 대해 떠오른 착상을 글로 옮기려고 밤을 지새웠다. 그리고는 그대로 쓰러져버리곤 했다. 크로포트킨의 병세는 날로 악화되었고, 마침내 1921년 2월 8일 새벽 3시 불귀의 객이 되고 말았다.

크로포트킨의 사망 소식을 접한 측근 아나키스트들은 곧장 장례위원회(위원장 알렉산더 버크만)를 발족시키고 라디오 방송을 통해 이 소식을 전세계에 알렸다. 장의절차는 허세를 싫어한 고인의 뜻을 받들어 동지장으로 치르기로 했고, 정부의 개입을 차단했다. 장례식은 모스크바에서 치르기로 결정되었고, 시신은 드미트로프 주민들의 애틋한 전송을 받으며 모스크바로 옮겨졌다. 수도에 도착한 시신은 조문을 받기 위해 노동조합회관에 이틀간 안치되었다. 10월혁명 이래 초유의 인파가 몰려들었다.

장례를 위해 당국에 두 가지를 요구한 장례위원회는 실랑이를 벌이고 있었다. 하나는 크로포트킨의 논문 두 편이 담긴 기념책자를 발간하는 것이었다. 당국은 허가하는 체 해놓고는 선의를 가장해 내용을 검열하겠다고 나온 것이다. 되도록 시간을 끌어 장례식의 효과를 반감시키려는 수작이 들여다보였다. 장례위원들은 단호히 실력행사에 나서 인쇄설비에 붙여놓은 봉인을 파기하고 인쇄물을 장례 당일에 맞추는 데 성공했다.

다른 하나는 형무소에 수감 중인 아나키스트들을 잠시 석방하여 고인과의 마지막 인사를 할 수 있게 해달라는 것이었다. 레닌은 이를 약속하고, 공산당실행위원회의 판단에 따라 아나키스트들을 가석방할 것을 지시했다. 그러나 실무자가 모스크바 형무소에는 아나키스트가 한 명도 없다며 비협조적인 태도로 나오자 장례위원들은 레닌의 약속이 지켜지지 않으면 공산당 조직이 봉정한 조화들을 모조리 철거하겠다고 위협했다. 많은 외국기자들이 보는 앞에서 카메네프(체카 대장)는 20분 이내에 석방할 것을 약속했다. 장례식은 한 시간이나 지연되었고, 맹추위에 떨면서도 군중들은 이 뜻하지 않은 볼거리에 흥미를 가졌다. 마침내 체카 구치소에 수용됐던 7명의 아나키스트들이 군중의 박수를 받으며 모습을 드러냈고, 마지막 떠나는 스승의 관을 메는 영광을 차지했다. 체카 측은 파타키 형무소에서도 아나키스트들이 석방되어 오는 중이라고 했지만 그것은 거짓말이었다.

모스크바 교외 '노보데비치 수도원 묘지*까지 두시간에 걸쳐 긴 행진이 고인의 최후를 장송했다.

이문창(국민문화연구소 회장)

---

* 현재는 모스크바 시 안으로 편입되어 있다.

크로포트킨 연보

1842년 11월 27일 모스크바에서 양친 모두 명문 귀족 출신으로 4남매 중 막내로 출생.

1846년 4월 (4세) 모친 예카테리나 사망.

1847년(5세) 부친 알렉세이 재혼.

1852년(10세) 형 알렉산드르가 모스크바 육군사관학교에 입학.

1853년(11세) 모스크바 제1중학교 입학.

1854년(12세) 문필에 대한 관심과 함께 일기를 쓰기 시작.

1857년(15세) 페테르부르크 근위학교 입학.

1861년(19세) 수석으로 상사계급 수여 받음.

1862년(20세) 5월 근위학교 졸업. 6월 24일 시베리아의 카자크 기병연대에 부임. 9월 이르쿠츠크 도착. 10월 〈모스크바 신문〉에 르포 「동시베리아의 길」 기고. 바이칼 호 주변 탐사.

1863년(21세) 6~9월 군량수송부대를 이끌고 아무르 강을 처음으로 항해하고 9월부터 이듬해 2월까지 사고 보고를 위해 페테르부르크 행. 이르쿠츠크로 돌아온 후 동시베리아 총독 부관이 됨.

1864년(22세) 4~6월 흥안령 탐사. 아무르 강 두 번째 여행. 7~8월 숭가리 강 탐사.

1865년(23세) 5~6월 레나 강 항해하며 연안지역의 지질구조 조사. 7~9월 비팀 연안의 지질과 지리를 조사. 12월 러시아 지리학회로부터 금메달 수여 받음.

1867년(25세) 1월 군에서 퇴역. 4월 지진 계측장치를 실험. 시베리아를 떠남. 「레나 강 여행」을 〈리더스 시리즈〉 창간호에 발표. 9월 페테르부르크 대학 수학과에 입학. 「올로크마 여행」을 페테르부르크 지질학협회 잡지에 독일어로 발표. 형과 함께 페이지가 쓴 『지질철학』을 번역.

1868년(26세) 러시아 지리학협회 정식회원으로 선출됨. 비팀 탐사자료를 정리.

1869년(27세) 3월 페테르부르크 자연과학자협회의 정회원으로 선출됨. 빙하 등에 관한 연구 논문들을 지리학협회 잡지에 발표.

1870년(28세) 1월 모스크바 자연과학자협회 명예회원으로 선출됨. 또한 러시아 지리학협회
의 자연지리학분과위 사무국원이 됨. 북극해에 군도가 있다는 것을 추론. 그것은
나중에 사실로 밝혀짐.

1871년(29세) 2월 지리학협회 분과위에서 러시아 북극해 탐험계획에 대해 보고. 7~9월 핀란
드와 스웨덴을 답사하여 고대 결빙흔적을 연구하고, 그 조사결과를 러시아 지리학
협회 잡지에 발표. 핀란드의 농업사정에 대해 〈농업신문〉에 집필. 여행 중 자연지
리학 분과위의 사무국장에 피선되었으나 취임을 사양. 부친 알렉세이 병사. 내무성
의 9등문관이 됨.

1872년(30세) 2~5월 해외출장 허가를 받아 스위스 여행. 아나키스트계의 쥐라연합 멤버와
접촉. 귀국 후 페테르부르크에서 혁명클럽인 '차이코프스키단'과 접촉. 노동자들과
함께 혁명 프로파간다 활동. 스펜서의 『생물학의 기초』를 형과 함께 번역.

1873년(31세) 1월 차이코프스키단의 강령적 수기 「미래체제의 이상, 검토에 착수할 것인가」
를 집필. 『동시베리아 산악지 개설』 『비팀 탐사보고서』 등 간행.

1874년(32세) 3월 러시아지리학회에서 핀란드와 스웨덴에서의 빙하연구 발표. 그 다음 날
체포되어 페트로파블로프스크 요새감옥에 수감, 비밀경찰의 심문을 받음. 학회의
탄원과 서명 덕분에 옥중에서 빙하기에 관한 저술을 계속함. 니콜라이 태공이 독방
의 크로포트킨을 방문. 스위스에 가있던 형 알렉산드르가 동생을 구하기 위해 급거
귀국했으나, 자신도 체포되어 시베리아로 유형됨.

1875년(33세) 감옥생활 중 류머티즘과 괴혈병에 걸림.

1876년(34세) 재판이 결심으로 넘어감. 5월 병이 악화되어 감옥병원으로 지정된 니콜라이
위수병원에 수용됨. 병이 호전되자, 외부와 비밀리에 연락하여 탈주계획을 세움. 6
월 마침내 병원을 탈출. 핀란드와 노르웨이를 경유, 영국에 도착. 런던에서 〈네이처〉
에 기고. 그동안 『빙하기 연구』가 페테르부르크에서 러시아 지리학회에 의해 간행됨.

1877년(35세) 스위스의 제네바로 옮김. 쥐라연합 기관지에서 일함. 3월 베를린에서 열린 파
리코뮌 기념집회와 시위에 참가. 그 무렵 엘리제 르클뤼를 알게 됨. 9월 겐트에서
열린 세계아나키스트대회에 참석했다가 벨기에 경찰에 쫓겨 런던으로 갔다가 파리
로 이주함.

1878년(36세) 프랑스 경찰의 체포를 피해 다시 스위스로 돌아옴. 3월 소피아 그리고리예브

나와 결혼. 조용한 클라렌으로 이주. 폴라코프와 함께 알프스의 빙하를 탐사. 4월 쥐라연합의 〈아방가르드〉지에 협력.

1879년(37세) 2월 제네바에서 〈반역자〉 창간.

1880년(38세) 엘리제 르클뤼를 도와 『세계지리학대계』 편찬 작업.

1881년(39세) 7월 런던의 아나키스트대회 참석. 스위스로부터 국외 추방을 당해 영국으로 감. 〈뉴캐슬 크로니클〉 〈19세기〉 등에 기고. 다시 프랑스로 들어 감.

1882년(40세) 12월 프랑스 경찰에 의해 리옹에서 체포됨.

1883년(41세) 1월 인터내셔널 가입 죄목으로 리옹에서 재판 받음. 5년 금고형 언도를 받고 3월 클레르보 감옥으로 이송됨. 지식인들이 국제적 여론을 일으키고 석방운동을 전개. 옥중에서 『브리태니커 백과사전』 및 〈19세기〉에 기고. 옥중에서 교양강연의 강사 역할을 함.

1884년(42세) 옥중에서 괴혈병과 말라리아에 걸렸으나 부인의 간호로 병세 호전.

1885년(43세) 엘리제 르클뤼가 〈반역자〉의 논문을 모아 자신의 서문을 붙여 『반역자의 말』 출간. 보석을 위한 국제캠페인이 계속됨.

1886년(44세) 루이즈 미셸과 함께 조기 석방됨. 영국으로 이주. 7월 형 알렉산드르가 시베리아 유형지에서 사망. 10월 영국 최초의 아나키스트 신문 〈자유〉 발간에 참여. 11월 장녀 알렉산드라 탄생.

1887년(45세) 영국 스코틀랜드 지방에서 감옥과 아나키즘을 테마로 강연 여행. 또한 영국 협동조합 조직을 견학하고 연구하기 시작.

1888년(46세) 〈19세기〉의 과학 분야 담당.

1889년(47세) 프랑스 혁명 100주년을 계기로 파리 판 〈반란자〉를 발간.

1890년(48세) 〈19세기〉에 『상호부조론』 1부에 해당하는 논문 기고.

1891년(49세) 〈반란자〉와 〈19세기〉를 중심으로 정력적인 집필활동을 전개. 유럽 각국어로 그 논문들이 번역 출간됨.

1892년(50세) 파리에서 〈반란자〉의 논문을 『빵의 정복』으로 출간.

1893년(51세) 영국학술협회 회원이 됨. 말라리아에 걸림. 런던 윤리협회에서 정의와 도덕에 대해 강연.

1894년(52세) 자연지리학에 관한 논문들을 〈지리학 저널〉에 발표.

1895년(53세) 런던에서 개최된 국제지리학대회에 참가.

1896년(54세) 파리의 〈새 시대〉에 많은 논문 기고. 『번역자의 말』이 각국어로 번역됨.

1897년(55세) 캐나다에서 열린 영국학술협회 총회 참가를 기회로 최초의 미국 여행. 캐나다 철도로 태평양 연안까지 여행. 월간 〈애틀랜틱 먼슬리〉의 요청으로 자서전 연재 시작.

1899년(57세) 자서전 『한 혁명가의 회상』 단행본으로 출간.

1900년(58세) 영국의 중소기업 조사.

1901년(59세) 제2차 캐나다, 미국 여행. 보스턴에서 러시아문학사 강의. 가벼운 심장발작.

1902년(60세) 『한 혁명가의 회상』 프랑스어 판, 러시아어 판이 간행됨.

1903년(61세) 러시아 향수에 젖음. 망명 러시아 아나키스트들에 의해 발행된 신문 〈빵과 의지〉에 협력.

1904년(62세) 암스테르담의 반전대회에 축전을 보냄. 연말에 심장발작.

1905년(63세) 제1차 러시아혁명을 계기로 귀국을 고려했으나 단념. 러시아 혁명에 대한 다수의 논문 발표.

1906년(64세) 8월 파리에서 〈빵과 의지〉 발간. 10월 런던에서 열린 아나키스트 대표자회의에 참석.

1907년(65세) 4월 런던에서 열린 왕립지리학협회 회의에서 유라시아 대륙의 건조화를 테마로 강연. 5~6월까지 런던에서 러시아 사회민주노동당 대회 내빈으로 참석. 고리키와 알게 됨. 여름 〈빵과 의지〉 발행 중지. 남해안의 브라이턴에서 전지요양.

1908년(66세) 사회혁명당에 의한 경찰스파이 재판에 참가.

1909년(67세) 『프랑스대혁명』을 런던에서 발행.

1910년(68세) 상호부조의 테마를 중심으로 〈19세기〉에 집중적으로 기고.

1912년(70세) 세계 각지에서 고희(古稀) 축하집회 열림.

1913년(71세) 『근대과학과 아나키즘』 출간.

1914년(72세) 연합국의 대독일전을 지지하여 많은 논란을 일으킴. 「현 정세에 대한 편지」가 〈러시아신보〉에 게재됨.

1917년(75세) 6월 스칸디나비아를 경유하여 페트로그라드로 귀국, 대환영을 받음. 케렌스키 내각 각료 취임 거절. 8월 모스크바에서 열린 국정회의에 참가. 연합주의자연맹 설립. 모스크바에 체류. 10월 혁명을 냉정하게 수용.

1918년(76세) 모스크바 체류 중 마프노의 방문을 받음. 6월 모스크바 교외의 드미트로프로 이주. 드미트로프의 교원집회에서 강연. 현지 협동조합연합의 집회에 참석. 향토박물관 개관 협력. 『윤리학』 집필.

1919년(77세) 빙하기에 대해 강연. 페트로그라드 명예회원에 추대됨. 자신의 모든 저서에 대한 교정에 전념. 5월 레닌과 회견. 협동조합운동에 대한 지지를 호소함.

1920년(78세) 4월 모스크바 대학에 초청되어 지리학 강의. 지방박물관의 의의에 대해 강연. 11월 드미트로프 협동조합연합회 5주년 기념집회에서 강연. 12월 제8회 러시아 소비에트대회에 공개서한을 발송하여 언론출판의 자유를 강하게 옹호함. 심장병 악화.

1921년(79세) 1월 중태에 빠짐. 2월 8일 심장질환에 폐렴까지 겹쳐 드미트로프에서 별세. 다음 날 국내신문에 일제히 보도되고, 전 세계에 알려짐. 유해를 모스크바로 옮겨 노동회관에서 동지장으로 장례가 치러짐.

1922년 최후의 미완 저작 『윤리학』이 모스크바와 페트로그라드에서 간행됨.

옮긴이 김유곤

고려대학교 영문과와 충남대학교 교육대학원을 졸업했다. 동양공업전문대학교수를 역임하고 〈문학사상사〉 편집 고문을 거쳐 전문번역문학가로 활동중이다. 역서로 「생명」, 「사진으로 보는 하루키 문학 세계」, 「신의 아이들은 모두 춤춘다」, 「'나'라는 소설가 만들기」 등이 있다.

크로포트킨 자서전

초판 1쇄 | 2014년 7월 27일

지은이 | 표트르 크로포트킨

옮긴이 | 김유곤

편 집 | 김재범

내지 디자인 | 임예진

표지 디자인 | 김남영

마케팅 | 서장원

펴낸이 | 강완구

펴낸곳 | 써네스트

출판등록 | 2005년 7월 13일 제313-2005-000149호

주 소 | 서울시 마포구 양화로 156, 925

전 화 | 02-332-9384   **팩 스** | 0303-0006-9384

이메일 | sunestbooks@yahoo.co.kr

홈페이지 | www.sunest.co.kr

ISBN 978-89-91958-89-0 (03990)   값 20,000원

〈우물이 있는 집〉은 써네스트의 인문 브랜드입니다.

이 도서의 국립중앙도서관 출판시도서목록(CIP)은 서지정보유통지원시스템 홈페이지(http://seoji.nl.go.kr)와 국가자료공동목록시스템(http://www.nl.go.kr/kolisnet)에서 이용하실 수 있습니다. (CIP제어번호 : CIP2014020857)